Politikbuch 3

Erarbeitet von

Frank Bärenbrinker
Markus Bente
Thomas Berger-von der Heide
Karl-Heinz Holstein
Reinhard Hosche
Christiane Hussels
Anne Markmann
Karl A. Otto
Hans-Otto Regenhardt
Fritz Seydel

unter beratender Mitwirkung von
Klaus Koopmann

Cornelsen

Politikbuch 3

Erarbeitet von

Dr. Frank Bärenbrinker, Markus Bente, Dr. Thomas Berger-von der Heide, Karl-Heinz Holstein, Dr. Reinhard Hosche, Christiane Hussels, Anne Markmann, Prof. Dr. Karl A. Otto, Hans-Otto Regenhardt und Fritz Seydel

unter beratender Mitwirkung von
Dr. Klaus Koopmann

Verlagsredaktion: Heinke Ubben
Umschlaggestaltung: Peter Lowin, Bremen,
unter Verwendung eines Fotos vom IFA-Bilderteam, München
Technische Umsetzung: Reinhild Hafner

1. Auflage ✔ Druck 4 3 2 1 Jahr 2000 99 98 97

Alle Drucke dieser Auflage können im Unterricht nebeneinander verwendet werden.

Druck: Cornelsen Druck, Berlin

ISBN 3-464-65003-0

Bestellnummer 650030

gedruckt auf säurefreiem Papier, umweltschonend hergestellt aus chlorfrei gebleichten Faserstoffen

Liebe Schülerinnen, liebe Schüler,

sicher kennen die meisten von euch das „Politikbuch" von der Arbeit mit Band 2. Trotzdem möchten wir euch noch einmal den Aufbau des Buches vorstellen. Einige Kleinigkeiten haben wir nämlich gegenüber von Band 1 und 2 verändert.
Ihr seid älter geworden und euer Lernverhalten hat sich in den letzten Schuljahren verändert. Ihr könnt jetzt besser übergeordnete Zusammenhänge begreifen, Verbindungen zwischen verschiedenen Themen herstellen und konzentriert an übergeordneten Fragestellungen und Problemen arbeiten. Darauf muss sich auch der Aufbau eines Buches einstellen.

Einführung in das Thema
Jedes Kapitel beginnt mit Einführungs- bzw. Auftaktseiten. Die Auftaktseiten enthalten Fotos, Karikaturen, Zeichnungen, Texte, Schaubilder, Grafiken und immer auch einen Autorentext.
Der Autorentext führt euch in das Thema ein. Ihr erhaltet einen Überblick über die Fragestellungen und Probleme, die ihr in dem jeweiligen Kapitel untersuchen könnt. Manchmal moderiert der Autorentext auch die Materialien der Auftaktseite.
Neu eingeführt haben wir konkrete Arbeitsfragen auf den Auftaktseiten, die sich auf die Texte und Abbildungen oder euer Vorwissen beziehen. Diese Arbeitsaufträge fordern euch nicht nur auf, die Materialien zu erschließen oder eure Interessen am Thema zu formulieren. Vielmehr sollt ihr mithilfe der Abbildungen und Texte übergeordnete Fragestellungen und Probleme erarbeiten. Diese Leitfragen stellen den „roten Faden" dar, der euch durch die Kapitel führt.
Auch die Auftaktseiten sind anders aufgebaut. Sie führen unmittelbar in das Thema ein. Manchmal werden auch verschiedene Aspekte des Themas aufgezeigt, die auf den folgenden Seiten behandelt werden.

Arbeitsangebote der Doppelseiten
Viele Unterthemen des Kapitels werden auf einer Doppelseite behandelt, die nur eine Überschrift hat. Andere Unterthemen werden auf zwei oder drei Doppelseiten behandelt, die durch eine Zusatzüberschrift gekennzeichnet sind. Außerdem läuft dann die Zählung der Materialien und Aufgaben über die gesamten zwei oder drei Doppelseiten.
Stärker als in Band 1 und 2 führen euch Moderationstexte durch das Buch. Diese Moderationstexte stehen nicht mehr nur am Anfang einer Doppelseite, sondern auch zwischen den einzelnen Materialien. Dadurch ist es für euch leichter, Zusammenhänge zu erkennen, Verbindungen zwischen den Unterthemen herzustellen sowie Probleme und Kontroversen schrittweise zu erarbeiten und zu lösen. Deshalb haben wir auch viele Querverweise eingefügt.

M Alle Materialien sind mit einem „M" und einer Zahl gekennzeichnet.

Zur Sache
Diese Texte bestehen aus kurzen Informationen, die es euch erleichtern, die Materialien und Zusammenhänge zu bearbeiten.

Arbeitsaufträge
Die Arbeitsaufträge fordern euch auf, Texte auf bestimmte Aspekte hin zu untersuchen, Themen zielgerichtet zu problematisieren, Informationen zu sammeln und eigene Fragen zu formulieren.

Methodenseiten
Diese Seiten stellen euch wichtige Methoden oder Arbeitstechniken vor. Manchmal enthalten diese Seiten auch Vorschläge für Aktivitäten, die ihr planen und durchführen könnt. In Anknüpfung an das Thema des Kapitels lernt ihr die vorgestellte „Methode" kennen. Ihr könnt sie aber auf andere Sachverhalte übertragen.

→ Lexikon: Zu allen Themen gibt es Fachwörter und zentrale Begriffe, die auch in den Diskussionen und der Berichterstattung immer wieder auftauchen. Das „Schülerlexikon" (S. 250 ff.) hilft euch schnell Erklärungen zu diesen Begriffen zu finden. Die Erläuterungen im Lexikon tragen oft auch zum Verständnis der Themen bei. Die Hinweise auf die für das Thema wichtigen Lexikonartikel stehen am Ende der Doppelseiten neben der Seitenzahl.

Register
Mithilfe des alphabetischen Registers könnt ihr schnell herausfinden, wo etwas im Buch steht.

Wenn ihr Fragen oder Kritik habt, schreibt uns:

Cornelsen Verlag
Mecklenburgische Straße 53
14197 Berlin

Inhalt

Inhalt

1. Frauen und Männer heute – gleichberechtigt?

1 *Erstellt analog zur Abbildung von Marie Marcks eine Karikatur mit dem Titel: „Fast nichts verrät der schöne Schein ... vom Risiko 'n Mann zu sein."*
2 *Vergleicht eure Darstellung mit der von Marie Marcks. Erläutert und begründet die Gemeinsamkeiten und Unterschiede. Nehmt anschließend Stellung zu der Auffassung der Zeichnerin.*
3 *Erarbeitet das Verständnis der Aufgabenteilung von Frau und Mann, das in den Auszügen aus dem BGB vor und nach 1977 zum Ausdruck kommt. Vergleicht die Gesetzestexte mit der Zeichnung von M. Marcks und euren Darstellungen.*

Die Frau in der Zeichnung von Marie Marcks blickt auf Weichenstellungen in ihrem Leben zurück, die auf die Sorge für andere ausgerichtet waren. Für viele von euch ist dies nicht mehr die Lebensperspektive, die euch erwartet. Frauen und Männer wollen heute erwerbstätig sein um ihre Fähigkeiten zu entwickeln, um ihre individuellen Wünsche neben denen ihres Partners zu verwirklichen und um in Krisenzeiten wie Arbeitslosigkeit des Partners, Scheidung, Krankheit und Tod nicht ins Bodenlose zu fallen. Auch in der Zeichnung wird deutlich, wie wichtig eine gute Ausbildung und die Ausübung eines gelernten Berufs für diese Frau gewesen wären.
Eine partnerschaftliche Arbeitsteilung und die gemeinsame Verantwortung für Haushalt und Kinder hat wesentliche Auswirkungen auf Frauen und Männer. Das soll nicht heißen, dass euch vorgeschrieben werden soll, wie ihr euer Leben führt. Wie jeder Einzelne sein Leben am besten gestalten sollte, dafür gibt es keine Lösung. Eure Lebensgestaltung hängt von euren eigenen Wünschen, Vorstellungen, eurem Lebensumfeld und eurer individuellen Biografie ab. Dieses Kapitel kann euch helfen Entscheidungen zu finden und alternative Vorstellungen für euer Leben zu entwickeln.

(Karikatur: Marcks)

In den Arbeitsaufträgen habt ihr verschiedene Lebenswirklichkeiten von Männern und Frauen diskutiert. Ausgehend von euren Ergebnissen könnt ihr auf den folgenden Seiten zunächst überprüfen, wie es mit der Gleichberechtigung von Frauen und Männern in den Bereichen Erwerbsarbeit, Haushalt und Politik bestellt ist. Ihr werdet feststellen, dass Frauen und Männer in diesen Arbeitsgebieten unterschiedliche Aufgaben und Funktionen wahrnehmen. Wie lassen sich die verschiedenen Fähigkeiten, Neigungen und Verhaltensweisen von Frauen und Männern erklären? Auseinandersetzen könnt ihr euch in diesem Kapitel auch mit Vorschlägen, wie eine (noch) bessere Verteilung der Rechte und Pflichten von Frauen und Männern erreicht werden könnte. Vorgestellt werden Aufgaben und Schwierigkeiten der „neuen Väter", aber auch politische Ansichten und Forderungen zur Gleichstellung.

Auszüge aus dem Bürgerlichen Gesetzbuch (BGB)

Vor 1977

§ 1356

[Leitung des Haushalts, Pflicht zur Mitarbeit]

(1) Die Frau führt den Haushalt in eigener Verantwortung. Sie ist berechtigt erwerbstätig zu sein, soweit dies mit ihren Pflichten in Ehe und Familie vereinbar ist.

§ 1360

[Gegenseitige Unterhaltspflicht]

Die Ehegatten sind einander verpflichtet durch ihre Arbeit und mit ihrem Vermögen die Familie angemessen zu unterhalten. Die Frau erfüllt ihre Verpflichtung durch Arbeit zum Unterhalt der Familie beizutragen in der Regel durch die Führung des Haushalts; zu einer Erwerbstätigkeit ist sie nur verpflichtet, soweit die Arbeitskraft des Mannes und die Einkünfte der Ehegatten zum Unterhalt der Familie nicht ausreichen und es den Verhältnissen der Ehegatten auch nicht entspricht, dass sie den Stamm ihrer Vermögen verwerten.

Seit 1977

§ 1356

(1) Die Ehegatten regeln die Haushaltsführung im gegenseitigen Einvernehmen. Ist die Haushaltsführung einem der Ehegatten überlassen, so leitet dieser den Haushalt in eigener Verantwortung.

(2) Beide Ehegatten sind berechtigt erwerbstätig zu sein. Bei der Wahl und Ausübung einer Erwerbstätigkeit haben sie auf die Belange des anderen Ehegatten und der Familie die gebotene Rücksicht zu nehmen.

§ 1360

Die Ehegatten sind einander verpflichtet durch ihre Arbeit und mit ihrem Vermögen die Familie angemessen zu unterhalten. Ist einem Ehegatten die Haushaltführung überlassen, so erfüllt er seine Verpflichtung durch Arbeit zum Unterhalt der Familie beizutragen in der Regel durch die Führung des Haushalts.

Aus dem Grundgesetz

Artikel 3

(1) Alle Menschen sind vor dem Gesetz gleich.

(2) Männer und Frauen sind gleichberechtigt. Der Staat fördert die tatsächliche Durchsetzung der Gleichberechtigung von Frauen und Männern und wirkt auf die Beseitigung bestehender Nachteile hin.

(Fassung seit 27. 10. 1994: Satz 2 in Absatz 2 wurde ergänzt.)

1.1 Und was machen Sie beruflich?

In der Karikatur (S. 6 f.) wurde kritisiert, dass Frauen ihre beruflichen Wünsche oft der Familie unterordnen. Die Frauengeneration von heute ist jedoch immer weniger bereit auf ihre persönlichen Perspektiven zu verzichten. Denn der Beruf ist mehr als bezahlte Arbeit – er bedeutet auch Selbstständigkeit, Anerkennung, Kontakte, Sicherheit und eigenes Leben (vgl. Kapitel 2 und Kapitel 6).

Ihr könnt auf dieser Doppelseite erarbeiten, wieweit die Gleichberechtigung von Frauen und Männern in der Erwerbsarbeit heutzutage vorangeschritten ist.

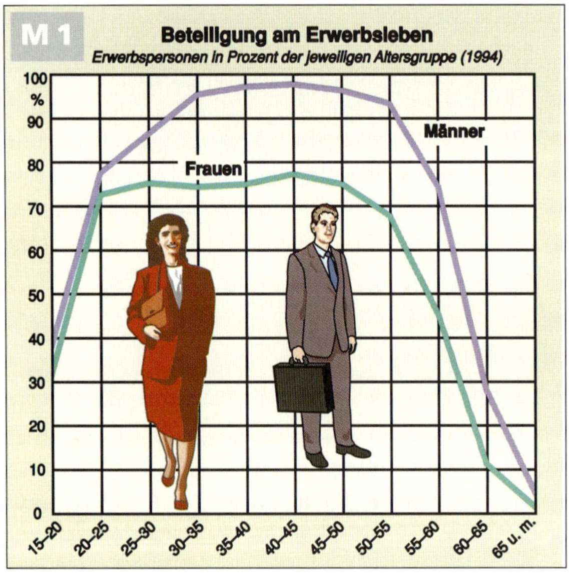

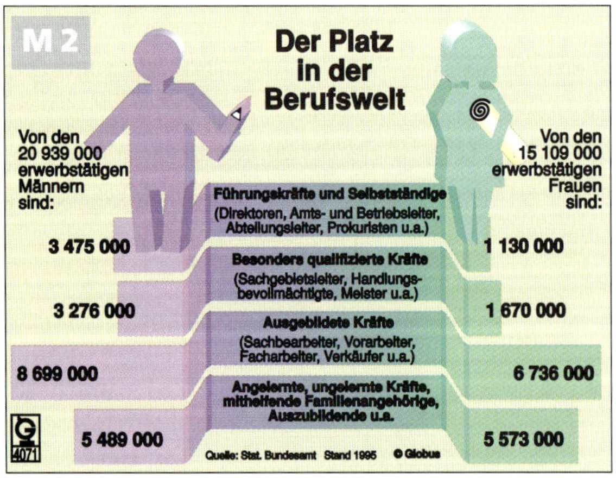

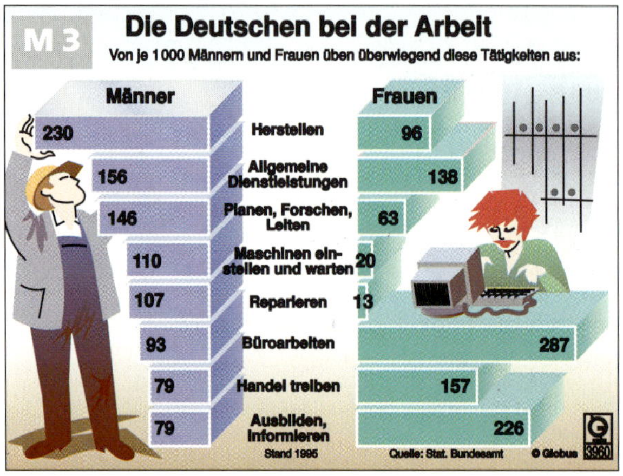

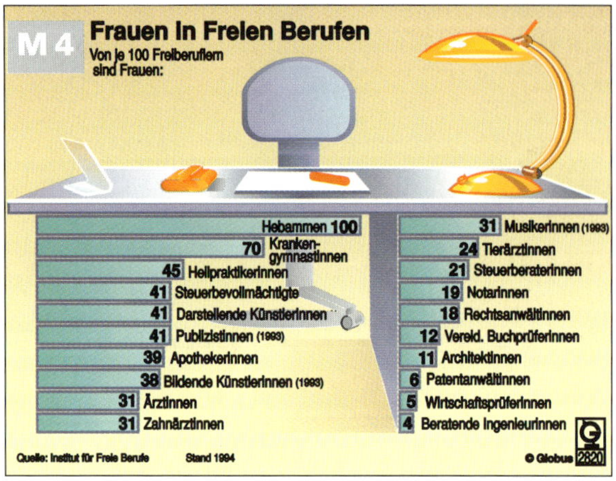

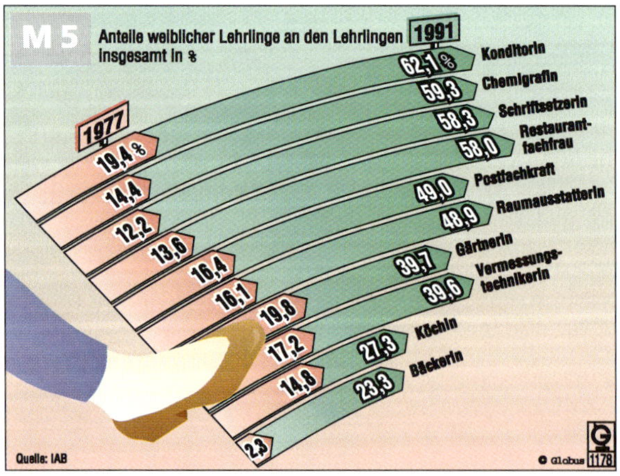

1 *Ermittelt aus M 1 bis M 5 Gemeinsamkeiten und Unterschiede in der Erwerbsarbeit von Männern und Frauen.*

2 *Erläutert, ob es typisch weibliche und männliche Berufe gibt (vgl. auch Aufgabe 4). Überlegt, welche Fähigkeiten die jeweiligen Berufe erfordern.*

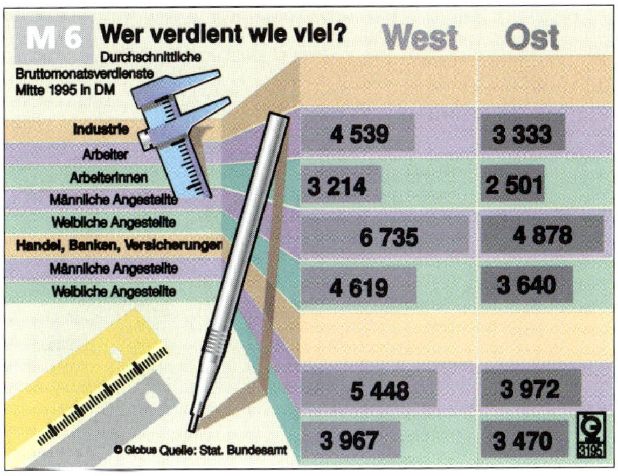

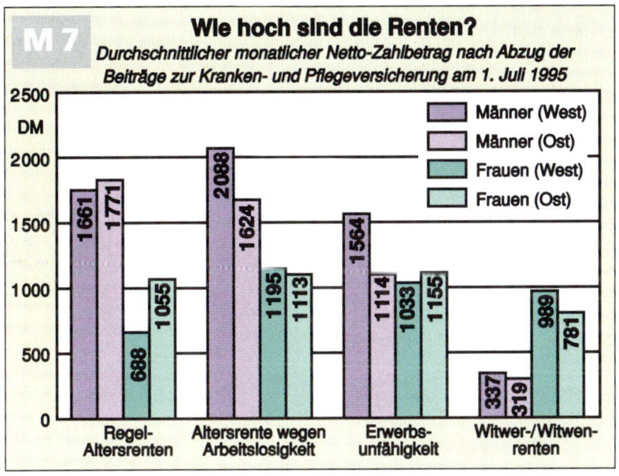

3 *Überlegt, warum Frauen und Männer unterschiedliche Löhne und Renten erhalten. Überprüft eure Vermutungen an den folgenden Materialien. Zieht auch M 4, S. 32 f. und S. 6 f. heran.*

M 8 **Gesetzliche Grundlagen zur Lohngleichheit von Frauen und Männern**

a) Grundgesetz, Art. 3 (vgl. S. 7)

b) Betriebsverfassungsgesetz

§ 75 Arbeitgeber und Betriebsrat haben darüber zu wachen, dass alle im Betrieb tätigen Personen nach den Grundsätzen von Recht und Billigkeit behandelt werden, insbesondere dass jede unterschiedliche Behandlung von Personen wegen ihrer Abstammung, Herkunft, politischen und gewerkschaftlichen Betätigung oder Einstellung oder wegen ihres Geschlechts unterbleibt.

c) Gesetz über die Gleichbehandlung von Männern und Frauen am Arbeitsplatz (Arbeitsrechtliches EG-Anpassungsgesetz)

Das Gesetz verbietet eine Benachteiligung wegen des Geschlechts bei der Begründung eines Arbeitsverhältnisses, bei der Bezahlung und den Arbeitsbedingungen, beim beruflichen Aufstieg, bei einer Kündigung.

(Zit. nach: Frauen, Wochenschau, Nr. 2, 1991, Sek. I, S. 72)

M 9 **Vom gleichen Lohn noch weit entfernt**

Durchschnittliche Bruttowochenverdienste der Arbeiterinnen und Arbeiter in der Industrie

Jahr	Männer (DM)	Frauen (DM)	%
1960	134	79	58,9
1965	206	125	60,7
1970	294	179	60,9
1975	431	285	66,1
1980	596	402	67,4
1985	704	492	69,9
1990	847	591	69,8
1995	1032	735	71,2
1996	1040	750	72,1

(Nach: Statistisches Bundesamt, VI B7–10)

M 10 **Gleicher Lohn für gleiche Arbeit?**

Gleicher Lohn für gleiche Arbeit – diese Forderung konnten die Gewerkschaften bereits in den Fünfzigerjahren zugunsten der Frauen vor dem Bundesverfassungsgericht durchsetzen. Auf dem gleichen Arbeitsplatz darf seither das Geschlecht kein Grund für eine niedrigere Bezahlung sein. Dennoch verdienen die Frauen insgesamt heute immer noch deutlich weniger als die Männer. Die Ursachen sind vielfältig: Frauen wählen schlechter bezahlte Berufe, ihr Arbeitsleben ist häufig von einer Kinderpause unterbrochen und nicht zuletzt werden auch heute noch gut bezahlte Spitzenpositionen in den meisten Branchen vornehmlich mit Männern besetzt.

(Aus: Die Zeit, 18.4.1997)

4 *Sucht Stellenanzeigen aus den Tageszeitungen heraus. Untersucht, welche Anzeigen nur Männer bzw. nur Frauen bzw. beide Geschlechter ansprechen. Stellt Anzeigen heraus, die Frauen oder Männer benachteiligen.*

5 *Überprüft, ob euer Bild, das ihr bei der Untersuchung der Stellenanzeigen gewonnen habt, mit den Darstellungen auf dieser Seite übereinstimmt.*

1.2 Haushalt und Familie – ein Thema für Männer und Frauen?

Erwerbstätige Frauen und Männer müssen Familie, Haushalt und Beruf miteinander vereinbaren. Traditionell hatten Männer, die nach Büro- oder Fabrikschluss nach Hause kamen, Feierabend, während auf erwerbstätige Frauen der zweite Arbeitsplatz Haushalt wartete. Viele Väter gewinnen zunehmend den Eindruck das Heranwachsen ihrer Kinder und den Anschluss an die Familie verpasst zu haben. Immer mehr junge Männer fordern daher eine partnerschaftliche Bewältigung der Familien- und Hausarbeit (vgl. auch S. 16 bis 19).

Wie sich diese Einstellungsveränderung im Alltag niederschlägt und welche Auswirkungen sie hat, erfahrt ihr in den nachfolgenden Materialien.

M 1 Zwischen Beruf und Haushalt – eine Umfrage

Stimme	Westdeutschland (in %) voll zu	eher zu	eher nicht zu	überhaupt nicht zu	Ostdeutschland (in %) voll zu	eher zu	eher nicht zu	überhaupt nicht zu
1. Der Anteil an Zeit und Energie, den jemand seiner Karriere einerseits und der Familie andererseits zukommen lässt, sollte von den persönlichen Interessen und nicht vom Geschlecht bestimmt werden.								
Männer	53	40	6	–	63	31	–	–
Frauen	58	35	6	–	67	29	–	–
18–25 Jahre	62	35	–	–	70	29	–	–
36–60 Jahre	56	36	7	–	65	31	–	–
61 Jahre und älter	44	46	10	–	60	33	–	–
2. Verheiratete Frauen, die Kinder im Vorschulalter haben, sollten nicht arbeiten, es sei denn, es ist für die Familie finanziell notwendig.								
Männer	40	36	18	6	22	34	30	14
Frauen	44	32	16	8	22	29	29	20
18–25 Jahre	29	35	22	14	21	27	29	24
36–60 Jahre	43	34	17	6	21	32	32	15
61 Jahre und älter	58	31	10	–	25	36	26	–

(Aus: Statistisches Bundesamt [Hg.], Datenreport 1994. Zahlen und Fakten über die Bundesrepublik. Bonn 1994, S. 516)

1 *Stellt in M 1 Unterschiede in den Antworten von Männern und Frauen, zwischen Ost und West und zwischen den Altersgruppen heraus.*

2 *Überprüft die Angaben zu den Statements in M 1 auf ihre Stimmigkeit.*

M 2 „Kochen ist Mädchensache“

„Ich finde, Jungen gehören nicht in den Haushalt. Kochen ist Mädchensache. Denn später müssen wir arbeiten gehen und die Mädchen ruhen sich aus.“ Wenn der neunjährige Ingo in 15, 20 Jahren nicht anders über die Sache zu denken gelernt hat, wird er es vielleicht einmal sehr schwer haben, eine Frau zu finden, die seine antiquierte (veraltete) Patriarchen (Hausherren)-Philosophie teilt. Das meint jedenfalls Ingos Mutter Reinhild, die sich nicht so recht erklären kann, woher ihr Sprössling seine Überzeugung gewonnen hat. „Ich kann nicht behaupten, dass wir ihm zu Hause so etwas vorleben; immerhin kocht mein Mann seine Spaghetti mindestens ebenso oft wie ich, spült Geschirr und stopft auch schon mal die Wäsche in die Maschine.“ Ihr Mann Rainer, sagt Reinhild, die ganztägig berufstätige Friseurmeisterin und „Teilzeit-Hausfrau“, wie sie sich nennt, gehe ihr zur Hand, wann immer er es einrichten kann.

Aha! (...) Wer verdeutlicht Ingo, wenn auch nicht unbedingt mit Worten, tagtäglich, dass er mit seiner „antiquierten Einstellung“ nicht so falsch liegt?

Rainer, der erfolgreiche Architekt, und seine Frau, die nach Ingos Geburt drei Jahre lang zu Hause blieb, haben sich schon früh darauf verständigt: Haushalt ist auch Männersache. Aber, das geben sie schon zu, „ganz tief drinnen“ lebt auch in ihnen die alte Überzeugung (...) fort, die sich in fast schon nicht mehr wahrnehmbaren Kleinigkeiten ausdrückt: Wenn Reinhild „natürlich“ frei nimmt, weil Ingo mit Masern im Bett liegt; wenn Rainer, aber nie Reinhild anruft und bekundet: „Zum Staubsaugen bin ich nicht mehr gekommen. Machst du's morgen?“

(Aus: Süddeutsche Zeitung, 22. 11. 1989, S. 12)

1.2 Haushalt und Familie – ein Thema für Männer und Frauen?

3 *Arbeitet die in M 2 genannten Ursachen für Ingos Einstellung heraus.*

4 *Vergleicht die Umfrageergebnisse aus M 1 mit der Arbeitsteilung und den Auffassungen von Reinhild, Rainer und Ingo (M 2).*

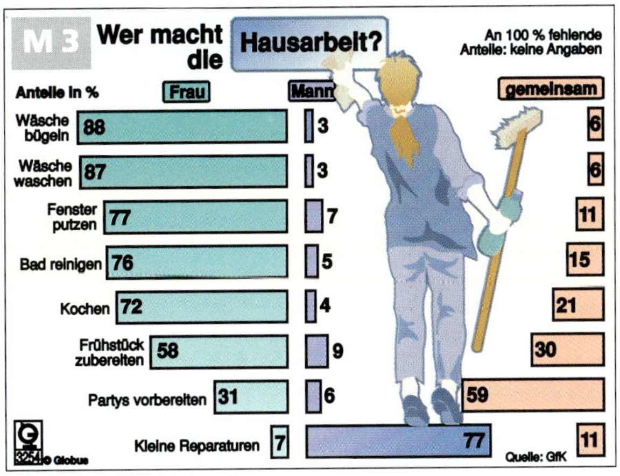

M 4 Die Hausarbeiten der Männer

Mache ich nie	%	Nur gelegentlich	%	Ist meine Sache	%
Bügeln	87	Aufräumen	72	Reparaturen	55
Wäsche waschen	79	Einkaufen	63		
Fenster putzen	73	Staub saugen	61		
Nass wischen	66	Abtrocknen	57		
Wäsche aufhängen	64	Abwaschen	55		
Bad	57	Kochen	49		
Blumen pflegen	56	Müll beseitigen	39		

(Aus: Mitteilungen für Frauen, Nr. 3, 1989, S. 19)

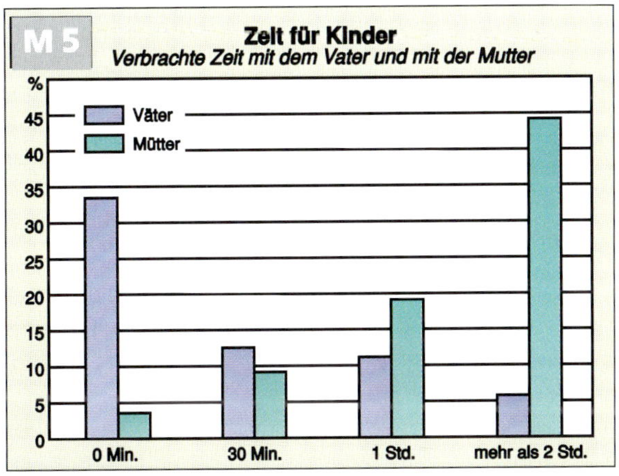

(Nach: W. Hollstein, Die Männer, vorwärts oder zurück? Stuttgart 1990, S. 145, Tab. 14)

5 *Stellt in einer Tabelle eure eigenen Hausarbeitstätigkeiten sowie die eurer Mutter, eures Vaters und eurer Geschwister zusammen. Schreibt dahinter, wie oft jedes Familienmitglied diese Tätigkeiten verrichtet.*

6 *Vergleicht M 3 bis M 5 mit euren Angaben aus Aufgabe 5. Bewertet eure Ergebnisse unter Berücksichtigung der Daten aus M 1.*

M 6 Neue Lebensorientierungen

Familie hat für Frauen ihre Bedeutung als ausschließlicher biografischer Rahmen verloren; Erwerbstätigkeit hat einen festen Stellenwert im Lebenszusammenhang von Frauen erhalten. Gleichzeitig ist Mutterschaft immer noch eine feste Größe in ihrem Leben. Das Grundmuster der Lebensorientierung heutiger Frauengenerationen, die Doppelorientierung auf ein familiäres und partnerschaftliches Leben einerseits und berufliche Tätigkeit andererseits, prägt heute die weiblichen Lebenszusammenhänge. (...) Männer leben heute mit Frauen zusammen, die erwerbstätig sind und auch langfristige berufliche Perspektiven verfolgen, ändern aber ihr Verhalten in der Partnerschaft kaum. Frauen sind immer noch überwiegend verantwortlich und zuständig für die Hausarbeit und, wenn der Maßstab der Gleichverteilung häuslicher Aufgaben angelegt wird, häufig doppelt und dreifach belastet.

(Aus: H. Bertram [Hg.], Die Familie in Westdeutschland. Opladen 1991, S. 160)

M 7 Gleichberechtigung verbessern

Die Gleichberechtigung zwischen Männern und Frauen muss nach Meinung von 60 Prozent aller Bundesbürger verbessert werden. (...) Bei der Verteilung der Hausarbeit bestehen die traditionellen Muster im Osten wie im Westen fort. Die Meinungsforscher haben (in einer repräsentativen Umfrage des IFOs-Instituts vom Herbst 1993) eine Änderung lediglich bei Männern zwischen 16 und 34 Jahren festgestellt – sie beteiligen sich stärker am Putzen, Kochen oder Einkaufen. 51 Prozent der Befragten können sich nicht vorstellen, dass der Vater Erziehungsurlaub (vgl. S. 17) nimmt und die Mutter arbeitet.

(Aus: Süddeutsche Zeitung, 18. 1. 1994, S. 5)

7 *Beurteilt anhand der Materialien dieser Doppelseite die Aussage: „Bei der Verteilung der Hausarbeit bestehen die traditionellen Muster fort."*

1.3 Frauen an die Macht!

Wie viele Ministerinnen kennt ihr? Könntet ihr euch eine Bundeskanzlerin vorstellen?
Auf dieser Seite könnt ihr das Verhältnis von Frauen und Männern im Kabinett und Parlament bestimmen und ihr erfahrt, wie die Parteien Führungspositionen mit Frauen und Männern besetzen.

M 1 **Das Kabinett Kohl (Stand: 1994)**

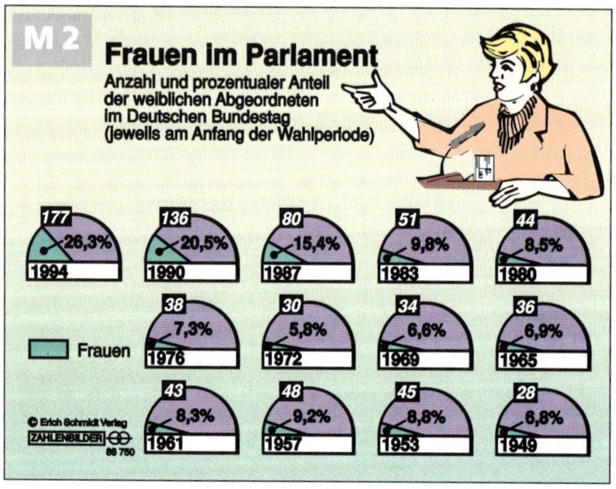

1 *Drückt das Verhältnis von Ministern zu Ministerinnen in Prozent aus (M 1).*

M 3 **Der Frauenanteil im Parlament**
Das schlechte Abschneiden der Regierungsparteien bei der Bundestagswahl am 16. Oktober und der Wiedereinzug von Bündnis 90/Die Grünen hat sich auf den Frauenanteil im Parlament positiv ausgewirkt: Der 13. Bundestag verzeichnet den höchsten Frauenanteil seit der ersten Wahl 1949. (...) Der Frauenanteil in der SPD-Bundestagsfraktion beträgt 34 Prozent. Die Fraktionen von CDU und CSU können lediglich 15 bzw. 10 Prozent aufweisen. Den prozentual höchsten Frauenanteil stellen Bündnis 90/Die Grünen: 59 Prozent der grünen Abgeordneten sind Frauen. (...) Die PDS (...) zählt 43 Prozent Frauen in den eigenen Reihen, die FDP-Fraktion 17 Prozent. Nach absoluten Zahlen bedeutet dies: CDU/CSU 41 Frauen von 294 Abgeordneten, SPD 85 Frauen von 252 Abgeordneten, Grüne 29 Frauen von 49 Abgeordneten, FDP 8 Frauen von 47 Abgeordneten, PDS 13 Frauen von 30 Abgeordneten.
(Aus: zweiwochen dienst Nr. 95, 1994, S. 3)

2 *Stellt die prozentualen Angaben aus M 3 in einem Kreisdiagramm, die absoluten in einem Säulendiagramm dar (vgl. S. 136 f.).*
3 *Stellt dar, inwieweit Frauen als Ministerinnen oder Abgeordnete im deutschen Parlament vertreten sind (M 1 bis M 3).*

Fast alle Parteien stellen wesentlich weniger weibliche als männliche Abgeordnete. – Nur bei den Grünen verhält es sich anders. Welche Regelungen haben die Parteien bezüglich der innerparteilichen Besetzung von Gremien, Ämtern u. a. mit Frauen und Männern getroffen?

M 4 **CDU – Handlungsbedarf ist gefordert**
Auf dem CDU-Parteitag 1996 in Hannover beschloss die CDU eine Regelung, nach der bei Gruppenwahlen im ersten Wahlgang auf eine Mindestbesetzung der Parteiämter mit Frauen zu achten ist. Scheitert der erste Wahlgang, ist das Ergebnis des zweiten unabhängig von dem erreichten Frauenanteil gültig. Peter Hintze, Generalsekretär der CDU, sagte dazu vor der Abstimmung:
„Es geht darum, mehr Frauen als bisher für die Arbeit in den Gremien zu gewinnen. (...) Wir können es uns nicht leisten, auf das Potenzial zu verzichten, dass diese Frauen einbringen. Und wir können es uns schon gar nicht leisten, das Thema erst dann aufzugreifen, wenn uns die Wählerinnen eines Tages dazu zwingen. Der Bundesvorstand hat deshalb einen Antrag beschlossen, der sicherstellen soll, dass bei zukünftigen Wahlen mindestens ein Drittel der Ämter und Mandate mit Frauen besetzt wird. (...) Der Bundesvorstand

schlägt Ihnen vor, dass bei Gruppenwahlen zu Parteiämtern der erste Wahlgang nur gültig ist, wenn ein Drittel der Ämter an Frauen vergeben wurde. Dies wird dazu führen, dass schon in der Vorbereitung der Wahlen mehr Kandidatinnen vorgeschlagen werden."

(Zitat: Peter Hintze, Generalsekretär der CDU. In: CDU-Informationsdienst. Union in Deutschland, Nr. 32, 1996, S. 35)

M 5 **SPD – Männer in der ersten Reihe**

In der SPD hatte der Parteitag 1988 beschlossen, dass in Funktionen und Mandaten der Partei jedes Geschlecht mindestens zu 40 % vertreten sein muss. Karin Junker, die Gleichstellungsbeauftragte des SPD-Bundesvorstandes, zieht Bilanz:

„Wenn auch der Frauenanteil in der Partei immer noch unterdurchschnittlich ist, so muss doch festgestellt werden, dass er zwar nicht spektakulär, aber kontinuierlich gestiegen ist auf jetzt 28,17 Prozent. Die Bemühungen um die innerparteiliche Gleichstellung sind somit nicht ohne Erfolg für die an Mitgliederschwund leidende Partei geblieben. Insgesamt hat der ‚Quotenbeschluss' zu einem deutlichen Anstieg von Frauen in Mandaten und Funktionen geführt, wobei aber nach wie vor festzustellen ist, dass sich die SPD zu einer Partei der Stellvertreterinnen entwickelt. Das hat zur Folge, dass sich die öffentliche Wahrnehmung nach wie vor weitgehend auf männliche Führungspersonen beschränkt und Genossinnen selten in der ersten Reihe repräsentieren."

(Zitat aus: Gleichstellungsbericht der SPD, Nov. 1995, S. 1)

M 6 **FDP – Mehr Chancen für Frauen**

Die FDP lehnt eine Quotierung ab. Nachdem 1987 beschlossen wurde den Frauenanteil durch eine freiwillige Verpflichtung zu erhöhen, hat die FDP 1995 eine dreijährige Initiative begründet, die überwiegend über Berichte und Informationen auf dieses Ziel hinwirken soll:

„Liberale Gleichstellungspolitik geht davon aus, dass es keine grundlegenden Interessenunterschiede zwischen Frauen und Männern in der FDP gibt. (...) Das Ergebnis des Frauenförderplans von 1987 bis 1992 zeigt, dass in der FDP Frauen in Entscheidungsfunktionen auf den verschiedenen politischen Ebenen vielfach noch immer unterrepräsentiert sind. Diesen Zustand wollen wir beenden. Dazu brauchen wir keine starren Quoten, sondern eine konkrete Initiative, die Frauen zur aktiven Mitarbeit in der FDP motiviert und zur Kandidatur für Entscheidungsfunktionen in der Partei auf verschiedenen Ebenen ermutigt. Mit einer Liberalen Initiative ‚Mehr Chancen für Frauen in der FDP' will der Bundesvorstand erreichen, dass Frauen möglichst rasch in Entscheidungsfunktionen auf den verschiedenen Ebenen in der FDP mindestens entsprechend ihrem Anteil an der Mitgliedschaft in der FDP (d. h. 25 %) vertreten sind."

(Zitat aus: Beschluss des Bundesvorstandes vom 15. Mai 1995)

M 7 **Bündnis 90/Die Grünen – An erster Stelle**

Bündnis 90/Die Grünen haben 1986 in ihrer Satzung verankert, dass Frauen in allen Gremien und Organen zu 50 % vertreten sein müssen:

„Wahllisten sind grundsätzlich alternierend (abwechselnd) mit Frauen und Männern zu besetzen, wobei den Frauen die ungeraden Plätze zur Verfügung stehen (Mindestparität). (...)

Präsidien von Bundesversammlungen werden paritätisch (gleichberechtigt) besetzt. (...) Redelisten werden getrennt geführt, Frauen und Männer reden abwechselnd. Ist die Redeliste der Frauen erschöpft, ist die Versammlung zu befragen, ob die Debatte fortgesetzt werden soll. (...)

Bündnis 90/Die Grünen wird als Arbeitgeberin die Gleichstellung von Männern und Frauen sicherstellen. Bezahlte Stellen werden auf allen Qualifikationsebenen mindestens zur Hälfte an Frauen vergeben. In Bereichen, in denen Frauen unterrepräsentiert sind, werden so lange Frauen bevorzugt eingestellt, bis die Mindestparität erreicht ist. Bei der Vergabe von Aufträgen wird analog verfahren. (...)

Kinderbetreuung während politischer Veranstaltungen wird von den zuständigen Geschäftsstellen organisiert. Insbesondere bei größeren Veranstaltungen werden Kinderprogramme gestaltet."

(Zitat aus: Bündnis 90/Die Grünen, Satzung des Bundesverbandes, Stand: März 1996, S. 37 f., S. 41)

4 *Stellt zusammen, welche Regelungen die Parteien bezüglich der Besetzung von Parteiämtern mit Frauen getroffen haben. Begründet, welche Lösung euch am besten gefällt.*

5 *Führt mit Parteivertretern in eurem Ort eine Expertenbefragung durch (vgl. S. 216 f.). Erkundigt euch nach dem Verhältnis von Frauen und Männern in den Parteiämtern und nach Maßnahmen zur Umsetzung der Gleichberechtigung (vgl. S. 20 f.).*

1.4 Angeborene oder anerzogene Verhaltensweisen?

Auf den letzten drei Doppelseiten habt ihr eine Bestandsaufnahme der Arbeitsteilung von Frauen und Männern im Erwerbsleben, in der Familien- und Hausarbeit und in der Politik vorgenommen. Ihr habt gesehen, dass Tätigkeiten wie Hausarbeiten überwiegend von Frauen ausgeübt werden und dass der Anteil von Frauen bzw. Männern in bestimmten Berufen überwiegt. Gibt es angeborene Verhaltensweisen und Fähigkeiten, die eine bestimmte Form der Arbeitsteilung nahe legen, oder werden wir zu Frauen bzw. Männern erzogen?

M 1 Das Gehirn von Männern und Frauen

Die Befunde sind stets gleich, ob sie in Schulklassen in Deutschland, Japan oder den USA erhoben werden: Im Schnitt sind Jungen in Mathematik besser, sich drehende geometrische Figuren können sie sich leichter vorstellen und sie tun sich leichter bei handwerklichen Arbeiten. Mädchen hingegen können sich besser in andere einfühlen, sind redegewandter und lernen Fremdsprachen mit weniger Mühe.

Uneinig sind sich die Gelehrten über die Ursachen der Befähigungsunterschiede. Sind es Eltern und Lehrer, die den Nachwuchs – oft unbewusst – in althergebrachte Geschlechterrollen pressen und das Interesse auf vermeintlich typisch männliche oder weibliche Domänen (Bereiche) lenken? Oder ist es das Gehirn, das von Anfang an je nach Geschlecht in Nuancen (Feinheiten) anders funktioniert?

Beim Studium männlicher und weiblicher Hirne sind Anatomen (Wissenschaftler, die sich mit dem Körperbau beschäftigen) auf wenige subtile (feine) Unterschiede gestoßen. Doch diese Differenzen geben kaum Aufschluss darüber, ob sie angeboren oder erworben sind: Wie Muskeln durch regelmäßiges Training anschwellen, so führen auch Erfahrungen langfristig zur Bildung neuer Nervenverknüpfungen. Als gesichert hingegen gelten eine Reihe von statistisch-anatomischen Befunden:

- Schon sechsjährige Jungen besitzen durchschnittlich mehr Hirnmasse als Mädchen. Bei ausgewachsenen Männern beträgt das Mehrgewicht rund 100 Gramm, was nicht allein durch die insgesamt höhere Körpermasse zu erklären ist.
- Das weibliche Hirn ist dichter gepackt – nach Erkenntnissen der Kanadierin Sandra Witelson enthält es in Regionen rund elf Prozent mehr Nervenzellen pro Kubikzentimeter als das Männerhirn.
- Die Verbindungen zwischen den weitgehend selbstständigen Hirnhälften sind bei Frauen stärker ausgeprägt. Über diese Nervenbrücken, glauben viele Forscher, können bei Frauen mehr Informationen zwischen den Hemisphären (Hirnhälften) hin- und herfließen.

Vor allem die letzte Beobachtung legt den Verdacht nahe, dass Frauen eine andere, stärker emotional bestimmte Art des Denkens pflegen. Während die linke Hirnhälfte für den analytischen Verstand und die meisten Aspekte der Sprache zuständig ist, steuert die rechte Hemisphäre Emotionen, Intuition und Musikalität. (...) Mittels computergestützter Abbildungsverfahren konnte (eine weitere Studie) belegen: Bei der Sprachverarbeitung nutzen die meisten Frauen Areale (Gebiete) in beiden Hirnhälften, Männer hingegen nur Bereiche der dominanten linken Hirnpartie.

(Aus: Der Spiegel, Nr. 19, 1996, S. 122)

1 *Erläutert, welche Unterschiede Forscher in männlichen und weiblichen Hirnen beobachtet haben und welche Schlüsse sie daraus ziehen.*

M 2

(Karikatur: Marcks)

2 *Interpretiert die Karikatur (vgl. S. 50f.). Benutzt zur Erläuterung der Aussage auch die in M 1 dargestellten Forschungsergebnisse.*

1.4 Angeborene oder anerzogene Verhaltensweisen?

M 3 **Fürsorglichkeit kann man lernen**

Unbestritten ist, dass es zwischen Jungen und Mädchen, zwischen Männern und Frauen auch angeborene Unterschiede gibt. Ebenso offensichtlich spielt aber der Alltag eine Rolle, den Kinder Tag für Tag zu Hause erleben. Um mehr über derartige Einflüsse zu erfahren hat der Wissenschaftler Kyle Pruett (...) mehrere Jahre lang 16 ungewöhnliche Familien beobachtet. Ihr besonderes Merkmal: Der Vater trägt die Hauptverantwortung für die Kindererziehung, während die Mutter ganztags berufstätig ist. Schon bald fiel Pruett auf, dass Jungen und Mädchen, als sie vier oder fünf Jahre alt waren, weiterhin zusammen mit Puppen und Burgen spielten, als ob es keine Geschlechterunterschiede gäbe. Der Studienleiter erklärt das so: Traditionell seien es die Väter, die die Geschlechter-Stereotypen (-Vorstellungen) stärker vermittelten als die Mütter. Die unkonventionellen Väter dagegen lockerten die starren Vorbilder auf. „Ich habe beobachtet, wie sich Jungen an ihren Fähigkeiten, fürsorglich zu sein, freuten", sagt der Wissenschaftler (...). „Sie wussten, wie man mit einem Baby umgeht und betrachteten Babypflege überhaupt nicht als Mädchensache." Der US-Forscher zieht daraus keineswegs den Schluss, dass Väter die besseren Mütter sind. Er glaubt aber, dass zwei engagierte Eltern der gesamten Familie mehr nützen als eine verantwortungsbewusste Mutter und ein desinteressierter Vater. Denn „viele Männer wissen zwar viel über Beziehungen zwischen Rivalen", so Pruett, „aber wenig über Beziehungen, in denen Intimität herrscht. Kinder aber sind Experten für intime Beziehungen."

(Aus: P. Heiligbrunner/M. Köster, Typisch Mann, typisch Frau. In: P.M. Perspektive. Mann und Frau, 1993, S. 17)

3 *Arbeitet heraus, welche Theorie in M 3 vertreten wird, und begründet, ob sie den Ergebnissen in M 1 widerspricht.*

M 4 **Der kleine Unterschied**

Niemand weiß, wo es herkommt. Und doch ist es für die meisten gar keine Frage: Rosa bedeutet Mädchen und blau bedeutet Junge. Bereits im Krankenhaus wird vielen Babys unmittelbar nach der Geburt ein Bändchen mit der entsprechenden Farbe angehängt. Und dann kann es losgehen: „Ein kräftiger Junge und so unternehmungslustig. Und wie laut er schon brüllen kann! Ganz der Papa!" Oder anders herum: „Eine richtige kleine Schönheit! Und diese zierliche Nase! Der Mama wie aus dem Gesicht geschnitten."

(Aus: A. Kitsche u.a. [Hg.], Gleichberechtigung. Bonn 1992/93, S. 14)

Kleine Kinder spielen mit allem, was an Spielzeug da ist: Jungen mit Puppen, Mädchen mit Modelleisenbahnen. In einem Alter von drei bis vier Jahren werden die Spiele der Mädchen meistens „sanfter", die der Jungen „aggressiver". Anerzogen oder angeboren?

M 5 **Jungenhafte Mädchen – und umgekehrt?**

Ein Mädchen darf – oder soll – sich eher „jungenhaft" verhalten als umgekehrt. Viele Mädchen handhaben heute z. B. gern und geschickt Werkzeuge und Eisenbahn, sind sportlich und wagemutig. Eher anerkennend als tadelnd bemerken Eltern und Bekannte, an ihr sei „ja ein richtiger Junge verloren gegangen". Spielt ein Junge dagegen bis ins Schulalter am liebsten mit Puppen, (...) so gilt er als auffällig. Wer sieht schon gerne, dass ein fünfjähriger Junge einen Puppenwagen schiebt? Allenfalls ein Schmusetier ist erlaubt. (...)

Beispiele zeigen, dass die Fähigkeiten und Eigenschaften von Mädchen sich zunehmend um die der Jungen erweitern. Sie orientieren sich auf Familie und Beruf. Die meisten Jungen dagegen (...) werden nicht darauf vorbereitet, als Vater neben der Berufstätigkeit die Hausarbeit und Kinderbetreuung als ihr Arbeitsgebiet wahrzunehmen. (...)

(Aus: H. Hoppe, Frauenleben. Bielefeld 1993, S. 18 ff.)

4 *Führt mithilfe von Beispielen (M 3 bis M 5) aus, was man unter „Sozialisation" (Lexikon) versteht.*

1.5 Muss alles so bleiben, wie es ist?

Neue Männer, neue Väter

Um Gleichberechtigung in allen Lebensbereichen zu erreichen, ist es langfristig wichtig, dass sich eine partnerschaftliche Arbeitsteilung in den Familien- bzw. Lebensgemeinschaften durchsetzt. Mit der Geburt eines Kindes stellen Frauen nach wie vor ihre beruflichen Wünsche in den Hintergrund, weil dies von ihnen erwartet wird (vgl. S. 10, M 1). Mütter bezahlen den Wiedereintritt in den Beruf mit enormer Arbeitsbelastung. Gefordert werden „neue" Väter. Was sich hinter diesem Schlagwort verbirgt und welche Probleme auf Männer und Frauen bei einer partnerschaftlichen Arbeitsteilung zukommen, wird im Folgenden dargestellt.

M 1 Die Frau gehört ins Haus – noch immer?

Die Zeitschrift „Mitteilungen für Frauen" (MfF) sprach mit Silvia Schied (30 Jahre), Juristin bei der IG Metall für Arbeits- und Sozialrecht.

Silvia: (...) Ein wirkliches Problem liegt in der traditionellen Rollenverteilung. Hier die Vorurteile zu überwinden und abzubauen wird noch viel Zeit, Arbeit und Überzeugungskraft kosten.

MfF: Wie sehen denn da eure Erfahrungen mit den jungen Leuten aus? Wird es ganz allgemein lockerer, leichter?

Silvia: Solange sie wirklich jung sind, scheint es so. Kommen aber Ehe, Kinder und Verpflichtungen auf sie zu , geht es um die „Karriere" – dann kommt ganz schnell wieder das alte Klischee zum Vorschein. Dann heißt es: Die Frau gehört ins Haus, muss die Kinder hüten.

(Aus: Mitteilungen für Frauen, Nr. 3, 1989, S. 18)

M 2 Ein Kind verändert alles

Mit dem stärkeren väterlichen Engagement ist dennoch keine Veränderung der traditionellen Zuständigkeit für Kinder verbunden. Während Frauen auch für die Lebensphase mit einem Kind die partnerschaftliche Gestaltung des Lebens weiterführen wollen, erweist sich Männern das gemeinsame Kind (...) als Faktor, mit dem sich alles ändert; zu mehr als 80 % verlangen sie nun den Ausstieg von Frauen aus der Erwerbsarbeit. (...) Dies hat nicht nur mit rückständigen Bewusstseinsinhalten von Männern, sondern ebenso mit strukturellen Hindernissen zu tun: Den unzureichenden Möglichkeiten der außerhäuslichen Kinderbetreuung, den kinderfeindlichen Arbeitszeitstrukturen und der unterschiedlichen Entlohnung und Stabilität (Beständigkeit) der Frauen- und Männerarbeitsplätze. Bei ungleichen materiellen Absicherungen bedeutet die Reduzierung der männlichen Erwerbsarbeit zugunsten von Kindern einen verhältnismäßig und real stärkeren Einkommensverlust als umgekehrt (vgl. S. 9). (...)

Die Beteiligung von Männern an Hausarbeit scheint insgesamt primär (vorrangig) die Kinderbetreuung zu betreffen und sich eher auf die kreativen und erholungsstiftenden Anteile der Familienarbeit zu erstrecken, während Frauen in dieser Zeit die Hausarbeit erledigen. Fasst man die Befunde in den letzten Jahren (...) zusammen, so zeigt sich, dass eine tief greifende Veränderung der alltäglichen Zuständigkeiten für Kinder nicht eingetreten ist. Nach wie vor sind es eher die Mütter, die Erwerbsarbeit zugunsten der Kinder reduzieren oder auch ganz aufgeben (müssen) und für die Betreuung/Versorgung von Kindern zuständig sind.

(Aus: M. Stein-Hilbers, Frauen und Männer. In: Sozialwissenschaftliche Informationen, Nr. 4, 1989, S. 225 f.)

Der Vater versorgt die Kinder.

1 *Arbeitet heraus, welche Ursachen in M 1 und M 2 für die nur langsame Veränderung der traditionellen Arbeitsteilung genannt werden.*

Als Ursachen für die ungleiche Arbeitsteilung wurden sowohl „rückständige Bewusstseinsinhalte" als auch strukturelle Hemmnisse genannt. Im Folgenden könnt ihr zunächst erarbeiten, wie die „neuen Väter" gegen die traditionelle Denkweise angehen und welche Probleme sie mit ihrer Rolle haben.

nete Rolle, während junge Frauen mögliche Kollisionen (Widerstreitigkeiten nicht miteinander vereinbarer Interessen) bereits im Vorhinein durchspielen. Weit mehr als z. B. die Hälfte aller Lehrerinnen ist teilzeitbeschäftigt. Halber Unterricht bedeutet halbes Gehalt und geringere Rente bzw. Pension. Vor allem aber sind die Aufstiegschancen stark eingeschränkt. (...) Die negativen Auswirkungen tradierter Rollenmuster beschränken sich nicht auf Aufstiegsmöglichkeiten, sondern berühren den gesamten Bereich Ausbildung und Beruf.
(Aus: G. Hedwig, a. a. O., S. 26)

4 *Erarbeitet aus M 3 und M 4, warum viele junge Frauen von ihren Wunschberufen Abstand nehmen.*
5 *Überlegt und stellt dar, mit welchen Vorurteilen und Schwierigkeiten Caroline voraussichtlich zu kämpfen haben wird (M 1 bis M 4).*

Pamela (vgl. M 6) in Zunftkleidung

M 5 **Von der Zimmerin zur Architektin**
Dachstühle zimmern, mit Holz bauen, das hat Frauke gereizt. Bei fast jedem Wetter raus, auch härtere körperliche Arbeit in Kauf nehmen. Die 19-Jährige hat keine Bedenken. Aber bevor Frauke auf der Baustelle loslegen kann, muss sie wieder einmal Theorie büffeln. (...) Physik, technisches Zeichnen, Mathematik, diese Fächer sind für Bauberufe im wahrsten Sinn des Wortes grundlegend. Frauke ist nicht theoriefeindlich, schließlich möchte sie später einmal Architektin werden. Aber am Anfang ihrer Ausbildung möchte sie schnell in die Praxis. (...) Man muss auch im Winter nach draußen. Man darf nicht zimperlich sein. Zimmerin ist ein harter Job, der körperlich einiges abverlangt. Also, frau braucht Kraft , aber Frauke ist sich sicher: Mit Geschicklichkeit kann sie sicher manches ausgleichen. (...) Frauke weiß ziemlich genau, was sie erwartet. Einige ihrer Freunde arbeiten schon als Zimmerer. Was ihre Freunde nicht über den Beruf wussten, hat sie beim Arbeitsamt erfragt. Ihr Berater war allerdings in einem Punkt ahnungslos: Der meinte zuerst, Frauen wären für die Berufsausbildung zum Zimmerer gar nicht zugelassen.
(Aus: C. Rönneberg, Speis und Schweiß. In: 'ran 10/95, hg. v. DGB, S. 30)

M 6 **Beruf Zimmerin**
Pamela (ist Zimmerin) und hat das erste Lehrjahr gerade hinter sich. Als Frau unter lauter Männern hat sie sich offenbar gut gehalten, denn ihr Ausbilder meint von ihr, „die kann es allemal mit den Männern aufnehmen“. (...) Ursprünglich wollte Pamela Bauzeichnerin werden (...), doch bekam sie keine Lehrstelle. Also hat sie bei einer Zimmerei (...) um einen Ausbildungsplatz nachgefragt, weil ihr das Praktikum als Zimmerer so gut gefallen hat. Was sie daran mag, sind die frische Luft, die Teamarbeit und dass man abends sehe, was man mit seinen Händen gemacht hat. (...) Vom künftigen Chef ist ihr Ansinnen zunächst zurückhaltend aufgenommen worden. (...) Schwierigkeiten mit den Ausbildern hat es nie gegeben, eher sind es schon die Kleinigkeiten des Lehrlingsalltags, die als Frau unter Männern nerven. Schon am ersten Tag in der Berufsschule, bei der Begrüßung „Guten Tag, meine Herren“, hat sie angemerkt, sie sei auch noch da. (...) Witze am Bau stören sie mehr oder weniger, meist amüsiert sie sich, aber sich an die mobilen Sanitäranlagen zu gewöhnen fällt ihr schwer. Gewöhnungsbedürftig war auch die Zunftkleidung. Sie ist aus kräftigem Cordstoff mit zwei Reißverschlüssen vorne an der Hose und wenig auf weibliche Formen zugeschnitten.
(Aus: L. Weber, Junge Frauen am Bau. In: FAZ , 1. 7. 1995)

6 *Arbeitet heraus, aus welchen Gründen Frauke und Pamela Zimmerin werden wollen und welche Schwierigkeiten sie bewältigen müssen (M 5, M 6).*
7 *Legt dar, ob ihr Caroline zu ihrem Traumberuf raten würdet. Begründet eure Antwort.*

2.5 Berufliche Stellung und sozialer Status

Bei der Berufswahl spielen unterschiedliche Gesichtspunkte eine Rolle, die von den einzelnen Menschen unterschiedlich gewichtet werden: Geld verdienen, zukunftssicherer Beruf, Selbstverwirklichung, Interesse am Beruf und anderes mehr (vgl. M5, S. 27). Nicht selten aber ist bedeutsam, wie angesehen ein Beruf ist. Eng zusammen mit dem Ansehen eines Berufes hängt nämlich auch die persönliche Stellung, die man durch einen Beruf bei seinen Freunden, Nachbarn, kurz, in der Gesellschaft hat.

Selbstverständlich ist der Beruf nur eines von vielen Kriterien, die das Ansehen eines Menschen gegenüber anderen dokumentiert. Dazu gehören auch die Wohnung, die Kleidung, das Auto oder das Freizeitverhalten. Es handelt sich also ausschließlich um Merkmale, die der Wertschätzung von Menschen durch sie selbst und vor allem durch andere Menschen und damit der Einordnung in eine gesellschaftliche Rangordnung dienen. Diese Rangordnung wird „sozialer Status" genannt. Der Status gibt an, wie hoch eine Person in der Gesellschaft angesehen ist, welches „Prestige" sie besitzt.

M 1

(Karikatur: Kambiz)

1 *Die Karikatur ist doppeldeutig und ironisch (vgl. S. 50f.). Erarbeitet die Aussage der Karikatur und erläutert, worin sich der „soziale Status" der beiden Figuren ausdrückt und wodurch sie ihren „sozialen Status" zu heben versuchen.*

2 *Nennt ausgehend von der Karikatur und dem Einleitungstext Merkmale, die Menschen benutzen um sich ein höheres Ansehen zu verschaffen, und bringt sie in eine Rangordnung.*

M 2 **Sich ein „Bild" von anderen machen**

Ein Rentner blickt aus dem Fenster. Er sieht, wie beim Nachbar ein Mercedes der Nobelklasse vorfährt. Ein Mann in blauer Monteurskleidung steigt aus dem Wagen, holt aus dem Kofferraum einen Handwerkskasten und geht durch den Garten zum Haus des Nachbarn.

Der Rentner macht sich Gedanken über den Mann: „Ein Mann im blauen Monteursanzug und ein so teurer Wagen – wer das wohl sein mag?" – „Na, wahrscheinlich ein Handwerker, der den Wagen seines Chefs benutzen darf." – „Aber, beim Nachbarn ist niemand zu Hause; ist das vielleicht gar kein Handwerker?"

Der Rentner möchte der Sache auf den Grund gehen, verlässt seine Wohnung und folgt heimlich dem Mann im Monteursanzug. Gerade als dieser die Kellertür öffnen will, kommt der Rentner hinzu und verwickelt ihn in ein Gespräch. Und so erfährt der alte Mann, dass der „Monteur" einen Reparaturauftrag hat, selbstständiger Handwerksmeister mit einem eigenen Installationsbetrieb ist und 23 Mitarbeiterinnen und Mitarbeiter beschäftigt.

Im weiteren Verlauf des Gesprächs erfährt er außerdem, dass der Handwerksmeister das Gymnasium besucht hat und vor kurzem zum Stadtrat gewählt wurde. Da seine Handwerker zur Zeit anderweitig beschäftigt sind, hat er sich selbst auf den Weg gemacht um den Reparaturauftrag zu erledigen.

Während des Gesprächs versucht der Rentner sich ein „Bild" von dem „Monteur" zu machen. Er hat dabei nichts anderes gemacht als andere Menschen, die wissen wollen, mit wem sie es zu tun haben.

(Nach: K.M. Bolte/S. Hradil, Soziale Ungleichheit. Opladen 1984, S. 191 f.)

3 *Gliedert die Geschichte (M 2) in Sinnabschnitte. Versetzt euch nun in die Lage des Rentners. Vermutet, welche Gedanken der alte Mann jeweils hatte, und begründet eure Annahmen.*

4 *Stellt die in M 2 genannten Statussymbole (Mercedes, Kleidung usw.) zusammen und bewertet sie in einer Rangskala von eins (niedriger Status) bis acht (hoher Status). Tragt eure Ergebnisse als Säulendiagramm (vgl. S. 136) in ein Koordinatenkreuz ein. Die Einteilung auf der x-Achse bezeichnet die Statussymbole. Auf der y-Achse wird die Rangskala abgetragen.*

5 *Diskutiert eure Ergebnisse aus Aufgabe 4 in der Klasse. Versucht herauszufinden, aus welchen Gründen ihr zu unterschiedlichen Einschätzungen gelangt seid.*

Zur Sache: Status
Ungleichheit tritt in Gestalt von Unterschieden auf, die Menschen als gleich-, besser- oder schlechter-, als höher- oder tiefer gestellt erscheinen lassen (Unterschiede des Einkommens, des Ansehens, der Bildung usw.). Die Stellung, die jemand in irgendeiner dieser Abstufungen im Vergleich zu anderen Mitgliedern des jeweils betrachteten Gesellschaftszusammenhangs (Gemeinde, Betrieb, Gesamtgesellschaft, mehrere Gesellschaften usw.) einnimmt, wird als Status bezeichnet. Je nachdem, um welche Art von Ungleichheit es geht, wird von Einkommensstatus, Bildungsstatus, Status auf Grund von Berufsprestige (Prestige = Ansehen) usw. gesprochen. (...) Unter den objektiv zurechenbaren prestigehaltigen Merkmalen (...) spielt vor allem der Beruf eine besonders wichtige Rolle. Mit einigem Recht lässt sich der Beruf daher als der „harte Kern" des Prestigegefüges industrieller Gesellschaften bezeichnen (...).

(Nach: K.M. Bolte/S. Hradil, Soziale Ungleichheit. Opladen [6]1988, S. 29, 212)

In Aufgabe 5 habt ihr herausgefunden, dass ihr einige Statussymbole unterschiedlich bewertet und bei anderen weitgehende Übereinstimmung erzielt. Zu den Bereichen, in denen die meisten Menschen Übereinstimmung erzielen, zählt der Beruf. Wissenschaftler greifen auf solche Einschätzungen zurück, wenn sie versuchen den Aufbau unserer Gellschaft zu beschreiben. (Vgl. dazu S. 132 f., M 6 bis M 9.)

M 3 **Status und Prestige bei der Berufsfindung**
Zwar wird immer wieder betont, alle Berufe seien für die Leistungsfähigkeit der Wirtschaft von gleicher Bedeutung, gleichwohl sind sie nach ihrer gesellschaftlichen Wertschätzung, nach ihrem Image oder Ansehen, deutlich voneinander geschieden. (...) Die Wissenschaftler verstehen derartige Vorgaben der Gesellschaft (...) als „Filter und Nadelöhr" der Statusbeschreibung und der Chancen zur Selbstverwirklichung. Die unterschiedliche Bewertung der Berufe auf einer Art sozialer Stufenleiter ist Ausdruck dafür, dass die Bedingungen, unter denen Erwerbsarbeit erbracht wird, nach beruflichen Aktionsfeldern höchst unterschiedlich ausfallen. (...) Berufe sind also Abbild gesellschaftlicher Realität, sie geben die Richtung vor für berufliches Aufstiegsstreben und steuern Bewegungen am Arbeitsmarkt.

(Aus: Bundesanstalt für Arbeit [Hg.], Handbuch zur Berufswahlvorbereitung. Nürnberg [3]1992, S. 256 f.)

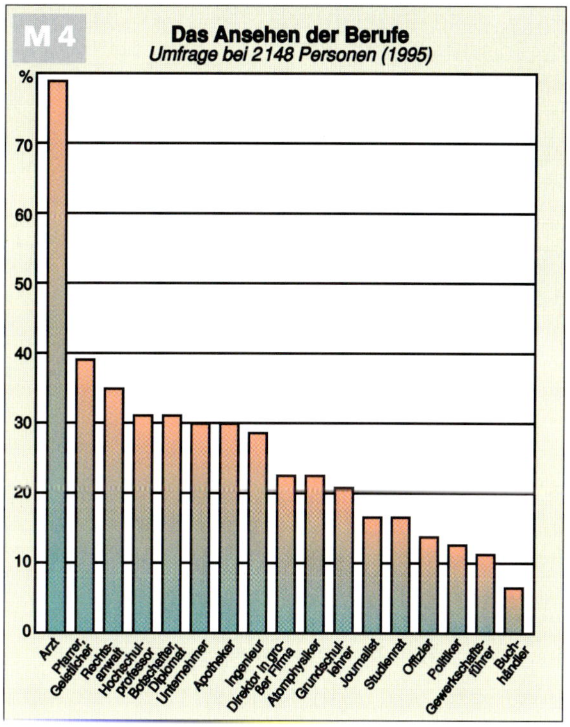

(Daten nach: Institut für Demoskopie, Allensbach; iwd, Köln)

6 *Nehmt Stellung zu der Aussage „Der Beruf hat unter den Statussymbolen eine herausragende Bedeutung".*

7 *Begründet, warum es einen Zusammenhang zwischen Traumberuf und Statussymbol gibt.*

8 *In Aufgabe 6, S. 27, habt ihr eine Rangfolge von Merkmalen erstellt, die für euch bei der Berufswahl wichtig sind. Überlegt, inwieweit diese Kriterien das Prestige eines Berufs beeinflussen.*

9 *Überlegt und begründet, inwiefern Berufswahl und Herkunft (vgl. S. 124 bis 127) einerseits und Berufswahl und soziale Mobilität andererseits (vgl. S. 134 f.) zusammenhängen.*

10 *Versucht herauszufinden, welche Rolle für euch das Ansehen eines Berufs bei der Berufswahl spielt.*

→ Schicht, Sozialer Wandel

Betriebspraktikum

Ein kleines Experiment kann euch zeigen, wie „Vorwissen“ die Wahrnehmung beeinflussen kann. Versucht zu erkennen, was auf dem Bild zu sehen ist. Danach lest die auf den Kopf gedruckte Bildunterschrift.

Abgebildet ist ein Dalmatinerhund, der nach links schaut. Wenn ihr diese Information einmal habt, seht ihr schnell, „worauf es ankommt“.

Ähnlich verwirrend kann die Vielfalt der Eindrücke im Betrieb sein. Ein „Bild“ von der Arbeitswelt, von Berufstätigkeit und Arbeitssituationen könnt ihr euch nur machen, wenn es euch gelingt, diese Eindrücke zu ordnen und richtig zu deuten. Zum richtigen „Sehen“ im Betrieb muss also das notwendige Vorwissen kommen. In Kapitel 2.2 habt ihr einige Anregungen erhalten, wie ihr euch vor eurem Praktikum über euren Berufswunsch näher informieren könnt.

Das Betriebspraktikum ist ein durch Unterricht vorbereiteter Arbeitsaufenthalt in einem Betrieb, Geschäft, Büro oder einer sozialen Einrichtung. Dabei könnt ihr durch eigene Mitarbeit, Beobachtung und Fragen Erfahrungen sammeln, die für eure Berufswahl eine wichtige Orientierungshilfe sind.

Im Betriebspraktikum erhaltet ihr Einblicke in das Berufsleben. Ihr erkundet Betriebe und Arbeitsplätze in der Industrie, im Krankenhaus, in der Verwaltung, in einer Bank, im Einzelhandel, in einer Kindertagesstätte usw. Das ist mal etwas ganz anderes als Schule! Sicherlich wird es für euch interessant herauszufinden, wie ihr euch in betrieblichen Arbeitssituationen zurechtfindet und mit ungewohnten Anforderungen fertig werdet. Ihr habt Gelegenheit Berufstätige bei ihrer Arbeit zu beobachten, selbst Arbeiten zu verrichten und Kolleginnen und Kollegen ausführlich zu befragen.

Auf diese Weise könnt ihr eure Vermutungen über Berufsarbeit gezielt überprüfen. Das gelingt umso besser, je gründlicher ihr euch schon in der Schule darauf vorbereitet habt.

Wichtig während eures Praktikums ist es, genau zu beobachten, gezielt zu fragen und Wichtiges für die Auswertung in der Schule festzuhalten. Durch Vergleiche mit den Erfahrungen anderer werdet ihr feststellen, ob eure Ergebnisse eher typisch oder zufällig sind. Aufgrund eurer Aufzeichnungen könnt ihr dann im Auswertungsgespräch die Gründe für eure unterschiedlichen Erfahrungen herausfinden. Wer beispielsweise sein Praktikum in einer kleinen Modeboutique macht, erfährt den Beruf „Einzelhandelskauffrau/-mann“ anders als jemand, der im Supermarkt sein Praktikum absolviert.

Verlaufsplan für ein Betriebspraktikum

Schritt 1: Klärung der eigenen Erwartungen

Für einige von euch mag es wichtig sein, dass die künftige Berufstätigkeit „Spaß“ macht. Andere legen mehr Wert auf Einkommen, sicheren Arbeitsplatz oder auf saubere Arbeit. Ihr müsst selbst entscheiden und euch bewusst machen, was für euch wichtig ist. Dabei soll euch ein Schattenriss helfen.

Jede bzw. jeder von euch legt sich auf einen großen Papierbogen (z. B. Tapete) und lässt seinen Umriss von anderen zeichnen. Teilt den Schattenriss in die Abschnitte „Kopf“ (Denken), „Herz“ (Fühlen) und „Körper“ (Handeln) ein. Tragt ein, welche Erwartungen ihr mit dem Praktikum bzw. mit Arbeit und Beruf verbindet. Alle Schattenrisse werden dann verglichen, die Erwartungsschwerpunkte festgestellt und kritisch gewichtet. In eurer Diskussion könnt ihr auf die Ergebnisse dieses Kapitels zurückgreifen.

Schritt 2: Organisatorische Vorbereitungen

Wenn ihr euch über eure Erwartungen im Klaren geworden seid und wisst, welchen Beruf ihr in eurem Praktikum näher kennen lernen wollt, müsst ihr Kontakte zu Firmen aufnehmen und euch um einen Praktikumsplatz bewerben. Dies geschieht meist in schriftlicher Form. Wenn ihr Antwort habt und wisst, in welchem Betrieb ihr euer Praktikum absolviert, informiert eure Lehrer und Eltern. (Eventuell müsst ihr in dem Betrieb noch einen Bescheid über eine ärztliche Untersuchung vorlegen.) Es macht immer einen guten Eindruck, wenn ihr euch kurz vor Beginn des Praktikums persönlich im Betrieb vorstellt und eure Arbeitszeiten und -kleidung absprecht.

Schritt 3: Erstellung eines Erkundungsleitfadens
Sammelt die Fragen, die durch eure Erwartungen in Schritt 1 aufgeworfen wurden und stellt sie zu einem Erkundungsleitfaden zusammen (Fragenkatalog und Erkundungsaufgaben). Dabei ist zu klären: Was wollt ihr im Praktikum erfahren, beobachten, erfragen? Wie erhaltet ihr Antworten auf eure Fragen? (Zum Beispiel: Das Arbeitstempo kann man beobachten; Gründe für Arbeitszufriedenheit muss man jedoch erfragen.)
Die einzelnen Unterthemen dieses Kapitels können euch bei der Erstellung eures Erkundungsleitfadens eine Hilfe sein. In ihnen findet ihr beispielsweise Hinweise auf Gesichtspunkte, die für euch bei der Berufswahl von Bedeutung sein können (Zukunftsaussichten auf dem Arbeitsmarkt, Verdienstmöglichkeiten, Aufstiegsmöglichkeiten usw.).

Schritt 4: Dokumentation
Die Erkundungsergebnisse solltet ihr in einer Form festhalten (dokumentieren), die anschaulich ist und eine gemeinsame Auswertung der Praktikumserfahrungen ermöglicht. Eine Möglichkeit stellt ein Praktikumsbericht dar, eine andere eine Wandzeitung, eine „Praktikums-Illustrierte“ oder gar eine Fotoreportage. Je mehr Material, Fotos, Bilder, Statistiken, Textausschnitte aus Betriebszeitungen, Firmenprospekten usw. ihr während des Praktikums sammelt, desto mehr Möglichkeiten habt ihr eure Präsentation anschaulich zu gestalten. Auf alle Fälle solltet ihr euch während des Praktikums Notizen zu den Punkten eures Erkundungsleitfadens machen und wichtige Beobachtungen und Ereignisse festhalten.

Schritt 5: Auswertung der Erkundungsergebnisse
Die Auswertung kann mit einem Rundgespräch über Erlebnisse, Vorfälle und wichtige Eindrücke beginnen. Orientieren könnt ihr euch dabei z. B. an den folgenden Fragen:

1. *Was hat dir am Praktikum gefallen?*
2. *Was sollte verändert/verbessert werden?*
3. *Begründe, warum du den gleichen Praktikumsplatz (nicht) wieder wählen würdest!*
4. *Stelle Gründe zusammen, warum du an deiner Praktikumsstelle später (nicht) arbeiten möchtest!*
5. *Wie hat das Praktilum deine Berufsentscheidung beeinflusst?*
6. *Worin liegt für dich die Bedeutung des Praktikums?*
7. *War dein Praktikum in der Schule genügend vorbereitet, was könnte verbessert werden?*
8. *Wie beurteilst du deine Betreuung durch die Lehrer im Praktikum?*
9. *Hatte dein Betreuer am Arbeitsplatz genügend Zeit für dich?*
10. *Was könnte man für das Praktikum an deiner Praktikumsstelle verbessern?*
11. *Bei welchen Aufgaben fühltest du dich über- oder unterfordert?*
12. *Welche Fragen oder Probleme hast du während des Praktikums mit deinen Eltern besprochen?*

(Aus: arbeit + lernen, Heft 9, 1980, S. 13)

Die Bewertung eurer konkreten Praktikumserfahrungen kann dann in Form von Collagen erfolgen. Dazu werden Gruppen aus gleichen Beschäftigungsgruppen gebildet. Eure Aufgabe ist es, die typischen Merkmale eures Berufes verallgemeinernd darzustellen. Wenn ihr Praktikumsberichte geschrieben habt, könnt ihr diese als Materialsammlung dazu heranziehen. Ihr könnt folgendermaßen vorgehen:

- Zunächst listet die Gruppe alles auf, was für eine Darstellung interessant erscheint (z. B. typische Tätigkeiten, Lohn, Mitbestimmung, Rationalisierung …).
- Danach wird eine Rangfolge der wichtigsten Gesichtspunkte/Merkmale aufgestellt und entschieden, was in der Collage dargestellt werden soll.
- Erst jetzt wird das geeignete Material ausgewählt, ausgeschnitten und verarbeitet. Hierzu sind besonders Firmenprospekte, Betriebs- und Verbandszeitschriften geeignet, die im Praktikum gesammelt wurden.

3. Mehr politische Beteiligung durch die Bürgerinnen und Bürger?

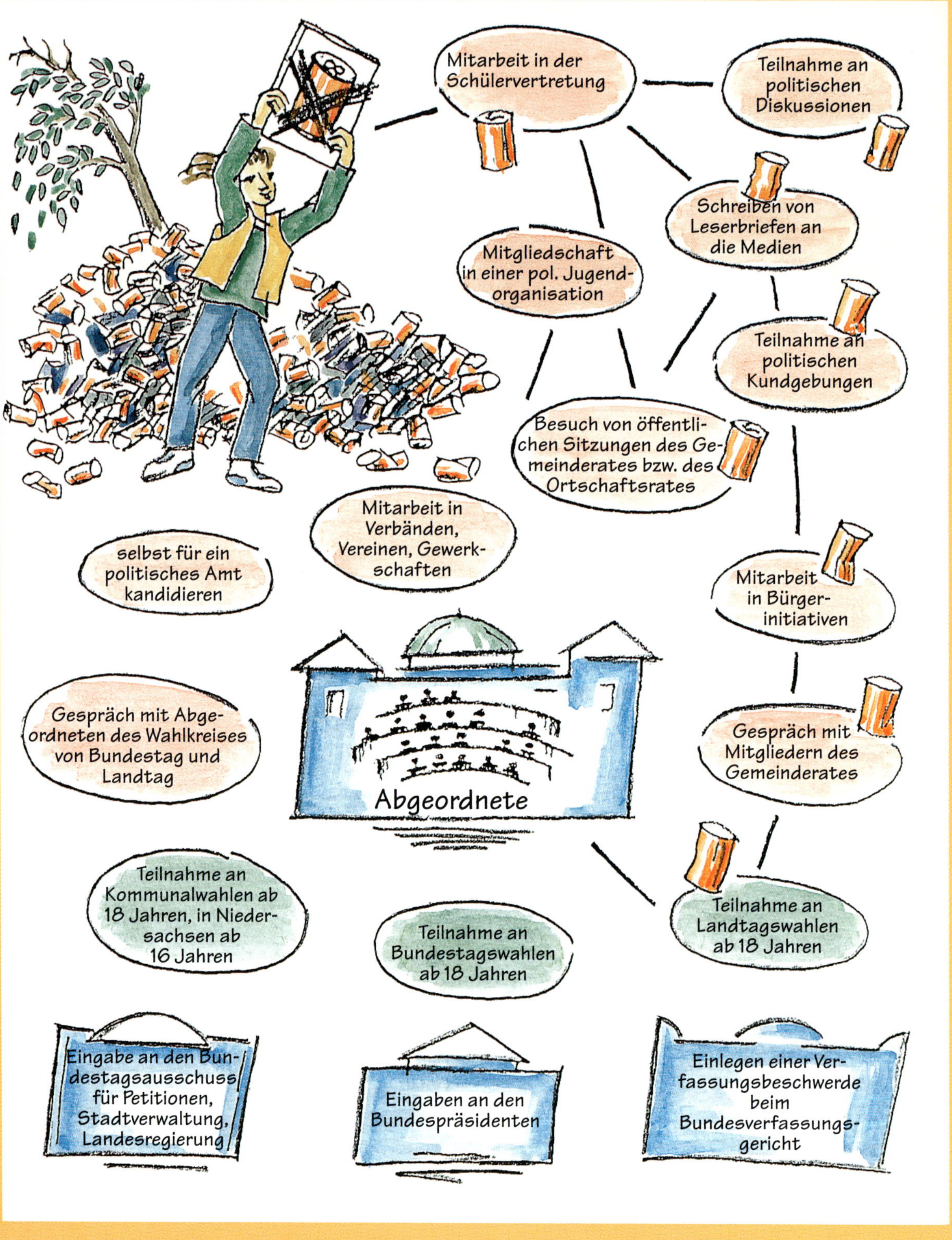

Anna ärgert sich über den Müll. In ihrer Schule war im letzten Jahr von den Schülerinnen und Schülern eine Aktion ins Leben gerufen worden, bei der sie u. a. den Müll beseitigt und entsorgt hatten. Und nun sah es schon wieder so aus wie vor ihrer „Müllaktion"... Anna ist sauer. Alle schimpfen auf den „Dreck", aber keiner kümmert sich darum.
Anna überlegt: Wie kann sie ihre Mitmenschen dazu bewegen, gegen die Umweltsünder vorzugehen? Wie kann sie vor allem den Müll zu einem „Politikum" werden lassen, damit sich endlich auch die Politiker in der Stadt mit diesem Problem befassen?

Wie Anna denken viele Menschen in unserem Staat, dass ihre Probleme und Sorgen von den Politikern nicht beachtet werden. Sie fühlen sich von den Politikern und Parteien nicht ausreichend vertreten, wie ihr z. B. auch aus den Umfrageergebnissen ablesen könnt. Die Parlamente seien ja doch nur „Schwatzbuden" und die Politiker würden ja doch nur ihre eigenen Interessen verfolgen, ist immer wieder zu hören. Viele Bürgerinnen und Bürger fordern daher mehr Einfluss auf die Politik nehmen zu können und bei politischen Fragen mitentscheiden zu dürfen.
Dieses Kapitel stellt euch zwei Möglichkeiten vor, wie mehr politische Beteiligung erreicht werden kann. Ihr könnt Vor- und Nachteile dieser Formen der politischen Mitbestimmung diskutieren.

1 *Der Weg, den Anna beschreitet um auf ihr Problem aufmerksam zu machen, ist in der Abbildung mit Dosen bezeichnet. Diskutiert, ob ihr Annas Vorgehen für sinnvoll haltet oder ob ihr anders vorgegangen wäret.*
2 *Prüft mithilfe der Abbildung, welche Möglichkeit(en) zur politischen Mitarbeit ihr schon einmal in der Gesellschaft ausgeübt habt.*
– Schreibt eure politischen Aktivitäten in eine Liste.
– Markiert dann mit einer anderen Farbe, welche politischen Aktivitäten ihr in der Abbildung für euch für sinnvoll haltet.
3 *Notiert zu den einzelnen Punkten der Umfrage jeweils eure eigenen Antworten in eurem Heft. Vergleicht eure Antworten mit den Ergebnissen der Umfrage.*

Was Jugendliche von Politik halten

Aus einer Umfrage des Emnid Instituts unter 2034 ausgewählten Jugendlichen zwischen 14 und 29 Jahren im Juli 1994 (Mehrfachantworten waren möglich):

Welche der folgenden Organisationen oder Personengruppen hältst du für glaubwürdig?

Antwort:	Greenpeace	64 %
	Amnesty International	50 %
	Gewerkschaften	17 %
	Unternehmer	8 %
	Parteien	5 %
	Minister	3 %

Ist Demokratie für dich etwas Wertvolles?

Antwort:	Ja	90 %
	Nein	10 %

Was würdest du zur Verteidigung der Demokratie tun?

Antwort:	Eine Bürgerinitiative gründen	50 %
	Kerzen anzünden	29 %
	In eine Partei eintreten	23 %
	Wände bemalen	11 %
	Hungern	4 %
	Bomben legen	4 %
	Nichts	19 %

Demonstrationen sind ...

Antwort:	... grundsätzlich sinnvoll	76 %
	... grundsätzlich sinnlos	22 %

Eine Mitgliedschaft in einer politischen Partei ...

Antwort:	... kommt für mich grundsätzlich nicht infrage	69 %
	... kommt für mich grundsätzlich infrage	31 %

Gehst du wählen bzw. wirst du wählen gehen, wenn du wahlberechtigt bist?

Antwort:	Ja, jedes Mal	67 %
	Unregelmäßig	19 %
	Nein	13 %

Warum gehst du nicht oder manchmal nicht wählen?

Antwort:	Ich fühle mich durch die Parteien nicht vertreten	35 %
	Es gibt keinen grundsätzlichen Unterschied zwischen den einzelnen Parteien	34 %
	Meine Stimme kann ja doch nichts bewirken	19 %
	Weiß nicht	12 %

3.1 Mitbestimmung über Wahlen und Parteien

Einer der wichtigsten demokratischen Grundsätze lautet, dass Entscheidungen durch Mehrheitsbeschlüsse herbeigeführt werden. Wie aber sollen zum Beispiel die 60 Millionen Wahlberechtigten in Deutschland tagtäglich wichtige Entscheidungen treffen, Gesetze beschließen, diese durchführen oder Recht sprechen?
Dazu gibt es im Grundgesetz verbindliche Regelungen. Die Materialien M 1 bis M 3 enthalten einige der wichtigsten Regelungen, die ihr schon einmal kennen gelernt habt.

M 1 Wahlen – ein Grundstein der Demokratie?

Plakat zur Europa- und Kommunalwahl 1994

1 *Untersucht die Aussage des Wahlaufrufs und nehmt dazu Stellung.*

M 2 Regelungen zur Wahl im Grundgesetz

In der Demokratie wird Herrschaft auf Zeit ausgeübt. Wahlen sind das Instrument die Macht der Wählerinnen und Wähler auf die Gewählten zu übertragen. Demokratische Wahlen müssen bestimmte Voraussetzungen erfüllen. Der Rahmen dafür ist im Grundgesetz (GG) festgelegt. Das Volk nimmt in der Demokratie die wichtigste Stelle ein:

Artikel 20 GG
(1) Die Bundesrepublik Deutschland ist ein demokratischer und sozialer Bundesstaat.
(2) Alle Staatsgewalt geht vom Volke aus. Sie wird vom Volke in Wahlen und Abstimmungen und durch besondere Organe der Gesetzgebung, der vollziehenden Gewalt und der Rechtsprechung ausgeübt.

Artikel 38 GG
(1) Die Abgeordneten des Deutschen Bundestages werden in allgemeiner, unmittelbarer, freier, gleicher und geheimer Wahl gewählt. Sie sind Vertreter des ganzen Volkes, an Aufträge und Weisungen nicht gebunden und nur ihrem Gewissen unterworfen.

2 *Sucht die Aussagen über Wahlen aus den Artikeln 20 und 38 GG heraus.*
3 *Erläutert die Wahlrechtsgrundsätze des Artikels 38 Absatz 1 GG.*

M 3 Einfluss der Parteien

Artikel 21 GG
Die Parteien wirken bei der politischen Willensbildung des Volkes mit. Ihre Gründung ist frei. Ihre innere Ordnung muss demokratischen Grundsätzen entsprechen. (...)

§ 1, Abs. 2 des Parteiengesetzes
Die Parteien wirken an einer Bildung des politischen Willens des Volkes auf allen Gebieten des öffentlichen Lebens mit, indem sie insbesondere auf die Gestaltung der öffentlichen Meinung Einfluss nehmen, die politische Bildung anregen und vertiefen, die aktive Teilnahme der Bürger am politischen Leben fördern (...).

4 *Erläutert, was unter politischer Willensbildung zu verstehen ist, und nennt Beispiele. Lest dazu auch den Lexikonartikel „Politische Willensbildung".*
5 *Diskutiert Art. 21 GG und § 1, Abs. 2 des Parteiengesetzes. Überlegt, welche Forderung weit reichender ist und worin sich Mitwirkung (Art. 21 GG) und Einflussnahme (Parteiengesetz) unterscheiden.*

M 4 Monopol der politischen Willensbildung

Die Parteien haben ein Monopol bei der Kandidatennominierung. Unabhängige und Abgeordnete von Wählergemeinschaften haben kaum Chancen in die Parlamente gewählt zu werden. Mandatsgewinne verzeichnen fast ausschließlich die Abgeordneten der großen Parteien. Die Auswahl der Kandidaten auf Parteiebene erfolgt nach Ansehen, Gruppenzuge-

hörigkeit, politischem Engagement, Fachkompetenz, persönlicher Sympathie, Einfluss u. Ä.
Schon vor 30 Jahren wurde für die Bundestagswahl 1969 nachgewiesen: „Von den (...) Mitgliedern einer der beiden großen Parteien waren jeweils etwa drei Prozent an den Entscheidungen (der Kandidatenauswahl) beteiligt. (...) Von den (...) Wahlberechtigten bestimmten somit nur (...) gut 0,1 Prozent weitgehend die personelle Zusammensetzung des Bundestages."
(Zitat aus: H. Kaack, Geschichte und Struktur des deutschen Parteiensystems, Opladen 1971, S. 597)

M 5 **Mehr innerparteiliche Demokratie**
Die innere Struktur der deutschen Parteien steht diesen Vorstellungen (nach mehr innerparteilicher Mitwirkung) entgegen, weil sie nach dem Deligiertenprinzip aufgebaut sind. Die Mitglieder wählen dementsprechend in den Ortsverbänden die Delegierten für den Kreisparteitag. Dieser wählt die Delegierten zum Bezirks- oder Landesparteitag, wo wiederum die Delegierten des Bundesparteitages gewählt werden. (...) Insgesamt repräsentiert sich die Parteiorganisation jedoch als ein mehrstöckiges Gebäude, dessen obere Etagen für das einfache Mitglied kaum erreichbar sind.
(Aus: K. Niclauß, Vier Wege zur unmittelbaren Bürgerbeteiligung. In: Aus Parlament und Zeitgeschichte, 28. 3. 1997, S. 7 f.)

M 6

(Karikatur: Mussil)

6 *Interpretiert die Karikatur M 6 (vgl. S. 50 f.). Vergleicht die Aussage der Karikatur mit M 4 und M 5 und beurteilt sie anschließend aus eurer Sicht.*

M 7 **Entscheidungsgewalt der Bürger?**
Unmittelbar eigene Entscheidungsgewalt besitzen die Bürger lediglich bei den periodischen (regelmäßig wiederkehrenden) Wahlen über die Größe der im Bundestag vertretenen Fraktionen. (...) Ist bei der Wahl der Einfluss schon auf die personelle Besetzung von Parlament und Regierung gering, so muss er für die Entscheidung von Sachfragen noch geringer eingeschätzt werden.
Selbst wenn ein Wähler wegen eines bestimmten Programmpunktes einer Partei seine Stimme gibt, muss er in Kauf nehmen, dass in zahlreichen anderen Punkten eine seinen Interessen nicht entsprechende Politik verfolgt wird.
(Aus: R. Steinberg, Die Interessenverbände in der Verfassungsordnung. In: Politische Vierteljahresschrift, Nr. 1, 1973, S. 48)

7 *Arbeitet die Kritikpunkte aus M 4 bis M 7 heraus und vergleicht sie mit den gesetzlichen Aufträgen aus M 3.*

M 8 **Appell an die Bürgerinnen und Bürger**
Wer Grund hat sich zu ärgern über das Verhalten von Personen, Parteien und Organisationen, denen es um die Macht geht, der soll sich der Politik zuwenden, anstatt ihr verdrossen den Rücken zu kehren. (...)
Parteien bieten mit ihrem Verhalten immer wieder Anlass zur Kritik. Letztlich zielt sie aber an die Adresse der Bürger selbst, wenn diese sich an der Praxis und den guten Sitten der Politik in ihrem persönlichen und örtlichen Umkreis zu wenig beteiligen, und an Intellektuelle (z. B. Schriftsteller, Wissenschaftler), die dem politischen Dialog (Gespräch) aus dem Wege gehen und dazu beitragen, die Trennung des Idealen vom Realen, von Geist und Macht zu befestigen.
(R. von Weizsäcker in: Presse- und Informationsamt der Bundesregierung. Bulletin vom 18. 2. 1993)

8 *Weizsäcker (M 8) und Steinberg (M 7) treffen aufeinander. Schreibt ein Streitgespräch, in dem sich die beiden über die Möglichkeiten des einzelnen Bürgers in Bezug auf die Teilnahme an der Politik auseinander setzen.*

3.2 Entscheidung durch Mehrheit – aber wie?

Das Grundgesetz sagt aus: „Alle Staatsgewalt geht vom Volke aus“ (vgl. M 2, S. 40). Die Staatsgewalt geht in der Bundesrepublik Deutschland jedoch nicht direkt vom Volk aus. Der Einfluss des Volkes ist vielmehr auf die Wahl von Vertretern (Repräsentanten) beschränkt. Man spricht deshalb auch von einer repräsentativen Demokratie, im Unterschied zur direkten Demokratie, in der das Volk unmittelbar die politischen Entscheidungen trifft. Auf dieser Doppelseite könnt ihr euch mit diesen beiden Begriffen sowie euren Einflussmöglichkeiten in der Politik auseinander setzen.

M 1 **Repräsentative Demokratie**

In einem großen Staat kann das Volk nicht direkt, das heißt unmittelbar, herrschen. Das Volk wählt deshalb Vertreter, man sagt auch Repräsentanten, in ein Parlament. Die Volksvertreter beschließen stellvertretend für das Volk die Gesetze und kontrollieren, das heißt beaufsichtigen, die Regierung. (...)
Von einer repräsentativen Demokratie spricht man, wenn die Volksvertreter frei sind nach eigenem Urteil politisch zu entscheiden. Ihre Wähler haben keine Möglichkeit sie abzuberufen oder ihnen Weisungen zu erteilen. Die Abgeordneten können sogar die Partei verlassen, als deren Mitglieder sie sich um einen Sitz im Parlament beworben haben und doch behalten sie den Sitz bis zu der nächsten Wahl.
Der Sinn dieser Regelung ist den einzelnen Abgeordneten im Parlament möglichst unabhängig zu machen. Nur dann, so glauben die Anhänger der repräsentativen Demokratie, sind die Mitglieder eines Parlaments frei und stark genug um die Regierung zu kontrollieren.

(Aus: H. Kammer, E. Bartsch, Jugendlexikon Politik. 800 einfache Antworten auf schwierige Fragen. Hamburg 1994, S. 168 f.)

1 *Erläutert anhand von M 1 und M 2 das Prinzip der repräsentativen Demokratie.*

M 3 **Direkte Demokratie**

Das Volk übt unmittelbar die Staatsgewalt aus, beschließt selbst über Gesetze und Verträge, bestellt und kontrolliert die Regierung und spricht selbst Recht. Direkte Demokratie in dieser reinsten Form erfordert eine („permanent“ tagende) Volksversammlung und kleinste staatliche Gebilde. In einer Näherung könnte diese Selbstregierung des Volkes durch Volksabstimmungen und Volkswahlen erreicht werden, in denen wichtige politische Entscheidungen getroffen bzw. Abgeordnete, Regierung und Richter gewählt werden, die an Aufträge gebunden sind (imperatives Mandat) und abgewählt werden können.
In der Praxis gibt es keine umfassende direkte Demokratie. Plebiszitäre (auf einem Volksentscheid beruhende) Elemente ergänzen aber die repräsentative

M 2 **Die repräsentative Demokratie**

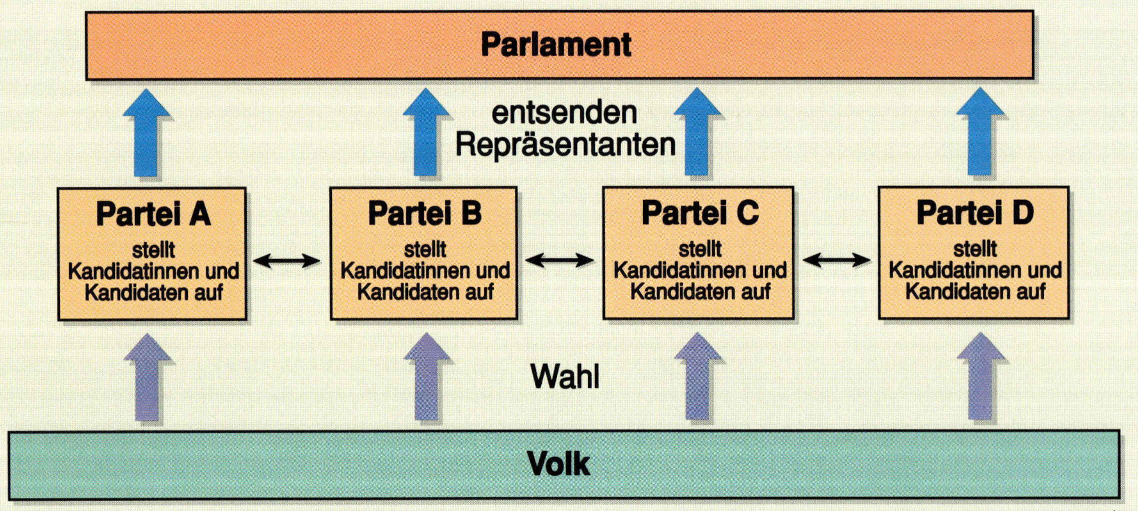

3.2 Entscheidung durch Mehrheit – aber wie?

Greenpeace-Kindergruppe: die Greenteamer

Kinder- und Jugendparlament St. Augustin

Form der Demokratie in vielen Staaten: z. B. Direktwahl der Spitze der Exekutive (Oberbürgermeister in einigen deutschen Ländern); Volksentscheide (Plebiszite) über Verfassungsänderungen oder Gesetze in (...) (allen) deutschen Ländern (...). Das Grundgesetz der BRD lässt Volksabstimmungen nur bei Neugliederungen der Länder zu.

(Aus: H. Drechsler, W. Hilligen, F. Neumann, Gesellschaft und Staat. Lexikon der Politik. München 1992, S. 173)

2 *Vergleicht M 1 und M 3 und stellt die Unterschiede zwischen direkter und repräsentativer Demokratie heraus.*

Den Grundlagen unserer Verfassung entsprechend verläuft der Prozess der politischen Willensbildung pluralistisch und vielfältig (vgl. Aufgabe 4, S. 40). Bürgerinnen und Bürger können nicht nur wählen. Sie können sich mit Kundgebungen direkt an die Öffentlichkeit wenden, Parteien und Verbände gründen usw. Möglichkeiten etwas zu bewegen bestehen nicht nur für Erwachsene, auch ihr könnt euch aktiv an der Politik beteiligen:

M 4 **Greenpeace-Kindergruppen**

Wie die Greenkids im Hamburger Süden befassen sich in Deutschland rund 20 000 Jungen und Mädchen in knapp 1600 Greenpeace-Kindergruppen mit lokalen und globalen Umweltproblemen. Auch in Österreich und Neuseeland, Schweden und Finnland, der Schweiz und den Niederlanden arbeiten Kinder nach dem Greenteam-Motto: „Wenn viele kleine Leute an vielen Orten viele kleine Dinge tun, können sie das Gesicht der Welt verändern.“ (...) Ob es um ein müllintensives Einweggeschirr bei McDonald’s geht oder um Walfang, um Dreck im See oder um die Abholzung von Alleebäumen – das alles kann zum Greenteam-Thema werden. (...) Mit einer Müllsammelaktion in der Schule machten die Grünen Socken erst mal den eigenen Kumpels klar, was für riesige Abfallberge sie produzieren.

(Aus: B. Lakotta, Papa ist ’ne Umweltsau. In: Spiegel Special, Nr. 11, 1995, S. 128 f.)

3 *Entscheidet, ob ihr euch im Greenteam beteiligen würdet und begründet eure Meinung.*

4 *Überprüft, ob die Fotos Formen repräsentativer oder direkter Demokratie darstellen.*

5 *Informiert euch bei politischen Jugendgruppen oder Kinder- und Jugendparlamenten über eure Möglichkeiten aktiv in der Politik mitzuwirken:*

Kontaktadressen (Auswahl):
Greenteam, Vorsetzen, 20459 Hamburg; **Kinder- und Jugendparlament St. Augstin**, Markt 71, 53757 Sankt Augustin; **Kinderparlament Bonn**, Wolfsgasse 2, 53225 Bonn; **Kinderbüro der Stadt Bottrop**, Posperstr. 71/I, 46236 Bottrop; **Kinder- und Jugendparlament Herne**, Friedrich-Ebert-Platz 2, 44623 Herne; **Jugendparlament Lünen**, Franz-Goermann-Str. 2, 44532 Lünen; **Ministerium für Arbeit, Gesundheit, Soziales des Landes NRW**, Horionplatz 1, 40213 Düsseldorf.

3.3 Volksinitiative, Volksbegehren, Volksentscheid

Viele Menschen fühlen sich von den Parteien nicht ausreichend vertreten (vgl. S. 40 f.). Sie verlangen mehr direkten Einfluss auf politische Entscheidungen und fordern, dass sie in besonders strittigen Fragen selbst entscheiden dürfen. M 1 erläutert am Beispiel Nordrhein-Westfalens unter welchen Voraussetzungen Bürgerinnen und Bürger auf Landesebene selbst ein Gesetz beschließen können. Anschließend könnt ihr euch mit den Argumenten der Befürworter und Gegner von Volksentscheiden auseinander setzen und euch eine Meinung dazu bilden.

M 1 **Volksinitiative, Volksbegehren, Volksentscheid**

In Nordrhein-Westfalen ist es unter bestimmten Voraussetzungen erlaubt, dass die Wahlberechtigten selbst ein Landesgesetz beschließen.

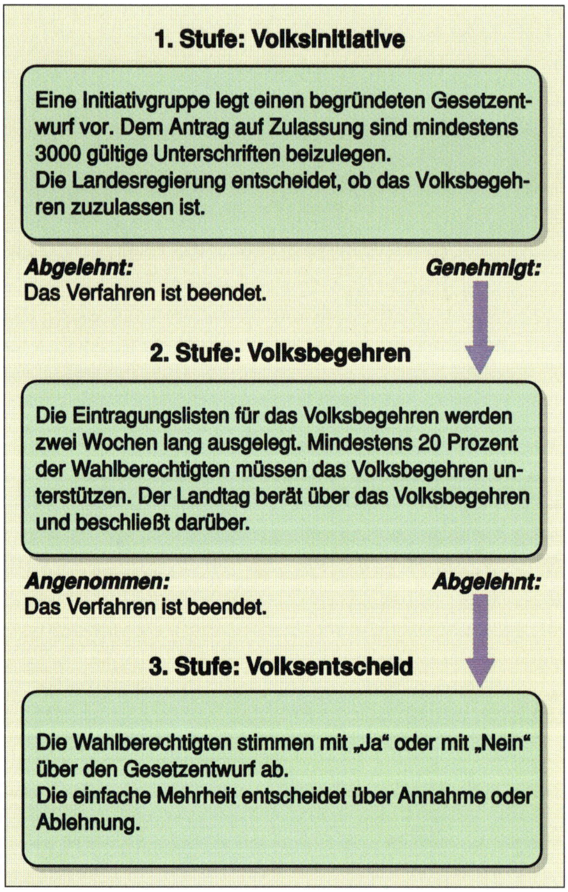

1 *Klärt anhand von M 1, was mit Volksinitiative, Volksbegehren und Volksentscheid gemeint ist.*

M 2 **Mehr Einfluss der Bevölkerung**

In einem Volksentscheid wird eine Sachfrage dem Parlament abgenommen und durch die Bevölkerung selbst entschieden und korrigiert. Korrekturen sind nötig, wenn die Parlamente etwas anderes entscheiden, als die Bevölkerung es will. (...) In vielen westlichen Demokratien gehören Volksbegehren und Volksentscheide genauso selbstverständlich zum politischen Alltag wie die Wahlen (z. B. die Schweiz, USA, Italien usw.) Und es klappt dort gut! Es zeigt sich: Parteien und Parlamente hören schon im Vornherein besser auf die Bevölkerung, da immer die „Gefahr" besteht, dass staatliche Entscheidung durch einen Volksentscheid korrigiert wird. Die Menschen bekommen mehr Interesse, da ihre Einflussmöglichkeiten gegenüber der (...) Parteienherrschaft steigen. (...) Viele neue und gute Ideen finden direkt Eingang in die Politik (z. B. Umweltschutz) – Parteien und Parlamente sind weitaus langsamer.

(Th. Mayer in: Demokratie Jetzt. Informationen der Brandenburger Basisgruppen, 19. 9. 1990)

M 3 **Sorge um Kompromissfähigkeit**

Bei Volksentscheiden muss man ein Problem sehen, nämlich die Vereinfachung verhältnismäßig komplizierter Sachverhalte auf eine Ja/Nein-Entscheidung. Es ist also ein Entscheidungssystem, bei dem das wegfällt, was in einem Parlament nicht immer, aber vielleicht möglich ist, nämlich zu Kompromissen zu kommen, zu irgendwelchen Annäherungslösungen.

(B. Hirsch, FDP-MdB, in: Stenografischer Bericht der Gemeinsamen Verfassungskommission, 17. 6. 1992, S. 30)

M 4 **Entscheidung ähnlich wie im Parlament**

Kein Gesetzentwurf gelangt zum Volksentscheid, der nicht eine wahre Feuerprobe monatelanger öffentlicher Debatten durchlaufen hätte. (...) In dieser Diskussion müssen Unterstützer wie Gegner eine Arbeit der politischen Zuspitzung leisten, die (...) einen vielschichtigen Gesetzestext auf seine Grundanliegen zurückführt. Anderes geschieht auch in der Wahlwerbung sowie in manchen Bundestagsdebatten nicht. Und wie im Bundestag kann dann die Schlussabstimmung (...) nur Ja oder Nein lauten.

(T. Evers in: Stenografischer Bericht der Gemeinsamen Verfassungskommission, 17. 6. 1992, S. 75)

3.3 Volksinitiative, Volksbegehren, Volksentscheid

Nachdem Thomas T. von den Umstehenden wegen einer Entführung verprügelt wurde, wird er gehängt. San Francisco 1953

Eine Demonstration für die Todesstrafe

M 5 **Experten sollen entscheiden**

Der wachsende Umfang und die Kompliziertheit der Staatsaufgaben in unserer Zeit lassen eine direkte Demokratie nicht mehr zu. Die Bürger können beispielsweise nicht sachkundig darüber entscheiden, ob diese oder jene konkrete wirtschafts- oder finanzpolitische Maßnahme in dieser oder jener Situation ergriffen werden soll. (...) Sie können nur aufgrund genauer Sachkenntnis und umfassender Informationen entschieden werden. (...) Nach Abwägung aller Vor- und Nachteile müssen Kompromisse ausgehandelt und Zwischenlösungen gefunden werden. Gerade dieses von der Komplexität der Sache bestimmte Verfahren ist jedoch nur in einem kleinen Gremium durchführbar, das über die notwendigen Informationen und Entscheidungsunterlagen verfügt. Je größer die Anzahl der Entscheidungsberechtigten, desto weniger können diese ihre Entscheidungen wirklich diskutieren und abwägen.

(Aus: W. Besson/G. Jasper, Das Leitbild der modernen Demokratie. Bonn 1990, S. 24)

M 6 **Anwendungsfelder bedenken**

Wie aber sollen komplizierte politische Probleme, etwa Fragen des Asylrechts, der Bündnispolitik, des Steuersystems, der Ausländerpolitik auf leicht verständliche „Ja oder Nein"-Entscheidungen vereinfacht werden, ohne dass die politische Hetze über die Sachgerechtigkeit siegt? (...) Soll auch – in entsprechend aufgeheizter Atmosphäre – über die Wiedereinführung der Todesstrafe, die Beseitigung des Asylrechts, die Parole „Ausländer nur auf Zeit" abgestimmt werden können? (...)
Andererseits gibt es ein rechtmäßiges Beteiligungsinteresse freier Bürger, an den sie selbst betreffenden Entscheidungen angemessen mitwirken zu können, soweit das in umfangreichen, die Gesamtheit betreffenden Fragen möglich ist.
Der Volksentscheid eignet sich als Entscheidungsverfahren für überschaubare Räume und Problembereiche. Es hat daher sein rechtmäßiges Anwendungsfeld vor allem in Gemeinden, Landkreisen und in ausgewählten Fragen der Landespolitik sowie der Verbandspolitik (Gewerkschaften, Arbeitgeberverbände).

(Nach: B. Rüthers in: Die Welt, 16. 11. 1990)

2 *Stellt die Argumente für oder gegen Volksentscheide aus M 2 bis M 6 in einer Pro-und-Kontra-Tabelle zusammen.*
3 *Wägt Vor- und Nachteile von Volksentscheiden ab. Legt eure Meinung dar. (Vgl. auch S. 46 f.)*
4 *Führt ein Streitgespräch. Sollten wie in M 1 bundesweit Volksentscheidungen zugelassen werden? (Berücksichtigt auch S. 88 f.)*
5 *Betrachtet die beiden Abbildungen und beschreibt sie. Erarbeitet daran, welche Probleme sich aus der Forderung „Wiedereinführung der Todesstrafe" ergeben, wenn die Bevölkerung darüber in einem Volksbegehren abstimmen könnte. Bezieht Argumente aus M 2 bis M 5 ein. Besorgt euch auch Materialien zur Diskussion um die Todesstrafe (z. B. in Bibliotheken oder bei Amnesty International).*

3.4 Ein Bürgerbegehren in Neuss

Bürgerbegehren stellen in NRW die Instrumente dar, mit denen die Bürgerinnen und Bürger gegen kommunalpolitische Entscheidungen und Entschlüsse angehen können.

M 1 **Bürgerbegehren gegen Stadthallen-Hotel**

Mit der Unterschriftensammlung gegen den Bau des Hotels an der Stadthalle ist jetzt eines der ersten Bürgerbegehren in Nordrhein-Westfalen eingeleitet. (...) 12 000 Unterschriften Neusser Einwohner müssen dem Stadtrat bis zum 30. Juni vorgelegt werden. Der entscheidet dann, ob das Bürgerbegehren zulässig ist. Lehnt er das Bürgerbegehren ab, kann innerhalb weiterer drei Monate ein Bürgerentscheid durchgeführt werden: Dann ist die Mehrheit der gültigen Stimmen erforderlich, sofern diese mindestens 25 Prozent der Bürger beträgt. Diese rund 30 000 Stimmen könnten den Ratsbeschluss aufheben.
(Aus: Westdeutsche Zeitung, 13. 4. 1995)

1 *Beschreibt den Konflikt und stellt die Situation dar.*

M 2 **Argumente der Hotelbefürworter**

Hauptargument der Hotelbefürworter ist die Wirtschaftlichkeit und damit langfristig der Erhalt der Stadthalle.
Derzeit verursacht die Veranstaltungshalle einen enormen Fehlbetrag, der durch die Kombination mit einem Hotel und die Umgestaltung zu einem Tagungs- und Kongresszentrum vermindert würde. (...) Für die Nutzung zahlt der Betreiber Pacht, die in die Stadtkasse fließt. (...) Außerdem investiere der Hotelbetreiber rund 2,5 Millionen in Sanierung und Umbau der Stadthalle – eine Aufwertung städtischen Eigentums.
Befürchtungen, die privat betriebene Stadthalle könnte den Bürgern nicht mehr für Veranstaltungen zur Verfügung stehen, halten die Hotelbefürworter die Verträge entgegen. Darin werde garantiert, dass Brauchtums- oder Kulturveranstaltungen stattfinden können.
In puncto Ökologie wird ebenfalls auf die dem Bauträger auferlegten Verpflichtungen verwiesen. So sind für Bäume, die der Baustelle weichen müssen, Ersatzpflanzungen vorzunehmen. 20 Bäume sollen im Stadtgarten gesetzt werden, weitere 55 in Außenbereichen. Durch die zu bauende Tiefgarage werde zudem das Parkplatzangebot sogar erweitert.
(Aus: Westdeutsche Zeitung, 2. 9. 1995)

M 3 **Argumente der Hotelgegner**

Überflüssig, unwirtschaftlich, ökologisch belastend – das sind die Kritikpunkte, die die Gegner des Hotels vorbringen. (...)
Der „Klotz" eines fünfgeschossigen Baus zerstöre den zusammenhängenden Grünzug des Stadtgartens, der als „grüne Lunge" für die Innenstadt seine Aufgabe erfüllt. Ihm fallen große Bäume und Sträucher zum Opfer, die durch Ersatzpflanzungen nicht ausgeglichen werden könnten. (...) Eine weitere ökologische Belastung entsteht nach Meinung der Gegner durch den Verkehr, der durch das Hotel in die Innenstadt gezogen wird. Die geplante Garage könne zudem nicht genügend Parkraum für die zumeist mit dem eigenen Pkw anreisenden Gäste bieten.
Vor allem aber bestehe in Neuss gar kein Bedarf nach einem weiteren Hotel. Schon jetzt, so wurde argumentiert, stünden viele Hotelbetten leer. Das zusätzliche Angebot gefährdet nach Auffassung der Bürgerinitiative Arbeitsplätze in bestehenden Hotels.
Schließlich äußern die Hotelgegner auch Bedenken, ob die Stadthalle wie bisher den Bürgern offen stehen wird. Werden nicht Tagungen – wichtig für den Verdienst des Betreibers – vor örtlichen Brauchtumsveranstaltungen stehen?
(Aus: Westdeutsche Zeitung, 2. 9. 1995)

3.4 Ein Bürgerbegehren in Neuss

2 *Ermittelt in einer Tabelle die Argumente für und gegen den Bau des Hotels (M 2 und M 3) und diskutiert diese in Kleingruppen.*
3 *Schreibt einen Leserbrief an die Neusser Lokalzeitung, in dem eure Meinung zum Hotelbau deutlich wird.*

M 4

S T I M M Z E T T E L

für den Bürgerentscheid in der Stadt Neuss
am 3. September 1995

über folgenden Antrag:

„Das Hotel an der Stadthalle wird nicht gebaut. Die Stadtverwaltung wird aufgefordert den Kaufvertrag mit dem Investor rückgängig zu machen." (Ja/Nein).

Bitte nur „Ja" oder „Nein" ankreuzen, sonst ist Ihre Stimme ungültig.

	Ja	Nein
Hier ankreuzen ➡	○	○

M 5 „Ja, Nein, Ja – alles klar?"

(Aus: Westdeutsche Zeitung, 19. 8. 1995)

4 *Vergleicht den Stimmzettel (M 4) und die Karikatur (M 5) und erläutert, was den Mann auf der Zeichnung verwirrt.*
5 *Erläutert anhand von M 6 den Ausgang des Bürgerentscheides in Neuss.*

M 6 **Bürgerentscheid • Neuss**

„Das Hotel an der Stadthalle wird nicht gebaut. (Ja/Nein)"

Stimmberechtigte	106 567	
Abgegebene Stimmen	24 838	
Beteiligung	23,3 %	
GültigeStimmen	24 788	
Ja	19 668	(79,3 %)
Nein	5 120	(20,7 %)

Von den gültigen Stimmen stimmten 79,3 % mit „Ja" und somit gegen das Hotelprojekt. Das entspricht 18,5 % der Stimmberechtigten. Damit wird der Ratsbeschluss den Hotel-Neubau zu ermöglichen nicht aufgehoben, denn die Gemeindeordnung sieht vor, dass die Mehrheit im Sinne der Antragsteller von mindestens 25 % der Stimmberechtigten („Quorum") getragen werden muss.

(Aus: Neuss-Grevenbroicher Zeitung, 4. 9. 1995)

M 7 **„Eine scharfe politische Waffe"**

Der Bürgerentscheid setzt eine Zäsur (Einschnitt) in der Stadtpolitik. Die Hotelgegner, die nur halbherzig für ihre Position und die Beteiligung an dem neuen plebiszitären Element geworben hatten, mussten mitansehen, wie sich in der City Schlangen in den nur dreißig Abstimmungslokalen bildeten. Das „Regieren" wird für die dominierende politische Kraft zukünftig „unbequemer".
Die Neusser Bürger haben bewiesen, dass sie bereit sind über einen Bürgerentscheid auch Verantwortung in Sachfragen zu übernehmen. Diese Erkenntnis wird fortan in den Köpfen der Stadtverordneten präsent sein, wenn sie über umstrittene Projekte zu entscheiden haben. Die politische Landschaft verändert sich, die Bürger verfügen mit dem neuen Instrument Bürgerbegehren/Bürgerentscheid über eine „scharfe politische Waffe". Das ist die bleibende Botschaft der gestrigen Abstimmung.
(L. Baten in: Neuss-Grevenbroicher Zeitung, 4. 9. 1995)

6 *Erörtert, warum der Verfasser von M 7 trotz des Wahlergebnisses von einer „scharfen politischen Waffe" spricht, und nehmt Stellung dazu.*

3.5 Bürgerinitiativen – Konkurrenz für die Parteien?

Politische Beteiligungsmöglichkeiten haben Bürgerinnen und Bürger über Wahlen und Parteien (vgl. S. 40 f.) und sie können auch über einen Volksentscheid selbst Gesetze beschließen (vgl. S. 44 f.). Neben diesen verfassten Formen gibt es nicht verfasste Möglichkeiten politischer Mitwirkung. Eine davon stellt die Bürgerinitiative dar. Bürgerinitiativen können versuchen ein Volksbegehren zu erreichen, meistens üben sie jedoch auf andere Weise, z. B. über Demonstrationen, Druck auf die politisch Verantwortlichen aus.

M 1 Betroffene ergreifen die Initiative

a) Ein Mitglied einer Bürgerinitiative urteilt

Das Gemeinsame all dieser Bewegungen ist (…), dass sich Menschen zusammenfinden, die ihr Schicksal selbst in die Hand zu nehmen versuchen, die von der Erkenntnis geleitet werden, es reicht nicht aus, alle vier Jahre politische Verantwortung durch Ankreuzen eines Wahlscheines zu übertragen.

(Aus: G. O. Dieckvoß, Sackgasse Hamburger Hafenpolitik. Info 5. Hamburg 1982, S. 4)

b) Warum entstehen Bürgerinitiativen?

Die Komplexität der Sachverhalte erfordert, dass immer mehr Augen mitsehen und immer mehr Gehirne mitdenken. Demokratie ist Anspruch auf Mitbestimmung in allen Lebensbereichen. (...)
Parteien sind oft so sehr mit ihrer eigenen Selbsterhaltung und dem Lauf des Apparates beschäftigt, dass sie Bedürfnisse der Bevölkerung nicht mehr aufnehmen. (…) In Bürgerinitiativen erfahren viele Einzelne, dass ihr persönliches Problem auch das Problem vieler anderer ist.

(R. Günter, Handbuch für Bürgerinitiativen, Berlin 1976, S. 14 f.)

1 *Erarbeitet aus M 1, aus welchen Gründen Betroffene Bürgerinitiativen gründen und ergänzt sie mithilfe der Argumente, die ihr aus der Diskussion um Volks-/Bürgerbegehren kennen gelernt habt.*
2 *Klärt mit dem Lexikon den Begriff „Bürgerinitiative" und erläutert den Unterschied zwischen einem Volksbegehren und einer Bürgerinitiative.*

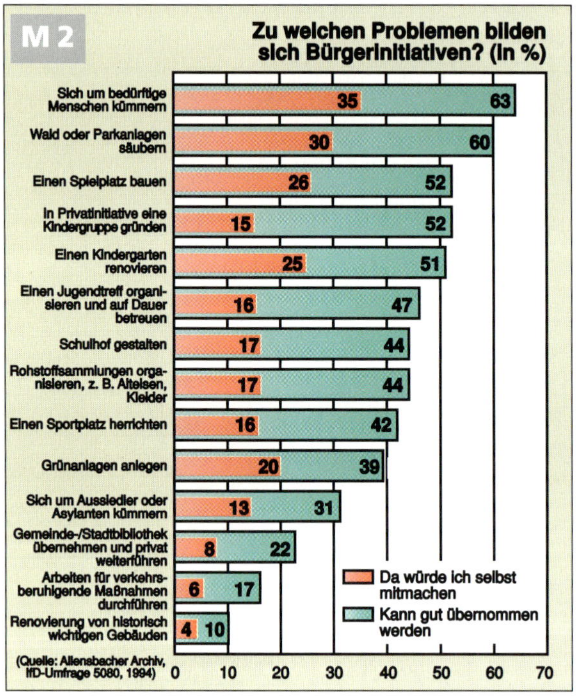

M 3 Gemeinwohl ist höherrangig

Bürgerinitiativen sind wie alle Verbände dazu berechtigt, Interessen der Bürger gegenüber Parlament und Regierung wahrzunehmen. (…) Wie alle Verbände sind aber die Bürgerinitiativen von ihren Mitgliedern nur für deren Einzelinteressen legitimiert, nicht für das übergreifende Gemeinwohl. (…) Sie dürfen ihren Verbandswillen nicht als Gesamtwillen erklären. (…) Nur Parteien sind Veranstaltungen zur Integration aller politischen Einzelinteressen zu einem Gesamtwollen. (...) Die Staatsorganisation muss es ermöglichen, dass das Parlament Entscheidungen gegen mächtige Einzelinteressen durchsetzen kann, wenn übergeordnete Interessen oder der Schutz anderer es erfordern.

(Aus: C. O. Lenz, Aktuelle Fragen der Machtverteilung. In: Aus Politik und Zeitgeschichte, B. 28, 1977, S. 13)

M 4 **Auch Bürgerinitiativen (BI) vertreten allgemeines Interesse**

Wenn eine BI (Umweltschutz) sich gegen ein bestimmtes Projekt, z.B. den Bau eines Kernkraftwerkes, wendet, vertritt sie mit ihrer auf das einzelne Objekt gerichteten Initiative gleichwohl ein prinzipiell allgemeines Interesse, nämlich das an der Erhaltung und dem Schutz der Umwelt. (...) Die BI sind (...) in vielen Fällen die legitimen Vertretungen von Interessen, die durch das ziemlich fest geknüpfte Netz (...) eines bloß aus „Volksparteien" zusammengesetzten Parteisystems hindurchzufallen drohen.

(Aus: K. Sontheimer in: Guggenberger/Kempf [Hg.], Bürgerinitiativen und repräsentatives System. Opladen [11]1984, S. 98 f.)

M 5

(Karikatur: Wolter)

3 *Interpretiert die Karikatur (M5) und vergleicht die Aussage mit den Argumenten aus M3 und M4.*

M 6 **Stärkung öffentlicher Diskussionen**

Neue Initiativen haben ihren Ausgangspunkt nicht in den politischen Parteien, sondern in Einrichtungen wie Kirchen, Universitäten, Medien, Bürgerinitiativen usw. Sie haben mit großem Erfolg (Frauen- und Friedensbewegung, Dritte-Welt-Initiativen) die politischen Führungsgruppen unter Druck gesetzt und sie zur gesetzgeberischen Behandlung bis dahin ausgesparter Gegenstände genötigt. Wenn ein Presseorgan ein paar hundert Frauen zu dem Bekenntnis bewegt, sie hätten abgetrieben, dann bringt das mit einem Schlag mehr Diskussion als eine Volksinitiative mit ihrem entmutigend hohen Quorum je bewirken könnte. Diese Funktion können ganz locker organisierte Gebilde gerade deswegen umso überzeugender wahrnehmen, weil sie nicht auf Gewinnung von Mehrheiten usw. abzielen, sondern auf die Schärfung des Urteilsvermögens der Masse der Bevölkerung und ihrer politischen Führungsgruppen.

(Nach: C. Offe in: G. Hofmann [Hg.], Die Kontroverse. Frankfurt a.M. 1992, S. 136f.)

M 7 **Öffnung der Parteien**

Ein problematischer Sachverhalt unseres politischen Systems besteht darin, dass weniger als fünf Prozent der wahlberechtigten Bevölkerung, nämlich die in den politischen Parteien organisierte, die bei Wahlen zur Entscheidung stehenden personal- und sachpolitischen Alternativen unter sich ausmacht (vgl. auch M4, M7, S. 40f.). Eine Folge des Parteienmonopols ist, dass die soziale Zusammensetzung der politischen Elite von der Zusammensetzung der von ihr vertretenen Bevölkerung weit abweicht. Hier ließe sich eine Fülle von Abhilfen denken, angefangen von der Beteiligung von Nichtmitgliedern an der Willensbildung und Personalpolitik der Parteien bis hin zur Verwendung des Quoteninstruments für andere Bereiche als den bisher allein thematisierten Frauenanteil (vgl. S. 12f. und S. 20f.). Solche Maßnahmen wären einfachere Mittel zur Steigerung der Mitwirkungsmöglichkeiten als die Einführung von Volksentscheiden.

(Nach: C. Offe in: G. Hofmann [Hg.], Die Kontroverse. Frankfurt a.M. 1992, S. 138f.)

4 *Fasst die in M6 und M7 angeführten Beispiele zusammen und erläutert daran die zentralen Aussagen der Texte. Zieht auch M4 und M7 von S. 40f. heran.*
5 *Diskutiert die Frage „Bürgerinitiativen – Konkurrenz für die Parteien?" (Berücksichtigt dabei auch S. 40f.).*
6 *Erkundigt euch bei euren Parteien am Ort, ob sie über eine Öffnung ihrer Partei diskutieren und welche Möglichkeiten angedacht werden. Führt eine Expertenbefragung durch (vgl. S. 216f.).*

Methode: Interpretation von Karikaturen

Karikaturen findet ihr überall, in Tageszeitungen, Zeitschriften und in diesem Buch. Sie üben durch Spott, Übertreibungen, Verzerrungen, Vergleiche, Symbole oder Metaphern Kritik an Personen, Gegenständen, Vorgängen und Ereignissen. Durch diese Stilmittel lenkt der Zeichner die Aufmerksamkeit auf ein bestimmtes Problem. Karikaturen sollen nicht immer zum Lachen anregen, oft sollen sie aufschrecken oder schockieren. Karikaturisten wollen nicht beschreiben, sondern urteilen, werten und bloßstellen.

Was ihr grundsätzlich wissen solltet

In vielen Karikaturen werden Staaten, Völker, soziale Gruppen, Institutionen oder Verbände als bestimmte Typen dargestellt. Die Deutschen als Michel, den ihr an seiner Zipfelmütze erkennt (vgl. M 1 oder M 2), die Franzosen als Marianne oder die Amerikaner als Uncle Sam. Einige Darstellungen kennt ihr schon aus den vorherigen Kapiteln.

Häufig werden auch Personen des öffentlichen Lebens karikiert, die ihr an ihren Gesichtszügen, ihrer Gestalt oder Kleidung erkennt. Verzerrungen weisen symbolisch oder metaphorisch auf bestimmte Eigenschaften hin, die an der wirklichen Person oft gar nicht offensichtlich sind. Ein Politiker mit großen Ohren hat vielleicht auch in Wirklichkeit große Ohren – vielleicht hört er aber auch „das Gras wachsen". Eine Person mit besonders kurzen Beinen ist vielleicht tatsächlich kleinwüchsig, vielleicht aber auch nicht ganz ehrlich, denn „Lügen haben kurze Beine".

Wie ihr bei der Interpretation vorgehen solltet

Wenn man Karikaturen „entschlüsseln" will, muss man über die Darstellung gründlich nachdenken. Dazu sollen euch die folgenden Arbeitsschritte eine Hilfe sein:

1. „Brainstorming": Sammelt und notiert Ideen und Gedanken, die euch beim Betrachten der Karikaturen einfallen. Beachtet besonders den Text. Welche Redensarten fallen euch ein?

2. Beschreibung: Beschreibt mit allen Einzelheiten, was abgebildet ist. Berücksichtigt auch eventuell vorhandene Texte.

3. Bedeutungsklärung: Welche Bedeutung haben die abgebildeten Gegenstände und Personen? Am besten legt ihr eine Tabelle an, in der ihr links Gegenstände und Personen und rechts ihre Bedeutung notiert. Beachtet auch eure Notizen zu 1.

4. Einordnung: Auf welche Situation oder welchen Sachverhalt bezieht sich die Karikatur? Was ist das Thema?

5. Aussage: Was sagt die Karikatur über das Thema aus? Welche Position bezieht der Karikaturist zum Thema? Fasst die Hauptaussage in ein oder zwei Sätzen zusammen.

M 1

(Karikatur: Hanel)

M 2

(Karikatur: Striepecke)

Methode: Interpretation von Karikaturen

Interpretation einer Karikatur an einem Beispiel

Viele politische Karikaturen beziehen sich auf ein tagespolitisches Ereignis. Deshalb sind oft Personen, Ereignisse oder Probleme dargestellt, die einige Jahre später nicht mehr allen Menschen geläufig sind (vgl. M 1 und M 3). Trotzdem enthalten diese Karikaturen allgemeingültige Aussagen, da die Personen oder Ereignisse eine Stellvertreterfunktion für eine bestimmte Gruppe, Partei, Institution oder Problematik übernehmen, wie z. B. in M 3.

M 3

(Karikatur: Leger)

1. „Brainstorming“: Riesen; Zwerge; *herablassend:* a) sich herabwenden, b) eingebildet sein; *zuwenden:* a) hinwenden; b) sich jemandem widmen; *auf jemanden herabblicken;* alle vier Jahre ist Wahl.

2. Beschreibung: Im Mittelpunkt der Karikatur stehen zwei zwergenhafte Menschen, ein Mann und eine Frau, die dem Hinweisschild „Wahllokal“ folgen. Darum stehen vier „Riesen“, die sich den Personen zuwenden und auf sie herabblicken. Drei Riesen tragen einen Anzug und Krawatte, einer eine Wollmütze und einen Wollpullover. Die Riesen sind verschieden groß. Die Bildunterschrift lautet: „Alle vier Jahre: Die Entdeckung des mündigen Bürgers“.

3. Bedeutungsklärung: Die vier Riesen stellen bekannte Politiker dar. Die Politiker stehen stellvertretend für die vier großen Parteien: CDU, FDP, SPD, Grüne. Der Größte trägt die Gesichtszüge Helmut Kohls (CDU), der neben Kohl Stehende stellt Hans-Dietrich Genscher (FDP) dar, auf der gegenüberliegenden Seite erkennt man Oskar Lafontaine (SPD). Der Mann in Wollmütze und Wollpullover kann keinem Politiker personell zugeordnet werden, weil die Grünen damals noch keinen „führenden Kopf“ in Form eines besonderen Repräsentanten besaßen.
Das Paar stellt Wähler auf dem Weg zum Wahllokal dar. Hervorgehoben werden die beiden durch den sie umrandenden Kreis. Die Bildunterschrift bezieht sich auf die Wahlen, die alle 4 Jahre stattfinden.

4. Einordnung: Der Zeichner stellt durch die Größe der personifizierten Parteien sowie durch das Größenverhältnis zwischen Wählern und Politikern die Überheblichkeit der Parteien bloß. Die Größe der Politiker symbolisiert die Selbsteinschätzung. Bildlich lassen sich die Parteien zu den Wählern herab und blicken auf sie herab, womit metaphorisch die herablassende, eingebildete sowie gering schätzende Haltung der Parteien gegenüber dem Wähler zum Ausdruck gebracht wird. Andererseits wenden sich die Parteien dem Wähler aber auch zu, wobei die Bildunterschrift diese Zuwendung einschränkt. Nur zu den Wahlen sehen die Politiker in den Menschen mündige, selbst entscheidende und selbst bestimmende Bürger.

5. Aussage:
Inhaltliche Aussage: Nur zur Zeit der Wahl haben die Bürger Einfluss auf politische Entscheidungen.
Metaphorische Aussage: Der Zeichner stellt die herablassende Haltung der Parteien gegenüber dem Wähler und ihre überhebliche Selbsteinschätzung bloß.

Zur Interpretation einer Karikatur gehört immer die eigene Stellungnahme. Leichter ist es oft, sich zwischen zwei Darstellungen zu entscheiden.

1 *Interpretiert M 1. [Zu den Personen: Genscher (FDP), Kohl (CDU), Vogel (SPD), Strauß (CSU).]*
2 *Vergleicht die Aussagen von M 1 und M 3 und begründet, welcher Aussage ihr zustimmt.*
3 *Interpretiert M 2 sowie M 5, S. 49, nach vorgegebenen Muster und beurteilt die Karikaturen aufgrund der Kenntnisse, die ihr in diesem Kapitel erworben habt.*

4. Massenmedien zwischen Markt und Macht

Massenmedien sind in unserer Gesellschaft allgegenwärtig. Oft richten wir sogar unseren Lebensrhythmus nach ihnen aus: Wir müssen unbedingt noch zum Kiosk um die neue Ausgabe einer bestimmten Zeitschrift zu holen oder eilen nach Hause um rechtzeitig zur Tagesschau vor dem Fernseher zu sitzen.
Über TV- und Radiosender, Zeitungen und Zeitschriften erhalten wir jede denkbare Form von Information und Unterhaltung. Auf dieser Doppelseite sind ein paar Beispiele abgebildet, von denen ihr das eine oder andere vielleicht selbst nutzt.
Mal laut und bunt, mal ruhig und seriös suchen die Medien ihr Publikum. Und das soll möglichst groß sein, denn höhere Auflagen oder Einschaltquoten bedeuten auch größere Werbeumsätze. Je größer der Publikumskreis eines Mediums ist, desto mehr Einfluss kann es auf die öffentliche Meinung oder auch auf spezielle Adressatenkreise nehmen, z. B. auch auf euch als Jugendliche.
In diesem Kapitel könnt ihr untersuchen, welchen Einfluss Massenmedien speziell auf euch ausüben können. Ihr erfahrt mehr über die Einflussmöglichkeiten der Medien auf Politik und Gesellschaft, aber auch über die Kontrollfunktion, die die Medien in unserer Demokratie wahrnehmen. Erarbeiten könnt ihr, welche Rolle wirtschaftliche Faktoren in der täglichen Berichterstattung, dem Kampf um Auflagen und Einschaltquoten und um die Gunst der Leserinnen und Leser bzw. Zuschauerinnen und Zuschauer spielen.

1 *Gebt an, welche Arten von Medien auf dieser Doppelseite abgebildet sind.*
2 *Leitet aus den Abbildungen dieser Doppelseite Aufgaben und Funktionen der Medien ab.*
3 *Beschafft euch weitere Materialien (Titelseiten von Zeitungen und Zeitschriften, TV-Programmübersichten), untersucht sie auf ihre Funktionen und berichtet darüber.*
4 *Benennt die euch bekannten Tages- und Wochenzeitungen, die in der Bundesrepublik Deutschland erscheinen.*

4.1 Jugend und Medien

Vom Einfluss der Medien auf die Jugendkultur

Massenmedien haben für die Konsumenten und Anbieter verschiedene Funktionen. Ihr informiert euch mithilfe der Massenmedien z. B. über aktuelle Trends auf dem Musikmarkt. Die Anbieter verdienen mit den Massenmedien ihr Geld. Im Folgenden könnt ihr untersuchen, welche Rolle die Medien in eurer Freizeit spielen und der Frage nachgehen, inwieweit Medien euer Freizeitverhalten beeinflussen.

M 1

(Karikatur: Liebermann)

(Karikatur: Tomaschoff)

1 *Interpretiert die Karikaturen (M 1) (vgl. S. 50 f.).*
2 *Vergleicht M 1 mit eurem Medienverhalten.*

M 2 **Medien – Freizeit – Jugendkultur**

Jan, 17, Schüler aus Bochum, ist im Allgemeinen nicht gerade anspruchsvoll. Nur, „Yo! MTV Raps“, das ist ihm heilig. Samstag ab 11.30 Uhr läuft die Sendung auf dem Musiksender MTV Europe. Supercoole, absolut lässige Moderatoren präsentieren das Neueste aus der Welt der Rap-Musik. (...) Es gibt die aktuellen Rap-Videos, die gleichzeitig die neuesten Moden und Tanzstile der US-Gruppen zeigen. Da muss man einfach dabei sein. Meistens kommen auch einige von Jans Freunden vorbei, bringen neue Platten mit und reden über Frauen. „Yo! MTV Raps“ ist eine Art Samstagnachmittag-Treffpunkt für sie geworden. Danach werden die gerade gesehenen Tanzschritte ausprobiert und, wenn sie „gut kommen“, auch gleich abends in der Disko präsentiert. „Man muss einfach dranbleiben“, meint Jan, „ohne diese Sendung würde ich nur die Hälfte mitkriegen, was im HipHop so läuft.“

(Aus: K. Stanken/S. Niehues, Echt abgedreht. Die Jugend der 90er-Jahre. München 1995)

3 *Berichtet in der Klasse von euren Freizeitaktivitäten und vergleicht sie mit denen aus M 2.*

M 3 **Massenmedien bestimmen Jugendkultur**

Schließen wir einen Moment die Augen und stellen uns vor, wie die Welt der Jugendkultur ohne Massenmedien aussehen würde. Wir sehen abertausende von lokal gepägten, eigenständigen Szenen. (...) Eine Jugendkultur, die über einzelne Städte oder sogar Länder hinausgeht, wäre undenkbar. Denn nur die Massenmedien transportieren die Symbole der Jugendkultur und sorgen dafür, dass sie sich verbreiten und zum gemeinsamen Standard bestimmter junger Szenen werden. (...) Massenmedien lassen überregionale Jugendkulturen also erst entstehen. (...) Die Medien wählen aus (...). Nur was über die Medien transportiert wird, hat eine Chance sich durchzusetzen. So reduzieren und lenken sie die Welt der Jugendkultur. Die Zeitschrift BRAVO zum Beispiel hat deshalb ganz selbstverständlich nur eine einzige, deutschlandweite Ausgabe: Was den Teenager in München bewegt, hat auch den Altersgenossen in Hamburg zu interessieren. Damit forcieren (verstärken) die Massenmedien, besonders international operierende (tätige) Unternehmen wie MTV, den Trend zur Gleichschaltung. Auf der ganzen Welt himmeln die Jugendlichen dieselben Pop- und Sportstars an, wollen sich kleiden wie sie, wollen so sein wie sie. Das Freizeit- und Konsumverhalten gleicht sich entsprechend an.

(Aus: K. Stanken/S. Niehues, a. a. O., S. 33 f.)

4 *Schreibt drei zentrale Aussagen aus M 3 heraus.*
5 *Untersucht an M 3, welcher Zusammenhang zwischen den Massenmedien und der Jugendkultur gesehen wird und nehmt Stellung dazu.*

Medienangebote stellen Waren dar, die auf die Bedürfnisse von Zielgruppen zugeschnitten sind (vgl. M 3).

M 4 Vermarktung total – Boy Groups

Mädchen zwischen fünf und 18 fallen reihenweise in Ohnmacht, wenn Caught in the Act, Worlds Apart, Boyzone oder East 17 losdancen und -trällern. (...) Die Aufbauarbeit (der Boy Groups) geht ins Geld – bis der Erfolg kommt, kann für Promotions (Werbung), Videos und CD-Produktionen locker eine Million Mark draufgehen. Und selbst die höchsten Investitionen und die schönsten Knaben bieten nie eine Garantie für hohen Verkauf. (...) Wenn eine Gruppe (jedoch) ihre feste Gefolgschaft hat, gehen die jeweils neuen CDs verlässlich (...) über die Ladentische – ohne kritische Fragen nach der Qualität. (...)
Die Jungen (von 'N Sync), die der frühere Backstreet-Boys-Manager Johnny Wright in Florida entdeckte, haben gegenüber vielen ihrer Kollegen einen Trumpf in der Hand: Sie können singen und tanzen – und die Plattenfirma kann die sonst üblichen Crashkurse sparen. „Außerdem sehen die Jungs sehr gut aus", meint BMG-Dame Menzel, „sie sind im richtigen Alter und bereit hart zu schuften." ('N Sync ist bei der Plattenfirma BMG unter Vertrag.)
Noch wichtiger ist, dass 'N Sync schon „gehyped" wurde, bevor es einen Song der Gruppe auf Platte gab. Das hat BMG dem BRAVO-Fotografen Fryderyk Gabowicz zu verdanken. Gabowicz, der „das Auge dafür hat, wie Teenies sich etwas angucken" (Menzel), war bei einer Session von den Schönlingen fasziniert und empfahl die Bilder seinem Magazin. BRAVO brachte die Fotos – POP ROCKY, POPCORN und HIT! folgten. Ein Mythos war geboren (...). Menzel: „Die Jungen leben von Anfang an davon, dass sich die Kids in sie verlieben."
Um das Liebespotenzial der Fans voll auszuschöpfen entwickelte die BMG-Promotionsabteilung für 'N Sync einen engen Terminplan. Bis zum Februar gibt es kaum mehr einen freien Tag für die Knaben: Sie sind in Klubs, Plattenläden und Fernsehshows wie „Wetten, dass ...?" für Kinder zu bestaunen. Kurz bevor am 7. Oktober die erste Single „I want you back" in die Läden kommt, gibt es bei VIVA eine „Videoweltpremiere". Auch der Sender MTV, so hoffen die Münchener, wird das Video spielen. (...)
Ein solider Platz in den Charts dürfte umso eher erreicht werden, je häufiger 'N-Sync-Töne über den Äther trällern – um Radiomoderatoren zu „Airplays" zu motivieren wird die Gruppe auf „Senderreise" nach Hamburg, Köln, Berlin, München und Frankfurt geschickt. Für die Plattenhändler gibt es Salesfolder (Verkaufsprospekte), für die Fans Autogrammkarten, Merchandising(Fan)-Artikel wie T-Shirts und Poster. Klassische Werbung (über Rundfunk, TV usw.) ist vorerst nicht geplant. „Wenn Fans eine Band lieben", weiß Menzel, „dann schreiben sie ganz viele Briefe an die Teenie-Magazine." Ständige Medienpräsenz sei so garantiert. Damit diese Präsenz ausfällt wie gewünscht, muss die Gruppe ein homogenes (einheitliches) Bild in der Öffentlichkeit vermitteln. 'N Sync-Mitglieder sollen nicht rauchen, nicht betrunken aufgefunden werden und nach außen hin ohne Freundin sein.
Sie sind dennoch gehalten im Interview eine glaubhafte Persönlichkeit zu vermitteln. Hobbys und Eigenschaften der Knaben könnten nicht von PR-Abteilungen konstruiert werden, begründet Menzel. „Der Fan lässt sich nicht verarschen."

(Aus: O. Fischer, Die Bands der Buben boomen. In: w&v. werben und verkaufen, Nr. 39, 27. 11. 1996, S. 82 f.)

6 *Überprüft, inwieweit eure Ergebnisse aus Aufgabe 4 auf die Schilderung in M 4 zutreffen.*
7 *Erarbeitet den Zusammenhang, der zwischen den Medien und dem Erfolg von Boy Groups besteht.*

Zur Sache: Boy Groups
Boybands sind Popgruppen aus jungen Männern, deren gutes Aussehen, ausgefeilte Tanz- und Gesangshows sowie Medienauftritte begeistern. Die oft fanatischen Anhänger sind vorwiegend weibliche Teenager. Das Phänomen ist nicht neu – Boyband-Vorläufer wie Dave Dee Dozy Beaky Mick and Tich, Bay City Rollers, New Kids on the Block oder The Teens rührten schon die Herzen früherer Generationen. Neu ist, dass es gleichzeitig viele erfolgreiche Boybands gibt. Der Boom kam voll in Gang, seitdem Take That Anfang der Neunzigerjahre zunächst in der britischen Schwulenszene und später bei den Teenies ungeahnte Popularität erlangten.

(Aus: w&v. werben und verkaufen, Nr. 39, 27. 11. 1996, S. 82)

4.1 Jugend und Medien

Boy Groups

Mit diesen schnuckeligen Retortenbands macht die Plattenindustrie Teenies glücklich. Ob blond oder dunkelhaarig, ernst oder lustig, jeder Mädchengeschmack wird bedient. Von Links nach rechts: die frühen Take That, Backstreet Boys, Boyzone, Bed & Breakfast und Worlds Apart

(Aus: Zeitmagazin, Nr. 2, 3. 1. 1997)

8 *Lest das Interview mit verteilten Rollen.*

M 5 **„Sind die nicht alle doof?"**

Boy Groups wie Take That oder die Backstreet Boys treiben Millionen Mädchen in die Hysterie. Für das ZEITMAGAZIN diskutierten MTV-Moderatorin Kimsy (Kimberly von Reischach), VIVA-Moderatorin Aleks (Alexandra Bechtel), die Musikerin Inga Humpe und der zwölfjährige Fan Konstanze (…), warum das so ist.

Inga: Wir hören viel über hysterische Fans. Wie schlimm ist es wirklich? (…)

Kimsy: Ich war bei einem Konzert mit Boy Groups, da haben Ordner bei strömendem Regen Mädchen aus dem Gebüsch gezogen, die auf irgendwelche Boy Groups lauerten. Es war unglaublich.

Aleks: Als die Backstreet Boys bei VIVA waren, hatten wir tausend Fans hinterm Studio. Die Polizei musste den Bandbus rauseskortieren (geleiten). Die Fans haben sogar Autos zertrampelt, weil sie auf den Motorhauben standen (…)

Inga: Konstanze, warum sind die Backstreet Boys cooler als andere?

Konstanze: Die Musik ist eigentlich gleich. Aber das Aussehen, manchmal auch der Charakter, ist besser.

Inga: Woher weißt du denn was über deren Charakter?

Konstanze: Aus Zeitschriften. Vor allem mag ich den A. J.

Inga: Der kaspert auf den Postern am meisten herum. Deswegen?

Konstanze: Deswegen auch. Aber ich habe mal gelesen: A. J., der Romantiker. Und da dachte ich: Ah, romantisch ist er. (…)

Inga: Möchte man so einen gern als Boyfriend oder Kumpel haben?
Konstanze: Bei uns in der Klasse sollten auch so nette Jungs sein. (...)
(Konstanze verlässt an dieser Stelle die abendliche Diskussionsrunde. Es ist schon spät. Sie wird von ihrer Mutter abgeholt.) (...)
Aleks: Ich verstehe nicht, warum das überhaupt nicht mehr aufhört. Da kommen ja immer mehr. Erst sind die Backstreet Boys da und dann kommt alle zehn Monate etwas Neues. Irgendwie schrecklich.
Inga: Auch wenn es niemand wahrhaben will: Es gibt diese Formeln. Und die funktionieren. Einer muss der Romantiktyp sein, der andere der Witzbold, der immer rumhampelt. Sind die eigentlich alle doof?
Aleks: Nein. Du musst den Leuten eins lassen: Im Umgang mit den Medien sind die schon sehr charmant. Die können ihre Plattenfirmentussis um den Finger wickeln. Die schmelzen dahin.
Kimsy: Ich glaube, du musst auf jeden Fall professionell sein. Und dazu gehört ein gewisses Maß an Cleverness.
Aleks: Die spielen einfach das Spiel mit. Natürlich sind die meisten zusammengewürfelt. Aber einige bringen auch Ideen für Songs und Styling ein. (...) Bei Take That gab es Gerüchte, dass sie Klauseln in ihren Verträgen hatten, dass sie keine Freundin haben dürfen, abspecken müssen und trallala. Das ist nicht bei allen Boy Groups so.
Inga: Aber doch nur am Anfang. Wenn sie erst einmal viel Geld verdienen, sind sie in einer Position, wo sie mitbestimmen dürfen. Und bereiten die Manager die Jungs denn nicht auf ein solches Leben vor?
Aleks: Und wenn schon. Die sind oft erst sechzehn Jahre alt und wissen überhaupt nicht, worauf sie sich einlassen. Sie reisen ewig herum, haben keine Freunde mehr, von einer Freundin ganz zu schweigen; dazu die Einsamkeit im Hotelzimmer, weil sie sich mit den anderen verkracht haben. Oder sie besaufen sich. Ich glaube nicht, dass die glücklich sind.
Inga: Das glaube ich leider auch nicht. Der Job nimmt dich so in Anspruch, dass du überhaupt keine Zeit hast etwas anderes zu entwickeln, also auch keine Emotionen.
Aleks: Das glaube ich nicht, dass man keine Emotionen entwickelt. Aber vielleicht erst Jahre später. Selbst Robbie Williams von Take That hat gesagt, er habe Drogen genommen und gesoffen ohne Ende. (...)
Kimsy: Ich finde Boy Groups eher als Phänomen interessant – der riesige Marktwert, der dahinter steckt, die technischen Aspekte. (...)
Inga: Diese Boy Groups werden ja nach bestimmten Kriterien zusammengestellt. Man will keine individuellen Leute. Im Gegenteil. Die müssen kleinen Mädchen gefallen, aber auch der Oma, der Mutti und der großen Schwester am besten auch. (...)
Aleks: Du wirst in eine Rolle gepresst und hast dann keine Chance rauszukommen. (...) Das Gefährliche bei den Boy Groups ist doch, dass sie nicht so sein können und dürfen, wie sie wirklich sind und immer nur ihr Saubermann-Image zeigen dürfen. (...) Fans wie Konstanze sind sehr jung. Die wird das irgendwann auch rauskriegen. Das ist eine Phase, durch die sie durchmüssen. (...) Die ganzen Bands werden so schnell gemacht – aus der Geldgier einiger Leute heraus. Weil du damit eine schnelle Mark machen kannst – auch wenn das jetzt schon schwieriger wird.
(Aus: Zeitmagazin, Nr. 2, 3. 1. 1997, S. 20–26)

9 *Erarbeitet Konstanzes Einstellung sowie die Meinungen der übrigen Gesprächsteilnehmerinnen und vergleicht sie miteinander.*
10 *Stellt dar, was aus dem Text über die Vermarktung von Boy Groups zu erfahren ist. Vergleicht mit M 3 und M 4, S. 54 f.*
11 *Erörtert, inwieweit die jungen Musiker selbst Entscheidungen treffen können bzw. inwieweit Abhängigkeiten bestehen (M 4 und M 5).*
12 *Sammelt aus Zeitschriften, Fernsehen, Radio usw. Materialien über Musik-Gruppen. Ermittelt aus M 4, M 5 und euren Materialien, wie Fans auf Boy Groups reagieren und aus welchen Gründen Boy Groups von den Fans bewundert werden.*
13 *Erstellt eine Wandzeitung zum Thema „Musik-Gruppen". Einigt euch auf Bereiche (Vermarktung, Unterhaltung, Fans usw.), nach denen ihr eure Materialien auswertet (vgl. Aufgabe 12).*

→ Marktwirtschaft, Massenmedien, Multimedia, Sozialisation

4.2 Talk auf allen Kanälen

Talk III nach 9

Auf den letzten beiden Doppelseiten habt ihr euch mit Einflüssen der Medien auf die Jugendkultur auseinandergesetzt. Vermarktet wird jedoch nicht nur im Bereich der Jugendkultur. Jedes Produkt der Medien will eine oder mehrere Zielgruppe(n) erreichen. Berichte verfolgen immer eine bestimmte Zielsetzung. Deutlich wird dieses z. B. auch an Talkshows.

1 *Berichtet in der Klasse, welche Talkshows ihr kennt. Erörtert gemeinsam, wie Talkshows im Allgemeinen ablaufen und welche Ziele sie verfolgen.*
2 *Fertigt eine Aufstellung von Talkshows an. Nehmt Programmzeitschriften zu Hilfe.*
3 *Untersucht Talkshows. Teilt euch dazu in Gruppen. Seht euch in der Gruppe gemeinsam eine Talkshow an. (Vielleicht kann sie jemand von euch auf Video aufzeichnen.)*
– Ordnet die Sendungen nach Themenbereichen und Zielgruppen.
– Bewertet den Informations- und Unterhaltungswert einzelner Talkshows.
– Tragt eure Ergebnisse in der Klasse zusammen.

M 1 **„Such is life!"**
Das Talkfernsehen scheint wie geschaffen für das Pantoffelkino. Es ist ein familiäres Gespräch für das familiäre Wohnzimmer, es reißt Barrieren ein, lädt den Star ins häusliche Wohnzimmer, den der Talkmeister, der Moderator stellvertretend für die vor dem Bildschirm versammelte Familie ausfragt: Er soll den Leuten seine Privatheit preisgeben. Talkshow ist die Kunst öffentlich ein privates Leben vorzuspielen. In Wahrheit kommen die Stars natürlich um ihr neues Buch werbend vorzustellen. Sie sind in Wahrheit nicht „ungeschminkt" und tun in der Regel den Teufel Privates preiszugeben. Das Fernsehen und die Talkshow haben (...) aus den Stars der anderen Medien (Filmstars, Politstars) Nachbarn von nebenan gemacht, die man, im Netzhemd und mit einem Bier in der Hand, sich ins Wohnzimmer schaltet.
(Aus: H. Karasek, Such is life. In: Spiegel special, Nr. 8, 1995, S. 92)

M 2 **Talkshows – Selbstdarstellung mit Feindbildern?**
Lautstark eine extreme Meinung zu vertreten ist immer mehr zur Methode der Dauergäste in den zahllosen Talkshows der westdeutschen Fernsehprogramme geworden. Generell dient eine Talkshow in Deutschland vor allem der Selbstdarstellung der Talkmeister. (...) Stuttgarts Oberbürgermeister Rommel meinte: „Wer in der Demokratie über die Regierenden schimpft, kommt in die Talkshows." Das „Feindbild Regierung" im Sinne der Aufklärung von Missständen gehört zweifellos zu den Aufgaben der Medien. Wenn es zur einzigen Aufgabe wird, dann ist die Grenze zum Feindbild überschritten. Politische Magazine im Fernsehen oder Boulevardzeitungen wenden diese Methode gezielt an um die Zahl der Zuschauer oder die Auflage zu steigern.
(Aus: G. Wagenlehner, Politische Feindbilder und Medien. In: Gerhard W. Wittkämper [Hg.], Medien und Politik. Darmstadt 1992, S. 68)

4 *Erarbeitet aus M 1 und M 2, welche Funktionen Talkshows haben. Vergleicht mit Aufgabe 1 und 3.*
5 *Vergleicht die Auffassungen in M 1 und M 2 und haltet die jeweiligen Interessen der Beteiligten fest.*
6 *Erörtert, warum solche Sendungen beim Fernsehpublikum sehr beliebt sind. Zieht M 1 und M 2 heran.*

Nicht nur in Talkshows werden wir täglich mit Berichten, Nachrichten und Fakten überhäuft. Ihr wisst, dass alle Informationen selektiert (gefiltert) werden. Nach welchen Kriterien wird entschieden, was für uns wichtig sein soll?

M 3 **Was ist wichtig?**

Es geschieht viel in der Welt. Nicht alles ist wichtig. Was wichtig ist und was nicht, entscheiden wir Journalisten. Nach welchen Kriterien? (...) Dass einem jungen Deutschen in einem südostasiatischen Land wegen Heroinschmuggels die Todesstrafe droht, vermelden wir, dass dort 20 oder 30 einheimische Drogenhändler hingerichtet werden, ist nicht so wichtig. Auch dass die Regierung dieses oder eines benachbarten Landes zehntausende Einwohner einer okkupierten Insel ausrottet, finden wir kaum der Erwähnung wert, vor allem, wenn diese Regierung gute Beziehungen zu Bonn unterhält und deutsche Waffen bezieht. (...) Kriegsberichterstattung – aber mir scheint, das gilt auch für die Berichterstattung über nichtmilitärische Konflikte – bedarf einer Vorentscheidung, wer unser Freund, wer unser Feind ist. Wenn ein klares Feindbild fehlt oder abhanden kommt, findet ein Krieg für uns nicht statt. (...) Politiker sind wichtig. Wir sind in der Lage sie zu ungeheurer Wichtigkeit aufzublasen. Zu dutzenden erscheinen wir bei bloßen Showveranstaltungen von Berufspolitikern. Wenn zwei Fernsehanstalten präsent sind, dürfen die anderen nicht fernbleiben. Je mehr Journalisten bei einem Ereignis anwesend sind, desto wichtiger muss es sein.

(Aus: E. Spoo [Redakteur der Frankfurter Rundschau], Was ist wichtig? In: Spiegel special, Nr. 1, 1995, S. 121)

M 4

(Karikatur: Haitzinger)

7 *Interpretiert die Karikatur M 4 (vgl. S. 50f.).*
8 *Erläutert, ob ihr solche Ereignisse (M 4) für die Medienberichterstattung als wichtig erachtet.*
9 *Arbeitet heraus, welche Antworten in M 3 und M 4 auf die Frage „Was ist wichtig?" gegeben werden.*

M 5 **Artikel 5 des Grundgesetzes (GG)**

(1) Jeder hat das Recht seine Meinung in Wort, Schrift und Bild frei zu äußern und zu verbreiten und sich aus allgemein zugänglichen Quellen ungehindert zu unterrichten. Die Pressefreiheit und die Freiheit der Berichterstattung durch Rundfunk und Film werden gewährleistet. Eine Zensur findet nicht statt.
(2) Diese Rechte finden ihre Schranken in den allgemeinen Gesetzen, den gesetzlichen Bestimmungen zum Schutze der Jugend und in dem Recht der persönlichen Ehre.

10 *Klärt anhand des Lexikons den Begriff „Massenmedien" und untersucht, woraus sich Spannungen zwischen dem „Pressekodex" und den Aussagen in M 3 ergeben könnten.*

4.3 Der Kampf um die Leserinnen und Leser

Was wichtig ist, wird nicht nur vom „Geschmack“ des Adressatenkreises bestimmt. Ein Beispiel für den täglichen Kampf um Leser, Auflagenzahlen und Anzeigenkunden stellen FOCUS und SPIEGEL dar. FOCUS erschien erstmals im Januar 1993 als Konkurrenz zum SPIEGEL.

M 1 **Wir sind hervorragend positioniert**

Aus einem Interview mit dem FOCUS-Chefredakteur Helmut Markwort:

Wie läuft das Geschäftsjahr 1996 für FOCUS?

Erstklassig. Nach drei Quartalen lässt sich sagen, dass 1996 unser bislang erfolgreichstes Jahr wird. Wir haben trotz Preiserhöhung von vier auf 4,50 Mark die Auflage gesteigert und melden für das dritte Quartal erstmals über 800 000 Verkaufte. Auch die Anzeigenerlöse werden höher ausfallen. Wir haben zwar etwas weniger Seiten als im Vorjahr, aber das wird durch die knapp 20-prozentige Preissteigerung mehr als kompensiert (ausgeglichen). (…)

Sind Sie (mit Aufträgen von Anzeigen) ausgebucht?

Ja, in einigen Heften mit Sonderwerbeformen. (…) Für 1997 haben wir die Anzeigenpreise übrigens um knapp zehn Prozent erhöht und wollen unsere Spitzenposition nach Seiten dennoch halten.

Worauf führen Sie das nicht nachlassende Interesse der Werbewirtschaft zurück?

Es ist offenbar ein Muss, in FOCUS zu sein. Das liegt sicher an unserer Themenmischung und an der Präsentation, die zu hervorragenden Leserschaftsdaten führt. FOCUS-Leser interessieren sich für Fortschritt, Innovation, Nachrichten aus allen Wissensgebieten. Da die journalistische Qualität stimmt, kommen die Anzeigenkunden von alleine. (…)

In Abwandlung ihrer Info-Elite reklamiert (beansprucht) der SPIEGEL für sich die Informationselite, also Leser, die es genauer und hintergründiger wissen möchten.

Info-Elite ist ja wohl die Abkürzung von Informationselite. Und dass die FOCUS liest, beweisen einschlägige Untersuchungen (…). FOCUS ist hervorragend positioniert, das zeigt mir nicht zuletzt auch der Vergleich mit dem SPIEGEL.

Inwiefern?

Weil jedermann deutlich wird, dass wir das moderne Nachrichtenmagazin sind. Ich bin mit vielem zufrieden, was neuerdings beim SPIEGEL passiert, denn das passt wunderbar in unsere Strategie. Wenn die zum Beispiel Che Guevera auf den Titel nehmen, einen fast 30 Jahre toten Linken, dann charakterisiert das den SPIEGEL eindeutig als Nachrichtenmagazin von gestern. (…)

Helmut Markwort, FOCUS-Chefredakteur

Ich habe mich gewundert, dass Stefan Aust so nervös und abfällig im w&v-Interview (vgl. M2) von FOCUS gesprochen hat. Dabei höre ich von vielen Leuten aus der Branche und gerade von Mediaagenturen, dass die Anzeigenkunden verstärkt auf eine Kombination FOCUS/SPIEGEL setzen. Auf diese Weise, heißt es, werde der Qualitäts-Lesermarkt wunderbar abgedeckt (…). Das möchte ich meinem Kollegen Aust gern als Trost mit auf den Weg geben.

(Aus: w&v. werben und verkaufen, Nr. 42, 18. 10. 1996, S. 114–116)

M 2 **Keine Angst vor neuer Konkurrenz**

Aus einem Interview mit dem SPIEGEL-Chefredakteur Stefan Aust:

Manch einer sagt, unter Aust habe sich das Blatt kaum verändert (…).

Wir konnten und wollten den SPIEGEL nicht neu erfinden oder gar auf FOCUS schielen. Der SPIEGEL hat ein spezielles, unverwechselbares Format und eine klare Konzeption. Die ist eben informations- und nicht info-orientiert. (…) Da müssen Sie lange in der Presse suchen um eine solche journalistische Qualität zu finden. (…)

Focus hat sich (…) stärker auf die Lesegewohnheiten im Zeitalter des Privatfernsehens eingestellt.

Ja, das ist richtig. Mitunter sieht FOCUS bereits aus wie ein bunter Warenhauskatalog (…). Wir werden uns aber auf diesen Schnäppchen-Häppchen-Journalismus auf keinen Fall einlassen. Täten wir es, würden wir unsere Marktposition infrage stellen. Wer immer nur McDonald’s isst, möchte auch mal was Richtiges zwischen die Zähne kriegen. Eine gründliche Berichterstattung, nicht immer nur diese 20 oder 30 Zeilen. (…)

Die Spitze der Pyramide liest SPIEGEL, auch wenn sie das nicht immer laut bekräftigt. Gerade Leute, die in Entscheidungspositionen sitzen, können es sich nicht leisten, nur kleine Häppchen von Informationen aufzunehmen. Die müssen wissen, wie die Hinter-

4.3 Der Kampf um die Leserinnen und Leser

Stefan Aust, SPIEGEL-Chefredakteur

gründe und Zusammenhänge in Politik und Wirtschaft sind. Und für die ist der SPIEGEL unverzichtbar.

Aber die Konkurrenz holt auf.

Wenn sie zum Beispiel in Mietwagen ein kostenloses FOCUS auf dem Beifahrersitz finden, schlägt sich das bei den Verkaufszahlen nicht nieder, wohl aber in der Media-Analyse (vgl. M 5). Das ist doch logisch. Den SPIEGEL werden sie dort nicht finden. (...) Wenn es interessante Zeiten gibt, wird die Auflage sicher ein bisschen raufgehen. Aber insgesamt bewegen wir uns auf einem Niveau von 1989, vor der Wende und vor FOCUS. Das heißt unsere Auflage ist im Grunde stabil, mal abgesehen von der aufregenden Nachwendezeit, als wir fast 1,3 Millionen Exemplare verkauft haben.

(Aus: w&v. werben und verkaufen, Nr. 38, 20.11.1996, S. 75–77)

1 *Stellt anhand von M 1 und M 2 dar, in welcher Konkurenzsituation FOCUS und SPIEGEL stehen und belegt eure Aussagen mit Zitaten.*

2 *Besorgt euch einen SPIEGEL und einen FOCUS. Überprüft – soweit es euch möglich ist –, ob die Aussagen von Aust und Markwort (M 1, M 2) zutreffen.*

3 *Erarbeitet, welche (markt-)wirtschaftlichen Ziele die Zeitschriftenverlage verfolgen (M 1 und M 2). (Marktwirtschaftliche Zielsetzungen werden in Kapitel 12, S. 206f., beschrieben.)*

Zeitungen und Zeitschriften finanzieren sich über Anzeigen. Die Anzeigenkunden zahlen einen festgelegten Preis pro Ausgabe. Je höher also die Auflage einer Zeitung ist, desto mehr Leserinnen und Leser der Zielgruppe werden erreicht, desto höher ist der Preis für die Werbekunden.

M 3 **Anzeigenstatistik**

Die meisten Zeitschriftensegmente mussten 1996 Anzeigenverluste hinnehmen. (...) Zu den absoluten Verlierern zählt das Münchener Nachrichtenmagazin FOCUS: Wegen Erhöhung der Anzeigenpreise um 19,5 Prozent hat es 1996 rund 454 Anzeigenseiten verloren – ein Minus von 6,6 Prozent. Trotzdem bleibt der SPIEGEL-Konkurrent 1996 mit 6401 Anzeigen das Anzeigen-Dickschiff (ein Plus von 1,21 Prozent). (...) Die Wettbewerber (...) (vom SPIEGEL) liegen mit 5566 Anzeigen auf dem zweiten Platz – für den SPIEGEL ein leichtes Plus von 1,2 Prozent oder 66 Anzeigenseiten.

(Aus: w&v. werben und verkaufen, Nr. 1–2, 10.1.1997, S. 8)

M 4

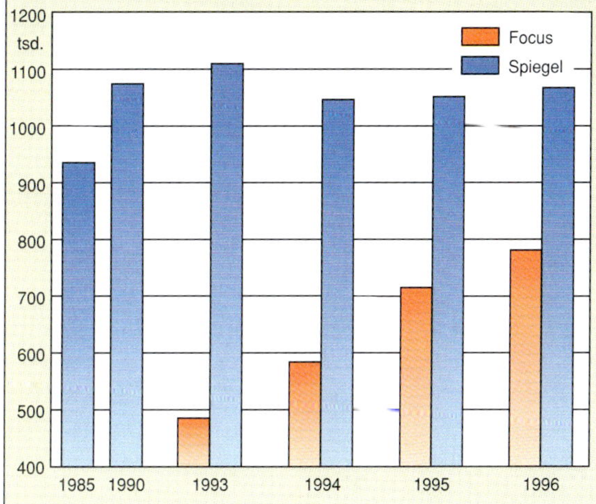

M 5 **Aus der Media-Analyse I. Quartal 1997**

Der SPIEGEL liegt mit knapp sechs Millionen Lesern (...) an zweiter Stelle, hat aber Federn gelassen – 150 000 Leser sind entschwunden, vorwiegend Frauen. SPIEGEL-Sprecher Kurt Otto mutmaßt: „Wegen ihrer Nutzwertorientierung könnte die Illustrierte FOCUS Frauen absorbiert (aufgesogen) haben.“ FOCUS segelt weiter im Aufwind und legte um 120 000 Leser auf rund 5,8 Millionen zu (...). Für Otto ein Grund die (...) Zurückhaltung zu überdenken: „FOCUS ist im Medienszenario präsenter, als uns lieb ist.“

(Aus: w&v. werben und verkaufen, Nr. 18, 2.5.1997, S. 104)

4 *Erläutert den Zusammenhang zwischen Auflagenhöhe, Leserinnen/Lesern, Anzeigen und Werbeumsätzen eines Verlages.*

Methode: Textanalyse

M 1 **McJournalismus statt Journalismus?**
Das Kratzen des Journalismus am Unbekannten, Recherche genannt, ist das eigentlich Kostbare und darum Teure am Journalismus – und fällt darum bei jeder Gewinn- und Verlustrechnung unangenehm auf. Etwa ein Viertel aller Journalisten recherchiert pro Tag nicht mehr als eine Stunde. Nur jeder zwölfte Journalist kann sich vier Stunden und länger mit dem beschäftigen, was seine Arbeit wichtig macht. Nur wenige Redaktionen in Deutschland geben ihren Journalisten genug Zeit um der Wahrheit nahe zu kommen. (...) Aber die Produktion von Information ist nicht zu rationalisieren wie die Produktion von Toilettenpapier.
FOCUS, NEWS, TANGO und andere neue Zeitschriften sind verlegerische Sparmodelle: Wie kann man mit möglichst wenig Journalismus möglichst viele Anzeigen abgreifen? (...) FOCUS als Blatt ist kein Problem, FOCUS als System ist die Pest. Dass die deutschen Großverlage im McJournalismus die Antwort des Printjournalismus auf das Fernsehen sehen, ist die Seuche.
McJournalismus ist gedrucktes Fastfood. Viel Verpackung, viel Farbstoff und ständig fragt sich der Leser: Where is the beef? McJournalismus hat mit Journalismus so viel zu tun wie McDonald's mit Rinderbraten. (...) Die Frage ist, wie der Printjournalismus auf die neue Macht des Fernsehens reagieren soll. Indem er Zeitschriften in die Welt setzt, die die Oberflächlichkeit des Fernsehens kopieren? Die den Reiz des Zapping imitieren?

(Aus: C. Schnibben [Journalist beim Spiegel], Der McJournalismus. In: Spiegel spezial, Nr. 1, 1995, S. 49)

Dieser Text ist sehr polemisch (scharf und unsachlich). Umso wichtiger ist es, ihn gründlich zu analysieren. Im Folgenden erfahrt ihr daher zunächst, wie ihr bei der Analyse eines solchen Textes vorgehen solltet. Danach könnt ihr euch an die Deutung wagen. Dazu braucht ihr gewisse Hintergrundinformationen: Einige wichtige Kenntnisse über den Konkurrenzkampf zwischen FOCUS und SPIEGEL habt ihr auf der letzten Doppelseite erarbeitet. Diese Informationen werden euch helfen einzelne Aspekte des Textes besser einzuordnen, zu widerlegen oder zu verstärken.

Zur Vorgehensweise bei einer Textanalyse
Nachrichten, Berichte, Kommentare und ähnliche Texte sind neben Bildern und Grafiken die wichtigsten Arbeitsmittel zum Verständnis politischer Sachverhalte und Probleme. Sie transportieren in unterschiedlicher Weise Informationen und Meinungen und sind je nach Zielsetzung um Objektivität bemüht oder offen parteiisch.
Um die Wirkung solcher und anderer Texte analysieren zu können hat der Sozialwissenschaftler Harold Lasswell bereits in den Dreißigerjahren die so genannte W-Formel erstellt: *Wer* sagt *Was, Wie,* zu *Wem, Warum* und mit *Welcher Wirkung*?
Diese einfachen W-Fragen sind bei einer Textanalyse sehr hilfreich. Sie müssen jedoch richtig eingesetzt werden. Bei einer Textanalyse können euch die folgenden Schritte hilfreich sein:

1. Schritt: Stellt fest, *wer* den Text verfasst und *wer* ihn veröffentlicht hat. Häufig gewinnt man schon dadurch wichtige Grundlagen für die Klärung der Fragen nach „*Warum*" und „*Wirkung*".

2. Schritt: Untersucht den Text darauf hin, *was* der Autor offen ausspricht, aber auch *was* er möglicherweise verschweigt. Nicht selten transportieren Texte neben den klar formulierten auch noch versteckte Aussagen. – Folgende methodische Einzelschritte sind ratsam:
- Formuliert nach dem ersten Lesen die eurer Meinung nach wichtigsten Behauptungen, d.h. die Grundpositionen des Textes.
- Notiert euch anhand der Zeilennummerierung die wichtigsten Textstellen, damit ihr sie in der Diskussion schnell wiederfindet. (Bei eigenen Textvorlagen könnt ihr sie natürlich auch im Text markieren.)
- Sortiert diese nach inhaltlichen Gesichtspunkten.
- Fasst nun diese Gruppen von Einzelaussagen nach Möglichkeit in jeweils einem Satz zusammen. Ihr formuliert damit die wichtigsten Behauptungen des Autors (Thesen) mit eigenen Worten.

3. Schritt: Prüft, *wie* der Autor seine Argumentation im Einzelnen aufbaut und welche sprachlichen Mittel er einsetzt. – Ein wichtiges Ergebnis der Formanalyse ist oft, dass man die nicht offen formulierten Aussagen eines Textes erkennt und benennen kann. – Die methodische Vorgehensweise entspricht der von Frage 2 und kann auch die dortigen Ergebnisse nutzen:

- Erstellt parallel zu eurer inhaltlichen Gliederung auch eine formale: Überprüft, *wo* im Text die von euch erarbeiteten Hauptaussagen stehen und belegt dies mit Zeilenangaben. Die Reihenfolge gibt Aufschluss darüber, *wie* der Autor den Leser in Einzelschritten zu überzeugen versucht.
- Achtet auf sprachliche Besonderheiten und Mittel, auffällige Begriffe und Satzkonstruktionen. Im Falle des vorliegenden Textes solltet ihr besonders auf die polemischen Elemente achten.

4. Schritt: Überlegt, *wem* der Text gilt, an wen sich der Verfasser richtet. Legt dar, ob die Inhalte des Textes (2. Schritt) und die vom Autor verwendeten Mittel (3. Schritt) für diesen Leserkreis von Interesse sind.

Habt ihr die Schritte 1 bis 4 ausgeführt, dann sind die wesentlichen Voraussetzungen geschaffen um zu einer begründeten Beurteilung des Textes zu kommen:

5. Schritt: Hinterfragt, *warum* der Autor diesen Text schreibt: Was will er erreichen? – Seine Intention (Absicht) richtig zu erkennen ist das wichtigste und entscheidende Ergebnis der Analyse. Diesem Ziel dienen alle anderen Bemühungen. Die Beantwortung der ersten vier Fragen ist wichtig um die fünfte möglichst eindeutig und umfassend beantworten zu können.

6. Schritt: Beurteilt am Schluss, *welche Wirkung* der Text hat. Erreicht der Autor sein Ziel? Hat man Absicht und formale Mittel eines Autors erkannt bleibt zu überlegen, welche Wirkung sie haben. – Wie ist der Text also zu bewerten?

Zur weiteren Bearbeitung des Problems

Wenn bei einem Text wie dem von Cordt Schnibben deutlich wird, dass er eine sehr einseitige Position vertritt, ist es nötig, sich auch über die Gegenseite zu informieren. Zu diesem Zweck könnt ihr M 2 heranziehen. Dieser Text muss seinerseits einer eingehenden Analyse unterzogen werden, bevor ihr ihn dem ersten gegenüberstellt. Ihr solltet es auch nicht dabei bewenden lassen, nur die persönlichen Meinungen der jeweiligen Kontrahenten gegeneinander zu stellen. Sie sprechen in eigener Sache und sind daher voreingenommen und parteiisch. Vielmehr müsst ihr euch grundsätzlich um objektive Informationen zu der Streitfrage bemühen (vgl. z. B. M 3 und M 4 sowie die vorherige Doppelseite).

M 2 Die FOCUS-Redaktion über ihre Ziele

Viele Menschen haben heute wenig Zeit. Sie wollen schnell und kompakt informiert werden. Für diese Menschen machen wir FOCUS – mit knappen Berichten zu aktuellen Themen, mit prägnanten Fotos und übersichtlichen Infografiken. Durch die Kombination von Text, Bild und Grafik stellen wir die gesellschaftlichen, politischen und wirtschaftlichen Zusammenhänge verständlich und klar dar. (...) Unsere Leser sind an Fakten interessiert um sich selber eine Meinung zu bilden. Gleichzeitig müssen sie aber ihre knappe Zeit sinnvoll einsetzen. Deshalb machen wir ein Nachrichtenmagazin, das kritisch, aber auch lösungsorientiert ist. (...) In unseren Artikeln trennen wir Fakten und Meinungen. Der Leser muss erkennen können, welches die Fakten sind und von wem die Meinungen kommen. Bei uns werden Meinungen immer gekennzeichnet, etwa mit „Pro & Kontra“ oder „Standpunkt“. (...) Wenn wir an einer Geschichte arbeiten, recherchieren wir zunächst in allen verfügbaren Quellen, telefonieren mit Korrespondenten, sprechen mit Informanten, bemühen uns um Interviews und Standpunkte beteiligter Personen.

(Aus: Das Zeitbild. Go Future. Bonn Dez. 1995, Jan. 1996, S. 14 f.)

M 3 Bruttowerbeumsätze

	1989	1991	1993
FOCUS	–	–	108 659
DER SPIEGEL	370 754	445 226	411 674

(Aus: w&v. werben und verkaufen, Nr. 38, 20. 9. 1996, S. 138)

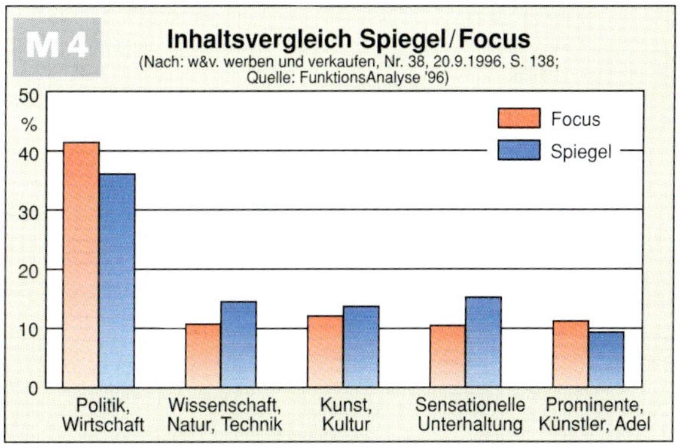

4.4 Medien – Wächter der Demokratie?

Die Kontrollfunktion der Presse

FOCUS und SPIEGEL wollen ihre Leser informieren. Information ist jedoch nicht ihre einzige Aufgabe. Medien erreichen eine breite Öffentlichkeit und haben so die Möglichkeit, Kontrolle auszuüben.

M 1 Titelblatt des SPIEGELS vom 24. 4. 1995:

1 *Beschreibt den Aufmacher (M 1). Nehmt Stellung: Sensationsmache oder Information der Leser?*

Zur Sache: Plutonium
Plutonium ist ein hochgiftiges, radioaktives Schwermetall. Es eignet sich wegen seiner guten Spaltbarkeit als Brennstoff für Atomreaktoren und Material für Atomsprengköpfe. Es entsteht als Abfallprodukt beim Zerfall von radioaktivem Uran. Die beim Zerfall von Plutoniumkernen entstehende Alphastrahlung schädigt schon durch wenige Millionstel Gramm ungeschütztes Gewebe (z. B. Lunge, Leber, Blutplasma) schwer.

Der Bundesnachrichtendienst ist ein Geheimdienst, der für die Bundesregierung Auslandsnachrichten aller Art sammelt. Über eine seiner Aktivitäten berichtete der SPIEGEL am 24. 4. 1995:

M 2 „Bonn im Geheimdienst-Sumpf“
Die Leute von der Abteilung 11A (des Bundesnachrichtendienstes, BND) haben der Republik den bislang schwersten Geheimdienstskandal eingebrockt. Sie stecken hinter der raffinierten Plutonium-Inszenierung von Mitarbeitern des Pullacher Dienstes (Pullach: Sitz des BND). V-Leute hatten angeblich in Russland Händler gefunden, die den Bombenstoff nach Deutschland schaffen wollten. Mit verlockenden Kaufangeboten lotsten sie tödliches Plutonium 239 im Flugzeug von Moskau nach München. Dort wurden die Lieferanten im August vergangenen Jahres spektakulär festgenommen.
Niemals, so der Tenor der Beteuerungen vor der Kontrollkommission, habe die BND-Führung geahnt, was da eingefädelt wurde. Keiner habe gewusst oder gewollt, dass das Supergift per Passagierflugzeug nach München geschmuggelt werde.
Bei einigen Abgeordneten (die der Kontrollkommission angehören) verfing das Legendieren (der anwesenden BND-Angehörigen). „Es handelt sich nicht um einen Bombenschwindel des BND“, höhnte CDU-Vormann Erwin Marschewski, sondern „eher um einen Schwindel des SPIEGEL.“ Doch genügten schon einige Nachfragen um das Verteidigungsgebäude einstürzen zu lassen. Andere Behauptungen lassen sich aufgrund von Unterlagen, die dem SPIEGEL vorliegen, als Lügen entlarven. (…)
Was der SPIEGEL über den Bombenbluff des BND enthüllt hatte, so das Fazit des Parlamentarischen Geschäftsführers der SPD-Fraktion Peter Struck am Ende der Sitzung der Parlamentarischen Kontrollkommission, sei „korrekt in den Daten, Fakten, Namen, Geldsummen“. (…) Nun macht die Opposition (…) mobil. Am Donnerstag dieser Woche wird sich der Innen- und Rechtsausschuss des Bundestages mit dem Fall München beschäftigen.
(Aus: Der Spiegel, Nr. 17, 24. 4. 1995, S. 28 f.)

2 *Klärt mithilfe von M 2 den Vorgang des Plutonium-Schmuggels und haltet fest, welche Rolle der SPIEGEL spielte.*

4.4 Medien – Wächter der Demokratie?

Die Kontrollfunktion der Presse

M 3

(Karikatur: Mussil)

3 *Erarbeitet, welche Aussage der Karikaturist mit seiner Darstellung (M 3) beabsichtigt haben könnte (vgl. S. 50 f.).*
4 *Bewertet die mögliche Wirkung der Karikatur in der Öffentlichkeit.*

M 4 Verlauf und Folgen der Plutoniumschmuggel-Affäre

Vor dem am 11.5.1995 eingesetzten Untersuchungsausschuss rücken die Rolle des Bundesnachrichtendienstes (BND) und des Geheimdienstkoordinators Staatsminister Bernd Schmidbauer (CDU) ins Zentrum der Kritik. Eine im Dezember 1995 auftauchende Aktennotiz belegt, dass der am 10.8.1994 auf dem Flughafen München II aufgedeckte Schmuggel von 363,4 Gramm waffenfähigen Plutoniums 239 aus Russland vom BND offenbar „nicht nur aufgedeckt, sondern weitgehend herbeigeführt" wurde. Schmidbauer weist am 15.12. und in der Folge alle Vorwürfe zurück von der Aktion im Voraus gewusst zu haben und lehnt seinen Rücktritt ab. Auch BND-Präsident Konrad Porzner (SPD) bestreitet am 19.1.1996 alle gegen den Geheimdienst vorgebrachten Anschuldigungen und ersucht Ende Februar um seine Versetzung in den einstweiligen Ruhestand. Der als neuer Präsident des BND designierte Vizepräsident Gerhard Güllich (SPD) lässt sich ebenfalls in den einstweiligen Ruhestand versetzen.

(Aus: Der Fischer Weltalmanach 1997, S. 181 f.)

5 *Stellt fest, welche politischen Folgen die Plutonium-Schmuggel-Affäre hatte (M 4).*

M 5 Pressefreiheit – In der Demokratie unentbehrlich

Ohne diesen Artikel (5 GG, vgl. S. 59) wäre in der Bundesrepublik kein einziger Skandal aufgedeckt worden. (...) Die Presse- und Meinungsfreiheit ist ein Stachel im Fleisch der Demokratie. Nach Ansicht des Bundesverfassungsgerichts (BVG) gehört sie zu den „vornehmsten Menschenrechten überhaupt" (vgl. M 6). (...) Zur Stützung ihrer These, dass eine freie Presse „für die moderne Demokratie unentbehrlich" sei, verweisen die Richter (des BVG) auf den Souverän: „Soll der Bürger politische Entscheidungen treffen, muss er umfassend informiert sein, aber auch die Meinungen kennen und gegeneinander abwägen können, die andere sich gebildet haben."

(Aus: R. Lamprecht, Ein Abgrund von Pressefreiheit. In: Spiegel special, Nr. 1, 1995, S. 31 f.)

M 6 Grundlage jeder Freiheit überhaupt

Das Grundrecht auf freie Meinungsäußerung ist als unmittelbarster Ausdruck der menschlichen Persönlichkeit in der Gesellschaft eines der vornehmsten Menschenrechte überhaupt. (...)
Für eine freiheitlich-demokratische Staatsordnung ist es schlechthin konstituierend (grundlegend), denn es ermöglicht erst die ständige geistige Auseinandersetzung, den Kampf der Meinungen, der ihr Lebenselement ist. Es ist in gewissem Sinn die Grundlage jeder Freiheit überhaupt.

(Aus: Entscheidungen des Bundesverfassungsgerichts. Bd. 7, 1958, S. 208)

6 *Stellt einen Bezug zwischen Art. 5 GG (vgl. S. 59) und der Plutoniumschmuggel-Affäre her.*
7 *Untersucht, wie die Pressefreiheit in M 5 und M 6 beurteilt wird.*
8 *Achtet auf Vorgänge, in denen die Medien eine Kontrollfunktion ausüben, und berichtet in der Klasse darüber.*

4.4 Medien – Wächter der Demokratie?

Pressefreiheit – immer in Gefahr

In vielen Staaten werden die Medien und die Journalisten durch den Staat überwacht. Diktatorische Regierungen versuchen dadurch zum Beispiel, ihr politisches Handeln zu verschleiern und Einfluss auf die Meinungsbildung in der Bevölkerung zu nehmen. Nach Informationen des Internationalen Journalistenverbandes kamen 1993 weltweit 75 Journalisten bei der Ausübung ihrer Tätigkeit ums Leben. In größter Gefahr waren 1993/94 Journalisten in Ländern Asiens und des Nahen Ostens.
In Deutschland ist die Pressefreiheit durch das Grundgesetz und oberste Gerichtsentscheidungen geschützt, wie ihr auf der letzten Doppelseite erfahren habt. Die Materialien M 1 bis M 3 zeigen, dass die Pressefreiheit durch Eingriffe von außen, z. B. durch Behinderung der Reporterarbeit oder staatsanwaltliche Durchsuchungen von Redaktionen, immer wieder gefährdet ist.

M 1 Redaktionsrazzia beim WESER REPORT

M 2 Die Pressefreiheit wird ausgehöhlt

Die Fahnder suchten nach Hinweisen, wie ein vertrauliches Dokument des Landesrechnungshofs in die örtliche Presse gelangt sein könnte. Die Durchsuchungsaktion (vgl. M 1), einmalig in der Bremer Pressegeschichte, löste heftigen Protest aus. (...) Das Vorgehen der Bremer Ermittler zeigt einen bedrohlichen Trend: Aus immer nichtigerem Anlass dringen Polizisten in Redaktionen und Wohnungen von Journalisten ein, immer häufiger beantragen Strafverfolger richterliche Durchsuchungsbeschlüsse gegen Pressebüros – und bekommen sie. Stück für Stück demontieren Juristen das Redaktionsgeheimnis, einst kaum angetasteter Schutzwall gegen staatliche Eingriffe. Filzten Strafverfolger in den Achtzigerjahren überwiegend Hinterhofbüros kleinerer Alternativblätter, rücken sie seit wenigen Jahren auch bei etablierten Tageszeitungen, Zeitschriften und TV-Sendern an. So wühlten die Ermittler unter anderem in Schubladen und Schränken des Westdeutschen Rundfunks, der STUTTGARTER ZEITUNG, der Fernsehsender RTL und ZDF und des Infomagazins FOCUS. (...) Oftmals stützen die Staatsanwälte ihre Durchsuchungsanträge auf den Verdacht des Verrats von Dienstgeheimnissen. Das Problem: Der Begriff des Dienstgeheimnisses ist gesetzlich nicht definiert. Kaum ein Redaktionsbeitrag, in dem etwa Behördenschlamperei aufgedeckt wird, kommt ohne interne Informanten aus. Auf der Suche nach dem Verräter konstruieren nervöse Politiker und eilfertige Ermittlungsbehörden nur allzu schnell einen Verdacht, der ihnen Eintritt in die Redaktionsstuben verschafft. (...) Mal bezichtigen Fahnder die Journalisten der Beihilfe oder der Anstiftung zu einer Straftat. Zumeist geht es aber nur darum, Beweismittel gegen „Unbekannt" zu sammeln. Immer dann, „wenn ein Journalist der Polizei nicht sagen will, woher er die Information hat", mahnt die SÜDDEUTSCHE ZEITUNG, dann werde „eben durchsucht".

(Aus: Der Spiegel, 2. 9. 1996, S. 37)

1 *Beschreibt die Verletzung der Pressefreiheit in M 1 und M 2. Berücksichtigt Art. 5 GG (vgl. S. 59).*

M 3 Redaktionsgeheimnis

Die Pressefreiheit bezieht sich vor allem auf periodisch erscheinende Druckerzeugnisse und dient in erster Linie dazu, die Freiheit der Berichterstattung in der Presse sicherzustellen. Eine freie, nicht von der öffentlichen Gewalt gelenkte Presse ist ein Wesenselement des freiheitlichen Staates. (...) Der Schutzbereich des Art. 5 Abs. 1 Satz 2 (vgl. S. 59) umfasst auch das Redaktionsgeheimnis. Die Vertraulichkeit der gesamten Redaktionsarbeit ist notwendige Bedingung einer freien Presse.

(Aus: D. Hesselberger, Das Grundgesetz. Kommentar für die politische Bildung. Bonn 1990, S. 85 f.)

2 *Erörtert unter Berücksichtigung von M 3, ob die Durchsuchung (M 2) gerechtfertigt sein könnte.*

4.4 Medien – Wächter der Demokratie?

Pressefreiheit – immer in Gefahr

Bedroht werden kann die Pressefreiheit nicht nur von außen. Gefahren bestehen auch von innen:

M 4 Journalisten – Komplizen der Politiker?

Politiker brauchen Journalisten. Sie brauchen sie um an der Macht zu bleiben oder an die Macht zu kommen. (...) Da für einen Politiker das Erscheinen auf dem Bildschirm also überlebenswichtig ist, erklärt sich der Drang zum Fernsehen leicht. Es erklären sich auch die Umarmungstaktiken, die fast immer von Einschüchterungsversuchen und Pressionen begleitet sind. (...) Denn wer berichten will, braucht Informationen, wer Informationen will, braucht Kontakte, wer Kontakte sucht, muss auf die richtige Liste. Es gibt Listen für Einladungen bei Politikern, Reisen und Feste mit Politikern – und für „Kreise". (...) Für Zeitungs- und Fernsehjournalisten besteht in Bonn die Gefahr einer riskanten Nähe.

(Aus: G. Marx, Eine Zensur findet nicht statt. Reinbek 1988, S. 42–49)

M 5 Kirch fordert Ablösung

Der Medienunternehmer Leo Kirch hat einen zustimmenden Kommentar der WELT zum Kruzifix-Urteil des Bundesverfassungsgerichtes in Karlsruhe scharf kritisiert und gefordert, der Chefredakteur (...) müsse abgelöst werden. (...) Dazu schrieb Kirch am Freitag in einem Brief an den Springer-Aufsichtsratsvorsitzenden (...): „Zu meinem Entsetzen stelle ich fest, dass ausgerechnet eine Tageszeitung unseres Verlages (...) in einem Kommentar diese haarsträubende Entscheidung verteidigt." Kirch forderte deshalb die Ablösung des Chefredakteurs.

(Aus: Die Welt, 14. 8. 1995)

M 6

(Karikatur: Rauschenbach)

3 *Beschreibt mithilfe von M 4 das Verhältnis zwischen Journalisten und Politikern und erläutert „Gefahren" für die Pressefreiheit.*

4 *Interpretiert M 6 (vgl. S. 50 f.). Erörtert, ob ihr die dargestellte Handlung für realistisch haltet. Berücksichtigt dabei eure Kenntnisse, die ihr auf S. 60 ff. erworben habt.*

5 *Erarbeitet anhand von M 5 und M 6, welche Einschränkungen der Pressefreiheit dargestellt werden.*

6 *Vergleicht die „äußeren" (M 1 und M 2) und die „inneren" (M 4 bis M 6) Gefährdungen der Pressefreiheit.*

7 *Ladet einen Journalisten der Lokal-(Regional-)Presse ein. Führt ein Expertengespräch zum Thema „Pressefreiheit" (vgl. S. 216 f.). Befragt ihn auch zu seiner Tätigkeit.*

4.5 Medien – vierte Gewalt?

Die Macht der Medien

Medien können Politiker, Personen des öffentlichen Lebens usw. kontrollieren (vgl. S. 64 f.). Sie haben aber auch die Möglichkeit sich über bestimmte Grenzen hinwegzusetzen und selbst Einfluss auszuüben. In der Demokratie wird von den „drei Gewalten" gesprochen (vgl. „Zur Sache"). Im Folgenden könnt ihr der Frage nachgehen, ob die Medien eine „vierte Gewalt" darstellen.

M 1 Presse

1 *Beschreibt M 1 und formuliert die Aussage des Bildes. Fallen euch Beispiele dazu ein?*

M 2 Staatsgewalt – Mediengewalt

Die Mediengewalt weist Gemeinsamkeiten und Unterschiede mit der typischen staatlichen Machtstruktur auf. Die Medien verfügen ebenso wie der Staat über ein bestimmtes Verbreitungsgebiet, sie haben ein Lesevolk oder eine Hörerschaft und sie können mithilfe ihres Programms Leser oder Zuschauer beeinflussen. Das erklärt ihre Gewalt und macht sie aus. (...) Man kann sich nämlich der Medienbeeinflussung kaum völlig entziehen. Es gibt nur wenige, die weder Zeitung lesen, Rundfunk hören noch dem Fernsehen Aufmerksamkeit schenken. Die Massenmedien sind rund um die Uhr präsent. (...) Die Medien können zwar nicht Recht setzen. Sie können aber über (...) die Rechtspolitik ihre Schaffung, Umgestaltung und Weiterentwicklung bewegen. (...) Die Medien können zwar nicht Recht sprechen. Sie können aber über laufende Prozesse berichten, Unrecht dokumentieren und Vorverurteilungen vornehmen. (...) Zusammengenommen sind Medien durch ihre permanente Präsenz in Schrift, Bild und Ton Bewusstseinsbildner und Bewusstseinsveränderer.

(Aus: R. Stober, Medien als vierte Gewalt. In: G. W. Wittkämper [Hg.], Medien und Politik. Darmstadt 1992, S. 28)

2 *Untersucht, wie der Autor die Mediengewalt beschreibt und bewertet (M 2).*

M 3 Die Macht der Medien – Meinungsumfrage
(Angaben in Prozent)

Wer hat mehr Macht: Politiker oder Medien?

	Die Medien	Die Politiker	Beide gleich
Insgesamt	42	32	16

Sollten die Medien stärker kontrolliert werden?

	Ja	Nein	Weiß nicht
Insgesamt	21	73	6
Ost	29	66	5
West	19	75	6

(Nach: Die Woche, 3. 3. 1994, S. 5, FORSA-Umfrage)

3 *Erläutert die Ergebnisse der Umfrage (M 3) und stellt einen Bezug zu M 1 her.*

Zur Sache: Gewaltenteilung

Die Freiheit der Bürgerinnen und Bürger in einem Staat ist nur gewährleistet, wenn die Staatsgewalt nicht in einer Hand liegt, sondern in drei voneinander unabhängige, sich gegenseitig kontrollierende und beschränkende Gewalten aufgeteilt ist. Dadurch sollen sich die machtausübenden Organe gegenseitig kontrollieren, um Machtkonzentration und -missbrauch zu verhindern.
Die drei Gewalten sind
a) die gesetzgebende Gewalt (Legislative), die den Parlamenten übertragen wird;
b) die gesetzesanwendende, richterliche Gewalt (Judikative), die unabhängigen Richtern anvertraut wird;
c) die gesetzesausführende Gewalt (Exekutive), die der Regierung übertragen wird. Zur Exekutive gehören der gesamte Staatsapparat, z. B. die Polizei, die Verwaltung und das Heer.

4.5 Medien – vierte Gewalt?

Die Macht der Medien

M 4 Die Macht der Bilder

Pressefotos wie die Erschießung eines Vietkong auf offener Straße, Brandts Kniefall in Polen, das demonstrative Hand-in-Hand von Mitterand und Kohl in Verdun hatten besondere, spektakuläre Signalkraft, mehr als die verbalen Meldungen. Unmittelbarkeit und Anschaulichkeit der bildhaft-sinnlichen Wahrnehmung weisen Bildern eine wichtige, vielleicht die wichtigste Funktion zu im Prozess der Ausbildung von Einstellungen, Meinungen, Wertvorstellungen. Bilder sind gemacht, sind nie objektive Abbildungen, sind stets subjektiv. Entsprechend sind sie parteilich, bemüht Wirklichkeit getreulich wiederzugeben oder Wirklichkeit zu beschönigen, zu verfälschen, eben das Bild zu vermitteln, das der Initiator zu erwecken sucht.

(Aus: W. Mickel, D. Zitzlaff [Hg.], Handbuch zur politischen Bildung, Bonn 1988, S. 374 f.)

4 *Sucht in eurem Geschichtsbuch nach den beschriebenen Fotos und erläutert, welche Signalkraft von ihnen ausgeht.*

M 5

(Karikatur: von Papen)

5 *Erläutert anhand von M 4 und M 5, inwieweit Bilder Macht ausüben können und stellt einen Zusammenhang zu der „Macht der Medien" her.*

M 6 Einfluss auf die Politiker

Medien haben die Macht zu definieren, was ein Skandal ist – und was nicht. Diese Macht ist viel entscheidender als die Möglichkeiten der Beeinflussung durch die Volksmeinung. Zwar erfolgt diese Beeinflussung täglich und massiv, aber ihr sind gewisse Grenzen gesetzt. Erklärungsbedürftig erscheint, dass sich Politiker in höherem Maße nach dem Medientenor ausrichten als nach der Meinung in der Bevölkerung, wie sie sich etwa in demoskopischen Daten widerspiegelt.

Zwar entscheiden die Wähler alle vier Jahre über die Wiederwahl eines Politikers bzw. einer Partei, aber die Medien können praktisch tagtäglich darüber entscheiden, ob Verfehlungen eines Politikers zum Skandal werden oder nicht. Medien können einen Politiker aufbauen – und höchst wirksam demontieren (auseinandernehmen).

(Aus: R. Zitelmann, Wohin treibt unsere Republik? Frankfurt a. M., Berlin 1994, S. 112)

M 7 Medien und Politik

Woran liegt es, dass Politiker sich häufiger nach dem ausrichten, was die Medien schreiben und seltener danach, was die Stimmung im Volk ist, die sich ja in demoskopischen Befunden widerspiegelt?

Es gehört eine unglaubliche Kraft dazu, als Politiker wissentlich gegen einen Tenor, eine Kampagne, ja, auch nur gegen kleine Strähnen von negativen Medienberichten anzugehen. Die Wirksamkeit der Medien auf die Wähler, von denen die Politiker ja abhängig sind, ist so unmittelbar und direkt, dass ich es keinem Politiker übel nehmen kann, wenn er sagt: „Wenn ich kann, will ich doch versuchen mich bei den Medien nicht unbeliebt zu machen."

(Interview mit der Meinungsforscherin Elisabeth Noelle-Neumann. In: Die Welt, 12. 9. 1994)

6 *Stellt an M 6 und M 7 die Abhängigkeit der Politiker von den Medien dar.*

7 *Überlegt, ob es sinnvoll wäre, den Einfluss der Medin zu beschränken. Bedenkt Art. 5 GG und die Darstellung auf S. 64 f.*

4.5 Medien – vierte Gewalt?

Gefahren der Medienkonzentration

Macht können die Massenmedien nicht nur durch Einflussnahme in der Berichterstattung ausüben. Diese Doppelseite zeigt euch Gefahren auf, die durch Medienkonzentration entstehen können.

M 8

Freie Bahn für Großkonzerne

Im Rückblick wirkt es wie Hohn: Als sich die Chefs der 16 Bundesländer am Abend des 5. Juli nach jahrelangem Feilschen auf einen neuen Rundfunktstaatsvertrag einigten, vereinbarten Topmanager der Medienbranche bereits das, was ihnen die Politik gerade erst erlaubt hatte – die Fusion (Vereinigung) des europäischen Medienriesen CLT mit der Bertelsmann-Tochter Ufa.

Ab Neujahr 1997 darf ein Eigner eines oder mehrerer Fernsehsender bundesweit eine unbegrenzte Anzahl von Programmen ausstrahlen. Einschränkung: Die addierten Zuschauer-Marktanteile aller Fernsehsender, die ihm gehören, müssen unter der 30-Prozent Marke bleiben. Damit können die Senderfamilien von Bertelsmann (Marktanteil 1996: 24,5 Prozent) und Leo Kirch (14,2 Prozent) sehr gut leben.

Mark Wössner: nach Einigung mit der CLT Herr über **vier TV-Sender**

Leo Kirch: Spielraum für weitere **Expansion** auf dem Fernsehmarkt

Konsequente Reaktion von Bertelsmann/CLT: Alle Sender, an denen der Konzern beteiligt ist, werden 1997 unter dem Dach einer gemeinsamen Holding geführt.

(Nach: Focus, Nr. 52, 1996, S. 103)

M 9

Senderfamilien

Die Zahlen im Schaubild nennen jeweils den prozentualen Eigentumsanteil der wichtigsten Miteigentümer.

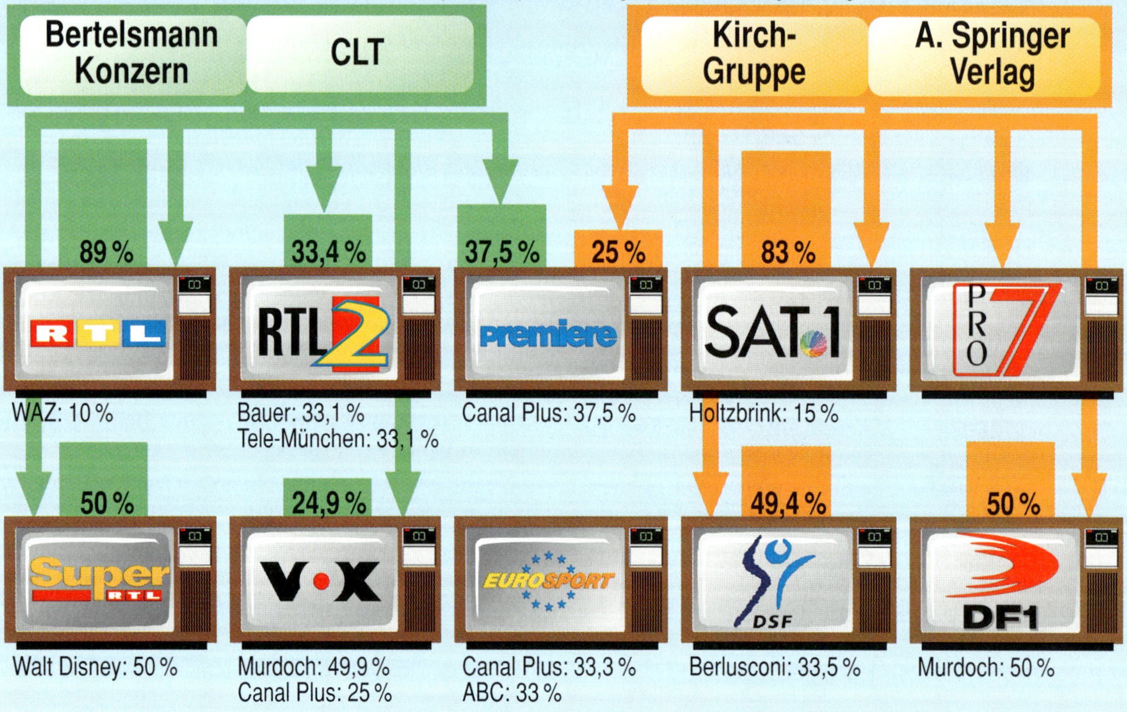

Bauer, Holtzbrink, WAZ = Großverlage in Deutschland; Walt Disney (USA) und Murdoch (Australien) = zwei der weltweit größten Medienkonzerne; Berlusconi = größter italienischer Medienkonzern; Canal Plus = größtes Pay-TV-Unternehmen Frankreichs; ABC = Medienkonzern in den USA; Tele-München = gehört zu Walt Disney.

4.5 Medien – vierte Gewalt?

Gefahren der Medienkonzentration

M 10 **Die Mehrheit der Deutschen guckt Privat-TV**

Die Sendergruppen von CLT und Ufa sowie die der Kirch-Familie teilen mehr als die Hälfte des Zuschauermarktes unter sich auf. Durchschnittliche Marktanteile 1996 (Angaben in Prozent).

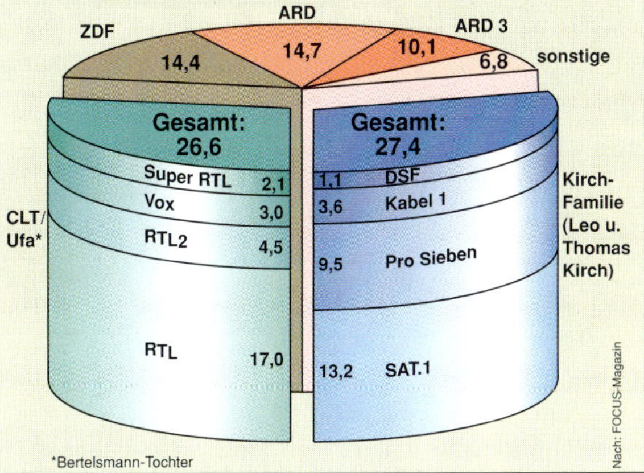

*Bertelsmann-Tochter

8 *Beschreibt die Machtverteilung auf dem privaten deutschen Medienmarkt (M 8 bis M 10).*
9 *Stellt fest, welche Begrenzung den privaten Anbietern gesetzt ist (M 8).*
10 *Beurteilt das in M 8 genannte Kriterium, Zuschauer-Marktanteile als Konzentrationsmerkmal heranzuziehen (M 8 bis M 11).*

Leo Kirch und Mark Wössner (vgl. M 8) verfügen aufgrund ihrer hohen Marktanteile über eine große Machtfülle. Wenn sie diese Machtfülle missbrauchen, bestehen Gefahren: Einschränkung der Pressefreiheit (vgl. M 5, S. 67), Abhängigkeiten von Werbekunden, wertende Berichterstattung, politische Einflussnahme (vgl. S. 68 f.) usw. Wie die Printmedien (vgl. S. 60 ff.) sind auch die Fernsehsender Wirtschaftsbetriebe, die Unterhaltung und Information des Publikums nicht aus reiner Nächstenliebe betreiben. Sie stehen unter dem Zwang Informationen und Berichte so auszuwählen und zu präsentieren, dass sie Zuschauer finden. Auch die Anzeigenkunden wollen zufrieden gestellt werden.

11 *Sucht Beispiele in diesem Kapitel, die die eben aufgeführten Gefahren verdeutlichen.*

M 11 **Grenzen der Machbarkeit?**

Was alle diese Entwicklungen so schwer berechenbar macht: Keine von ihnen läuft kontrolliert ab. (...) In der Bundesrepublik beispielsweise beklagen Politiker, dass Privatsender ihre Einschaltquoten mit Sex- und Gewaltdarstellungen zu steigern suchen. Die CDU-Medienplaner, die vor einem knappen Jahrzehnt das Privatfernsehen durchgesetzt haben, hatten übersehen, dass solche Sender vorrangig ökonomische Ziele verfolgen, gesellschaftliche Interessen aber vernachlässigen.

(Aus: H.-D. Degler, Wissenszwerge unter Druck. In: Der Spiegel, Nr. 14, 1993, S. 152–156)

12 *Fasst die Kritik Deglers zusammen (M 11).*

M 12 **Medienpolitik**

Ein Grund für das verstärkte Interesse der Parteien (an der Medienpolitik) liegt wohl auch in der (unbewiesenen, aber häufig vertretenen) Vermutung, dass Wahlen durch die Medien (...) gewonnen werden können.

In der medienpolitischen Landschaft der Bundesrepublik lassen sich zwei Hauptpositionen ausmachen, die sich weitgehend unvereinbar gegenüberstehen. Auf der einen Seite finden sich CDU/CSU, Wirtschaftsverbände, Zeitungsverleger, werbetreibende Wirtschaft und – mit Abstrichen – die katholische Kirche. Sie betonen besonders Elemente des Wettbewerbs (...), der Außenpluralität, der Angebotsvielfalt und der Enthaltsamkeit des Staates von ordnenden Eingriffen. (...) Die Gegenposition wird von der SPD, den Gewerkschaften und Journalistenverbänden und der evangelischen Kirche markiert, die besonders die gesellschaftliche Verantwortung betonen, eine Unabhängigkeit von wirtschaftlichen Einflüssen und Binnenpluralität befürworten und bei Kommerzialisierung die Gefahr von Programmverflechtung und -überflutung befürchten.

(Aus: D. Nohlen [Hg.], Wörterbuch Staat und Politik, Bonn 1991, S. 373)

13 *Stellt die verschiedenen Ansatzpunkte der beiden Medienkonzepte tabellarisch gegenüber und erläutert sie (M 12).*
14 *Erarbeitet, worin sich die Medienkonzepte unterscheiden (M 12). Zieht Beispiele aus dem Kapitel heran.*
15 *Beurteilt, ob ihr die Medien als „vierte" Gewalt bezeichnen würdet. Bedenkt, dass „vierte Gewalt" sowohl als Ergänzung als auch als Überordnung über die anderen Gewalten (vgl. „Zur Sache", S. 68) gemeint sein kann. Stützt eure Argumentation auf eure Ergebnisse und Materialien dieses Kapitels.*

5. Computer – Fluch oder Segen?

Unser Alltag – von Computer und Elektronik gemanagt?
Es begann damit, dass ich aufgestanden bin. Oder besser gesagt: Es begann damit, dass ich nicht aufgestanden bin, weil mein Wecker versagte. Obwohl ich dieses tolle Hightechstück erst seit wenigen Wochen besitze. Ein Uhrenverkäufer hatte mich mit dem Hinweis auf „moderne Computertechnik“ überredet das „absolut zuverlässige“ Produkt zu kaufen. Ganz raffiniert sei, dass man es mit einem verschlafenen „Aus!“ zum Schweigen bringen könne. Stattdessen ist es nun ganz unmodern ein Sonnenstrahl, der mich aus den Träumen reißt. Noch etwas benommen taste ich mich ins Badezimmer.
Unterwegs schalte ich meinen Lieblingssender ein, denn nur Musik macht mich so früh am Morgen richtig wach. Oder besser gesagt, sie macht mich heute nicht wach. Aus dem Lautsprecher meiner Hi-Fi-Anlage kommt nach dem Einschalten nicht mehr als ein unangenehmes Rauschen. Der einprogrammierte Radiosender scheint verstellt zu sein. (…)
(Aus: H. Wormser, Unser Alltag – Vom Computer gemanagt. In: P.M. Perspektive. Mensch und Computer, 1994, S. 25)

Telebanking
Geld legt Max Mustermann am liebsten am Wochenende an. Als Kunde der Bank kann er dann, was er wegen seiner Arbeitszeit von montags bis freitags nicht schafft, in Ruhe die Geschäftsbedingungen für Festgelder und Sparbriefe (spezielle Geldanlagen) prüfen – und falls ihm das Angebot gefällt – einen Auftrag erteilen, der sofort per Abbuchung vom Girokonto erledigt wird. (…)
Ermöglicht wird der rund um die Uhr an 365 Tagen im Jahr verfügbare und deshalb angenehme Service durch eine geballte Ladung Elektronik. Wenn die Beschäftigten Feierabend haben, verwandelt sich die Filiale in eine reine Computerbank. Kunden, die sich dort bedienen wollen, stecken ihre Kreditkarten oder Eurochequekarten in ein Terminal, tippen ihre Geheimzahl ein und können dann – vorausgesetzt, das System streikt nicht gerade – über die Tastatur mit ihrem Geldhaus in Verbindung treten.
Neben den inzwischen schon traditionellen Funktionen Geldauszahlen und Drucken von Kontoauszügen sowie den erwähnten Anlageformen führt der Automat beispielsweise Überweisungen aus, richtet Daueraufträge ein oder nimmt Wünsche zur Erhöhung des Kreditrahmens entgegen.
(Aus: Der Spiegel, Nr. 38, 1993, S. 134 f.)

1 *Beschreibt die Abbildungen und nennt weitere Beispiele für elektronische und computergesteuerte Geräte im Alltag. Ordnet eure Beispiele unter Oberbegriffe (Haushalt, Schule, Medizin usw.).*

2 *Schreibt die Geschichte „Unser Alltag – von Computer und Elektronik gemanagt?" zu Ende.*

3 *Klärt unbekannte Begriffe aus dem Text „Telebanking" und erläutert den Begriff „Telebanking". Wenn ihr Näheres dazu erfahren wollt oder Schwierigkeiten bei der Klärung von Wörtern habt, geht in eine Bank oder Sparkasse, befragt eine Mitarbeiterin oder einen Mitarbeiter (vgl. S. 216f.) und besorgt euch Informationsmaterialien.*

4 *Berichtet von euren Erfahrungen mit elektronischen und computergesteuerten Geräten und den Auswirkungen auf den Alltag. Schreibt eure Erfahrungen in Stichworten auf. Unterscheidet nach positiven und negativen Aspekten. Zieht auch die Abbildungen und Texte heran.*

Ob es sich um den elektrischen Wecker, Bargeld vom Geldautomaten, Bordelektronik im Auto, die Scannerkasse im Supermarkt, die Telefonkarte oder Spiel- und Lernprogramme für den PC handelt – elektronische und computergesteuerte Geräte spielen in unserem Alltag eine wichtige Rolle. Im Arbeitsalltag erleichtern oder ersetzen die neuen Technologien viele Arbeitsprozesse. Zum Beispiel werden durch das Telebanking viele Tätigkeiten in der Bank überflüssig. In der Autoindustrie übernimmt ein computergesteuerter Roboter Tätigkeiten des Schweißens, Lackierens und Montierens. In der Medizin hat der Einsatz von Computertechnologien nicht nur Präzision (Genauigkeit) bewirkt, sondern die Früherkennung und Diagnose vieler Krankheiten und Verletzungen erst ermöglicht.

Dennoch stellen die neuen Technologien nicht nur segensreiche Erfindungen dar. Die Kehrseite der Einführung der Computertechnologie am Arbeitsplatz bildet z. B. Vereinzelung. In der Medizin wird auf die Gefahr hingewiesen, dass das persönliche Gespräch und moralische Fragen vernachlässigt werden.

An Beispielen aus den Bereichen Dienstleistung, Produktion und Medizin könnt ihr im Folgenden Chancen und Risiken der neuen Technologien untersuchen. Ihr könnt ermitteln, aus welchen Gründen Computertechnologien eingesetzt werden und welche Probleme sich dadurch ergeben.

Einen weiteren Schwerpunkt des Kapitels stellt die Diskussion um das Internet und den freien Zugang zu den Netzen dar. Ihr könnt die Gefahren erarbeiten und die Schwierigkeiten, die bei der Beseitigung dieser Probleme bestehen, abwägen.

5.1 Computertechnologie am Arbeitsplatz

Büroarbeit im Heimbüro

Neue Technologien verändern nicht nur unseren Alltag, sondern auch unsere Arbeitswelt. Durch den Einsatz von Computern wandeln sich die Arbeitsplätze im Dienstleistungsbereich (vgl. diese Doppelseite), neue Technologien im Produktionsbereich erfordern immer höher qualifizierte Fachleute (vgl. nächste Doppelseite).
Neben Veränderungen am Arbeitsplatz führen die neuen Technologien auch zu neuen Formen der Erwerbsarbeit. Viele Firmen setzen z. B. auf „Telearbeit“. Was unter Telearbeit verstanden wird und welche Vor- und Nachteile diese „andere“ Arbeit bietet, könnt ihr auf dieser Doppelseite erarbeiten.

Heim-Telearbeit: Die Arbeit erfolgt zu Hause.

M 1 Eine Chance für Frauen?

Sechs Uhr morgens ist ihre beste Zeit. Wenn um acht Uhr Sohn Max endlich wach wird, hat Lilly Vigoureux-Gunter schon zwei Stunden gearbeitet. Nach dem gemeinsamen Frühstück kommt die Kinderfrau, sodass die IBM-Mitarbeiterin weiterschaffen kann: Recherchieren, Reden für Vorstandsmitglieder entwerfen, elektronische Post empfangen und versenden. Am Nachmittag geht sie mit dem Sprössling in eine Spielgruppe, abends absolviert sie den Rest der betrieblichen Arbeitszeit: „Wann ich arbeite, entscheide ich selbst“, freut sich die Ghostwriterin (Redenschreiberin) für das IBM-Management.

(Aus: B. Böndel/R.-H. Peters, Telearbeit. In: Wirtschaftswoche, 23. 2. 1995, S. 4)

1 *Beschreibt das Foto. Überlegt euch Vor- und Nachteile eines häuslichen Telearbeitsplatzes. Zieht dazu M 1 heran. (Vgl. auch Aufgabe 6.)*

Zur Sache: Telearbeit

Telearbeit ist eine Tätigkeit, die sich auf die neuen Informations- und Kommunikationstechniken stützt. Sie wird ausschließlich oder teilweise außerhalb des betrieblichen Arbeitsplatzes ausgeübt, zum Beispiel in der Privatwohnung, in einem Nachbarschaftsbüro (Telearbeiter unterschiedlicher Arbeitgeber), in einem Telehaus (Einrichtungen der Kommunen für Nachbarschaftstelearbeit und Kultur- und Freizeitsangebote) oder an einem mobilen Arbeitsplatz. Telearbeit wird als „wohnortnahe“ Arbeit definiert, bei der die Arbeitsergebnisse auf elektronischem Wege (Datenaustausch) dem Arbeitgeber oder Auftraggeber übermittelt werden. In Deutschland wird die Zahl der Telearbeiter auf etwa 150 000 geschätzt (1997). Als „telearbeitstauglich“ werden 5 bis 10 Prozent der rund 35 Millionen Arbeitsplätze in Deutschland angesehen.

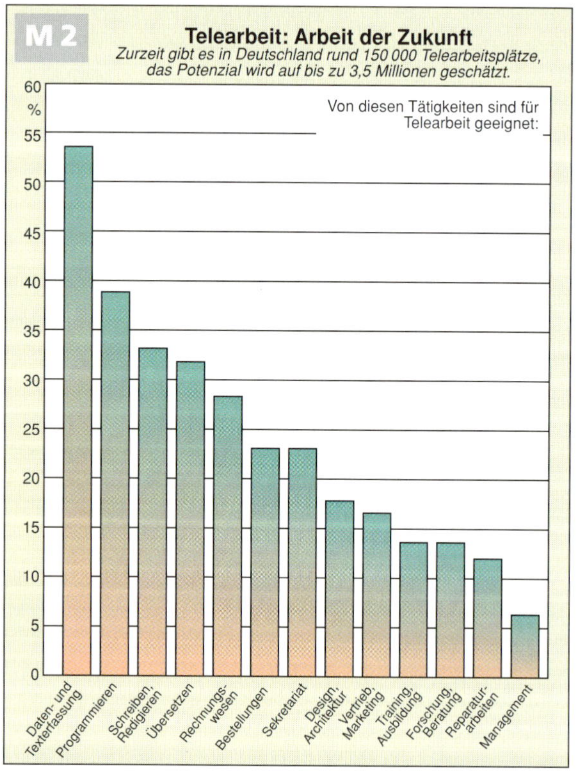

2 *Klärt mithilfe eines Lexikons die unbekannten Begriffe in M 2 und erläutert die Tätigkeiten.*
3 *Notiert Arbeitsplätze, die telearbeitstauglich bzw. nicht telearbeitstauglich sein könnten.*

M 3

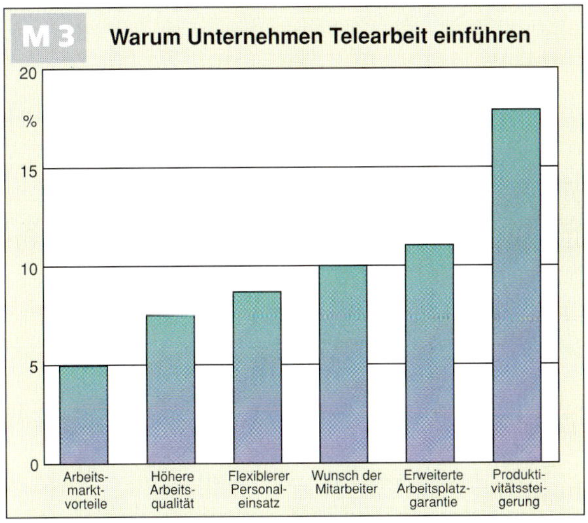

(Nach: Der Status Quo der Telearbeit in der Bundesrepublik Deutschland, Forschungsgruppe Telearbeit, Technische Hochschule Darmstadt)

M 4 Telearbeit – Modell mit Zukunft?

In einer (1995 veröffentlichten) Studie wird deutlich, dass (bei den nach Vorteilen von Telearbeit befragten Unternehmen) „Aspekte wie Flexibilisierung der Arbeit vor Kostenerwägungen rangieren. Gute Mitarbeiter zu halten ist Unternehmen offensichtlich wichtiger denn je. Mitarbeitern, denen erweiterte Freiräume in Bezug auf Arbeitszeit und Arbeitsort zugestanden werden, sind stärker motiviert und arbeiten daher produktiver und effizienter." Die Befragten dieser Studie fügten als weitere Vorteile an: Reduzierung von Fahrtzeiten, verbesserte Möglichkeiten Beruf und Familie zu vereinen, die Einsparung von Miet- und Raumkosten, Wegfall zentraler Büroarbeitsplätze, die Sicherstellung des 24-Stunden-Betriebes, die Bindung der Mitarbeiter an das Unternehmen und die Aufrechterhaltung des Wissensstandes der Mitarbeiter (z.B. während des Erziehungsurlaubs) sowie verbesserte Wettbewerbsfähigkeit.

(Aus: R. Häussler, Die einen sagen so, die anderen so. In: Frankfurter Allgemeine Zeitung, Beilage CeBIT '96, 12.3.1996, S. B5)

4 *Vergleicht die Gewichtung der Vorteile von Telearbeit in M 3 und M 4. Achtet auf Widersprüche.*

Telearbeit hat Vorteile, die Eltern mit Kindern zugute kommen könnten. Was auf den ersten Blick verlockend aussieht, kann Nachteile mit sich bringen.

M 5 Nie mehr ins Büro – wer träumt nicht davon?

- Aufstehen, wann ich will, *aber* den Tagesablauf diszipliniert planen
- Zeiten für Familien- und Erwerbsarbeit besser aufteilen zwischen den Eltern *oder* lieber mehr Erwerbsarbeit für den Mann und Familienarbeit für die Frau
- Kein langer Weg ins Büro, *aber* keine Bewegung vor der Arbeit
- Keine Chefin, die nervt, *aber* keine Chefin, die Anerkennung gibt
- Keine Kolleginnen, die meckern, mobben, runterziehen, *aber* keine Kolleginnen, die lachen , helfen, Sorgen teilen
- Ganz für mich allein arbeiten *oder* anregende, die eigene Sicht ergänzende Teamarbeit

M 6 Mögliche Probleme der Heimarbeit für gering Verdienende

Unternehmen vergeben Aufträge, die zu Hause am PC bearbeitet werden können. Es handelt sich vielfach um einfache, gering bezahlte Arbeiten. Sie sind für Unternehmen vorteilhaft, weil keine Kosten für die Sozialversicherung entstehen. Arbeitnehmerinnen und Arbeitnehmer haben folgende Nachteile: fehlende soziale Sicherung (Krankheit, Erwerbsunfähigkeit, Alter), keinen Kündigungsschutz, keinen bezahlten Urlaub, keine planbare Arbeitszeit pro Tag und pro Woche, Kosten für zusätzliches Arbeitszimmer oder Einschränkungen für die Haushaltsangehörigen.

(Aus: D. Krafft u.a., Wirtschaft 9/10. Arbeitslehre, Berlin 1996, S. 102)

5 *Stellt dar, was sich bei Heimarbeit von einem eurer Elternteile bei euch zu Hause ändern würde.*
6 *Beurteilt, ob „Telearbeit" für Frauen wie Lilly (M 1) eine Chance oder eine neue Form der Benachteiligung darstellt. Stützt eure Erörterung auf eure Ergebnisse dieser Doppelseite sowie auf Kapitel 1, S. 10 f. und S. 16 bis 19.*
7 *Beurteilt Vor- und Nachteile der Telearbeit.*
8 *Informiert euch bei den Gewerkschaften, wie Heimarbeiterinnen abgesichert sind. Adressen findet ihr im Telefonbuch.*

5.1 Computertechnologie am Arbeitsplatz

Arbeitserleichterung durch Industrieroboter?

Auch in der Produktion werden computergesteuerte Technologien eingesetzt – seit etwa zwei Jahrzehnten verändern sie die Arbeit in der Industrie. Dadurch steigen vor allem die Qualifikationsanforderungen an die Beschäftigten. Benötigt werden immer mehr Fachleute für das Programmieren, Einstellen, Führen und Steuern der technischen Geräte und Anlagen. Beschäftigung für qualifizierte Fachleute gibt es auch in den Unternehmensbereichen Planung, Beratung, Fortbildung, Umweltschutz, Betreuung, Unterhaltung. Dagegen geht die Zahl der weniger qualifizierten Tätigkeiten in der Produktion zurück. Automaten übernehmen mehr und mehr diese Arbeit.

M 7

Montage eines Autos in den Ford-Werken, 1931

Montage eines Autos bei VW, 1988

9 *Vergleicht die Fotos in M 7 und stellt eure Ergebnisse in einer Tabelle zusammen. Achtet auf Menschen, Arbeit, Produktionstechnik und Produkte.*

M 8 **Industrieroboter in der Autofertigung**

Der Karosserierohbau kann als Paradefall für die Anwendung der neuen Fertigungstechnologien bezeichnet werden (...). Bis vor ein paar Jahren eine Domäne der Handschweißer (meist an Bändern) (...) wird der Rohbau in kurzer Frist mit einer völlig neuen Technologie ausgestattet und automatisiert. Diese Umstellung (...) beruht auf dem umfassenden Einsatz von Industrierobotern für Schweißoperationen. Es ist inzwischen Stand der Technik, 100 oder 200 Roboter in einem System zusammenzufassen um sie den größten Teil der paar tausend Schweißpunkte setzen zu lassen, durch die die Karosse eines Autos zusammengehalten wird.

(Aus: H. Kern/M. Schumann, Das Ende der Arbeitsteilung? München 1984, S. 52)

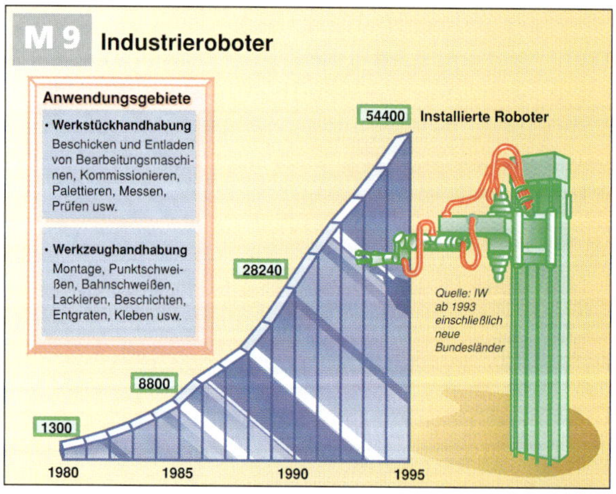

10 *Beschreibt am Beispiel des Robotereinsatzes in der Autoproduktion den technischen Wandel (M 7 bis M 9) und Folgen für die betroffenen Menschen.*

M 10 Warum Unternehmen neue Technologien anwenden

- durch Rationalisierung Kosten einsparen
- durch Beschleunigung Entscheidungsprozesse verbessern
- durch bessere Leistungen die Qualität steigern
- auf Nachfrageveränderungen schneller reagieren können
- Informationsvorsprünge erlangen und
- gegenüber der Konkurrenz Vorteile erreichen

(Autorentext)

11 *Erläutert die Gründe von Unternehmen neue Technologien einzusetzen (M 10).*

Ein Dreher an einer computergesteuerten Drehbank

M 11 Modernerer Arbeitsplatz – besserer Arbeitsplatz?

Der Dreher Josef Kapzig aus Hamburg-Altona braucht sich an seiner computergesteuerten Werkzeugmaschine nicht mehr so mühsam zu bücken wie an den Drehbänken, mit denen er es 25 Jahre lang zu tun hatte. Seine Kreuzschmerzen haben sich verflüchtigt. Sein Lohn ist gewachsen, noch mehr sein Gewicht. Hinweise, dass es ihm jetzt besser gehen muss. Hängt alles mit einer Maschine zusammen, die ihn auf eine ihm unbegreifliche neue Weise zermürbt.
Dieser Automat wird mit Werkzeugen dreimal so schnell fertig. Wie, das nimmt das Auge nicht mehr wahr. Dieses Arbeitstempos wegen werden die Werkstücke mit Motorhilfe eingelegt, die Muskulatur kann abschlaffen. Alles soll in einer der Investition angemessenen Zügigkeit vor sich gehen. Nur immer laufen soll die Maschine, hat der Meister zu Kapzig gesagt, laufen, damit sie sich amortisiert (bezahlt macht). An Kapzigs Automat wird Schicht gearbeitet, in einem anheizenden Akkordlohn und meist am Sonnabend auch. (…) Zum Zeichen seiner Bedeutung hat ihm die Firma einen um mehrere Schattierungen helleren Blaukittel verpasst. Allmählich begreift Kapzig, dass dieser neue Job ihn viel mehr als der frühere auslaugt, bei dem er noch Hand an jedes Werkzeug legte und die passende Drehzahl nach der Verfärbung der aufglühenden Metallspäne bemaß. (…)
(Manchmal) hat er viermal an einem Tag ein völlig neues Programm aufs Magnetband zu übertragen. Das macht ihn zittrig, da verfolgt ihn viermal die Angst, dass er „was übersehen hat und es knallt". Crashs an solchen Maschinen sind gefährlich und unheimlich teuer. Kollegen, mit denen sich über so was beruhigend reden ließe, sind nicht wie früher in Reichweite.

(Aus: P. Brügge, „Sagen wir lieber nicht Humanität". In: Der Spiegel, Nr. 36, 1982, S. 77, 80)

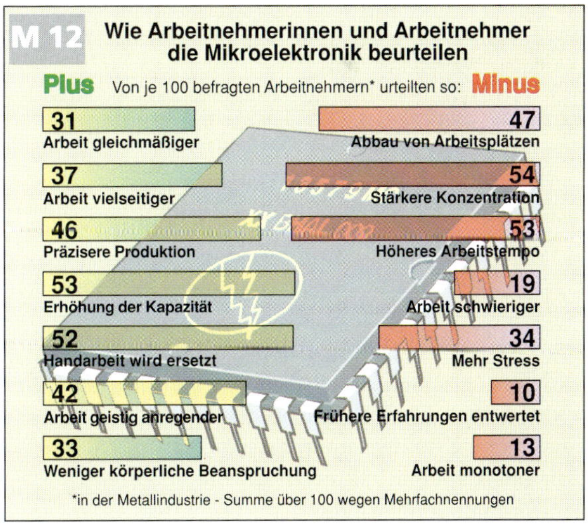

12 *Beantwortet die Überschrift von M 11 aus der Sicht des Drehers Kapzig. Benutzt M 12 als Entscheidungshilfe.*

13 *Stellt tabellarisch die Vor- und Nachteile neuer Technologien am Arbeitsplatz zusammen. Benutzt die Materialien M 7 bis M 12. Unterscheidet in eurer Tabelle nach Arbeitgebern bzw. Unternehmern und Arbeitnehmern.*

5.1 Computertechnologie am Arbeitsplatz

Auswirkungen und Folgen

Mit einigen Folgen und Auswirkungen des Einsatzes neuer Technologien habt ihr euch auf den letzten Seiten auseinander gesetzt. Im Folgenden könnt ihr erarbeiten, welcher Zusammenhang zwischen Computertechnologie und Produktivität besteht und welche Auswirkungen die zunehmende Verwendung neuer Technologien auf die Entwicklung der Arbeitsplätze hat.

M 13 „Ich habe die Fehlerquelle gefunden: ein total veraltetes Einbauteil!“

(Karikatur: Wolter)

14 *Interpretiert die Karikatur (vgl. S. 50 f.).*

M 14 Unternehmensentscheidungen

a) Gewinne

Das Ziel von Unternehmen ist es, Gewinne zu erzielen. Die Kosten für die Produktion müssen also möglichst gering gehalten werden, die Absätze dagegen möglichst groß sein, damit ein Unternehmer hohe Gewinne erzielt. Da aber die einzelnen Anbieter untereinander in Konkurrenz stehen (Wettbewerb), wirken sich noch andere Faktoren auf die Erlöse aus, z. B. Preis, Qualität oder Konkurrenzanbieter.
(Ausführlicher könnt ihr euch über diese Zusammenhänge auf S. 206 f. informieren.)

b) Rationalisierung

Unternehmer gestalten den Produktionsprozess effizient (wirtschaftlich, leistungsfähig) um die Produktion zu steigern, zu verbilligen und zu verbessern. Die Gestaltung dieses Prozesses soll durch den Rückgriff auf wissenschaftliche Erkenntnisse und den Einsatz technischer sowie organisatorischer Mittel möglichst rational (vernünftig) vonstatten gehen. (Ein Beispiel findet ihr auf S. 101 in M 5.)
(Autorentexte)

15 *Stellt dar, welcher Zusammenhang zwischen der Aussage in M 13 und den in M 14 dargestellten Unternehmensentscheidungen besteht.*

M 15 Computertechnologien verändern den Arbeitsplatz

Aufgaben, für die keine oder wenig Qualifikationen vorausgesetzt werden und die bisher durch teure menschliche Arbeitskraft erledigt werden mussten, werden heute von maschinell- oder computergesteuerten Technologien schneller, präziser und kostengünstiger ausgeführt. Routinearbeiten und Maschinenbedienfunktionen treten zugunsten planender, steuernder sowie instand haltender Arbeiten zurück. Beschäftigte, die nicht mit Maschinenführung oder -überwachung betraut sind, sind nicht mehr zwangsläufig an Arbeitszeit, Arbeitsort und Arbeitsablauf gebunden, wodurch die Arbeitsgestaltung immer flexibler wird. Die Folge dieses Prozesses ist einerseits die Reduzierung der menschlichen Arbeitszeit und Arbeitskraft, andererseits aber auch eine Verbesserung der Qualität der geleisteten Arbeit. Der Abbau der Beschäftigung in der Produktion wird zunehmen. Gleichzeitig steigen die Anforderungen an die Qualifikation aller Beschäftigten, da die Arbeitsprozesse komplexer werden. Die Beschäftigten müssen in der Lage sein die Arbeitsweise der Maschinen zu verstehen. Das erfordert permanente Fort- und Weiterbildung. Auch die Berufsausbildung muss ein breites Grundverständnis der Arbeitszusammenhänge und Technik vermitteln und fächerübergreifende Zusammenhänge aufzeigen.
(Autorentext)

16 *Erarbeitet aus M 15, welche Veränderungen der Einsatz von neuen Technologien bezüglich des Arbeitsplatzes, Arbeitsortes und der Arbeitsgestaltung bewirkt. Vergleicht eure Ergebnisse mit den Darstellungen auf S. 30 f.*

Damit der Produktionsprozess möglichst effizient abläuft (vgl. M 14), versuchen die Unternehmen die Arbeitsproduktivität zu erhöhen. Was man darunter versteht, könnt ihr im Folgenden klären.

M 16 Computertechnologien erhöhen die Produktivität

Die Produktivität ist ein Maß für das Verhältnis des Produktionsergebnisses zu den eingesetzten Produktionsfaktoren (z.B. Arbeit, Kapital, Boden). Arbeitsproduktivität z.B. wird gemessen als Produktion je Beschäftigtenstunde (vgl. M 17).

Ein Beispiel: Ein Tischler fertigt in reiner Handarbeit einen Stuhl in 8 Stunden an. Durch den Einsatz von Maschinen kann er die Arbeitszeit für einen Stuhl auf 4 Stunden vermindern. Die Arbeitsproduktivität hätte sich in diesem Fall verdoppelt, sie wäre also um 100 Prozent gestiegen.

Durch Automatisierung von Arbeitsvorgängen, Arbeitsteilung und Spezialisierung kann die Arbeitsproduktivität weiter gesteigert werden. Die neuen Informationstechnologien erhöhen die Arbeitsproduktivität weiter (vgl. M 10, S. 77). Die Folge: Immer weniger Menschen können in immer kürzerer Zeit immer mehr produzieren.

(Autorentext)

M 17

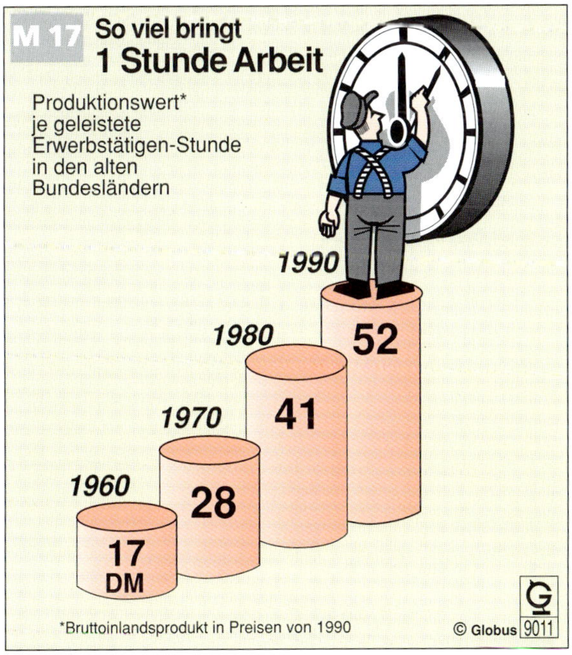

M 18

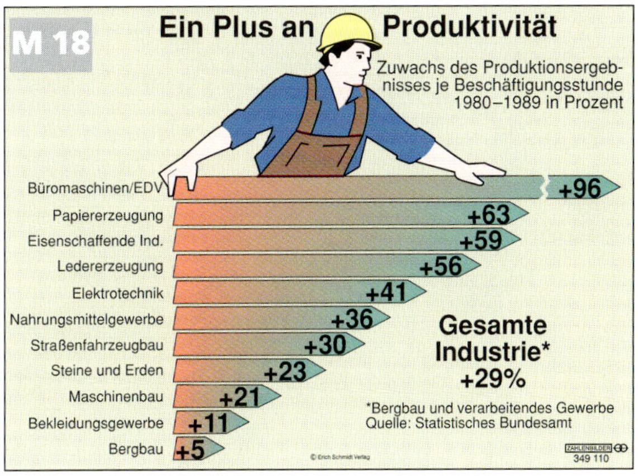

17 *Klärt den Begriff Produktivität und erläutert die beiden Grafiken (M 17, M 18).*

18 *Erläutert den Zusammenhang von Produktivitätssteigerung und Computertechnologieeinsatz (M 15 bis M 18 und M 10, S. 77).*

Die Arbeitswelt verändert sich zurzeit durch den Einsatz von neuen Technologien sehr schnell. Einige Wissenschaftler sprechen sogar schon von einer Entwicklung zur „Entberuflichung".

M 19 „Entberuflichung"

Die tiefstgehenden Auswirkungen (...) werden sich aber in der Arbeitswelt vollziehen. Die Amerikaner nennen die Entwicklung, die sich da abzeichnet, dejobbing, Entberuflichung. An die Stelle fester Berufsbilder und einigermaßen dauerhafter Jobs treten mehr und mehr zeitlich befristete, oft auch in Teilzeit verrichtete Tätigkeiten. Wir bekommen neue Unternehmen: mit flacheren Hierarchien, just-in-time-Produktion, der Auslagerung wichtiger Produktionsprozesse oder Dienstleistungen. (...) Die technischen Neuerungen der Informationsgesellschaft werden uns nicht erschlagen. (...) Allerdings verlangen sie den Mut zur „riskanten Selbststeuerung".

(Aus: P. Glotz, Änderung des Schaltplans. In: Die Zeit, 10. 11. 1995, S. 58)

19 *Beschreibt, welche Qualifikationen von euch im Berufsleben erwartet werden. Zieht auch eure Ergebnisse aus Aufgabe 18 heran. Hilfe findet ihr auch auf S. 30 f.*

→ Arbeitnehmer/-innen, Berufliche Mobilität, Rationalisierung, Unternehmer

5.2 Dr. med. Computer?

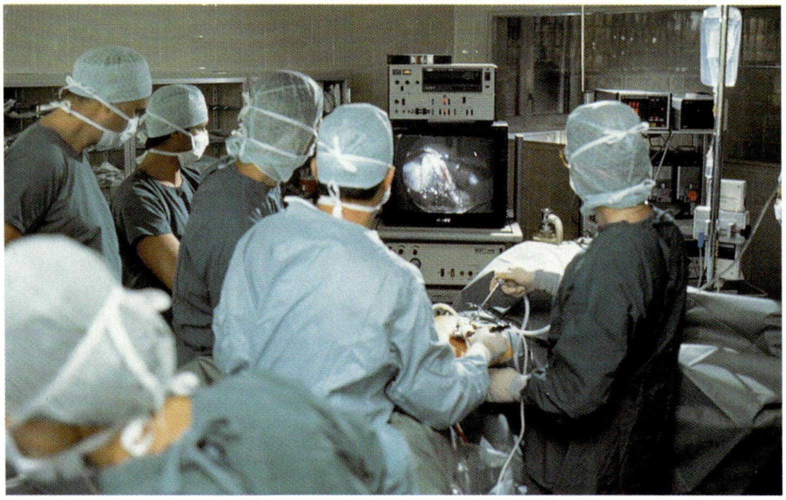

Gallenblasenoperation. Die Ärzte steuern mithilfe des Monitors ihre Instrumente, 1994

Ein weiterer Bereich, in dem die Computertechnologie eine wichtige Rolle spielt, ist die Medizin. Die Apparatemedizin ermöglicht die Früherkennung vieler Krankheiten und rettet vielen Menschen das Leben. Der Mensch wird immer mehr zum „gläsernen Patienten" – zum Segen der Patienten sagen die einen, auf Kosten der menschlichen Beziehungen zwischen Arzt und Patient sagen die anderen. Zunehmend werden Stimmen laut, die davor warnen, dass die Ärzte sich zu sehr auf das technisch Mögliche konzentrieren. Diese Behauptungen könnt ihr im Folgenden überprüfen.

1 *Betrachtet die Fotos auf dieser Doppelseite. Nennt Aspekte, die den Nutzen bzw. die Nachteile der modernen Apparatemedizin verdeutlichen.*

M 1 Die Chipkarte als Lebensretter

Die zuckerkranke Paula M. kann der schönen, neuen multimedialen Welt nur Gutes abgewinnen – und das mit Recht. Normalerweise weiß sie was zu geschehen hat, wenn sie wegen ihrer Krankheit in kritische Zustände zu kommen droht. Jetzt, im Urlaub in Griechenland, war es plötzlich besonders schlimm. Und wie es so geht, traf es sie unvorbereitet. Schlimmer noch, der Notfallarzt in der Ambulanz konnte kein Deutsch, sie kein Griechisch – und ihr Zustand wurde immer dramatischer.
Glücklicherweise hatte Paula M. zu Hause in Deutschland freiwillig das Angebot ihrer Krankenkasse aufgegriffen und die wichtigsten Daten ihrer Zuckerkrankheit auf eine computerlesbare Chipkarte speichern lassen. Diese Diab-Card war nun ihre Rettung. Der griechische Arzt, vertraut mit dem von der Europäischen Union geförderten Projekt einer Patientenchipkarte für Diabetiker, brauchte jetzt nur noch die Plastikkarte in sein Datenerfassungsgerät zu schieben, schon konnte er auf dem Bildschirm seines Computers, in Griechisch, die Situation der Patientin einschätzen und ihm notwendig erscheinende Schritte noch rechtzeitig einleiten – Paula brauchte ihren Urlaub nicht abzubrechen.

(Aus: O. Ulrich, Dynamisch bis zum Absturz. In: Die Zeit, 7.4.1995, S. 3)

M 2 Nur einer blickt durch: der Computer

Wenn ein Patient über Schmerzen klagt, dann würden die Ärzte gerne in ihn hineingucken. Computer erfüllen diesen Wunsch – immer häufiger helfen sie bei der Diagnose und sogar bei Operationen. (...) Dreidimensionale Bilder vom Menschen und seinen Organen erzeugen, die von der Wirklichkeit nicht zu unterscheiden sind – das Ziel des Hamburger Medizinprofessors Karl Heinz Höhne. Wenn seine Computersimulationen eines Tages ausgereift sind, dann werden die Studenten ihre anatomischen (den Körperbau betreffenden) Kenntnisse nicht mehr allein an Leichen erwerben, sondern aus elektronischen Anatomiebüchern. (...) Dr. med. Computer als unentbehrlicher und vielseitig gebildeter Kollege der Ärzte – das ist schon längst Wirklichkeit. Kaum ein medizinisches Gerät, vom Blutdruckmesser bis zur Röntgenapparatur, kommt heute ohne Elektronik aus.

(Aus: M. Heinrich, Nur einer blickt durch: der Computer. In: P. M. Perspektive, Mensch und Computer, 1994, S. 45)

5.2 Dr. med. Computer?

2 *Untersucht anhand der Fotos sowie M 1 und M 2, welche Verwendungsmöglichkeiten von Computern in der Medizin gegeben sind.*

M 3 **Entscheidung über Leben und Tod**

Der Rechner „Apache III" spuckt täglich einen detaillierten Bericht über den Zustand von Krankenhauspatienten aus. Das mehr als eine Million Mark teure Gerät berechnet aus hunderten von Daten für jeden Kranken individuell seine Überlebenschancen und seine Aussicht auf Genesung. Um so eine folgenschwere Prognose stellen zu können wird der Computer mit zahlreichen Daten eines Patienten (Herzschlag, Atmung, Gehirnströme und vieles mehr) gefüttert. Laboranalysen und Beobachtungen der Ärzte werden der Maschine ebenfalls eingegeben. Dann beginnt „Apache III" zu rechnen, zu analysieren und zu vergleichen, wobei er auch auf die Vergleichsdaten von 17 000 früheren Patienten verschiedener amerikanischer Intensivstationen zurückgreift. Am Schluss spuckt der Orakel-Computer zweimal täglich die Prognose aus: in Farbabstufungen von dunkelrot (90 Prozent Wahrscheinlichkeit, dass der Patient stirbt) über orange und gelb bis grün (gute Überlebenschancen). So sieht der Arzt auf einen Blick, wie es um seine Patienten steht. Er könnte dann zum Beispiel beschließen einen Todkranken aus einer überfüllten Intensivstation zu verlegen, damit dessen Platz für einen anderen frei wird, der größere Chancen auf Genesung hat. Das klingt makaber. Ist eine Computeranalyse von Leben und Tod überhaupt vertretbar? Die Erfinder und Verfechter dieses Systems rechtfertigen sich mit der Begründung, dass nicht der Computer, sondern letztlich der Arzt über Leben und Tod entscheide.

(Aus: M. Heinrich, Nur einer blickt durch: der Computer. In: P.M. Perspektive. Mensch und Computer, 1994, S. 47)

3 *Erarbeitet an M 3, wo Grenzen des Computereinsatzes in der Medizin liegen.*

M 4 **„Wir müssen das Gespräch pflegen"**

Patienten beklagen, die Ärzte fänden kaum Zeit für sie. Früher haben die Menschen den Puls gefühlt, heute übernehmen das Maschinen.

Pulsfühlen, Handauflegen, Abhören mit dem Stethoskop, diese Kontakte zum Patienten sind wahrscheinlich noch notwendig, aber das reicht nicht mehr aus. Neue Untersuchungsmethoden sind weit präziser, deshalb müssen wir ihren Einsatz akzeptieren. Und vielleicht stärkt es auch das Vertrauen der Patienten, wenn sie merken, dass sie hervorragend maschinell oder labormäßig untersucht werden. (...) Ich untersuche meistens Patienten, auch wenn dies medizinisch nicht mehr unbedingt erforderlich ist – da die Diagnose schon feststeht –, damit sie das Gefühl haben, dass ich mich um sie kümmere. So ist dies manchmal eine Sache der Psychologie. Im Wesentlichen muss der Arzt das Gespräch vertiefen.

(Aus einem Interview mit dem Chirurgen Rudolf Pichelmayr. In: Die Zeit, 6. 12. 1996, S. 34)

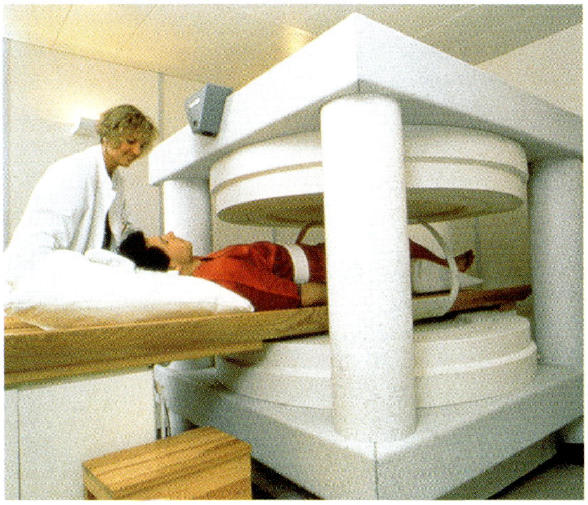

Ein Magnetfeld „durchleuchtet" den Patienten. Dabei entstehen Schnitte, die der Computer zu dreidimensionalen Bildern zusammensetzt, 1994

4 *Untersucht, wie der Arzt Pichlmayr die Computermedizin sieht (M 4).*

5 *Erläutert, wo ihr die Grenze für den Einsatz von Computertechnologien in der Medizin ziehen würdet. Begründet eure Stellungnahme. Berücksichtigt in eurer Argumentation die Materialien dieser Doppelseite.*

6 *Besorgt euch zusätzliche Materialien zu diesem Thema bei der Ärztekammer, in der Bibliothek und schneidet dazu Berichte aus Zeitungen und Zeitschriften aus. Führt ein Streitgespräch zu den Möglichkeiten und den Grenzen des Computereinsatzes in der Medizin.*

→ Mikroelektronik

5.3 Globale Vernetzung

Auf den letzten Seiten habt ihr euch intensiv mit den Möglichkeiten und Grenzen des Einsatzes von computergesteuerten Technologien in verschiedenen Arbeitsbereichen auseinander gesetzt. Eine weit reichende Veränderung ist dabei noch nicht berücksichtigt worden, die Multimedia-Entwicklung. Der Begriff „Multimedia“ bedeutet eigentlich die Kombination von unterschiedlichen Medien. Er wird heute aber nur noch für Medien verwendet, die über einen Computer abrufbar sind. Beispiele findet ihr in M 1.

Einen zentralen Aspekt der Multimedia-Entwicklung bildet die so genannte Vernetzung, d.h. Computer werden miteinander verbunden, sodass jeder mit jedem sprechen kann, zu jeder Zeit, von jedem Ort aus. Unsere Welt wird zum „globalen Dorf“ – so die Behauptung von Internet-Anhängern (vgl. Zur Sache). Das Internet ist die weltweit größte Vernetzung von Computern. Auch immer mehr Schulen lassen sich an das Internet anschließen.

M 1 Das Klassenzimmer der Zukunft

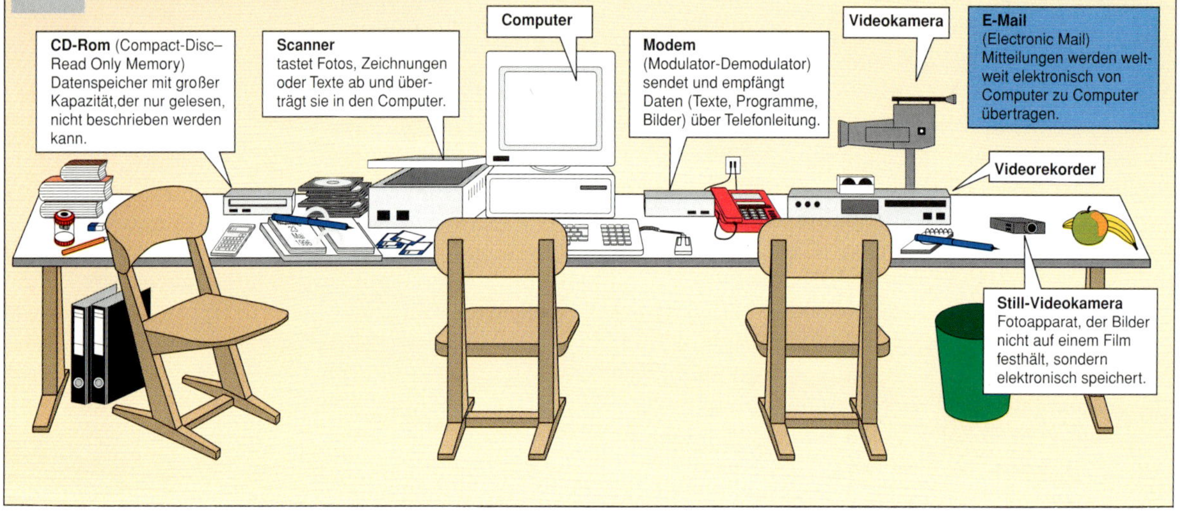

M 2 E-Mail an Schulen

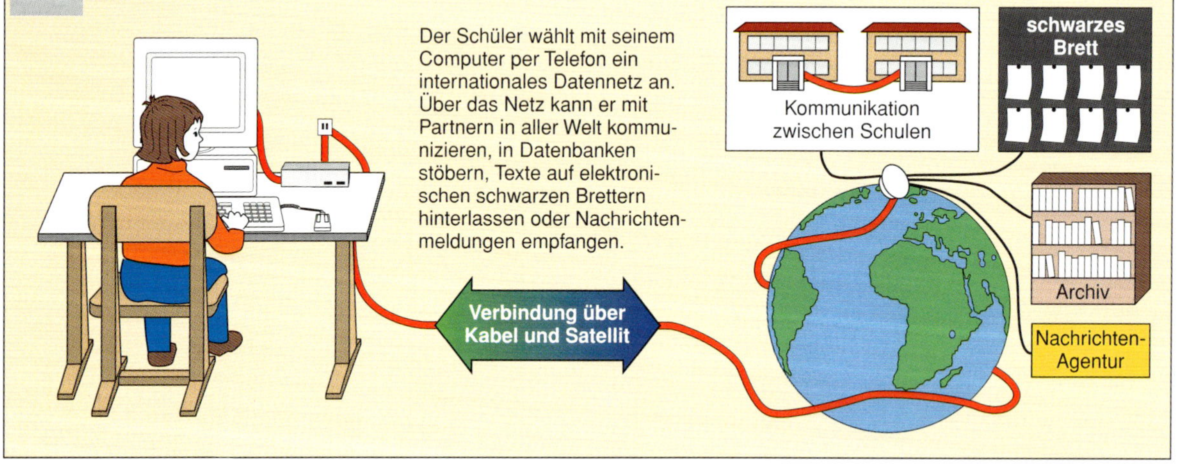

5.3 Globale Vernetzung

Zur Sache

Internet: Internet ist das weltweit größte Computernetzwerk, ein Verbund aus verschiedenartigen Teilnetzen, z. B. Datenbanken, Universitäten, Behörden und kommerziellen Diensten. Es ermöglicht den Nutzern den Zugriff auf Datenbanken und damit auf Informationen aus aller Welt. Als Übertragungswege werden herkömmliche Kommunikationsnetze genutzt wie Telefon, Satelliten, Seekabel. Ende 1996 nutzten nach Schätzungen über 50 Millionen Nutzer das Internet.

Cyberspace: Bezeichnung für die virtuelle Welt oder Realität (virtuell: bildhaft, vorgestellt).

Online: Zustand, bei dem zwischen zwei Systemen (Computer – Drucker, Computer – Computer usw.) eine Verbindung über das Netz besteht. Gegenteil: Offline.

Globales Dorf (global village): Die Bezeichnung soll das Zusammenrücken der Erdbewohner mithilfe der elektronischen Kommunikationsmedien ausdrücken.

1 *Klärt die Begriffe für die elektronische Ausstattung des Klassenzimmers und vergleicht M 1 mit der Ausstattung eures Klassenzimmers bzw. Informatikraums.*

2 *Erkundigt euch, ob es an eurer Schule einen E-Mail-Anschluss gibt. Erläutert mithilfe von M 2 und eurer Erfahrung, wie E-Mail funktioniert.*

3 *Besorgt euch nähere Informationen über E-Mail und Internet. Material erhaltet ihr z. B. in Computerläden, in den T-Punkt-Läden oder aus Computerzeitschriften (z. B. Stadtbibliothek).*

Internet und E-Mail schaffen neue Möglichkeiten der Kommunikation. In der Kommunikation über das Internet sehen viele Menschen Chancen zu neuen Gemeinschaftserlebnissen.

M 3 **„Gemeinschaft" im Internet**

Das „Cyber-Café" im New-Yorker Stadtteil Soho ist eines der ersten seiner Art gewesen. Auf den meisten Tischen stehen keine Tassen und Teller, sondern Computer. Für ein paar Dollar pro Stunde begeben sich die Gäste, mitunter zum ersten Mal in ihrem Leben, auf die Reise durch das Internet. Statt der üblichen Tischgespräche hört man es klicken und tippen. Gesprochen wird vielfach über Erlebnisse im Online-Bereich (vgl. Zur Sache). (…) Dort geschieht zuweilen im Kleinen, was die Informationsgesellschaft auch im Großen kennzeichnen könnte: Menschen tauschen Gemeinschaften in der wirklichen Welt gegen virtuelle Kontakte ein.

Für viele Netzfreunde ist Gemeinschaft gar das Schlüsselwort der elektronischen Zukunft: Danach können Menschen im Computernetz den Anschluss finden, den sie in ihrer realen Umgebung vermissen. Unabhängig von Ort und Zeit sollen sie sich dort mit Gleichgesinnten austauschen. „Kommunikation ist der Beginn von Gemeinschaft", sagt der amerikanische Vizepräsident Al Gore (…).

(Aus: U. J. Heuser, Die fragmentierte Gesellschaft. In: Zeitpunkte, Nr. 6, 1996, S. 20)

4 *Erkundet, ob es in eurer Umgebung ein Cyber-Cafe oder eine ähnliche Einrichtung gibt. Stellt sie in der Klasse vor.*

5 *Erarbeitet anhand von M 3, worin die Bedeutung des Internets gesehen wird.*

M 4 **„Berühren Sie jemanden!"**

Vernetzte Computer helfen den Menschen dabei, neue Gemeinschaften zu formen. (…)

Wer das sagt, (…) benutzt das Wort „Gemeinschaft" in einer völlig anderen Bedeutung als der, die es in unserer Kultur bislang gehabt hat. (…) Ich denke da immer an eine Fernsehwerbung. Eine junge Engländerin wandert mit ihrem Mann nach Amerika aus und verlässt ihren verwitweten alten Vater: eine sehr traurige Szene. Dann sehen wir den alten Vater in seinem kleinen Haus, das Telefon klingelt, er nimmt ab und sofort hellt sich sein Gesicht auf. Seine Tochter ruft aus Los Angeles an. Und auf dem Schirm erscheinen die Worte: „Strecken Sie Ihre Hand aus und berühren Sie jemanden." Das soll heißen, es ist schon in Ordnung, seinen alten Vater in England allein zu lassen – man muss ihn nur anrufen. Ich sage: Es ist zwar gut, dass wir Telefon haben, aber mit einem Anruf reicht man eben nicht die Hand und berührt einen anderen. So sehe ich auch das Internet nicht als Gemeinschafts-, sondern als Konversationsmedium (Gesprächsmedium).

(Aus einem Interview mit dem amerikanischen Medienwissenschaftler Postman. In: Zeitpunkte, Nr. 5, 1996, S. 16)

6 *Vergleicht die Position Postmans mit M 3 und nehmt dazu Stellung.*

→ Globalisierung, Informationsgesellschaft, Multimedia

5.4 Der gläserne Mensch

Denn sie wissen, was wir tun

Globale Vernetzung hat auch die freie Zugänglichkeit von Daten zur Folge. Was man darunter versteht und welche Probleme diese Entwicklung mit sich bringt, könnt ihr aus den folgenden Materialien erarbeiten. Auf dieser Doppelseite soll die Frage im Vordergrund stehen, inwieweit die Überschrift dieser Seite der Realität entspricht.

M 1 Computer-Control

Bild der Stuttgarter Künstlerin Angela Garry

1 *Diskutiert, welche Aussage Angela Garry (M 1) mit ihrem Bild verbunden haben könnte.*
2 *Überlegt, auf welche Risiken die Künstlerin in M 1 hinweist, und sucht Beispiele dazu.*

M 2 Der Blick in den gläsernen Briefkasten

Der erste Schritt zum „gläsernen Menschen" ist getan: Das Internet etabliert sich als Lieferant von Kundenprofilen für die Werbeindustrie. Weltweit durchkämmen dutzende von Suchprogrammen das Netz nach Informationen über das Konsumverhalten der Online-Gemeinde – bis hin zu nützlichen Details aus Berufsalltag und Privatleben. (...)
Die Anbieter der mindestens 22 Adressen-Suchdienste im Internet beziehen ihre Informationen größtenteils aus den Nachrichtengruppen des Internet (Usenet), aus Diskussionsforen und aus so genannten Mailing-Lists. Das sind Adressen von Internet-Benutzern, die auf eigenen Wunsch regelmäßig Post zu einem bestimmten Thema bekommen. (...) Jeder elektronische Brief hinterlässt eine Datenspur. Da im Kopf der Nachrichten jeweils Name und Netzanschrift von Absender, Übermittler und Empfänger stehen, ist die Suche nach Adressen ein Kinderspiel. (...) Während die E-Mail-Adresse allein keine Details über Herkunft, soziales Umfeld und persönliche Vorlieben des Besitzers preisgibt, sind die so genannten Mail-Sucher schon weitreichender. Hier sind die meisten Beiträge aus den mehr als 160 000 Nachrichtengruppen des Usenet abrufbar. Außerdem ist gespeichert, wer sich wie häufig in welcher Nachrichtengruppe beteiligt. (...) Es ist damit „eine leichte Sache", detaillierte Benutzerprofile zu erstellen. Die Folgen sind absehbar:
- Ein Arbeitgeber, der einen neuen Mitarbeiter einstellen will, kann sich per Internet ein Bild etwa von den persönlichen Vorlieben des Bewerbers machen. (...)
- Eine Spielzeugfirma könnte feststellen, welcher Junge sich für welche Automarke interessiert um dem Kind dann gezielt die neuesten Prospekte zu schicken.

(Aus: I. Grimm, E-Mails. In: Hannoversche Allgemeine Zeitung, 3.5.1996, S. 29)

3 *Erläutert, welche Probleme die freie Zugänglichkeit von Daten im Internet aufwirft (M 2).*

M 3 Risiko „Datenmulti"

Nicht der Staat pumpt sich zu einem allwissenden, alles kontrollierenden Monster auf (...). Es sind eher private Firmen. Das liegt daran, dass der Mensch die relevantesten Datenspuren heutzutage (...) in den Computern der Versandhäuser und Fluggesellschaften, der Banken, Versicherungen und Mietwagenfirmen (hinterlässt). Viele dieser Firmen lassen ihre Daten mittlerweile von so genannten Outsourcern verwalten. Das sind eigenständige Firmen, die für den betreffenden Großkunden Rechner installieren, Programme eingeben und Informationen verwalten. (...) Eine der mächtigsten Firmen ist EDS (Data Systems Corporation aus Piano, Texas). (...) All diesen Firmen ist gemeinsam, dass in ihnen ein gigantischer Datendschungel wuchert, gegen den Datenschützer auf verlorenem Posten stehen. Meistens gelingt es nicht einmal, die Wege der Daten überhaupt nachzuvollziehen. Und falls doch mal einer durchblickt, wird die heikle Informationsverarbeitung einfach ins datenschutzfreie Ausland verlagert. (...) Das funktioniert dann wie bei den drei Millionen Bahn-Card-Besitzern in Deutschland: Ihre Daten werden in

5.4 Der gläserne Mensch

Denn sie wissen, was wir tun

Nordhorn bei der Citicorp Card Corporations GmbH erfasst, die digitalisierten Passbilder wandern (...) zum Rechenzentrum der Citibank in den Vereinigten Staaten. Hier erstellen Ingenieure nach einer Bonitätsprüfung (Überprüfung der Zahlungsfähigkeit des Kunden) die eigentliche Bahn-Card und schicken sie weiter nach Arnheim in den Niederlanden. Dort wird der Plastikausweis versandfertig in die Post gegeben. (...)
In den USA ist EDS schon weiter: Da betreibt man das Computersystem der Einwanderungsbehörde, das Grenzüberwachungsnetz, die automatische Fingerabdruckidentifizierung. (...) Auch die Nationale Luftfahrtbehörde FAA, die Datenbank der Militärangehörigen, ein paar Krankenkassen und etliche Sozialprogramme verlassen sich auf EDS. Mit der aus europäischer Sicht erschreckenden Vernetzung von Daten gelingt es beispielsweise, säumige Alimentenzahler oder Falschparker zur Kasse zu bitten.

(Aus: F. Rieger, Denn sie wissen, was wir tun. In: Spiegel special, Nr. 3, 1996, S. 24, 27)

Das Titelblatt des SPIEGELs vom 21. 11. 94

4 *Erarbeitet, worin die Risiken für die Menschen bestehen, deren Daten in den „Umlauf“ gelangen (M 2, M 3). Unterscheidet zwischen den Nutzern des Internets einerseits und Menschen, deren Daten von Firmen wie der EDS gespeichert werden, andererseits.*

5 *Arbeitet heraus, ob sich die Absichten der so genannten Mail-Sucher (M 2) von denen der „Outsourcer“ (M 3) unterscheiden.*

Daten können nicht nur über das Internet oder Datenbanken in Erfahrung gebracht werden, sondern werden auch auf Chipkarten gespeichert und damit abrufbar.

M 4 Die Vision vom „Chip-Bürger“

Mutiert der Mensch zum Chip-Bürger? Ihre Befürworter preisen die Chipkarte, weil sie das Leben angenehmer und bequemer mache. (...) Doch Experten bezweifeln, ob die neue Technik wirklich nützlich ist. (...) Zwar sind vorausbezahlte, also anonyme Geldbörsen unter dem Datenschutzaspekt unbedenklich – ihr Gebrauch hinterlässt ebenso wenig Spuren wie das Bezahlen mit Münzen und Scheinen. Dafür aber wecken andere Chipkarten, auf denen vielerlei persönliche Daten gehortet sind, Begehrlichkeiten staatlicher und privater Institutionen aus dem Informationspool zu schöpfen. (...) Wie hilflos ist einer, der seine multifunktionale Chipkarte mit allen lebensnotwendigen Daten verliert? Büßt der gar seine ganze Identität ein? Soll man, darf man alles auf eine Karte setzen? (...)
Für Gegner der Wunderkarte steht schon fest, welchem Zweck sie letzten Endes dient. So sieht der Bremer Rechtsinformatiker und Datenschutzexperte Jan Kuhlmann, 39, in der Chipkarte ein Mittel zur „Totalerfassung“ des Bürgers, die zur „Schrumpfung der Privatsphäre“ und zur „totalitären Entmündigung“ führt.

(Aus: Der Spiegel, 21. 11. 1994, S. 62 f., 66)

6 *Beschreibt und erläutert den SPIEGEL-Aufmacher (Foto oben rechts). Erarbeitet in diesen Zusammenhang die Gefahren, die in M 4 aufgezeigt werden. Berücksichtigt auch M 1, S. 80.*

7 *Nehmt Stellung zu der Überschrift dieser Doppelseite.*

5.4 Der gläserne Mensch

Datenschutz im Internet

Behörden, Banken, Versicherungen, Ärzte, Rechtsanwälte usw. gehen mit persönlichen Daten um. Für sie gilt das so genannte Datenschutzgesetz (vgl. „Zur Sache"). Seitdem es jedoch möglich ist, über das Netz Daten auszutauschen und zu verknüpfen, wie ihr es auf der vorherigen Seite kennen gelernt habt, reicht das Datenschutzgesetz nicht mehr aus. Welche Probleme in diesem Zusammenhang bestehen und inwieweit rechtliche Regelungen in Sicht sind, könnt ihr auf dieser Doppelseite ermitteln.

M 6 **Datenschutz ist Persönlichkeitsschutz**

Unsere Persönlichkeit macht aus, was wir denken, meinen, fühlen, tun, unterlassen, erfahren und erinnern. Von alledem teilen wir anderen immer nur so viel mit, wie uns sinnvoll und zweckmäßig erscheint. Je mehr wir unserem Gegenüber vertrauen, desto intensiver lassen wir ihn teilhaben; je zurückhaltender wir ihm begegnen, desto spärlicher fließen unsere Informationen. Wir beschränken also ganz bewusst das Wissen unserer Umwelt über uns, weil wir nicht wollen, dass andere uns infolge ihres Wissens über uns abschätzen, manipulieren, ja, beherrschen oder in Abhängigkeit halten können.

(R. Leuze in: Frankfurter Rundschau, 30. 7. 1993)

Zur Sache: Datenschutz

Unter Datenschutz ist der Schutz persönlicher Daten wie Adressen, Krankengeschichten usw. vor einem Zugriff durch Dritte zu verstehen. Das Recht auf Meinungs-, Presse- und Informationsfreiheit mit dem Recht auf Schutz der Privatsphäre (Art. 5 GG, vgl. S. 59) wurde 1983 durch ein Urteil des Bundesverfassungsgerichts ergänzt. Danach enthält dieser Schutz auch das Grundrecht auf „informationelle Selbstbestimmung", d. h. jeder hat das Recht selbst zu bestimmen, welche Daten er über sich preisgeben will. Die Datenschutzgesetze des Bundes und der Länder lassen jedoch zu Daten zu sammeln um z. B. Leistungen zu gewähren. Der Betroffene muss informiert werden, welche Behörde die Daten benutzt. Eine Richtlinie der EU sichert bei Missbrauch das Recht auf Schadenersatz für den Einzelnen. Über den Schutz des Grundrechts auf Datenschutz wachen die Datenschutzbeauftragten des Bundes und der Länder sowie der Einrichtungen, die persönliche Daten sammeln.

M 7

(Karikatur: Rademacher)

8 *Interpretiert die Karikatur (vgl. S. 50 f.). Besprecht, auf welche Probleme der Zeichner aufmerksam machen will.*

9 *Beurteilt die folgende These: „Ich lasse mir nichts zuschulden kommen, also habe ich auch nichts zu verbergen." Bezieht in eure Überlegungen eure Ergebnisse aus Aufgabe 8 ein.*

M 8 **Räuber im Netz**

Viele Nutzer (...) ahnen nicht, welche klar erkennbare Spur sie mit jedem Maus-Klick hinterlassen und wie einfach es ist, ihren Computer anzuzapfen. Tapfer versuchen deutsche Datenschützer dem wachsenden Missbrauch persönlicher Daten Grenzen zu setzen. Sie warnen eindringlich: „Der Anschluss an das Internet ist mit erheblichen Gefährdungen verbunden." Doch der technische Fortschritt droht sie zu überrollen. (...) Mittlerweile wachsen (...) die Zweifel, ob das Problem mit Gesetzen oder Leitlinien überhaupt in den Griff zu bekommen ist. Der Grund dafür liegt in der anarchistischen (gesetzlosen, herrschaftslosen) Struktur des Netzes: Das Internet gehört niemandem und hat keine zentrale Verwaltung. (...) Den Datenschützern macht besonders zu schaffen, dass sich die Informationen auf unkalkulierbaren Bahnen durchs Netz bewegen und viele Computer passieren, bevor sie ihren Bestimmungsort erreichen. (...) Mit simplen Standardprogrammen gelang es zum Beispiel den Hamburger Datenschützern, auf die Daten der vernetzten Behördenrechner der Stadt zurückzugreifen. Sie hätten Eintragungen ändern oder sogar löschen können. Nicht einmal vertrauliche Regierungsunterlagen waren vor ihnen sicher. Sie hätten sogar Geldüberweisungen beeinflussen und an sensible Personaldaten herankommen können. (...) Es ist auch kein Problem, eine Nachricht abzufangen, ihren Inhalt abzuändern und sie dann weiterzuschicken.

(Aus: G. Lütge, Räuber im Netz. In: Zeitpunkte, Nr. 5, 1996, S. 68, 70)

10 *Arbeitet aus M 8 heraus, aus welchen Gründen Datenschützer vor dem Internet warnen.*

M 9 **Wer sucht, wird fündig**

Das Simon-Wiesenthal-Zentrum in Los Angeles schlug Alarm: Im Internet wimmele es von Gruppen, die Hass und Verachtung predigten, von Rassisten, Antisemiten und Neonazis. (...) Seit jeher hat die Netzwelt ihre finsteren Winkel. Darin haben sich Pornografen und Bombenbastler, Pädophile (Personen, die sexuelle Unzucht mit Kindern treiben), Neonazis und andere dunkle Gestalten eingerichtet. Doch das Netz ist so groß, dass sie darin im Normalfall nicht weiter auffallen. (...) Seit die Medien sich dafür interessieren, wird der Wunsch laut solchem Treiben ein Ende zu machen – durch Kontrolle und Zensur. Dieser Wunsch wird nicht leicht zu verwirklichen sein, denn das Internet ist über alle Landesgrenzen hinweg geknüpft. (...) Zensur braucht einen Adressaten und der ist im Internet kaum dingfest zu machen. Denn das Netz hat keinen Eigentümer, den man belangen könnte und es gibt niemanden, der es leitet. (...) Diese Probleme werfen die Frage auf, ob die Urheber künftig selbst für ihre Äußerungen im Internet haften – doch nach welchem Recht? In Staaten wie Deutschland oder den Vereinigten Staaten ist das meiste, was ins Netz eingespeist wird, durch das Recht auf freie Meinungsäußerung gedeckt. Aber diese Freiheit gilt längst nicht überall, wo man die verbreiteten Aussagen empfangen kann. (...) Gut möglich, dass dies den Verfasser auf der nächsten Dienstreise nach Neuseeland unverhofft 200 Dollar Geldstrafe kostet, in China den Kopf und im Iran beide Hände.

(Aus: M. Dworschak, Wer sucht, wird fündig. In: Zeitpunkte, Nr. 5, 1996, S. 54, 58)

11 *Erarbeitet, welche Probleme sich aus der internationalen Verknüpfung des Datenstroms ergeben (M 9).*

M 10 **Wer haftet im Internet?**

Bonner Politiker (denken) bereits über ein Multimedia-Gesetz nach, doch außer einem Namen ist den Ministerialen dazu noch nicht viel eingefallen. In ihrer Not versuchen deutsche Staatsanwälte die bestehenden Gesetze auf das globale Netz anzuwenden. Doch so recht passen wollen die Paragraphen nicht. (...) Die Kernfrage ist noch ungeklärt: Muss der Anbieter eines Internet-Zugangs auch Verantwortung für die auf dem weltweiten Netz abrufbaren Inhalte übernehmen? Wenn ja, dann käme ein Anbieter – im Fachjargon Provider genannt – einem Kioskbetreiber gleich, der zwar auch nicht jede Zeitschrift einzeln prüfen muss, aber keine verbotenen Blätter verkaufen darf. Wenn nein, wäre der Provider wie die Telekom oder wie die Post einzustufen, die weder für obszöne Anrufe noch für frei Haus gelieferte Briefbomben zuständig ist.

Um eine Entscheidung haben sich Parlamente und Gerichte in Deutschland bisher gedrückt. Politiker aller Couleur (Prägung) wollen die Internet-Anbieter am liebsten von Restriktionen (Einschränkungen) frei halten.

(Aus: Der Spiegel, 25. 3. 1996, S. 133 f.)

M 11

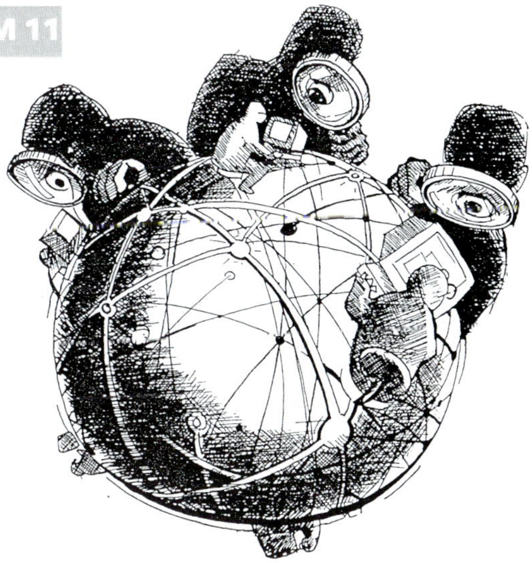

(Karikatur: Pollach)

12 *Zeigt ausgehend von der Interpretation der Karikatur M 11 auf, warum eine Kontrolle des Internets so schwierig ist und welcher rechtliche Klärungsbedarf besteht (M 8 bis M 10).*

5.5 Mehr Demokratie per Maus-Klick?

Öffentlicher Internet-Zugang

Das Foto zeigt einen öffentlichen Internet-Zugang in Münster. Ein Bürgernetz soll mehr Beteiligung an der Kommunalpolitik schaffen. Allerdings ist es umstritten, ob per Maus-Klick mehr Demokratie erzielt werden kann. Wie die Verfechter des Bürgernetzes mehr Demokratie erreichen wollen und welche Argumente für und gegen Bürgernetze sprechen, wird im Folgenden aufgezeigt.

M 1 **Stimmabgabe über das Netz**

Auf dem Bildschirm erscheint eine Wahlurne mit der Aufforderung: „Bitte wählen Sie jetzt, ob Sie zum Tagesordnungspunkt 2 mit ‚Ja', ‚Nein' oder ‚Enthaltung' stimmen." Danach wird man aufgefordert: „Bestätigen Sie bitte!", die Stimmabgabe wird registriert. Nach etwa einer Minute liegt das Abstimmungsergebnis vor – auf dem Bildschirm ablesbar.
Sieht so die Demokratie des 21. Jahrhunderts aus? Technisch machbar wäre das, vorausgesetzt jeder hätte einen Netzzugang. Vorstellbar wären nicht nur die Abstimmungen, sondern auch „elektronische" Diskussionen. Aber: Können politische Entscheidungen immer auf „Ja" oder „Nein" „zurechtgeschnitten" werden? Was geschieht mit Minderheitsmeinungen, die in der politischen Diskussion nach oft langen Auseinandersetzungen in den gefundenen Kompromiss einfließen?

(Autorentext)

1 *Beschreibt anhand von M 1, wie über das Netz mehr Bürgerbeteiligung erreicht werden soll.*

M 2 **Mehr Demokratie in der Gemeinde**

In Santa Monica verbindet seit 1989 Bürger und Verwaltung ein elektronisches Netz. Die kalifornische Stadt verfügt über ein Public Electronic Network (PEN), das allen interessierten Bürgern kostenlos zur Verfügung steht. Über das Netz können sie E-Mails an die Beamten im Rathaus schicken oder sich an elektronischen Diskussionsforen beteiligen. Wenige Monate nach der Einführung starteten viele Bürger in Santa Monica eine elektronische Debatte, die das Problem der Obdachlosen in den Mittelpunkt rückte. Der Gemeinderat erlebte, dass sich aus den vielen Vorschlägen ein Programm herauskristallisierte, das so vernünftig klang, dass er es übernahm und per Mehrheitsentscheidung beschloss. Die Entscheidung blieb bei der politischen Instanz. Die Online-Aktivisten sehen in diesem Modell den größten demokratischen Gewinn des Internets: lokale Beteiligung, schnelle Kontaktaufnahme, reibungsloser Austausch von Vorschlägen und Meinungen.

(Aus: PZ, Nr. 88, 1996, S. 15)

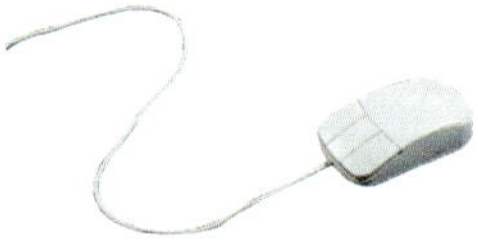

M 3 **Demokratie für alle?**

Die neue Technologie droht allerdings die Spaltung der amerikanischen Gesellschaft zu verstärken. Schon jetzt zeigen alle Statistiken, dass der arme, wenig gebildete und überwiegend farbige Teil der Bevölkerung viel weniger mit neuen Technologien in Berührung kommt als die wohlhabenden Mittel- und Oberschichten. Das neue Telekommunikationsgesetz schreibt zwar vor, dass alle Schulen an die Infobahn angeschlossen werden müssen. Eine wirklich universale Versorgung aller Amerikaner – wie mit Telefon und Fernsehen – ist damit aber noch lange nicht gewährleistet. Einige lehnen den Auszug ins gelobte Land der Hochtechnologie aus noch viel fundamentaleren Gründen ab. Fünftausend Menschen abonnieren das Magazin Platin, in dem radikale Umweltschützer ebenso zu Wort kommen wie Traditionalisten, die einem Leben ohne Telefone und Fernseher das Wort reden.

(Aus: Ch. Tenbrock, Amerika online. In: Zeitpunkte, Nr. 5, 1996, S. 89)

2 *Stellt heraus, welche Argumente in M 2 und M 3 für bzw. gegen ein Bürgernetz angeführt werden.*
3 *Erarbeitet, inwieweit mehr Bürgerbeteiligung über das Internet die „soziale Ungleichheit" verstärken kann (vgl. S. 130 und S. 134 f.).*

5.5 Mehr Demokratie per Maus-Klick?

M 4 **Mehr Mitbestimmung für Bürgerinnen und Bürger?**

a) Mehr Demokratie wagen

Chancen einer Demokratisierung und stärkeren Bürgerbeteiligung sind durch den Ausbau von Multimedia-Anwendungen insbesondere im kommunalen Bereich zu erproben. Die Transparenz (Durchschaubarkeit), die Beteiligung der Bürger an solchen Planungsprozessen sowie der Ausbau von Informationssystemen zu Umweltproblemen und anderen Bereichen kann gerade auf kommunaler Ebene getestet werden.

(Industriegewerkschaft Medien, 1996)

b) Kein demokratischer Wert an sich

Die Vorstellung, dass sich die Welt in einem Global Village mittels weltweiter Vernetzung besser verstehen wird, halte ich für eine ziemlich naive Idee. Weswegen soll das Vorhandensein digitaler Netze und vernetzter Computer an den uralten gesellschaftlichen Ungleichheiten und sozialen Problemen etwas ändern? (…) Es ist eine absurde Vorstellung, dass Informationstechnologien die Vorurteile der Menschen reduzieren (verringern). Mir hat noch niemand gesagt, dass die Briefpost, das Telefon oder das Faxgerät den Rassismus in der Welt vermindert haben.

(Hans-Joachim Kleinsteuber, Professor für politische Wissenschaft, 1996)

c) Repräsentativität durch das Internet

Der neue Konsens (Übereinstimmung) ersetzt die repräsentative Demokratie. Es kann nicht jeder in die Hauptstadt gehen um wichtige Fragen zu diskutieren und über sie zu entscheiden: daher das Bedürfnis nach Repräsentanten. Moderne Netzwerke ermöglichen es dagegen jedem, am politischen Leben teilzunehmen.

(Louis Rosetto, Herausgeber der Fachzeitschrift „wired", 1994)

d) Keine neuen Mythen mehr

Wir brauchen unsere Computer dringend. Aber wir sollten aufhören neue Mythen zu produzieren: dass Computer unsere Beschäftigungsprobleme lösen, dass sich die Ausbildung automatisch verbessert, dass wir mehr Demokratie haben werden. Sehen wir es pragmatisch: Der Computer ist ein Werkzeug, das viele Dinge leichter macht – einige jedoch noch komplizierter, als sie ohnehin schon sind.

(Clifford Stoll, Computerexperte und Autor des Buches „Die Wüste Internet", 1996)

M 5 **Was von örtlichen Online-Diensten künftig zu erwarten sein wird**

Demokratie lebt auch von den Beziehungen zwischen Bürgerinnen und Bürgern und der Verwaltung. Die neuen Technologien werden auch hier Einfluss nehmen.

Was künftig von der öffentlichen Verwaltung über Online-Dienst angeboten werden soll:

- Terminreservierungen (Sondergenehmigungen, Sperr- und Sondermüll)
- Kfz-Zulassung
- Beschlüsse von Räten und Bezirksvertretungen
- Arbeitsmarktdaten
- Informationen zur Wirtschaftsförderung
- Wohnungsmarkt
- Behördenwegweiser
- Nahverkehrspläne

(Autorentext)

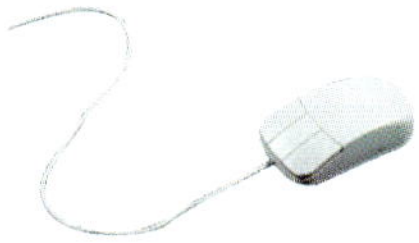

4 *Stellt tabellarisch die Argumente zusammen, die für bzw. gegen die These „Mehr Demokratie durch Vernetzung" sprechen (M 1 bis M 5).*

5 *Wenn ihr Zugang zum Internet habt, prüft, was der Deutsche Bundestag (http://www.bundestag.de) im Internet anbietet. Über die Bundestagsadresse habt ihr auch Zugang zu den Internet-Angeboten der Parteien. Berichtet in der Klasse, welche Informationen ihr abrufen konntet, und vergleicht eure Ergebnisse mit den auf dieser Doppelseite aufgezeigten Möglichkeiten.*

Die auf dieser Doppelseite aufgeworfenen Fragestellungen und Argumente ähneln denen aus der Diskussion um die Einführung von Volksentscheiden (vgl. Kapitel 3). In beiden Debatten geht es um mehr „direkte Demokratie" (vgl. S. 42 f.).

6 *Lest nach, welche Argumente Befürworter und Gegner von Volksentscheiden anführen (M 2 bis M 6, S. 44 f.), und übertragt sie – wenn möglich – auf die Fragestellung „Mehr Demokratie per Maus-Klick?". Schreibt eine Erörterung zu der Überschrift dieser Seite, in der ihr Pro-und-Kontra-Argumente einander gegenüberstellt und abschließend selbst Stellung bezieht.*

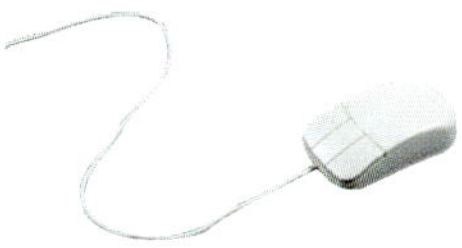

6. Millionen suchen Arbeit

Institute: Steigende Arbeitslosigkeit

Die sechs führenden deutschen Wirtschaftsforschungsinstitute sagen in ihrem gemeinsamen Frühjahrsgutachten einen deutlichen Anstieg der Arbeitslosigkeit gegenüber 1996 voraus. Im Jahresdurchschnitt 1997 erwarten die Forscher rund 4,3 Millionen Arbeitslose, verlautete am Freitag aus Regierungskreisen. Damit werde die Prognose aus dem Jahreswirtschaftsbericht der Bundesregierung vom Januar um rund 200 000 überschritten. Die Regierung hatte 4,1 Millionen Arbeitslose vorausgesagt. 100 000 zusätzliche Arbeitslose belasten den Bundeshaushalt mit rund drei Milliarden Mark. 1996 registrierten die Arbeitsämter im Jahresschnitt 3,965 Millionen Menschen in Deutschland ohne feste Tätigkeit. Die Institute rechnen wie die Bundesregierung mit einem Wirtschaftswachstum von 2,5 Prozent. Der Präsident der Bundesanstalt für Arbeit Bernhard Jagoda hatte vor wenigen Wochen erklärt, dass im laufenden Jahr durchschnittlich 4,2 Millionen Menschen erwerbslos sein würden. Von einer Trendwende auf dem Arbeitsmarkt könne noch nicht gesprochen werden. Bundeskanzler Helmut Kohl hatte ungeachtet dessen auf der Hannover Messe erneut betont an der Halbierung der Arbeitslosigkeit bis zum Jahr 2000 festzuhalten.

(Aus: Berliner Zeitung, 19.4.1997)

Angst um Arbeitsplatz beherrscht die Jugen

Shell-Studie: Schon Zwölfjährige sorgen sich

Schon Schüler fürchten heute künftig a beitslos zu sein. Die Angst als Erwachse keinen Job zu bekommen rangiert bei de 12- bis 24-Jährigen bereits an erster Stel ihrer Sorgen. (...) „Die gesellschaftlich Krise hat die Jugend erreicht", lautet da Fazit der Meinungsforscher, die Ende 199 im Auftrag des Mineralölkonzerns 2100 Ju gendliche aus dem gesamten Bundesgebie befragten. Jeder zweite Teenager – gan gleich ob in Ost oder West, ob männlich oder weiblich – nannte, gefragt nach den „Hauptproblemen der Jugendlichen", das Thema Arbeitslosigkeit. (...) Die Hälfte der jungen Leute sieht der Zukunft mit „gemischten Gefühlen" entgegen. 14 Prozent beurteilten die Aussichten als „eher düster", ein Drittel „eher zuversichtlich". Die letzte Jugendstudie von 1992 verzeichnete noch mehr als die Hälfte (59 Prozent) der Teenager als Optimisten.

(Aus: Frankfurter Rundschau, 14.5.1997)

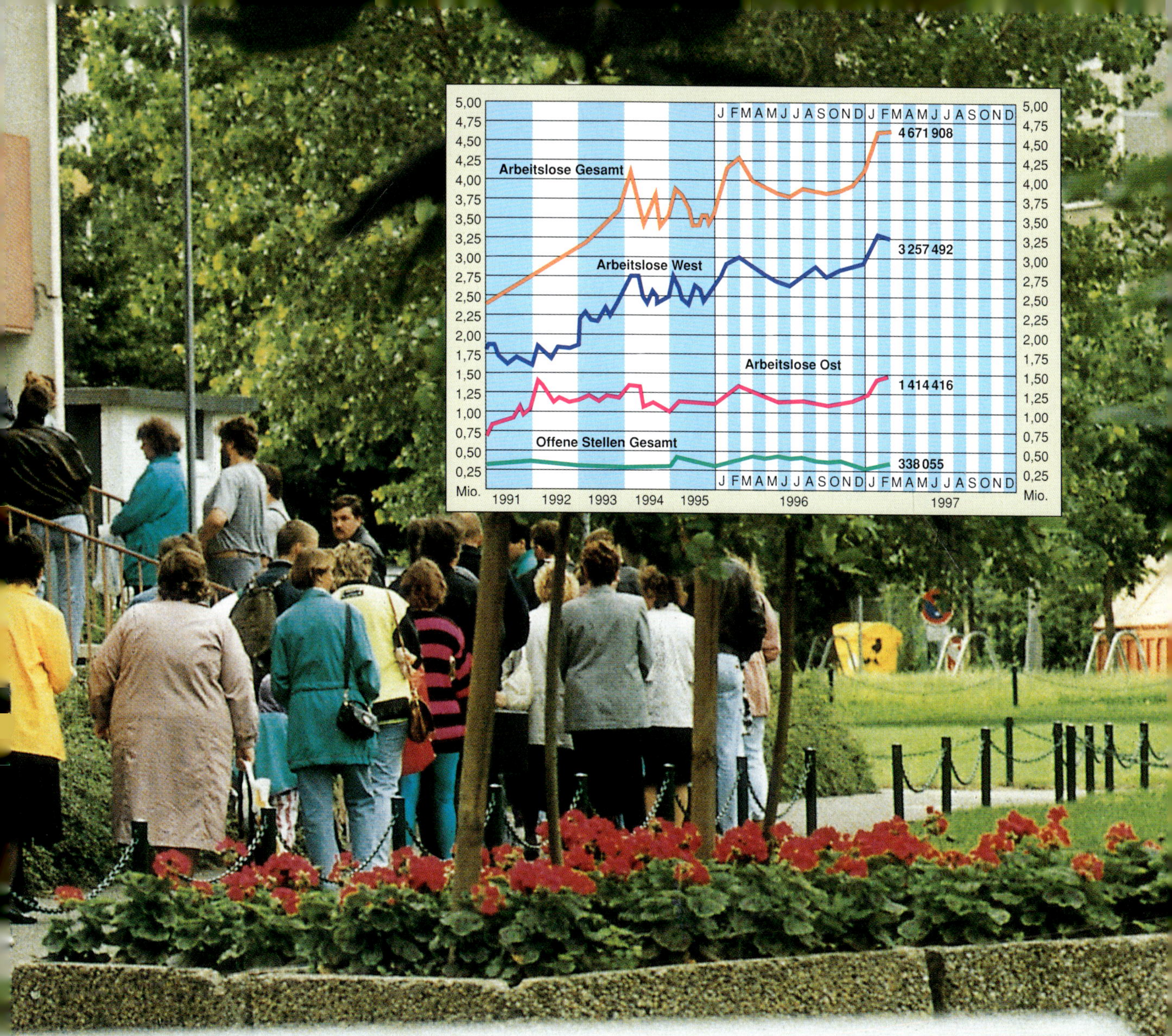

Niemand kann sich heute mehr dem Problem Arbeitslosigkeit entziehen. Dennoch ist den nicht direkt Betroffenen selten klar, was es für den Einzelnen bedeutet, arbeitslos zu sein. Kaum jemand weiß, welche psychischen Folgen Arbeitslosigkeit nach sich zieht.

Das folgende Kapitel stellt zunächst die zentrale Frage, welche Bedeutung Arbeit für den Menschen hat, damit ihr einschätzen könnt, was der Verlust von Arbeit bedeutet. Ihr könnt erarbeiten, welche Folgen Arbeitslosigkeit für den Alltag des Einzelnen und seiner Familie hat und welche sozialen Hilfen der Staat anbietet. Neben den verschiedenen Ursachen der Arbeitslosigkeit werden auch die wirtschaftspolitischen Folgen angesprochen und Lösungsansätze diskutiert.

1 *Stellt euch vor, ihr seid Reporterin bzw. Reporter. Schreibt auf Grundlage der Materialien dieser Doppelseite einen kurzen Artikel zum Thema „Arbeitslosigkeit“.*
2 *Nehmt Stellung zu dem Artikel aus der Frankfurter Rundschau. Diskutiert, ob ihr die dort beschriebenen Ängste teilt. Sucht nach Gründen für die Ängste der Jugendlichen arbeitslos zu werden oder keinen Arbeitsplatz zu finden.*

6.1 Was bedeutet Arbeit für den Menschen?

Mit Arbeit verdienen Menschen Geld. Arbeit sichert die Existenz einzelner Menschen und in der Regel sogar ganzer Familien. Ohne Arbeit wäre aber auch ein Staat nicht überlebensfähig, denn Arbeit finanziert den Staat.
Neben den materiellen Grundlagen gibt es ideelle Aspekte, die nicht übersehen werden dürfen: Durch Arbeit werden Ideen und Wünsche verwirklicht.
Arbeit bedeutet aber auch Mühsal und schafft Abhängigkeiten, wie ihr selbst ja auch immer wieder erfahrt: Sie schränkt z. B. unsere freie Zeit ein. Arbeitszeit diktiert unseren Lebensrhythmus. Während der Arbeitszeit folgen wir in der Regel eher selten unseren privaten Bedürfnissen.

1 *Notiert, was ihr unter dem Begriff „Arbeit" versteht. Wertet die Ergebnisse aus, indem ihr die Antworten nach unterschiedlichen Gesichtspunkten an der Tafel ordnet. Ihr könntet dazu auch eine Umfrage in der Schule durchführen.*

M 1 **Was ist Arbeit?**
Arbeit (ist) zweckorientierte, also bewusste und planmäßige Tätigkeit des Menschen unter Verausgabung körperlicher und geistiger Kräfte; zu unterscheiden von Spiel und Sport. Arbeit gehört ihrem Wesen nach zur Selbstverwirklichung des Menschen. (...)
Meist mithilfe von Arbeitsmitteln bringt Arbeit geistige und materielle Güter sowie Dienstleistungen hervor, wirkt der Mensch verändernd und umgestaltend auf die Naturstoffe ein, macht er sich die Natur nutzbar, eignet er sie sich gleichsam an. (...)
(Es) darf behauptet werden, dass sie (die Arbeit) die Voraussetzung für menschliches Leben und Zusammenleben schafft.

(Aus: F. Neumann, Arbeit. In: H. Drechsler u. a., Gesellschaft und Staat. Lexikon der Politik. München [9]1995, S. 31)

M 2 **Die Bedeutung der Arbeit**
Arbeit kann als sinnvoll empfundene Tätigkeit der Selbstbestätigung dienen und zur Entfaltung der eigenen Persönlichkeit beitragen.
Vor allem dient sie wirtschaftlichen Zwecken, der Befriedigung eigener oder fremder Bedürfnisse und/oder der Erzielung von Gewinnen und der Vermehrung des eigenen Einkommens. (...)
Arbeit kann auch die Verwirklichung immaterieller Werte (Kunst, zweckfreie Wissenschaft, religiöses Ritual) oder die Durchsetzung allgemeiner Interessen der Gesellschaft zum Ziele haben.
Für die Soziologie ist Arbeit als Zusammenarbeit (...) ein Erfahrungsbereich, in dem Menschen aufeinander angewiesen sind. Sie enthält oder schafft Beziehungen zwischen den Arbeitenden (Untergebener, Vorgesetzter, Mitarbeiter) und damit auch Elemente von Macht und Herrschaft, sie stiftet aber auch Solidarität (Zusammengehörigkeitsgefühl) zwischen den Arbeitenden.

(Aus: W. Jung, Grundbegriffe aus Politik, Gesellschaft, Wirtschaft. Frankfurt 1984, S. 47)

6.1 Was bedeutet Arbeit für den Menschen?

2 *Formuliert für die Definitionen zur Arbeit (M 1 und M 2) jeweils die Kernaussagen.*
3 *Vergleicht eure Ergebnisse zum Thema „Bedeutung der Arbeit" aus Aufgabe 1 mit den beiden Definitionen in M 1 und M 2.*
4 *Arbeitet aus M 1 und M 2 heraus, welche Bedeutungsebenen der Arbeit für Menschen wegfallen, die plötzlich arbeitslos werden. Überlegt, ob und wodurch Arbeitslose diese „sinnstiftenden" Elemente der Arbeit ersetzen könnten.*

M 3 Arbeitnehmer über ihre Arbeit

Carsten, 25 Jahre:
Ich arbeite seit zwei Jahren im Akkord. Das klappt bestens. Ich erhalte Lohngruppe 5. Ich will Geld machen – alles andere ist Nebensache.

Albert, 52 Jahre:
Ich bin gelernter Tischler. Bis vor sieben Jahren war ich in einer kleinen Fabrik. Die ging in Konkurs. Die Arbeit war prima: vielseitig, interessant und überschaubar. Hier sind immer die gleichen Handgriffe gefragt. Damals machte die Arbeit mehr Spaß.

Sabine, 28 Jahre:
Ich arbeite seit drei Jahren an der Maschinenstraße. Die Arbeit ist wenig interessant, aber ich habe mich daran gewöhnt. Von Zeit zu Zeit treffen wir uns um in unserer Gruppe darüber zu diskutieren, wie wir unsere Arbeit gestalten können. Wichtig sind mir die Kontakte mit den Kollegen bei der Arbeit, in den Pausen und beim Betriebssport. (...)
Ich hoffe, dass mein Arbeitsplatz sicher bleibt. Denn in den letzten Jahren wurde kräftig rationalisiert (vgl. dazu auch S. 78 f.).

(Aus: D. Krafft u. a. [Hg.], Arbeitslehre 2. Berlin 1995, S. 47)

M 4 Arbeitslos

Zunehmend stelle ich mir selbst die Frage, was ich eigentlich kann, ob ich irgendetwas überhaupt kann, wer ich bin und was ich soll. Ich drehe mich um meine eigene Achse, immer mehr winde ich mich um mich selbst und meine Gedanken. (...) Ich habe Zeit und doch keine, finde kein Ende und erst spät am Tage einen Anfang. Mein Tag-Nacht-Rhythmus ist völlig verschoben. Ich bewege mich auf einem Seil – hin und her, hin und zurück. (...) Ich leide an keiner Krankheit, ich lebe in keinem Kriegsgebiet. Ich bin noch nicht so alt, dass ich sämtliche Sackgassen meines Lebens von ihrem Ende aus betrachten müsste.

(Aus: H. Offenstein, Szenen eines Abstiegs. Vom Top-Job in die Arbeitslosigkeit. In: Südwestdeutsche Zeitung, 11.7.1995, S. VI)

5 *Stellt dar, was den Menschen in M 3 an ihrer Arbeit wichtig ist. Vergleicht mit M 1 und M 2.*
6 *Betrachtet die Fotos dieser Doppelseite. Stellt dar, welche Aspekte aus M 1 und M 2 dort zum Ausdruck kommen.*
7 *Erarbeitet aus M 4, was der Verlust der Arbeit für die Verfasserin bedeutet. Vergleicht euer Ergebnis mit den Definitionen in M 1 und M 2.*

6.2 Kündigung – was nun?

Anfang März 1997 erreichte die Zahl der Arbeitslosen mit 4,672 Millionen einen Höchststand. Seit 1945 hatte es nicht so viele Menschen gegeben, die ohne Arbeit waren. 13,5 Prozent aller registrierten Erwerbstätigen in Deutschland hatten keine Beschäftigung. Sich diese enorme Zahl vorzustellen bereitet Schwierigkeiten. Zum Vergleich: Berlin, als die zurzeit bevölkerungsreichste Stadt Deutschlands, hat etwa 3,5 Millionen Einwohner.
Auf der vorherigen Doppelseite habt ihr die Bedeutung von Arbeit untersucht. Auf dieser Doppelseite sollen Frauen und Männer zu Wort kommen, die selbst arbeitslos geworden sind.

M 1 Der Leidensprozess arbeitsloser Menschen

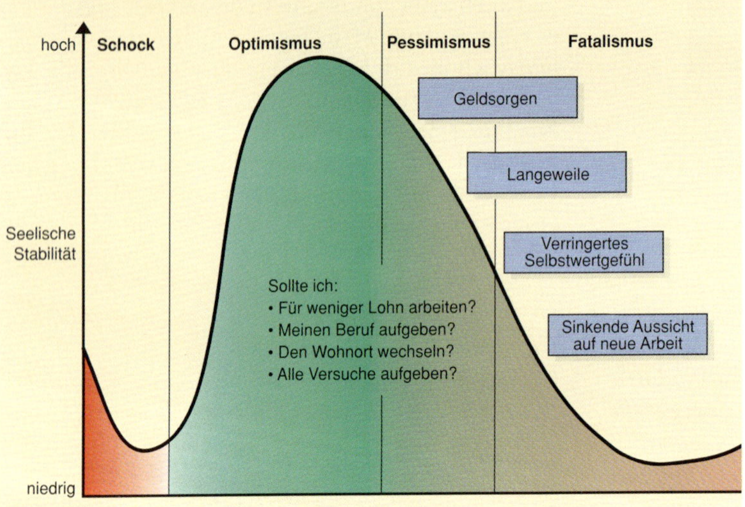

1 *Stellt euch vor, ihr seid berufstätig. Plötzlich wird euch gekündigt. Entwickelt mithilfe des Diagramms (M 1) eine fiktive Geschichte, die eure Situation in den folgenden Wochen und Monaten beschreibt.*

M 2 Was Arbeitslosigkeit bedeutet

„Man ist ja doch irgendwie angeschlagen durch die ganze Geschichte." Richard Mayer sitzt in Strickjacke und Trainingshose in seinem einfachen Wohnzimmer. Der Kohleofen brennt auf der niedrigsten Stufe. Richard Mayer erzählt seine Geschichte. Er ist fünfzig Jahre alt, schlank, bärtig, freundlich, Junggeselle, arbeitslos. Er ist ein wenig aus dem Rhythmus: „Wenn man arbeitet, braucht man sich keine Gedanken zu machen. Der Wecker rappelt, man geht zum Betrieb. Dann nimmt man sich abends noch was vor. Und jetzt? Da weiß man morgens nix mit sich anzufangen, mittags nix und abends. Ich weiß nicht, ob die Jüngeren das leichter haben. Die haben diesen Rhythmus vielleicht noch nicht so drin."

Seit früher Jugend hat Mayer im Saarland im Stahlwerk gearbeitet, als Walzwerker. Das ist eine angelernte Beschäftigung: 1500 Mark netto im Monat, Schichtdienst, nur dreizehn freie Sonntage. Dann kamen Stahlkrise und Massenentlassungen. „Demnächst bist du auch dran, habe ich gedacht." Er ließ sich beim Arbeitsamt beraten. „Die sagten: ‚Sie sollten einen Berufsabschluss nachholen, sonst sind Ihre Aussichten schlecht.'" Umzug nach Frankfurt, weil sich hier die Möglichkeit einer Umschulung ergab. Nach gut zwei Jahren schafft er die Prüfung als Elektromechaniker einschließlich Elektronik-Zusatzausbildung.
Dann war er zum ersten Mal arbeitslos. „Beim Alter haben die die Nase gerümpft." Er schrieb auf jede infrage kommende Stellenanzeige, wurde schließlich auch vorgeladen und zu seiner eigenen Überraschung eingestellt. Zwei Jahre lang arbeitete Facharbeiter Mayer in einem Unternehmen für Mess- und Regeltechnik, prüfte Fehler und reparierte defekte Instrumente. Das hat ihm Spaß gemacht.
„Freitagmittag kommt der Meister. Ich soll mal ins Personalbüro kommen." Hundert Mitarbeitern soll gekündigt werden. Mayer ist am kürzesten in der Abteilung, hat keine Kinder, ihn trifft es also.

(Aus: P. Lückemeier: „Das Schlimmste ist die Ungewissheit." In: Frankfurter Allgemeine Zeitung, 1.3.1985, S. 12)

2 *Sucht die Gründe heraus, die bei Herrn Mayer jeweils zur Arbeitslosigkeit führten (M 2).*
3 *Beschreibt, was sich durch die Arbeitslosigkeit in dem Leben von Herrn Mayer verändert hat (M 2). Vergleicht mit M 4, S. 93.*

6.2 Kündigung – was nun?

Der Schock ist immer groß, wenn man eine Kündigung erhält – auch wenn man vorher etwas geahnt hat. Ratlosigkeit und Angst vor der Zukunft bestimmen dann das Leben umso mehr, wenn es das einzige Familieneinkommen war, das nun verloren geht.
Für jeden Arbeitslosen führt der erste Gang zum Arbeitsamt. Nur wer sich arbeitslos meldet, hat Anspruch auf Arbeitslosengeld oder Arbeitslosenhilfe. Dafür zahlt jeder Arbeitnehmer 6,7 % seines Bruttoarbeitslohns in die Arbeitslosenversicherung ein. Die Leistungsabteilung des Arbeitsamts prüft den Antrag auf Arbeitslosengeld und erstellt einen „Bewilligungsbescheid" über Höhe und den Zeitraum der zu erwartenden „Leistung".

Zur Sache: Arbeitslosengeld („Alg") und Arbeitslosenhilfe („Alhi")
Die Berechnung des Arbeitslosengeldes erfolgt nach § 112 des Arbeitsförderungsgesetzes (AFG). Um Arbeitslosengeld zu erhalten muss ein Erwerbsloser in den letzten drei Jahren mindestens 360 Tage erwerbstätig gewesen sein und regelmäßig Beiträge an die Arbeitslosenversicherung gezahlt haben. Das „Alg" wird für wenigstens 156, längstens aber für 832 Tage bewilligt. Die Bemessungsgrundlage ergibt sich aus dem durchschnittlichen Bruttoverdienst der letzten sechs Monate. Anhand statistisch errechneter Leistungstabellen wird ein durchschnittlicher Nettolohn ermittelt, der unabhängig vom Nettolohn des jeweiligen Erwerbslosen ist. Zur Zeit entspricht das „Alg" für Erwerbslose mit Kind etwa 67 % des Nettolohns. Ohne Kind verringert sich das Arbeitslosengeld auf 60 % des Nettolohns.
Nach dem Arbeitslosengeld erhält ein Erwerbsloser die so genannte Anschluss-Arbeitslosenhilfe. Darüber hinaus gibt es die „Bund-Alhi", die gewährt wird, wenn ein Erwerbsloser wenigstens 150 Tage beitragspflichtig gearbeitet hat. Die „Alhi" ist eine Fürsorgeleistung, daher werden vorhandenes Vermögen und das Einkommen des Ehepartners bei der Errechnung der Bemessungshöhe mit berücksichtigt. Arbeitslosenhilfe wird zeitlich unbegrenzt gezahlt. Die Leistungen der „Alhi" entsprechen für Erwerbslose mit Kind zurzeit etwa 57 %, wer keine Kinder hat, erhält nur 53 % des Nettolohns. Für diese Leistung gibt es keine zeitliche Begrenzung, sie muss aber jährlich neu beantragt werden.

4 *Errechnet, wie viel Arbeitslosengeld Herr Mayer (M 2) erhalten hätte, wenn er als Stahlarbeiter arbeitslos geworden wäre.*

M 3 **„Als Arbeitslose ist man abgestempelt!"**
Frau S. (58 Jahre): „Ich schämte mich vor den Nachbarn wegen meiner Arbeitslosigkeit. Deshalb ging ich am nächsten Tag schon in aller Herrgottsfrühe aus dem Haus, kaufte mir Brötchen und blieb dann den ganzen Tag ruhig in der Wohnung, damit keiner merkte, dass ich nicht zur Arbeit gegangen war. So ging das in der nächsten Zeit weiter. Mein Sohn, der nach drei Wochen aus dem Urlaub zurückkam, fragte, warum ich denn zu Hause sei. Ich log: ‚Ich habe Urlaub.' Auch den Nachbarn erzählte ich die Geschichte vom Urlaub."
(Aus: H. O. Hemmer/I. Wahle-Homann [Hg.]: Auf den Schrott geschmissen? Arbeitslose zwischen Resignation und Selbstfindung. Köln 1986, S. 18 f.)

5 *Erläutert, welche Gefühle die Arbeitslosigkeit bei Frau S. auslöst (M 3). Überlegt, warum sie solche Gefühle hat (vgl. auch S. 104 f.).*

M 4 **Zum Beispiel Evelyn B.**
Was sich viele noch leisten können, Urlaub, Kinoabende, einen Besuch im Café oder einen Stadtbummel, gehört für das Ehepaar inzwischen zu den seltenen „Extras". Gelitten haben die persönlichen Beziehungen ebenfalls; den größten Teil der Abende und Wochenenden verbringt die Familie allein. „Unser Freundeskreis hat sich geändert", sagt Evelyn Baumann, „man bleibt lieber unter sich oder spricht mit Leuten, die in einer ähnlichen Lage sind."
(Aus: Hannoversche Allgemeine Zeitung, 4. 9. 1993)

6 *Versucht zu erklären, warum sich bei Familie B. (M 4) mit der Arbeitslosigkeit auch der Freundeskreis verändert hat.*
7 *Versetzt euch in die Lage eines arbeitslosen Vaters oder einer arbeitslosen Mutter. Denkt darüber nach, was sich in eurem Leben alles ändern müsste.*
8 *„Arbeitslosigkeit ist mehr als der Verlust einer Arbeitsstelle". Diskutiert diese These.*
9 *Vielleicht kennt ihr Menschen, die arbeitslos sind. Befragt sie, wodurch sie arbeitslos wurden und welche alltäglichen Sorgen sie begleiten. Bei einer solchen Befragung solltet ihr behutsam vorgehen (vgl. S. 105). Berichtet in der Klasse über eure Befragung.*

6.3 Arbeitslosigkeit – kein Einzelfall

1 *Beschreibt das Foto. Erarbeitet die Doppeldeutigkeit der Darstellung.*

Fast 4,7 Millionen Menschen sind ohne Arbeit. Die Schicksale, von denen ihr auf der letzten Seite erfahren habt, sind keine Einzelfälle.
Auf dieser Doppelseite soll die gesamtgesellschaftliche Perspektive betrachtet werden. Wer wird statistisch überhaupt als Arbeitsloser erfasst? Gibt es Gruppen von Erwerbstätigen, die besonders von Arbeitslosigkeit betroffen sind?

M 1 **Der Trick mit der Statistik (Stand: 1/1993)**
In unsere reguläre Arbeitslosenstatistik gehen einzig die im Arbeitsförderungsgesetz definierten Arbeitslosen ein: Jene, die ohne Wenn und Aber zur Verfügung stehen. Doch die machen nicht mal die Hälfte der tatsächlichen Arbeitslosen aus. „Die Statistik sagt über die Gesamtheit der vom Schicksal Arbeitslosigkeit Betroffenen deshalb gar nichts aus", so ein Sprecher der Bundesanstalt für Arbeit.
Vollkommen unberücksichtigt bleiben:
- 84 300 Arbeitslose, die älter als 58 Jahre sind. Sie gelten als nicht mehr vermittelbar;
- 756 000 Bezieher von Vorruhestandsgeld in den alten und neuen und von Altersübergangsgeld ab dem 55. Lebensjahr in den neuen Bundesländern;
- 388 400 arbeitslose Teilnehmer von Arbeitsbeschaffungsmaßnahmen (ABM), finanziert vom Arbeitsamt;
- 802 600 Teilnehmer an Fortbildungs- und Umschulungsmaßnahmen, für deren Lebensunterhalt derzeit die Bundesanstalt für Arbeit aufkommt;
- auf 1,7 Millionen Personen schätzt die Bundesanstalt die „stille Reserve". Sie sind der Arbeitsverwaltung ganz offiziell bekannt, auch wenn sie bei ihr weder als Arbeitssuchende noch als Leistungsempfänger registriert sind.

Zu den von der Statistik ausgewiesenen 3 462 600 offiziellen gesellen sich also noch mal 3 731 300 inoffizielle Arbeitslose.
Bereinigt man die offiziellen Statistiken um all die gezielten Schönungen, sieht es nämlich so aus:
- Statt 3,47 Millionen sind in Deutschland tatsächlich etwa 7,18 Millionen Personen arbeitslos.
- Und statt 11,9 Prozent Arbeitslosenquote im Bundesdurchschnitt haben wir tatsächlich 20,59 Prozent.

(Nach: Focus, Nr. 11, 1993, S. 46)

2 *Erläutert anhand von M 1, wer in der offiziellen Arbeitslosenstatistik (vgl. S. 90f.) nicht erfasst ist.*
3 *Überlegt, ob ihr den Ausführungen in M 1 in allen Punkten zustimmt. Begründet euren Standpunkt.*

Zur Sache
Erwerbstätige: Alle Personen einer Volkswirtschaft, die eine auf Erwerb ausgerichtete Tätigkeit ausüben (Arbeitnehmer, Arbeitgeber, Selbstständige, unbezahlt mitarbeitende Familienangehörige).
Erwerbslose: Alle beim Arbeitsamt registrierten nicht erwerbstätigen Personen, die eine längerfristige Beschäftigung suchen, nicht arbeitsunfähig erkrankt sind und für eine Vermittlung zur Verfügung stehen.
Arbeitslosenquote: Die Zahl der registrierten Erwerbslosen in Prozent im Verhältnis zu der Gesamtzahl der abhängig Erwerbstätigen.

6.3 Arbeitslosigkeit – kein Einzelfall

M 2 Schwer vermittelbar

Frauen haben nach Darstellung der Industriegewerkschaft Metall in den vergangenen Jahren am meisten unter dem Arbeitsplatzabbau gelitten. Das gelte vor allem für Frauen in Ostdeutschland, sagte die für Frauen im Vorstand der Organisation zuständige Gudrun Hamacher. (…)
„Auch der viel zitierte Aufschwung Ost geht an den Frauen vorbei“, sagte Hamacher. Die Entwicklung auf dem Arbeitsmarkt in den fünf neuen Ländern begünstige fast ausschließlich männliche Arbeitnehmer. Rund 90 Prozent aller in den vergangenen Jahren entstandenen zusätzlichen Stellen seien an Männer gegangen. Nach wie vor seien zwei Drittel der Arbeitslosen in den neuen Ländern Frauen.

(Aus: Frankfurter Rundschau, 21.4.1995)

M 3 Frauenarbeitslosigkeit in den neuen Ländern

„Wir Frauen wurden früher einfach ernster genommen. Für uns war es selbstverständlich, auch als Mutter erwerbstätig zu sein. Jetzt ist alles anders geworden. In vielen Betrieben werden wir doch gar nicht mehr gebraucht. Ganz abgesehen davon, dass es fast unmöglich geworden ist, Arbeit und Kinder unter einen Hut zu bringen.“
Gritt Roloffs (Name von der Redaktion geändert) aus der brandenburgischen Kleinstadt Eberswalde zieht in puncto Frauenarbeit in den neuen Bundesländern eine düstere Bilanz. Die Zahlen geben ihr Recht. Haben in der DDR rund 90 Prozent aller Frauen gearbeitet, so sind es jetzt weniger als die Hälfte. Tendenz: weiter sinkend.

(Aus: B. Wilke, Frauenarbeitslosigkeit in den neuen Bundesländern. In: Evangelische Zeitung, 2.4.1995, S. 8)

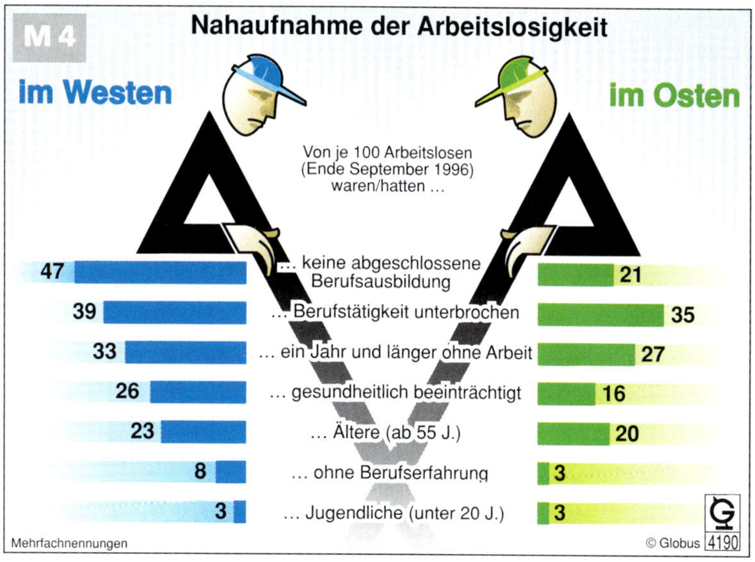

4 *Erarbeitet aus M 2 und M 3 die Gründe, die für die Arbeitslosigkeit der Frauen im Osten genannt werden. Ergänzt diese um Aspekte, die ihr in Kapitel 1 kennen gelernt habt (vgl. vor allem S. 8 f. und 18 f.)*

5 *Verfasst zu der besonderen Situation der Arbeitslosigkeit von Frauen in den neuen Bundesländern einen Bericht für eine Schülerzeitung (M 2 und M 3).*

6 *Stellt anhand von M 4 fest, welche Gruppen von Arbeitslosen nur sehr schwer vermittelbar sind, und sucht nach Erklärungen.*

Der Anstieg der Arbeitslosenquote in den Jahren 1996/1997 hatte vor allem Folgen für Menschen über 55 Jahre, Ausländer und Langzeitarbeitslose. Ihre Zahlen haben jeweils dramatisch zugenommen.

M 5 Langzeitarbeitslosigkeit steigt weiter an

Über eine Million Menschen waren im Oktober 1994 seit über einem Jahr ohne Arbeit. Zu diesen Langzeitarbeitslosen zählen im Westen Deutschlands 31 Prozent und im Osten 34 Prozent aller Arbeitslosen. Von 1992 an ist die Zahl dieser Arbeitslosen stetig gestiegen und nach jedem Wirtschaftsabschwung (Rezession) bleibt ein größerer Anteil als so genannter Sockel von Arbeitslosen übrig. Der Wirtschaftsaufschwung geht an ihnen vorbei. Sie werden trotz steigender Produktion nicht mehr gebraucht und sind vom Wachstum ausgeschlossen.
Je länger sie ohne Arbeit bleiben, umso schlechter werden ihre Chancen auf eine neue Arbeitsstelle. Ohne Umschulungsprojekte und Wiedereingliederungshilfen bleiben sie ohne Hoffnung.

(Aus: Politik: betrifft uns, Nr. 10, 1994, S. 8)

7 *Beschreibt die besondere Situation von Langzeitarbeitslosen (M 5).*

→ Arbeitsförderungsgesetz, Arbeitslosigkeit

6.4 Wer soll das bezahlen?

Die Folgen der Arbeitslosigkeit für Betroffene sind vielfältig. Es ist nicht nur der Einbruch des Selbstwertgefühls, mit denen jeder Einzelne fertig werden muss. Auch die finanziellen Einbußen sind hoch, besonders wenn die Arbeitslosigkeit über einen längeren Zeitraum anhält.

M 1 **Am Existenzminimum**

Gerade gut die Hälfte der Arbeitslosen in der Bundesrepublik bekommt noch Geld aus der Arbeitslosenversicherung, die andere Hälfte fällt durch die Maschen dieses sozialen Netzes. Immerhin bezogen gut zwei Drittel der arbeitslosen Männer ihr Einkommen aus dieser Quelle, aber nur ein Drittel der erwerbslosen Frauen. Ledige leben häufig vom Unterhalt der Eltern: überwiegend Jugendliche, die nach der Schulentlassung keinen Anspruch auf Geld aus der Arbeitslosenversicherung haben. Mit zunehmender Dauer der Arbeitslosigkeit steigt der Anteil derer, die Sozialhilfe beziehen. Binnen Jahresfrist nahm ihre Zahl um 25% zu.

(Aus: Die Zeit, 3.3.1989)

M 2

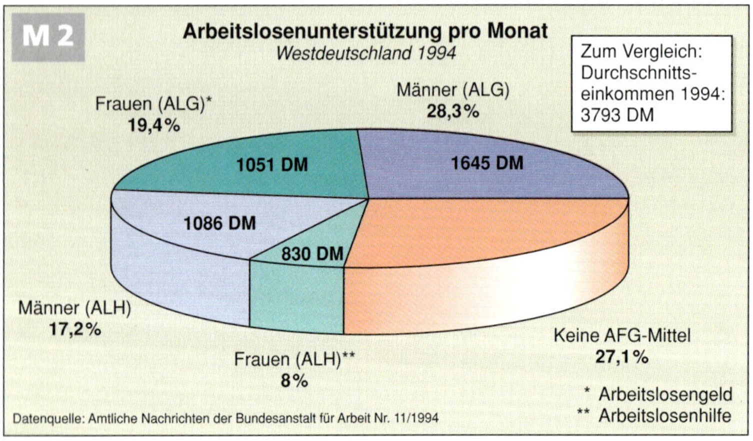

M 3 **Armut in Deutschland wächst**

Bericht der „Arbeitsgruppe Armut“, SPD-Bundestagsfraktion: Von 1985 bis 1992 stieg die Zahl der Sozialhilfeempfänger um 85 Prozent auf 4,7 Millionen Menschen, wobei Experten von einer Dunkelziffer von 50 Prozent ausgehen. Der Armutsbericht geht von 7,2 Millionen Armen aus. Als Armutsgrenze setzt er nach dem Vorbild der Kommission der Europäischen Union (vgl. S. 164 f.) 50 Prozent des Durchschnittseinkommens an. Das waren 1992 rund 860 Mark. In den vergangenen zehn Jahren musste jeder dritte Westdeutsche schon einmal mit 860 Mark und weniger auskommen.
Mit sogar 14 Millionen Armen rechnen Wissenschaftler (...), vorausgesetzt die Arbeitslosigkeit steigt weiter. Durch die deutsche Vereinigung ist das Problem noch brisanter geworden. Vor allem sind es Alleinerziehende und kinderreiche Familien, die ins Abseits geraten. Im Osten waren 1992 fast 50 Prozent (West 16,2 Prozent) der Familien mit drei und mehr Kindern arm. Mehr als zwei Drittel dieser Familien leben (West 44,7 Prozent) in zu kleinen Wohnungen. Immer mehr Familien mit Kindern müssen in Notunterkünften und Obdachlosenheimen unterkommen, weil sie keine bezahlbare Wohnung finden. Laut Kinderschutzbund leben in solchen Sammelunterkünften derzeit 500 000 Kinder. Damit sind neue Armutskarrieren schon vorgezeichnet. Denn in der Regel schließen diese Kinder die Schule, wenn überhaupt, mit schlechteren Ergebnissen ab. Entsprechend schlecht sind die Chancen einen Einstieg ins Berufsleben zu finden und der Armut zu entkommen. Zur Bekämpfung der Armut fordert die „Arbeitsgruppe Armut“ der SPD-Bundestagsfraktion eine soziale Grundsicherung. Gedacht ist sie für diejenigen, die keine Arbeit haben oder nicht arbeiten können.

(Aus: Badische Zeitung, 25.1.1994)

1 *Erarbeitet, welche Personengruppen besonders hart durch die von der Arbeitslosigkeit hervorgerufenen Einkommensverluste betroffen sind (M 1 bis M 3).*

2 *Stellt dar, welche Konsequenzen die Einkommenseinschränkung für Familien nach sich zieht.*

3 *Findet heraus, wer von den in M 2 aufgeführten Leistungsbeziehern als „arm“ definiert werden muss. Berücksichtigt M 3.*

4 *Erklärt das Entstehen von „Armutskarrieren“ bei Kindern (M 3).*

5 *Überlegt, was unter „sozialer Grundsicherung“ zu verstehen ist.*

6.4 Wer soll das bezahlen?

Neben den individuellen Folgen der Arbeitslosigkeit gibt es unübersehbare Schäden für den Staat und für die Gesellschaft. Neben den Kosten für die Lohnersatzleistungen, die vom Staat in erheblichem Maße bezuschusst werden, gehen weitere beträchtliche Einnahmen verloren, z.B. Steuern. Diese Einnahmen, die bei Vollbeschäftigung (Arbeitslosenquote unter 3%) für die Staatskasse verbucht würden, fehlen dem Finanzministerium.
Auch unser Rentensystem basiert auf der Grundlage einer soliden Einzahlung von Versicherungsbeiträgen möglichst vieler Arbeitnehmerinnen und Arbeitnehmer.

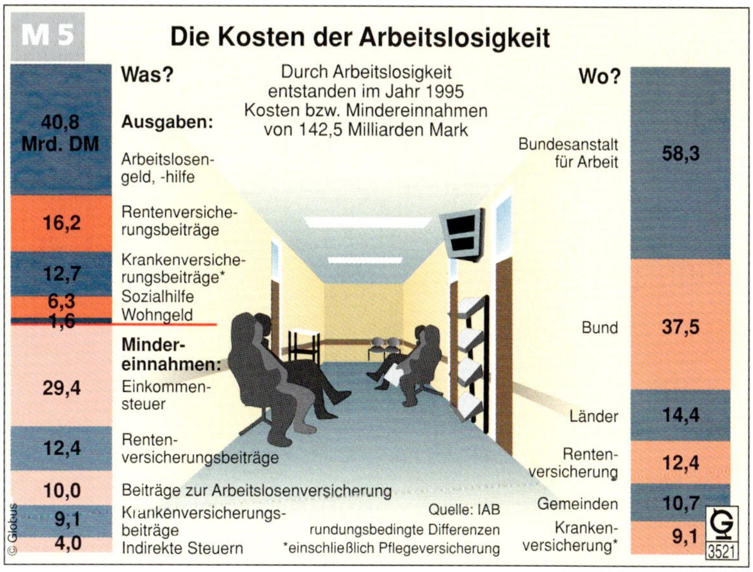

M 4

Gesellschaftliche Kosten

Die Kosten der Arbeitslosigkeit ergeben sich nicht nur durch die Ausgaben der Sozialversicherungen und der Länder, Städte und Gemeinden – z.B. durch Sozialhilfeleistungen. Auch können arbeitslose Arbeitnehmer in den Betrieben keine Güter herstellen und so auch nicht zur Steigerung des Wirtschaftswachstums beitragen. Leistungen für Arbeitslose liegen immer unter dem sonst üblichen Einkommen, dadurch verringern sich auch die Konsummöglichkeiten. (...)
Wird Jugendlichen der Einstieg ins Berufsleben verwehrt können sie den Eindruck gewinnen, dass diese Gesellschaft sie nicht braucht. Dadurch kann das soziale Klima belastet werden.
Alle diese soziale Folgen der Arbeitslosigkeit lassen sich mehr oder weniger konkret in DM umrechnen und stellen erhebliche finanzielle Verluste dar.

(Nach: Jahresgutachten des Sachverständigenrates zur Begutachtung der gesamtwirtschaftlichen Entwicklung 1985/86)

M 6

„Arbeitslosigkeit reißt neues Loch in Waigels Etat“

Dem Bundeshaushalt 1997 droht ein neues Loch in Milliardenhöhe. Nach Informationen der BERLINER ZEITUNG muss die Bundesregierung der Arbeitslosenversicherung in diesem Jahr zehn Milliarden Mark mehr zuschießen als zunächst eingeplant.
Interne Berechnungen des Bundesfinanzministeriums haben ergeben, dass der Zuschuss für die Bundesanstalt für Arbeit (BA) 1997 mehr als 14 Milliarden Mark betragen wird. Im Haushalt sind nur 4,1 Milliarden Mark eingeplant. (...) 1996 bekam die Nürnberger Anstalt 14,8 Milliarden Mark aus der Bundeskasse.
Die BA braucht zusätzliche Mittel, weil viel mehr Menschen arbeitslos sind als vorausgesehen. Bei der Aufstellung des Haushalts 1997 ging die Bundesregierung noch von 3,95 Millionen Arbeitslosen aus. Die Wirtschaftsforschungsinstitute rechnen in ihrem Frühjahrsgutachten mit 4,28 Millionen Beschäftigungslosen. (...)
Ein zusätzliches Haushaltsrisiko in gleicher Höhe droht dem Bund durch ausbleibende Steuereinnahmen. Zusätzlich zu den im Jahreswirtschaftsbericht schon berücksichtigten Ausfällen von acht Milliarden Mark bei Bund, Ländern und Gemeinden kämen noch einmal 12 Milliarden Mark hinzu, heißt es im Finanzministerium. (...) Angesichts der Haushaltslage sei es sehr unwahrscheinlich, dass der Bund sein geplantes Defizit von 53 Milliarden Mark halten kann. Es werde eher gut über 60 Milliarden Mark liegen.

(Aus: Berliner Zeitung, 26.4.1997)

6 *Erstellt mithilfe der Materialien M 4 bis M 6 eine Übersicht über die Folgen der Arbeitslosigkeit für Staat und Gesellschaft.*
7 *Überlegt, warum eine Belastung des sozialen Klimas auch Kosten verursacht (vgl. M 4). Berücksichtigt dazu auch M 6.*

→ Arbeitslosigkeit, Bundesanstalt für Arbeit, Kosten der Arbeitslosigkeit

6.5 Ursachen der Arbeitslosigkeit

Die Arbeitslosigkeit in der Bundesrepublik Deutschland ist seit den 80er-Jahren anhaltend hoch bzw. steigt stetig. Einmal abgesehen von den Jahren direkt nach dem Zweiten Weltkrieg sank die Zahl der Arbeitslosen seit 1950 bis sie 1964 einen Tiefststand mit 150 000 arbeitslosen Menschen erreichte. Mitte der 70er-Jahre war ein erster deutlicher Anstieg zu registrieren, dem ab 1980 eine relativ kontinuierliche Steigerung hin zur Massenarbeitslosigkeit der heutigen Tage folgte.
Das uns heute bekannte hohe Niveau der Erwerbslosigkeit gab es also nicht immer. Es hat verschiedene Ursachen.

Zur Sache: Konjunktur
Die Industrie produziert Güter und erzielt mit ihren Produkten Gewinne. Überwiegend verzeichnet die Industrie Zuwächse bei der Menge der herzustellenden Güter und somit auch bei den Gewinnen. Zuwachsraten unterliegen Schwankungen. Auf Zeiten steigender Zuwachsraten (Aufschwung) folgen solche abnehmender Raten (Abschwung). Hält die Abschwungphase über längere Zeit an, ist also die Produktion stark rückläufig und gerät an einen Tiefpunkt, wird von „Rezession" gesprochen. Ist eine Phase gesteigerten Aufschwungs zu verzeichnen mit konjunkturellen Höhepunkten, sprechen Fachleute von „Boom".
Diese Schwankungen werden als „Konjunktur" bezeichnet. Sie haben Auswirkungen auf Lohnsteigerungen, Beschäftigungs- und Preisentwicklung usw.

M 1 Konjunkturell bedingte Arbeitslosigkeit
Die wirtschaftliche Entwicklung verläuft nicht stetig, sondern weist zyklische Schwankungen auf: konjunkturelle Aufschwünge/Hochkonjunkturen wechseln ab mit konjunkturellen Abschwüngen/Rezessionen. Im Aufschwung beschleunigt sich das wirtschaftliche Wachstum, die Nachfrage nach Arbeitskräften und die Beschäftigung nehmen zu. Anders dagegen im konjunkturellen Abschwung und in der Rezession: Das Wachstum verlangsamt sich, den Unternehmen fehlt es an Aufträgen, Arbeitskräfte werden entlassen. Dies führt zu konjunkturell bedingten Zugängen in Arbeitslosigkeit.
(Aus: G. Wilke, Arbeitslosigkeit. Diagnosen und Therapien. Hannover 1990, S. 62)

M 2 Autoindustrie in der Konjunkturkrise
Kurzarbeit in den Fabriken von VW und Ford, bei Porsche und Mercedes-Benz ist nur der erste Schritt bei dem Versuch der Autohersteller mit den Absatzproblemen fertig zu werden. Zehntausende von Arbeitsplätzen werden im nächsten Jahr in der deutschen Autoindustrie gestrichen. Eine Branche steuert in die Krise. Im Inland und auf wichtigen Exportmärkten sinkt die Nachfrage. Die Hoffnungen auf Lieferungen nach Osteuropa haben getrogen. Die Japaner drängen mit eigenen Fabriken auf die hart umkämpften westeuropäischen Märkte. Die Konzerne reagieren mit harten Sparprogrammen.
Bei manchen Firmen (...) drohen nun Arbeitskämpfe. Der Betriebsrat mobilisiert die Belegschaft gegen den drastischen Sparkurs. Die Londoner Europa-Zentrale will in allen Werken die übertariflichen Leistungen und tausende von Arbeitsplätzen streichen.
(Aus: Der Spiegel, Nr. 48, 1992)

1 *Erklärt mit euren Worten den Begriff „konjunkturelle Arbeitslosigkeit".*
2 *Begründet, warum es sich bei M 2 um die Beschreibung konjunkturell bedingter Arbeitslosigkeit handelt.*

6.5 Ursachen der Arbeitslosigkeit

Neben der konjunkturellen ist die strukturelle Ursache der Arbeitslosigkeit von großer Bedeutung. Es wäre allerdings zu einfach, den Ursachenkomplex auf diese zwei Aspekte zu reduzieren. Die Wissenschaftler unterscheiden zwischen verschiedenen Formen von Arbeitslosigkeit (vgl. Lexikon).

M 3 **Strukturell bedingte Arbeitslosigkeit**

Die wirtschaftliche Entwicklung ist jedoch nicht nur durch zyklisch-konjunkturelle Schwankungen geprägt, sondern auch durch den längerfristigen Strukturwandel. Im Zuge des technischen und sozialen Wandels verändern sich die Produktionsmethoden, aber auch die Produkte selbst (Konsum- und Investitionsgüter, Dienstleistungen) sowie die Bedürfnisse der Konsumenten. „Alte" Industrien schrumpfen, neue entstehen; Betriebe, die nicht mehr konkurrenzfähig sind, müssen schließen, erfolgreiche Unternehmen dagegen expandieren. Wenn Arbeitskräfte aus schrumpfenden „Krisenbranchen" freigesetzt werden und wenn Betriebe in Konkurs gehen, weil sie unfähig sind sich dem Strukturwandel anzupassen, dann führt dies zu strukturell bedingten Zugängen in Arbeitslosigkeit.

(Aus: G. Wilke, Arbeitslosigkeit. Diagnosen und Therapien. Hannover 1990, S. 62 f.)

M 4 **Billiglöhne in Osteuropa**

Der deutsche Gartenmöbelhersteller Rudolf K. aus Bietigheim bei Stuttgart lässt in Tschechien – 400 Kilometer entfernt (...) – produzieren. Er benutzt aber nicht ein altes Unternehmen, sondern hat selber eine neue Riesenhalle in Stáhlavy bei Pilsen gebaut und mit seinen alten Bietigheimer Maschinen ausgerüstet. K. lässt dort die Bezüge und Polster für seine Liegen und Sessel nähen und füllen sowie die Stahl- und Aluminiumgestelle gießen. 1993 suchte der Unternehmer K. in Pilsener Regionalblättern hundert Näherinnen und andere Kräfte und kündigte den entsprechenden Beschäftigten in Bietigheim.
Im Hauptsitz in Bietigheim arbeiten noch immer die teuren Maschinen, an denen ein Mann in einer Minute aus einem Kilo Plastikgraupen einen ganzen Stuhl gießen kann. Alle drei oder vier Tage kommt ein Lastwagen und bringt die in Stáhlavy gefertigten Bezüge, die vom Bietigheimer Personal auf den Stühlen befestigt werden. Für einen Stundenlohn von zwölf Mark. Der tschechische Fahrer kriegt für den Transport, der wegen der Wartezeiten an der Grenze oft zwei Tage dauert, 600 Kronen, 36 Mark. Die Rechnung ist simpel. Für 100 Leute im lohnintensiven Bereich seines Bietigheimer Werkes zahlte K. jährlich 100-mal 50 000, also 5 Millionen Mark. Die Hundertschaft tschechischer Arbeitskraft kostet nur 1,2 Millionen. Zusammen mit Transport-, Abschreibungs- und anderen Kosten macht das etwa 2 Millionen. Ersparnis 3 Millionen Mark. Zurzeit kostet ein deutscher Arbeiter so viel wie zehn tschechische und wie siebzig russische oder ein tschechischer so viel wie sieben russische. Rudolf K. hofft, dass er dank der Niedriglöhne seine Firma vor dem Aus retten kann.

(Aus: Zeitmagazin, 20. 1. 1995, S. 14–16)

M 5 **Rationalisierung – ein Beispiel**

Die deutsche Textilindustrie – international gesehen drittgrößter Produzent – baut unter dem Druck der ostasiatischen Konkurrenz beständig Arbeitsplätze ab. Seit 1970 ist die Zahl der Beschäftigten um 66 % zurückgegangen. Eine halbe Million Arbeitsplätze sind seitdem verschwunden. In Ostdeutschland ist der Beruf der Näherin in wenigen Jahren fast ausgestorben. 300 000 Beschäftigte gab es zur Zeit der Wende, etwa 28 000 waren es noch Ende 1994. Unter dem Druck internationaler Konkurrenz haben die Betriebe modernisiert. Die Investitionen in neue Maschinen, Roboter und Computer waren beträchtlich. Sechs Tage in der Woche, insgesamt 144 Stunden lang, laufen nun die neuen Gewebe-Automaten. In vier Sechsstundenschichten betreuen die neuen Weber 30–40 Maschinen gleichzeitig. „Die Belegschaft", so der Geschäftsführer, „konnte dadurch bei gleich bleibender Produktion von 1600 auf 800 gedrückt werden." Künftig soll noch mehr Personal eingespart werden.

(Aus: B. Janssen u. a. [Hg.], Schlüssel zur Politik. Berlin 1996, S. 79)

3 *Beschreibt den Unterschied zwischen konjunkturell und strukturell bedingten Ursachen von Arbeitslosigkeit. Listet ihre unterschiedlichen Merkmale auf.*

4 *Spielt folgende Szene: Herr K. (M 4) trifft einen seiner ehemaligen, jetzt arbeitslosen Arbeiter. Sie führen ein Streitgespräch über Ks. Unternehmensführung.*

5 *Diskutiert die Vor- und Nachteile von Rationalisierungsmaßnahmen für Unternehmen und Angestellte. Berücksichtigt auch S. 76 bis 79.*

6.6 Wäre weniger mehr?

Das Problem der Massenarbeitslosigkeit ist unübersehbar, ebenso unübersehbar wie die Schäden, die sie bei den Betroffenen, aber auch beim Staat anrichtet. Doch einfache und vor allem schnelle Lösungen sind nicht in Sicht. Unterschiedliche Ansätze einer Beschäftigungspolitik sind im Gespräch. Zwar bewegen sich die „Interessengegner" aufeinander zu, doch lässt die spürbare Entspannung der Arbeitsmarktlage auf sich warten.
Schafft möglicherweise weniger Wochenarbeitszeit das Potenzial für ein Mehr an Arbeitsplätzen?

M 1 Arbeitszeitverkürzung – Standpunkt der Gewerkschaften

Die 35-Stunden-Woche ist kein Patentrezept zur Beseitigung der Arbeitslosigkeit (...). Sie kann, wenn's gut geht, knapp die Hälfte der Arbeitslosen von der Straße bringen. Warum also das Plädoyer für die Einführung der 35-Stunden-Woche oder, besser, der weiteren Verkürzung der Wochenarbeitszeit?

- Mit Wirtschaftswachstum allein wird die Vollbeschäftigung nicht wieder zu erreichen sein. Die Nürnberger Arbeitsmarktforscher meinen, dass dafür ein Wirtschaftswachstum von jährlich sechs Prozent notwendig wäre – ein Zuwachs, den kaum jemand für möglich hält. (...)
- Die 35-Stunden-Woche verteilt die Last der Arbeitszeitverkürzung auf alle Schultern. (...)
- Die kürzere Wochenarbeitszeit ist ein Stück Humanisierung, mit der die ständige Verdichtung der Arbeit ausgeglichen werden kann.
- Jeder zweite Industriearbeiter scheidet heute als Frührentner (...) aus dem Arbeitsleben aus. Die 35-Stunden-Woche kann dazu beitragen, die Gesundheit der Arbeitnehmer zu erhalten und die Zahl der Frührentner zu vermindern.

(Aus: Die Zeit, 13. 4. 1984)

M 2 Arbeitszeitverkürzung – Standpunkt der Unternehmer

Was sind die wichtigsten Gründe gegen eine Arbeitszeitverkürzung?
Faktum ist, dass bis heute durch die Arbeitszeitverkürzung Maschinenlaufzeiten verkürzt worden sind und damit Produktivität verschenkt wird. Es lässt sich aber eher organisieren, die Maschinen, wenn denn nötig, rund um die Uhr laufen zu lassen – in welcher Arbeitszeitgestaltung auch immer –, als dass wir es verantworten können, die Arbeitszeit derjenigen zu verkürzen, die mit dem Kopf arbeiten.
An welche Mitarbeiter denken Sie?
Sollen wir wirklich die Arbeitszeit unserer Entwicklungsingenieure, die ohnehin schon ungefähr 200 Stunden jährlich weniger arbeiten als die der japanischen Wettbewerber, weiter verkürzen? (...) Deren Arbeitszeit ist nicht in dem Maße rationalisierbar, dass man sagen kann wir messen das an Maschinenlaufzeiten. Darin liegt der eigentliche Kern des Problems. (...) Es geht wirklich nicht, dass wir die Wochenarbeitszeit dieser Leistungsträger weiter verkürzen.
Fürchten Sie nicht, dass das unter den Arbeitnehmern zu einer „Zweiklassengesellschaft" führt?
Die Antwort darauf muss die Gewerkschaft finden. Mir geht es nicht um Klassengesellschaft, sondern darum, dass wir für eine vorausschaubare Zeit Abschied nehmen von der für alle geltenden weiteren Verkürzung der Wochenarbeitszeit.

(Aus einem Interview mit Klaus Murmann, dem damaligen Präsidenten der Bundesvereinigung der Deutschen Arbeitgeberverbände. In: Die Zeit, 15. 12. 1989)

M 3 Belegschaften sollen selbst entscheiden

Für den Kampf gegen die Massenarbeitslosigkeit hat der nordrhein-westfälische Bezirksvorsitzende der Industriegewerkschaft Metall „Tarifverträge für Arbeitslose" gefordert. Harald Schartau sagte, (...) die Belegschaften in den einzelnen Betrieben sollten prüfen, ob sie zu einer Verkürzung der Wochenarbeitszeit ohne Lohnausgleich bereit seien. Voraussetzung sei, dass der Arbeitgeber im Gegenzug eine bestimmte Zahl von Neueinstellungen garantiert und Arbeitslosen den Weg zurück ins Erwerbsleben ebnet. Entsprechende Betriebsvereinbarungen seien nicht nur in der Metallindustrie denkbar: „Ich hielte dies für einen allgemein guten Weg."
Mit seinem Vorschlag ging Schartau einen Schritt weiter als der IG-Metall-Bundesvorsitzende Klaus Zwickel, der jüngst die Einführung der 32-Stunden-Woche bei teilweisem Lohnverzicht gefordert hatte.

(Aus: Frankfurter Rundschau, 6. 5. 1997)

1 *Erarbeitet aus M 1 bis M 3 die Vor- und Nachteile einer Arbeitszeitverkürzung für Arbeitnehmer.*
2 *Erörtert, ob Arbeitszeitverkürzung eine geeignete beschäftigungspolitische Maßnahme darstellt. Ihr könnt den Interessengegensatz auch als Rollenspiel spielen (M 1 bis M 3).*

6.6 Wäre weniger mehr?

1994 vereinbarten der Automobilkonzern VW und die Gewerkschaft IG Metall die 4-Tage-Woche ohne vollen Lohnausgleich um Arbeitsplätze zu sichern. Die Beschäftigten haben danach eine Wochenarbeitszeit von 28,8 Stunden.

M 4 VW – ein Signal

Auf dieses Signal haben wir lange warten müssen. Der VW-Vorschlag die Vier-Tage-Woche einzuführen und damit 30 000 Arbeitsplätze zu retten verlässt endlich einmal die ausgefahrenen Bahnen. Als erster deutscher Großkonzern bricht das Wolfsburger Unternehmen mit der Ideologie der Arbeitgeber, die die Arbeitszeitverkürzung – in welcher Form auch immer – seit jeher als Teufelswerk verdammen. (...)

Es gibt damit auch der politischen Diskussion darüber neuen Zündstoff, wie Arbeit in Zukunft verteilt werden soll, die gerade in der Produktion Mangelware wird.

Seit Jahren arrangieren wir uns bequem damit. In diesem Staat arbeiten immer weniger Menschen immer mehr, man nennt dies „Zuspitzung von Arbeit“. Während die Arbeitsplatzbesitzer unter steigender Arbeitsbelastung, Stress, burn-out-Syndromen leiden, quälen sich andere mit der erzwungenen Muße. Rund 3,5 Millionen dürfen nicht arbeiten. Sie werden in den Betrieben nicht gebraucht, ausgegrenzt und zur Untätigkeit verdammt.

(Aus: Frankfurter Rundschau, 2. 11. 1993)

M 5 Stimmen zur VW-Vereinbarung

DGB-Vorstandsmitglied Michael Geuenich erklärte, besonders wertvoll sei die Verwirklichung des Vorrangprinzips der Beschäftigungssicherung. Mit dem Modell sei die Entlassung von 30 000 Arbeitnehmern verhindert worden. Zugleich werde die These von Arbeitgebern und Bundesregierung widerlegt, eine Verlängerung der Arbeitszeit sichere Arbeitsplätze. Arbeitgeberpräsident Klaus Murmann sagt, die Übereinkunft sei deshalb wegweisend, weil erstmals für so viele Menschen weniger Arbeitszeit bei gleichzeitigem Lohnverzicht vereinbart worden sei. Man könne von einem Weg in die Flexibilisierung der Arbeitszeit sprechen. Die Wettbewerbsfähigkeit des Unternehmens verbessere sich jedoch nicht. (...)

Der Vorsitzende des VW-Gesamtbetriebsrates Klaus Volkert würdigte die Einführung der Viertagewoche als „Solidaritätsleistung aller Beschäftigten“. Inwieweit die Übertragung des VW-Modells als beispielhaft für die Konkurrenten auf dem Kraftfahrzeugmarkt gelten kann ist umstritten. Ein Sprecher der Adam Opel AG sagte auf Anfrage, die Vereinbarung sei kein geeigneter Ansatz zur Überwindung der Strukturkrise der Branche. Dabei wird lediglich der Mangel – weniger Aufträge und weniger Arbeit – verteilt. Ein so handelndes Unternehmen entfliehe der Notwendigkeit Produktivität und Kostenstrukturen gründlich zu verbessern.

(Aus: Neue Westfälische, 26. 11. 1993)

3 *Erläutert die besondere Bedeutung des VW-Modells (M 4 und M 5).*

4 *Listet die Argumente des DGB und des Sprechers der Adam Opel AG zur Einführung der 4-Tage-Woche bei VW auf und bewertet sie (M 5).*

5 *Ungelernte oder schlecht ausgebildete Arbeitskräfte sind besonders von Arbeitslosigkeit betroffen. Diskutiert die Vorschläge der Unternehmer (M 6), mit denen sie mehr Arbeitsplätze schaffen wollen. Bedenkt dabei auch die Perspektive der Arbeitnehmer.*

6 *Diskutiert, ob ihr auf 10 % eures Lohnes verzichten würdet, damit neue Arbeitsplätze geschaffen werden.*

→ Beschäftigungspolitik, Sozialpolitik, Soziale Sicherung

Methode: Eine Reportage erstellen

M 1 **Gespräch mit Herrn S., 62 Jahre, arbeitslos**

Als Arbeitsloser ist man abgestempelt und man gilt beinahe als nutzlos. Ich fühlte mich an den Rand gedrängt, gar nicht mehr menschlich. Zu Hause konnte ich es nicht mehr aushalten, ich trieb mich auf den Straßen herum um nur nicht zu viel nachdenken zu müssen. Ich habe meine Freunde verloren (...). Selbst meine Geschwister zogen sich von mir zurück.

(Aus: H.O. Hemmer u.a. [Hg.], Auf den Schrott geschmissen? Arbeitslose zwischen Resignation und Selbstfindung. Köln 1986, S. 18 f.)

M 2 **Schande Arbeitslosigkeit**

Die Kinder von Langzeitarbeitslosen leiden aufgrund der Belastungen und der „Schande", als die dieses Schicksal verstanden werde, oft an Entwicklungsstörungen und Schulleistungsschwächen, sodass sich ihre eigenen Chancen verschlechtern einen Ausbildungs- oder Arbeitsplatz zu finden.

(Aus: Frankfurter Rundschau, 4.11.1987)

Methode: Eine Reportage erstellen

„Arbeitslose wollen sich doch nur vor Arbeit drücken!" – „Wer arbeiten will, der findet auch welche!" – „Den Arbeitslosen geht es doch gut. Die brauchen nicht zu arbeiten und kriegen auch noch Geld dafür!" – „Die Arbeitslosen liegen uns doch nur auf der Tasche!"
So oder so ähnlich lauten die Vorurteile über arbeitslose Menschen. Auch die Karikatur greift dieses Thema auf. Vielleicht kennt auch ihr einige dieser Aussprüche, die leichtfertig dahingesagt werden?
Dass die Wirklichkeit anders aussieht, habt ihr in diesem Kapitel erfahren. Die Darstellungen in M 1 und M 2 sind nur zwei von vielen Beispielen (vgl. z. B. auch S. 94 f.). Sie stehen Pate für die Situation, in der sich Menschen befinden, die ihre Arbeit verloren haben.
Dennoch gibt es Vorurteile wie die oben zitierten. Sie entstehen unter anderem durch mangelhafte Information. Da hat einer etwas gehört, der jemanden kennt, und dessen Bruder... – Auf diese Weise wird dann versucht zu unterstreichen, dass solche vorurteilsbeladenen Aussagen wahr seien.

Die Reportage
Eine Möglicheit Vorurteilsstrukturen abzubauen und anderen vor Augen zu führen, in welcher Situation arbeitslose Menschen tatsächlich leben, bietet eine Reportage, die ihr z. B. für eure Schülerzeitung schreiben könnt.

Eine Reportage ist ein Erlebnisbericht, der häufig in Zeitschriften und Zeitungen vorkommt. Grundlage sind Recherchen, die von euch selbst durchgeführt werden. Eine Reportage beruht grundsätzlich auf Tatsachen, die aber durch eure persönlichen Eindrücke und Empfindungen ausgeschmückt werden dürfen. Zudem bemüht sich eine Reportage um eine fesselnde Darstellungsweise, die die Leserin/den Leser neugierig macht und gleichzeitig informiert. Sie beansprucht für sich also gleichzeitig Wirklichkeitstreue wie auch Unterhaltung.
Die Reportage lebt von einer Aufmerksamkeit erregenden Überschrift, einem lockeren Schreibstil und einem Schluss, der eine Pointe enthält, das Thema also noch einmal auf den Punkt bringt.
Das Thema einer Reportage wird meist durch Fotografien unterstützt. Dabei liegt der Schwerpunkt der Aufnahmen auf einem dokumentarischen Charakter und nicht so sehr auf der reißerischen Darstellung einer außergewöhnlichen Situation.

Das Thema
Zunächst einmal müsst ihr euch über ein Thema einigen. Es könnte z. B. lauten: „Arbeitslose Jugendliche in unserer Stadt".
Sammelt stichwortartig Fragen, auf die ihr gern eine Antwort hättet bzw. von denen ihr vermutet, dass sie eure Leserinnen und Leser interessieren.

Das Suchen von Gesprächspartnern
Das Thema Arbeitslosigkeit ist kein leichtes Thema. Ihr habt es mit Menschen zu tun, deren Situation nicht einfach ist. Ihr solltet daher besonders Rücksicht auf die Gefühle eurer Gesprächspartner nehmen und sie nicht durch unbedachte Redensweisen verletzen. Fragt höflich, klärt eure möglichen Gesprächspartner über euer Anliegen auf und räumt ihnen die Möglichkeit ein zuzustimmen, ob sie ihre Aussagen und Fotos veröffentlicht sehen möchten oder nicht.
Stellt einer Mitarbeiterin/einem Mitarbeiter eures örtlichen Arbeitsamts euer Anliegen vor. Vielleicht können sie euch direkt Gesprächspartner vermitteln. Vielleicht dürft ihr auch eine Anfrage am „schwarzen Brett" anbringen. Zudem gibt es fast in jeder Stadt ein Arbeitslosenzentrum, an das ihr euch wenden könnt. Dort wird man euch sicher gern weiterhelfen.

Die Durchführung
Vereinbart einen Gesprächsort und legt vorher fest, wer die Gespräche führt, wer schreiben wird und wer fotografiert. Ihr könnt für jede Aufgabe mehrere Mitschülerinnen und Mitschüler bestimmen.
Bereitet euch gründlich auf eure Gespräche vor. Benutzt dazu eure Stichwortzettel. Beachtet auch, wie ihr die Gespräche festhalten wollt, ob durch ein schriftliches Protokoll oder durch einen Rekorder. – Ideal wäre es übrigens, wenn ihr nicht nur eine Person befragt. – Stellt vorbereitete Fragen. Es spricht auch nichts dagegen, ein freies Gespräch zuzulassen. Die Fotos können während des Gesprächs, aber auch zu jedem anderen Termin geschossen werden. Vielleicht helfen euch bei der Motivwahl sogar eure Gesprächspartner.

Die Veröffentlichung
Lasst jemanden schreiben, der einen „flotten" Stil hat. Wählt euer Bildmaterial sorgfältig aus und vergesst nicht die Pointe. Aller Erfahrung nach empfiehlt es sich, erst zum Schluss eine Überschrift zu suchen, die dazu einlädt, eure Reportage zu lesen.

7. Interessenkonflikte in der Arbeitswelt

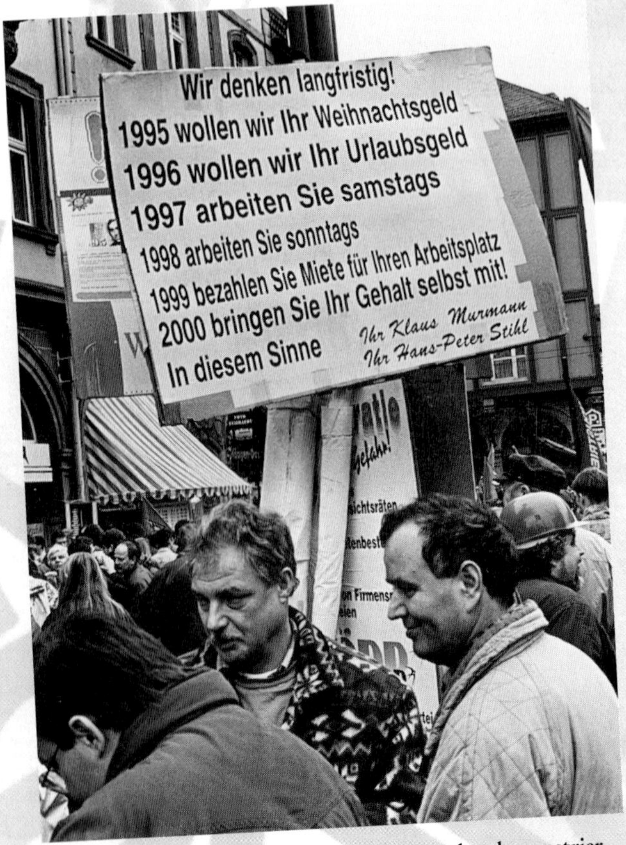

Mit fantasievollen Slogans gegen die Arbeitgeber demonstrierten auf dem Frankfurter Römerberg rund 15 000 Gewerkschafter der IG Metall. (FR-Bild: Kumpfmüller)

INGOLSTADT – Eigentlich beginnt die Frühschicht in der Ingolstädter Spinnereimaschinenfabrik Rieter ja erst um fünf Uhr morgens. Doch Siegfried Hörmann ist ab diesem Freitag schon früher auf den Beinen – und das ist gut so. Als der IG-Metall-Funktionär das Werkstor erreicht, muss er gleich die erste Kontroverse schlichten: Umzingelt von rot bekittelten Streikposten, das schrille Konzert der Trillerpfeifen im Ohr rudert Rieter-Vorstandsmitglied Henning Bähren in seiner Nobellimousine hilflos mit den Armen. „Haben Sie unsere Vereinbarung vergessen?", knurrt der Manager im dunklen Zwirn die Männer im Blaumann an.
Ja, sicher: die Vereinbarung. Gewerkschafter Hörmann hat sie natürlich nicht vergessen und Bähren kann passieren. Nur: Wenn bayerische Metallarbeiter das erste Mal seit 41 Jahren streiken, dann ist es eben gar nicht so einfach durchzusetzen, dass niemand mit Gewalt am Betreten der Fabrik gehindert wird.

(Aus: Süddeutsche Zeitung, 25.2.1995)

*) Klaus Murrman war 1995 Präsident der Bundesvereinigung der Deutschen Arbeitgeberverbände, Hans-Peter Stihl Präsident des Deutschen Industrie- und Handelstages.

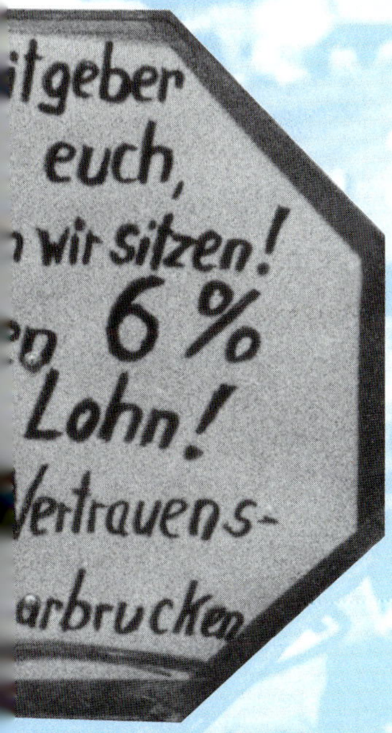

Verhandeln statt Streiken!

Wir, die Arbeitgeber der Metall- und Elektro-Industrie, fordern die IG Metall auf die Streiks zu beenden und an den Verhandlungstisch zurückzukehren.

Der Streik schadet allen. Er kostet Aufträge und Arbeitsplätze. Eine Lösung kann es nur in Verhandlungen geben.

Wir bieten eine echte Lohn- und Gehaltserhöhung. Wegen der tariflichen Vorbelastungen brauchen wir dazu kostensparende Arbeitszeitregelungen. Über das „Wie" und „Wieviel" wollen wir mit der IG Metall verhandeln.

Wir wollen jedem etwas geben und keinem etwas nehmen. Wir brauchen eine Lösung, die Wettbewerbsfähigkeit und Arbeitsplätze sichert.

Im Frühjahr 1995 kam es zu einem harten Arbeitskampf in der Metallindustrie. Seit Dezember 1994 hatten die Industriegewerkschaft Metall als Vertreterin der Arbeitnehmerinteressen und der Arbeitgeberverband Gesamtmetall als Vertretung der Arbeitgeber ergebnislos über einen neuen Lohn- und Gehaltstarifvertrag verhandelt. Um ihren Forderungen Nachdruck zu verleihen rief die IG Metall zum Streik auf.

Verlauf und Ergebnis dieses Arbeitskampfes könnt ihr auf den folgenden Seiten beispielhaft untersuchen. Ihr könnt erarbeiten,

- welche unterschiedlichen Interessen von Gewerkschaften und Arbeitgeberverbänden bei Tarifverhandlungen um Löhne und Gehälter, Arbeitszeit und Arbeitsbedingungen vertreten werden,
- welche Mittel bei einer Tarifauseinandersetzung von Gewerkschaften und Arbeitgeberverbänden zur Durchsetzung ihrer Forderungen angewandt werden,
- welche Wege vorgesehen sind um trotz unterschiedlicher Interessen zu einer Einigung zu kommen.

Im Grundgesetz ist festgelegt, dass sich Arbeitnehmer zur wirkungsvolleren Vertretung ihrer Interessen in Gewerkschaften zusammenschließen können (vgl. Aufgabe 2). Auch für die Interessenvertretung in Betrieben gibt es heute gesetzliche Regelungen, damit die Arbeitnehmer nicht mehr – wie noch vor 100 Jahren – der Willkür der Fabrikbesitzer ausgeliefert sind. In jahrzehntelangen Kämpfen haben sich die Arbeitnehmer seit der Mitte des 19. Jahrhunderts diese Rechte erkämpft. Doch am Ende des 20. Jahrhunderts wird immer häufiger die Meinung vertreten, dass die gewerkschaftliche Interessenvertretung nicht mehr zeitgemäß sei. Auch über diese Diskussion erfahrt ihr etwas in diesem Kapitel.

1 *Ermittelt aus den Bildern und Texten, worum es bei dem Arbeitskampf geht, wer die Kontrahenten sind und welche unterschiedlichen Interessen sie vertreten.*

2 *Im Grundgesetz heißt es: „Das Recht zur Wahrung und Förderung der Arbeits- und Wirtschaftsbedingungen Vereinigungen zu bilden ist für jedermann und für alle Berufe gewährleistet" (Art. 9, Abs. 3, Satz 1 GG). Erklärt die Bedeutung dieses Artikels am Beispiel dieser Tarifauseinandersetzung.*

7.1 Streik und Aussperrung

Fallbeispiel: Forderungen im Tarifkonflikt der Metallindustrie 1995

Auseinandersetzungen zwischen den Tarifparteien in der Industrie, den Arbeitgebern und den Gewerkschaften, wie sie auf der letzten Seite dargestellt wurden, gehören zum Alltag unseres Wirtschaftslebens. Immer dann, wenn es keine friedliche Einigung über die Erhöhung der Löhne, die Dauer der Arbeitszeit oder die Verbesserung von Arbeitsbedingungen gibt, kommt es zu einem Tarifkonflikt. Für die Austragung eines Tarifkonfliktes gibt es bestimmte Regeln, an die sich die Tarifparteien halten müssen. Die wichtigsten dieser Regeln lernt ihr auf den folgenden Seiten kennen.

Tarifverträge gelten immer nur für eine bestimmte Dauer. Innerhalb dieser Geltungszeit sind beide Parteien zum Einhalten des Arbeitsfriedens verpflichtet. Können sich die Tarifpartner bis zum Auslaufen des bisherigen Tarifvertrages nicht auf einen neuen Tarifvertrag einigen, dürfen Gewerkschaften und Arbeitgeber zu Kampfmitteln greifen um Druck auszuüben. Der Streik der Arbeitnehmerinnen und Arbeitnehmer und die Aussperrung von der Arbeit durch die Arbeitgeber sind die schärfsten Kampfmittel. Was man darunter versteht, könnt ihr im Folgenden beispielhaft am Arbeitskampf in der Metallindustrie 1995 klären.

M 1 **Die Forderungen der IG Metall**

Die Verhandlungen für die Tarifbewegung 1995 haben begonnen.
Wir wollen die Einkommen erhöhen und Arbeitsplätze sichern.

Darum fordern wir:

1. Bis zu sechs Prozent höhere Löhne und Gehälter und deutlich höhere Ausbildungsvergütungen.
2. Eine soziale Komponente zugunsten der unteren Lohn- und Gehaltsgruppen.
3. Die 35-Stunden-Woche zum 1. Oktober 1995, wie vereinbart.
4. Statt Überstunden Neueinstellungen.

(Aus: K. Zwickel in: Metall, Nr. 25/26, 12. 12. 1994, S. 3)

M 2 **Die Arbeitgeber der Metall- und Elektroindustrie**

Kein Angebot, das Arbeitsplätze vernichtet

In dieser Tarifrunde müssen wir zwei Dinge richtig anpacken: Für die Beschäftigten eine Lohn- und Gehaltserhöhung vereinbaren.
Für die Arbeitslosen neue Arbeitsplätze schaffen. (...)
Dafür haben wir fünf Vorschläge:

1. Verteilung der Arbeit entsprechend der oft schwankenden Auftragslage, längere Arbeitszeiten bei bestimmten Aufgaben und an manchen Arbeitsplätzen.
2. Verschiebung der 35-Stunden-Woche oder Verzicht auf den Lohnausgleich. Zumindest müssen diese Kosten von 2,8 % über mehrere Jahre gestreckt werden.
3. Betriebe sollen bei schlechter Wirtschaftslage die Möglichkeit haben zeitweise vom Tarifvertrag abweichen zu können. Dafür erhalten die Mitarbeiter Beschäftigungsgarantien.
4. Verlängerung des Tarifvertrages zur Beschäftigungssicherung.
5. Für Langzeitarbeitslose einen besonderen Einstiegslohn vereinbaren.

(Aus: Frankfurter Rundschau, 16. 2. 1995)

M 3 **Der Verlauf der Tarifauseinandersetzung**

Die Verhandlungen zwischen Gesamtmetall und IG Metall begannen Anfang Dezember 1994. Die IG Metall wollte im Tarifgebiet Bayern zuerst zu einem Abschluss kommen, der dann auf andere Bezirke übertragen werden sollte. Die Arbeitgeber legten jedoch kein neues Angebot vor. Die Verhandlungen blieben deshalb ohne Ergebnis.
Am 28. 1. 95 lief die Friedenspflicht aus. Durch Warnstreiks untermauerte die IG Metall jetzt ihre Kampfbereitschaft. Weil Gesamtmetall auch jetzt noch kein konkretes, verhandlungsfähiges Angebot vorlegte, erklärten die Gremien der IG Metall die Verhandlungen für gescheitert und leiteten die Urabstimmung ein.
In Bayern stimmten 88,4 % der Gewerkschaftsmitglieder für einen Streik. Dieser begann am 24. 2. 95. Kundgebungen und Warnstreiks auch in anderen Tarifbezirken sollten die Position der IGM stärken. Die Gewerkschaften signalisierten Gesprächsbereitschaft und warteten auf ein Angebot.
Als Antwort auf den seit einer Woche andauernden Streik der Gewerkschaftsmitglieder beschlossen die

Fallbeispiel: Forderungen im Tarifkonflikt der Metallindustrie 1995

M 4

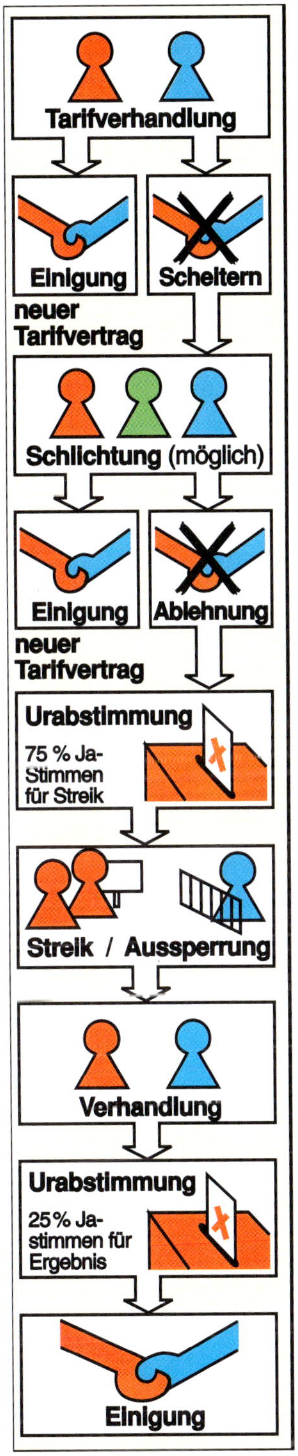

bayerischen Arbeitgeber am 2. 3. 1995 alle Arbeitnehmerinnen und Arbeitnehmer der Region ab 8. 3. 1995 von der Arbeit auszusperren. Hierzu kam es aber nicht, da am 6. 3. 1995 eine weitere Verhandlungsrunde angesetzt wurde. Die IG Metall setzte daraufhin den Streik aus.
(Autorentext)

1 *Erarbeitet in Gruppen mithilfe der Seiten 106 f., der Rollenkarten auf Seite 123 und der Materialien dieser Doppelseite die Forderungen der Gewerkschaft und des Arbeitgeberverbandes und schreibt sie auf eine Wandzeitung.*
2 *Versucht die Forderungen mit der Interessenlage derjenigen zu erklären, die sie aufgestellt haben.*
3 *Erläutert anhand des Modells für einen Arbeitskampf (M 4) den Ablauf der Tarifauseinandersetzung zwischen IG Metall und Gesamtmetall.*

Zur Sache: Die Kampfmittel im Arbeitskampf
Solange ein Tarifvertrag gilt, besteht Friedenspflicht, d. h. weder Gewerkschaft noch Arbeitgeber dürfen Kampfmaßnahmen ergreifen. Können sich die Tarifparteien nicht auf den Abschluss eines neuen Tarifvertrags einigen, so kann eine Schlichtung eingeleitet werden. Der Schlichter ist eine unabhängige Person, die das Vertrauen beider Seiten genießt. Er unterbreitet einen Kompromissvorschlag. Wenn dieser Kompromissvorschlag nicht angenommen wird, beginnt ein Arbeitskampf.
Beim Streik verweigern die Angehörigen eines Betriebs die Arbeit um durch den Schaden, der durch den Produktionsausfall entsteht, die Arbeitgeber zur Annahme ihrer Forderungen zu zwingen. Gewerkschaftsmitglieder erhalten von ihrer Gewerkschaft Streikgeld als Ersatz für den entgangenen Lohn. Betriebsangehörige, die keine Gewerkschaftsmitglieder sind, dürfen nicht gehindert werden den Betrieb zu betreten. Ein Streik darf nur begonnen werden, wenn 75 Prozent der Gewerkschaftsmitglieder in einer Urabstimmung zugestimmt haben. Für seine Beendigung reichen 25 Prozent Jastimmen in der Urabstimmung aus.
Die Aussperrung ist die Antwort der Arbeitgeber auf einen Streik oder eine Streikdrohung. Mit ihr werden alle Belegschaftsmitglieder eines Betriebs von der Arbeit fern gehalten, wobei kein Lohn für die Zeit der Aussperrung gezahlt wird. Das Bundesarbeitsgericht hat festgelegt, dass eine Aussperrung alle Angehörigen eines Betriebs treffen muss, nicht nur Gewerkschaftsmitglieder.

→ Tarifvertrag

7.1 Streik und Aussperrung

Fallbeispiel: Ergebnisse des Tarifkonflikts Metall 1995

Nach einer Woche Streik und der Androhung von Aussperrungen ab dem 8. 3. 1995 setzten sich die IG Metall und Gesamtmetall am 6. 3. 1995 wieder an den Verhandlungstisch. Nach 17-stündiger Diskussion wurde eine Einigung bekannt gegeben. Die IG Metall führte über das Ergebnis eine Urabstimmung durch, bei der schließlich 92 % der Gewerkschaftsmitglieder für das Ergebnis stimmten. Bei den Arbeitgebern stimmten nur 60 % dem Tarifabschluss zu. Später wurde das Ergebnis für alle 3,5 Millionen Beschäftigten der Metall- und Elektroindustrie in Deutschland übernommen.
Wie ihr an dieser Doppelseite erarbeiten könnt, wurden trotz dieser Einigung der gesamte Verlauf des Tarifkonflikts und das Ergebnis sehr unterschiedlich beurteilt.

M 5 **Flugblatt der IG Metall zum Ergebnis des Tarifkonflikts vom 8.3.1995**

streik IGM nachrichten

8. März 1995 — **für die bayerische Metallindustrie**

- **Rückwirkend ab 1. 1. 1995 bis einschließlich April eine Monatspauschale von je 152,50 DM.** 4 x 152,50 DM = **610,– DM**
- **Ab 1. 5. 1995 Erhöhung der tariflichen Monatslöhne und -gehälter um** **3,4%**
- **Ab 1. 11. 1995 Erhöhung der tariflichen Monatslöhne und -gehälter um weitere – bis Ende 1996.** **3,6%**

Die 35-Stunden-Woche tritt wie vereinbart am 1. Oktober 1995 in Kraft. Der Lohnausgleich ist in diesen Tariferhöhungen enthalten.

Voller Erfolg

4 *Bildet zwei Gruppen, die die Verhandlungskommissionen der Gewerkschaft und der Arbeitgeber darstellen. Spielt vor dem Hintergrund des bisherigen Verlaufs des Tarifkonfliktes, wie er auf der vorherigen Doppelseite dargestellt worden ist, und des Ergebnisses die Tarifverhandlungen nach.*

5 *Schreibt die Ergebnisse des Tarifkonflikts auf eure Wandzeitung (vgl. Aufgabe 1, S. 109). Vergleicht sie mit den Forderungen der IG Metall und denen der Arbeitgeber.*

6 *Begründet, welche der beiden Seiten sich nach eurer Meinung duchgesetzt hat.*

M 6 **Hat sich der Streik gelohnt?**

Die angelernte Arbeiterin Roswitha Butz zieht Stahlseile in Bremsen und Schaltungen von Hercules-Mofas ein, rund 450 Stück am Tag. 3200 Mark brutto ist der Lohn für die Akkordarbeit. Nach Steuern und Sozialabgaben bleiben ihr 2100 Mark.
Roswitha Butz lebt zusammen mit ihrem Mann Kurt und der vierjährigen Tochter Alexandra in einer Dreizimmerwohnung nahe der Arbeitsstätte. Wegen der gestiegenen Müllgebühren ist die Miete gerade erst angehoben worden: auf mehr als 1000 Mark warm. Außerdem überweist sie 710 Mark monatlich an die Kinderkrippe. Dort wird die Tochter von 6.30 Uhr bis 16 Uhr versorgt. Hinzu kommen etliche andere fixe Posten wie Versicherungen, Ausgaben für den Haushalt oder der Gewerkschaftsbeitrag von 29 Mark. „Da bleibt nichts übrig. Dabei leben wir genügsam."
Zwar ist auch ihr Mann beschäftigt, doch inzwischen schiebt er Kurzarbeit. Nur noch 1700 Mark bringt der 34-Jährige als Stanzer bei der Bayerischen Metallwarenfabrik nach Hause. „Und dann diese Angst", klagt sie. „Er kann von heute auf morgen entlassen werden." (...)
Die nach dem Tarifabschluss zu erwartende Lohnerhöhung von drei bis vier Prozent wird Roswitha Butz kaum Luft verschaffen. Nach Abzug der Steuern bedeutet ein solches Ergebnis gerade einen zusätzlichen 50-Mark-Schein für ihr Portmonee. Das wäre ziemlich genau der Betrag, der ihr seit Anfang des Jahres an Solidarzuschlag und Pflegeversicherung vom Lohn abgezogen wird.

(Aus: Die Woche, 3. 3. 1995)

7.1 Streik und Aussperrung

Fallbeispiel: Ergebnisse des Tarifkonflikts Metall 1995

M 7 Stellungnahmen zum Tarifkonflikt

a) Der mittelständische Unternehmer Anton Kathrein aus Rosenheim:
Ich bin nur froh, dass es nicht zu Aussperrungen gekommen ist. Mitarbeiter auszusperren, die 30 Jahre in der Firma sind, das hätte ich nicht gekonnt. (...) Die Gefahr besteht, dass IG Metall und Arbeitgeberverband immer weniger verhandeln können. Schon im Vorfeld der Tarifverhandlungen sollten die Gespräche beginnen. Das erleichtert vieles. Außerdem muss mehr Verantwortung in die Betriebe verlagert werden – auf die Mitarbeiter und die Betriebsräte um die spezifischen Notwendigkeiten einzelner Firmen besser berücksichtigen zu können.
(Aus: Der Spiegel, Nr. 11, 1995, S. 106)

b) Kommentar der FRANKFURTER RUNDSCHAU:
Prügel verdienen die Vertreter der Tarifparteien, vor allem die Arbeitgeber, für die Phase vor dem Streik. Die Chance der Friedenspflicht in Gesprächen zu Kompromissen zu kommen vertaten sie mit Muskelspielen und Schlagabtäuschen. Statt die Spielräume auszutesten beriefen sie Pressekonferenzen ein.
(Aus: Frankfurter Rundschau, 8. 3. 1995)

c) Kommentar der SÜDDEUTSCHEN ZEITUNG:
So lehrt der Rückblick auf diese reichlich verfahrene Metalltarifrunde fürs Erste, dass der Streik (...) unpraktisch geworden ist. Er verhindert vernünftige und überlegte Tarifabschlüsse, in denen intelligentere Lösungen angestrebt werden sollten als nackte Zahlen.
(Aus: Süddeutsche Zeitung, 8. 3. 1995)

M 8 Jurassic-Park-Fortsetzung?

M 9 Nichts Neues aus der Verhaltensforschung

7 *Beurteilt aus Sicht der Arbeiterin in M 6 das Verhandlungsergebnis. Vergleicht diese Bewertung mit eurer bisherigen Einschätzung (vgl. Aufgabe 6). Erläutert Gemeinsamkeiten und Unterschiede.*
8 *Schreibt heraus, welche Vorwürfe den beiden Tarifparteien in M 7 gemacht werden. Erarbeitet, wie in den Stellungnahmen das Verhalten der Gewerkschaft und des Arbeitgeberverbandes in der Tarifauseinandersetzung beurteilt wird. Bewertet diese Stellungnahmen aufgrund eurer eigenen Kenntnisse über diesen Tarifkonflikt.*
9 *Vergleicht die Aussagen der Karikaturen (M 8, M 9) mit dem Verlauf und dem Ergebnis des Arbeitskampfs.*

→ Tarifvertrag

7.2 Innerbetriebliche Interessenvertretung – der Betriebsrat

Wie ihr auf den vorherigen Seiten erfahren konntet, treten bei allen überbetrieblichen Fragen die Gewerkschaften als die Interessenvertretung der Arbeitnehmerinnen und Arbeitnehmer auf – ob es um höhere Löhne und Gehälter, kürzere Arbeitszeiten oder bessere Arbeitsbedingungen geht. Wie sieht es aber im einzelnen Betrieb aus?

Unserem Verständnis von einer demokratischen Gesellschaft würde es widersprechen, wenn im Betrieb der Unternehmer das alleinige Sagen hätte. Durch das Betriebsverfassungsgesetz sind deshalb die Mitwirkungsrechte der Betriebangehörigen durch ihre Interessenvertretung, den Betriebsrat, geregelt. An einem Beispiel erhaltet ihr Einblick, welche Möglichkeiten und Rechte der Betriebsrat hat um die Interessen der Betriebsangehörigen zu vertreten.

M 1

M 2 Karin ist fassungslos

Soeben hat Karins Chef ihr die Kündigung zum 31.3. ausgesprochen und gleich schriftlich übergeben. Es stimmt, dass sie in letzter Zeit oft zu spät kam und die Schreibarbeiten in der Computer-Versandfirma nicht immer zufriedenstellend erledigt hatte. Dafür war sie auch schon einmal schriftlich abgemahnt worden. Aber deswegen gleich kündigen! Sollte der Chef sich doch einmal um ihr krankes Kind kümmern, das sie als Alleinstehende versorgen musste! Als Karin ihren Kolleginnen in der Firma, die 20 Leute beschäftigte, von der Kündigung erzählt, meint Doris: „Da kann nur die Gewerkschaft helfen." Hans sagt: „Nein, da kann dir auch nicht die Gewerkschaft helfen, wer da noch was machen kann, ist allein der Betriebsrat. Hat der eigentlich deiner Kündigung zugestimmt?" Darauf wendet sich Karin an die Kollegin Müller, die bei den letzten Betriebsratswahlen zur Betriebsrätin gewählt worden war. Frau Müller ist überrascht: „Der Chef hat mich von deiner Kündigung gar nicht unterrichtet", meint sie.
(Autorentext)

M 3 Auszüge aus dem Betriebsverfassungsgesetz

§ 87 Der Betriebsrat (...) hat in folgenden Angelegenheiten mitzubestimmen: (...)
10. Fragen der betrieblichen Lohngestaltung (...)
11. Festsetzung der Akkord- und Prämiensätze (...)

§ 102 (1) Der Betriebsrat ist vor jeder Kündigung zu hören. Der Arbeitgeber hat ihm die Gründe für die Kündigung mitzuteilen. Eine ohne Anhörung des Betriebsrates ausgesprochene Kündigung ist unwirksam. (...)

§ 111 Der Unternehmer hat (...) den Betriebsrat über geplante Betriebsänderungen, die wesentliche Nachteile für die Belegschaft zur Folge haben können, rechtzeitig und umfassend zu unterrichten. (...) Als Betriebsänderungen gelten (...) Einschränkung und Stilllegung des ganzen Betriebes. (...)

§ 112 (...) Schriftlich niederzulegen ist eine Einigung über den Ausgleich (...) der wirtschaftlichen Nachteile, die den Arbeitnehmern infolge der geplanten Betriebsänderung entstehen (Sozialplan).

1 *Prüft anhand von M3, ob sich Karins Chef korrekt verhalten hat.*

2 *Der Betriebsrat setzt sich für Karin ein. Bildet Kleingruppen und formuliert einen Brief des Betriebsrats an Karins Chef.*

3 *Im Betrieb soll die Dauer der Arbeitszeit und der Schichtarbeit geändert werden. Prüft, ob der Betriebsrat eingeschaltet werden muss.*

4 *Beschreibt anhand von M 4, welche Mitwirkungsmöglichkeiten der Betriebsrat hat und in welchen Bereichen Rechte zur Mitbestimmung bestehen. Nennt Bereiche, bei denen der Betriebsrat keine Mitbestimmungsrechte hat.*

M 4 **Das Betriebsverfassungsgesetz**

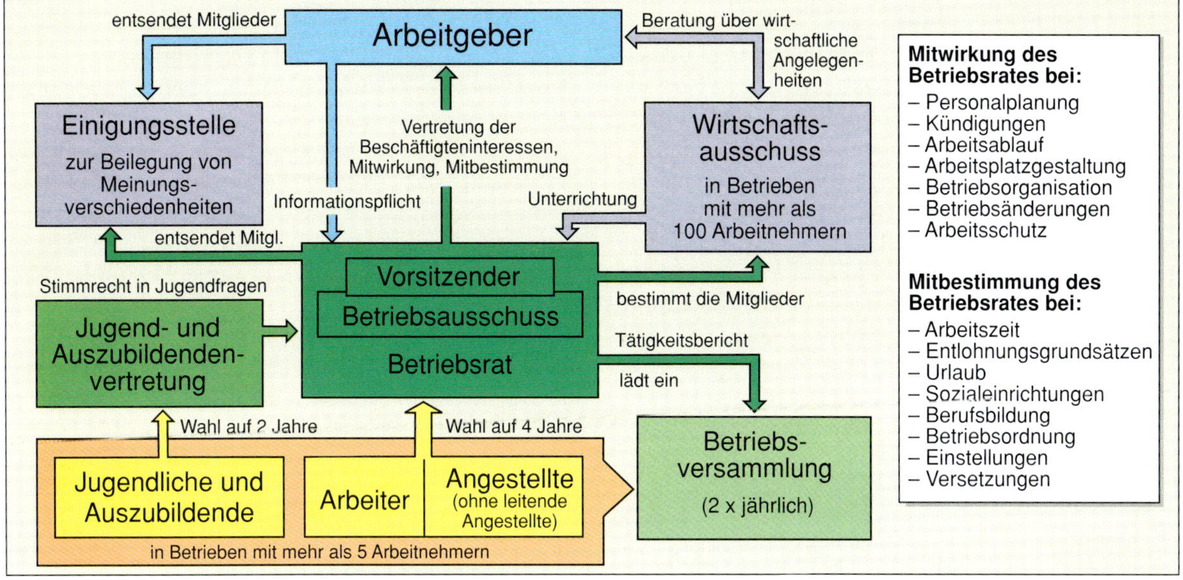

M 5 **Zum Verhältnis von Betriebsräten und Gewerkschaften**

a) Stellung der Gewerkschaften im Betrieb nach dem Betriebsverfassungsgesetz

Gewerkschaftsvertreter dürfen Betriebe aufsuchen um ihre im Betriebsverfassungsgesetz genannten Aufgaben wahrzunehmen. Dazu gehört die Vorbereitung von Betriebsratswahlen oder die Teilnahme an Betriebsversammlungen. (...) Die in der Betriebsversammlung erörterten Fragen müssen sich konkret auf den Betrieb beziehen. Die Gewerkschaften haben Zutritt immer nur dann, wenn es um Belange der Betriebsverfassung geht, also um über den Einzelfall hinausgehende Allgemeininteressen. Dies ist der Fall, wenn es um einen Streit bei der Mitbestimmung beim Prämiensystem geht, nicht aber bei einer einzelnen Kündigung.

(Aus: iwd Nr. 8, 27.9.1995, S. 3)

b) Ein „duales System der Interessenvertretung"?

Aufgrund der Unabhängigkeit der Betriebsräte von den Gewerkschaften wird zutreffend von einem „dualen System der Interessenvertretung" gesprochen. Dabei kommt den Gewerkschaften die Tarifhoheit zu. (...) Tarifverträge genießen gegenüber betrieblichen Regelungen Vorrang. Betriebsräte haben über die Einhaltung von Tarifverträgen zu wachen. (...) Die prinzipielle Kritik gegen ein derartiges „duales System der Interessenvertretung", bei dem zwei scheinbar voneinander unabhängige Institutionen formal miteinander in Konkurrenz treten können, relativiert sich jedoch vor dem Hintergrund einer im Großen und Ganzen erfolgreichen Politik der Gewerkschaften, die eine enge Verzahnung von Gewerkschafts- und Betriebspolitik erreicht hat. Dies zeigt sich zum Beispiel in der engen personellen Verbindung von Gewerkschaften und Betriebsräten. (...) In der Praxis ist daher die formale Trennung von Betriebsrats- und Gewerkschaftstätigkeit angesichts des dominierenden Einflusses der Gewerkschaften in den Betriebsräten oftmals nicht vorhanden, da wichtige gesetzliche Rechte der Betriebsräte nach der Betriebsverfassung in der Praxis letztlich als Gewerkschaftsrechte behandelt und anerkannt werden.

(Aus: M. Schumann, Gewerkschaften und/oder Betriebsräte. In: Gewerkschaftliche Monatshefte, Nr.3, 1990, S. 167)

5 *Beschreibt anhand von M5 die rechtliche und die faktische Stellung der Gewerkschaften in den Betrieben.*

6 *Erläutert den Unterschied zwischen tariflicher und betrieblicher Interessenvertretung. Bezieht in eure Ausführungen S. 108 bis 111 mit ein.*

7.3 Auszubildende und ihre Rechte in Betrieben

In Tarifverhandlungen vertreten die Gewerkschaften die Interessen der Arbeitnehmerinnen und Arbeitnehmer, im Betrieb nimmt diese Aufgabe der Betriebsrat wahr. Jugendliche und Auszubildende haben in Betrieben oft andere Interessen und Probleme als ihre erwachsenen Kolleginnen und Kollegen. Dies hat auch der Gesetzgeber anerkannt: Seit der Änderung des Betriebsverfassungsgesetzes 1988 vertritt eine Jugend- und Auszubildendenvertretung die Interessen der Jugendlichen und Auszubildenden in einem Betrieb. Auf dieser Seite könnt ihr euch über die Möglichkeiten dieser Interessenvertretung informieren.

M 1

1 *Überprüft, ob die Arbeitsbedingungen, von denen die Jugendlichen in M 1 berichten, dem Jugendarbeitsschutzgesetz (M 2) entsprechen.*

2 *Denkt euch einen szenischen Dialog aus, in dem Jugendliche von ihrer Ausbildung und ihren Arbeitsbedingungen berichten. Einige Tätigkeiten, von denen die Jugendlichen erzählen, sollten gegen das Jugendarbeitsschutzgesetz verstoßen, andere diesem Gesetz entsprechen. Eure Tischnachbarin bzw. euer Tischnachbar kann überprüfen, welche Arbeitsbedingungen gesetzmäßig sind bzw. inwieweit sie geändert werden müssten.*

M 2 **Bestimmungen aus dem Jugendarbeitsschutzgesetz**

§ 8 Höchstdauer der Arbeitszeit für Jugendliche: 8 Stunden täglich, 40 Stunden wöchentlich.
Ausnahmen: 8 $^1/_2$ Stunden täglich, aber nicht mehr als 40 Stunden wöchentlich.

§ 9 Zum Berufsschulunterricht müssen Jugendliche freigestellt werden: keine Arbeit vor Unterrichtsbeginn; keine Arbeit an Berufsschultagen mit 5 Unterrichtsstunden einmal in der Woche; keine Arbeit in Berufsschulwochen mit 5 Tagen und 25 Stunden Unterricht.

§ 11 Ruhepausen müssen gewährt werden:
20 Min. bei einer Arbeitszeit von 4 $^1/_2$ bis 6 Stunden,
60 Min. bei mehr als 6 Stunden.

§ 14 Jugendliche dürfen nur von 6 Uhr bis 20 Uhr beschäftigt werden;
Ausnahmen: Jugendliche über 16 Jahre
- im Gaststättengewerbe bis 22 Uhr,
- in mehrschichtigen Betrieben bis 23 Uhr,
- in der Landwirtschaft ab 5 Uhr und bis 21 Uhr,
- in Bäckereien ab 5 Uhr (über 17 Jahre ab 4 Uhr).

§ 15 Jugendliche dürfen nur an 5 Tagen in der Woche beschäftigt werden.

§ 16 Jugendliche dürfen nicht an Samstagen beschäftigt werden. Bei Ausnahmen muss die Freistellung an einem anderen berufsschulfreien Tag der Woche gewährleistet sein.

§ 19 Urlaub ist zu gewähren pro Kalenderjahr: unter 16 Jahre: 30 Werktage; 16 Jahre: 27 Werktage; 17 Jahre: 25 Werktage.

§ 22 Jugendliche dürfen nicht beschäftigt werden mit Arbeiten,
- die über ihre Leistungsfähigkeit gehen,
- die sie sittlich gefährden,
- bei denen sie Unfallgefahren ausgesetzt sind,
- die ihre Gesundheit gefährden.

§ 23 Jugendliche dürfen nicht mit Akkordarbeiten beschäftigt werden.

§ 29 Der Arbeitgeber muss die Jugendlichen vor Beginn der Beschäftigung unterweisen über: Unfallgefahren und Gesundheitsgefahren.

§ 32 Jugendliche dürfen nur beschäftigt werden, wenn sie innerhalb der letzten 14 Monate von einem Arzt untersucht wurden.

§ 33 Ein Jahr nach Aufnahme der Arbeit muss sich der Arbeitgeber eine Bescheinigung über eine Nachuntersuchung vorlegen lassen, die nicht älter als 3 Monate sein darf.

M 3 Jugendliche berichten auf der Jugend- und Auszubildendenversammlung

Thomas: „Es ist ja klar, dass wir Auszubildenden Ausbildungsnachweise führen müssen, aber Herr Behrend führt sich auf wie vor 30 Jahren."
Anna: „Wegen kleiner Unsauberkeiten bei den Protokollen hat Herr Behrend Andreas das Heft zurückgegeben. Er musste alles noch einmal machen."
Andreas: „Stefanie hat er sogar das Heft zerrissen und sie vor allen anderen fertig gemacht."
Stefanie: „Wir haben schon mit Herrn Behrend gesprochen, aber er hat sich auf kein Gespräch mit uns eingelassen. Seine einzige Reaktion ist, dass er immer wieder nur sagt: ‚Lehrjahre sind schließlich keine Herrenjahre.' Ich finde sein Verhalten einfach nicht richtig. Wir sollten deshalb etwas unternehmen."
Thomas: „Außerdem habe ich beobachtet, dass sich immer wieder Auszubildende an den Drehmaschinen verletzen. Es ist ja wichtig, dass wir an diesen Maschinen ausgebildet werden, aber ich glaube, dass der zuständige Ausbilder Beier die Auszubildenden nicht richtig einweist."
(Autorentext)

M 4 a) Ausbildereignungsverordnung

Ausbilderinnen und Ausbilder in der gewerblichen Wirtschaft müssen eine berufs- und arbeitspädagogische Eignung nachweisen. Es handelt sich um folgende Sachgebiete:
- Grundfragen der Berufsbildung
- Planung und Durchführung der Ausbildung
- Der Jugendliche in der Ausbildung
- Rechtsgrundlagen

b) Auszug aus dem Betriebsverfassungsgesetz (Stand 1995)

Jugendvertretung

§ 60 Errichtung und Aufgabe

(1) In Betrieben mit (...) mindestens fünf Arbeitnehmern, die das 18. Lebensjahr noch nicht vollendet haben (...) oder die zu ihrer Berufsausbildung beschäftigt sind und das 25. Lebensjahr noch nicht vollendet haben, werden Jugend- und Auszubildendenvertretungen gewählt.

§ 67 Teilnahme an Betriebsratssitzungen

(1) Die Jugend- und Auszubildendenvertretung kann zu allen Betriebsratssitzungen einen Vertreter entsenden. (...)
(2) Die Jugend- und Auszubildendenvertreter haben Stimmrecht, soweit die zu fassenden Beschlüsse des Betriebsrates überwiegend jugendliche Arbeitnehmer betreffen.

§ 70 Allgemeine Aufgaben

(1) Die Jugend- und Auszubildendenvertretung hat folgende allgemeine Aufgaben:

1. Maßnahmen, die den in § 60 (1) genannten Arbeitnehmern dienen, insbesondere in Fragen der Berufsbildung, beim Betriebsrat zu beantragen;
2. darüber wachen, dass die zugunsten der in § 60 (1) genannten Arbeitnehmer geltenden Gesetze, Verordnungen, Unfallverhütungsvorschriften, Tarifverträge und Betriebsvereinbarungen durchgeführt werden;
3. Anregungen von in § 60 (1) genannten Arbeitnehmern, insbesondere in Fragen der Berufsbildung, entgegenzunehmen und falls sie berechtigt erscheinen beim Betriebsrat auf eine Erledigung hinzuwirken. (...)

M 5 Jugend- und Auszubildendenvertretung im Betrieb

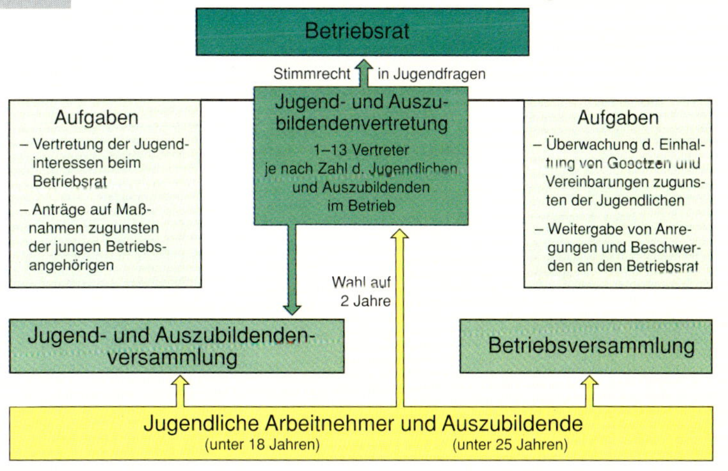

3 *Beschreibt anhand von M 4 und M 5, wie und in welchen Gremien Jugendliche und Auszubildende ihre Interessen vertreten können.*
4 *Stellt mithilfe von M 5 fest, was die Jugendvertretung tun kann um die in M 3 geschilderten Konflikte beizulegen.*
5 *Löst den Konflikt mit Ausbilder Behrend (M 3) in einem Rollenspiel.*
6 *Beurteilt folgende Meinung: „Jugendliche haben keine Mitbestimmungsrechte. Sie können nur über den Betriebsrat mitreden."*

7.4 Mitbestimmung in Großbetrieben

Bei innerbetrieblichen Angelegenheiten sind der Betriebsrat und die Jugendvertretung die Interessenvertretungen der Betriebsangehörigen. Wie ihr auf den vorherigen Seiten gesehen habt, sind ihre Möglichkeiten der Mitsprache und Mitbestimmung im Betriebsverfassungsgesetz auf personelle, soziale und arbeitsrechtliche Fragen beschränkt (vgl. S. 113, M 4). Welche Möglichkeiten die Arbeitnehmerorganisationen erkämpft haben, dass auch im wirtschaftlichen Bereich, also bei der Unternehmensführung und Entscheidungen über Investitionen, Arbeitnehmerinteressen zur Geltung gebracht werden können, erfahrt ihr auf dieser Doppelseite.

M 1 Zur Entwicklung der wirtschaftlichen Mitbestimmung nach 1945

Nach dem Zweiten Weltkrieg forderten die Gewerkschaften immer wieder mehr Einfluss der Beschäftigten auf die wirtschaftlichen Entscheidungen in den Betrieben. Um nach den Erfahrungen mit der nationalsozialistischen Diktatur zukünftig dem Missbrauch wirtschaftlicher Macht vorzubeugen sollten Prinzipien der politischen Demokratie – Mitwirkung und Kontrolle durch die Betroffenen – auch bei der Ausübung wirtschaftlicher Macht Geltung bekommen. Arbeit und Kapital seien im Betrieb grundsätzlich gleichberechtigt und deshalb müssten beide Seiten „paritätisch“ (gleich stark) an allen Entscheidungen der Unternehmensführung beteiligt werden.
In drei Gesetzen wurde nach langen politischen Auseinandersetzungen die wirtschaftliche Mitbestimmung zumindest in Großbetrieben geregelt:
- 1951 wurde die Mitbestimmung für den Bergbau und in der Eisen- und Stahlindustrie eingeführt (Montan-Mitbestimmungsgesetz),
- 1952 und (neu gefasst) 1972 wurde im Betriebsverfassungsgesetz die wirtschaftliche Mitbestimmung in Großbetrieben (Aktiengesellschaften und GmbH mit mehr als 500 Arbeitnehmern) festgelegt,
- 1976 wurden durch das Mitbestimmungsgesetz Regelungen für Kapitalgesellschaften außerhalb des Montanbereichs mit mehr als 2000 Beschäftigten vorgeschrieben.

(Autorentext)

1 *Gebt mithilfe von M 1 wieder, warum die Gewerkschaften mehr Mitbestimmung forderten.*

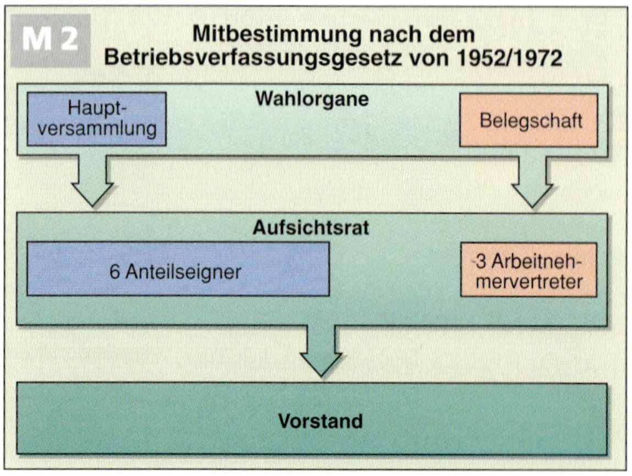

Das Gesetz gilt für etwa eine Million Menschen.

2 *Erläutert die Schaubilder in M 2 und M 4. Erarbeitet, wie die Mitbestimmung der Arbeitnehmer in den einzelnen Gesetzen geregelt ist. Benutzt M 3 zur Klärung des linken Schaubilds in M 4 und zum Verständnis wichtiger Begriffe.*

Entscheidungsgremien in großen Kapitalgesellschaften

M 3 Alle großen Firmen sind heute in der Regel Kapitalgesellschaften, weil ein Einzelner gar nicht so viel Kapital aufbringen kann um einen Konzern wie z. B. Volkswagen zu betreiben. Für das eingezahlte Kapital erhalten die Geldgeber Anteile am Firmenvermögen in der Form von Aktien. Für die Kapitalgeber ist das Erwirtschaften von Gewinnen das oberste Ziel der Firmenpolitik (vgl. M 2, S. 206 f.).
In jeder Kapitalgesellschaft gibt es nach dem Betriebsverfassungsgesetz folgende Gremien:
- Die *Hauptversammlung* der Aktionäre wählt die Vertreterinnen und Vertreter der Aktionäre im Aufsichtsrat, beschließt über die Verteilung des Gewinns und entlastet Aufsichtsrat und Vorstand nach einem Geschäftsjahr.
- Der *Aufsichtsrat* bestimmt und kontrolliert den Vorstand und trifft grundsätzliche Entscheidungen für die Geschäftspolitik.
- Der *Vorstand*, meist mehrere Personen, führt die Geschäfte, entwickelt die konkreten Geschäftspläne und trifft alle laufenden Entscheidungen. Er entscheidet über Einstellungen und Entlassungen.

(Autorentext)

7.4 Mitbestimmung in Großbetrieben

M 4 Mitbestimmungsgesetze von 1951 und 1976

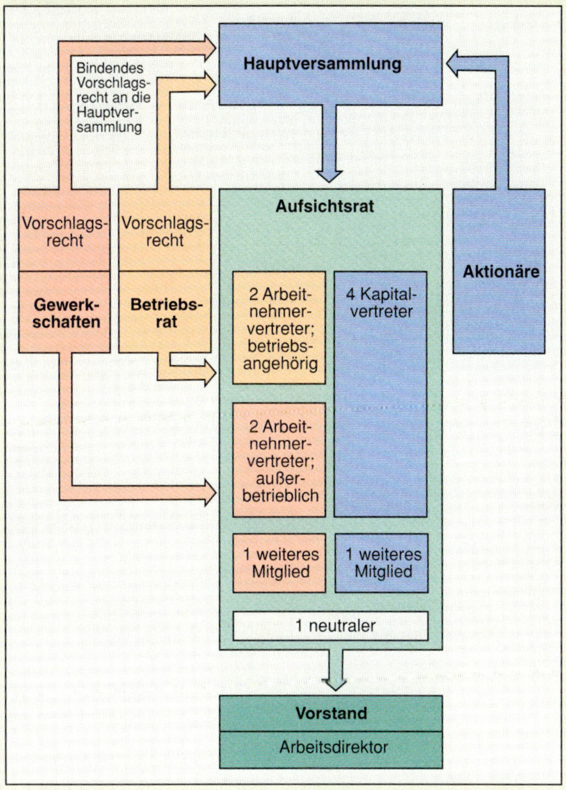

Mitbestimmung nach dem Montan-Mitbestimmungsgesetz von 1951.
Das Gesetz gilt für etwa 600 000 Menschen in 47 Unternehmen.

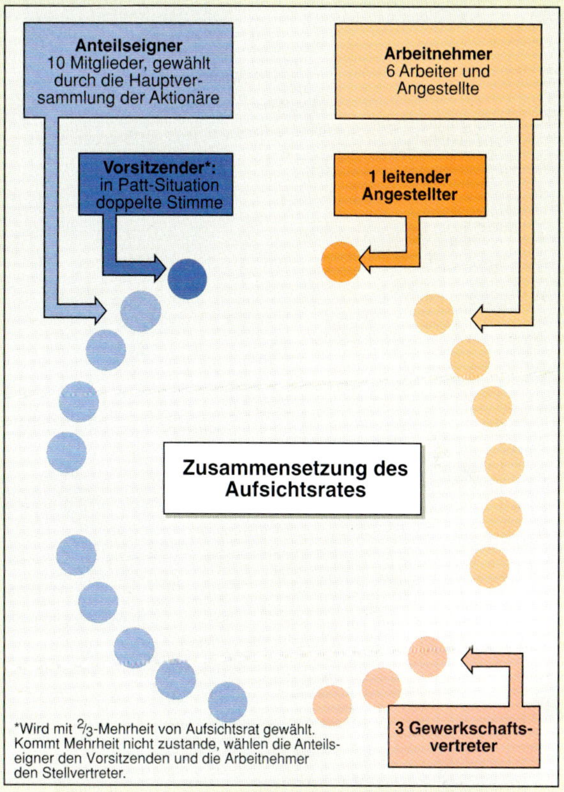

Mitbestimmung nach dem Mitbestimmungsgesetz von 1976.
Das Gesetz gilt für etwa 4,5 Millionen Menschen in 709 Unternehmen.

M 5 Stellungnahmen zur Mitbestimmung

a) Bundesvereinigung der Arbeitgeberverbände:
So verständlich der Wunsch der Arbeitnehmer nach größtmöglicher Sicherung ihrer Arbeitsplätze ist, so müssen jedoch ihre Zielvorstellungen im Einklang stehen (...) mit den wirtschaftlichen und arbeitsmarktpolitischen Bedingungen. Ein weiterer Ausbau der Mitbestimmung würde die unternehmerische Entscheidungsfreiheit im Bereich der Investitionen berühren.
(Aus: Information zur politischen Bildung, Heft 172, S. 26)

b) Die IG Metall:
Eine effiziente Kontrolle von Unternehmen wäre nach Ansicht der IG Metall möglich, wenn die im Aufsichtsrat sitzenden Anteilseigner dies wollten. (...) „Lächerlich" findet es die IG Metall, wenn die Anwesenheit der Arbeitnehmer verantwortlich gemacht wird für den Kompetenzverlust des Aufsichtsrates. Die Vertreter der Beschäftigten könnten gegen eine „einmütige Anteilseignerseite" gar nichts ausrichten, da das Gesetz aus dem Jahre 1976 die Parität nicht vorsehe. Dem stehen das Doppelstimmrecht des Aufsichtsratsvorsitzenden und der zusätzlich eingesetzte leitende Angestellte entgegen. Dieser stimme, so die IG Metall, in aller Regel mit den Anteilseignern.
(Aus: Frankfurter Rundschau, 29. 12. 1994)

3 *Prüft mithilfe von M 2 bis M 4, inwieweit der Anspruch auf paritätische Mitbestimmung durch die Gewerkschaften in den Gesetzen erfüllt wurde.*
4 *Erarbeitet die Bewertung der Mitbestimmung in M 5.*
5 *Vergleicht die wirtschaftliche Mitbestimmung mit der Mitbestimmung der Betriebsräte (vgl. S. 112 f.). Erläutert, welche Chancen der Mitbestimmung Arbeitnehmerinnen und Arbeitnehmer heute haben.*

7.5 Gewerkschaften und Arbeitgeberverbände

Wie ihr am Beispiel des Tarifkonfliktes in der Metallindustrie 1995 (vgl. S. 106 bis 111) erfahren habt, spielen die Gewerkschaften und Arbeitgeberverbände unter den Interessenverbänden in unserer Wirtschaftsordnung heute eine besondere Rolle. Im Rahmen der gesetzlichen Bestimmungen regeln sie als Sozialpartner wichtige Fragen der Arbeitswelt weitgehend in eigener Verantwortung, d. h. ohne staatliche Eingriffe. Diese besondere Rolle der Gewerkschaften und Arbeitgeberverbände ist das Ergebnis einer langen Entwicklung und vieler gesellschaftlicher Auseinandersetzungen.

M 1

„Quatsch nicht, das war immer so!" (Karikatur: Wolter)

1 *Interpretiert die Karikatur (vgl. S. 50 f.) und formuliert ein Streitgespräch zwischen „Arbeit" und „Kapital".*

M 2 **Stationen der Entwicklung der Gewerkschaften in Deutschland**

1848/49 In der Revolution kommt es zu Streiks; erste gewerkschaftsähnliche Organisationen der Buchdrucker und Zigarettenarbeiter entstehen

1871 Aufhebung des Koalitionsverbotes (Verbot des Zusammenschlusses) im neu gegründeten Deutschen Reich

1873 Erster Tarifvertrag für Druckereien

1878–1890 Im Rahmen der bismarckschen Sozialistengesetze auch Verbot der gewerkschaftlichen Arbeiterorganisationen

1890–1914 Aufstieg der Gewerkschaften zu Massenorganisationen

1918 Nach der Novemberrevolution in Deutschland Anerkennung der Koalitionsfreiheit und der Gewerkschaften als Sozialpartner („Stinnes-Legien-Abkommen")

1933 Auflösung der Gewerkschaften und Zwangszusammenschluss in der „Deutschen Arbeitsfront"

1945–1948 In westlichen Besatzungszonen Neugründung von Einzelgewerkschaften nach dem „Industrieverbandsprinzip" („ein Betrieb – eine Gewerkschaft") und dem Prinzip der Einheitsgewerkschaft (weltanschauliche und parteipolitische Neutralität); daneben Wiedergründung von DAG, DBB und CGB (vgl. M 4); in sowjetischer Besatzungszone Gründung der späteren DDR-Einheitsgewerkschaft FDGB

1949 Gründung des DGB als überparteiliche Dachorganisation von 16 Einzelgewerkschaften

M 3 **Entwicklung der Arbeitgeberverbände**

Mit zunehmender Ausbreitung des kapitalistischen Wirtschaftssystems schlossen sich im 19. Jahrhundert Unternehmer zum Schutz vor Konkurrenz und zur Einflussnahme auf die staatliche Zollpolitik zu Vereinigungen zusammen. 1876 entstand als erster Spitzenverband der Industrie der „Centralverband Deutscher Industrieller". Um die Jahrhundertwende führte dann vor allem der Aufstieg der Gewerkschaften und die zunehmenden Arbeitskämpfe zu Zusammenschlüssen, aus denen 1913 die „Vereinigung der Deutschen Arbeitgeberverbände" hervorging. Im Herbst 1918 bildeten die Arbeitgeberverbände unter dem Eindruck der Kriegsniederlage gemeinsam mit den Gewerkschaften die „Arbeitsgemeinschaft der industriellen und gewerblichen Arbeitgeber und Arbeitnehmer Deutschlands" („Stinnes-Legien-Abkommen"). In den folgenden Jahren der Weimarer Republik hatten die Arbeitgeberverbände, besonders der „Reichsverband der Deutschen Industrie" (RDI), eine politisch sehr einflussreiche Stellung. 1933 wurden die Arbeitgeberverbände wie die Gewerkschaften aufgelöst.

7.5 Gewerkschaften und Arbeitgeberverbände

Nach dem Zweiten Weltkrieg entstanden zahlreiche Zusammenschlüsse der gewerblichen Wirtschaft. Als Dachorganisationen sind davon die wichtigsten: die Bundesvereinigung der Deutschen Arbeitgeberverbände (BDA), der Bundesverband der Deutschen Industrie (BDI) und der Deutsche Industrie- und Handelstag (DIHT). Die BDA koordiniert vor allem die Lohn- und Tarifpolitik der Unternehmerverbände; der BDI konzentriert sich auf die Vertretung der wirtschaftspolitischen Interessen der Großindustrie; der DIHT vertritt alle gewerblichen Unternehmen, also auch kleinere Firmen und Handwerksbetriebe, gegenüber Bund, Ländern und Gemeinden.

(Autorentext)

2 *Stellt mithilfe von M 2 und M 3 in einer Zeittabelle die historische Entwicklung der Gewerkschaften und der Arbeitgeberverbände einander gegenüber. Schreibt dabei in eine besondere Spalte die dort aufgeführten historischen Ereignisse.*

3 *Klärt anhand eures Geschichtsbuchs die Hintergründe der historischen Ereignisse und versucht daraus Gründe für die Entwicklung der Gewerkschaften und Arbeitgeberverbände abzuleiten.*

4 *Nennt Gründe für die Aufgabenverteilung, die nach M 3 zwischen den einzelnen Arbeitgeberverbänden besteht.*

5 *Beschreibt anhand von M 2 und M 4 die gewerkschaftlichen Organisationsformen der Arbeitnehmerinteressen.*

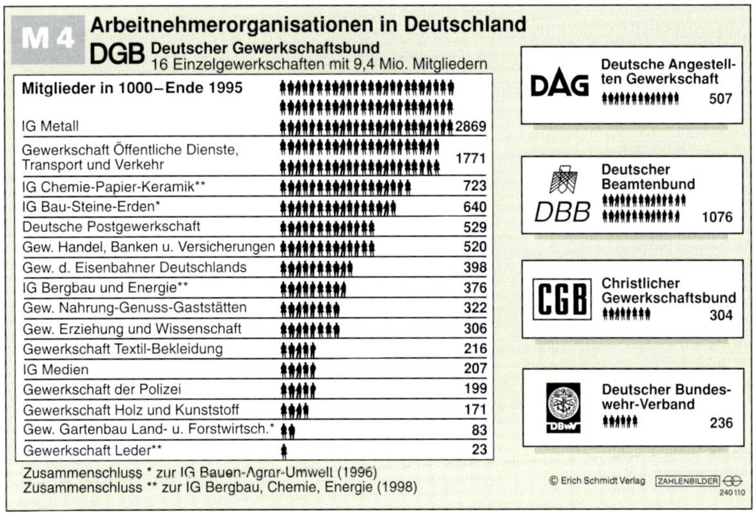

M 5 Erfolg der Gewerkschaften?

Ohne Zweifel waren die Gewerkschaften ein wesentlicher Motor des Kampfes der Arbeitnehmer gegen Ausbeutung und politische Unterdrückung. (...) Schauen wir zunächst auf die Bereiche, die den Kern gewerkschaftlicher Politik ausmachten: Die Einkommen der Arbeitnehmer haben sich seit dem Ende des 19. Jahrhunderts vervielfacht. Zu den vor allem gewerkschaftlichen Drängen zuzuschreibenden Erfolgen gehört auch die Verkürzung der Arbeitszeit. (...) Dies hat – zusammen mit dem Jahresurlaub und den verbesserten Einkommensbedingungen – zu einer unübersehbaren Steigerung des Lebensstandards breitester Bevölkerungskreise beigetragen.
Die „Lebensqualität" der Arbeitnehmerschaft beruht zudem auf der stetig ausgebauten Absicherung gegen die sozialen Folgen all der Lebensrisiken, die früher zu Not und Elend geführt haben. Kranken- und Invalidenversicherung gehören ebenso zur selbstverständlichen sozialpolitischen Grundausstattung wie Arbeitslosen- und Rentenversicherung (vgl. dazu auch M 8, S. 205).
Zu den (...) von den Gewerkschaften erst mühsam erkämpften gesellschaftlichen Rechten zählen auch: Vereinigungsfreiheit, Streikrecht, Tarifvertrag, Wahlrecht, Mitbestimmungsrechte, (...). Die Gewerkschaften haben sich – schaut man allein auf ihre Mitgliederzahlen – außerdem als die größte organisierte Kraft nicht nur zur Sozialreform, sondern auch zur Durchsetzung der Demokratie erwiesen.

(Aus: M. Schneider, Kleine Geschichte der Gewerkschaften. Bonn 1989, S. 395–396)

6 *Erläutert, worin Schneider (M 5) die Bedeutung der Gewerkschaften sieht. Prüft, inwieweit diese mit den Aufgaben der gewerkschaftlichen Interessenvertretung übereinstimmt, die ihr bisher kennen gelernt habt.*

7.6 Gewerkschaften in der Krise?

Wie ihr auf der vorherigen Seite gesehen habt, können die Gewerkschaften eine ansehnliche Erfolgsbilanz vorweisen. In den letzten Jahren mehren sich aber die Stimmen, die die bisherige Politik der gewerkschaftlichen Interessenvertretung nicht mehr als zeitgemäß ansehen. Einige Gründe für die Krise und mögliche Konsequenzen könnt ihr anhand dieser Doppelseite erarbeiten.

M 1 Aus einer Umfrage zur Einstellung gegenüber Gewerkschaften (Angaben in %)

Frage 1: „Werden Gewerkschaften noch gebraucht?"

	ja	nein	weiß nicht
insgesamt	81	10	9
unter 30 Jahre	90	3	7
30 bis 44 Jahre	85	10	5
45 bis 59 Jahre	84	11	5
über 60 Jahre	69	14	17

Frage 2: „Sind bzw. waren Sie Mitglied einer Gewerkschaft?"

	nein	früher einmal	heute noch
insgesamt	62	21	17
unter 30 Jahre	78	8	14
30 bis 44 Jahre	54	26	20
45 bis 59 Jahre	52	23	25
über 60 Jahre	62	29	9

(Aus: Die Woche, 16.6.1994. Quelle: Forsa. Datenbasis 1002 Befragte)

M 2 Arbeitnehmer diskutieren über die Gewerkschaft

T.: Welche Möglichkeiten gibt es denn, dem Arbeitgeber kampfbereit entgegenzutreten?
E.: Nur wenn alles floriert, wenn die Gewerkschaft alle Mittel einsetzt.
T.: (...) Dann versteh ich nicht, warum nur $^1/_3$ aller Mitarbeiter und Angestellten organisiert sind.
E.: Es ist ein Zeichen dafür, dass da vieles nicht stimmt.
G.: Innerhalb der Gewerkschaften keine Einigkeit (...).
T.: Wir müssen uns doch alle fragen, welche Gründe es für den Gewerkschaftseintritt gibt. I., warum bist du in der Gewerkschaft?
I.: Gewerkschaft schüzt einen z. B. vor Arbeitslosigkeit. Dafür kann ich auch was bezahlen. Einer allein hat nicht die Kraft. Erst Einigkeit macht stark.
E.: Solidarisches Verhalten kommt doch nicht erst durch den Gewerkschaftsbund.
T.: (...) Wenn du in der Gewerkschaft nicht drin bist, kannst du nichts machen.
G.: Ich kann doch Betriebsarbeit machen.
T.: Als Nichtmitglied hast du aber keinen Einfluss in der Gewerkschaft. (...)
Ein anderes Problem: Ein Tarifvertrag gilt nur für die Mitglieder der Gewerkschaft und des Arbeitgeberverbandes. Trotzdem zahlt der Arbeitgeber gleiche Leistungen auch an die Nichtorganisierten. Wenn ich in der Tarifkommission säße, würde ich verhindern, dass Leis- tungen auch an Nichtorganisierte erbracht werden.
E.: Dann dürftest du auch kein Kindergeld bekommen, da du nicht im Kinderschutzbund bist oder müsstest bei einem Unfall verbluten als Nichtmitglied des DRK.

(Aus: Arbeiterbildung. Schriftenreihe für politische Bildung, Nr. 166, Bd. 3. Bonn 1981, S. 105 ff.)

1 *Untersucht M 1 und benennt den Widerspruch zwischen Frage 1 und 2. Sucht nach Erklärungen.*
2 *Arbeitet anhand von M 2 heraus, welche Aufgaben Gewerkschaften nach Ansicht der Gesprächsteilnehmer haben.*
3 *Nennt Gründe, die in M 2 für einen Beitritt zur Gewerkschaft aufgeführt werden, und erläutert, ob sie euch überzeugen.*

M 3 Stellungnahmen zur Krise der Gewerkschaften

a) Kommentar des SPIEGEL zur Strategiediskussion in der IG Metall:
Der seit Jahren anhaltende Mitgliederschwund und die rapide veränderten Bedingungen in der Wirtschaft wie den Unternehmen zwingen die IG Metall neue Strategien zu erproben. (...) Die Betriebe fertigen mit modernen, mitarbeiterorientierten Arbeits- und Produktionskonzepten, Gruppenarbeit setzt sich immer mehr durch, die Arbeitszeitmodelle werden immer vielfältiger und flexibler. Mit starren tariflichen Regeln ist den Firmen nicht mehr gedient. In einer Flut von Betriebsvereinbarungen handeln die Unternehmen mit den Betriebsräten Regularien aus, die den speziellen Bedingungen der Betriebe folgen. (...)
Die Welt hat sich verändert und vielen Funktionären in der IG Metall dämmert, dass die alten Parolen für

die Welt von morgen nicht mehr taugen. Arbeitsplätze werden ins Ausland verlagert wie nie zuvor, direkt hinter der Grenze locken Billiglohnländer. (...) Differenzierte Lösungen, Flexibilität – das sind die neuen Zauberworte. Doch wie viel davon verträgt die IG Metall? Die Gewerkschaft muss notgedrungen Gestaltungsmacht an Betriebsräte und Belegschaften abgeben. (...) Die neuen, selbstbewussten Arbeitnehmer, die ihre Arbeitszeiten und -bedingungen weitgehend selbst gestalten, brauchen womöglich die beitragspflichtige gewerkschaftliche Schutzmacht nicht mehr.

(Aus: Der Spiegel, Nr. 44, 1995, S. 119)

b) Der DGB-Vorsitzende Dieter Schulte:

Wir wollen weg vom Image der Lohn- und Gehaltsmaschine, denn Einkommen und Arbeitsbedingungen, zentrales Anliegen der Gewerkschaften, stehen nicht mehr im Mittelpunkt der Gesellschaftspolitik. Wir wollen auch Ansprechpartner sein für die zentralen Zukunftsaufgaben. (...) Wenn wir über diese neuen Initiativen im politischen Raum unser Image verbessern, dann fällt es den Einzelgewerkschaften auch leichter, Mitglieder zu werben.

(Aus: Manager magazin, Nr. 5, 1995, S. 57)

c) Der Sozialhistoriker Michael Schneider:

Die Gewerkschaften brauchen neue Orientierungsmuster: Für die Industriegesellschaft im Übergang reicht der historische Rückgriff auf die „düstere Vergangenheit“ nicht aus. (...) Angestellte haben heute weniger denn je Anlass sich mit dem Schicksal der ausgebeuteten Arbeiterinnen und Arbeiter des 19. Jahrhunderts zu identifizieren (vgl. S. 202 f.). (...) Die Gewerkschaften brauchen ein Arbeitnehmerbild, in dem – anders als in der Vergangenheit – nicht nur das individuelle Selbstwertgefühl des Facharbeiters, sondern das aller Arbeitnehmer, eben auch der Angestellten, akzeptiert wird. (...) Die Anerkennung der höchst unterschiedlichen Lebensmuster und Interessen innerhalb der Arbeitnehmerschaft bedeutet nicht, dass die Gewerkschaften eine umfassende Gesellschaftsordnungsvorstellung aufgeben müssten. Wohl aber müssen sie das Ziel einer solidarischen Gesellschaft, in deren Mittelpunkt nicht Technik oder Wirtschaft, sondern der Mensch steht, stärker als bisher konkretisieren (verdeutlichen) und an den vielfältigen Bedürfnissen und Wünschen der Arbeitnehmer ausrichten. (...) Dabei haben die Gewerkschaften wahrlich keinen Anlass ihre Grundprinzipien aufzugeben: Soziale Gerechtigkeit, menschliche Solidarität, freiheitliche Demokratie und internationale Zusammenarbeit sind Eckpunkte der Gewerkschaftspolitik, die nichts an Aktualität eingebüßt haben.

(Aus: M. Schneider, Kleine Geschichte der Gewerkschaften. Bonn 1989, S. 401 f.)

4 *Erarbeitet anhand der Stellungnahmen von M 3 die veränderten Bedingungen, an denen sich zukünftig eine gewerkschaftliche Interessenvertretung zu orientieren hat.*

5 *Überlegt, warum es den Gewerkschaften so schwer fällt, auf die veränderten Bedingungen zu reagieren. Berücksichtigt S. 202 f. und Kapitel 6.*

M 4 **„... und sie bewegt sich doch!“**

(Karikatur: Haitzinger)

6 *Interpretiert die Karikatur M 4 (vgl. S. 50 f.). Zieht zu eurer Deutung auch S. 18 f., S. 78 f., S. 100 bis 103, M 2 auf S. 206 f. und entsprechende Lexikonartikel heran.*

7 *Organisiert eine Podiumsdiskussion zum Thema „Gewerkschaften in der Krise?“ (vgl. S. 194 f.). Ladet dazu Vertreter von Gewerkschaften, Arbeitgeberverbänden und Unternehmen ein.*

Planspiel

Ausgangspunkt eines Planspiels ist ein Problem oder Konflikt. Ziel ist es, eine Lösung des Problems oder des Konfliktes zu finden und zu überlegen, wie man dabei vorgehen will.
Gespielt wird in kleinen Gruppen. Für ein solches Planspiel benötigt ihr eine gute Vorbereitung und viel Zeit, mehr als eine Schulstunde.

Ausgangssituation:
Fristgemäß sind die auslaufenden Tarifverträge der Metallindustrie gekündigt worden. Neu zu verhandeln sind zwischen dem Arbeitgeberverband Gesamtmetall und der Gewerkschaft IG Metall Lohn- und Gehaltstarife. Die IG Metall legt ihre Forderungen vor (vgl. S. 108, M 1); Gesamtmetall antwortet nicht mit einem konkreten Verhandlungsangebot, sondern mit einem „Fünf-Punkte-Programm" (vgl. S. 108, M 2) mit eigenen Zielen.

Ziel:
Herausgefunden werden soll in einem Planspiel, ob sich die gegenseitigen Forderungen von Gesamtmetall und IG Metall ohne Streik und Aussperrung durchsetzen lassen.

1. Schritt: Verteilung der Rollen, Gruppenbildung
Beteiligt sind an dieser Auseinandersetzung vier Gruppen:

a) Vertreterinnen und Vertreter der Gesamtmetall: Manager von Großunternehmen und mittelständische Unternehmer (vgl. S. 111).
b) Angehörige des Bundesvorstandes und einer Bezirksleitung der IG Metall.

Benötigt wird ferner eine Spielleitung, die als Schlichter in den Tarifkonflikt eingreifen kann und die Diskussionen leitet.

2. Schritt: Erarbeiten der Rollen
Für das Planspiel müssen sich alle Gruppen gut auf die Auseinandersetzung mit der anderen Seite vorbereiten und auch die unterschiedlichen Meinungen in der Gruppe klären. Deswegen müsst ihr euch gut über die Sachlage informieren und euren eigenen Standpunkt erarbeiten. Informationen findet ihr auf den Seiten 106 bis 111 sowie auf den Rollenkarten auf der nächsten Seite. Wichtig ist, dass ihr euch in eurer Gruppe eine Gesprächsstrategie überlegt, mit der ihr die andere Seite von euren Argumenten überzeugen wollt.

3. Schritt: Durchführung der Verhandlung
Das Planspiel findet in mehreren Runden statt. Zwischen den einzelnen Runden versuchen alle Gruppen ihre Argumente durch zusätzliche Informationen zu verbessern.

a) Treffen der Tarifparteien untereinander
In der ersten Runde treffen sich die beiden Tarifparteien in getrennten Sitzungen um einen gemeinsamen Standpunkt zu finden und die Sitzungen vorzubereiten. Dabei geht es um die Frage, ob man nachgeben oder es auf einen Streik ankommen lassen soll. Ziel ist es, in der eigenen Gruppe einen Kompromiss zu finden. Die Gruppe der Gegenseite darf bei dieser vorbereitenden Sitzung nicht im Klassenraum sein.

b) Aufeinandertreffen der Tarifparteien
In der zweiten Runde treffen die Tarifparteien aufeinander. Sie tauschen ihre Argumente aus und versuchen sich gegenseitig zu überzeugen.

4. Schritt: Unterbrechung und Beratung
Die Spielleitung kann selbstständig oder auf Wunsch einer Gruppe die Verhandlung unterbrechen. Die Gruppen können so ihre Strategien neu überdenken.

5. Schritt: Konfliktlösung
Das Planspiel soll zu einer Entscheidung führen. Es geht um die Frage: Lohnt sich ein Streik für die Durchsetzung eigener Forderungen oder ist es besser, nach einem Kompromiss zu suchen? Kommt es nicht zu einer einvernehmlichen Lösung, wird abgestimmt. Jede Gruppe hat eine Stimme, auch die Spielleitung als Schlichter stimmt mit ab.

6. Schritt: Auswertung
Wichtig ist die Auswertung des Planspiels. Dabei könnt ihr folgende Fragen stellen:

- Waren die Argumente beider Gruppen einleuchtend und überzeugend?
- An welcher Forderung ist ein Kompromiss gescheitert?
- Was hat den Kompromiss möglich gemacht?
- Welche Rolle hat der Machtwille einzelner Personen gespielt?
- Wie wichtig ist es, bei Verhandlungen gut reden zu können?
- Was konntet ihr für künftige Verhandlungen aus dem Spiel lernen?

Rollenkarten

Manager Großindustrie:
Hohe Kosten und kurze Arbeitszeiten gefährden die Wettbewerbsfähigkeit Deutschlands im internationalen Vergleich. Die Zustimmung zur 35-Stunden-Woche vor Jahren war ein Fehler, diese muss auf jeden Fall verschoben werden oder besonders teuer verkauft werden. Wenn 35-Stunden-Woche, dann 0 Prozent Lohnerhöhung. Lieber einen Streik riskieren als jetzt noch einen Fehler machen. Wenn es hart auf hart kommt, können wir die Produktion auch in das billigere Ausland verlagern und die Betriebe hier schließen.

Mittelständische Unternehmerin:
Ein Streik wäre das Schlimmste. Gerade jetzt haben wir viele Aufträge. Bei uns macht die 35-Stunden-Woche kein Problem, die Leute arbeiten ja gerne länger und bekommen dafür Überstunden bezahlt. Hauptsache, wir können jetzt liefern. Die Kosten lassen sich durch die gute Auftragslage auffangen. Wenn wir 2,5 Prozent anbieten und die Gewerkschaft 6 % will, einigen wir uns bei 3 %. Jeder Tag Streik ist teurer als diese Lohnerhöhung, die wir auf die Preise schlagen. Wenn gestreikt wird, verlieren wir Aufträge für immer. Den Großbetrieben macht ein Streik nichts, uns bringt er in große wirtschaftliche Gefahr.

Mitglied des Bundesvorstandes IG-Metall:
Die 35-Stunden-Woche, für die wir seit zehn Jahren kämpfen und die vertraglich zugesagt ist, ist der Fall für einen Streik. Keiner nimmt uns noch ernst, wenn wir jetzt nachgeben oder sie verschieben. Dann glaubt jeder, mit uns könne man es ja machen. Unsere Linie muss sein: 35-Stunden-Woche und eine Lohnerhöhung von 6 %. Dann werden wir uns hoffentlich irgendwo bei 3 % einigen. Lieber weniger Lohn als unser großes Ziel, die 35-Stunden-Woche, aufgeben. Auf das Gerede von mehr Einstellungen bei einer geringen Lohnerhöhung gehen wir gar nicht ein. Das versprechen sie jedes Mal und es folgen Entlassungen.

Mitglied der Bezirksleitung:
Die Kolleginnen und Kollegen erwarten mehr Geld, alles ist teurer geworden. Steuern und Abgaben sind dieses Jahr schon wieder gestiegen. In den Betrieben können die Kolleginnen und Kollegen das Wort 35-Stunden-Woche nicht mehr hören. Alle arbeiten länger und brauchen das Geld. In den letzten Lohnrunden hat es schon keine ausreichende Lohnerhöhungen mehr gegeben. Wir sollten 6 % verlangen ohne Wenn und Aber und dafür die 35- Stunden-Woche um ein Jahr verschieben. Dann hätten die Kolleginnen und Kollegen endlich mal einen richtigen Schluck aus der Pulle. Dann würden auch wieder mehr Leute Mitglied in der Gewerkschaft werden. Arbeitslos zu sein ist schlimm. Aber Einstellen und Entlassen können nun mal nur die Arbeitgeber. Wir können nur für die Leute im Betrieb was tun. 6 % oder Streik!

8. Gesellschaftsstruktur in Deutschland

Anna

Annas Vater ist Bauarbeiter, ihre Mutter putzt in der Apotheke. Beide sind froh, wenn sie abends ihre Ruhe haben.

Anna lebt auf einem Dorf im Landkreis Dingeskirch. Sie hat die Hauptschule besucht und anschließend eine Lehre als Einzelhandelskauffrau begonnen. Eigentlich wäre sie gerne Schwesternhelferin geworden, aber im einzigen Krankenhaus des Landkreises war ihre Bewerbung nicht erfolgreich. Ihre kaufmännische Lehre hat sie jedoch abgebrochen. Der theoretische Teil der Ausbildung machte ihr Schwierigkeiten, vor allem hat sie jedoch gelockt, dass sie als angelernte Verkäuferin sofort mehr Geld bekommt als als Auszubildende. Ihre Mutter fand diese Entscheidung richtig, da sie später ja sowieso heiraten und sich um die Kinder kümmern werde und sich so wenigstens vorher noch was gönnen könnte.

(Aus: E. D. Stratenschulte, Soziale Ungleichheit. In: Bundeszentrale für politische Bildung [Hg.], Thema im Unterricht. E. D. Stratenschulte/Gerlinde Moschin, Status, Schicht, Milieu: Soziale Ungleichheit in Deutschland. Bonn 1995, S. 7)

Boris

Boris besucht die 13. Klasse des Kant-Gymnasiums in Dittelbach, einer Kreisstadt mit 65 000 Einwohnern.

Boris' Berufswunsch ist Arzt, er könnte sich auch vorstellen Psychologe zu werden. Vor allem weiß er genau, was er nicht werden möchte, nämlich Lehrer. Das liegt sicherlich daran, dass seine beiden Eltern Lehrer sind, der Vater unterrichtet am benachbarten Herder-Gymnasium (...) und hat gute Chancen im nächsten Jahr Direktor der Schule zu werden. Die Mutter ist ausgebildete Französisch- und Englischlehrerin, ist zurzeit aber wegen der Kinder zu Hause. So hat sie auch Zeit Boris sowie seinen beiden jüngeren Geschwistern bei den Hausaufgaben zu helfen (...). Außerdem ist Boris' Mutter Planungschefin für die Familienurlaube, die immer Spaß machen und interessant sind, allerdings keine Kirche am Wegesrand auslassen und eine große Anzahl von Museumsbesuchen einschließen.

(Aus: E. D. Stratenschulte, a. a. O., S. 7)

Christina

hat keine Geschwister und ist „Pa[...] liebster Schatz". Auch sie fin[...] ihren Vater toll, vor allem bewund[...] sie, wie er sich mit Fleiß, Ausdau[...] und Energie zum Leiter eines groß[...] Supermarktes hochgearbeitet ha[...] Diesbezüglich ist er ihr Vorbild. S[...] selbst hat im letzten Jahr die mittler[...] Reife abgelegt und nun an der örtli[...] chen Bank eine Ausbildung als Bank[...] kauffrau begonnen. Sie möchte erst einmal eine solide Ausbildung erhalten. Für ihr späteres Leben kann sie sich durchaus vorstellen etwas anderes zu machen, zum Beispiel eine Boutique eröffnen oder auch ein Blumenstudio. Ihr fünf Jahre älterer Freund hat sich gerade als Versicherungsvertreter selbstständig gemacht, das Geschäft läuft auch ganz gut an, allerdings muss er auch zu jeder Zeit für die Kunden da sein. Das kostet vor allem viel Zeit vom Wochenende und erfreut seine Freundin nicht allzu sehr. Andererseits findet sie es auch toll, dass er etwas darstellt und beispielsweise ein großes und seriöses Auto fährt.

(Aus: E. D. Stratenschulte, a. a. O., S. 7 f.)

„Alle Menschen sind vor dem Gesetz gleich“, so steht es in Artikel 3, Absatz 1 des Grundgesetzes der Bundesrepublik Deutschland (vgl. S. 7).
Aus der Geschichte wisst ihr, dass Gleichheit – auch vor dem Gesetz – erst seit jüngster Zeit in Deutschland gilt. Die gesellschaftlichen Schranken von der einen zur nächsten Gesellschaftsschicht waren lange Zeit hoch, in der Regel unüberwindbar. Undenkbar, dass z. B. ein Bauernsohn im Mittelalter Adliger oder gar König werden konnte. Die Geburt gab vor zu welchem Stand jemand gehörte. Im Grunde galten diese Regeln bis in unser Jahrhundert hinein.

Und heute? In Kapitel 1 habt ihr z. B. erfahren, dass Frauen und Männer im Berufsleben, bei der Rollenverteilung in Haushalt und Familie, im Bundestag und in der Regierung noch immer nicht gleichberechtigt sind und unterschiedliche Aufgaben und Funktionen wahrnehmen. In diesem Kapitel könnt ihr untersuchen, ob es solche Unterschiede auch zwischen anderen gesellschaftlichen Gruppen gibt.
Auf den folgenden Seiten könnt ihr zunächst der Frage nachgehen, ob tatsächlich alle die gleichen Chancen haben. Ihr könnt wichtige Problemfelder der sozialen Ungleichheit und der sozialen Schichtung in unserer Gesellschaft erarbeiten. Die Frage, welche Möglichkeiten es gibt, die soziale Ungleichheit in unserer Gesellschaft zu überwinden, schließt das Kapitel ab.

1 *Stellt dar, was die Fotos über die Lebensumstände, in die die dargestellten Personen hineingeboren wurden, aussagen. Diskutiert, ob aus diesen Ausgangsbedingungen auf die Zukunft oder die Perspektiven der Kinder und Jugendlichen geschlossen werden kann.*
2 *Vergleicht die Lebensläufe miteinander. Beschreibt die Unterschiede und Gemeinsamkeiten. Achtet besonders auf die jeweilige Ausgangssituation der vorgestellten Person.*
3 *Versucht Erklärungen für die unterschiedlichen Lebensläufe zu finden. Berücksichtigt eure Kenntnisse aus Kapitel 1 und Kapitel 2.5 (S. 34 f.).*
4 *Überlegt, ob bei gleichen Ausgangsbedingungen bei dem einen oder der anderen auch andere Lebenswege möglich gewesen wären. Denkt euch alternative Lebenswege aus und formuliert diese.*

8.1 Gleiche Chancen für alle? – Das Beispiel Bildung

Ungleiche Lebensumstände

Wir alle sehen tagtäglich, dass es klar erkennbare Unterschiede in unserer Gesellschaft gibt (vgl. S. 124 f.). So gleich wir auch bei der Geburt aussehen, so verschieden sind die Lebensumstände, in die wir hineingeboren werden. Ein sichtbares Kriterium dieses Unterschieds ist z. B. der Wohlstand, mit dem sich jemand umgibt: modebewusste Kleidung, Fahrzeuge, eigene Häuser usw.
Die Ursachen für Reichtum oder Armut sind nicht immer sofort erkennbar. Ein nicht unwesentliches Kriterium hierfür ist allerdings offensichtlich: Es ist die Schulbildung und der Bildungsabschluss, den jemand erzielt hat.
Da aber jede Form von Bildung Geld kostet, steht sie unvermeidlich in engem Zusammenhang mit der sozialen Herkunft. Insofern hat das Bildungssystem eines Staates erheblichen Einfluss auf Erfolg und Armut der Menschen in einer Gesellschaft.

M 1

(Karikatur: Traxler)

1 *Interpretiert die Karikatur (vgl. S. 50 f.).*
2 *Überlegt, ob die Zeichnung auf die menschliche Gesellschaft übertragen werden kann. Bezieht eure Argumentation auf die Lebensläufe von S. 124.*

Bildung ist inzwischen als eines der Menschenrechte festgeschrieben worden. Die Durchsetzung ist jedoch längst nicht in jedem Staat garantiert. Auf Initiative der UNO (vgl. S. 238–241) ist das Abkommen über die Rechte des Kindes zustande gekommen.

M 2 Internationales Übereinkommen über die Rechte des Kindes vom 20. 11. 1989

Artikel 28: (1) Die Vertragsstaaten erkennen das Recht des Kindes auf Bildung an; um die Verwirklichung dieses Rechts auf der Grundlage der Chancengleichheit fortschreitend zu erreichen werden sie insbesondere
a) (…)
b) die Entwicklung verschiedener Formen der weiterführenden Schulen allgemeinbildender und berufsbildender Art fördern, sie allen Kindern verfügbar und zugänglich machen (…) und die Bereitstellung finanzieller Unterstützung bei Bedürftigkeit treffen;
c) allen entsprechend ihren Fähigkeiten den Zugang zu den Hochschulen mit allen geeigneten Mitteln ermöglichen (…).

(Aus: Bundeszentrale für politische Bildung [Hg.], Menschenrechte. Dokumente und Deklarationen. Bonn [2]1995, S. 168)

3 *Nennt die Kriterien in Artikel 28 (M 2), die eine Chancengleichheit sicherstellen sollen.*
4 *Für euch gehört Bildung zum engsten Erfahrungsbereich. Diskutiert auf dieser Grundlage, ob eures Erachtens die Forderungen von Artikel 28 (M 2) in Deutschland verwirklicht sind.*

Seit etwa Mitte der 60er-Jahre waren in der Bundesrepublik Deutschland Politik und Gesellschaft einer starken öffentlichen Kritik ausgesetzt. Es gab Studentenunruhen; grundsätzliche Neuorientierungen wurden gefordert. Mit dieser Zeit begann ein wichtiger Abschnitt für die Bildungspolitik in Deutschland. Die Entwicklung der Bildungssituation wurde öffentlich diskutiert, ein demokratisches Bildungssystem von der Öffentlichkeit eingefordert. Das Stichwort der „Chancengleichheit" stand im Vordergrund. Die Bildungsmöglichkeiten für die gesamte Bevölkerung sollten verbessert werden.

M 3 **Was ist Chancengleichheit?**
Der allgemeine Gleichheitssatz des Art. 3 Abs. 1 (vgl. S. 7) garantiert allen Bürgerinnen und Bürgern den gleichen Zugang zu den bestehenden staatlichen Bildungseinrichtungen. Ob und wie diese Chancengleichheit als Gleichheit der Startchancen oder gar als Gleichheit der Zielchancen bildungspolitisch realisiert werden soll, ist kontrovers (umstritten). Für die einen ist die Chancengleichheit bereits gewährleistet, wenn alle Kinder nach Maßgabe ihrer Eignung und Leistung die Möglichkeit haben weiterführende Schulen zu besuchen. (...) Andere halten es aufgrund der bereits beim Bildungsbeginn nicht vorhandenen Chancengleichheit für erforderlich, sozial benachteiligte Kinder z. B. durch Stipendien (finanzielle Unterstützung) besonders zu fördern und die Organisation von Schule bzw. das ganze Bildungssystem auf den Ausgleich von Benachteiligungen hin zu gestalten.
(Aus: F. Neumann, Bildungschancen. In: H. Drechsler u. a. [Hg.], Gesellschaft und Staat. Lexikon der Politik. München [9]1995, S. 101)

5 *Erarbeitet, welche Antworten der Autor auf die in der Überschrift von M 3 gestellte Frage gibt. Erläutert, welcher Antwort ihr eher zustimmt.*
6 *Betrachtet noch einmal M 1. Vergleicht die Aussage der Karikatur mit den Antworten in M 3 und stellt dar, wie der Karikaturist zur Chancengleichheit steht.*

Zu Beginn der Debatte über die Bildungspolitik der Bundesrepublik Deutschland stand fest, dass Kinder aus Arbeiterfamilien ebenso wenig Aussichten auf ausreichende Bildungsmöglichkeiten hatten wie Jungen und vor allem Mädchen aus ländlichen Gebieten.

M 4 **Woher die Studenten kommen**
Der Weg zum Studium für Kinder aus einkommensschwachen Schichten (ist) erheblich mühsamer (...) als für ihre Altersgenossen aus besser situierten (besser gestellten) Familien. So gaben nur 14 % der Studenten und Studentinnen an den wissenschaftlichen Hochschulen in Westdeutschland als Beruf des Vaters „Arbeiter" an. Die soziale Schicht der Arbeiter, der im alten Bundesgebiet 44 % der erwerbstätigen Männer zuzurechnen sind (1991), blieb damit als Herkunftsgruppe des akademischen Nachwuchses stark unterrepräsentiert. (...)
In den neuen Bundesländern (...) überwogen (1991) unter den Studierenden ähnlich die Angestellten- gegenüber den Arbeiterkindern. Immerhin hatten sich die Bildungschancen für Arbeiterkinder im alten Bundesgebiet während der Sechziger- und Siebzigerjahre deutlich verbessert. Noch 1963 stellten sie mit einem Anteil von 6 % nur eine schmale Minderheit an den Hochschulen.
(Aus: Begleittext zu Schmidt-Zahlenbilder, Zahlenbild 506540, 1992)

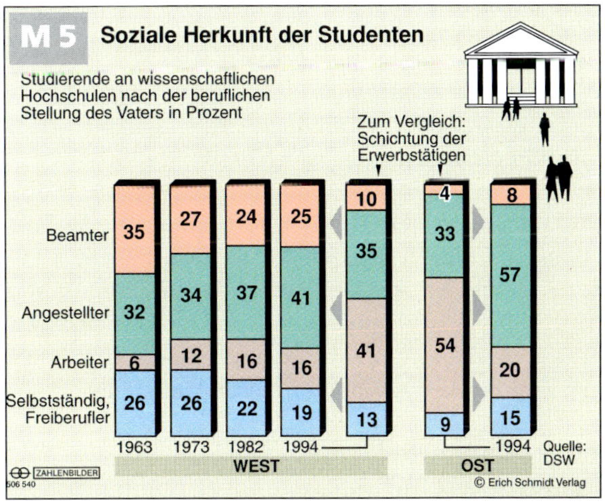

7 *Stellt die Chancen von Arbeiterkindern ein Studium aufzunehmen dar (M 4, M 5).*
Überlegt mithilfe der „Lebensläufe" auf der Auftaktseite mögliche Gründe dafür.

8.1 Gleiche Chancen für alle? – Das Beispiel Bildung

Gesamtschule kontra dreigliedriges Schulsystem

Seit 1965 hatten unterschiedliche Bildungsgremien die Aufgabe bildungspolitische Vorschläge zu erarbeiten, mit denen Chancengleichheit gewährleistet werden könnte. Das bedeutendste Gremium war die 1970 eingesetzte Bund-Länder-Kommission, die drei Jahre später einen Bildungsgesamtplan der Öffentlichkeit vorstellte.

(Karikatur: Nikol)

M 6 **Strukturplan für das Bildungswesen (1970)**
Das Recht auf schulische Bildung ist dann verwirklicht, wenn Gleichheit der Bildungschancen besteht und jeder Heranwachsende so weit gefördert wird, dass er die Voraussetzungen besitzt die Chancen tatsächlich wahrzunehmen. Der Strukturplan will deshalb darauf hinwirken, dass bestehende Ungleichheiten der Bildungschancen so weit wie möglich abgebaut werden. (...)
Die Chancengleichheit soll nicht durch eine Nivellierung (Angleichung) der Anforderungen angestrebt werden. Die Aufgabe ist vielmehr frühzeitig die Chancenunterschiede der Kinder auszugleichen und später das Angebot so zu differenzieren (aufzuteilen), dass die Lernenden ihren Lerninteressen und Lernmöglichkeiten entsprechend gefördert werden und entsprechende Angebote weiterführender Bildung antreffen.
(Aus: Deutscher Bildungsrat, Empfehlungen der Bildungskommission. Strukturplan für das Bildungswesen. Bonn 1970, S. 30 f.)

8 *Erklärt, wann nach Ansicht des Bildungsrates das Recht auf Bildung verwirklicht ist (M 6).*
9 *Beschreibt die Maßnahmen, die nach Ansicht des Bildungsrates ergriffen werden müssen um eine Chancengleichheit zu gewährleisten.*

Mitte der 70er-Jahre ließ der Reformeifer in der Bildungspolitik nach. Knappe Mittel zwangen die Länder zum Sparen. Am Beispiel der Diskussion um die Auflösung des dreigliedrigen Schulsystems und um die Vor- und Nachteile der Gesamtschule könnt ihr einen Einblick in die heutige Situation gewinnen.

M 7 **Hauptschule ade?**
Inzwischen sind, das haben Umfragen des Dortmunder Instituts ergeben, 54 Prozent der Eltern überzeugt, dass das Abitur ihrer Sprösslinge die beste Voraussetzung sei später einen Arbeitsplatz zu bekommen. Nur noch 6 Prozent votierten (stimmten) für den Hauptschulabschluss. (...)
Hauptschüler haben überall das Nachsehen. Nur beim Anteil arbeitsloser Jugendlicher liegen sie statistisch weit vorn. Sie haben schlechte Karten in einer Gesellschaft, die wie ein Frankfurter Autohaus sogar einem „Handelsfachpraktikanten“ am liebsten das Abitur abverlangt. Und während das Gymnasium „an seinem Erfolg erstickt“, so der Bielefelder Erziehungswissenschaftler Klaus Hurrelmann (...), verödet die Hauptschule weiter. (...)
Weder eindeutige Urteile der Grundschullehrer noch verschärfte Ausleseverfahren der Gymnasien und Realschulen, geschweige denn die Gefahr den eigenen Nachwuchs zu überfordern halten Eltern davon ab, ihr Kind ins Rennen ums Abitur zu schicken. Das Ergebnis ist nicht nur eine Verödung der Hauptschule nach Schülerzahlen. Sie sackt auch sozial immer weiter ab zur berüchtigten Restschule. Besonders in Städten degeneriert (verkümmert) sie zum Sammelbecken der Unterprivilegierten (Benachteiligten).
(Aus: S. Etzold, Die Hauptschule. Ein Nachruf. In: Die Zeit, 2.2.1996, S. 33)

10 *Arbeitet heraus, wie die Autorin von M 7 zur Hauptschule steht.*
11 *Erarbeitet mithilfe von M 7, wie sich die Realschulen und Gymnasien verändern würden, wenn die Hauptschule abgeschafft werden würde.*

8.1 Gleiche Chancen für alle? – Das Beispiel Bildung

Gesamtschule kontra dreigliedriges Schulsystem

M 8 **Geliebte Schülerinnen und Schüler**

(Die Gesamtschule) balanciert einmal die pädagogischen Gegensätze der „Differenzierung" aufgrund unterschiedlicher Begabungen und Neigungen aus und zum anderen die gesellschaftlichen und pädagogischen Anforderungen der „Integration", also der Zusammenführung der Vielfalt unter einem gemeinsamen Dach einer Schule für alle Kinder. (...)
In den letzten Jahren gingen immer mehr Schülerinnen und Schüler ins Gymnasium, damit wurde diese Schulform zur neuen Hauptschule und die Hauptschule zur Restschule; alsbald dürfte die Realschule die Probleme der Hauptschule erben. Die Antwort der Gesellschaft (...) kann nur heißen: Schule der Vielfalt in einer Schule, der Gesamtschule. (...)
Wenn in einer Schule die ganze Breite des Schulangebots vorhanden ist, erhöht dies die Möglichkeit für Kinder und Jugendliche ihre Interessen auszubilden und für ihre Neigungen entsprechende Möglichkeiten zu finden. Durch die Festlegung auf schulformspezifische Bildungsgänge werden etwa Hauptschüler erst „gemacht", sie werden nicht geboren. (...) In Gesamtschulen erreichen mehr Schülerinnen und Schüler mittlere Abschlüsse als im traditionellen Schulsystem. Es bleiben auch weniger Schülerinnnen und Schüler ohne Abschluss. (...) In Gesamtschulen erreichen mehr Schülerinnen und Schüler die Berechtigung zum Besuch der Sekundarstufe II. Da das Abitur an Oberstufen, gleich an welcher Schulform es abgelegt wird, von der Schulaufsicht überwacht wird, ist die Vergleichbarkeit der Leistungsansprüche gewährleistet.
(Aus: G. Rüdell, Geliebte Schüler. In: Die Zeit, 12.5.1996, S. 43)

12 *Erklärt den ersten Satz von M 8 mit euren eigenen Worten. Benutzt ein Fremdwörterlexikon zur Klärung unbekannter Begriffe.*
13 *Erarbeitet, welche Vorteile der Gesamtschule der Autor von M 8 benennt.*

M 9 **Gesiebte Schülerinnen und Schüler**

Die integrierte Gesamtschule leidet an ihren immanenten (in ihr selbst liegenden) Widersprüchen, vor allem an einer riesigen Kluft zwischen überhöhten Ansprüchen und dem, was machbar ist. Ein Widerspruch manifestiert (offenbart) sich in dem (...) auch bei größtem Engagement nicht realisierbaren Anspruch „eine Schule für alle" zu sein und daher alle Kinder – von extrem leistungsschwachen über sozial benachteiligte oder behinderte bis hin zu hoch begabten Kindern – gleichermaßen, gleichzeitig und optimal zu fördern und zu fordern.
Kinder mit ganz unterschiedlichen Lernvoraussetzungen und Lernfähigkeiten benötigen unterschiedliche Unterrichtsbedingungen und Unterrichtsstile. (...)
Die Gesamtschule tritt zudem mit dem Anspruch auf dieselben Schulergebnisse wie das gegliederte Schulsystem zu erzielen und sogar noch zusätzliche Kompetenzen (Fähigkeiten) zu vermitteln. In Wirklichkeit löst man aber mit dem Kunstgriff eines „pädagogischen Leistungsbegriffs" und der Berufung auf gesamtschulspezifischen Lernen jeden allgemeinen Vergleichsmaßstab auf, denn stärker als vergleichbare Endergebnisse sollen individuelles Bemühen und spannende Gruppenprozesse bewertet werden.
Dieser „pädagogische Leistungsbegriff" und die damit verbundene pädagogische Notengebung auf integrierten Gesamtschulen kommt mir manchmal vor wie ein Trick um zusammen mit schulspezifischen günstigen Versetzungsregelungen eine gymnasiale Oberstufe rein quantitativ zu sichern.
Die integrierte Gesamtschule erhebt den Anspruch die einzige humane, weil nicht selektierende (auswählende) Schule zu sein. In Wirklichkeit findet innerhalb ihrer Mauern eine in diesem Maß in keiner anderen Schulform mögliche Auslese und Aufteilung statt. Spätestens von der siebten Klasse an werden alle Klassenverbände systematisch und unbarmherzig aufgesplittert. Die Schüler werden in allen Hauptfächern und einigen Fächern in Niveaukurse einsortiert. Sie müssen Neigungskurse wählen und in diesen setzt sich dann doch die „verteufelte Dreiteilung" des herkömmlichen Schulsystems durch. Die proklamierte (verkündete) Durchlässigkeit nach oben bleibt viel zu oft ein schöner Wunschtraum.
(Aus: S. Key, Gesiebte Schüler. In: Die Zeit, 12.5.1996, S. 43)

14 *Gebt wieder, welche Nachteile der Gesamtschule in M 9 genannt werden.*
15 *Stellt mithilfe von M 7 bis M 9 und euren eigenen Kenntnissen Vor- und Nachteile des dreigliedrigen Schulsystems zusammen.*
16 *In M 6 wurde der Anspruch auf Chancengleichheit formuliert. Erläutert, ob eurer Meinung nach Chancengleichheit eher durch die Gesamtschule oder durch das dreigliedrige Schulsystem gewährleistet wird. Ihr könnt dazu auch eine Umfrage unter Lehrern, Schülern und Eltern durchführen.*

→ Bildungsexpansion

8.2 Die soziale Schichtung der Bundesrepublik Deutschland

Gesellschaft bedeutet Ungleichheit

Die Auftaktseite (S. 124 f.) stellt die Lebenswege von drei Jugendlichen vor. Die zwei Mädchen und der Junge stammen aus drei sehr verschiedenen Elternhäusern. Dementsprechend sind auch ihre Bildungswege und Bildungsziele unterschiedlich.

Die Wahrnehmung der Unterschiedlichkeit von Menschen innerhalb einer Gesellschaft gehört zur Alltagserfahrung. Ihre Verschiedenheit begründet sich neben ihrer Ausbildung und den daraus abzuleitenden Berufsmöglichkeiten unter anderem im Geschlecht, in den Anschauungen, den Lebensweisen, den Einkommens- und Besitzverhältnissen, dem Ansehen usw. Trotz der Unterschiedlichkeiten gibt es aber auch eine Reihe von Gemeinsamkeiten, die den Begriff „Gesellschaft“ rechtfertigten.

M1 Arm und Reich

Die Kluft zwischen Arm und Reich wird dem sozial sensiblen Beobachter immer wieder in drastischer Form vor Augen geführt:

In großstädtischen Ladenpassagen finden Pelzmäntel für 15 000 DM oder brilliantbesetzte Uhren für 11 000 DM ihre Käufer, während vor den Schaufenstern derselben exklusiven Boutiquen Menschen neben leeren Weinflaschen und neben Plastiktüten schlafen, in denen sie ihr ganzes Hab und Gut mit sich führen. Auch die folgende Anzeige aus einem kleinstädtischen Stadtanzeiger macht deutliche Unterschiede des Lebensstandards (...) sichtbar:

Deutsche Großbank sucht für

Bankkauffrau	1–2 ZW
Chefsekretärin	2–3 ZW
Diplom-Kauffrau	3–4 ZW
Devisenhändler	4–5 ZW
Dr. rer. pol.	RH od. DHH
Direktor	1- bis 2-Fam.-Haus
Vorstandsmitglied	Villa

(Anzeige zitiert nach: R. Geißler, Die Sozialstruktur Deutschlands. Bonn [2]1996, S. 55)

1 *Klärt den Begriff „Gesellschaft“ mithilfe des Lexikons. Erörtert, ob es trotz der in M 1 beschriebenen sozialen Ungleichheit richtig ist, von „der“ Gesellschaft in Deutschland zu sprechen.*

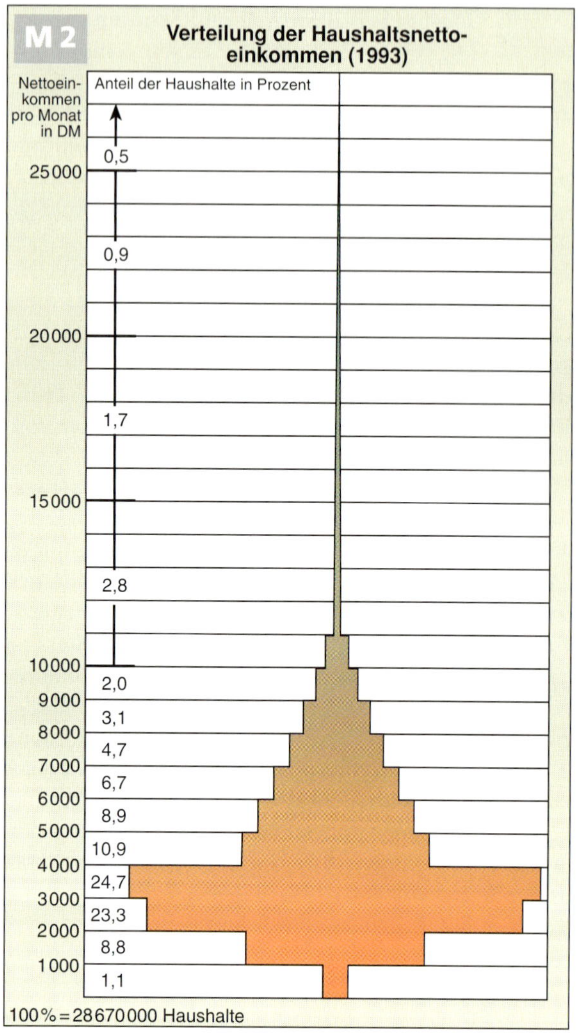

(Aus: DIW-Wochenbericht, Nr. 61, 1994, 777. Zitiert nach: R. Geißler, Die Sozialstruktur Deutschlands. Bonn [2]1996, S. 57)

2 *Erläutert das Diagramm (vgl. S. 136 f.)*

3 *Erklärt, welcher Zusammenhang zwischen dem Einkommen und dem gesellschaftlichen Status (vgl. S. 34 f.) besteht.*

Eine Gesellschaft von Menschen, die keine Ungleichheit kennt, ist nur schwer vorstellbar; sie ist Utopie. Solche gesellschaftlichen Utopien wurden von Philosophen und Gesellschaftswissenschaftlern immer wieder angedacht und sind längst nicht nur in utopischen Romanen zu finden. Zwei bedeutende Vertreter waren Karl Marx (1818–1883) und Friedrich Engels (1820–1895). Sie beschrieben die historische Entwicklung der menschlichen Gesellschaft und mithin die Geschichte ihrer Ungleichheit. Die Ungleichheit drückt sich, nach Marx und Engels, durch gegensätzliche Kräftegruppen in der Gesellschaft aus, den „Klassen". Am Ende des ständigen Kampfes der Klassen steht eine Gesellschaft, in der es keine Klassen mehr gibt und daher auch keine Machtmittel mehr nötig sind. Alle Menschen werden dann, so die marxistische Idee, in einer solidarischen Gemeinschaft leben.

M 3 Das Gesellschaftsmodell nach Karl Marx

Marxistischer Auffassung zufolge entstanden Klassen mit der Entstehung des Privateigentums an den Produktionsmitteln (Maschinen, Geräte, Rohstoffe, Energieträger etc.). Entsprechend den in den jeweiligen Gesellschaftsordnungen herrschenden Eigentumsverhältnissen gibt es jeweils zwei gegensätzliche soziale Grundklassen: Sklavenhalter – Sklave; Feudalherr – Leibeigener/Höriger; Bourgeois (herrschende Klasse; Besitzer der Produktionsmittel) – Proletarier (lohnabhängige Arbeiter, die über keine Produktionsmittel verfügen).
Der Marxismus kennt neben den beiden Hauptklassen Bourgeoisie und Proletariat durchaus Übergangs- oder Nebenklassen (z.B. Handwerker oder Bauern) (und) gemischte Klassen (Proletarier mit geringem Landbesitz). Das marxistische Klassenmodell (ist) vor allem ein Zweiklassenmodell. Die Klassenbeziehungen zwischen Bourgeoisie und Proletariat stellen sich als unversöhnlicher Gegensatz zwischen Produktionsmittelbesitzern und -nichtbesitzern, zwischen herrschender und unterdrückter Klasse dar und bestimmen letztlich alle anderen sozialen Beziehungen. Die ökonomisch herrschende Klasse ist nach marxistischer Auffassung gleichzeitig auch immer die politisch herrschende Klasse.

(Aus: H. Drechsler, Klassen. In: H. Drechsler u. a., Gesellschaft und Staat. Lexikon der Politik. München [9]1995, S. 453, gekürzt)

4 *Erläutert das Gesellschaftsmodell des Marxismus.*
5 *Versucht das Modell der beiden „Hauptklassen Bourgeoisie und Proletariat" auf die Bundesrepublik Deutschland zu übertragen, indem ihr einzelne Berufsgruppen den beiden Klassen zuordnet (vgl. dazu M 1 und M 2). Begründet eure Zuordnungen und benutzt dabei Begriffe des Marxismus.*

(Karikatur: Berger)

M 4 Die Gesellschaft hat sich verändert

Die Kritik am marxschen Klassenbegriff geht meistens davon aus, dass dieser die Verhältnisse zu seiner Zeit durchaus zutreffend beschrieben, die Gesellschaft sich seitdem aber so stark verändert habe, dass er heute nicht mehr aussagekräftig sei.
Theodor Geiger (1891–1952) führt dazu beispielsweise aus, dass es wegen der staatlichen Sozialleistungen keine relative Verelendung der Arbeiter mehr gebe (...). (...)
Ralf Dahrendorf (geb. 1929) setzt sich ebenfalls mit der Klassentheorie auseinander. Aus der Herrschaft (...) entspringen die Klassenbeziehungen. Jeder Mensch gehört aber verschiedenen Herrschaftsverbänden an und könne durchaus das eine Mal zur herrschenden, das andere Mal zur beherrschten Klasse gehören.

(Aus: Bundeszentrale für politische Bildung [Hg.], Thema im Unterricht. E. D. Stratenschulte/Gerlinde Moschin, Status, Schicht, Milieu: Soziale Ungleichheit in Deutschland. Lehrerheft. Bonn 1995, S. 5 f.)

6 *Arbeitet aus M 4 die zentralen Kritikpunkte am Marxismus heraus.*
7 *Entwerft eine Gesellschaft ohne soziale Ungleichheit und stellt eure Entwürfe gegenseitig vor. Denkt dabei auch an die Vor- und Nachteile eurer Utopien.*

→ Gesellschaft, Klassengesellschaft, Sozialer Wandel

Die Kritik an dem marxistischen Gesellschaftsmodell führte zu dem Versuch andere Beschreibungsmodelle für unsere Gesellschaft zu entwickeln.
Die heutige Gesellschaftswissenschaft benutzt so genannte Schichtmodelle. So wie verschiedene Erdschichten übereinander liegen oder seitlich verlagert sind, so sieht die Soziologie des 20. Jahrhunderts den Aufbau einer modernen Gesellschaft. Sie versucht das Gemeinsame und Trennende einer Gesellschaft zu ergründen und unterteilt sie im Ergebnis in einzelne soziale Schichten. Ein solches Verfahren wird als Sozialstrukturanalyse bezeichnet.

M 5 **Modelle sozialer Schichtung**

Schicht- und Klassenmodelle sind Versuche in das unübersichtliche Durcheinander der sozialen Ungleichheiten eine gewisse Ordnung zu bringen. Ihnen haften die Vor- und Nachteile aller Modellkonstruktionen an: Sie vereinfachen die komplexe Wirklichkeit, indem sie bewusst „unwichtig“ Erscheinendes übersehen bzw. ausklammern und die vielfältige Wirklichkeit auf „Wesentliches“ reduzieren. Bei diesem notwendigen Vorgang der Vereinfachung ist es wichtig, dass die Vielfalt der Wirklichkeit im Modell nicht zur Einfalt verkommt und dass das Modell nicht „reifiziert“ wird, d. h. mit „der Sache“, mit der Wirklichkeit verwechselt wird. Modelle können Wirklichkeit nicht abbilden; in diesem Sinne sind sie stets einseitig und unvollständig. Sie sind lediglich ein Hilfsmittel des Analytikers um nach dem Prinzip der „informierten Willkür“ (...) die wesentlichen Strukturen der Wirklichkeit genauer zu erkennen.

(Aus: R. Geißler, Die Sozialstruktur Deutschlands. Bonn [2]1996, S. 83 f.)

8 *Arbeitet die von Rainer Geißler genannten Vor- und Nachteile eines Gesellschaftsmodells heraus (M 5).*
9 *Erklärt das Prinzip der „informierten Willkür“.*

M 6 **Die soziale Schicht**

(Die) soziale Schicht (ist) allgemein eine Gruppe der Bevölkerung mit bestimmten gemeinsamen Merkmalen, die sie nach unten und/oder oben von anderen Gruppen unterscheiden. Die Verwendung des Begriffs setzt das Vorhandensein sozialer Ungleichheit in einer Gesellschaft voraus. (...)
Schicht wird auch als Gegenbegriff zu Klasse verstanden. Während die Zugehörigkeit zu einer Klasse nach einem einzigen objektiven Merkmal, der Verfügungsgewalt über die Produktionsmittel, bestimmt wird, soll die Schichtung die Fülle der tatsächlich vorhandenen und/oder von den Mitgliedern einer Gesellschaft wahrgenommenen Unterschiede zwischen Gruppen erfassen. (...)
Schichten werden zum einen objektiv nach mess- oder eindeutig abstufbaren Tatsachen (Einkommen, Vermögen, erreichter Schulabschluss) bestimmt. (...)
Schichten werden zum anderen subjektiv nach Fremd- und Selbsteinschätzung durch Befragungen bestimmt. Man geht dabei von der Erfahrung aus, dass bestimmte „Leitberufe“ von den meisten Mitgliedern der Gesellschaft etwa gleich bewertet werden (Professoren, Ärzte und Rechtsanwälte werden von den meisten Leuten ungefähr gleich geachtet und zu einer höheren Schicht gerechnet, Straßenarbeiter und Matrosen dagegen weit unten eingeordnet (vgl. M 4, S. 35).

(Aus: W. Jung, Grundbegriffe aus Politik, Gesellschaft, Wirtschaft. Frankfurt 1984, S. 216)

10 *Beschreibt das Schichtmodell in M 6.*
11 *Findet die wesentlichen Kriterien heraus, anhand derer sich die Gesellschaftsmodelle „Klasse“ und „Schicht“ unterscheiden lassen.*

Besonders in den Sechzigerjahren wurden Gesellschaftsmodelle entwickelt. Bedeutsam wurde dabei die Arbeit des Soziologen Ralf Dahrendorf. Er schuf das erste Mal das Modell eines Hauses um den Aufbau unserer Gesellschaft zu beschreiben. Die Vielschichtigkeit der Gesellschaft der Bundesrepublik Deutschland und ihre stete Veränderung verlangten allerdings immer wieder einen Umbau und eine Modernisierung vorhandener Beschreibungsmodelle. Der Soziologe Rainer Geißler hat daher die Modelle der 60er- und 70er-Jahre überprüft und versucht eine neue Schichtungsanalyse zu entwerfen, die unserer heutigen Gesellschaft in Westdeutschland eher entspricht. Dabei legte er das „Hausmodell“ Dahrendorfs zugrunde, entwickelte es im oben genannten Sinne weiter. Für seine Analyse waren die Kriterien Beruf, Qualifikation, Einkommen, Prestige und Einfluss maßgebend.

12 *Findet Beispiele für die eben erwähnten Kriterien. Überlegt anhand eurer Beispiele, inwieweit durch diese Kriterien die Zugehörigkeit zu einer bestimmten Schicht festgelegt wird. Berücksichtigt auch S. 34 f.*

8.2 Die soziale Schichtung der Bundesrepublik Deutschland

Gesellschaftsmodelle

M 7 Das Gesellschaftsmodell Rainer Geißlers

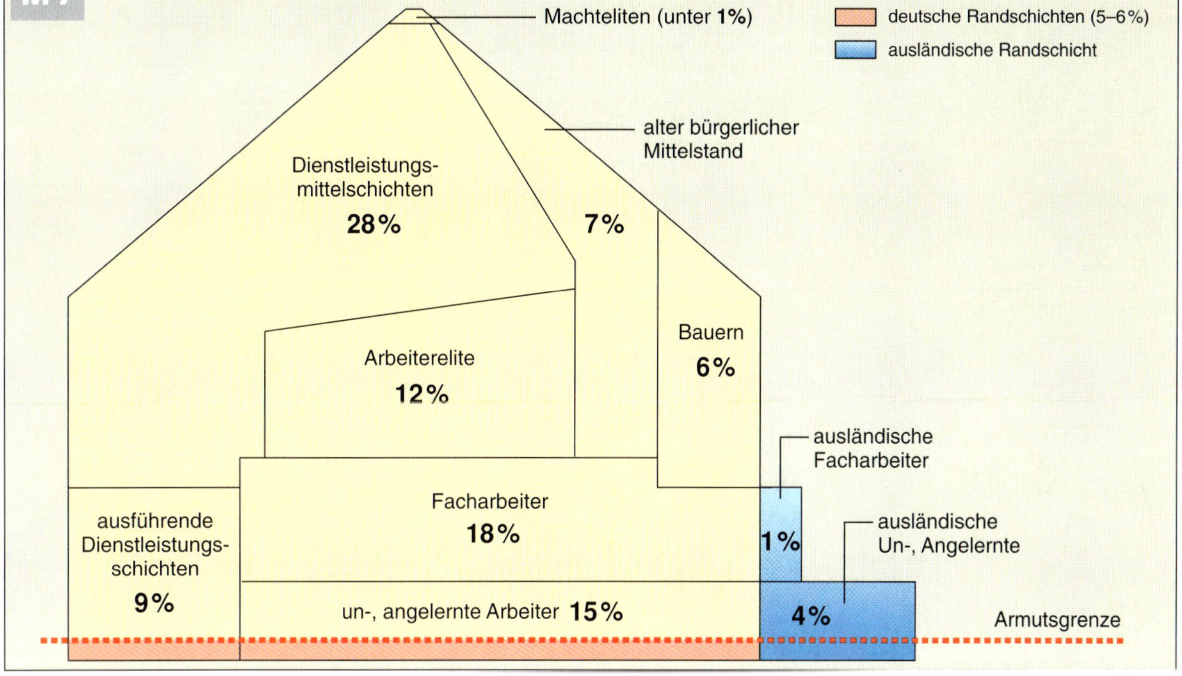

M 8 Die Sozialstruktur in Deutschland

Machteliten: Jene Personen, die in unserer Gesellschaft die Macht ausüben.
Dienstleistungsschichten: Abhängig Beschäftigte im Dienstleistungssektor in gehobener Stellung.
Arbeiterelite: Arbeiter mit abgeschlossener Berufsausbildung, die Führungspositionen ausüben.
Alter bürgerlicher Mittelstand: Selbstständige, die überdurchschnittlich gut verdienen.
Bauern: Selbstständige in der Landwirtschaft.
Ausführende Dienstleistungsschicht: Wenig qualifizierte Personen im Dienstleistungsbereich.
Facharbeiter: Alle Arbeiter, die über eine abgeschlossene Berufsausbildung verfügen.
An- und ungelernte Arbeiter: Arbeiter, die keine abgeschlossene Berufsausbildung haben und Tätigkeiten verrichten, die wenig qualifiziert sind.
Ausländische Randschicht: Ausländische Menschen, die in Deutschland un- oder angelernte Tätigkeiten ausüben, aber über eine schlechte Rechtsposition verfügen.
Deutsche Randschicht: Alle, die aus unterschiedlichen Gründen nicht am Wohlstand unserer Gesellschaft teilnehmen können.

M 9 Nicht ohne Widerspruch

(Die jüngere Sozialstrukturforschung macht darauf aufmerksam) (...), dass unterschiedliche Lebenslagen nicht nur durch objektive Einflussgrößen bestimmt werden. Dem entspricht z.B., dass innerhalb einer Schicht, deren Mitglieder nach Beruf, Einkommen und Bildung unter vergleichbaren Verhältnissen leben, sehr unterschiedliche Wertorientierungen, Mentalitäten und Lebensstile wirksam sein können, die wiederum, gewissermaßen „grenzüberschreitend", auch in anderen sozialen Schichten anzutreffen sind.

(Aus: K. Christoph, Soziale Schichtung. In: H. Drechsler u. a., Gesellschaft und Staat. Lexikon der Politik. München [9]1995, S. 740)

13 *Beschreibt M 7 und überlegt, warum Geißler sich für das Modell eines Hauses entschieden haben könnte.*
14 *Entwickelt Kriterien, mit deren Hilfe ihr einzelne Berufsgruppen den Schichten zuordnen könnt. Bezieht eure Ergebnisse aus Kapitel 2 ein.*
15 *Überprüft, ob das Hausmodell Geißlers der Kritik aus M 9 standhält.*

8.3 Kein Ausweg aus der sozialen Ungleichheit?

Zu der Frage, was genau den Lebensweg und damit die Zuordnung zu einer sozialen Schicht bestimmt, gibt es eine Reihe von gesicherten Erkenntnissen. In diesem Kapitel wurden als Beispiele die Einflussfaktoren „soziale Herkunft“ und „Bildungsweg“ etwas ausführlicher vorgestellt.
Trotz des offensichtlichen Zusammenhangs zwischen sozialer Herkunft und künftigem Lebensweg gibt es Menschen, die ihre soziale Schicht verlassen, indem sie auf- oder absteigen. Eine solche „Wanderungsbewegung“ wird „soziale Mobilität“ genannt. Dennoch ist soziale Mobilität keine mehrheitliche Erscheinung. Die Frage, wie und ob soziale Ungleichheit überwunden werden kann, wird unterschiedlich bewertet.

1 *Stellt fest, wie viel Prozent der Söhne in der Berufsgruppe ihres Vaters bleiben (M 1). Vgl. dazu auch M 4, M 5, S. 127.*
2 *Überprüft, ob es Ähnlichkeiten zwischen der Berufsgruppe des Vaters und der nachrangig von den Söhnen gewählten gibt.*
3 *Listet jene Berufsgruppen auf, in die die Söhne jeweils am seltensten oder gar nicht abwandern.*
4 *Findet Erklärungen für die vergleichsweise geringe soziale Mobilität. Denkt dabei auch an euch selbst oder an Geschwister und Freunde.*

Angefangen hatte er als ganz kleiner Tellerwäscher in einem schäbigen Hotel in der 15. Straße. Heute ist er einer von den ganz Großen! (Karikatur: P. Gaymann)

M 1 Sozialer Auf- und Abstieg bei Männern in Westdeutschland in Prozent

Beruf der Söhne	1 FB	2 U	3 HD	4 MD	5 S	6 AD	7 AE	8 L	9 FA	10 U/A
Beruf der Väter										
1 Freie Berufe	*17*	3	43	20	0	6	6	0	0	6
2 Unternehmer ab 10 Mitarbeiter	0	*24*	35	14	17	0	4	0	4	4
3 Höhere Dienstleistungen	6	1	*45*	23	8	2	2	0	9	4
4 Mittlere Dienstleistungen[2]	3	1	33	*29*	6	4	4	0	14	5
5 Selbstständige bis 9 Mitarbeiter[1]	6	4	16	20	*34*	5	6	0	5	5
6 Ausführende Dienstleistungen[4]	1	0	20	31	4	*13*	4	0	14	13
7 Arbeiterelite[5]	0	1	19	33	3	0	*11*	0	25	9
8 Landwirte	1	1	15	15	3	5	8	*23*	14	16
9 Facharbeiter	2	0	14	18	4	3	8	0	*35*	16
10 Un-, angelernte Arbeiter	0	0	10	21	3	4	8	0	30	*23*

1 ohne Landwirte; 2 hochqualifizierte/leitende Angestellte und gehobene/höhere Beamte; 3 qualifizierte Angestellte und mittlere Beamte; 4 einfache Angestellte und Beamte; 5 Vorarbeiter, Meister, Industrie- und Werkmeister

(Aus: R. Geißler, Die Sozialstruktur Deutschlands. Bonn [2]1996, S. 236)

8.3 Kein Ausweg aus der sozialen Ungleichheit?

M 2 **Gleichheit ist nicht möglich**

Natürlich sind Gleichheit vor dem Gesetz und gleiches Wahlrecht, sind gleiche Erziehungschancen und andere konkrete Gleichheiten möglich und auch wirklich. Aber der Gedanke einer Gesellschaft, in der jeder Rangunterschied zwischen Menschen beseitigt ist, überschreitet das soziologisch Mögliche und hat seinen Ort allenfalls im Bereich dichterischer Fantasie. Wo immer politische Programme klassen- oder schichtlose Gesellschaften, eine harmonische Volksgemeinschaft gleichrangiger Genossen (...) versprechen, haben wir auch darum Grund zum Misstrauen, weil hinter nicht realisierbaren politischen Versprechungen gewöhnlich der Terror und die Unfreiheit lauern. Wo immer aber herrschende Gruppen oder ihre Ideologen uns erzählen in ihrer Gesellschaft seien tatsächlich alle gleich, können wir uns auf Orwells Vermutung verlassen, dass dort sicher „einige gleicher sind als andere". (...)
Immer bedeutet Ungleichheit den Gewinn der einen auf Kosten der anderen; jedes System sozialer Schichtung trägt daher den Protest gegen sein Prinzip und den Keim zu seiner Überwindung in sich. Da nun aber menschliche Gesellschaft ohne Ungleichheit realistisch nicht möglich, die Überwindung der Ungleichheit also ausgeschlossen ist, folgt auch (...), dass es eine ideale, vollkommen gerechte (...) menschliche Gesellschaft nicht geben kann.

(Aus: R. Dahrendorf, Über den Ursprung der Ungleichheit unter den Menschen. Tübingen 1966, S. 35, 37)

5 *Zeigt auf, wie Dahrendorf in M 2 begründet, dass Gleichheit nicht möglich sei.*

M 3 **Chancengleichheit durch Bildung**

Da in der modernen arbeitsteiligen Industriegesellschaft das Lebensschicksal des Einzelnen in erster Linie durch seine Ausbildung bestimmt wird, bedeutet Chancengleichheit vor allem gleiche Chancen zur optimalen Schulbildung und gleiche Chancen zum Besuch der Hochschulen. Infolge der „Öffnung der weiterführenden Schulen" für alle Bevölkerungsschichten musste sich notwendigerweise der Konkurrenzkampf um die nicht im gleichen Maße erweiterten (und erweiterungsfähigen) Studienplätze für bestimmte Fächer (wie Medizin, Zahnmedizin, Pharmakalogie usw.) verschärfen. Die Öffnung der weiterführenden Schulen für „Unterschichtsangehörige" war jedoch kein Fehler, sondern eine ungenügend geplante Maßnahme zum Zwecke der Realisierung von Chancengleichheit.

(Aus: D. Nohlen [Hg.], Wörterbuch Staat und Politik, Bonn 1991, S. 212)

M 4 **Die Familie entscheidet**

Die Familie legt in erster Linie die Grundlagen für den Bildungsweg und die Lebensperspektiven der Kinder. Dabei ist festzustellen, dass Arbeiterkindern weniger Voraussetzungen für den Erwerb von Bildung und für Schulleistungsfähigkeit vermittelt werden und die Eltern auch weniger Interesse an langfristiger Planung der Ausbildung der Kinder haben. Wissbegierde, das Fragen und die Entfaltung der Sprache werden weniger gefördert; es wird den Kindern ein geringeres Anspruchsniveau für Arbeit und Beruf vermittelt. (...) Ein solcher Erziehungsprozess bewirkt, dass letztlich Arbeiterkinder mehrheitlich in der sozialen Schicht bleiben, in der sie geboren werden. (...)
(In den) mit dem Besuch weiterführender Schulen, besonders aber mit dem Studium verbundenen finanziellenAufwendungen (...) liegt auch heute noch – trotz Förderungsmöglichkeiten wie BAföG – eine bemerkenswerte ungleiche Voraussetzung. Längere Bildungszeit der Kinder bedeutet Einkommensminderung und ein Zurückbleiben im Lebensstandard besonders bei Arbeiterfamilien. Allerdings ergaben Untersuchungen, dass Kinder aus Angestellten- oder Beamtenfamilien mit gleichem oder sogar niedrigerem Einkommen als das von Arbeiterfamilien im Bildungssystem höhere Stufen erreichen. Die Benachteiligungen der Arbeiterkinder werden weniger durch das Bildungssystem und durch hohe Kosten bedingt; sie sind deshalb durch Bildungspolitik allein nicht zu beseitigen. Sie liegen wesentlich in der sozialen Situation der Familien. Bildungspolitik ist deshalb mit Familien- und Sozialpolitik und mit der Humanisierung der Arbeitswelt zu verknüpfen.

(Aus: H. Drechsler/W. Hilligen/F. Neumann, Gesellschaft und Staat. Lexikon der Politik, München 1992, S. 89 f.)

6 *Nehmt Stellung zu der in M 2 aufgestellten These, eine vollkommen gerechte Gesellschaft könne es nicht geben. Berücksichtigt M 3 und M 4.*

7 *Beurteilt, inwieweit Gleichheit durch das Bildungssystem erzielt werden kann. Wie müsste ein solches Bildungssystem eurer Meinung nach aussehen? Stützt eure Argumentation auf M 2 bis M 4 und das Kapitel.*

→ Chancengleichheit, Gesellschaft, Soziale Mobilität

Methode: Mit Diagrammen umgehen

Das Kapitel „Gesellschaftsstruktur in Deutschland" stellte euch ein Beschreibungsmodell unserer Gesellschaft vor. Ausgangspunkt der Überlegungen zu diesem Thema war die Feststellung bestehender sozialer Ungleichheiten in unserer Gesellschaft.
Untersuchungen zum Bildungsbereich dokumentieren, welche Auswirkung beispielsweise die soziale Herkunft eines Menschen für seinen weiteren Bildungs- und Lebensweg hat.

Die Präsentation von Zahlen
In diesem wie in anderen Kapiteln wurde euch Zahlenmaterial in unterschiedlichen Präsentationsformen vorgestellt, mal in Tabellen, mal grafisch aufbereitet. Das Ergebnis zwischen beiden Präsentationsformen ist letztendlich dasselbe, doch wirken grafisch aufbereitete Zahlen offensichtlich zugänglicher und finden daher häufig Anwendung.

Das Ziel von Diagrammen ist es, den Betrachterinnen und Betrachtern das Zahlenmaterial anschaulich zu präsentieren. Je nach Art ihrer grafischen Ausgestaltung heißen sie Kurven-, Säulen-, Block-, Kreis- oder Flächendiagramm.

Diagramme vereinfachen und erlauben nur eine grobe Einschätzung des Sachverhalts. Die grafische Darstellung benötigt in der Regel Unterstützung durch konkretes Zahlenmaterial. Diagramme werden daher in der Regel durch Tabellen oder Zahlenangaben, die in die Diagramme eingebaut werden, ergänzt. Ohne Zusatzinformationen stehen Diagramme in der Gefahr falsch interpretiert zu werden. Ihre scheinbare Übersichtlichkeit verleitet außerdem zu oberflächlicher Betrachtung. Dieser Umstand wird gelegentlich dazu benutzt, absichtlich falsch zu informieren.

Das Blockdiagramm
Ein Blockdiagramm (vgl. M1) ist dreidimensional aufgebaut, es hat räumliche Tiefe.
In diesem Fall wird jede einzelne Berufsgruppe durch einen Block repräsentiert; eine Legende benennt sie (Beamte, Angestellte ...). Das Diagramm wirkt wie in einen Kasten gesetzt, von dem zwei Wände sichtbar sind. Linien kennzeichnen die Prozentwerte. Ähnlich wird mit der zeitlichen Dimension verfahren.
Das Blockdiagramm führt deutlich die quantitative Differenz zwischen der Berufsgruppe der Arbeiter und Beamten vor Augen.

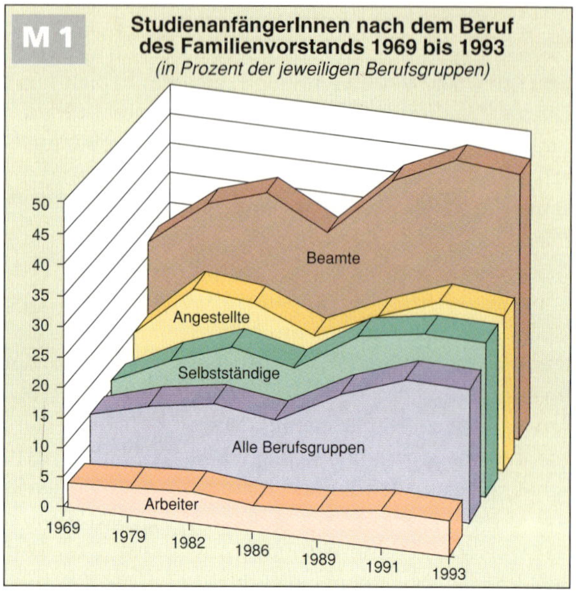

(Aus: R. Geißler, Die Sozialstruktur Deutschlands. Bonn ²1995, S. 261)

Kinder von Beamten studieren also wesentlich häufiger als Kinder von Arbeiterinnen und Arbeitern, was ihr schon an verschiedenen Stellen des Kapitels erfahren habt. Ablesen könnt ihr auch, wie sich der Anteil der Studentinnen und Studenten innerhalb der einzelnen Berufsgruppen innerhalb der letzten Jahrzehnte verändert hat.
Für sich genommen leistet das vorliegende Blockdiagramm nur eine grobe Übersicht; eine exakte Zahlenangabe liegt nicht vor und ist aus der Grafik allein nicht zu ermitteln. Ohne zusätzliche Informationen gibt das Diagramm nur eine ungefähre Orientierung.

1 *Überlegt, ob sich jeder beliebige Sachverhalt in einem Blockdiagramm darstellen lässt. Wo liegen Grenzen in der Darstellung? Wie viele Angaben muss man zur Verfügung haben?*

Das Säulendiagramm
Das Säulendiagramm ist die gebräuchlichste und einfachste Form der Zahlenpräsentation; es eignet sich besonders gut für den Vergleich absoluter Zahlen. Es ist übersichtlich und verweist grafisch eindeutig auf die gewünschten Absichten.
Horizontal werden meistens Jahreszahlen, Zeiten, ganz allgemein die Bezugsgrößen abgetragen. Vertikal trägt man die von dieser Bezugsgröße abhängige

Methode: Mit Diagrammen umgehen

Größe, also Anteile, Prozente, Kosten usw. ab. Im Unterschied zum Kurvendiagramm, das ihr aus dem Mathematikunterricht kennt, werden die einzelnen Werte nicht miteinander verbunden, da zwischen ihnen kein Zusammenhang besteht, sondern jede einzelne Zuordnung nur für sich gesehen werden kann.

Das Diagrammbeispiel M 1 gibt zwar Auskunft über die Gesamtzahl der Studienanfänger, es führt aber keine weiteren Differenzierungen durch. Beispielsweise wird keine Unterscheidung zwischen DDR und Bundesrepublik und zwischen Männern und Frauen getroffen.
Unabhängig von ihrer sozialen Herkunft waren Frauen an Universitäten lange Zeit eine Ausnahmeerscheinung. Und auch heute noch ist eine soziale Ungleichheit zwischen Frauen und Männern selbst im Bildungsbereich feststellbar.

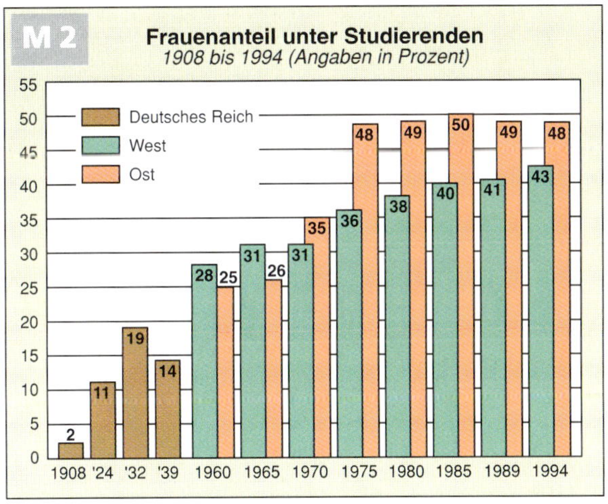

(Aus: R. Geißler, Die Sozialstruktur Deutschlands. Bonn [2]1995, S. 278)

2 *Analysiert das Säulendigramm und beschreibt die Entwicklungen in beiden deutschen Staaten. Beachtet dabei die getrennte Entwicklung und setzt sie in Beziehung zum Deutschen Reich. Findet zudem eine Erklärung für den erhöhten Anteil im Jahr 1932 und dem Rückgang 1939.*

Nicht offen gelegt wurde, ob sich die Erhebung auf Studienanfängerinnen oder nur auf Frauen bezieht, die auch einen Abschluss erzielten. Unklar bleibt außerdem, wie viel Frauen das Studium abbrachen und welche Gründe dafür vorlagen. Auch der quantitative Sprung in der DDR im Jahr 1975, der durch gezielte staatliche Förderung der Frauen zustande kam, ist nicht erläutert, sondern muss durch Zusatzinformationen geklärt werden.

Das Kreisdiagramm

Kreisdiagramme sind übersichtlich und lassen besonders gut das Verhältnis zur Gesamtmenge erkennen. Ihre Herstellung erfolgt über die Umrechnung der Prozentanteile auf das Winkelmaß des Kreises. Dieses Verfahren habt ihr schon oft im Mathematikunterricht angewandt.

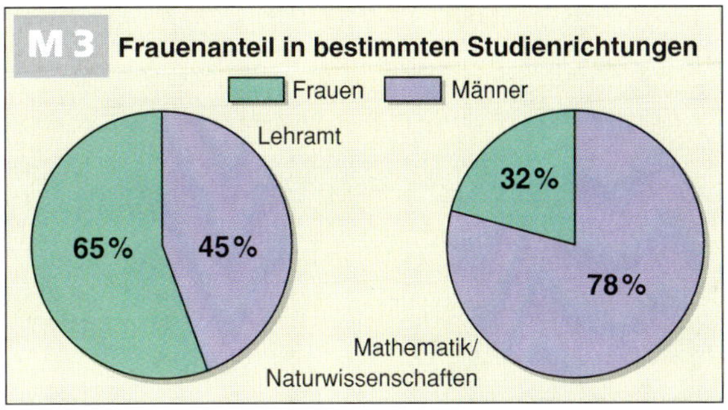

Diagramme sind hilfreich, sie verlocken aber auch dazu, ihre Gefahren zu übersehen. Wichtig bei der Analyse von Diagrammen ist daher die Ausgangsfrage nach den Informationen, die gegeben werden und jenen, die nicht gegeben werden. Grafische Darstellungen beantworten zwar immer einen Teil möglicher Fragen, sie rufen aber gleichzeitig auch neue Fragen hervor. Jede nicht im Diagramm vermittelte Information kann auch eine Information sein, die vorsätzlich verschwiegen wird.

3 *Überlegt, warum der Autor in M 3 gerade diese beiden Studienrichtungen ausgewählt haben könnte. Formuliert Fragen, die sich auf den Studienanteil von Frauen beziehen und von diesen Diagrammen nicht beantwortet werden.*

Kurven- und Flächendiagramme

Diese beiden Formen kennt ihr aus dem Mathematikunterricht sehr genau. Deshalb sollen sie hier nicht näher erläutert werden.

4 *Überlegt, warum Geißler in M 7, S. 133, auf ein Flächendiagramm zurückgegriffen hat. Entwickelt Alternativen und diskutiert ihre Vor- und Nachteile.*

9. Fremdsein in Deutschland

Ausländer/-innen
sind alle Nichtdeutsche nach dem Grundgesetz Art. 116, Abs. 1.

Ausländische Arbeitnehmer/-innen („Arbeitsmigranten")
sind Personen, die als ehemals angeworbene Arbeitnehmer/-innen oder als EU-Angehörige sich in Deutschland aufhalten.

EU-Angehörige
sind Personen, die aufgrund der Freizügigkeit und des Niederlassungsrechtes innerhalb der EU in Deutschland leben (vgl. auch M 9, S. 172).

Angeworbene Arbeitnehmer/-innen
sind Personen, die durch Anwerbeabkommen der BRD bzw. Regierungsverträge der ehemaligen DDR als so genannte Gastarbeiter bzw. Vertragsarbeiter nach Deutschland gekommen sind.

Flüchtlinge
sind nach der Genfer Flüchtlingskonvention von 1951 Personen, die sich aus der begründeten Furcht vor Verfolgung wegen Rasse, Religion, Nationalität, Zugehörigkeit zu einer sozialen Gruppe oder wegen politischer Überzeugung außerhalb des Landes befinden, dessen Staatsangehörigkeit sie besitzen.

Asylbewerber/-innen
sind diejenigen Flüchtlinge, die einen Asylantrag gestellt haben, über den aber noch nicht entschieden worden ist.

Asylberechtigte
sind Flüchtlinge, deren Asylantrag positiv beschieden worden ist.

Bürgerkriegsflüchtlinge
sind diejenigen, die aus einem Gebiet geflohen sind, in dem Krieg oder Bürgerkrieg herrscht und die ohne in das Asylverfahren zu müssen aus humanitären Gründen zeitweise geduldet werden.

De-facto-Flüchtlinge

sind diejenigen, die im Asylverfahren nicht anerkannt worden sind, aber aus humanitären und faktischen Gründen nicht abgeschoben werden können.

Kontingentflüchtlinge

ind diejenigen, die im Rahmen humanitärer ilfsaktionen auf politischen Beschluss der undesregierung in einer bestimmten Zahl („Kontingent") aufgenommen werden.

In der Bundesrepublik Deutschland leben Menschen verschiedenster Nationalitäten. In Kindergärten und Schulen spielen und lernen Kinder und Jugendliche aus vielen Ländern gemeinsam, am Arbeitsplatz und in Krankenhäusern arbeiten Menschen mit unterschiedlicher Herkunft zusammen. Betrachtet man die Fußgängerzone einer Großstadt, so könnte man meinen, wir lebten in einer multikulturellen Gesellschaft. Was man darunter versteht, könnt ihr in diesem Kapitel erarbeiten.

Nicht die Gemeinsamkeiten, sondern das Trennende bestimmt zumindest in großen Teilen das Leben der nichtdeutschen Menschen. Ein ausländischer Mitbürger stellte einmal fest: „Ihr Deutschen lebt auf dem Boden des demokratischen Grundgesetzes mit allen Freizügigkeiten und Rechten. Für uns gilt aber das Ausländergesetz, das nur ein Recht kennt: das Recht der freien Ausreise!"

Wie die nebenstehende Grafik zeigt, teilen die deutschen Gesetze und Vorschriften die Fremden in zwei große Gruppen mit weiteren Untergruppen ein. Die Erklärungen zeigen euch, dass die Menschen von den deutschen Bestimmungen danach unterteilt werden, aus welchen Motiven sie nach Deutschland gekommen sind.
In diesem Kapitel könnt ihr untersuchen, was diese Einordnung für das alltägliche Leben unserer ausländischen Mitbürgerinnen und Mitbürger bedeutet. Ihr könnt erarbeiten, mit welchen Zielen und Hoffnungen sie gekommen sind und mit welchen Ängsten und Problemen sie sich auseinander setzen müssen.

1 *Erarbeitet aus der nebenstehenden Abbildung die unterschiedlichen Motive, aus denen Menschen nach Deutschland kommen.*
2 *Befragt eure ausländischen Mitschülerinnen und Mitschüler, aus welchen Gründen sie oder ihre Eltern nach Deutschland gekommen sind.*

9.1 Fremde in Deutschland – ein Überblick

Auf der vorherigen Doppelseite habt ihr untersucht, in welcher Weise unsere deutschen Gesetze die hier lebenden Nichtdeutschen in verschiedene Gruppen aufteilen. Doch diese Unterteilung sagt nur wenig darüber aus, warum die Menschen im Einzelnen nach Deutschland gekommen sind und wie sie hier leben. Auf dieser Doppelseite könnt ihr einige Motive, aus denen ausländische Mitbürgerinnen und Mitbürger nach Deutschland gekommen sind, genauer untersuchen.

M 1 **Die zweite Heimat**
Zusammensetzung der ausländischen Bevölkerung in Deutschland

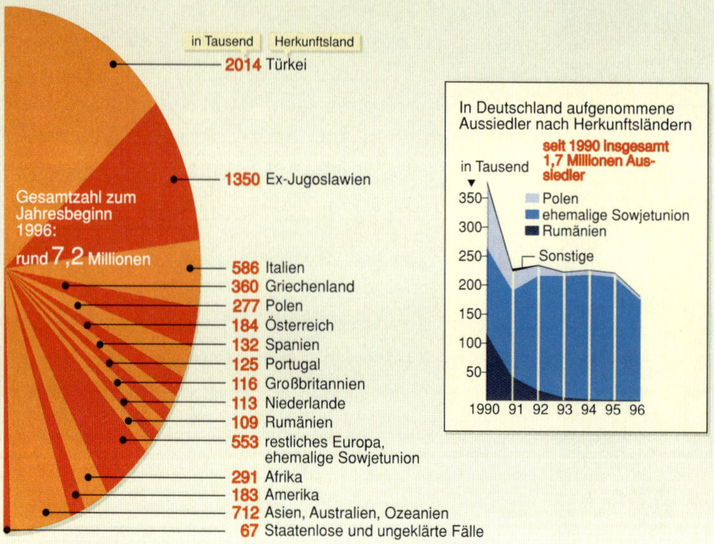

(Aus: Der Spiegel, Nr. 16, 1997)

M 2 **Aufenthaltsdauer der ausländischen Bevölkerung 1996**
Von je 100 Ausländern leben in Deutschland seit

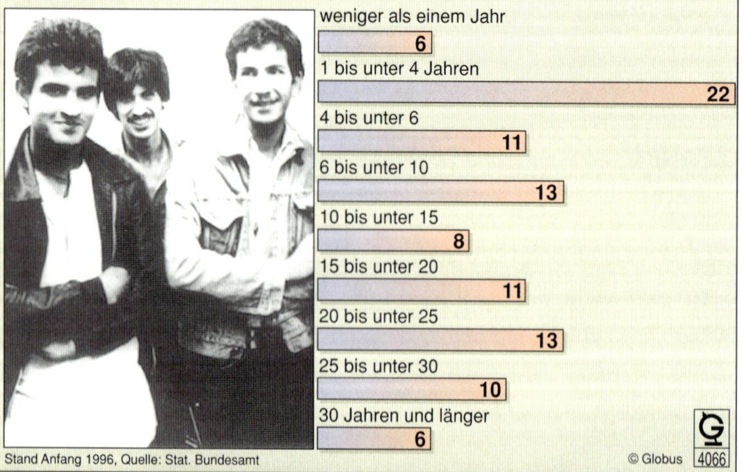

Stand Anfang 1996, Quelle: Stat. Bundesamt © Globus 4066

M 3 **Anwerbung ausländischer Arbeitskräfte**

Mitte der Fünfzigerjahre setzte in der Bundesrepublik das „Wirtschaftswunder" ein. Da die deutschen Arbeitskräfte nicht ausreichten, wurden aus den Mittelmeerländern erste „Gastarbeiter" angeworben. Zwischen 1955 und 1973 kamen so insgesamt 14 Millionen ausländische Arbeitskräfte in die BRD, 11 Millionen davon kehrten in ihre Heimat zurück. Vor dem Hintergrund der Wirtschaftskrise von 1973 wurden die Anwerbungen eingestellt („Anwerbestopp"). Viele Ausländerinnen und Ausländer blieben jedoch auf Dauer hier, holten ihre Familien nach oder gründeten hier neue Familien.

Auch in der ehemaligen DDR wurden ausländische Arbeitskräfte gebraucht. Von 1966 bis 1989 wurden aufgrund von Regierungsabkommen befristet ausländische Arbeitnehmer aus sozialistischen Ländern wie Kuba, Mosambik, Angola und Vietnam beschäftigt.

(Autorentext)

1 *Beschreibt mithilfe von M 1 die Zusammensetzung der ausländischen Bevölkerung.*

2 *Erarbeitet mit M 1 und M 3, aus welchen Ländern die angeworbenen Arbeitnehmer kommen.*

3 *Berechnet, wie lange schon ein Viertel und die Hälfte der ausländischen Bevölkerung in Deutschland lebt (M 2).*

4 *Vergleicht M 2 und M 3 mit der Grafik auf S. 138 und stellt einen Zusammenhang zwischen Aufenthaltsdauer und Gruppe dar.*

9.1 Fremde in Deutschland – ein Überblick

M 4 **Leben in der Fremde?**

a) Die 49-jährige Türkin Edina S. aus Berlin:

Mein Mann arbeitete schon vier Jahre in Deutschland, als ich 1972 mit meinen drei Kindern nach Berlin gekommen bin. Die ersten Jahre war es furchtbar schwer. Ich habe in der Frühschicht gearbeitet. Abends habe ich dann noch eine Putzstelle gehabt. Dann bekam ich Zwillinge und musste meine Fabrikarbeit aufgeben. Ich habe das gesundheitlich einfach nicht mehr geschafft. Als meine beiden Töchter schon etwas älter waren, haben sie sich um die Kleinen gekümmert. So konnte ich noch eine weitere Putzstelle annehmen. (…) Erst durch meine Kinder habe ich etwas Kontakt zu Deutschen bekommen.

(Aus: nah und fern, Informationsdienst für Ausländerarbeit Nr. 21, 1996, S. 25)

b) Bericht einer 18-jährigen Schülerin über das Leben in einem Asylbewerberheim:

Im Heim in Reinhardshain leben ca. 120 Flüchtlinge mit verschiedenen Nationalitäten. Der Heimleiter versucht Flüchtlinge aus demselben Land in einem Zimmer unterzubringen, damit kein Streit entsteht. In einem Zimmer für 4 Personen stehen 2 Doppelbetten. (…) Die Flüchtlinge haben also wenig Platz. Ehepaare mit Kind schlafen in einem großen Ehebett. (…)
Wenn die Flüchtlinge mal nicht in ihrem Zimmer sein wollen, dann steht ihnen ein großer Aufenthaltsraum zur Verfügung. Dort können sie sich unterhalten, Karten spielen oder fernsehen, dort wird gefrühstückt, zu Mittag und auch zu Abend gegessen. Eigentlich verbringen sie die meiste Zeit im Aufenthaltsraum. Oft haben sie Langeweile. Die einzigen Beschäftigungsmöglichkeiten sind Tischtennis und Fußball spielen. Für Frauen gibt es überhaupt keine Beschäftigungsmöglichkeiten. Sie sitzen immer nur im Heim, passen auf die Kinder auf oder spazieren kurz über den Hof.
Tagein, tagaus warten die Flüchtlinge auf die Nachricht, ob sie bleiben dürfen oder ob sie wieder zurückgeschickt werden. Die Ungewissheit darüber macht ihnen sehr zu schaffen, dadurch sind sie oft nervös und gereizt.

(Aus: J. Maus/Schülerinnen und Schüler der Theo-Koch-Schule Grünberg: Flüchtlingspatenschaften. In: Wochenschau, Sonderausgabe Dez. 1993, S. 14)

c) Die 28-jährige Türkin Merve, die als Kind mit ihren Eltern nach Moers gekommen ist:

Ich habe viele Menschen getroffen, die mich akzeptieren und gleichberechtigt behandeln. Das tun nicht allzu viele Deutsche. Für viele sind Ausländer einfach Ausländer. (…) Die Türken haben ihren Beitrag zum deutschen Wirtschaftswachstum geleistet. Sie haben mit dazu beigetragen, dass die Wirtschaft in Deutschland floriert. Und sie zahlen genauso ihre Steuern wie die Deutschen. Als früher Arbeitskräfte gebraucht wurden, da haben die Türken die Jobs übernommen, die die Deutschen nicht wollten. Ich finde es schade, dass die Deutschen so wenig über die türkische Kultur und Religion wissen. Aber die Türken wissen auch viel zu wenig über die deutschen Gepflogenheiten.

(Aus: H. Wolff, In fremden Boden Wurzeln schlagen. Lebensgeschichten ausländischer Frauen in Moers. Moers 1994, S. 108 f.)

M 5

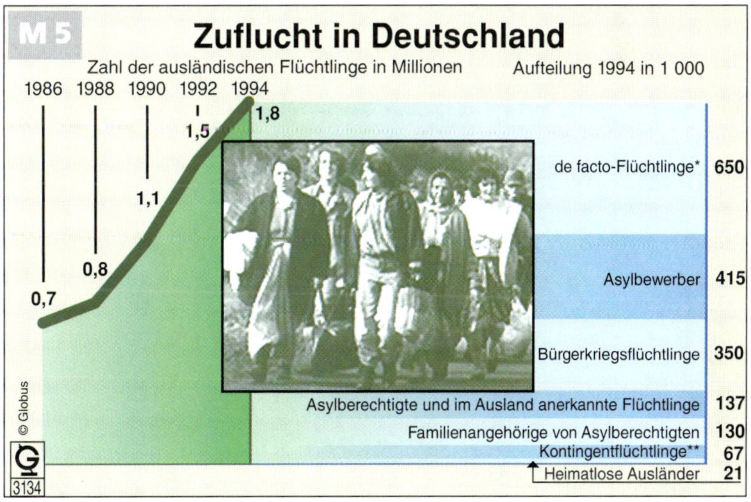

5 *Arbeitet aus M 4 heraus, von welchen Schwierigkeiten die Ausländerinnen berichten.*

6 *Erläutert die Schwierigkeiten vor dem Hintergrund der Zugehörigkeit zu den einzelnen Ausländergruppen.*

7 *Untersucht anhand von M 5 die Entwicklung der Flüchtlingszahlen; benutzt zur Begriffsklärung auch S. 138 f.*

9.2 Ausländische Arbeitskräfte in Deutschland

„Wir haben Arbeitskräfte gerufen und Menschen sind gekommen!" – Mit diesem Zitat des schweizerischen Schriftstellers Max Frisch ist häufig die Ausländerpolitik der Bundesrepublik Deutschland gegenüber den angeworbenen Arbeitskräften (vgl. S. 140) kritisiert worden.
Um zu verstehen, was Max Frisch mit diesem Zitat meint, könnt ihr auf dieser Doppelseite Unterschiede in den Arbeits- und Lebensverhältnisse von Ausländern und Deutschen erarbeiten.

M 1 **„Ein Teufelskreis" – Anklage eines Ausländers**
Was immer wir auch tun, man dreht uns einen Strick daraus: Arbeiten wir hier, nehmen wir den Deutschen die Arbeit weg – arbeiten wir nicht, werden wir rausgeschmissen. Beantragen wir Arbeitslosengeld oder -hilfe, nehmen wir den Deutschen die Butter vom Brot – beantragen wir sie nicht, kriegen wir keine Aufenthaltsgenehmigung („Wovon leben Sie?").
Leben wir bescheiden in kleinen Wohnungen, kriegen wir keine Aufenthaltserlaubnis („Kein angemessener Wohnraum!"). Mieten wir große Wohnungen, nehmen wir sie den Deutschen weg. (...)
Wohnen wir in armen Stadtteilen, schreien Deutsche: „Getto!", ziehen wir in andere Stadtteile, gibt es Zuzugssperre und viele schreien: „Überfremdung!"
(Aus: Verein für Friedenspädagogik, Ausländer. Argumente gegen alltägliche Vorurteile. Tübingen 1993, S. 1)

1 *Nehmt Stellung zu der Schilderung in M 1.*

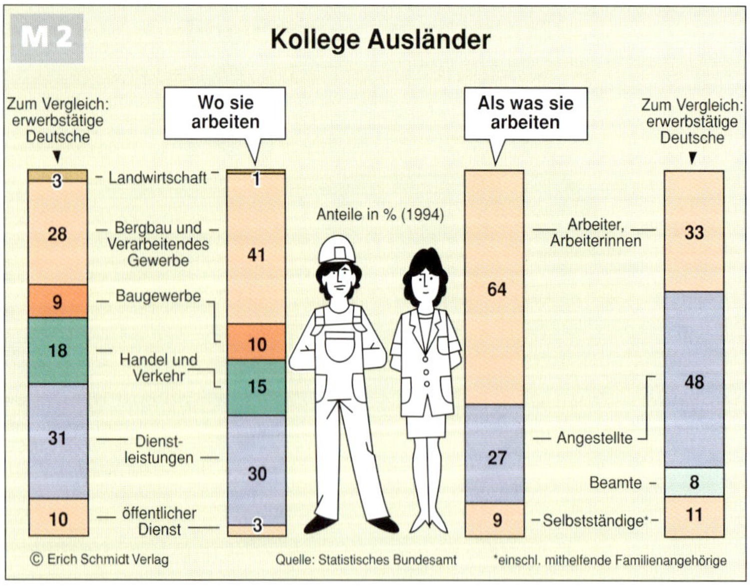

2 *Untersucht die Grafik M 2. In welchen Bereichen und in welchem Arbeitsverhältnissen arbeiten ausländische Beschäftigte überwiegend?*

3 *Stellt die Unterschiede zwischen den deutschen und den ausländischen Erwerbstätigen dar.*

Besondere Arbeits- und Lebensbedingungen

M 3 **a) Situation in Ausbildung und Beruf**
Die Bildungs- und Ausbildungsbeteiligung von Migrantenkindern (lat. = wandern) unterscheiden sich nach wie vor deutlich von der Situation ihrer deutschen Altersgenossen. Die Benachteiligung beim Eintritt in das Erwerbsleben ist durch drei Stufen gekennzeichnet: Erstens verteilen sich Schülerinnen und Schüler mit ausländischem Pass anders über die Schulformen. Zweitens stoßen sie immer noch bei einigen Ausbildungsbetrieben auf Ablehnung. Drittens brechen mehr ausländische Jugendliche eingegangene Ausbildungsverhältnisse ab. Die Abbruchquote liegt bei Mädchen viel höher als bei männlichen Jugendlichen. (...)
Ausländische Arbeitnehmer werden bei Einstellungen nicht selten benachteiligt. Wenn sie eingestellt werden, dann müssen sie oft mit ungesicherten Positionen (Leiharbeit, Aushilfskräfte, Beschäftigte mit zeitlich befristeten Arbeitsverträgen o.a.) vorlieb nehmen. Besonders häufig sind ausländische Frauen in sozialversicherungsrechtlich ungeschützten Arbeitsverhältnissen zu finden.

b) Zur Wohnsituation
Der ausländischen Bevölkerung scheint im Allgemeinen nur der Zugang zu bestimmten Wohnungen offen zu stehen. Die Nationalität (...) hat Einfluss auf die Chancen angemessene Wohnungen in den von ihnen gewünschten Wohnge-

genden zu finden. Die Chancen sind im Allgemeinen geringer als die der deutschen Bevölkerung, sodass Migrantenfamilien meist in Gebieten mit niedrigem Status wohnen: in Spekulationsobjekten, Häusern schlechter Bausubstanz, in schlechter Lage, in dicht besiedelten Hochhaussiedlungen; in Wohnqualitäten also, die für andere Bevölkerungsgruppen unattraktiv sind. (...)
Zum Teil können Migrantinnen und Migranten aufgrund geringerer Einkommen die höheren Mieten nicht bezahlen, haben jedoch einen größeren Wohnraumbedarf, da die Haushalte größer sind. Zudem werden sie von einigen Hauseigentümern diskriminiert, sodass ihnen keine Wahl bleibt als unattraktive Wohnquartiere zu beziehen.
In den Großstädten (...) sind Wohngebiete mit einem Anteil nichtdeutscher Bevölkerung von über 30 % keine Seltenheit. (...) Betrachtet man diese Stadtteile im negativen Sinn als „Getto", so werden die problematischen Seiten deutlich: der verstärkte Wegzug der deutschen Bewohner, hohe Anteile nichtdeutscher Kinder und Jugendlicher in Kindergarten und Schule, wenige Kontakte mit der deutschen Umgebung.
(Aus: Bericht der Beauftragten der Bundesregierung für die Belange der Ausländer über die Lage der Ausländer in der Bundesrepublik Deutschland. Bonn, Dez. 1995, S. 30 ff.)

4 *Vergleicht mithilfe von M 3 und euren eigenen Erfahrungen die Schul- und Ausbildungssituation von ausländischen und deutschen Jugendlichen.*
5 *Erläutert, warum ausländische Mädchen und Frauen in Schule und Beruf besonders benachteiligt werden (vgl. auch S. 32 f., M 3 und M 4).*

M 4 **Ein Beispiel der Schauspielerin und Autorin Renan Demirkan:**

Ich wollte ein Au-pair-Mädchen. Die Dame des Amtes will nach einer Viertelstunde Gespräch meinen Namen wissen, dann nach erstauntem Stottern auch meine Nationalität. Nach einem sprachlosen „Aha" verweist sie mich an das Ausländeramt. Dort bestätigt mir der Abteilungsleiter in breitem Rheinisch, dass so was für Ausländer eigentlich gar nicht erlaubt sei. Und wieder tut's weh. „Sie sprechen zwar doll Deutsch, aber woher soll isch denn wissen, dat Sie dat auch wirklisch sind", und besteht auf einer Bescheinigung meines Verlages, dass ich meine Bücher selbst in Deutsch geschrieben habe und erst damit und jetzt sogar trotz des türkischen Passes berechtigt und in der Lage bin einem englischen Au-pair-Mädchen die hiesige Landessprache und Kultur näher zu bringen.
(Aus: Der Spiegel Nr. 16, 1997, S. 80)

M 5

(Karikatur: Wössner)

M 6

(Karikatur: Gero)

6 *Überlegt, warum R. Demirkan (M 4) feststellt: „Und wieder tut's weh."*
7 *Interpretiert M 5 und M 6 (vgl. S. 50 f.).*
8 *Erarbeitet aus M 3 bis M 6 die Lebens- und Arbeitsbedingungen von Ausländerinnen und Ausländern. Ergänzt eure Darstellung von S. 141, Aufgabe 6.*

9.3 Flüchtlinge

Menschen verlassen ihre Heimat

Neben den ausländischen Arbeitnehmerinnen und Arbeitnehmern leben in Deutschland mehr als eine Million Menschen, die aus ihrer Heimat geflohen sind und bei uns Schutz suchen. Die Fluchtursache bestimmt darüber, ob der Flüchtling in Deutschland bleiben darf oder ob er das Land wieder verlassen muss (vgl. S. 146 f.). Bevor ihr euch mit der Situation der Flüchtlinge in unserem Land beschäftigen könnt, erfahrt ihr zunächst auf dieser Doppelseite, warum sich Menschen weltweit auf der Flucht befinden.

M 1 Zwei jugendliche Flüchtlinge berichten.

a) Die 15-jährige Edine aus Bosnien:

Ich komme aus dem ehemaligen Jugoslawien und lebe seit etwa zwei Jahren hier. Ich kann nicht vergessen, wie wir flüchteten. (...) Nachts hörten wir das Geschrei von Menschen, durch die Fenster konnten wir sehen, wie die Häuser brannten. Als die Soldaten näher kamen, wurde es immer schlimmer. Wir wollten nur eins: weg! (...) Wir hatten die Fahrkarten für einen Bus gekauft, der uns zunächst von Bosnien wegbringen sollte. Der Fahrer war Serbe. An der Grenze wurden wir von serbischen Soldaten kontrolliert. Es war alles in Ordnung. (...) Aber eine Frau hat etwas gegen die Serben gesagt. Um uns herum waren Panzer. Der Hauptmann sagte, die Soldaten sollten uns töten. Nur weil der serbische Fahrer wieder zurückfuhr, kamen wir mit dem Leben davon. (...) Erst später hat uns dann ein Mann, der als Polizist gearbeitet hat, geholfen. Wir gaben ihm viel Geld, damit er uns rausbringt.

(Aus: Th. Berger-v. d. Heide u. a. [Hg.], Menschen Zeiten Räume, Band 7/8. Berlin 1996, S. 212)

b) Der 16-jährige Mustafa J. aus Afghanistan:

Die Situation in Afghanistan war der Grund, weshalb ich hierher nach Deutschland kam. Da gab es viele Dinge. Vor allem die Kämpfe. In Afghanistan stellen zurzeit die Fundamentalisten die Regierung und sie verfolgen die Menschen. Außerdem ist in Afghanistan die Barbarei ausgebrochen. Es gibt unendlich viele Verbrechen. (...) Ich habe nichts mehr von meiner Familie gehört, nichts von meinem Vater, nichts von meiner Mutter, nichts von meinen Brüdern. So geht es vielen, da bin ich nicht alleine. Sie leben hier in Lagern und wissen nicht, was mit ihren Familien ist. Leben sie noch oder sind sie schon tot? In Afghanistan musste ich mich auch schon alleine durchschlagen. Mein Vater war Vorsitzender der Sozialdemokratischen Partei

Ein afghanischer Junge läuft vor einem Panzer davon, 1996.

Afghanistans. Als die Kommunisten in Afghanistan die Macht verloren, haben sie begonnen, tausende unschuldiger Menschen umzubringen und zu verfolgen und ins Gefängnis zu sperren, weil sie den Menschen den Kommunismus aufzwingen wollten. (...) Sie haben so viele Menschen verfolgt, ins Gefängnis geworfen, umgebracht und gefoltert. Das ist auch meiner Familie passiert. Mein Onkel wurde umgebracht.
Und auch in Pakistan ist das nicht anders. (...) In Pakistan werden die Flüchtlinge aus Afghanistan jetzt auch verfolgt. Für uns Flüchtlinge gibt es keinen Platz, an dem wir sicher sind. Deshalb sind wir gezwungen in diesen Teil der Welt zu kommen.

(Aus: D. Schütze, Ich hatte kein Kleingeld. Erfahrungen mit alltäglichem Rassismus in Darmstadt. Darmstadt 1996, S. 117 f.)

1 *Vergleicht die Gründe, aus denen Edine und Mustafa geflohen sind.*

M 2 Das weltweite Flüchtlingsproblem

Am 28. Juli 1951 unterzeichneten die Vertreter von elf Mitgliedstaaten der Vereinten Nationen in Genf eine Konvention, die den Begriff „Flüchtling" definiert und Mindeststandards für die Behandlung von Flüchtlingen festlegt. Bis heute haben 118 Staaten

diese „Genfer Flüchtlingskonvention" ratifiziert. Als Flüchtling gilt (Art. 33), wer sein Land verlässt, weil ihm Verfolgung wegen seiner Zugehörigkeit zu einer Rasse, Religion, Nationalität oder sozialen Gruppe oder wegen seiner politischen Meinung droht.
Das Hohe Flüchtlingskommissariat der Vereinten Nationen (UNHCR) erkennt derzeit rund 27 Millionen Menschen als Flüchtlinge an. Sie sind, wie Willy Brandt es formuliert hat, „Bauern auf dem Schachbrett blutiger regionaler und internationaler Konflikte". Sie leiden am meisten unter Krieg, Terror und Elend, welche die Dritte Welt erschüttern. Nahezu 80 % aller Flüchtlinge sind Frauen und Kinder. Ihre Völkerwanderungen markieren die Landkarte der Katastrophen und Kriege des ausgehenden 20. Jahrhunderts.
Dabei wächst in den reichen Ländern des Nordens die Angst vor Einwanderungsströmen aus dem Süden. (...) In Wirklichkeit belastet das Weltflüchtlingsproblem bislang vor allem die armen und unterentwickelten Länder. Neun von zehn Flüchtlingen leben in der Dritten Welt, davon mehr als 7 Millionen in Asien und mehr als 9 Millionen in Afrika. Zu den 27 Millionen Flüchtlingen, die im Ausland zumindest zeitweilig Aufnahme gefunden haben, kommen immer mehr, die innerhalb ihres eigenen Landes vor Not und Terror geflohen sind. Der UNHCR schätzt die Zahl dieser Vertriebenen auf mindestens 24 Millionen, über die Hälfte davon in Afrika.

(Alle Zahlenangaben wurden entsprechend den Angaben vom UNHCR auf den Stand von 1996 geändert.)

(Aus: B. Grill und M. Sontheimer, Der Zug der Vergessenen. In: Die Zeit, 19.9.1991, S. 13)

2 *Arbeitet heraus, welchen Flüchtlingen die Genfer Flüchtlingskonvention Schutz bietet.*
3 *Erarbeitet die in M 2 aufgeführten Fluchtursachen. Vergleicht sie mit den Schilderungen in M 1.*
4 *Überlegt, warum überwiegend Frauen und Kinder auf der Flucht sind.*
5 *Stellt die in M 2 genannten Flüchtlingszahlen zusammen. Ergänzt sie durch aktuelle Zahlen, die ihr den Nachrichten entnehmen könnt.*
6 *Sprecht über die in M 3 aufgeführte Reihenfolge der Aufnahmeländer.*
7 *Diskutiert darüber, welche Gründe euch selbst dazu veranlassen könnten, eure Heimat zu verlassen und alle bisherigen Bindungen aufzugeben.*

M 3 **Aufgenommene Flüchtlinge in einigen Ländern**
(Flüchtlinge pro 1000 Einwohner)

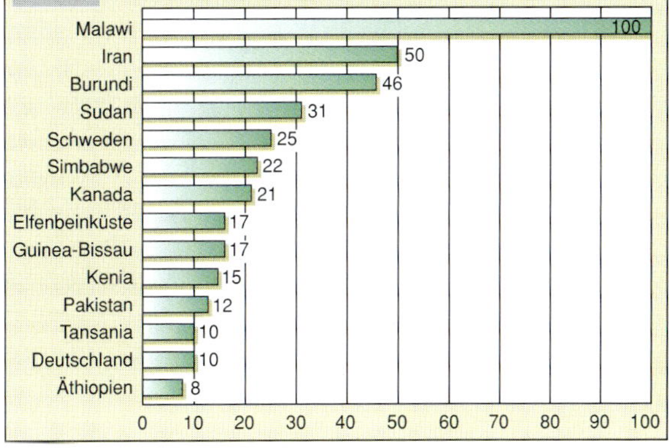

M 4 **Vorschläge zur Bekämpfung der Fluchtursachen**

a) Aus der Vorstellung eines Forschungsprojektes:
Es gilt zu untersuchen, welchen Beitrag zu einer umfassenden Lösung des Problems der Elendsmigration in der Dritten Welt eine entsprechend neu konzipierte Entwicklungszusammenarbeit leisten kann. (...) Entscheidend ist, dass das Problem ganz wesentlich nicht bei uns, sondern in den Ursprungsländern angegangen werden muss. (...) Alle Programme müssten also auf die Sicherung von Existenzmöglichkeiten für die von materieller Verelendung, Gewalt, Verfolgung, Krankheit bedrohten Menschen in oder nahe bei ihrer Ursprungsregion gerichtet sein.

(Aus: M. Fuchs, T. Schiel, Migration: Globales Problem ohne globale Lösung. In: Sozialwissenschaftliche Informationen, Nr. 2, 1992, S. 171)

b) Vorschläge einer Dritten-Welt-Initiative:
Stopp aller Rüstungsexporte, Schuldenerlass, internationale Ächtung, Bedingungen für Vergabe von Entwicklungshilfe, Unterstützung von Menschenrechtsorganisationen, Aufkündigung der Zusammenarbeit, Förderung von Selbsthilfegruppen, Verbesserungen im Welthandel.

(Aus: Dritte Welt Haus Bielefeld, Im Jahrhundert der Flüchtlinge. Bielefeld 1994, S. 29)

8 *Erläutert die Unterschiede zwischen den Vorschlägen a) und b).*
9 *Ordnet die in M 4 vorgeschlagenen Maßnahmen der Bekämpfung einzelner Fluchtursachen (Krieg, Verfolgung, Armut) zu.*

9.3 Flüchtlinge

Asylrecht und Asylpolitik

Fragen der Flüchtlings- und Asylpolitik wurden in der Öffentlichkeit immer dann besonders heftig diskutiert, wenn es mehr Flüchtlingen aus politischen und ökonomischen Krisenregionen der Welt gelang, in die Bundesrepublik Deutschland zu kommen.
Besonders kontrovers wurde die Asylpolitik im Jahr 1992 diskutiert, als sich fremdenfeindliche Anschläge auf Asylbewerberheime häuften (vgl. S. 148) und die politischen Parteien über eine Grundgesetzänderung zum Asylrecht stritten. Auf dieser Doppelseite könnt ihr euch über die Grundzüge der Asylpolitik, die Hintergründe der Änderung des Grundgesetzes und die Argumente in der Debatte über die Änderung des Art. 16 GG informieren.

M 5 Asylbewerber in Deutschland

(Anerkennungsquote in %)

	Asylbewerber-zugang	Anerkennungen	Anerkennungsquote
1989[1]	121 318	5 991	5,0
1991[2]	256 112	11 597	6,9
1992[3]	438 191	9 189	4,3
1993[4]	322 599	16 396	3,2
1994	127 210	25 578	7,3
1995	127 937	18 100	9,0

1) 19 423 aus ehem. Jugoslawien, 26 092 aus Polen
2) 74 854 aus ehem. Jugoslawien, 40 504 aus Rumänien
3) 122 666 aus ehem. Jugoslawien, 103 787 aus Rumänien
4) 93 716 aus ehem. Jugoslawien

10 *Informiert euch über die Entwicklung der in M 5 genannten Länder. Findet heraus, welche Fluchtgründe es dort gab.*

Zur Sache: Asylrecht

Im Unterschied zu vielen anderen Staaten hat die Bundesrepublik Deutschland aufgrund der Erfahrungen deutscher Flüchtlinge unter der Herrschaft des Nationalsozialismus das Asylrecht 1949 als individuellen Rechtsanspruch in den Grundrechtskatalog aufgenommen. Der Artikel 16, Absatz 2, Satz 2 lautete bis zum 1. Juli 1993: „Politisch Verfolgte genießen Asylrecht.“ Asyl Suchende müssen danach in einem Verwaltungsverfahren nachweisen, dass sie in ihrem Heimatland durch staatliche Verfolgungsmaßnahmen wegen politischer Überzeugung, Rasse, Religion oder Zugehörigkeit zu einer bestimmten sozialen oder ethnischen Gruppe persönlich bedroht waren und deshalb geflohen sind.
Das Asylverfahren kann sehr lange dauern. In dieser Zeit sind die Asylbewerber vielen Einschränkungen unterworfen. In der Regel müssen sie in Sammelunterkünften leben, eine Arbeiterlaubnis steht ihnen nicht zu; statt Bargeld bekommen sie Sachleistungen zum Lebensunterhalt.

M 6 Kommentar des Innenministeriums nach der Änderung des Asylrechts

Die Neuregelung des Artikels 16 a des Grundgesetzes gewährleistet den Schutz vor politischer Verfolgung nach wie vor in Form eines individuellen Grundrechts. Der Schutzumfang wird aber konkretisiert. Danach sind folgende Personengruppen vom Asylverfahren ausgeschlossen:
- Kriegs- und Bürgerkriegsflüchtlinge, die eine Aufenthaltsbefugnis nach dem Ausländergesetz erhalten,
- Ausländer, die aus einem sicheren Drittland einreisen (= Mitgliedstaaten der EU, Norwegen, Polen, Schweiz und Tschechische Republik).

Ein beschleunigtes Asylverfahren findet statt:
- bei Ausländern, die aus sicheren Herkunftsländern stammen (z. Zt. Bulgarien, Gambia, Ghana, Rumänien, Senegal, Slowakische Republik, Ungarn),
- wenn der Asylbewerber z. B. über seine Identität falsche Angaben macht, (…)
- bei einem offensichtlich unbegründeten Antrag,
- im Rahmen der „Flughafenregelung“; hier wird das Asylverfahren für Antragsteller aus sicheren Herkunftsstaaten vor der Einreise im Transitbereich des Flughafens innerhalb von 19 Tagen durchgeführt.

(Aus: Bundesministerium des Innern [Hg.], Das neue Asylrecht, Bonn 15. 7. 1993)

11 *Stellt auf einer Karte fest, was die in M 6 genannten „sicheren Drittländer“ für die Flucht nach Deutschland bedeuten. Beachtet dabei auch die genannte „Flughafenregelung“.*

12 *Erläutert den Satz „Der Schutzumfang wird aber konkretisiert“ und nehmt Stellung dazu (M 6).*

9.3 Flüchtlinge

Asylrecht und Asylpolitik

M 7 **Änderung Art. 16, Abs. 2 GG: Debatte vor der Verabschiedung**

a) Der Schriftsteller Walter Jens:
Die Mütter und Väter unserer Verfassung haben einen Artikel formuliert, der zweierlei zum Ausdruck bringen soll: Dank zum Ersten an Länder und Menschen, die Verfolgte vor Buchenwald, Dachau und Auschwitz bewahrten, und zum Zweiten das Versprechen zurückzugeben, was man empfing – will heißen das Gelöbnis künftig anderen Verfolgten (...) beizustehen: Wir haben aus der Geschichte gelernt. (...)
Dies zu bedenken heißt: Wer den Zentralsatz des Artikels antastet, nimmt das große Versprechen der jungen deutschen Demokratie zurück, rüttelt an der humanen Vision der Verfassung. (...) Fällt der Artikel 16, dann fallen mehr als ein paar Worte. Der Geist der Verfassung ist bedroht.

b) Der Schriftsteller Peter Schneider:
Sie (die Mütter und Väter des Grundgesetzes) konnten (...) nicht voraussehen, dass dieser Artikel ein paar Jahrzehnte später von hunderttausenden in Anspruch genommen werden würde, die aus Hunger und Not, also aus triftigen Gründen, aber nicht wegen politischer Verfolgung Aufnahme begehren.
Wer jetzt darüber nachdenkt, wie der fragliche Satz des Artikels 16 wieder auf den Zweck begrenzt werden kann, den die Schöpfer der Verfassung im Sinn hatten, macht sich nicht gleich einer „Aushöhlung der Verfassung" schuldig. Es geht in der Debatte nicht um die Abschaffung des Asylrechts, sondern um die Abschaffung des Missbrauchs.

(Aus: Die Zeit, 6.11.1992)

M 8

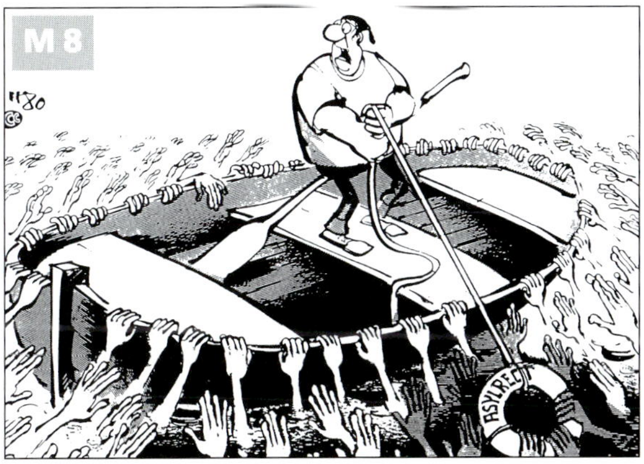

„Hilfe!" (Karikatur: Hanel)

13 *Gebt die beiden Stellungnahmen in M 7 mit eigenen Worten wieder und diskutiert die Positionen.*
14 *Interpretiert die Karikatur (vgl. S. 50 f.).*
15 *Zeichnet eine Karikatur, die eure Meinung zum Thema „Aufnahme von Flüchtlingen" ausdrückt. Ihr könnt euch dazu in einer Gruppe zusammentun.*

M 9 **Die Asylbewerberin Frau I. aus Zaire**
Nach einer gegen den Diktator Mobutu gerichteten Demonstration wurde Frau I. im Oktober 1994 verhaftet und ins Gefängnis der Sicherheitspolizei gebracht. Ihr Mann wurde ermordet. Frau I. erzählt:
„Dann schlugen sie mich, bis ich ohnmächtig wurde. Sie gossen mir Wasser ins Gesicht, damit ich aufwachte und warfen mich in einen Raum, wo schon andere Frauen waren. Die sagten mir, ich solle nur warten bis die Nacht kommt. Am nächsten Morgen waren wir nur noch zehn – drei Frauen hatten die Soldaten umgebracht. Wir wurden geschlagen und vergewaltigt."
Frau I. gelang unter großen Schwierigkeiten die Flucht nach Deutschland. Im Dezember 1994 wurde sie in Freiburg angehört. Der Übersetzer war Zairer, die Beamten des Bundesamtes (für die Anerkennung ausländischer Flüchtlinge) allesamt Männer. Ihr Asylantrag wurde abgelehnt, weil sie nichts sagte. Die Scheu die Demütigung offen zu legen war zu groß. Am Ende des Asylverfahrens drohte ihr die Abschiebung. Durch öffentliche Proteste von engagierten Bürgerinnen und Bürgern von Pro Asyl wie auch von Großorganisationen wie dem Deutschen Gewerkschaftsbund wurde erreicht, dass sie aus der Abschiebehaft entlassen wurde. Doch Asyl hat sie noch lange nicht. Frauenspezifische Fluchtgründe, wie zum Beispiel Vergewaltigung, zählen bisher nicht im Asylverfahren.

(Aus: G. Burkhardt, Der Einzelfall zählt. In: Pro Asyl [Hg.], Tag des Flüchtlings 1996, Frankfurt a. M. 1996, S. 11)

16 *Erläutert, warum Frau I. (M 9) nicht in der Lage war ihren Asylantrag zu vertreten.*
17 *Stellt am Fall von Frau I. (M 9) dar, was am deutschen Asylverfahren verbessert werden müsste.*
18 *Tragt aus Zeitungen Material zusammen und gestaltet eine Wandzeitung zum Thema „Flüchtlinge in der Bundesrepublik heute".*

9.4 Gewalt gegen Fremde

Seitdem im September 1991 im sächsischen Hoyerswerda ein Ausländerheim mit Brandsätzen, Steinen und Stahlkugeln angegriffen wurde, ist die Kette von Gewalttaten gegen nichtdeutsch aussehende Menschen nicht mehr abgerissen. Solche Überfälle und Gewalttaten gehen vor allem von rechtsextremistischen Jugendlichen aus. Doch auch von der Bevölkerung hat es zustimmende Äußerungen gegeben, als im Sommer 1992 in Rostock Jugendliche mehrere Tage Brandsätze gegen das Asylbewerberheim schleuderten.

Auf dieser Seite könnt ihr untersuchen, inwieweit rechtsextremistisch motivierten Gewalttaten gegen Fremde in den letzten Jahren stattgefunden haben und welche Erklärungen dafür gegeben werden.

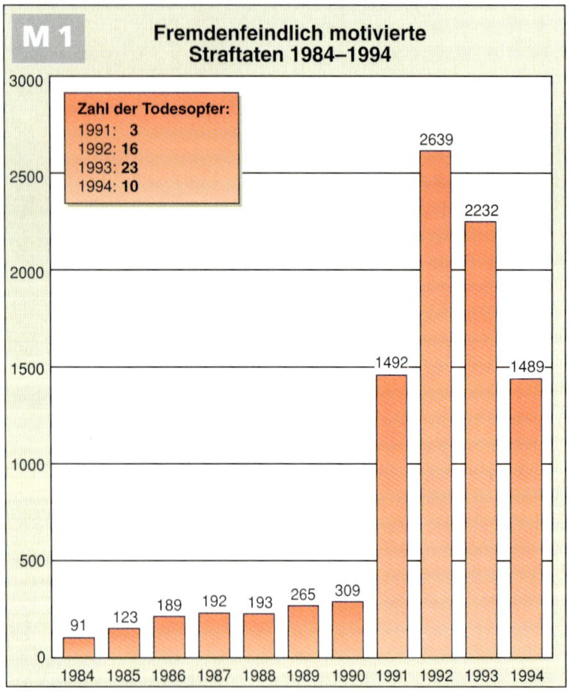

1 *Stellt die Aussagen der Grafik M 1 in Thesenform zusammen.*

M 2 Die schwersten rechtsextremistischen Gewalttaten 1990 bis 1994

25. 11. 1990: Skinheads greifen in Eberswalde Afrikaner in einer Diskothek an; ein Angolaner stirbt.
20. 9. 1991: In Hoyerswerda (Sachsen) wird ein Ausländerheim angegriffen; mindestens 30 Verletzte.
3. 10. 1991: Am „Tag der Deutschen Einheit" zünden Skinheads in Hünxe (NRW) ein Asylbewerberheim an; zwei libanesische Mädchen erleiden lebensgefährliche Verletzungen.
8. 7. 1992: In Ostfildern (Baden-Württemberg) überfallen Skinheads eine Arbeiterunterkunft; ein Kosovo-Albaner wird erschlagen.
22.–24. 8. 1992: In Rostock-Lichtenhagen wird das zentrale Asylbewerberheim unter dem Beifall der Bevölkerung zwei Tage von Jugendlichen angegriffen.
23. 11. 1992: Bei Brandanschlägen von Neonazis auf zwei Wohnhäuser in Mölln kommen eine türkische Frau und zwei türkische Mädchen ums Leben.
29. 5. 1993: Bei einem rechtsextremistischen Brandanschlag auf ein von Türken bewohntes Haus in Solingen sterben fünf Frauen und Kinder.
25. 5. 1994: Brandanschlag auf die jüdische Synagoge in Lübeck.
12. 5. 1994: Am Himmelfahrtstag werden in Magdeburg Ausländer von rechtsextremistischen Jugendlichen durch die Stadt gejagt.
(Autorentext)

M 3

(Karikatur: Mester)

2 *Interpretiert die Karikatur M 3 (vgl. S. 50 f.) und überlegt euch eine Überschrift.*

3 *Recherchiert im Archiv eurer Lokalzeitung, ob es in eurem Ort oder in seiner Nähe während der letzten Jahre Angriffe gegen Ausländerinnen und Ausländer gegeben hat.*

M 4 **Interview mit dem Jugendforscher Heitmeyer**

Heitmeyer: Wir machen uns etwas vor, wenn wir die Ursachen an den gesellschaftlichen Rändern suchen. Denn das würde heißen: Es gibt ein paar kaputte Typen, Verrückte, Verblendete, Beschränkte, aber sonst ist bei uns alles intakt.
Stern: Wo liegen Ihrer Meinung nach die Ursachen?
Heitmeyer: Wir leben in einer Gesellschaft, die darauf setzt, dass sich der Einzelne durchboxt. Wer ran will an Geld, Konsum und Status, der muss andere verdrängen. Je mehr Konkurrenz, desto weniger Solidarität; je weniger Solidarität, desto mehr Vereinzelung; je mehr Vereinzelung, desto weniger soziale Einbindung; je weniger soziale Einbindung, desto mehr rücksichtslose Durchsetzung. Die Folge: Die Gesellschaft zerfällt.
Stern: Wie passt der Rechtsradikalismus in diese Auflösungserscheinung?
Heitmeyer: Wenn die soziale Zugehörigkeit – zu Familie, zu Nachbarn, zu Kollegen, zu kirchlichen, gewerkschaftlichen oder parteipolitischen Kreisen – immer bröseliger wird, dann steigt man um auf Zugehörigkeiten, die einem keiner nehmen kann, weil sie sozusagen naturhaft sind: Rasse, Hautfarbe, Nation. „Ich bin stolz ein Deutscher zu sein", das ist dann die letzte uneinnehmbare Bastion.
Stern: Damit lässt sich vielleicht die Anfälligkeit vieler Jugendlicher für rechtsradikale Parolen erklären. Aber lässt sich damit auch die mörderische Gewalt erklären, mit der sie gegen Ausländer vorgehen?
Heitmeyer: Es ist nicht so, dass die Parolen in Gewalt münden, sondern die Gewalt sucht sich Parolen. Jugendliche haben in dieser Gesellschaft durch eigene Erfahrungen gelernt, dass Gewalt ein effektives Regulierungsmittel (Regelungsmittel) ist. Sie greifen das Thema auf, das die Politik ihnen liefert: „das Ausländerproblem", „die fremde Flut", „die Scheinasylanten". Jugendliche hätten gar nicht die Macht das Thema selbst zu bestimmen. Sie exekutieren (führen aus), was andere denken.

(Aus: Stern, 4. 6. 1993, S. 29)

M 5 **Einstellung Jugendlicher zur Parole „Ausländer raus"**

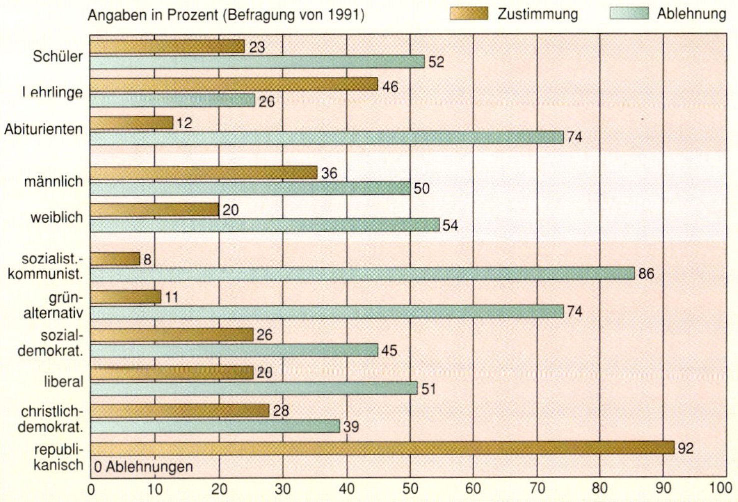

M 6 **Aus der Rede des Bundespräsidenten Richard von Weizsäcker in Solingen:**

Die Morde von Mölln und Solingen sind nicht unzusammenhängende, vereinzelte Untaten, sondern sie entstammen einem rechtsextremistisch erzeugten Klima. Es mögen Einzeltäter sein, aber sie kommen hier nicht aus dem Nichts. Rechtsextremistische Gewalt, so gedankenarm sie auch wirkt, ist doch politisch motiviert. (...)
Wenn Jugendliche zu Brandstiftern und Mördern werden, dann liegt die Schuld nicht allein bei ihnen, sondern bei uns allen, die Einfluss auf Erziehung haben – bei den Familien und Schulen, den Vereinen und Gemeinden, bei uns Politikern.

(Aus: Rede des Bundespräsidenten Richard von Weizsäcker auf der Trauerfeier für die Mordopfer von Solingen am 3. 6. 1993. In: Bulletin der Bundesregierung Nr. 49, 9. 6. 1993, S. 525)

4 *Fasst zusammen, welche gesellschaftlichen Bedingungen und Entwicklungen in M 4 und M 6 genannt werden, die bei Jugendlichen zu rechtsradikalen Gewalttaten führen.*

5 *Nehmt Stellung zu der Aussage in M 4, dass die Jugendlichen die Themen aufgreifen, die ihnen die Politik liefert. Überprüft diese Aussage anhand von M 5 und M 6.*

9.5 Ursachen von Fremdenfeindlichkeit

Nachdem ihr euch mit Gewalttaten gegen Fremde auseinander gesetzt habt, könnt ihr nun Ursachen von Fremdenfeindlichkeit untersuchen.

M 1 „Der Clan der Sesshaften"

Zwei Passagiere in einem Eisenbahnabteil. Wir wissen nichts über ihre Vorgeschichte, ihre Herkunft oder ihr Ziel. Sie haben sich häuslich eingerichtet. (...)
Die Tür öffnet sich und zwei neue Reisende treten ein. Ihre Ankunft wird nicht begrüßt. Ein deutlicher Widerwille macht sich bemerkbar zusammenzurücken, die freien Plätze zu räumen (...). Dabei verhalten sich die ursprünglichen Fahrgäste, auch wenn sie einander gar nicht kennen, eigentümlich solidarisch. Sie treten den neu Hinzugekommenen gegenüber als Gruppe auf. Es ist ihr Territorium, das zur Disposition (Verfügung) steht. Jeden, der neu einsteigt, betrachten sie als Eindringling. (...)
Dennoch kommt es so gut wie nie zu offenen Auseinandersetzungen. (...) Also werden nur Blicke getauscht und Entschuldigungsformeln zwischen den Zähnen gemurmelt. Die neuen Fahrgäste werden geduldet. (...)
Nun öffnen zwei weitere Passagiere die Tür des Abteils. Von diesem Augenblick an ändert sich der Status der zuvor Eingetretenen. Eben noch waren sie Eindringlinge, Außenseiter; jetzt haben sie sich mit einem Mal in Eingeborene verwandelt. Sie gehören zum Clan der Sesshaften, der Abteilbesitzer, und nehmen alle Privilegien für sich in Anspruch, von denen jene glauben, dass sie ihnen zustünden. Paradox wirkt dabei die Verteidigung eines „angestammten" Territoriums, das soeben erst besetzt wurde; bemerkenswert das Fehlen jeder Empathie (Einfühlungsvermögen) mit den Neuankömmlingen, die mit denselben Widerständen zu kämpfen haben, (...) der sich ihre Vorgänger unterziehen mussten.

(Aus: H. M. Enzensberger, Die große Wanderung. Frankfurt a. M. 1992, S. 11 ff.)

M 2 Der Fremde

(Karikatur: Rauch)

1 *Spielt die in M 1 beschriebene Szene in der Klasse nach.*
2 *Erläutert, warum die neu Hinzukommenden jeweils als Eindringlinge empfunden werden.*
3 *Interpretiert die Karikatur M 2 (vgl. S. 50 f.) und vergleicht sie mit der Aussage des Textes M 1.*

M 3 Erklärungsversuche zur Entstehung von fremdenfeindlichen Vorurteilen

1. Biologische Erklärungsmuster:
Fremdenfeindlichkeit wird als natürliche, beinahe angeborene Eigenschaft auf bestimmte Merkmale von Fremden zu reagieren (Fremdheit, Anzahl) erklärt. Dass Menschengruppen sich gegen „Andersartige" wenden, wird als biologisch „programmiert" angesehen.
2. Persönlichkeitsorientierte Erklärungsmodelle:
Diese Modelle gehen davon aus, dass vor allem die Erfahrungen mit Eltern und in der Familie in der frühen Kindheit eine Persönlichkeitsstruktur bedingen können, die eine religiöse und ethnische Diskriminierung anderer zur eigenen Stabilität benötigt.
3. Gruppensoziologische Erklärungsmuster:
Vorurteile können als Ausdruck der Konkurrenz um wirtschaftliche und politische Macht sowie um knappe Güter und Sozialprestige gesehen werden. Das Gefühl selbst zu kurz zu kommen korrespondiert dabei mit der Schuldzuweisung, dass die „Fremden" für die Knappheit der Güter, der politischen Krise oder für den eigenen sozialen Abstieg verantwortlich seien. Der Fremde wird dabei zum Sündenbock.
4. Der Politikansatz:
Dieser Ansatz geht davon aus, dass durch staatliche Maßnahmen, die die Rechte der Ausländer einschrän-

ken und scheinbare „Begünstigungen" zurückschneiden, die Bevölkerung erst ermutigt und unterstützt wird ihrerseits einschränkende und diskriminierende Handlungen vorzunehmen. Politische und rechtliche Vorgaben haben so entscheidenden Einfluss auf die vorurteilshaften Einstellungen zu nationalen Minderheiten.

(Zusammengestellt nach: G. Gugel, Ausländer, Aussiedler, Übersiedler. Tübingen 1992, S. 141)

4 *Beschreibt mit eigenen Worten die in M 3 aufgeführten Erklärungsmuster.*
5 *Findet Beispiele aus eurem Alltag, die den Erklärungsmustern entsprechen.*
6 *Vergleicht diese Erklärungsmuster mit M 4, S. 149, über die Entstehung rechtsradikaler Gewalt.*

M 4 Aktionen gegen Fremdenfeindlichkeit

a) Aufruf vom DGB und Pro Asyl im Wahlkampf 1993/94:

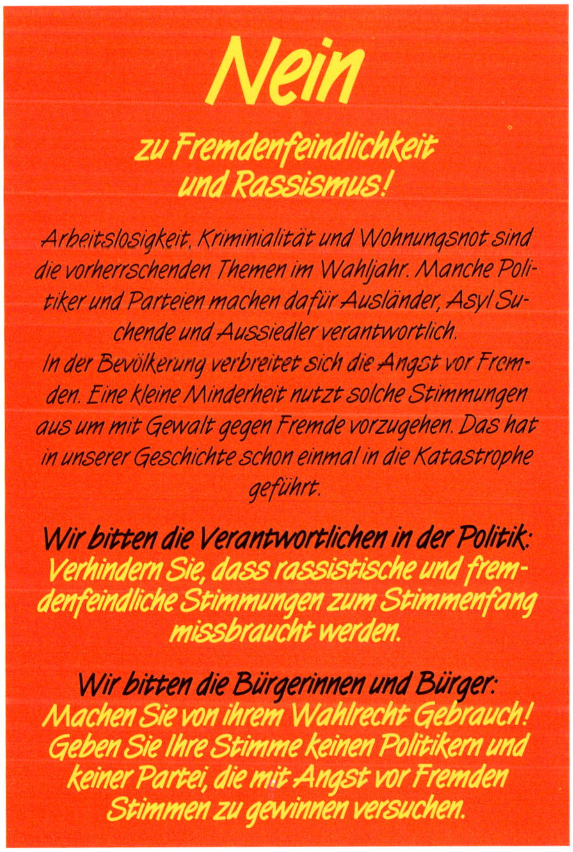

b) Demonstration gegen Fremdenhass 1991

c) Aktionen 1992

Hunderttausende demonstrieren in München gegen Ausländerhass
Lichterkette durch die Innenstadt

Transparente und T-Shirts gegen Ausländerhass
Die Fußballklubs und ihre Fans demonstrieren in den Bundesligastadien gegen Rassismus und Fremdenfeindlichkeit

d) Praktische Tipps, was Sie gegen Fremdenfeindlichkeit tun können:

- Setzen Sie sich in der U-Bahn das nächste Mal neben einen Afrikaner.
- Widersprechen Sie am Stammtisch, wenn die „Asylantenjagd" beginnt.
- Fragen Sie nach der Herkunft der Dinge, die Ihnen das Leben angenehm machen: Baumwolle und Bananen, Tee, Kaffee und Kakao, Seide und Öl, Pfeffer, Kupfer, Eisen, Zinn und und und.
- Besuchen Sie die nächsten Veranstaltungen mit Ausländern und lassen Sie sich überraschen, was Sie dort alles zu hören bekommen.
- Laden Sie einen Skinhead auf einen Ouzo ein.
- Kaufen Sie Obst beim Türken.

Wenn Sie noch andere Einfälle haben, sagen Sie sie Ihren Nachbarn weiter.

(Aus: F. Drieschner, K. Kruse, U. Stock, Das Deutsche und das Fremde. In: Die Zeit, 1.11.1991, S. 20)

7 *Erklärt, wen die Aktionen ansprechen wollen.*
8 *Fertigt selbst einen Aufruf an, der sich gegen Fremdenfeindlichkeit in eurem Wohnort richtet, und überlegt euch eigene Aktionen gegen Fremdenfeindlichkeit.*

9.6 Einbürgerung und doppelte Staatsbürgerschaft

Als Reaktion auf die Brandanschläge auf Flüchtlingsheime und Ausländerwohnungen sind nicht nur spontane Initiativen gegen Fremdenfeindlichkeit entstanden, wie ihr sie auf der letzten Seite kennen gelernt habt. Auch in der Politik wurde die Frage gestellt, welche Maßnahmen ergriffen werden müssen um ein friedliches Zusammenleben zu gewährleisten.

Wie ihr auf den folgenden Seiten erarbeiten könnt, haben sich die Parteien bisher auf keine gemeinsamen Lösungen geeinigt. Politische Differenzen treten nicht nur bei einem so konkreten Schritt wie der Erleichterung der Einbürgerung zutage. Viel erbitterter wird der politische Streit, wenn es um die grundsätzliche Frage geht, ob die Bundesrepublik ein Einwanderungsland und die Perspektive einer multikulturellen Gesellschaft erstrebenswert ist.

M 1 Deutscher oder Ausländer?

(Karikatur: Tom)

Zur Sache: Deutsche Staatsangehörigkeit

Nach dem bis heute gültigen „Reichs- und Staatsangehörigkeitsgesetz" von 1913 ist Deutscher, wer von Deutschen abstammt. Kaum ein anderer Staat in Europa kennt noch dieses „Recht des Blutes", d. h. dass die Abstammung entscheidend ist. Dem gegenüber steht die Staatsbürgerschaft nach dem „Recht des Bodens", nach dem Deutscher wäre, der in Deutschland geboren ist.

1 *Erläutert die Begriffe „Recht des Bodens" und „Recht des Blutes" an M 1.*

M 2 Aus einer Expertenanhörung im Innenausschuss des deutschen Bundestages

Wolfgang Löwer, Rechtswissenschaftler an der Universität Bonn, verteidigte das im Staatsangehörigkeitsgesetz geltende Prinzip der Abstammung. Dieses so genannte Recht des Blutes biete die Gewähr für eine echte Bindung zum deutschen Volk. Wer zwei Pässe besitze, könne sich den aus der jeweiligen Staatsbürgerschaft ergebenden Pflichten entziehen. Die betreffenden Staaten müssten hinnehmen, dass ein Teil ihrer Bürger nicht immer loyal sei. (...)

Dagegen setzte Faruk Sen, Professor am Zentrum für Türkeistudien in Köln, dass die Doppelstaatsbürgerschaft das Zusammenleben von Deutschen und Ausländern positiv beeinflussen würde. Ihre rechtliche Benachteiligung grenze die Ausländer auch gesellschaftlich aus. Sie dürften nicht alle Berufe ergreifen, nicht wählen, seien auf dem Wohnungs- und Arbeitsmarkt schlechter gestellt. Ihr Aufenthalt in der Bundesrepublik sei nie endgültig gesichert. Sen erklärte, viele Ausländer wollten ihre ursprüngliche Staatsbürgerschaft teilweise nicht aufgeben, weil sie erb- und familienrechtliche Ansprüche verlören. Überdies fürchteten sie die Verbundenheit mit Landsleuten in ihrer früheren Heimat zu verlieren.

(Aus: Frankfurter Rundschau, 28. 9. 1993, S. 1)

2 *Erläutert an M 2, inwiefern die Einführung einer doppelten Staatsbürgerschaft die Einbürgerung erleichtern könnte.*

3 *Stellt die genannten Argumente für und gegen die doppelte Staatsbürgerschaft tabellarisch zusammen.*

M 3 Einbürgerung und doppelte Staatsbürgerschaft im Parteienstreit

a) Position der CDU

Wer von den bei uns lebenden Ausländern Deutschland als Zukunft für sich und seine Kinder sieht, dessen Weg führt zur deutschen Staatsangehörigkeit. (...) Eine Einbürgerung kann nur am Ende eines Integrationsprozesses stehen; sie ist für uns auch der Schlüssel zur Erlangung des Wahlrechts. Wir treten dafür ein, die Möglichkeiten zur Einbürgerung ausländischer Mitbürger zu erleichtern, soweit sie sich zu den Wertgrundlagen unserer Verfassungsordnung bekennen. (...) Doppelte Staatsangehörigkeiten müssen die Ausnahme bleiben, weil Mehrstaatigkeit eine wirkliche Integration nicht fördert.

(Aus: CDU-Parteivorstand [Hg.], Positionspapier 1994)

b) Position der SPD
Nach dem SPD-Antrag soll unter anderem das Abstammungsprinzip um das Territorialprinzip ergänzt werden. Kinder ausländischer Eltern sollen mit der Geburt die deutsche Staatsangehörigkeit erhalten, wenn mindestens ein Elternteil in Deutschland geboren wurde und hier lebt. Einen Anspruch auf Einbürgerung bei doppelter Staatsbürgerschaft sollen Ausländer erhalten, die schon acht Jahre in Deutschland leben oder die der „zweiten Ausländergeneration" angehören.
(Aus: Frankfurter Rundschau, 19. 1. 1995, S. 4)

c) Bündnis 90/Die Grünen
Wir fordern eine schnelle und konsequente Gleichstellung dauerhaft hier lebender Ausländerinnen und Ausländer. Sie sollen alle BürgerInnenrechte erhalten. (...) Alle in der Bundesrepublik geborenen Menschen müssen einen Rechtsanspruch auf die Staatsbürgerschaft erhalten. Auch die doppelte Staatsbürgerschaft soll ermöglicht werden.
(Aus: Bündnis 90/Die Grünen, Jetzt: Reform 3, Grundrechte für alle, Bonn 1994)

d) Die christlich-liberale Regierungskoalition 1997
Die Koalition hat sich offenbar grundsätzlich dafür entschieden, Kinder von in Deutschland lebenden Ausländern automatisch einzubürgern und damit die doppelte Staatsangehörigkeit zuzulassen. (...)
CDU-Generalsekretär Hintze hat vorgeschlagen Kindern von in Deutschland lebenden Eltern im Schulalter die deutsche Staatsangehörigkeit zuzubilligen. Die FDP sowie eine Gruppe von jüngeren Abgeordneten der CDU plädieren für eine automatische Einbürgerung von der Geburt an. Die CSU und CDU-Hardliner, insbesondere Innenminister Kanther, lehnen dies ab. Der Hintze-Vorschlag soll offenbar einen Kompromiss darstellen, den beide Seiten ohne Gesichtsverlust mittragen können. (...)
Aus Kreisen der FDP heißt es allerdings, die Liberalen würden den Hintze-Vorschlag nicht mittragen. Es handele sich dabei um den in der Welt einmaligen Vorgang ein willkürliches Datum festzulegen.
(Aus: die tageszeitung, 18. 4. 1997, S. 4)

4 *Stellt die Positionen der Parteien zur Einbürgerung und zur doppelten Staatsbürgerschaft dar.*
5 *Erläutert, welcher Position ihr am ehesten zustimmen würdet. Begründet eure Ausführungen.*

M 4 **„Fremde zu Bürgern machen"**

a) Der Journalist Theo Sommer 1992
Schließlich ist es höchste Zeit, einige störende staatsrechtliche Zöpfe abzuschneiden. Wir müssen den nichtdeutschen Einwohnern (...) das Tor zur Einbürgerung weit aufstoßen. Der bloße Mitbürgerstatus, aufgelockert für Fußballprofis, genügt nicht mehr. Es ist ein rechtloser Status, der die nichtdeutschen Inländer zum Leben in einem Apartheidsystem verurteilt. Lasst sie Deutsche werden, wenn sie fünf oder acht Jahre bei uns waren und bestimmte Mindestvoraussetzungen erfüllen. Lasst die hier geborenen Kinder von Geburt an Deutsche sein, wenn die Eltern dies wünschen – sonst sollten sie sich mit 18 Jahren selbst entscheiden dürfen.
(Aus: Die Zeit, 4. 6. 1992, S. 1)

b) Der ehemalige Bundespräsident Richard von Weizsäcker 1995
Wir sind ein Staat, der sich rühmt, mehr als jede andere Nation auf ein europäisches Zusammenwachsen zu drängen. Zugleich haben wir ein Staatsbürgerrecht, das aus der unseligen Blütezeit des Nationalismus stammt. Es ist das alte Recht von 1913. Gewiss sind inzwischen einige Erleichterungen praktisch vollzogen worden. Dennoch gehen auf diese rechtliche Antiquität die meisten Schwierigkeiten unserer Tage zurück:
- die nach wie vor engen Grenzen der Einbürgerung,
- die oft geradezu groteske Angst vor doppelten Staatsbürgerschaften,
- das völkisch verengte Abstammungsrecht (...).

Für mehr als eine dieser offenen Fragen gibt es heute im Bundestag eine Mehrheit. Aber doch setzen sich jene Dogmatiker durch, die das alte Denken des Jahres 1913 behandeln, als stamme es unmittelbar vom Berg Sinai. Sie bestehen gegen die Mehrheit mit einem (...) in unserer demokratischen Verfassung nicht erwähnten Instrument, nämlich mit der Koalitionsdisziplin. (...) Dabei handelt es sich um eines unserer zentralen gesellschaftlichen Probleme. Kann, darf es noch lange ungelöst bleiben? Ich meine: Nein!
(Aus: Die Zeit, 10. 3. 1995, S.16)

6 *Erarbeitet aus M 4 die Gründe, warum sich Theo Sommer und Richard von Weizsäcker so engagiert für die Erleichterung der Einbürgerung einsetzen.*

→ Ausländer

9.7 Auf dem Weg zur multikulturellen Gesellschaft?

„Multikulturelle Gesellschaft“: Für die einen ist es ein nichtssagendes Schlagwort, für andere die Beschreibung unserer gesellschaftlichen Wirklichkeit; die einen sehen darin einen politischen Kampfbegriff, die anderen eine Zukunftsvision. Nachdem ihr jetzt sehr unterschiedliche Aspekte zum Kapitelthema „Fremdsein in Deutschland“ bearbeitet habt, könnt ihr euch mithilfe des Materials dieser Doppelseite selbst eine Position zu diesem Begriff erarbeiten.

1 *Schreibt über euch selbst einen kurzen Kommentar zu der Frage „Wer bin ich?“.*

M 1 **„Wer ist eigentlich ein Ausländer?“**

Gastarbeiter sind wir nicht, Fremde nicht, Ausländer schon lange nicht mehr, (...) Knoblauchfresser auch nicht, denn viele Deutsche essen beim nächsten Italiener oder Griechen mehr Knoblauch als alle Türken gemeinsam. In der Türkei heißen wir „Deutschländer“, also die, die aus Deutschland kommen, Arrogante, Überhebliche, Überzogene. In Deutschland sind wir Türken, die wir schon lange nicht mehr sind. Wir müssen aber irgendetwas sein. Vielleicht getürkte Türken. Oder türkische Deutsche, oder deutsche Türken, ausländische Deutsche, fremde Deutsche.

(Aus: Sinasi Dikmen, Kabarettist, „Wer ist eigentlich ein Ausländer?“ In: die tageszeitung, 11.2.1992, S. 19)

M 2 **„Wichtigste Kategorie: die weiße Hautfarbe“**

Wenn mich welche fragen, was ich bin, dann bekommen viele die Antwort zu hören: „ein Mensch“. Diese Antwort finden sie witzig und verlangen eine „richtige Antwort“. Ich muss sagen, dass ich keine richtige Antwort kenne. (...) Ich kann nicht sagen, dass ich deutsch bin. Auch wenn ich einen deutschen Pass habe und auch wenn die deutsche Sprache diejenige ist, mit der ich mich am besten ausdrücken kann, werde ich doch kaum als Deutsche in dieser Gesellschaft anerkannt. Ich glaube, da habe ich bessere Chancen, wenn ich mich als Ausländerin mit guten Deutschkenntnissen bezeichne. Die wichtigste Kategorie, so scheint es mir, ist die weiße Hautfarbe, mit der ich nicht dienen kann und werde, denn ich finde meine Hautfarbe schön, wie sie ist. Ich brauche nicht den ganzen Winter über ins Solarium zu gehen (...). Ich finde es dennoch komisch, dass ich mich mit den Deutschen mehr identifizieren kann als mit den Tamilen. Bei den Deutschen gelte ich als ein freches Mädchen, wobei ich bei den Tamilen als ein schlechtes Mädchen gelte. (...) Sie empfinden es als schlecht, wenn ich als Mädchen gerne abends mit meinen Freunden herumhänge. Oder weil ich nicht im Traum daran denke, mich als Frau einem Mann unterzuordnen. Es gibt für mich nur drei Gründe, warum ich mich als tamilisch bezeichnen würde. Das ist die Liebe zur Landschaft Sri Lankas, zweitens das tolle würzige tamilische Essen, drittens die schöne Musik, die mich an all das erinnert. Ich fühle mich nicht deutsch, weil ich kein Bezug zu diesem Land hier habe. Das gilt z. B. für das Wetter. (...) Ansonsten lebe ich gern in Berlin, denn es ist meine zweite Heimat geworden.

(Aus: Meera Tharmalingam, eine 18-jährige Schülerin aus Sri Lanka, „Wichtigste Kategorie: die weiße Hautfarbe“. In: die tageszeitung, 1.4.1997)

2 *Vergleicht eure Antworten aus Aufgabe 1 mit den Texten M 1 und M 2. Benennt die wichtigsten Unterschiede und Gemeinsamkeiten.*

M 3 Die „multikulturelle Gesellschaft“: Pro und Kontra

a) Der CDU-Politiker Heiner Geißler:

Deutschland ist längst wie Amerika, nur unter ungünstigeren Bedingungen, ein Einwanderungsland geworden. Der Unterschied zu Amerika besteht darin, dass die Amerikaner ein Konzept haben und wir nicht. (...) Wenn also nicht mehr die Frage ist, ob wir mit Ausländern zusammenleben, sondern nur wie, dann ist es Aufgabe der Politik, dieses Wie menschenwürdig und gleichzeitig effizient zu gestalten. Die Antwort darauf ist die multikulturelle Gesellschaft, in der wir als Deutsche, ohne dass wir unsere Identität verlieren, mit Menschen aus anderen Ländern und Kulturen zusammenleben, ihre Eigenart respektieren ohne sie germanisieren und assimilieren (anpassen) zu wollen. (...) Die multikulturelle Gesellschaft im richtig verstandenen Sinne verlangt aber von jedem, dass er die universellen Menschenrechte und die Grundwerte der Republik, etwa die Gleichberechtigung der Frau und die Glaubens- und Gewissensfreiheit, achtet und dass er zweitens die deutsche Sprache beherrscht, auch als Voraussetzung für die Wahrnehmung seiner eigenen Chancen.

(Aus: H. Geißler, Wir sind ein Einwanderungsland. In: Die Zeit, 15.11.1991, S. 7)

b) Der bayerische Ministerpräsident und CSU-Politiker Edmund Stoiber:

Kann das deutsche Volk seine nationale und kulturelle Identität wahren oder werden wir zu einem Einwanderungsland, das nicht mehr in der Lage ist auch unterschiedliche kulturelle und soziale Strömungen aufzunehmen und die Vielfalt zur Einheit zu formen? Der Gedanke einer multikulturellen Gesellschaft hat ein völlig anderes Ziel als die Integration: Gemeint ist das Nebeneinander völlig unterschiedlicher Kulturen, Traditionen, Formen des Zusammenlebens, religiöser und geschichtlicher Prägungen und Bindungen in einer Staats- und Rechtsordnung. (...)
Wir (die CSU) treten ein für die Integration der seit langem bei uns lebenden und arbeitenden Ausländer. (...) Das Gerede von der multikulturellen Gesellschaft legt Axt an die Wurzeln unserer in Jahrhunderten entwickelten nationalen und kulturellen Identität, führt Ausländer in eine inhumane Isolation, importiert die hier nicht lösbaren innenpolitischen Probleme anderer Länder, Völker und Volksgruppen und zerstört schließlich die gesellschaftliche Solidarität im Sinne einer gewachsenen Verantwortungsgemeinschaft.

(Aus: E. Stoiber, Liegt Deutschlands Zukunft in einer multikulturellen Gesellschaft? In: Botschaft und Dienst 2/1989, S. 19 ff.)

3 *Vergleicht die Beschreibung der Ausgangslage in Deutschland, von der die beiden Politiker ausgehen.*
4 *Formuliert die beiden unterschiedlichen Definitionen von „multikultureller Gesellschaft“.*
5 *Nehmt zu den beiden Grundpositionen Stellung.*

M 4 Ein missglücktes Experiment?

a) Die Journalistin Andrea Böhm:

Die multikulturelle Gesellschaft zum missglückten Experiment zu erklären ist ungefähr genauso sinnig wie die Behauptung, die Industriegesellschaft sei gescheitert. Beide sind einfach eine unumstößliche Realität. Um diese zu akzeptieren muss man allerdings endlich aufhören sie normativ zu definieren. Sie ist weder gut noch schlecht, sondern einfach da. Und mit ihr eine wachsende Anzahl von Problemen. Zu denen zählt die zunehmende Beliebtheit autoritärer islamischer Gruppierungen bei deutschtürkischen Jugendlichen ebenso wie die zunehmende Verbreitung einer völkischen Ideologie bei den deutschen Altersgenossen in den neuen Bundesländern.

(Aus: die tageszeitung, 19./20.4.1997, S. 10)

b) Der Journalist Jürgen Gottschlich:

Die multikulturelle Gesellschaft ist zwar nicht gescheitert, aber sie ist nicht mehr im Trend. Das hat nichts damit zu tun, dass ein Zusammenleben unterschiedlicher Kulturen eben auf Dauer nicht möglich ist, sondern dass eine Gesellschaft mit dauerhaft fünf Millionen Arbeitslosen einen Sündenbock braucht. So erleben wir zurzeit weniger einen Durchmarsch der Stammtische als die Präsentation der Migranten als Sündenböcke durch die bessere Gesellschaft. (...) Maßgebliche Kräfte (...) der Medien haben in der Auseinandersetzung um eine tolerante, weltoffene Gesellschaft die Seiten gewechselt.

(Aus: die tageszeitung, 12.5.1997, S. 10)

6 *Erläutert an M 4, aus welchen Gründen die multikulturelle Gesellschaft heute anders als vor einigen Jahren gesehen wird. Nehmt Stellung dazu.*
7 *Fertigt eine Collage über den Zustand der multikulturellen Gesellschaft aus eurer Sicht an.*

→ Ausländer, Multikulturelle Gesellschaft

Stadtrundgang

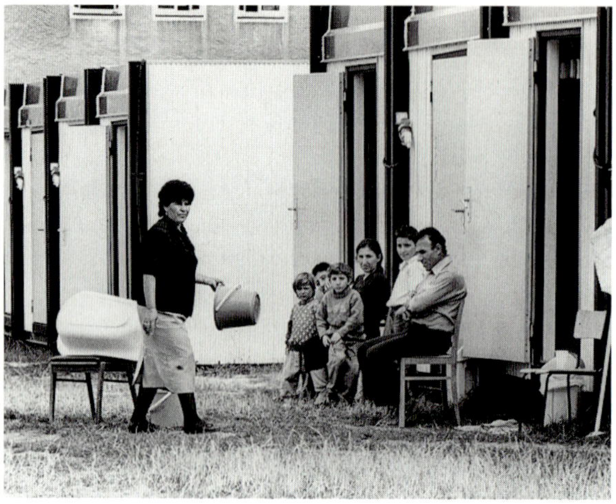
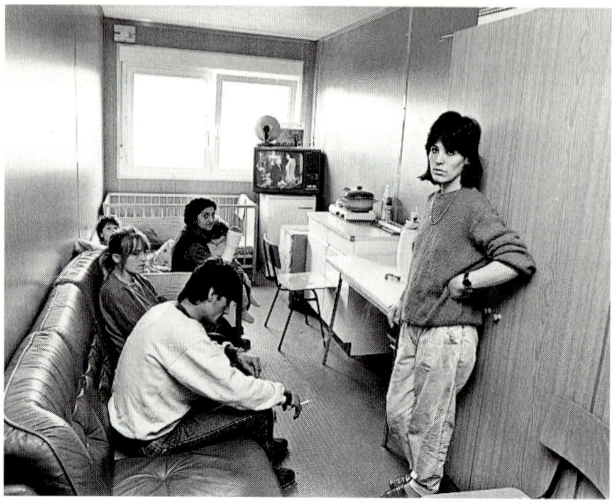

Unterbringung von Aylbewerberinnen und Asylbewerbern in Wohncontainern, 1991

Ihr habt in diesem Kapitel erfahren, dass Flüchtlinge bei uns während ihres Asylverfahrens (vgl. S. 146) in *Sammelunterkünften* und Asylbewerberheimen leben müssen. Auf eurem Weg durch den eigenen Wohnort habt ihr vielleicht Unterkünfte wie auf den Fotos oben schon einmal gesehen. Wie Flüchtlinge dort leben, können sich die meisten von euch sicherlich nur schwer vorstellen (vgl. S. 141 M 4 b).

Es gibt in eurem Wohnort vielleicht noch andere Stellen, die Flüchtlinge oft aufsuchen müssen: die *Ausländerbehörde,* bei der sie ihren Asylantrag stellen müssen und ihre Aufenthaltspapiere bekommen, oder *Beratungsstellen von Wohlfahrtsverbänden (Deutsches Rotes Kreuz, Pro Asyl u. a.),* deren Mitarbeiterinnen und Mitarbeiter Flüchtlingen bei allen Schwierigkeiten des alltäglichen Lebens helfen.

In größeren Städten hat das *Bundesamt für die Anerkennung ausländischer Flüchtlinge* eine *Außenstelle,* wo die Asylanträge bearbeitet und die Anhörungen durchgeführt werden (vgl. S. 147, M 9). Und schließlich gibt es auch noch die *Polizei,* die für die Durchführung von Abschiebungen abgelehnter Asyl Suchender zuständig ist.

Um über das Leben der Flüchtlinge in eurem Wohnort und den Ablauf eines Asylverfahrens mehr zu erfahren könnt ihr auf einem Stadtrundgang Informationen sammeln. Für einen solchen Stadtrundgang sind bei Vorbereitung, Durchführung und Auswertung folgende Schritte zu beachten:

Stadtrundgang: Fremdsein in unserer Stadt

1. Schritt: Klärt, welche Behörden und Organisationen in eurem Wohnort für Flüchtlinge von besonderer Bedeutung sind. Auskunft erhaltet ihr z. B. bei der Gemeindeverwaltung.

2. Schritt: Stellt eine Liste der Anlaufstellen zusammen, die ihr besuchen wollt. Anregungen hierfür erhaltet ihr auch auf der nebenstehenden Seite.

3. Schritt: Entscheidet, ob ihr den Rundgang gemeinsam oder in einzelnen Gruppen durchführen wollt. Stellt Fragen zusammen, die ihr beantwortet haben möchtet.

4. Schritt: Führt euren Stadtrundgang durch. Ihr könnt dabei auch Fotos machen. Macht euch während oder direkt nach euren Gesprächen bei den Anlaufstellen stichwortartig Notizen.

5. Schritt: Schreibt einen Bericht vom Besuch jeder Anlaufstelle. Diskutiert eure neu gewonnenen Informationen und Eindrücke. Vergleicht eure Ergebnisse mit dem, was ihr im vorangegangenen Unterricht erfahren habt.

6. Schritt: Gestaltet in der Schule eine Ausstellung zu dem Thema „Flüchtlinge in unserer Stadt".

Einwohnermeldeamt
Im Einwohnermeldeamt könnt ihr euch darüber informieren, welche rechtlichen Möglichkeiten Flüchtlinge haben sich außerhalb des ihnen zugewiesenen Ortes aufzuhalten.

Lokalpolitiker/-innen
Mit Vertretern verschiedener Parteien könnt ihr ein Gespräch führen, wie sie die Lebensbedingungen von Ausländern und Flüchtlingen in eurem Heimatort bewerten.

Betreuungsstellen für Flüchtlinge
Flüchtlingsorganisationen und Wohlfahrtsverbände haben in vielen Gemeinden Anlaufstellen eingerichtet. Deren Mitarbeiter könnt ihr nach eigenen Erfahrungen bei der Betreuung befragen.

Polizei
Beamte der Polizei könnt ihr dazu interviewen, ob und inwieweit sie Erfahrungen mit fremdenfeindlicher Gewalt in eurem Heimatort haben. Auch könnt ihr euch über den Ablauf von Zwangsabschiebungen von nicht anerkannten und nicht geduldeten Asyl Suchenden erkundigen.

Zentrale Aufnahmestelle
Mit der Leitung der Aufnahmestelle könnt ihr ein Gespräch führen über die Lebensbedingungen von Flüchtlingen, z. B. über die Situation der Kinder. Vielleicht interessiert ihr euch für deren Spiel- und Freizeitmöglichkeiten oder ihre Schulsituation.

Ausländerbehörde
Hier könnt ihr Anzahl und Herkunft der Ausländer und Flüchtlinge in eurem Ort erfragen und herausfinden, welche Unterstützung (soziale Betreuung, Unterbringung, Dolmetscherhilfe) sie erhalten.

Vor dem Hintergrund des Stadtplans von Düsseldorf sind hier verschiedene Behörden und Anlaufstellen eingezeichnet, die für Flüchtlinge von besonderer Bedeutung sind. Sie stehen beispielhaft für Behörden und Anlaufstellen in eurer Gemeinde und Stadt. In anderen Großstädten (z. B. Frankfurt a. M., Hannover, Berlin) wird es ähnlich sein wie in Düsseldorf. In kleineren Städten und Gemeinden wird es nicht so viele Stellen geben.

10. Europa wird eins?!

Das Haus Europa (Karikatur: Striepecke)

Ressort: Backwaren (Karikatur: Löffler)

Das Haus „Europa" zu bauen ist nicht einfach. Viele Staaten haben nicht nur als Bauherren dieses Hauses, sondern auch als Bewohner Mitspracherecht. Solange sich alle Bauherren bzw. Bewohner einig sind, ist im Haus „Europa" alles in Ordnung. In dem Moment, in dem jedoch verschiedene Wünsche und Vorstellungen geäußert werden, beginnen die Probleme.

Einige wichtige Schwierigkeiten, die beim Bau des Hauses „Europa" und beim Zusammenleben seiner Bewohner auftreten, könnt ihr aus den Karikaturen erarbeiten. Anschließend könnt ihr euch auf den folgenden Seiten ein genaueres Bild von diesen Problemen und ihren Lösungsmöglichkeiten machen.

Bevor ihr Näheres zu Themen wie Aufbau und Funktionsweise der Europäischen Union (EU), Binnenmarkt, Währungsunion und Osterweiterung der EU erfahrt, habt ihr auf der nächsten Seite die Möglichkeit eure eigenen Meinungen und Ansichten zu Europa zur Grundlage eures Unterrichts werden zu

Eurovision (Karikatur: Pielert)

lassen. Kein Thema wird schließlich zur Zeit so brisant diskutiert wie „Europa“. Es gibt viele berechtigte Einwände gegen den europäischen Einigungsprozess, aber auch ebenso viele dafür. Eure eigenen Erwartungen und Einwände könnt ihr im Verlauf dieser Unterrichtseinheit immer wieder selbstständig überprüfen, festigen oder verändern.
Gleichzeitig könnt ihr mithilfe der folgenden Doppelseite den Fragenkatalog, den ihr aus der Kritik der Karikaturen abgeleitet habt (vgl. Aufgabe 3), ergänzen und vertiefen.

1 *Bildet Kleingruppen, in denen ihr jeweils eine Karikatur interpretiert (vgl. S. 50 f.).*
2 *Stellt eure Ergebnisse in der Klasse vor. Notiert die Aussagen der Karikaturen.*
3 *Sammelt Fragen, die sich aus den Karikaturen ergeben und sortiert diese nach Themenkreisen an der Tafel.*

Gigantisch! Dieses niedliche Köpfchen! (Karikatur: Wolter)

So einfach funktioniert Europa (Karikatur: Benedek)

10.1 Was denkt ihr über Europa?

Die Karikaturen auf der Auftaktseite haben euch allgemeine Problemlagen „Europas“ aufgezeigt. Im Anschluss daran könnt ihr euch nun über eure Vorstellungen und Erwartungen im Hinblick auf ein vereintes Europa bewusst werden. Dadurch wird es euch leichter fallen, eure Einstellungen anhand des neu erworbenen Wissens zu vertiefen oder zu verändern. Die Fragen in M 1 beziehen sich auf die folgenden Kapitel und spiegeln den groben Aufbau der Unterrichtseinheit wider.

M 1 Europa – Umfrage

1. Wie stehst du zu der Vereinigung Europas?
   Ich bin
   ■ dafür ■ dagegen ■ weder noch ■ weiß nicht
   Begründung:
2. Nenne wichtige Ereignisse, Vertragsabschlüsse und Abkommen, die den europäischen Einigungsprozess vorantrieben:
3. Was verstehst du unter „Europa“?
4. Wie viele Länder gehören zur Europäischen Union (EU)?
5. Nenne die Länder, die der EU angehören:
6. Soll das Europäische Parlament eine wichtigere Rolle in der Gemeinschaft spielen?
   ■ ja ■ nein ■ die gleiche ■ weiß nicht
   Begründung:
7. Ist die Mitgliedschaft in der EU für Deutschland eher ein Vorteil oder ein Nachteil?
   ■ Vorteil ■ Nachteil ■ weder noch ■ weiß nicht
   Begründung:
8. Bist du für oder gegen die Einführung des Euro als gemeinsame Währung?
   ■ dafür ■ dagegen ■ ist mir egal ■ weiß nicht
   Begründung:
9. Soll die EU um osteuropäische Länder erweitert werden?
   ■ ja ■ nein ■ nur um einige ■ weiß nicht
   Begründung:
10. Welche Konsequenzen befürchtest du, wenn die EU scheitern würde?
    ■ keine ■ weiß nicht
    folgende:
11. Welche Wünsche hast du an ein „vereinigtes Europa“?

1 *Beantwortet den Fragebogen (M 1) im Heft.*

2 *Diskutiert anhand eurer Ergebnisse aus M 1 eure Grundeinstellung zu Europa in der Klasse.*

10.1 Was denkt ihr über Europa?

In Frage 11 des Fragebogens seid ihr gefragt worden, was ihr persönlich euch von einem vereinten Europa wünscht. Mit dieser Frage haben sich auch die Jugendlichen auf dem nebenstehenden Foto beschäftigt. Es zeigt Jugendliche aus verschiedenen Ländern der Europäischen Union (EU). Sie trafen sich 1994 eine Woche lang in Essen um ihre Erwartungen im Hinblick auf ein vereintes Europa zu formulieren und dem Essener Gipfel der EU-Staats- und Regierungschefs zu übermitteln. Es fiel ihnen nicht immer leicht, ihre Wünsche in Worte zu fassen. Alle waren mit unterschiedlichen Vorstellungen und Erwartungen angereist, die gewichtet und aufgeschrieben werden mussten.
Nicht jeder hat die Möglichkeit und auch nicht die Lust sich in dieser Weise in der Politik zu engagieren. Einige Äußerungen von Schülerinnen und Schülern zu Europa findet ihr in den folgenden Texten, die ihr mit euren eigenen Ergebnissen vergleichen könnt.

Jugendliche aus der EU beim „Jungen Gipfel“ in Essen

M 2 **Schüleräußerungen zu „Europa“**

a) Wir hatten Projektwoche, eine Fotoexpedition, und da denkt man nicht an Politik. Aber in Straßburg war dann erst mal der Empfang beim Bürgermeister (...). Und dann waren wir im Europäischen Parlament in Straßburg und haben uns das angeguckt. Wir haben eine Führung gemacht und dann wurde erst mal das Interesse ein bisschen geweckt. Da waren auch so ein paar junge Leute, die haben die Referenten völlig ausgequetscht und die haben dann in unserem Stil geantwortet, dass man es auch versteht und nicht mit so riesigen Worten, wo man sowieso nicht weiß, was das ist. Und das war halt interessant.
(Aus: M. Piepenschneider, Die europäische Generation. Bonn 1992, S. 94)

b) Wir haben einen Schüleraustausch mit Holland gemacht. Da wurde mir – im Vergleich – so richtig bewusst, wer ich – als Deutscher meine ich jetzt – eigentlich bin. Ich habe ständig Vergleiche gezogen zur Lebensart, zur Kleidung, zum Baustil, beim Wohnen (...).
(Aus: M. Piepenschneider, a. a. O., S. 90)

c) Ich glaube, man orientiert sich immer dahin, was einem am nächsten liegt. Wenn ich einen Europäer und einen von irgendeinem anderen Erdteil habe und ich soll mich irgendwie mit dem auseinander setzen, reden, Kontakte schließen, dann, glaube ich, ist der Europäer, egal aus welcher Nation in Europa, immer näher liegender als irgendeiner aus einem anderen Erdteil. Der Mensch orientiert sich immer daran, was für ihn am nahe liegendsten ist. Am günstigsten für den Menschen ist es im engsten Kreis, da wo er groß geworden ist, z. B. im Ruhrgebiet. Dann kann er sich – wenn die Sache größer wird – als Deutscher identifizieren, das nächstgrößere wäre dann schon Europa.
(Aus: M. Piepenschneider, a. a. O., S. 93)

d) Ich meine, es gibt kein vereintes Europa. Ich will überhaupt gar kein vereintes Europa. Die sozialen Unterschiede zwischen den einzelnen Ländern sind viel zu groß. Es gäbe wieder Reibereien.
(Aus: M. Piepenschneider, a. a. O., S. 117)

e) Europa, ja, das ist meine Heimat. Ich kann in fremde Länder reisen. (...) Da fällt mir auch die EG ein. Und dass nicht alle Länder in der EG drin sind. Zollfreiheit in der EG. Die Länder sind ja offen (...). Das hat auch Nachteile, ohne Grenzen und so. Grenzenlos, da wird sich der Schmuggel weiter ausbreiten können. Rauschgift, Heroin (...).
(Schülerin, 14 Jahre, Berlin. In: Forschungsbericht zum Projekt „Europa im Unterricht“ der Freien Universität Berlin, Interviews im Juni 1993 an Schulen in Berlin)

3 *Vergleicht die Äußerungen aus M 2 mit euren bisherigen Ergebnissen (vgl. M 1 und Aufgabe 2). Sucht Unterschiede und Parallelen heraus.*

10.2 Der Weg der europäischen Einigung

M 1 Wichtige Stationen auf dem Weg zur Europäischen Union

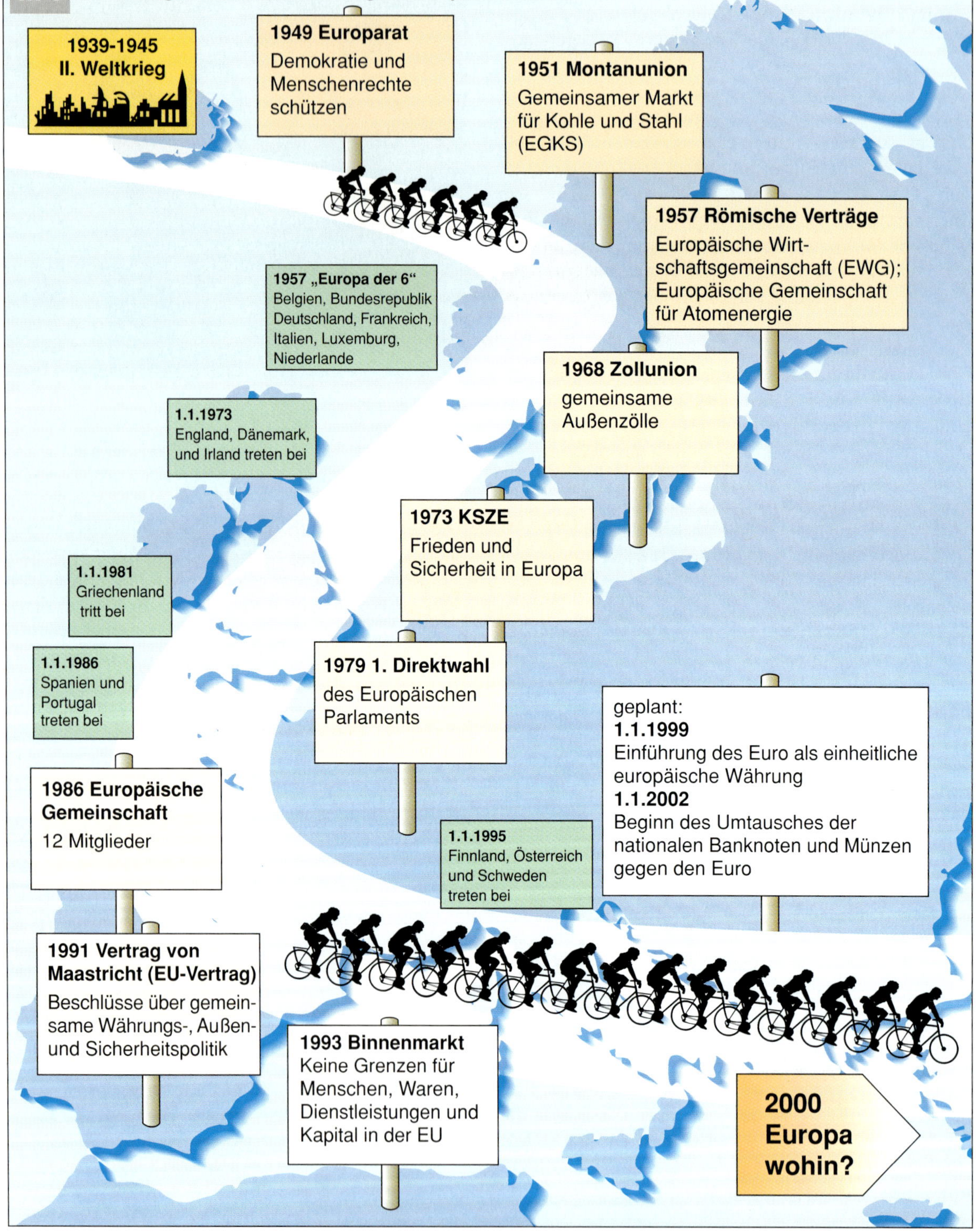

10.2 Der Weg der europäischen Einigung

Viele Probleme der EU sind nur zu verstehen, wenn ihr den Weg, die Motive und die Bedingungen der europäischen Einigung vor Augen habt. In den eingangs von euch untersuchten Karikaturen wird kritisiert, dass alle Länder das „Zepter“ in die Hand nehmen wollen, aber keiner sich dirigieren lassen will. Warum das so ist, erklärt sich einerseits aus dem historischen Prozess und andererseits aus der Form des Zusammenwirkens der europäischen Länder und EU-Institutionen.

1 *Erarbeitet den Prozess der europäischen Einigung anhand von M 1. Präsentiert die Ergebnisse auf einer Wandzeitung und kennzeichnet wirtschaftliche, politische und soziale Entwicklungen.*
Hilfe findet ihr z. B. in eurem Geschichtsbuch. Unter folgenden Adressen könnt ihr außerdem kostenloses Material – nicht nur zu diesem Thema – bestellen:

Bundeszentrale für politische Bildung, Postfach 2325, 53013 Bonn / Informations- und Presseamt der Bundesregierung, 53105 Bonn / Europäisches Parlament, Informationsbüro für Deutschland, Bundeskanzlerplatz, 53113 Bonn / Europäische Kommission, Vertretung in der Bundesrepublik Deutschland, Zitelmannstr. 22, 53113 Bonn.

2 *Klärt im Zusammenhang mit Aufgabe 1, welche Europakonzepte die Alliierten und die Deutschen nach dem 2. Weltkrieg verfolgten und wie sich die Ziele in der Phase des Kalten Krieges änderten.*

M 2

Kooperation oder Integration?

Die europäische Einigung wird geprägt von zwei unterschiedlich angelegten Konzeptionen der Zusammenarbeit der europäischen Staaten. Sie lassen sich durch die Begriffe Kooperation und Integration kennzeichnen.
Das Wesen der Kooperation besteht darin, dass die Nationalstaaten zwar über ihre nationalen Grenzen hinweg zur Zusammenarbeit mit anderen Staaten bereit sind, dies jedoch nur unter (...) Aufrechterhaltung ihrer nationalstaatlichen Souveränität (Unabhängigkeit). Das auf einer Kooperation beruhende Einigungsbemühen richtet sich dementsprechend nicht auf die Schaffung eines neuen Gesamtstaates, sondern beschränkt sich auf die Verbindung souveräner Staaten zu einem Staatenbund, in dem die nationalstaatlichen Strukturen erhalten bleiben. (...)
Das Integrationskonzept durchbricht das traditionelle Nebeneinander von Nationalstaaten. (...) (Danach können) die unvollkommene Ordnung des menschlichen und staatlichen Zusammenlebens, die eigene Unzulänglichkeit des nationalen Systems und die in der europäischen Geschichte zahlreichen Machtübergriffe des Staates auf andere (...) nur überwunden werden (...), wenn die einzelnen nationalen Souveränitäten zu einer gemeinsamen Souveränität zusammengelegt und auf höherer Ebene in einer übernationalen Gemeinschaft verschmolzen werden. Das Ergebnis dieser Operation ist die Existenz eines europäischen (Bundes-)Staates (...).
Die EU ist eine Schöpfung dieses Integrationskonzepts (...). Die Mitgliedstaaten waren (...) (jedoch) nicht bereit die nach dem Zweiten Weltkrieg wiedererlangte und gerade gefestigte Struktur ihres Nationalstaats zugunsten eines europäischen Bundesstaates preiszugeben. Es musste also abermals ein Kompromiss gefunden werden, der – ohne einen europäischen Bundesstaat errichten zu müssen – mehr als eine bloße Kooperation gewährleistete. Die Lösung war im Ansatz gleichermaßen genial wie einfach und bestand in der schrittweisen Überbrückung des Gegensatzes zwischen Bewahrung nationalstaatlicher Eigenständigkeit und europäischem Bundesstaat. Den Mitgliedstaaten wird nicht sofort die vollständige Preisgabe ihrer Souveränität abverlangt, sondern lediglich die Aufgabe des Dogmas von ihrer Unteilbarkeit. Es ging also zunächst nur darum festzustellen, auf welchen Sachgebieten die Mitgliedstaaten bereit waren auf ein Stück Souveränität zugunsten einer ihnen allen übergeordneten Gemeinschaft freiwillig zu verzichten.

(Aus: K.-D. Borchardt, Die Europäische Einigung. Hg. v. Amt für amtliche Veröffentlichungen der Europäischen Gemeinschaften. Brüssel, Luxemburg 1995, S. 27 f.)

3 *Gliedert den Text. Stellt zu jedem Gliederungsabschnitt eine These auf.*
4 *Stellt den Unterschied zwischen Kooperation und Integration mithilfe von M 2 dar.*
5 *Erarbeitet aus M 2, warum die EU nach dem Integrationskonzept aufgebaut ist.*
6 *Erläutert anhand eures Ergebnisses aus Aufgabe 1, auf welchen Sachgebieten die Mitgliedstaaten jeweils auf ein Stück Souveränität verzichteten.*

10.3 Demokratie – noch unterentwickelt?

Wie funktioniert die EU?

M 1

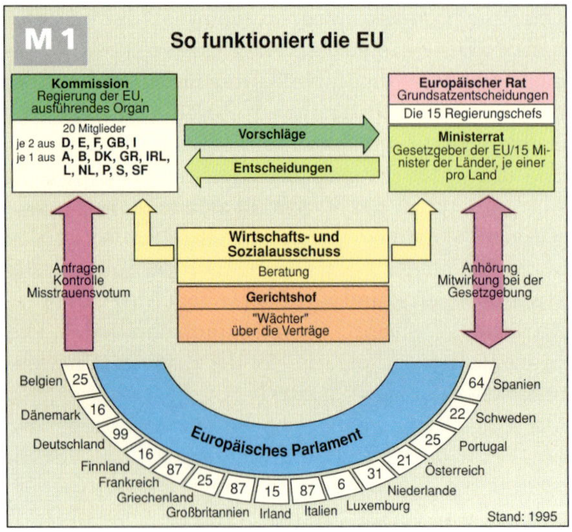

M 2 Das Europäische Parlament

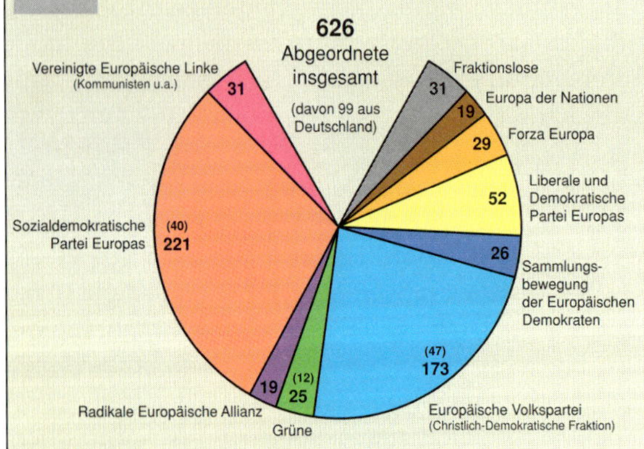

Die Zahl in Klammern (40) gibt die Anzahl der deutschen Abgeordneten an. Gewählt wird alle 5 Jahre. Jeder EU-Bürger hat das aktive und passive Wahlrecht wahlweise am Wohnort oder im Herkunftsland.

Der Europabegriff wird in ganz verschiedener Weise gebraucht, wie ihr in der Umfrage M 1 auf Seite 160 festgestellt habt. Einige verstehen Europa geographisch in der Ausdehnung vom Ural bis zum Alantik, andere legen eine politische Definition „Europa = EU" zugrunde. Vermutlich habt ihr noch andere Antworten gefunden. Wir wollen uns in diesem Kapitel auf die EU beschränken, so wie sie im Maastrichter Vertrag über die EU 1991 festgeschrieben worden ist. Welche Länder der EU angehören, könnt ihr aus M 1 ermitteln.
Betrachtet noch einmal die Karikaturen auf der Auftaktseite. Kritisiert wurde dort, dass die EU so kompliziert sei und die EU vor allem ein wirtschaftliches Unternehmen und weniger ein politisches darstelle. Diesen Kritikpunkt könnt ihr auf dieser und der nächsten Seite untersuchen.
In einem politischen Europa müsste nach demokratischen Prinzipien entschieden werden. Ob und inwieweit das der Fall ist, könnt ihr nur klären, wenn ihr euch zunächst damit befasst, wie die EU aufgebaut ist und wie ihre Institutionen zusammen arbeiten.

1 *Stellt anhand von M 1 bis M 3 Vermutungen auf, in welchen Organen die Mitglieder vor allem nationale, in welchen eher europäische Interessen vertreten. Überprüft eure Vermutungen an den Texten.*

M 4 **Die Kommission**

In den Gründungsverträgen der EU ist festgelegt, dass allein der Kommission das Recht zusteht Gesetzesentwürfe einzubringen. Denn nur sie ist frei von nationalen Interessen dem europäischen Interesse verpflichtet. Allerdings darf sie keine Gesetze verabschieden, das können nur der Rat und das Parlament. Diese aber können nur dann Gesetze verabschieden, wenn ihnen ein Entwurf der Kommission vorliegt. Die Kommission hat also einen erheblichen Einfluss darauf, wie und wie schnell die Gemeinschaft sich entwickelt. Sie wird deshalb auch „Motor" der Gemeinschaft genannt.
In der EU soll in der Regel die Kommission das in die Praxis umsetzen, was die von Rat und Parlament erlassenen Gesetze verlangen (Exekutivrecht). Sie kann die dafür notwendigen Durchführungsvorschriften erlassen.
Ferner hat die Kommission darüber zu wachen, dass die EU-Verträge und das EU-Recht eingehalten werden; sie wird deshalb „Hüterin der Verträge" genannt.

Verstößt ein Mitgliedstaat gegen EU-Recht, muss die Kommission einschreiten und notfalls vor dem Europäischen Gerichtshof gegen den Mitgliedstaat Klage erheben.

(Nach: C. Grupp, Europa 2000. Die Europäische Union der fünfzehn Staaten, hg. v. Presse- und Informationsamt der Bundesregierung. Bonn [3]1995, S. 39 ff.)

2 *Listet auf, welche Aufgaben die Europäische Kommission hat, und erläutert diese (M 3, M 4).*

M 5 **Der Ministerrat**

Ein „Rat“ in der EU setzt sich immer aus je einem Minister jedes Mitgliedstaates zusammen, der befugt ist für die Regierung seines Staates verbindlich zu handeln. In der EU können auch Minister unterer Ebenen im Rat vertreten sein. Ist nur allgemein vom „Rat“ die Rede, so ist damit gewöhnlich die Zusammenkunft aller Außenminister gemeint.
Der Rat der EU ist der Gegenpart der „europäischen“ Organe Parlament und Kommission: Im Rat vertreten die einzelnen Staaten ihre nationalen Interessen, hier muss ein Kompromiss gefunden werden zwischen den „europäischen“ Zielen von Kommission und Parlament und den unterschiedlichen Wünschen und Pflichten der fünfzehn Länder.
Der Rat kann nur Beschlüsse fassen, wenn ihm ein Gesetzentwurf (Vorschlag) der Kommission vorliegt. Er kann solche Vorschläge von der Kommission auch anfordern.

(Nach: C. Grupp, Europa 2000. Der Weg der Europäischen Union. Köln [6]1995, S. 21 f.)

M 6 **Der Europäische Rat**

Der Europäische Rat, das sind die Chefs aller Regierungen: Kanzler und Premierminister und Präsidenten. Sie kümmern sich in der Regel nicht ums Alltagsgeschäft, sondern um die großen Fragen, die zukunftsbestimmend sind. Der Europäische Rat legt die allgemeinen Leitlinien der europäischen Politik fest, an die sich der Ministerrat bei seinen Entscheidungen zu halten hat. (...) Er „gibt der Union die für ihre Entwicklung erforderlichen Impulse und legt die allgemeinen Zielvorstellungen für diese Entwicklung fest“, heißt es im Vertrag über die Europäische Union.

(Nach: C. Grupp, a. a. O. Bonn, S. 47 ff.)

3 *Erläutert die Unterschiede zwischen dem Ministerrat und dem Europäischen Rat.*

M 7 **Das Europäische Parlament (EP)**

Das EP kann keine eigenen Gesetzentwürfe vorlegen; es kann jedoch die Kommission auffordern, Gesetzentwürfe auszuarbeiten. Der Rat der EU holt bei allen wichtigen Rechtsvorhaben die Stellungnahme des EP ein. Am weitesten ausgebaut sind die Kontrollrechte des Parlaments gegenüber der Kommission. Seit 1995 muss der Ernennung der Kommission und ihres Präsidenten die Zustimmung des EP vorausgehen. Das EP kann auch die Kommission im Ganzen durch ein Misstrauensvotum zum Rücktritt zwingen.
Den Ministerrat konnte das Parlament anfänglich nicht kontrollieren. Inzwischen hat es sich ein solches Recht erkämpft. So kann es beispielsweise schriftlich oder mündlich Auskunft fordern, u. a. in monatlichen Fragestunden; Rat und Kommission sind zur Auskunft verpflichtet.

(Nach: C. Grupp, a. a. O. Köln, S. 16 ff.)

4 *Vergleicht die Aufgaben des Europäischen Parlaments mit denen des Bundestages. (Informationen zu den Aufgaben des Bundestages erhaltet ihr z. B. bei der Bundeszentrale für politische Bildung, Adresse S. 163, oder direkt beim Deutschen Bundestag.)*

M 8 **Der Europäische Gerichtshof**

Der Europäische Gerichtshof (EuGH) entscheidet beispielsweise aufgrund einer Klage (eines Mitgliedsstaates, eines Organs der EU, eines Unternehmens, einer Bürgerin oder eines Bürgers), ob im Einzelfall gegen geltendes Gemeinschaftsrecht verstoßen wurde. Er entscheidet auch endgültig, wie strittige Texte in den Verträgen zu verstehen sind. (...) Seine Urteile sind unanfechtbar (letzte Instanz). Neben diesen Urteilen trifft der Gerichtshof immer häufiger Vorabentscheidungen, das heißt: Wenn ein nationales Gericht in einem Prozess eine Klärung des Europarechts für entscheidend hält, kann es dem EuGH diese Frage zur Entscheidung vorlegen. Diese Entscheidung ist für das nationale Gericht bindend. (Vgl. dazu auch M 16, S. 20 f.)

(Aus: C. Grupp, a. a. O., S. 50 f.)

5 *Erläutert, wer in der EU bei der Gesetzgebung zusammenarbeiten muss.*

10.3 Demokratie – noch unterentwickelt?

Das Demokratiedefizit

„Alle Staatsgewalt geht vom Volke aus" steht in Art. 20 GG (vgl. S. 40). Als direkt gewählte Volksvertretung soll das Parlament zwischen den Wahlen den Volkswillen vertreten. Deshalb ist ein Staat ohne ein Parlament mit weit reichenden politischen Befugnissen nicht demokratisch. Gesetze können in parlamentarischen Demokratien nur von einem Parlament verabschiedet werden. Auch die Ausführung der Gesetze erfordert die laufende Kontrolle der Regierung durch ein Parlament. Folgt die EU diesen Grundsätzen?

M 9 **Das demokratische Defizit der EU**

Das komplizierte, meist schwerfällige und häufig für Außenstehende undurchschaubare Entscheidungsverfahren auf EU-Ebene ist sehr stark von (...) der Kommission, dem Ministerrat und dem Europäischen Rat geprägt; demgegenüber steht das Europäische Parlament ganz im Schatten dieser mächtigen Organe.

Deshalb kann das häufig zu vernehmende Urteil der Bürger und Medien von einer lebensfernen und machthungrigen „Brüsseler Bürokratie" und die abschätzigen Bemerkungen über das von ihnen gewählte Parlament als einer „Schwatzbude", „reiner Geldverschwendung" oder eines „Debattierklubs" nicht überraschen.

Die Gesetzesinitiativen erarbeiten die Eurobeamten in der Verwaltung der Kommission, Kompromisse über Entscheidungsvorhaben werden fernab der Mikrofone und Kameras von den Regierungschefs oder Ministern in den Salons ihrer Amtssitze in den Hauptstädten der Mitgliedsländer geschmiedet; die eigentlichen Gesetzesdebatten und -beschlüsse finden schließlich hinter den verschlossenen Türen des Rates in nichtöffentlichen Sitzungen statt – eine Verfahrensweise, die dem Grundsatz einer Demokratie kaum entsprechen kann, wonach alle Macht vom Volke ausgehe und den gewählten Vertretern eines Parlaments dabei eine besondere Bedeutung zukomme.

Denn auch wenn das Gemeinschaftsgefüge der EU keinen Bundesstaat darstellt, also etwa nicht eine Art „Überstaat" bildet, der all die Funktionen eines Nationalstaates mit den Verfassungsinstitutionen seines politischen Systems erfüllen müsste, kann sich auch ein Parlament (...) (auf EU-Ebene) nicht mit solchermaßen beschnittenen Kompetenzen abfinden: So kann zwar der Ministerrat, in dem die Fachminister der nationalen Regierungen tagen, Gesetze verabschieden, die das Europäische Parlament (EP), mit welchen überzeugenden Mehrheiten auch immer, abgelehnt hat; umgekehrt ist es dem EP aber nicht möglich, den Ministerrat zu einer Entscheidung zu zwingen, die die Abgeordentenmehrheit als notwendig erachtet, dieser jedoch nicht akzeptieren will.

(Aus: J. Wagner, Welche Gemeinschaft für Europa? In: Sozialwissenschaftliche Informationen, Nr. 1, 1992, S. 18f.)

6 *Erarbeitet aus M 9, welche demokratischen Defizite der Autor beschreibt.*

7 *Sucht mithilfe von M 2, S. 163, und M 1 bis M 9 nach Erklärungen für das Zustandekommen dieser Demokratiedefizite.*

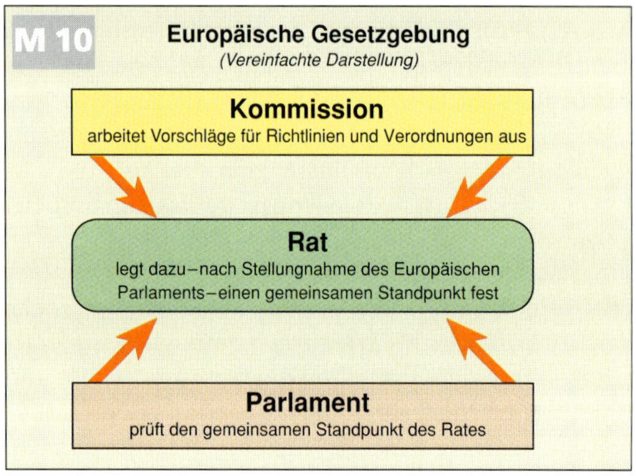

M 11 **Rechtsetzung in der EU**

Die Rechtsetzung der EU (...) erfolgt grundsätzlich in einem dreistufigen Ablauf, der sich in die Abschnitte Initiative, Beratung und Entscheidung gliedern lässt. (...) Bei der allgemeinen Rechtsetzung wirken Kommission, Europäisches Parlament (EP) und Ministerrat eng zusammen. Bei der Kommission liegen die Vorbereitungsarbeiten mit dem Initiativrecht, das EP führt die öffentliche Beratung über den Vorschlag durch, bringt dabei die Positionen der dort vertretenen Parteien ein und erarbeitet Stellungnahmen. Sowohl Rat als auch EP können ihrerseits Vorschläge der Kommission anfordern und durch entsprechende eigene Initiativen auf ihr Vorschlagsrecht einwirken. Der Rat beschließt derzeit noch immer abschließend als „Hauptgesetzgeber" der Union, doch hat das EP gerade im Vertrag über die Europäische Union teilweise die Stellung eines Mitgesetzgebers der EU erlangt.

(Aus: W. Weidenfels/W. Wessels, Europa von A–Z. Bonn [5]1995, S. 114)

8 *Vergleicht das Gesetzgebungsverfahren in der BRD mit dem der EU (M 10, M 11). Erläutert, ob ihr das EP eher als „Schwatzbude" (M 9) oder als Mitgesetzgeber (M 11) bezeichnen würdet.*

M 12 Institutionelle Veränderungen

Das Europäische Parlament ist zwar direkt gewählt. Aber trotz stetiger Ausweitung seiner Zuständigkeiten hat es bei weitem nicht die Kompetenzen, die einem Parlament nach herkömmlichen Maßstäben zukommen. Weder im Bereich der Gesetzgebung noch im Bereich der Beziehungen zur Kommission. Institutionell wichtig wäre vor allem eine Gleichberechtigung mit dem Ministerrat in der Gesetzgebung.
Der Ministerrat müsste seine Sitzungen öffentlich abhalten. Bezüglich der Frage nach dem Mehrheits- oder Einstimmigkeitsprinzip im Hinblick auf die Entscheidungsfindung im Ministerrat überwiegt in der politischen Debatte die Meinung, dass zur Beseitigung des demokratischen Defizits die generelle Anwendung der Mehrheitsentscheidung notwendig wäre. Während aus Sicht des Parlaments das Initiativmonopol der Kommission ebenfalls zu den ausschlaggebenden Elementen des demokratischen Defizits gerechnet wird, sieht die Kommission dies verständlichweise anders. Das Initiativmonopol ist eines der wichtigsten Instrumente überstaatlicher Mitwirkung im Gemeinschaftsverfahren, das hauptsächlich durch Verhandlungen zwischen den Regierungen bestimmt wird.
(Nach: K. Reif in: Politische Bildung, Nr. 3, 1993, S. 37)

9 *Fasst M 12 in Thesenform zusammen.*
10 *Erläutert, welche Veränderungen die vorgeschlagenen Umstellungen bewirken würden.*

M 13 Ein „Europäisches" Parlament?

Deutschland und die Beneluxstaaten würden (...) (dem Parlament) gerne mehr Kompetenzen geben um eine echte Kontrollinstanz zu schaffen. Frankreich sieht nicht ein, warum das Europäische Parlament mehr zu sagen haben soll als die eigene Assemblée Nationale. Großbritannien denkt nicht daran, dem Unterhaus (...) irgendwelche Kompetenzen wegzunehmen um sie an Europa zu verschachern. (...) Europäische Vielfalt ist ja ganz schön, aber ist das nun eigentlich ein europäisches Parlament oder ein Parlament mit Abgeordneten aus zwölf Ländern Europas? Von seiner Organisation her ist es eindeutig europäisch. Nicht nationale Gruppen sind entscheidend, sondern die neun Fraktionen. (...) Im Ernstfall aber reagieren die Deutschen wie Deutsche, die Franzosen wie Franzosen, die Briten wie Briten. (...) (Als) es jetzt um die Zustimmung zur Erweiterung der Europäischen Union ging, bildeten sich plötzlich wieder nationale Blöcke: Deutsche und Briten geschlossen dafür, Italiener, Niederländer und Belgier spontan dagegen. (...)
Wie sollen (...) vielleicht bald zwanzig oder mehr Länder (...) gemeinsam die demokratische Gewaltenteilung praktizieren? (...) Mit seinem Demokratiedefizit wird Europa wohl noch eine Weile leben müssen (...).
(K. P. Schmid in: Die Zeit, 3.6.1994, S. 14 f.)

M 14 „Europäische" Parteien?

Es gibt keine funktionierende Demokratie ohne Parteien. Es gibt keine funktionierenden Parteien auf EU-Ebene. Es gibt zwar „Parteien", aber sie sind weder sichtbar noch handlungsfähig. Westliche Demokratien funktionieren nicht ohne organisierte Interessengruppen. Die Interessengruppen in der EU sind nur wenig oder überhaupt nicht sichtbar. Sie beteiligen sich insbesondere nur begrenzt auf sichtbare Weise an einer öffentlichen Debatte über EU-Politik. (...) Die öffentlichen Versuche zur Beeinflussung von Wahlergebnissen im Hinblick auf „Europäisches" ist nicht erforderlich: Weder geht es bei Europawahlen um eine europäische Regierung und deren Bestätigung oder Ablösung noch bei nationalen Wahlen um „Europa". Es gibt weder europäische Massenmedien noch spielt „Europa" in den nationalen Massenmedien eine nennenswerte oder gar auf europäische (...) Wahlen ausgerichtete Rolle.
(Aus: K. Reif, a. a. O., S. 39 f.)

11 *Fasst in einer Liste zusammen, welche demokratischen Defizite in M 9 bis M 14 genannt werden.*
12 *Überlegt, welche Veränderungen notwendig wären um die Defizite auszugleichen.*

10.4 Geht's nicht ohne „Europa“?

Sicherlich haben die europäischen Staaten in Bezug auf Europa viel erreicht, aber wenn man die ganzen Probleme betrachtet, die immer noch bestehen und so schwer zu lösen sind, sollte man dann nicht lieber auf eine Europäische Union verzichten? Schließlich funktionierten die Nationalstaaten bisher doch auch ganz gut. Außerdem denken die wenigsten Bürger europäisch (vgl. M 1), Brüssel ist ihnen viel zu bürokratisch und undemokratisch (vgl. die vorherigen Seiten) und die einzelnen Staaten verzichten nur ungern auf ihre Souveränitäten (vgl. Karikaturen S. 158f. und M 2, S. 163).

M 1 **Europäisch ist so gut wie keiner**

Die Klage ist nicht neu: Europa hat keine öffentliche Meinung. Meinungen in und über Europa, ja – aber sie sind immer vom nationalen Standpunkt geprägt. Die wenigsten Politiker argumentieren europäisch, die wenigsten Bürger denken europäisch. Kaum ein Fernsehen, kaum eine Zeitung informiert europäisch. Treffend hieß es in einem Expertenbericht zur Informations- und Kommunikationspolitik der Europäischen Gemeinschaft: „Bei den Menschen ist ein Zusammengehörigkeitsgefühl zu Europa kaum spürbar; sie haben die europäische Identität noch nicht verinnerlicht.“
So ist es: In den Köpfen der Bürger wächst nicht zusammen, was zusammengehört. Der Europäer existiert nicht. Die Gründe? Jeder sieht Europa zuerst einmal durch die nationale Brille, will Europa für seine Interessen nutzen. Das ist menschlich, bringt die Europäer aber nicht zusammen. Denn (...) keiner hat sehr viel Verständnis für die nationalen Interessen der anderen. Ein europäisches Bewusstsein, geprägt durch gemeinsame Werte und Interessen, ist vorerst Illusion.

(Aus: K.-P. Schmid, Europäisch ist so gut wie keiner. In: Zeitpunkte, Nr. 4, 1996, S. 14)

1 *Überlegt, wie eine Zeitung, die „europäisch informiert“ (vgl. M 1), aussehen könnte.*

2 *Gestaltet eine Zeitungsseite eurer „europäischen Zeitung“. Benutzt Tageszeitungen, Archivbestände (z. B. Stadtbibliothek), Bücher, eigene Artikel usw.*

M 2 **Europa als überflüssige Veranstaltung?**

Es geht nicht darum, ob Europa inzwischen Angst vorm Volk haben müsste. Es geht darum, dass sich das institutionalisierte Europa so weit vom Volk entfernt hat, dass es nicht mehr verstanden wird. Europa wird als eine der vielen „überflüssigen“ Veranstaltungen der „abgehobenen“ Politiker betrachtet. (...) Eine Offensive für Europa tut jetzt Not. Sie bedarf der Information. (...) Doch machen wir uns nichts vor: Das Bekenntnis zu Europa ist allein durch mehr Information nicht herzustellen. Zustimmung aus politischer Grundüberzeugung ist gefragt. (...) Europa ist zu lange ausschließlich auf die Kosten-Nutzen-Bilanz reduziert worden. Der Wert der europäischen Einigung lässt sich ebenso wenig am Bananenpreis festmachen wie die deutsche Einheit an den Benzinkosten.

(Aus: Europäische Zeitung, Juli/ August 1992, S. 1)

M 3 **Hat die Mitgliedschaft in der EU Ihrer Meinung nach Vorteile für Deutschland?**
(Angaben in Prozent)

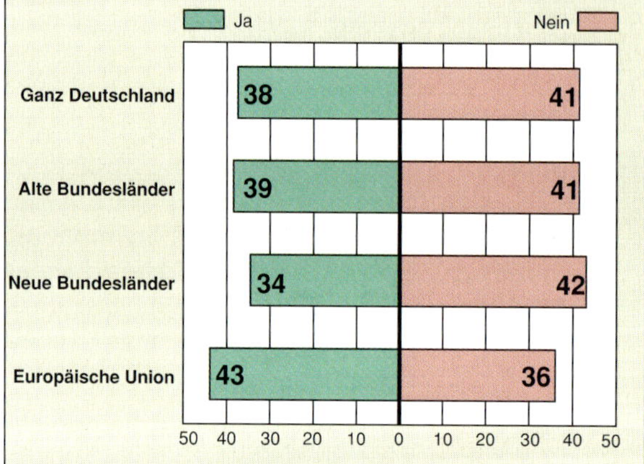

(Nach: Magnum Eurobarometer, Winter 1996)

M 4 **Überforderte Nationalstaaten**

Schon heute ist vieles nicht mehr so, wie es war. Seien es die jungen Demokratien, die in die EU drängen und denen die Gemeinschaft die Tür öffnen muss. Sei es der Raubbau an Natur und Umwelt, der jetzt ein ökologisches Umsteuern der Wirtschaft erzwingt. Sei es die zunehmende Beweglichkeit der Unternehmen, bei der die Rechnung der Arbeitnehmer auf der Strecke bleibt. Diese Probleme sind internationale Probleme, die sich nur international bewältigen lassen.

(W. Eggert in: Deutsches Allgemeines Sonntagsblatt, 14.4.1993, S. 1)

3 *Bezieht Stellung zu der Frage, ob Europa aus eurer Sicht eine überflüssige Veranstaltung ist. Berücksichtigt M 1 bis M 4 und alle bisherigen Ergebnisse der Unterrichtseinheit.*

M 5

EXTRABLATT

Die Bundesrepublik ist aus der EU ausgetreten

An der Grenze der Bundesrepublik Deutschland werden Ein- und Ausreisende seit dem frühen Morgen gründlich kontrolliert. Die Warteschlangen an den Grenzübergängen sind stellenweise auf über fünfzig Kilometer angewachsen!

Frankreich, Italien und die Beneluxstaaten bilden eine Zollunion. Alle Pkw-Importe aus Deutschland belegen diese Staaten seit heute mit einem Einfuhrzoll von zwanzig Prozent.

Die Preise für Milch und Brot sind in Deutschland über Nacht auf das Doppelte gestiegen.

Frankreich, Großbritannien und die Beneluxstaaten wollen das Abkommen von Dünkirchen erneuern. Es soll eine deutsche Vormachtstellung verhindern.

Alle europäischen Staaten haben ihre Währungen gegenüber der D-Mark drastisch abgewertet. Vertreter der deutschen Industrie befürchten, dass der deutsche Import zusammenbricht.

Viele Firmen melden Kurzarbeit an. Sie hatten bisher die meisten ihrer Produkte in Mitgliedstaaten der EU geliefert. Massenentlassungen drohen!

Österreich, Ungarn und die Bundesrepublik wollen sich zu einem Mitteleuropäischen Block zusammenschließen. Gerüchte über entsprechende Pläne kursieren in Bonn.

Mehrere Staaten des ehemaligen Ostblocks haben die Mobilmachung ihrer Truppen angeordnet. Als Grund werden Besorgnisse über die künftige politische Entwicklung in Deutschland angegeben.

Korrespondenten aus Madrid, Lissabon und Athen berichten übereinstimmend, dass man in Spanien, Portugal und Griechenland auch mit einem Rückfall in die Diktatur rechnen müsse. Entsprechende Befürchtungen bestehen bei den Führern der demokratischen Parteien in diesen Ländern.

(Aus: G. Maier, EG-Perspektiven. Politik und Unterricht, Nr. 3, 1993, hg. v. Landeszentrale für politische Bildung Baden-Württemberg, S. 23)

4 *In Gesprächen hört man oft, dass die Deutschen der „Zahlmeister" Europas seien. Sucht Argumente für und gegen diese These (M 5 bis M 8).*

5 *Stellt tabellarisch die Vor- und Nachteile einer Mitgliedschaft Deutschlands in der EU zusammen.*

M 6 **Beispiel Export**

Für Deutschland ist der Export lebensnotwendig. Rund ein Drittel unseres Bruttosozialprodukts wird im Export erwirtschaftet, mehr als die Hälfte davon wiederum im Außenhandel mit unseren Nachbarn in der Gemeinschaft. Bei uns hängt jeder vierte Arbeitsplatz vom Export ab, in manchen Regionen jeder zweite. Der Handel mit unseren Nachbarländern ist ein Lebensnerv der deutschen Wirtschaft. Unser Wohlstand beruht wesentlich auf internationaler Arbeitsteilung und grenzüberschreitender Zusammenarbeit.

(Aus: Der Euro stark wie die Mark, hg. v. Bundesministerium der Finanzen. Köln 1996, S. 16)

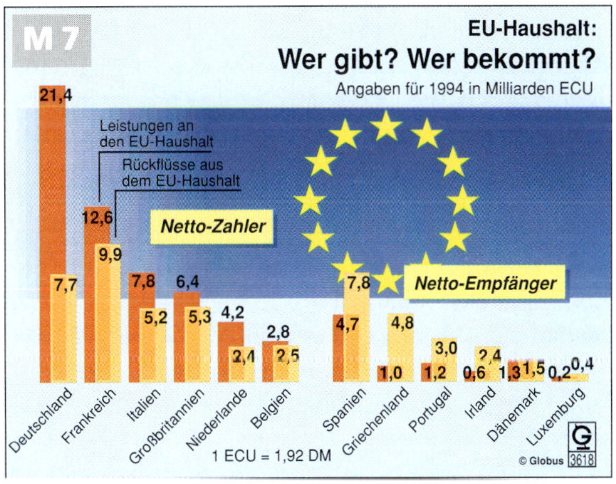

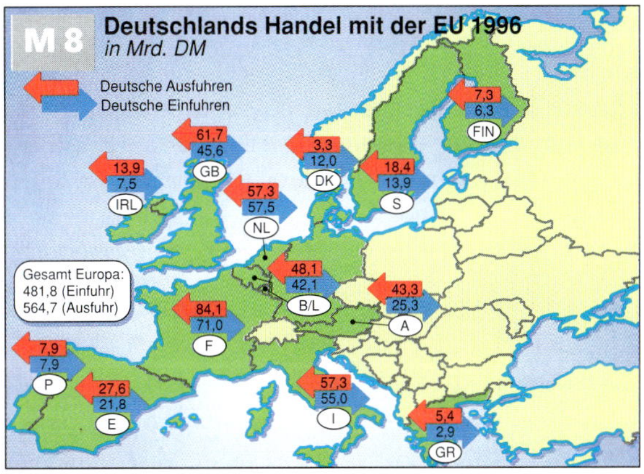

10.5 Der europäische Binnenmarkt

Was ist das – ein Binnenmarkt?

Die zentrale Antriebskraft der europäischen Einigung bildete die Schaffung eines Binnenmarktes. Diese Absicht wurde schon 1957 in den Gründungsverträgen der Europäischen Wirtschaftsgemeinschaft (EWG) formuliert. Offiziell gilt der Binnenmarkt mit Ablauf des Jahres 1992 als vollendet. Dennoch ist das „Kapitel Binnenmarkt“ mit diesem Datum nicht abgeschlossen, was oft mit dem Begriff des unvollendeten Binnenmarktes umschrieben wird.
Auf dieser Doppelseite erfahrt ihr zunächst, was mit dem Projekt Binnenmarkt eigentlich erreicht werden soll(te). Anhand von Beispielen könnt ihr dann auf der nächsten Doppelseite die Chancen und Risiken des europäischen Binnenmarktes beurteilen und euch mit der Frage auseinander setzen, inwieweit der Binnenmarkt (un)vollendet ist.

M 1 Zum Beispiel Anna und Thorsten ...

Wenn zwei das Gleiche tun, so ist es noch lange nicht dasselbe. Dies gilt vor allem in Europa. Zum Beispiel Anna und Thorsten: Anna lebt in Budapest und hat eine Ausbildung an der kaufmännischen Akademie erfolgreich abgeschlossen. Ihr Freund Thorsten, den sie letztes Jahr im Urlaub kennen gelernt hat, lebt in Berlin und hat gerade seine Lehre als Druckergeselle beendet. Jetzt wollen beide endlich zusammenleben. Anna und Thorsten wollen nach Straßburg und dort einen Hausstand gründen. Für Thorsten ist es ganz einfach: Die Europäische Union bestimmt, dass innerhalb der Grenzen jeder wohnen und arbeiten kann, wo er es wünscht. Der EU-Bürger Thorsten braucht also nur seinen Personalausweis, kauft sich eine Eisenbahnfahrkarte und schon geht's los nach Straßburg.
Ganz anders sieht die Situation für Anna aus. Ungarn ist kein Mitglied der EU. Um in Frankreich wohnen und arbeiten zu dürfen muss sie deshalb eine Menge bürokratischer Hindernisse überwinden: Sie braucht ein ärztliches Attest, damit ihr zukünftiger Arbeitgeber in Straßburg für sie eine Arbeitserlaubnis beantragen kann. Dann muss Anna bei der französischen Botschaft ein Visum beantragen, ohne das sie nicht nach Frankreich einreisen darf. Außerdem benötigt sie eine Aufenthaltsgenehmigung, ohne die sie wieder ausgewiesen würde.

(Nach: Jugend in Europa, hg. v. Bundesministerium für Frauen und Jugend. Bonn o. J., S. 54–59. Zit. nach: G. Maier, a. a. O., S. 26)

M 2 Vor dem Bestehen des Binnenmarktes – Beispiel Joghurt

Reichhaltiges Anschauungsmaterial für die Zersplitterung in nationale Teilmärkte bietet der Lebensmittelsektor. So dürfen z. B. die bei Fruchtjoghurt verarbeiteten Kirschen in der Bundesrepublik Deutschland mit der Farbe von Roter Bete gefärbt werden, nicht aber der Joghurt selbst. In Belgien ist es genau umgekehrt: Dort dürfen die Kirschen nicht gefärbt werden, wohl aber der Joghurt. So ist es schon so weit gekommen, dass viele Hersteller der EG ihre Produkte in 12 Varianten auf den Markt bringen um deren Verkaufsfähigkeit in allen EG-Staaten sicherzustellen.

(Aus: K. von Wogau/K. Löffler/D. Mitzka, Der Milliarden-Joker. Offene Worte gegen geschlossene Grenzen in Europa. Bonn 1987, S. 41 f.)

1 *Benennt Hemmnisse für Personen und Firmen, die ihnen ohne Binnenmarkt entstehen können. Berücksichtigt M 1 und M 2.*

Als Grundlage des Binnenmarktes gilt die Umsetzung der „vier Freiheiten“ (vgl. M 3), die schon im EWG-Vertrag 1957 formuliert wurden. Es gelang der Gemeinschaft lange Zeit nicht, die Angleichung einer Vielzahl von nationalen Vorschriften zu erreichen, die die Realisierung der „vier Freiheiten“ ermöglichte. Als Anfang der 80er der Integrationsprozess ins Stocken geriet und die Europäer Wettbewerbsnachteile gegenüber Japan und den USA befürchteten, veröffentlichte die Europäische Kommission ihr „Weißbuch zur Vollendung des Binnenmarktes“ (vgl. M 4). Damit erhielt das Binnenmarktprojekt neue Dynamik.

M 3 Die EG auf dem Weg zum Binnenmarkt

10.5 Der europäische Binnenmarkt

Was ist das – ein Binnenmarkt?

M 4 **Elemente des „Weißbuchs zur Vollendung des Binnenmarktes" im Überblick**

Abbau der *materiellen* Schranken
- der Warenkontrollen
- der Personenkontrollen an den innergemeinschaftlichen Grenzen

Abbau der *technischen* Schranken
- „neue Strategie" zur gegenseitigen Anerkennung unterschiedlicher nationaler Normen, Standards, Vorschriften (...)
- Freizügigkeit für Arbeitnehmer und Selbstständige
- gemeinsamer Dienstleistungsmarkt
- Freiheit des Kapitalverkehrs
- Förderung der industriellen Zusammenarbeit

Abbau der *Steuerschranken*
- Einführung von Bandbreiten zur Annäherung der nationalen Steuersätze
- Harmonisierung der spezifischen Verbrauchssteuern (Mineralölprodukte, Alkohol, Tabak)

(Aus: O. Schmuck/C. Siebert, Binnenmarkt 92. Wirtschafts- und Sozialraum. Wuppertal 1989, S. 22)

2 *Erläutert, was man unter dem europäischen Binnenmarkt versteht (M 3 und M 4).*

Wenn man einen einheitlichen Binnenmarkt schaffen will, braucht man einheitliche Vorschriften.

M 5 **Tendenz zur Überregulierung**

Da gibt es eine Richtlinie zur „Harmonisierung der Anforderungen zum Schutz von Sicherheit und Gesundheit für den Verkehr mit Spielzeug", in der über viele Seiten hinweg detailliert etwa die „Entflammbarkeit von Nikolausbärten" (...) und die notwendige „Bezeichnung von Wasserbällen" geregelt wird – Vorschlag der Kommission: „Nur in seichtem Wasser zu verwenden!" Erwähnt werden mag die Richtlinie „zur Angleichung der Rechtsvorschriften über den zulässigen (...) Leistungspegel bei Rasenmähern". Da nach Ansicht der Kommission davon auszugehen ist, dass kaum jemand weiß, was ein Rasenmäher ist, definiert man hier zunächst einmal Rasenmäher „als jede motorbetriebene Vorrichtung, die speziell für die Pflege grasbewachsener Flächen für Freizeit-, Dekorations- oder ähnliche Zwecke durch Schneiden, ungeachtet des Schneidemechanismus, bestimmt ist".

(Nach: H. Berg, EG-Binnenmarkt '92. In: Europa ohne Grenzen, hg. v. T. Reichmann. München 1992, S. 6–8)

M 6

„Schau an, die Literatur hat aber doch enorme Fortschritte gemacht seit Moses!" (Karikatur: Wolter)

3 *Interpretiert die Karikatur (vgl. S. 50 f.) unter Berücksichtigung von M 5.*

M 7 **Das „Cassis-de-Dijon-Urteil"**

Das „Cassis-de-Dijon-Urteil" aus dem Jahre 1979 legte die Grundlage für die neue Strategie bei der Anpassung von Normen. Der deutsche Lebensmittelkonzern REWE wollte Cassis-de-Dijon, einen französischen Johannisbeerlikör, in Deutschland auf den Markt bringen. Da der jedoch wegen des zu niedrigen Weingeistgehaltes nicht den deutschen Alkoholvorschriften entsprach, verbot die Bundesmonopolverwaltung für Branntwein den Verkauf. REWE klagte vor dem Europäischen Gerichtshof, der daraufhin urteilte: „Ein Erzeugnis darf grundsätzlich überall in der Gemeinschaft ungehindert verkauft werden, wenn es in einem Mitgliedstaat rechtmäßig hergestellt und in den Verkehr gebracht worden ist. Importierte Erzeugnisse dürfen verkauft werden, auch wenn das Einfuhrland strengere oder andere Anforderungen an das Erzeugnis stellt. Inländische Erzeuger jedoch bleiben an die nationale Gesetzgebung gebunden."

(Aus: W. Frühauf/T. Giesinger, Europa ohne Grenzen – Alarm für die Umwelt. Spiegel-Special, Nr. 1, 1992, S. 30)

4 *Erklärt mit Bezug auf M 5 bis M 7, warum das „Cassis-de-Dijon-Urteil" eine neue Strategie bei der Anpassung von Normen darstellt.*

10.5 Der europäische Binnenmarkt

Der (un)vollendete Binnenmarkt

Die Ziele des Binnenmarktes habt ihr in M 4, S. 171, kennen gelernt. Anhand von Beispielen könnt ihr im Folgenden Chancen und Risiken des Binnenmarktes einander gegenüberstellen und abwägen.

M 8 Freizügigkeit

Freizügigkeit ist der zentrale Begriff für den europäischen Binnenmarkt. Freizügigkeit bedeutet den ungehinderten Verkehr von Waren, Dienstleistungen, Personen und Kapital zwischen den Mitgliedstaaten der Europäischen Union derart, dass es sich vom Verkehr innerhalb eines Landes nicht mehr unterscheidet. Für den Verbraucher ergeben sich folgende Rechte aus dem Binnenmarkt:

- das Recht Güter und Dienstleistungen für private Zwecke in einem anderen Land zu kaufen und diese in ihr eigenes Land zu bringen ohne dafür – bis auf wenige Ausnahmen – zusätzliche Steuern oder Zölle zahlen zu müssen,
- das Recht Geld in ein anderes Land zu transferieren, z. B. zu Anlagezwecken,
- das Recht Geld bei einem Darlehensgeber in einem anderen Land zu leihen.

(Aus: Europäische Integration, Wochenschau, Nr. 6, 1995, Sek. II, S. 248)

M 9 Der größte Arbeitsmarkt der Welt

Mit der Einführung des Binnenmarktes entstand in Europa der größte Arbeitsmarkt der Welt. Der spanische Buchhalter, der in Dänemark arbeitet, der deutsche Ingenieur, der in den Niederlanden aufsteigt, der belgische Handwerker, den es nach Irland zieht – all dies ist vorstellbar, doch dürfte es in den nächsten Jahren die Ausnahme bleiben.

Experten gehen davon aus, dass die vom Binnenmarkt erwartete Zunahme der grenzüberschreitenden Mobilität sehr gering ausfallen wird, zumal bereits innerhalb der Einzelstaaten die Wanderungsbereitschaft der Arbeitnehmer nicht sonderlich ausgeprägt erscheint.

Die hohe Sprachenhürde sowie die unterschiedliche Qualität der Sozialversicherungen erweisen sich als Hindernisse auf dem Weg zur „Europäischen Karriere". Tatsächlich müsste neun Sprachen beherrschen, wer die Vorteile des Binnenmarktes voll ausschöpfen wollte. Das wäre der Idealfall. In der Praxis sollte mindestens zwei Fremdsprachen gut bis sehr gut beherrschen, wer sich Chancen auf dem EU-weiten Arbeitsmarkt ausrechnen möchte.

Erleichterungen bringt der Binnenmarkt hingegen für international gesuchte, hoch qualifizierte Arbeitskräfte sowie für Mitarbeiter multinationaler Unternehmen, die in europäischen Tochtergesellschaften eingesetzt werden.

Zunehmend an Bedeutung gewinnt die Freizügigkeit überdies für Jugendliche, die ihre Lehre, ihr Studium oder ihren Berufsstart in einem EU-Land absolvieren möchten – ein Schritt, der in der Regel die Qualifikation fördert und von der EU unterstützt wird.

(Aus: M. Brückner/R. Maler/A. Przyklenk, Der Europa-Ploetz. Basiswissen über das Europa von heute. Freiburg/ Würzburg 1993, S. 293)

5 *Führt aus, welche Vorteile euch der Binnenmarkt bringt, und setzt euch mit der Frage auseinander, inwieweit euch persönlich die Vorteile des Binnenmarktes nützen.*

M 10 Jobs in Gefahr

Schon jetzt gilt „gleicher Lohn für gleiche Arbeit am gleichen Ort" nicht mehr überall. Die Lufthansa kann Flugbegleiter im Ausland zu niedrigen Löhnen einstellen. Deutsche Reeder dürfen auch Billiglöhner anheuern. (...) Billigere Konkurrenz plagt aber auch Binnenschiffer oder Spediteure. (...) Bisher wurden in der Industrie Arbeitsplätze vor allem durch die Verlagerung von Fabriken ausgeflaggt. Nun aber geraten gut bezahlte Jobs durch die Freizügigkeit der Arbeitnehmer in der EU in Gefahr. „Warum sollen nicht auch in den Autofabriken billige Montagekolonnen aus Portugal arbeiten", fragt Handwerkspräsident Heribert Späth. „Wir müssen uns dem Wettbewerb stellen", folgert er. Ohne eine Senkung der Arbeitskosten drohe eine Katastrophe. Für die Übergangszeit aber sei Schutz nötig – und zwar für alle.

(Aus: Neue Westfälische Zeitung, 20. 7. 1995)

6 *Beschreibt die Vorteile, die euch aus der Freizügigkeit erwachsen, wenn ihr dauerhaft in einem Staat der EU arbeiten würdet. Überlegt, welche Probleme euch erwarten könnten.*

M 11 Die Verwirklichung des Binnenmarktes

Die Schaffung des Europäischen Binnenmarktes am 1. Januar 1993 war ein wichtiger Beitrag dazu, den Standort Europa attraktiver zu gestalten. Zahlreiche bürokratische Handelshemmnisse wurden abgeschafft, was beispielsweise dadurch zum Aus-

10.5 Der europäische Binnenmarkt

Der (un)vollendete Binnenmarkt

M 12 Grenzenlose Produktion

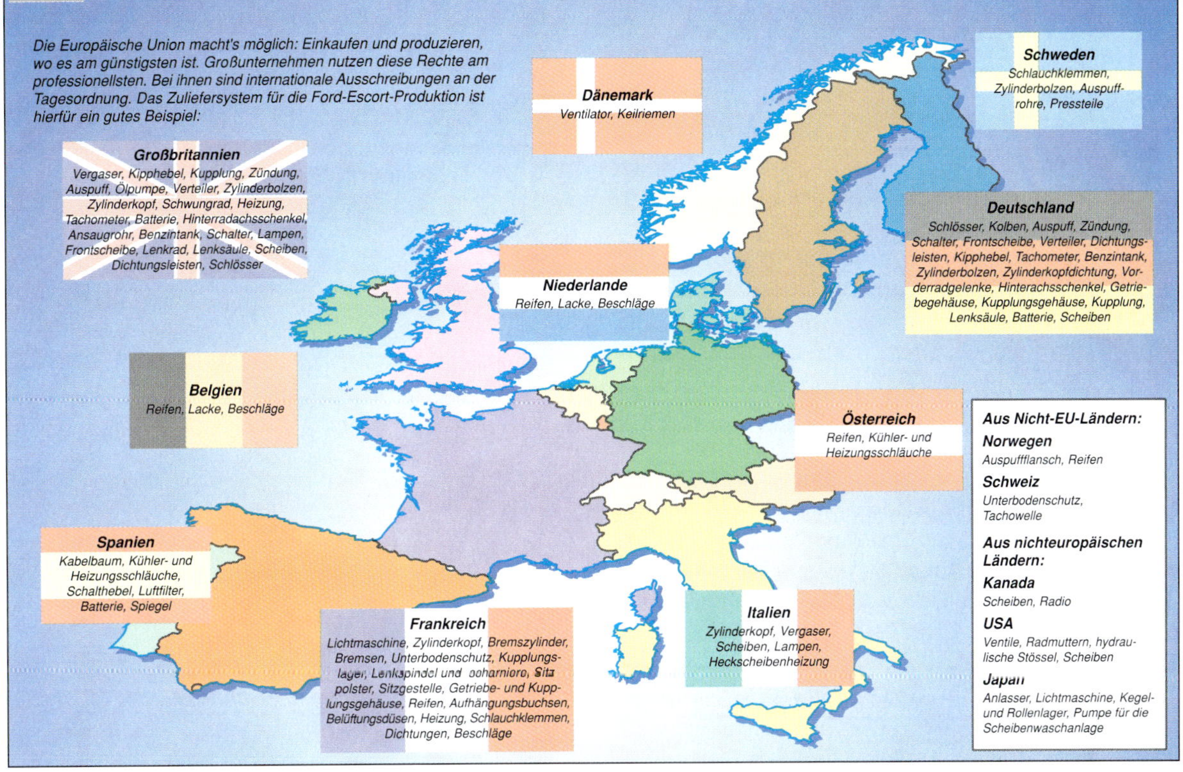

druck kommt, dass jährlich 70 Millionen Zolldokumente weggefallen sind. (…)
Den unvollendeten Binnenmarkt sieht man z. B. im Bereich des Transportwesens: Hier müssen Voraussetzungen dafür geschaffen werden, dass Transporte über eine Distanz von mehr als 500 km in der Regel von der Straße auf die Schiene verlagert werden. Das ist nicht nur umweltfreundlicher, sondern auch ökonomischer.

(K. von Wogan in: Das Parlament, Nr. 1–2, 6. 1. 1995, S. 7)

M 13 Noch mehr Brummis?

Mit der Schaffung des Binnenmarktes und der Beseitigung der Grenzen für den Austausch von Waren und Dienstleistungen wird der Güterverkehr zwischen den Ländern stärker als bisher ansteigen. Das Güterverkehrsgewerbe, das bislang durch die Vergabe von Konzessionen und durch das so genannte Kabotageverbot (ausländische Transportunternehmen dürfen keine Inlandstransporte in der Bundesrepublik übernehmen) gegenüber ausländischen Wettbewerbern geschützt war, wird einer harten internationalen Konkurrenz ausgesetzt sein. Dabei haben die bundesdeutschen Unternehmer Wettbewerbsnachteile zu befürchten, weil die Steuern sowie die Sicherheits- und Sozialvorschriften in der Bundesrepublik gegenüber einigen anderen Ländern für die Unternehmer ungünstiger sind. Um dieses Ungleichgewicht abzubauen fordern die Speditionsunternehmen eine Angleichung der Transportbedingungen. Nun ist zu erwarten, dass die Angleichung, die so genannte Harmonisierung, nicht auf einem niedrigen Niveau stattfinden wird. Das bedeutet Senkung der Kraftfahrzeugsteuern, Erhöhung der Lenkzeiten, Verringerung der Überwachung und Verschlechterung der Arbeitsbedingungen für Fernfahrer.

(Aus: D. Seifried, Gute Argumente: Verkehr. München 1990, S. 39)

7 *Beschreibt die Risiken und Nachteile des Binnenmarktes und überlegt, was zu deren Beseitigung getan werden müsste.*

10.6 Der Euro kommt – die DM geht

Nach den Beschlüssen von Maastricht soll es spätestens im Jahre 2002 innerhalb der EU nur noch eine gemeinsame Währung geben. Erst dann ist der Binnenmarkt vollständig verwirklicht. Die neue Währung soll Euro heißen und die bisherigen 15 Währungen ersetzen.

Kein Thema wird zur Zeit so brisant diskutiert wie diese Währungsunion. Die Währungsunion wird den politischen Integrationsprozess einen entscheidenden Schritt vorantreiben, denn es ist wenig wahrscheinlich, dass die europäischen Staaten die Währungspolitik einer Europäischen Zentralbank und dem Rat der Finanzminister überlassen ohne die Kontroll- und Mitwirkungsbefugnisse des Europäischen Parlaments zu erweitern und andere Politikbereiche schrittweise zu vergemeinschaften.

M 1 Eine Währung für Europa

Vor dem Ende des Jahrhunderts soll Europa eine einheitliche Währung bekommen. Dann ersetzen alle Länder, die die Aufnahmebedingungen (Konvergenzkriterien) erfüllen, ihre nationalen Zahlungsmittel durch Euro und Cent. Nach diesem historischen Akt wird überall in den beteiligten Ländern mit dem gleichen Geld gerechnet und bezahlt. Deutsche Mark, französischer Franc oder holländischer Gulden werden aus dem Verkehr gezogen. Logischerweise gibt es dann auch keine Wechselkurse mehr zwischen diesen Währungen und keine Spekulationen.

Länder, die beim Start nicht qualifiziert sind (etwa Italien oder Spanien), können zu einem späteren Zeitpunkt der Währungsunion beitreten. Im Idealfall wären alle fünfzehn EU-Länder auch Mitglieder der Währungsunion, die dann identisch wäre mit dem großen Binnenmarkt. Gegenüber europäischen und anderen Währungen (allen voran dem Dollar), die nicht im Euro aufgehen, wird es weiter schwankende Wechselkurse und das Risiko der Spekulation geben.

In der Währungsunion geht die Verantwortung für die Geldpolitik von den nationalen Währungsbehörden an die europäische Zentralbank (EZB) über, die in Frankfurt am Main angesiedelt wird. (...) Sie (wird) voll unabhängig von den Regierungen sein. (...)

Eine Währungsreform wäre das aber nicht, da Einkommen wie Preise, Bankguthaben wie Immobilienvermögen, Forderungen wie Verbindlichkeiten mit der gleichen Rate (etwa 1 Euro = 2 Mark) umgerechnet werden.

(Aus: Eine Währung für Europa, in: Zeitpunkte Nr .4, 1995, S. 52)

1 *Nennt die wesentlichen Merkmale der Währungsunion anhand von M 1.*

2 *Lest in eurem Geschichtsbuch den Abschnitt über die Währungsreform von 1948 nach. Benennt die Unterschiede zwischen einer Währungsunion und einer Währungsreform.*

3 *Bringt in Erfahrung, welche Länder die Kriterien erfüllt haben. Achtet auf Berichte in den Medien oder schreibt an die Europäische Kommission mit der Bitte um Informationsmaterialien (Adresse S. 163).*

M 4 Welche Vorteile hat der Euro?

Sparen beim Umrechnen: Die Kosten für die Umrechnung bei Devisengeschäften (Handel mit ausländischen Zahlungsmitteln) oder für die Absicherung des Wechselkursrisikos entfallen in der Währungsunion. Diese Kosten werden auf 0,5 Prozent des Bruttoinlandsprodukts (Maß für die wirtschaftlichen Leistungen einer Volkswirtschaft) der Union, rund 45 Milliarden Mark jährlich geschätzt. Jeder Einzelne kann diese Erfahrung machen. Wer mit 1000 Mark in der Tasche durch alle EU-Länder reist, das Geld in die jeweilige Währung umtauscht und keinen Pfennig ausgibt, dem (bleibt am Ende sehr wenig) (...). (Vgl. Aufgabe 4.)

10.6 Der Euro kommt – die DM geht

Die einheitliche Währung ist eine logische Ergänzung des Binnenmarktes. Märkte werden überschaubarer, Unternehmen können ihre Investitionen langfristig besser planen. Güter- und Dienstleistungspreise können über die Grenzen hinweg wirklich miteinander verglichen werden – das nützt den Verbrauchern.
Die gemeinsame Währung setzt eine große Annäherung der Wirtschafts- und Finanzpolitiken in den Mitgliedstaaten voraus, damit sie nicht wie heute nationale Währungen unter Abwertungsdruck gerät. (...)
Eine stabile europäische Währung dient den Interessen Europas im globalen Wettbewerb. Das Eurogeld kann gleichberechtigt neben dem japanischen Yen und dem US-Dollar stehen und wird eine der wichtigsten Handels- und Reservewährungen sein. Die Europäer werden ihre Einfuhren aus dem Ausland zunehmend in ihrer eigenen Währung bezahlen können.
Politische Stabilität: Schließlich ist die Währungsunion ein weiterer Baustein im europäischen Integrationsprozess. Sie wird neben den wirtschaftlichen Vorteilen die Europäer einander näher bringen: So wird die Finanz- und Wirtschaftspolitik unter dem Druck der gemeinsamen Währung vereinheitlicht. Sie sorgt für mehr Stabilität innerhalb und außerhalb Europas – angesichts der Kriege und Konflikte auf allen Kontinenten ein nicht zu unterschätzender Vorteil.
(C. Holzgrewe in: Göttinger Tageblatt, 6. 1. 1996)

M 5 Europawährung – Pro und Kontra

4 *Besorgt euch Umrechnungstabellen von allen EU-Ländern bei einer Bank oder schaut in den Wirtschaftsteil einer großen Tageszeitung. Ihr startet in Deutschland mit 1000 DM zu einer Reise. (In unserem Beispiel vernachlässigen wir alle Ausgaben.) Wie viel Geld behaltet ihr übrig, wenn ihr in jedem Land der EU gewesen seid und euer Geld jeweils in die Landeswährung getauscht habt?*
5 *Führt die Vorteile der neuen Währung auf. Erläutert, welche Vorteile euch betreffen (M 4, M 5).*

M 6 Seid vernünftig, vertagt den Euro!

Mich (...) beunruhigt, dass wir uns überstürzt und schlecht gerüstet auf ein unwiderrufliches Experiment einlassen – denn das genau ist die gemeinsame Währung. Die Kosten können für Spanien und andere Länder enorm sein. Durch den Verzicht auf flexible Wechselkurse würden wir die Möglichkeit verlieren Fehler bei Preisen und Löhnen zu korrigieren – und müssten dies dann mit mehr Arbeitslosigkeit bezahlen. (...)
Die Europäische Union hat viel wichtigere Aspekte als den Euro: die Freiheit des Handels, die Freizügigkeit der Arbeitnehmer, den freien Kapitalfluss. Oder die Hilfe der ehemals kommunistischen Staaten beim Übergang zu Demokratie und Marktwirtschaft. Die Föderalisten in Brüssel setzen alles auf die Währungsunion. Wer aber das Schicksal Europas an den Euro fesselt, liefert uns alle einer großen Gefahr aus: Was, wenn die Währungsunion am Ende nicht so kommt wie vorgesehen – sollen dann alle anderen Ziele auch aufgegeben werden? (...)
Ist es nicht zu spät, den Zug Richtung Währungsunion zu stoppen?
Warum? Jetzt, da der Termin näher rückt, ist doch die Debatte überall losgebrochen.
(Aus einem Interview mit dem spanischen Wirtschaftsminister Miguel Boyer in: Zeitpunkte, Nr. 4, 1995, S. 60 ff.)

6 *Erläutert die Bedenken Boyers (M 6).*
7 *Schneidet aus den Tageszeitungen Artikel zur Währungsunion aus und dokumentiert die aktuelle Diskussion auf einer Wandzeitung.*
8 *Viele Institutionen (Banken, Industrie- und Handelskammer usw.) haben einen „Eurogeld-Beauftragten". Führt ein Expertengespräch (vgl. S. 216 f.).*

10.7 Die EU und das neue Haus Europa

Osterweiterung der EU?

Seit ihrer Gründung ist die Europäische Gemeinschaft auf Zuwachs angelegt (vgl. S. 162 f.). Diese gesamteuropäische Perspektive ist auch im Maastrichter Vertrag festgehalten: „Jeder europäische Staat kann beantragen, Mitglied der Union zu werden." (Art. O EU-Vertrag)

Viele osteuropäische Staaten haben einen Antrag auf einen EU-Beitritt gestellt. Jedes neue Mitglied aber verändert die Aufgaben und die Zusammenarbeit zwischen den europäischen Staaten. Ist die EU einem solchen Ansturm gewachsen? Schließlich war die Errichtung eines „Hauses Europa" (vgl. Karikatur S. 158) schon schwierig genug. Wie soll ein Haus Europa mit 20 oder mehr Staaten aussehen?

M 1 Die EU und ihre Kandidaten

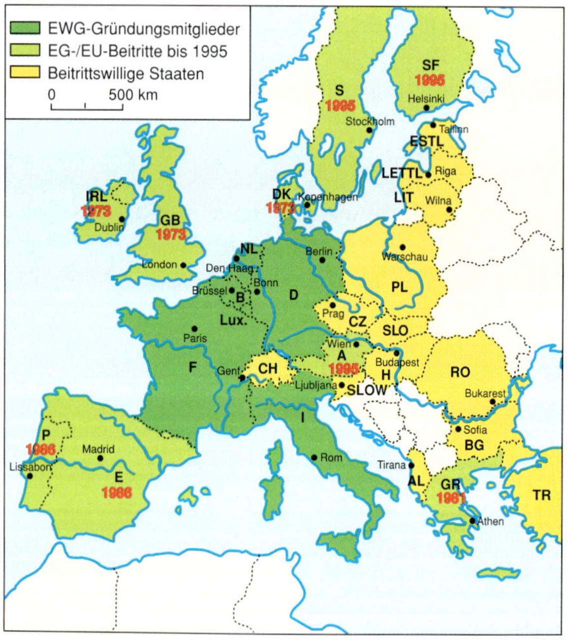

1 *Ermittelt aus M 1, welche Staaten der EU beitreten wollen.*

M 2 Osteuropäische Länder drängen auf baldige EU-Mitgliedschaft

Die frühere polnische Ministerpräsidentin Hanna Suchocka sieht in der künftigen Erweiterung der Europäischen Union nicht nur ein wirtschaftliches oder politisches, sondern auch ein mentales Problem. Die Bürger im Westen müssten sich ebenfalls ändern und akzeptieren, dass sie nicht mehr in einem geteilten Europa, sondern in einer offenen und demokratischen gesamteuropäischen Gesellschaft leben (...).

(...) Nach dem Ende des Kommunismus glauben die Beitrittskandidaten (vgl. M 1) einen Anspruch auf eine schnelle Aufnahme in die Union zu haben. Man habe jedoch nach wie vor Probleme diesen Wunsch den westlichen Partnern zu erklären, räumte Hanna Suchocka ein. Das erste Hochgefühl nach dem Fall der Mauer sei inzwischen in ganz Europa einer gewissen Nostalgie gewichen. In Polen sei allerdings schon eine Änderung dieser Einstellung erreicht worden, betonte sie mit Verweis auf Umfragen, nach denen sich mittlerweile 80 Prozent der Polen für einen schnellen EU-Beitritt aussprechen.

Ähnliche Einigkeit ist auch in den meisten anderen beitrittswilligen Ländern festzustellen. Auch in der (...) Slowakei sei dies „kein politisch kontroverses Thema", versicherte der Vorsitzende der slowakischen Christdemokraten, Jan Carnogursky, indem er zugleich auf die Erfolge der Osteuropäer beim Umbau der Wirtschaft und auf hohe Wachstumsraten hinwies. (...)

Die finnische Verteidigungsministerin Anneli Taina erläuterte die Bemühungen ihres Landes die Verteidigung des Nachbarstaates Estland zu fördern. Ein EU-Beitritt der baltischen Länder Litauen, Estland und Lettland sei vor allem eine sicherheitspolitische Frage. Das Baltikum dürfe nicht zu einer grauen Zone werden.

(H. Hausmann in: Das Parlament, Nr. 42, 11. 10. 1996)

2 *Zeigt anhand von M 2 auf, aus welchen Gründen die osteuropäischen Staaten der EU beitreten wollen.*

M 3 Beispiel Polen

a) Die Angst der Polen

Sollten sich Demokratie und Marktwirtschaft im Osten durchsetzen, dann leben wir Polen im Zentrum eines friedlichen Europa, das sich vom Atlantik bis zum Ural erstreckte. Versinkt aber der Osten jenseits unserer Grenze im Chaos, dann geraten wir automatisch in eine Randlage.

Polen, ohne Mitgliedschaft in der EU und NATO, müsste, wie zuvor in seiner Geschichte, die Doppelrolle eines Pufferstaates und Bollwerks des Westens übernehmen. Das ist keine verlockende Perspektive.

(Janusz Tycner in: Die Zeit, 11. 10. 1991)

b) Polens Europapolitik

Polens Mitgliedschaft in der EU wird (...) nicht nur als Garantie für Wohlfahrt und dauerhafte innenpolitische Stabilität gesehen. (...) (Der polnische Außenminister) Skubiszewski hatte den Gegnern der Assoziierung (Zusammenschluss; vgl. M 4) Polens mit der EU entgegengehalten, dass die Mitgliedschaft in der EU auch größere Sicherheit verbürge. Folgerichtig spricht sich die polnische Führung (...) auch für die Vertiefung der wirtschaftlichen und politischen Integration in der EU aus und befürwortet die Einbeziehung der Sicherheitspolitik (...) in diese Entwicklung.

(Aus: Frankfurter Allgemeine Zeitung, 16. 11. 1992)

c) Der polnische Politiker Jacek Kuron

Der Beitritt Polens zur Union ist mit unvermeidlichen Kosten verbunden. Er bringt jedoch auch Vorteile, während es nur Nachteile mit sich brächte, wenn Polen auf Dauer von der Union fernbliebe. (...) Deutsche Investitionen in Polen können der deutschen und der polnischen Wirtschaft Auftrieb geben. Beide Länder müssen sich den Erfordernissen des Weltmarkts anpassen. (...) Deutschland möchte eine Arbeitsproduktivität erreichen, die den hohen Lohnkosten die Waage hält, Polen dagegen eine Produktqualität, die hohen Ansprüchen genügt. (...) Polen und Deutschland möchten in einem stabilisierten Europa in Sicherheit leben. Das ist ein gemeinsames Interesse (...).

(Aus: Frankfurter Rundschau, 5. 7. 1995)

3 *Stellt fest, welche Motive die Autoren in M 3 für einen Beitritt Polens zur EU nennen, und vergleicht sie mit euren Ergebnissen aus Aufgabe 2.*

Eine Möglichkeit der Annäherung an die EU ohne gleich die Vollmitgliedschaft zu erwerben stellen die so genannten Assoziierungsabkommen dar:

M 4 Aus dem EWG-Vertrag: Assoziierung mit Drittstaaten und Organisationen

Artikel 238, EWG-Vertrag: Die Gemeinschaft kann mit einem dritten Staat, einer Staatenverbindung oder einer internationalen Organisation Abkommen schließen, die eine Assoziierung (Zusammenschluss) mit gegenseitigen Rechten und Pflichten, gemeinsamen Vorgehen und besonderen Verfahren herstellen. (...)

M 5 Kriterien für einen EU-Beitritt

Jeder Staat, der beitreten will, muss im Innern die Gewähr für eine demokratische und rechtsstaatliche Ordnung bieten, die Wahrung der Menschenrechte sowie den Schutz von Minderheiten verwirklicht haben. Ferner erfordert die „Beitrittsreife" eine funktionsfähige Marktwirtschaft sowie die Fähigkeit dem Wettbewerbsdruck und den Marktkräften innerhalb der Union standzuhalten. Die Mitgliedschaft setzt außerdem voraus, dass jeder Kandidat die Verpflichtungen übernehmen kann, die ihm aus dem Beitritt erwachsen (speziell: volle Übernahme des geltenden Gemeinschaftsrechts, der politischen Regeln und Beschlüsse sowie des Haushaltsrechts der EU). (...) Und schließlich muss er sich auch die Ziele der Politischen Union sowie der Wirtschafts- und Währungsunion (WWU) zu Eigen machen.

(Aus: T. Läufer, 22 Fragen zu Europa. Bonn 1995, S. 102 f.)

4 *Begründet mithilfe von M 2 bis M 5, warum die EU mit Polen bisher „nur" ein Assoziierungs- und kein Beitrittsabkommen geschlossen hat.*

M 6 Auf dem Weg nach Gesamteuropa

In *politischer Hinsicht* geht es darum, das Entstehen einer neuen Teilung Europas in relativ stabile Demokratien im Westen und für autoritäre Verlockungen anfällige labile politische Systeme im Osten zu verhindern. In *wirtschaftlicher* und wirtschaftspolitischer *Hinsicht* besteht die Aufgabe darin, in den neuen Demokratien offene, marktgesteuerte gemischte Wirtschaftssysteme aufzubauen, die mit einem wirksamen sozialen Netz ausgestattet sind. Nur so lässt sich verhindern, dass sich der Abstand zwischen den west- und nordeuropäischen Volkswirtschaften und jenen in Mittel- und Südosteuropa zu einer neuen Armutsgrenze verfestigt. In *sicherheitspolitischer Hinsicht* gilt es, eine zufrieden stellende Antwort auf die Frage zu finden, wie künftig angesichts einer völlig veränderten strategischen Situation und bei der drohenden Gefahr zunehmender gewaltsamer ethnonationalistischer Konflikte die äußere Sicherheit aller europäischen Staaten gewährleistet werden kann.

(Aus: H. Kramer, Die EG und das neue Europa. In: Sozialwissenschaftliche Informationen, Nr. 1, 1992, S. 29 f.)

5 *Erläutert die Zielsetzungen aus M 6 mit Beispielen aus M 2 und M 3.*

10.7 Die EU und das neue Haus Europa

Zusammenarbeit oder Abschottung?

Assoziierungsabkommen (vgl. M4, S. 177) reichen von Handels- und Kooperationsverträgen, die von technischer und finanzieller Hilfe begleitet werden, bis hin zu Beinahe-Abkommen. Eine besondere Form stellen die Europaabkommen dar, die weiter als alle anderen Assoziierungsabkommen über die rein wirtschaftliche und handelspolitische Zielsetzung hinausgehen. Sie räumen den assoziierten Partnern einen späteren EU-Beitritt ein. Europaabkommen bestehen mit Polen, Ungarn, der Tschechischen Republik, der Slowakei, Bulgarien, Rumänien, den baltischen Staaten und Slowenien.
Im Folgenden lernt ihr einige Probleme, die sich aus der wirtschaftlichen und politischen Zusammenarbeit dieser Länder und der EU ergeben, kennen.

M 7 **Hart wie Stahl**

Auf dem westeuropäischen Stahlmarkt gelten seit Beginn des Jahres (1992) für Polen, Ungarn und die Tschechoslowakei (heute Tschechische und Slowakische Republik) keine Beschränkungen mehr, die Importlizenzen werden von den EG-Ländern praktisch automatisch ausgestellt. (...) Doch dann setzte die Tschechoslowakei plötzlich zu einer großen Exportoffensive an: Von Januar bis Mai 1992 lagen ihre Ausführungen von Stahlerzeugnissen in die EG um 125 Prozent über den Mengen des Vorjahres; dabei waren sie um fast ein Drittel billiger als die Konkurrenz.
Flugs klagte die deutsche Stahlindustrie bei der Bundesregierung, schon ein paar hundert Tonnen Stahl aus der Tschechoslowakei könnten das gesamte Preisniveau ruinieren. Bonn wurde bedrängt die in den Europaverträgen vorgesehene Schutzklausel geltend zu machen und die Stahlflut aus dem Osten einzudämmen. In der Tat sind die Stahlpreise in der Bundesrepublik so niedrig wie zuletzt vor zehn Jahren, was bei den betroffenen Konzernen zu erheblichen Ertragseinbrüchen geführt hat. (...) Auch Franzosen und Italiener gaben an, ihre heimischen Stahlkocher nähmen Schaden. Mitte August entschied dann die Brüsseler Kommission die tschechoslowakischen Exporte für bestimmte Exporte zu begrenzen. (...)
Inzwischen wird Polen, Ungarn und Tschechoslowaken immer klarer, dass sie noch einen langen Weg bis zu einem wirklich freien Handel vor sich haben. Dabei kämen ihnen die Westeuropäer beim Stahlmarkt noch ziemlich entgegen. Für Textilien zum Beispiel gelten noch fünf Jahre lang strikte Exportquoten und Zölle. Agrarprodukte werden besonders restriktiv (einschränkend) behandelt. Peter Gottfried von der ungarischen EG-Mission: „Das sind genau die Sektoren, wo wir wettbewerbsfähig sind.“
(K. P. Schmid in: Die Zeit, 2. 10. 1992)

6 *Erläutert, warum Polen, Ungarn und Tschechoslowaken noch einen langen Weg bis zu einem wirklich freien Handel vor sich haben.*

M 8 **Pro-Kopf-Einkommen in der EU und Osteuropa 1993**

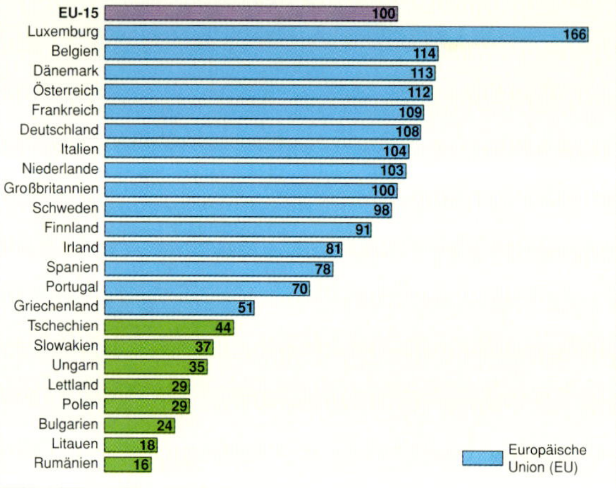

M 9 **Handelsverbindungen EU–Osteuropa**

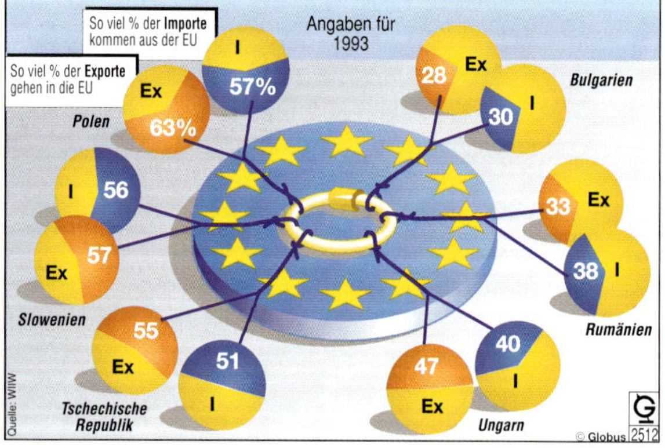

M 10 **Wie groß darf Europa werden?**

Allein der Beitritt (...) (von) Polen, Ungarn, Tschechische und Slowakische Republik würde (...) die ohnehin fast unbezahlbaren Kosten der gemeinsamen Agrarpolitik verdoppeln. Da Bruttosozialprodukt und Einkommen pro Kopf in Polen und selbst in

10.7 Die EU und das neue Haus Europa

Zusammenarbeit oder Abschottung?

der Tschechischen Republik immer noch kaum halb so hoch sind wie in den ärmsten EU-Ländern, Griechenland und Portugal, würde die Erweiterung nach Osten unweigerlich auch die Kosten für die Brüsseler Strukturpolitik, eine Art innere Entwicklungshilfe der Gemeinschaft, steil in die Höhe treiben. Doch nicht nur dem EU-Haushalt und der gemeinsamen Agrarpolitik drohen bei einer zu schnellen Aufnahme der Osteuropäer kaum lösbare Schwierigkeiten. Die Freizügigkeit, ein Grundelement der Gemeinschaftsverträge, würde die alten Mitgliedstaaten der Union bei einem so steilen Ost-West-Wohlstandsgefälle geradezu ins Chaos stürzen. (...) Überdies (lässt sich) erahnen, wie schwierig die institutionelle Reform der Europäischen Union wird. (...) Denn das Zusammenspiel der Institutionen mag bisher zu zwölft geklappt haben. Doch wenn die Union einmal 20 oder gar 24 Mitglieder hat, werden die alten Spielregeln (...) nicht mehr greifen. In ihrer jetzigen Gestalt ist die Europäische Union nicht auf den Beitritt neuer Mitglieder vorbereitet.
Heißt das nun, dass die Westeuropäer deshalb die Zugbrücken vor ihrer Wohlstandsfestung schleunigst hochziehen müssen (...)? Nein, sicher nicht, und die Europäer in Prag, Budapest oder Warschau haben das moralische und politische Recht der Gemeinschaft europäischer Demokratien beizutreten. Das kann nicht morgen geschehen, aber in absehbarer Zukunft. (...) Die künftige Union wird eine völlig andere Gemeinschaft sein als die alte EG. Sie darf kein „Europa à la carte" werden, wo jeder das herauspickt, was ihm passt, aber sie muss ein flexibleres, dezentralisiertes Europa werden.

(T. Gack in: Stuttgarter Zeitung, 20.4.1994, S.1)

7 *Stellt die Vor- und Nachteile des Beitritts osteuropäischer Staaten zusammen (M 2 bis M 10). Nehmt Stellung, ob ihr einen Beitritt befürwortet.*

Wie kann trotz dieser Probleme ein künftiges europäisches Haus aussehen? Zwei Modelle sind in M 11 und M 12 dargestellt.

M 11 **Prinzip der zwei Geschwindigkeiten**

Das „Kerneuropa-Modell" will den zentrifugalen Kräften in der immer größer werdenden Union ein starkes Zentrum entgegenstellen. Den Kern bildet eine Gruppe europäischer Staaten, die fähig und bereit ist mit der Integration weiter zu gehen als andere. Wer zu dieser Gruppe gehören will, (...) muss sich an allen Politikbereichen beteiligen. (...) Der Gedanke unterschiedlicher politischer Geschwindigkeiten innerhalb der EU ist nicht neu, sondern schon im Vertrag von Maastricht vorgezeichnet. Zum einen filtern bereits die Maastricht-Kriterien eine Art „Kern-Währungs-Europa" heraus (vgl. M 5, S. 177). Zum anderen zeugt (...) der Absprung Dänemarks und Großbritanniens von der dritten Stufe der Wirtschafts- und Währungsunion davon, dass sich die EU ohnehin nicht mehr in allen Bereichen im Gleichschritt entwickelt. Bislang wurden jedoch die Integrationsfortschritte ebenso wie die Ausnahmen von allen gemeinsam beschlossen.

(Aus: Regierungskonferenz '96, hg. v. Europäische Kommission, o.J., o.S.)

M 12 **Europa in konzentrischen Kreisen**

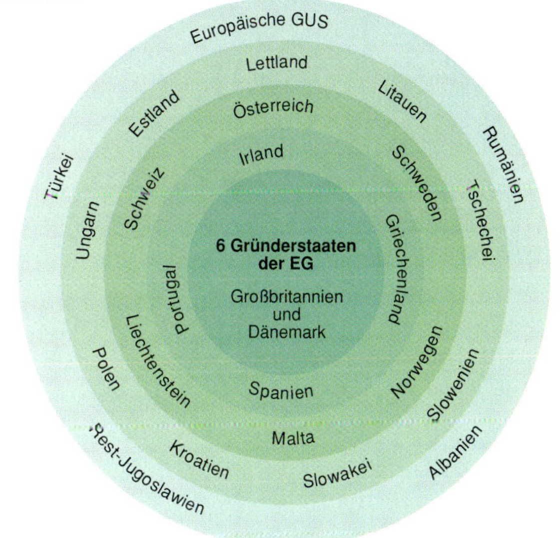

8 *Achtet auf Medienberichte über die Erweiterung der EU und gestaltet eure eigene Schulbuchseite zum aktuellen Stand dieses Themas. Informationen erhaltet ihr auch bei der Europäischen Kommission (Adresse S. 163).*

Beantwortet noch einmal den Fragebogen M 1 auf S. 160. Vergleicht eure jetzigen Antworten mit den Ergebnissen vom Beginn der Unterrichtseinheit. Stellt fest, bei welchen Fragen eure Antworten gleich geblieben sind bzw. sich verändert haben. Diskutiert, aus welchen Gründen sich eure Einstellungen und Meinungen verändert oder verfestigt haben.

11. Weltwirtschaft und Dritte Welt

Kluft zwischen Arm und Reich immer größer
Laut Bericht des Entwicklungsprogramms der Vereinten Nationen haben 15 Staaten in den vergangenen drei Jahrzehnten ihr Wirtschaftswachstum enorm gesteigert, doch 1,6 Milliarden Menschen leben heute schlechter als vor 15 Jahren. Unter den reichen Ländern geht es nur dreien schlechter als in den Achtzigerjahren: Finnland, Island und Kanada. Dagegen ist in 70 Entwicklungsländern das heutige Einkommensniveau niedriger als vor 20 oder 30 Jahren.
In der Rangliste der Staaten (...) führt Kanada vor den USA und Japan. Deutschland steht auf dem 18. Rang. Die letzten 15 von insgesamt 174 Staaten sind mit Ausnahme Afghanistans ausschließlich afrikanische.
(Aus: Frankfurter Rundschau, 16. Juli 1996)

Licht und Schatten
Starke regionale Unterschiede im Wachstum, in der Verschuldung, bei der finanziellen Unterstützung und bei den Folgen des Rohstoffpreisverfalls kennzeichnen die Lage der Entwicklungsländer.
Die meisten Länder Schwarzafrikas mussten erneut ein sinkendes Pro-Kopf-Einkommen hinnehmen – so schrumpften beispielsweise die Kaffeeeinnahmen Burundis bei gleich bleibender Menge um 30 Prozent.
Im Licht des wirtschaftlichen Erfolgs stehen dagegen jene wenigen Länder, in die viel Geld investiert wird. Insgesamt zehn Staaten des Südens zählt die Weltbank in Washington auf. Neben Südostasien und den großen lateinamerikanischen Ländern gehören neuerdings auch China, Ägypten und Nigeria dazu.
(Nach: Frankfurter Rundschau, 20. September 1993)

Noch immer im Wartezimmer
(Karikatur: Lützen)

Der Norden ist reich und der Süden arm. Auf diese einfache Formel scheint unsere Welt zu bringen zu sein. Doch diese Aufteilung zeigt Brüche – bei den reichen und bei den armen Nationen.
Weltwirtschaftlich werden jene Länder, die nur Rohstoffe anzubieten haben, zunehmend abgekoppelt und dadurch zu „hoffnungslosen" Regionen. Die Sozialwissenschaft spricht bei diesen Ländern inzwischen von der „Vierten Welt".
Es gibt aber auch in der Dritten Welt Länder, die wirtschaftlich und politisch durchaus erfolgreich sind. Sie werden als „Schwellenländer" oder „Tiger-Ökonomien" bezeichnet. Industrienationen wie die Bundesrepublik Deutschland arbeiten immer öfter mit diesen Ländern zusammen.
Während also die einen Drittweltstaaten den Weg aus der Armut beschreiten können, scheint die überwiegende Zahl der anderen zu verarmen und einer hoffnungslosen Zukunft entgegenzusehen.
Dieses Kapitel wird zunächst Bedingungen darstellen, unter denen Menschen in der Dritten Welt arbeiten. Ausgehend davon könnt ihr untersuchen, ob auf dem Weltmarkt neue Handelsbedingungen eingeführt werden müssten. Mit den Beispielen Ghana und Südkorea werden zwei Entwicklungsländer vorgestellt, die mit unterschiedlichem Ergebnis versucht haben wirtschaftlich erfolgreich zu werden. Aber, darf es eine Entwicklung um jeden Preis geben? Und welche Rolle spielen die Industriestaaten bei dem Problem einer weltweiten ökologischen Verantwortung?

1 *Betrachtet das Erdkugelbild genau und deutet es. Erklärt, warum die Grenze zwischen Arm und Reich nicht genau den Norden vom Süden trennt.*
2 *Zwei Menschen im Wartezimmer eines Arztes. Überlegt, von welcher „Krankheit" diese Menschen geheilt werden wollen.*
3 *Erläutert anhand der Zeitungsartikel den Ausdruck von der „Kluft zwischen Arm und Reich".*
4 *Ihr kennt den Begriff „Dritte Welt" aus dem vorangegangenen Politikunterricht. Klärt den Begriff gemeinsam in der Klasse und tragt Ursachen für die Armut in diesen Ländern zusammen.*

11.1 Kinder- und Frauenarbeit für die „Erste Welt"

M 1 Freihandel

1 *Schlagt den Begriff „Freihandel" im Lexikon nach und interpretiert die Karikatur (vgl. S. 50f.).*

In der nationalen Wirtschaft wie in der Weltwirtschaft kann der Produzent am billigsten anbieten, der die geringsten Produktionskosten hat. Lohnkosten bilden einen Teil der Produktionskosten. T-Shirts, Jeans, Orangensaft, Kaffee, Fernseher, PC und viele andere Produkte importieren wir aus Ländern der Dritten Welt.
Nicht selten sind es Kinder oder Frauen, die bei der Ernte eingesetzt werden oder nähen, knüpfen und zusammensetzen. Sie sind gezwungen für Niedrigstlöhne und unter unmenschlichen Bedingungen zu arbeiten, damit sie und ihre Kinder überleben.

2 *Findet heraus, in welchen Ländern Waren, die ihr kauft (z. B. eure Kleidung), hergestellt werden.*

M 2 Frauenarbeit in Sri Lanka

Nehmen wir das Beispiel Sri Lanka, das ein wichtiger Hersteller und Exporteur von Hemden (...) ist. (...) Die fraglichen Frauen – vielleicht hunderttausend – verdienen monatlich 35 DM. Das heißt, wenn sie den Mindestlohn bekommen. Viele verdienen viel weniger. Nachdem sie für ihre Unterkunft und das Essen bezahlt haben, bleiben monatlich manchmal 3 DM übrig. (...)
Täglich werden hohe Ziele gesetzt, für die manchmal zehn, zwölf, vierzehn oder mehr Stunden geschafft werden muss. (...) Es ist nicht erstaunlich, dass wegen der langen Arbeitszeit häufig Unfälle passieren. (...) Vor kurzem besuchten wir eine Fabrik, wo ein Haken an der Wand hing. Er war da absichtlich angebracht worden. Wenn eine Arbeiterin nämlich einen Aufseher aufregte, wurde sie an dem Haken aufgehängt und man ließ sie dort hängen, bis der Aufseher kalmiert (beruhigt) war. Unglaublich vielleicht, aber die Wahrheit.

(Aus: Neil Kearney. In: Gewerkschaft Textil–Bekleidung [Hg.], Pressenachrichten vom 18. Mai 1992. Düsseldorf 1992, S. 2 ff.)

3 *Stellt die Arbeitsbedingungen zusammen, unter denen die Frauen in Sri Lanka arbeiten müssen, und beschreibt ihre Lebensverhältnisse.*

11.1 Kinder- und Frauenarbeit für die „Erste Welt“

Auf dem Foto seht ihr Kinder auf einer Orangenplantage bei São Paulo (Brasilien). Diese Kinder arbeiten nicht nur, damit sie und ihre Familien überleben. Sie arbeiten auch für uns.

M 3 **Orangensaft für Deutschland**

In keinem Land der Erde wird so viel Orangensaft getrunken wie in Deutschland. 1993 lag der Konsum von Orangen- und Zitrussäften (...) bei schätzungsweise 21 Liter pro Kopf (...).
Der weitaus größte Zulieferer von Orangensaft bzw. des Orangensaftkonzentrates ist Brasilien. 91 % des von Deutschland importierten Orangensaftkonzentrates stammten 1993 aus Brasilien. 6 % der Importe entfielen auf die EG-Länder, rund 3 % auf andere Staaten. Der Wettbewerb auf dem deutschen Fruchtsaftmarkt ist hart. Im langfristigen Schnitt ist O-Saft heute billiger als vor 10 Jahren. (...) Der billige Bezug der Rohstoffe (Orangen) aus Brasilien (...) (macht) eine solche Preisgestaltung möglich. Die billige Kinderarbeit brasilianischer Jungen und Mädchen schlägt hier „positiv“ zu Buche. (...)
Unter den 10 größten europäischen Firmen sind allein 7 Unternehmen aus Deutschland.

(Aus: U. Pollmann/G. Krämer, Kinderarbeit und Orangensaft. Dritte Welt Haus Bielefeld – Brasiliengruppe. Bielefeld 1995, S. 21)

4 *Beschreibt den Zusammenhang zwischen der Kinder- und Frauenarbeit in der Dritten Welt und unseren Lebensverhältnissen.*
5 *O-Saft ist heute billiger als vor zehn Jahren; andere Produkte sind teurer geworden. Erarbeitet aus M 3 die Ursachen für den billigen O-Saft.*

Kinder erhalten die niedrigsten Löhne. Auch Frauen und Männer der Dritten Welt sind gezwungen oft sieben Tage in der Woche, zwölf Stunden und mehr am Tag zu arbeiten. Eine Lösung dieses Problems könnten weltweit verbindliche „Sozialklauseln“ sein.

6 *Klärt den Begriff „Sozialklauseln“ mithilfe des Lexikons.*

M 4 **Für und Wider von Sozialklauseln**

Pro: Betriebe der Textilindustrie (Deutschlands) (...) werden mit dem zunehmenden Abbau von Handelsschranken immer mehr durch die Konkurrenz aus Billiglohnländern bedroht; dadurch werden Arbeitsplätze in dieser Branche gefährdet. Die Unterdrückung von Gewerkschaften und die Ausbeutung von Kindern (in Ländern der Dritten Welt) führen (...) zu „Sozialdumping“ (der Unterbietung von Löhnen durch Ausnutzung einer schlechten sozialen Lage), das einem unfairen internationalen Wettbewerb Vorschub leistet. Dem (soll) durch die Festlegung global gültiger sozialer Mindeststandards entgegengewirkt werden. (...)
Kontra: Eine Sozialklausel im Welthandel leistet dem Protektionismus des Nordens Vorschub. Mit dem Verweis auf niedrigere Sozialstandards sollen konkurrenzfähige Produkte aus dem Süden von den Märkten der Industrieländer fern gehalten werden; dadurch würden die wirtschaftlichen Entwicklungschancen des Südens erneut begrenzt. Eine Anhebung von sozialen Standards in der Dritten Welt ist nicht durch Zwang zu erreichen, sondern wird durch vorausgehendes wirtschaftliches Wachstum möglich. Freihandel ist deshalb die wichtigste Voraussetzung für soziale Entwicklung.

(Aus: Gemeinschaftswerk der evang. Publizistik [Hg.], epd – Dritte-Welt-Information. Heft 11, 1995, S. 3 f.)

7 *„Übersetzt“ den Text in eine verständliche Sprache. Benutzt zur Klärung die Lexikonartikel.*
8 *Erstellt eine Liste von Sozialklauseln, die ihr festlegen würdet.*
9 *Stellt tabellarisch die Argumente für und gegen Sozialklauseln dar und bezieht selbst Stellung.*
10 *Beurteilt ausgehend von M 1 das mögliche Risiko, wenn nur ein Teil der Länder sich zur Einhaltung der Sozialklauseln verpflichtet.*

→ Freihandel, Protektionismus, Sozialklauseln

11.2 „Ich kann nichts für eure Armut …!“

Arbeiten trotz niedriger Löhne

M 1 Die Verteilung des Welteinkommenskuchens

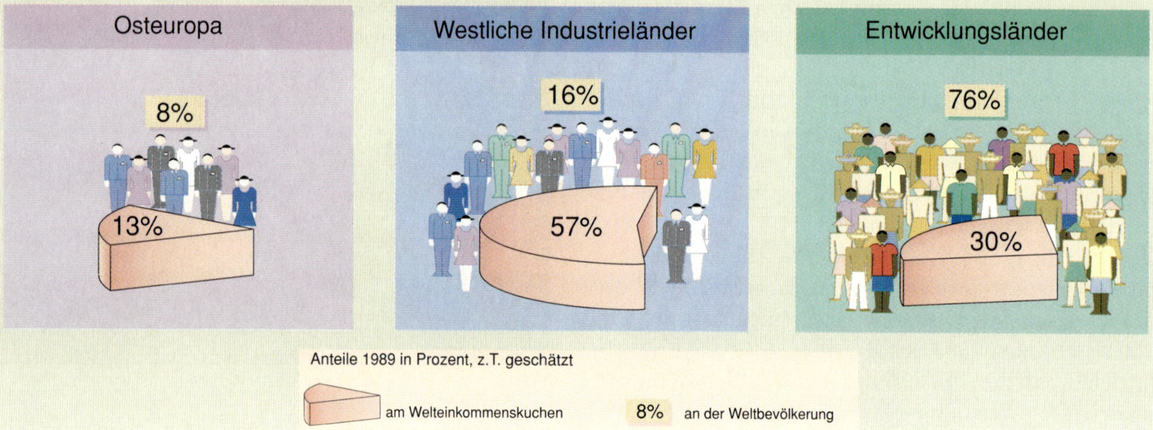

1 *Beschreibt die Grafik und klärt den Begriff „Welteinkommenskuchen“. Fasst die Aussage der Zeichnung knapp zusammen.*

1 DM für die Herstellung eines Markenturnschuhs, drei Pfennig für eine geerntete Bananenstaude. Die Menschen in der Dritten Welt verdienen ungleich weniger als wir (vgl. M 1), obwohl sie für ihre großen Familien eigentlich viel mehr Geld benötigten.

M 2 Kinderarbeit am Ball

Ob Jürgen Klinsmann oder Matthias Sammer: Sie alle treten (…) einen handgenähten Fußball (…), der wahrscheinlich von einem pakistanischen Kind im Alter zwischen fünf und vierzehn Jahren zusammengenäht wurde. Statt eine Schule zu besuchen schuften rund 7000 Kinder täglich bis zu zehn Stunden in der Stadt Sialkot. (…)

Nach Untersuchungen der ILO (Internationale Arbeitsorganisation) leisten etwa 14000 Kinder (…) Fronarbeit in der Stadt Sialkot. (…) 7000 sitzen zu Hause oder in dunklen Werkstätten und nähen Fußbälle zusammen, die von den großen Sportwarenfirmen dieser Welt abgenommen werden. Gut 17 Prozent aller Arbeitskräfte bei der Herstellung der runden Leder sind Kinder unter 14 Jahren. Rund eine Milliarde US-Dollars setzen Unternehmen wie Reebok, Nike und Adidas jährlich auf diesem Markt um. (…) Der Monatslohn eines Kindes in Pakistan (…): etwa 35 DM. (…)

Ein Boykott der Kinderarbeit alleine löst das Problem nicht. Viele Familien in Pakistan, Indien, Nepal oder Bangladesch müssen ihren Nachwuchs gegen Minimallöhne zur Arbeit schicken um überhaupt überleben zu können.

(Aus: Frankurter Rundschau, 17.2.1997)

2 *Nike, Adidas und Reebok starten eine Werbeaktion: Sie wollen 18 Monate nur Fußbälle kaufen, die nicht von Kindern genäht werden. Begründet, ob ihr eine solche Aktion für sinnvoll haltet. Überlegt euch, worauf ihr im Rahmen einer solchen Werbeaktion aufmerksam machen würdet.*

M 3 Landwirtschaft in Mali

Die Baumwollaufkäufer in den Städten Malis bieten den Bauern weniger als die Hälfte des Preises an, der beim Export in die Industrieländer erzielt wird. Ein erheblicher Teil der Einnahmen bleibt als Steuer beim Staat, der daraus die „Entwicklung“ bezahlt: Es werden Straßen, Schulen und Fabriken gebaut, Armeen finanziert und – natürlich – das Heer der Beamten in der Verwaltung. Woher sollten die Gelder für „Entwicklung“ auch sonst kommen? Und „Entwicklung“ ist teuer: Maschinen, Autos, Medikamente und andere Güter müssen aus den Industrieländern importiert werden. Nach den Vorstellungen der Beamten und der Aufkäufer braucht den Bauern nur wenig bezahlt zu werden: Sie bauen ja ohnehin Getreide an um die Ernährung ihrer Familien zu sichern. Ob sie dabei ein kleines Feld für den Export, z. B. von Baumwolle, von ihren Getreidefeldern abzweigen oder

nicht, erscheint unerheblich und werde von den Bauern doch im Grunde nebenher erledigt.
(W. Schmidt-Wulffen. Unveröffentliches Manuskript. Hannover 1997)

3 *Erarbeitet aus M 2 und M 3 die Gründe, die für die niedrigen Einkommen der Menschen in den Entwicklungsländern genannt werden.*

Wo die Löhne nicht ausreichen um die Familie zu ernähren, sind Menschen gezwungen auf andere Weise dazuzuverdienen. Überall in der Dritten Welt gibt es daher neben der offiziellen Wirtschaft mit ihren Bilanzen und Erträgen eine Schattenwirtschaft, die kaum von einer Statistik erfasst wird.

M 4 **Schattenwirtschaft der Armen**

Junge Burschen tragen Taschen mit selbst geernteten Zwiebeln und Pfefferschoten; Waschmittel, Haushaltsgegenstände und elektronische Geräte nehmen den umgekehrten Weg. (...) Arm, aber aktiv, wendig und voller Ideen helfen die Menschen sich selbst. Widrigsten Umständen zum Trotz überleben Millionen auf dem so oft als verloren beschriebenen Kontinent. (...)
Diese Schattenwirtschaft, von der Internationalen Arbeitsorganisation (Ilo) als „informeller Sektor" definiert, reicht vom einzelnen Wasserträger bis zur Händlerin mit hunderten von Mitarbeitern. (...)
Denn diese Wirtschaft der Armen boomt um so kräftiger, je weniger die offizielle Wirtschaft entwickelt ist. Nach Ilo-Schätzungen beschäftigt die Schattenwirtschaft in Mali 75 Prozent, in Burundi 66 Prozent und in Niger 58 Prozent der Erwerbstätigen. (...) (Sie) soll lediglich das Überleben sichern und die Grundbedürfnisse der Armen befriedigen. (...)
Arbeitsschutzbestimmungen oder Arbeitszeitregeln sind Fremdwörter im Überlebenskampf. Für das Familieneinkommen müssen auch Kinder und Frauen ran – etwa auf den in Teilen Afrikas üblichen Nachtmärkten.
(Aus: Der Spiegel, Nr. 42, 1994, S. 200ff.)

4 *Erklärt mithilfe von M 4 den Begriff „Schattenwirtschaft" oder „informeller Sektor" mit euren eigenen Worten. Lest dazu auch den entsprechenden Artikel im Lexikon.*

Sammelstelle für Baumwolle

M 5 **Keine Wertsteigerung möglich**

In den technisch anspruchsvollen Erzeugnissen der Industrieländer stecken hohe Ausbildungs- und Forschungskosten um bei der harten internationalen Konkurrenz die Produkte ständig zu verbessern. Dazu kommen Gelder, die für die Entwicklung der Maschinen, Fabriken und der gesamten Infrastruktur aufgebracht werden müssen. Die Arbeitnehmer beanspruchen für ihre soziale Sicherung wie ihre Altersversorgung, aber auch für die Erhaltung ihres Lebensstandards höhere Löhne.
Anders verhält es sich bei den Angeboten der Entwicklungsländer. Eine qualitative Verbesserung von Tee, Kaffee oder Bananen ist nicht möglich; eine Entwicklung, die zur Wertsteigerung führt, kann nicht stattfinden. Entwicklungsländer, die auf landwirtschaftliche Exporte angewiesen sind, können nur versuchen diese immer weiter zu steigern. So wird zwar das Angebot erhöht, aber die Nachfrage muss über kurz oder lang dahinter zurückbleiben. Denn: Mehr als sich satt essen kann man nicht!
(Autorentext)

5 *Erläutert den Zusammenhang zwischen M 1 und M 5.*

Auf der nächsten Doppelseite könnt ihr die Handelsbedingungen des Weltmarktes näher untersuchen.

M 6 Weltmarktprodukt Kaffee

6 *Beschreibt den Comic und zeigt auf, warum die angebotenen Hilfen keine Lösungen für die Probleme der Bauern darstellen.*

M 7 Zum Beispiel TransFair

TRANSFAIR

Verschiedene Organisationen setzen sich dafür ein, dass die Kleinbauern in den Ländern der Dritten Welt einen Mindestpreis für ihre Waren erhalten, der unabhängig von den Preisschwankungen auf dem Weltmarkt ist. Eine von ihnen ist die 1991 gegründete Organisation TransFair. Sie stellt Regeln für den fairen Handel auf, handelt aber nicht selbst. Waren, die mit dem TransFair-Siegel ausgezeichnet sind, sind direkt bei den Bauern unter Ausschaltung des Zwischenhandels gekauft worden. Den Bauern wurden langfristige Abnahmeverträge, ein Mindestpreis sowie ein Zuschlag für naturverträglich angebaute Produkte garantiert.

Auf der Mitgliederversammlung von TransFair in Köln sagte ein Vertreter der lateinamerikanischen Kaffeebauern zur bisherigen Arbeit:

„Die höheren Erlöse aus dem Handel zu gerechten Preisen verbessern die Lage der kleinbäuerlichen Kaffeepflanzer und ihrer Familien. Die Mehreinnahmen haben bereits spürbare Verbesserungen im sozialen, wirtschaftlichen und kulturellen Bereich ermöglicht. Wichtig ist dabei, dass die Produktionsgenossenschaften und ihre Verwaltung gestärkt werden, denn dadurch erhalten die einzelnen Produzenten (Kleinbauern) erhöhten Schutz und Unterstützung, was sich positiv auf die Dörfer und Gemeinden auswirkt. Der größte Teil des Mehrerlöses geht direkt an die Produzenten und verbessert ihre Lebensbedingungen. Sie können bessere Ernährung, Kleidung, Wohnung und Schulbildung bezahlen.“

(Zitat aus: Jahresbericht TransFair 1993, Köln 1994, S. 4)

7 *Erläutert die Ziele von TransFair.*

8 *Vergleicht die Ziele von TransFair mit denen der in Aufgabe 2, S. 184, beschriebenen Werbeaktion. Stellt die Unterschiede dar und nehmt Stellung.*

11.2 „Ich kann nichts für eure Armut ...!"

Neue Handelsbedingungen?

M 8

(Karikatur: Lützen)

9 *Setzt den angefangenen Dialog der Karikatur M 8 fort. Argumente findet ihr in M 9 und M 10.*

M 9 **Der Norden muss sich einmischen**

Die entscheidende Ursache für den Hunger liegt nicht in einer mangelnden Produktion, sondern in einem Mangel an Kaufkraft. Diese zu erhöhen ist die beste Anti-Hunger-Strategie. Viele Menschen hungern, weil sie kein Geld haben sich die nötigen Lebensmittel zu kaufen. Der Steigerung der Massenkaufkraft stehen niedrige Erzeugerpreise, die Mechanismen der Verschuldung und ausbeuterische Bürokraten entgegen.

Gerade diese gesellschaftlichen Bedingungen werden bei den immer vorgebrachten Forderungen unserer Entwicklungspolitiker, man möge doch bitte die Erzeugerpreise für die Bauern erhöhen, ausgeklammert. Denn die Erhöhung der Erzeugerpreise wird bezeichnenderweise nur für den Anbau von Grundnahrungsmitteln gefordert, nicht aber für Exportprodukte. Dies verstößt offensichtlich gegen die Eigeninteressen der Industrieländer, die sich dann zu höheren Rohstoffpreisen bequemen müssten.

(Nach: Hunger durch Agrarexporte? Dritte-Welt-Haus, Bielefeld 1986)

M 10 **Strukturanpassung nur für den Süden?**

Internationale Banken vergeben an Entwicklungsländer verführerische Kredite zum Abbau von Bodenschätzen für den Export oder zum Aufbau z. B. von Textilindustrien. Zinsen und Kredite sollen dann aus den Exporterlösen getilgt werden. Bedrohen die Exporte dieser Länder dann aber die Eigenproduktion in den Industrieländern, werden Importe zum Schutz der eigenen Wirtschaft durch Auflagen, hohe Zölle oder Importbegrenzungen abgeblockt. Damit bleiben die zur unliebsamen Konkurrenz gewordenen Länder auf ihren Produkten sitzen, während sich ihre Schulden weiter erhöhen.

(Nach: Blätter des izw, Nr. 197, 1994, S. 19)

M 11 **Auf ewig verschuldet?**

Die Banken haben von den verschuldeten Entwicklungsländern bereits weit mehr Geld zurückerhalten, als diese ursprünglich als Kredite erhalten hatten. Durch Zins und Zinseszins sowie neue Kredite zur Begleichung der Zinsen sind die Schulden dennoch weiter angestiegen. So entsprach die Auslandsverschuldung (z. B.) Malis 1994 dem Bruttosozialprodukt bzw. dem 4,4fachen der Exporterlöse.

(Aus: W. Schmidt-Wulffen, Reicher Norden – armer Süden. In: B. Janssen/G. Tegtmeyer [Hg.], Schlüssel zur Politik, Berlin 1996, S. 172)

10 *Diskutiert auf Grundlage von M 10 und M 11, ob der Bauer in M 6 den Kredit annehmen sollte.*

M 12

„Ich kann nichts für eure Armut ..." (Karikatur: Behrend)

11 *Diskutiert die Aussage der Karikatur und überlegt euch Maßnahmen, wie sich die Situation der Menschen in den Entwicklungsländern verbessern könnte. Zieht dazu auch die Lexikonartikel heran.*

Am Beispiel Ghanas lernt ihr im Folgenden eine Möglichkeit kennen, wie sich Länder aus der Schuldenspirale befreien können.

11.3 Entwicklungsländer und Weltwirtschaft – das Beispiel Ghana

Die Industrieländer bestimmen die Preise für die Rohstoffexporte aus den Entwicklungsländern, aber auch für die Fertigwaren, die in diese Länder exportiert werden. Für die Rohstoffe werden vergleichsweise geringe Preise gezahlt, während die Industriewaren hohe Erlöse erzielen.
Verantwortlich dafür sind die Gesetze des Marktes: Wird von einem Produkt mehr angeboten als Nachfrage besteht, sinkt der Preis (vgl. S. 197), gleichgültig, ob es sich um Rohstoffe aus der „Dritten Welt" oder Industriewaren aus der „Ersten Welt" handelt.
Die politische und wirtschaftliche Macht der Industrienationen hat dazu beigetragen, dass die Industrialisierungsversuche der Entwicklungsländer scheiterten. Um die „Billiglohnkonkurrenz" auszuschalten, wurden Handelshindernisse errichtet, die dazu führten, dass Produkte der Entwicklungsländer sich nicht oder nur schlecht auf dem Weltmarkt verkaufen ließen.
Daher schieben sich „Erste" und „Dritte" Welt häufig gegenseitig die Schuld für die Verarmung der Entwicklungsländer zu. So sprechen die einen vom „ungerechten Weltmarkt" und die anderen von einer „Misswirtschaft".

M 1 **Staatspräsident Nkrumahs Entwicklungsziele (Ghana 1963)**

(In dem) Zeitraum (...), seitdem ich mit meinen Kollegen die Zügel in die Hand genommen habe, ist unser Volksvermögen von 20 Mio. auf 65 Mio. Pfund gestiegen. (...) Unser gesamtes Volksvermögen beträgt nahezu 200 Mio. Pfund. (...) Wir beabsichtigen Wirtschafts- und Produktionsunternehmen zu entwickeln, mehr Fabriken zu bauen, Industrien und landwirtschaftliche Betriebe zu schaffen. Diese Projekte allein werden allen Arbeitslosen auf lange Jahre hinaus Beschäftigung bieten. Habt keine Angst, es wird einen Arbeitsplatz für jeden geben. (...) Die Frauen werden dabei nicht vergessen. Schon heute sehe ich vor meinem geistigen Auge unsere Technikerinnen in den Fabriken, unsere Ärztinnen in den Krankenhäusern, unsere Ingenieurinnen, die Brücken bauen und sogar unsere Frauen im Arbeitsanzug (...).

(Aus: K. Nkrumah, Sprung über zwei Jahrtausende. Düsseldorf 1963, S. 58 und S. 238)

1 *1956 übernahm Nkrumah die Regierung in Ghana. Beschreibt seine wirtschaftspolitische Bilanz, die er nach sieben Regierungsjahren zieht.*

Ghana stützte seine Wirtschaft überwiegend durch den Anbau und Export von Kakao und wurde so einer der beiden beherrschenden Kakaoimporteure für den europäischen und nordamerikanischen Markt.

M 2 **Kakaowirtschaft in Ghana**

Von 7,5 Millionen Ghanaern ländlicher Herkunft werden ca. 800 000 als Bauern oder Pächter ausgewiesen. (Die Übrigen sind Landarbeiter bzw. mithelfende Familienmitglieder, Frauen, Kinder, Alte.) 460 000 der Bauern sind Kakaopflanzer. Diese Zahlen verdeutlichen die ungeheure Bedeutung des Kakaos für die Wirtschaft Ghanas. Kakao wird im Lande selbst so gut wie gar nicht konsumiert. Dieser Umstand behindert eine mögliche Industrialisierung auf Kakaobasis. (...) Kakao gehört zu jenen Produkten, deren Preis auf dem Weltmarkt den extremsten kurzfristigen Sprüngen ausgesetzt ist. Der Kakaopreisverfall kann dadurch nur begrenzt durch Mehrproduktion aufgefangen werden.

(Aus: W. Schmidt-Wulffen, Entwicklungsland Ghana. Holz und Kakao für den Export. München 1988, S. 3)

M 3 **Markt- und Erlösregulierung in Ghana**

Erntebeobachtungen geben Aufschluss über die zu erwartende Welternte. Weisen alle Anzeichen darauf hin, dass die Ernte knapp ausfällt, wird (...) versucht die noch günstigen Preise – Folge der hohen Vorjahresernte – durch raschen Ankauf der zukünftigen Ernte zu nutzen, obgleich diese noch gar nicht reif ist. Ist hingegen eine Rekordernte zu erwarten, kann der sichere Preisverfall abgewartet werden. (...) Der Staat monopolisiert den Einkauf und den Export über eine Zentralbehörde, die (...) „Cacao Marketing Board" (auch Ausgleichskasse). Um die Bauern gegen Preiseinbrüche zu schützen garantiert die Ausgleichskasse den Bauern einen Mindestpreis, der auch bei Unterschreiten durch den Weltmarktpreis gezahlt wird.

(Aus: W. Schmidt-Wulffen, Begegnung mit Afrika. Urbs et Regio, Band 53. 1989, S. 60)

2 *Der „Cacao Marketing Board“ unterstützt die Kakaobauern auch bei niedrigen Weltmarktpreisen. Erläutert diese staatliche Maßnahme.*

M 4 **Das „Cacao Marketing Board“**

Ghana liefert das klassische Beispiel, wie der Staat den Reichtum des Landes – Kakao – enteignete und verschleuderte (...). Das ghanaische „Cacao Marketing Board“, das das Monopol von 200 000 bis 220 000 Tonnen Kakao hat, beschäftigte für diese Aufgabe zur Zeit des Präsidenten Limann sage und schreibe 105 800 Leute. Mit anderen Worten: Auf zwei Tonnen Kakao kam ein Bürokrat. (...) Als der Staat endlich die Kakaopreise erhöhte, (...) war Ghanas Kakaoproduktion schon um die Hälfte gesunken, statt 40 % hatte das Land noch 20 % Anteil am Weltmarkt.

(Aus: A. Bänzinger, Die Saat der Dürre. Afrika in den achtziger Jahren. Bornheim-Merten 1986, S. 104 f.)

Ghana wird durch den Internationalen Währungsfond (IWF) (vgl. Lexikon) unterstützt. Seit 1986 verzeichnete die Wirtschaftsbilanz ein konstantes Wachstum von ca. 3 %. Eine der zutreffenden Maßnahmen war z. B. ein Personalabbau beim „Cacao Marketing Board“. Bis 1993 wurden dort 19 000 Arbeitsplätze gestrichen. Doch schon 1989 musste Ghana 57 % seiner Exporterlöse dafür verwenden, die Kredite zurückzuzahlen, die in den 80er-Jahren aufgenommen werden mussten.

M 5 **Das Problem aus afrikanischer Sicht**

Immer mehr Menschen in Afrika neigen zu der Ansicht, dass die meisten unserer Probleme importiert sind (...). Wir geben den Kolonisten, den Imperialisten, den Söldnern (...) die Schuld. (...) Ich bin der Meinung, dass (...) die Hauptursachen dafür aus den afrikanischen Ländern selbst stammen. (...) Wirft man einen kritischen Blick auf die Gesellschaftsstruktur im unabhängigen Afrika, so entdeckt sogar ein Blinder, dass sich zwei Bevölkerungsgruppen deutlich voneinander abheben: zum einen die Regierenden, die Macht ausübende Minorität, wohl gekleidete und wohlgenährte Stadtbewohner; zum anderen die schlecht genährte und schlecht gekleidete Bevölkerungsmehrheit.

(Aus: Okot p'Bitek, Afrikas eigene Gesellschaftsprobleme. In: Rüdiger Jestel [Hg.], Das Afrika der Afrikaner. Frankfurt 1982, S. 249 f.)

M 6

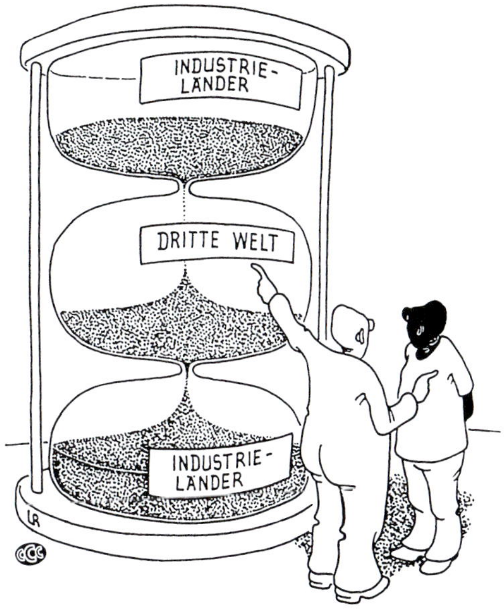

M 7 **Das Schicksal in die eigene Hand nehmen!**

Auf der Suche nach Antworten (...) weigern sich junge Afrikaner heute die (...) Ungereimtheiten noch länger hinzunehmen – etwa die Behauptung, Afrika kann nur Opfer sein. (...) Aber stimmt das wirklich? (...) (Dadurch) wird von vornherein die politische Klasse von jedem Verdacht der Inkompetenz (Unfähigkeit) rein gewaschen, indem man die Aufmerksamkeit der Afrikaner auf ein permanentes internationales Komplott ablenkt. (...) Vernünftige Leute haben genug von der alten Leier (...), verfassen bitterböse Werke über die Korruption (Bestechlichkeit) afrikanischer Politiker. (...) Unseren Politikern fehlt es in höchstem Maß und in jeder Hinsicht an Format. (...) Gelähmt durch dreißig Jahre Fremdfinanzierung und Nahrungszufuhr von außen reagiert sie (die Regierung) bisweilen wie eine Süchtige unter Entzug und verlangt reflexartig die fehlende Spritze der ausländischen Hilfe.

(Aus: A. Kabou, Weder arm noch ohnmächtig. Basel 1993, S. 16, 30 f., 232 f.)

3 *Erläutert die Karikatur M 6 aus Sicht des Verfassers von M 7.*

4 *Afrikanische Intellektuelle fordern einen inneren Wandel. Stellt ihre Kritikpunkte zusammen (M 5 bis M 7). Vergleicht mit M 9 und Aufgabe 10, S. 187.*

11.4 Einige haben es geschafft – die „Schwellenländer“

Teilnehmer eines Berufsfortbildungsprogramms in Südkorea

Zwischen 1960 und 1980 vollzog sich in Südostasien ein kleines „Entwicklungswunder“. Vier Länder, die Stadtstaaten Hongkong und Singapur sowie Taiwan und Südkorea, entwickelten konkurrenzfähige, durch selbst tragendes Wachstum gekennzeichnete Exportwirtschaften, sogenannte „Tiger-Ökonomien“. Ob Stahl, Schiffsbau oder Konsumgüter hohen Standards, so mancher Industrienation haben sie Marktanteile abnehmen können. Diese Länder stehen an der Schwelle vollwertige Industrienationen zu werden. Taiwan hat sich sogar amtlich zu einem Industrieland erklärt.

M 1 „Kleiner Tiger“ Südkorea

Im Falle Südkoreas etwa beläuft sich das durchschnittliche Wirtschaftswachstum der letzten 33 Jahre auf rund 8 % pro Jahr, so auch 1994 und 1995. Ein Verbleiben auf diesem stabilen Wachstumspfad wird dem Land von internationalen Experten vorausgesagt (...).
Die Arbeitslosigkeit beträgt weniger als 2 %, woraus inzwischen sogar schon ein Sogeffekt auf ausländische Arbeitskräfte aus China, Malaysia und Indonesien entstand. (...) Das BSP (Bruttosozialprodukt) Südkoreas lag 1994 bei 378 Milliarden US-Dollar, was einem Pro-Kopf-Einkommen von 8494 US-Dollar entspricht, wobei sich Letzteres seit 1988 mehr als verdoppelt hat. In dieser Hinsicht hat das Land das Niveau Portugals oder Griechenlands bereits deutlich hinter sich gelassen.

(Aus: Bundeszentrale für politische Bildung [Hg.], Informationen zur politischen Bildung. Heft 252, Entwicklungsländer. Bonn 1996, S. 25 und 27)

M 2 Jährliches reales Wirtschaftswachstum in Ostasien (in %)

Land	1970–75	1980–85	1985–90	1992
Hongkong	6,6	5,6	7,6	5,0
Singapur	9,5	6,2	8,0	5,8
Südkorea	8,8	8,4	10,2	4,5
Taiwan	8,8	6,4	8,9	6,6

(Aus: F. Nuscheler, Lern- und Arbeitsbuch Politik. Bonn ^{4}1995, S. 83)

1 *Erklärt mit euren Worten den Begriff „Schwellenland“.*
2 *Arbeitet die Merkmale heraus, die für Südkorea die Bezeichnung „Schwellenland“ rechtfertigen. Stellt die Merkmale in einer Liste zusammen.*

11.4 Einige haben es geschafft – die „Schwellenländer“

Wie war es Südkorea gelungen, solche Entwicklungserfolge zu erzielen, während andere Staaten unter scheinbar ähnlichen Voraussetzungen scheiterten? Das „ostasiatische Wunder“ löste eine kontrovers geführte Diskussion über die Ursachen aus.

M 3 Die Anbindung an die USA

Das Land (wurde) in der Zeit zwischen 1950 und 1953 zum Schauplatz des Koreakrieges, der zunächst als Bürgerkrieg begann und bald danach mit dem Eingreifen der USA zugunsten Südkoreas internationale Dimensionen annahm. Wegen seiner strategischen Bedeutung flossen schon bis 1960 reichlich Wiederaufbau- und Wirtschaftshelfergelder ins Land und zeitigten alsbald ein deutliches Wiedererstarken der Wirtschaft. Südkorea richtete seine Politik im Gegenzug ganz auf die USA aus.

(Aus: Bundeszentrale für politische Bildung [Hg.], Informationen zur politischen Bildung. Heft 252, Entwicklungsländer. Bonn 1996, S. 27)

Eine weitere Erklärung findet die Sozial- und Wirtschaftswissenschaft in der Lehre des Konfuzianismus.

M 4 Die Bedeutung des Konfuzianismus fur die Wirtschaft Südkoreas

(Es) wird hier die These vertreten, dass die Aufholjagd Ostasiens ohne „Meister Konfuzius“ nicht erklärt werden kann. (...) Schon die hohe Bedeutung, die der Bildung – und damit einem wesentlichen Faktor von Entwicklung – im konfuzianischen Kulturkreis zugemessen wird, ist ohne Rückgriff auf die konfuzianische Tugendlehre kaum zu verstehen.

(Aus: Franz Nuscheler, Lern- und Arbeitsbuch Politik. Bonn [4]1995, S. 173)

Zur Sache: Konfuzianismus

Eine Sichtweise, die Kultur und Religion aus wirtschaftspolitischem Blickwinkel sieht und auf eine die Gemeinschaft betonende Philosophie beschränkt. In ihr ordnet sich der Einzelne durch Fleiß, Genügsamkeit, Betriebstreue und unermüdliche Lernbereitschaft dem als höherwertig angesehenen „Überlebensrecht der Gemeinschaft“ unter. In Asien wie in Europa werden solche moralischen Tugenden gegen die Arbeitnehmer- und Gewerkschaftsinteressen eingesetzt.

M 5 Wirtschaftserfolg durch Ausnahmezustand?

Als zu Beginn der Siebzigerjahre im Zuge der Wirtschaftspolitik das Interesse Washingtons an Südkorea erlahmte, verhängte der seit 1963 wieder zivil gewählte Präsident das Kriegsrecht über das Land, das bis zu demokratischen Reformen 1987 in Kraft blieb. Unter großen Opfern der Bevölkerung blieb Südkorea angesichts von Streikverboten und staatlicher Wirtschaftsplanung und -lenkung Billiglohnland und konnte seine Wettbewerbsposition auf den Weltmärkten erfolgreich ausbauen.

(Aus: Bundeszentrale für politische Bildung [Hg.], Informationen zur politischen Bildung. Heft 252, Entwicklungsländer. Bonn 1996, S. 28)

3 *Überlegt, welche Vorteile der Konfuzianismus für die Wirtschaft eines Landes bringen kann.*
4 *Beschreibt die vorgestellten Erklärungsmodelle für den Wirtschaftserfolg Südkoreas (M3 bis M5).*

M 6 Das „asiatische System“

Asiens Spitzenpolitiker und Unternehmer setzen westlichen Vorstellungen einer Wahrung von Menschenrechten, der Garantie von Arbeiterschutzrechten oder auch der sozialen Schutzfunktion des Staates ein eigenes, vorgeblich „asiatisches“ System traditioneller Werte in Politik und Wirtschaft entgegen. Es sind in erster Linie prominente Politiker (...), die eine universelle Gültigkeit „westlicher“ Werte bestreiten (...) und in der Wahrung der Menschenrechte (China) oder in dem Recht auf Gründung freier Gewerkschaften (Malaysia) einen Versuch (sehen) die Vorteile dynamischer (sich rasch entwickelnder) Staaten Asiens zu entwerten: Unter dem Vorwand der Durchsetzung angeblich universeller Werte sollen nur lästige Konkurrenten ausgeschaltet werden.

(Aus: M. Pohl, Südostasien – Konfuzianische Gesellschaftsideale contra westliches Wertesystem? In: e+z Heft 2, 1995, S. 40)

5 *Diskutiert, ob das „asiatische System“ als Unternehmensphilosophie auf andere Staaten der Dritten und auch der Ersten Welt zu übertragen ist. Berücksichtigt dabei auch die Forderung nach Sozialklauseln (vgl. M 4, S. 183).*
6 *Wirtschaftserfolg, auch wenn Arbeitnehmerrechte darunter leiden? Bewertet die Umstände, die Südkorea zur „Tiger-Ökonomie“ werden ließen. Lest dazu auch den Lexikonartikel „Tigerstaaten“.*

→ Gewerkschaften, Schwellenländer, Tigerstaaten, Wachstum

11.5 Entwicklung im Süden – und der Norden?

Die wirtschaftliche Entwicklung der Staaten der Dritten Welt wird von der Ersten Welt gewünscht. Ihr Recht auf eine „nachholende“ Entwicklung wird inzwischen anerkannt. Aber wo liegt die Grenze des Wachstums und der Belastbarkeit, vor allem für die Umwelt? Die „Power-Entwicklung“ der „Tigerstaaten“ (vgl. Lexikon) lässt ahnen, in welcher Geschwindigkeit eine Umweltzerstörung in ungeahnter Größenordnung auf uns zukommen kann.
China hat alle Voraussetzung für eine günstige wirtschaftliche Entwicklung, vor allem durch die Eingliederung der Kronkolonie Hongkong im Jahre 1997 in den chinesischen Staatsverband.

M 1 **China gibt Gas!**
Im Jahre 1992 gab es in Deutschland rund 37,9 Millionen Pkw (1996 = 40 Mio.), d.h. statistisch kam auf fast zwei EinwohnerInnen ein Auto. Diese hohe Fahrzeugdichte führte zu einem Ausstoß von rund 194 Mio. Tonnen Kohlendioxyd.
In China ist die Autodichte (...) sehr bescheiden. Dort fuhren 1992 schätzungsweise 1,5 Mio. Pkw; gemessen an der hohen Einwohnerzahl von China kommen somit 792 Personen auf ein Auto. Nehmen wir nun an, die „Entwicklung“ Chinas schreitet voran, dem Vorbild der Industrieländer folgend. (...) Immer mehr Chinesen werden sich ein Auto leisten können. VW hat dort ein Autowerk errichtet. Ab dem Jahre 2000 sollen dort jährlich 2 Millionen Pkw vom Band laufen. Eine drastische Zunahme des Autoverkehrs (...) ist also zu erwarten.
Nehmen wir an, in ein paar Jahrzehnten hätten die Chinesen bezüglich der Autodichte das Niveau der BR Deutschland erreicht. Im Jahre 2025 wird es 1540 Millionen Chinesen geben – und somit führen dann 770 Millionen Autos auf Chinas Straßen. Allein in China gäbe es dann fast doppelt so viele Pkw wie heute auf der ganzen Welt. Die Folgen für das Klima, den sogenannten Treibhauseffekt, sind kaum exakt abzuschätzen (...).
Könnte unsere Erde die CO_2-Emissionen von weiteren 440 Millionen Autos (= ca. 2 Mrd. zusätzliche Tonnen CO_2 allein aus dem Verkehrssektor Chinas) tatsächlich verkraften?
(Aus: Dritte-Welt-Haus Bielefeld [Hg.], Ein überbevölkerter Planet? Bielefeld 1994, S. 41)

1 *Entwerft einen Brief an die chinesische Regierung und stellt darin das ökologische Problem dar.*

Was für China noch Spekulation ist, ist in anderen Staaten schon Wirklichkeit, zum Beispiel in den „Tigerstaaten“ Malaysia und Indonesien. Da diese Länder aufgrund ihrer Entwicklung die Möglichkeit haben Umwelt zu zerstören, wurde für sie auch der Begriff „Chaosmacht“ gewählt.
Die Warnungen vor einer globalen Umweltkatastrophe werden von den Entwicklungsländern als „Öko-Kolonialismus“ zurückgewiesen. Der Norden wolle, so wird argumentiert, den Süden daran hindern, als Konkurrent auf dem Weltmarkt die Wettbewerbsfähigkeit zu erlangen.

M 2 **„Robin Wood stieg Botschaft Malaysias aufs Dach“**
Aus Protest gegen den „Mord an Mensch und Regenwald“ in Malaysia haben am Montag vier Mitglieder der Umweltschutzorganisation Robin Wood vorübergehend das Dach der malaysischen Botschaft in Bonn besetzt. (...) „Wir wollen damit gegen die immer schnellere und skrupellosere Abholzung der Regenwälder Sarawaks protestieren“, sagte der Sprecher. Nirgendwo werde der Regenwald so schnell abgeholzt wie in Sarawak, einem Bundesstaat Malaysias auf der Insel Borneo.
(Aus: Frankfurter Rundschau, 7.10.1991)

11.5 Entwicklung im Süden – und der Norden?

M 3

M 4 **Indonesien droht mit Abholzung**

Die indonesische Regierung hat das völlige Abholzen aller Regenwälder für den Fall angedroht, dass Umweltschützer ihre Kampagne zum Boykott von Tropenholz fortsetzen. Forstminister Hasrul Harashap sagte am Dienstag nach einem Treffen mit Präsident Suharto: „Wenn niemand mehr unser Edelholz kaufen will, dann könnten wir gezwungen sein unsere Forstgebiete für die Landwirtschaft nutzbar zu machen."

(Aus: Frankfurter Rundschau, 14. 10. 1992)

2 *Überlegt euch, was der „Amigo" dem Vertreter aus den Industrieländern antworten könnte (M 3).*
3 *Angst vor Wettbewerb oder vor Umweltzerstörung? Führt ein Streitgespräch. Bedenkt dabei den Wunsch der Entwicklungsländer auf eine „nachholende" Entwicklung.*

Einerseits hat der Norden das (selbst)zerstörerische Produktions- und Konsummodell geschaffen, das der Süden kopieren will. Andererseits wirft der Süden dem Norden den Überkonsum vor. Der Konsum der 1,2 Milliarden Menschen des Nordens entspreche dem von 24 Milliarden Menschen in den Entwicklungsländern. Eine Lösung kann nur auf dem Verhandlungswege erzielt werden, aber wie soll sie aussehen?

4 *Überlegt gemeinsam, welche Aspekte in einer Verhandlung zur Sprache kommen müssten.*

M 5 **Recht auf „nachholende Umweltzerstörung"?**

(Tatsache ist, dass die Politik der Entwicklungsländer) (...) in ganz entscheidender Weise zur dortigen Unterentwicklung und Umweltzerstörung beiträgt. (...) Im Übrigen sei daran erinnert, dass die Entwicklungsländer im Zuge der nachholenden Entwicklung das Recht auf eine nachholende Umweltzerstörung beanspruchen, was in der Kombination mit ihrem Bevölkerungswachstum dazu führen wird, dass sie selber zu den Hauptverursachern der globalen Umweltprobleme werden.

(Aus: M. Wöhlcke, Der ökologische Nord-Süd-Konflikt. München 1993, S. 66)

M 6 **... und der Norden?**

Verfechtern des alten Modells von Komfort und Wohlstand muss mit aller Schärfe klargemacht werden: Wenn wir uns nicht rasch und gemeinsam auf den Pfad zu einem dauerhaften Wohlstand begeben, dann ist der (...) Zusammenbruch der alten Wohlstandsidylle vorprogrammiert. Das ökologische Umsteuern muss rechtzeitig einsetzen, solange noch reichlich Handlungsspielräume vorhanden sind (...). An einem neuen Zivilisationsmodell statt ungebremsten Wirtschaftswachstums führt kein Weg vorbei. Das könnte so aussehen: Es sollte mehr Zeit aufgewendet werden für die Erhaltung der eigenen Gesundheit, für eine gesündere Lebensführung (...). So sollten z. B. mehr Lebensmittel aus dem Bioanbau, weniger aber gesünderes Fleisch von Freilauftieren gegessen werden (zulasten hoch chemisierter, umweltzerstörerischer Landwirtschaft [...], verbunden mit positiven Rückwirkungen auf die Dritte Welt). Diese kann weniger für den Export und mehr für die Bedürfnisse der eigenen Bevölkerung produzieren. Es sollte mehr freie Zeit für (...) gesellige Tätigkeiten aufgebracht werden. Das (...) verringert die Abhängigkeit vom „Konsumieren-müssen", während zugleich der Energieverbrauch drastisch sinkt.

(Aus: E. U. v. Weizsäcker, Erdpolitik ^{3}1992. Zitiert nach: Praxis Geographie, Nr. 11, 1994, S. 7)

5 *Arbeitet die Forderungen aus M 6 heraus. Beurteilt die vorgeschlagenen Maßnahmen.*
6 *Keine dauerhafte Entwicklung des Südens ohne eine Strukturanpassung des Nordens. Entwickelt Vorschläge für Änderungen, die sofort möglich sind und an denen ihr selbst mitwirken könnt.*

Podiumsgespräch

Eine Podiumsdiskussion

Wie ihr auch an diesem Kapitel sehen konntet, zergliedert sich das Thema „Dritte Welt“ in unterschiedliche Problemfelder. Das vorangegangene Kapitel stellte die Aspekte „Armut und Lohnpolitik“, „wirtschaftliche Entwicklungsmöglichkeiten“ und das Spannungsfeld „Wirtschaftsentwicklung und Ökologie“ vor. Zwar gibt es zu keinem dieser Einzelaspekte eine endgültige Lösung, aber ihr konntet euch aufgrund der angebotenen Materialien und Denkanregungen eine Meinung bilden.
Wollt ihr mehr über die Dritte Welt erfahren, habt ihr zum einen die Möglichkeit Bücher zum Thema zu lesen oder Filme im Fernsehen anzuschauen. Dieses wird für euch der einfachste Weg sein. Ihr könnt aber auch Expertinnen oder Experten fragen oder ihnen einen Brief schreiben (vgl. S. 216 f.). Eine weitere Möglichkeit ist der Besuch einer Veranstaltung, auf der sich Menschen über das Thema unterhalten. Dort könnt ihr ihnen zuhören oder vielleicht Fragen stellen. Eine Form dieser Veranstaltungen wird „Podiumsgespräch“ oder „Podiumsdiskussion“ genannt.

Welchem Zweck dienen Podiumsgespräche?
In einem Podiumsgespräch stellen kompetente Gesprächspartnerinnen und -partner ihre Standpunkte vor einem Zuhörerkreis zur Diskussion. Als Zuhörer ist es dabei interessant, unterschiedliche Standpunkte vorgestellt zu bekommen und nachfragen zu dürfen. Ein Podiumsgespräch ist besonders eingängig und interessant, weil die Vorstellung unterschiedlicher Argumente mit einem Diskussionsprozess verbunden ist, bei dem verschiedene Standpunkte auch unterschiedlich bewertet werden.

Wo finden Podiumsgespräche statt?
Podiumsgespräche können an jedem Ort stattfinden, an dem ein Tisch aufgestellt werden kann und Zuschauerinnen und Zuschauer Platz finden. Ein Klassenraum eignet sich genauso gut wie eine Gaststätte oder ein Bürgerhaus. Fernsehsender und Rundfunkanstalten laden regelmäßig zu einer Podiumsdiskussion im Fernseh- oder Rundfunkstudio ein.
Übrigens: Je größer der Raum ist, der ausgewählt wurde, umso weniger Zuschauerbeteiligung wird es voraussichtlich geben. Zwar macht es den geladenen Podiumsgästen in der Regel wenig aus, auch vor hunderten von Menschen zu sprechen, aber den meisten Zuschauern fällt es zumindest am Anfang schwer, frei vor einer größeren Anzahl von Menschen zu reden. Auch das Reden vor einer großen Menschenmenge will geübt sein.

Podiumsgespräch

In einem **Podiumsgespräch** sitzen Expertinnen und Experten vor Zuhörern an einem Tisch und diskutieren über ein bestimmtes Thema. Die Diskussion wird durch eine neutrale Person moderiert.
Der Verlauf eines Podiumsgesprächs kann sehr unterschiedlich sein: Es können von jedem Podiumsteilnehmer zunächst Referate gehalten werden, die im Anschluss von den Podiumsteilnehmern diskutiert werden. Möglich ist auch die sofortige Eröffnung der Diskussion. Je nach Wunsch der Podiumsgäste werden die Zuschauerinnen und Zuschauer nach einiger Zeit gebeten Fragen zu stellen oder mitzudiskutieren.

Vorbereitung eines Podiumsgesprächs
Neben der Suche nach einem geeigneten Raum ist die Auswahl des Themas und der Teilnehmerinnen und Teilnehmer auf dem Podium von Bedeutung.

a) Organisation
Besorgt einen größeren Tisch oder stellt mehrere Tische zusammen, damit alle Podiumsgäste genügend Platz haben und einander zugewandt reden können. Achtet darauf, dass niemand mit dem Rücken zu den Zuhörern sitzt.

b) Themenwahl
Am besten wählt ihr ein Thema, auf das ihr euch mit den euch zur Verfügung stehenden Mitteln gut informieren könnt und das unterschiedlich bewertet werden kann. Mögliche Themen sind:
- Wirtschaftsentwicklung in der Dritten Welt um jeden Preis? Gibt es ein Recht auf „nachholende Umweltzerstörung"?
- Keine Fußbälle mehr aus Kinderhand! Ist ein Boykott die richtige Maßnahme?
- Schuld haben die Industrieländer!? – Das Beispiel Ghana.
- Forderung nach einer Wirtschaftspolitik mit ökologischer Verantwortung. Eine moderne Form des Kolonialismus?

c) Auswahl der Podiumsgäste
Die Zahl der Podiumsteilnehmer sollte fünf nicht übersteigen. Wählt Teilnehmerinnen und Teilnehmer aus, die gesprächsfreudig sind und auch Lust haben sich mit einem Aspekt eines Themas etwas näher zu befassen.

d) Absprachen
Es sollte vorher geklärt werden, wie das Gespräch ablaufen soll, damit niemand überrascht wird. Abzusprechen ist, wer beginnt, ob alle ein kurzes Referat halten, über das im Anschluss diskutiert wird, oder ob ihr reihum nur kurz einige Stichworte über die Position, die ihr vertretet, sagt und dann unmittelbar mit der Diskussion beginnt.

Aufgabe der Podiumsteilnehmer
Die Podiumsteilnehmer müssen die Diskussionsregeln beachten. Jede(r) darf alles sagen und muss andere ausreden lassen. Den Weisungen der Moderatorin/des Moderators ist unbedingt Folge zu leisten.
Die Podiumsteilnehmer haben sich zuvor darauf geeinigt, wer welche Position vertritt, damit ein möglichst breites Meinungsspektrum entsteht. Die eigene Position ist klar zu vertreten und so vorzutragen, dass alle sie gut verstehen können.

Aufgabe der Moderatorin/des Moderators
Die Moderatorin bzw. der Moderator sollte von allen respektiert werden und sich so weit in dem Thema auskennen, dass sie oder er eingreifen kann, wenn die Diskussion das Thema verlässt oder zu ausufernd wird. Die Moderation hat die Gesprächsverantwortung. Sie/er achtet darauf, dass jede/jeder zu Wort kommt und niemand zu lange redet. Sie/er erteilt das Wort und darf es auch entziehen. Die Moderatorin/der Moderator gibt das Signal für die allgemeine Diskussion.

Aufgabe des Zuhörerkreises
Die Zuhörerinnen und Zuhörer sind zunächst verpflichtet zuzuhören, die Argumente abzuwägen und Fragen zu notieren. Ihr werdet merken, wie schwer es fallen kann, nicht hineinzureden, wenn eine Meinung vertreten wird, die ihr nicht teilt.
Ist die Diskussion freigegeben, solltet ihr eure Meinung laut und deutlich vortragen, damit alle sie verstehen und bewerten können. Die Diskussionsregeln sind zu beachten.

Auswertung
Es empfiehlt sich, von dem Podiumsgespräch ein Stichwortprotokoll anzufertigen. So ist es beispielsweise möglich, in der Schülerzeitschrift oder in einer kleinen Ausstellung über eure Erfahrungen mit einem Podiumsgespräch zu berichten.

12. Verbraucherinnen und Verbraucher im Dschungel des Marktes

In fast allen Städten und Dörfern findet ein Wochenmarkt statt. Der Wochenmarkt ist ein Platz, an dem Verkäufer und Käufer, also Anbieter und Nachfrager von Waren, zusammenkommen. Zu ganz bestimmten Zeiten treffen sich hier Menschen um ihre Bedürfnisse auf dem Marktplatz zu befriedigen.
Was sich hier auf dem Wochenmarkt an jedem Stand im Kleinen abspielt, kann (volks)wirtschaftlich gesehen im Prinzip auf alle Situationen übertragen werden, wo Angebot und Nachfrage zusammentreffen: Kauft sich Marc für 1,20 DM einen Schokoriegel, ergibt sich ebenso eine Marktsituation wie bei Frau Jürgens, die im Supermarkt ihren Tageseinkauf für 50,46 DM erledigt. In beiden Fällen bildet sich – wenn auch nur für sehr kurze Zeit – eine Marktsituation, indem Verkäufer und Käufer zusammentreffen und sich austauschen (zumeist Ware gegen Geld).
Je nachdem welche Waren oder Dienstleistungen gehandelt werden wird von einem Konsumgütermarkt (Verbrauchsgütermarkt), Investitionsgütermarkt, Arbeitsmarkt, Kapitalmarkt, Immobilienmarkt, Wohnungsmarkt usw. gesprochen.
Der interessanteste und wohl bedeutendste von allen ist der Konsumgütermarkt. Er umfasst das Verkaufen und Kaufen von Gütern, die – unabhängig von der dafür benötigten Zeit – konsumiert, also verbraucht werden. Millionen Menschen, auch ihr selbst, beteiligen sich tagtäglich daran. Daher soll der Konsumgütermarkt in den Mittelpunkt unserer Betrachtungen gestellt werden.
Ihr könnt im Folgenden zunächst wichtige Prinzipien des Wirtschaftens erarbeiten. Ihr lernt wesentliche Ziele des Konzepts der Sozialen Marktwirtschaft kennen und könnt untersuchen, worin sich unser Wirtschaftssystem von dem des 19. Jahrhunderts unterscheidet. Ferner werden verschiedene Möglichkeiten dargestellt, die ihr als Verbraucherinnen und Verbraucher habt um euch „auf dem Markt“ mit Waren und Dienstleistungen so zu versorgen, dass ihr für euer gutes Geld auch ebenso gute Produkte bekommt. Einige dieser Möglichkeiten könnt ihr in dieser Unterrichtseinheit erproben.

1 *Erläutert den Begriff „Markt“.*
2 *Benennt verschiedene Arten von Märkten.*
3 *Erarbeitet die Ziele, die die verschiedenen Marktpartner auf einem Markt verfolgen.*
4 *Erklärt den in den Schaubildern dargestellten Zusammenhang an selbst gewählten Beispielen.*

Der Markt und seine wichtigsten Prinzipien

Der Markt ist gewissermaßen das Nervenzentrum der Wirtschaft, in ihm treffen die Wünsche und Absichten von Konsumenten und Produzenten aufeinander, von Arbeitgebern und -nehmern – kurz: von Angebot und Nachfrage!

Nun verfolgen die verschiedenen Marktpartner recht unterschiedliche Ziele: Der Konsument will möglichst billig einkaufen, der Produzent möglichst günstig verkaufen, der Arbeitnehmer andererseits recht hohe Einkünfte erzielen, der Arbeitgeber mit möglichst niedrigen Löhnen und Gehältern auskommen – und so könnte man die Gegenüberstellung beliebig fortsetzen. Wer kauft (seien es Waren oder Arbeitskraft), ist immer an niedrigen Preisen, wer verkauft (gleich ob seine Waren oder Arbeitskraft), immer an möglichst hohen Preisen interessiert.

Diese widerstreitenden Interessen zum Ausgleich zu bringen, das ist in der freien Marktwirtschaft Aufgabe des Preises. (…)

Elemente eines jeden Marktes bilden Angebot, Nachfrage und Preis, der für ein Gut bezahlt wird. Zwischen diesen drei Größen besteht ein wechselseitiges Abhängigkeitsverhältnis. Einerseits bestimmen Angebot und Nachfrage den Preis, andererseits entscheidet der Preis über Angebot und Nachfrage.

(Aus: W. Lippens, Im Kreislauf der Wirtschaft. Köln [10]1994, S. 67 f.)

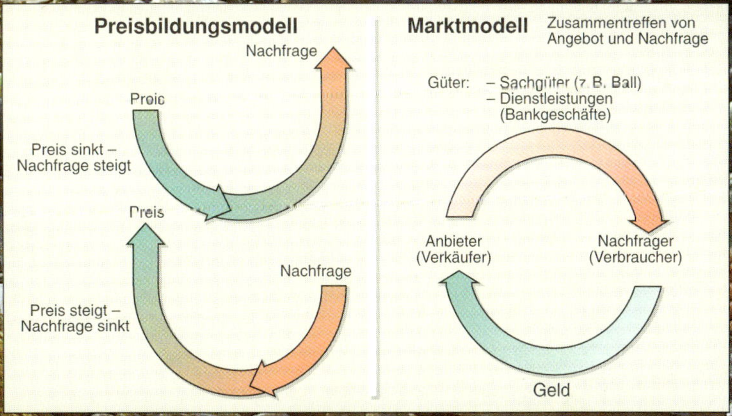

12.1 Herstellen, Tauschen und Verbrauchen

Forderungen an ein geeignetes Zahlungsmittel

Der Markt als Ort des Austausches von Waren zwischen Anbietern und potenziellen Käufern ist keine neuartige Erfindung, sondern hat sich als uralte Form des Interessenausgleiches über Jahrtausende hinweg langsam entwickelt.

M 1 Von der Eigenproduktion zum Geldhandel

Das Leben der ersten Menschen spielte sich in sehr kleinen Familiengruppen ab. Jede Familiengruppe stellte die Geräte und Hilfsmittel her, die sie für die eigenen Zwecke benötigte. Ausgrabungen späteren Zeitpunkts weisen aber bereits ganz typische Bearbeitungsspuren auf: Jeder stellte nur noch die Geräte her, für die er die besten Rohstoffe zur Verfügung und das meiste Geschick hatte.
Spätestens in dieser Entwicklungsstufe setzte der Tauschhandel ein. Ein besonders geschickter Bogenbauer z. B. konnte, während er seine Bögen herstellte, natürlich nicht auf die Jagd gehen und für die Ernährung seiner Familie sorgen. Stattdessen musste er Nahrungsmittel, die er nicht selbst beschaffen konnte, eintauschen. So wurden einige Bögen vielleicht gegen Wurzeln oder Fleisch eingetauscht, andere gegen Töpfe, Lederriemen oder Feuersteine.
Doch es war recht schwierig, immer den gerade passenden Tauschpartner zu finden: Die „Fleischlieferanten" hatten irgendwann einmal so viele Bögen eingetauscht, dass sie keine weiteren benötigten. Dennoch wollte unser Bogenbauer auch weiterhin mit Fleisch versorgt werden.
Die Einführung eines allgemein anerkannten Tauschmittels, heute sagen wir Geld dazu, ermöglichte es den Menschen, sich sehr viel leichter entsprechend ihren Bedürfnissen zu versorgen.
(Autorentext)

Wenn wir uns die Nachteile eines konkreten Tauschhandels einmal ansehen, werden die Vorteile des Geldes beim Tausch von Waren sofort deutlich.

M 2 Ist ein Schaf ein geeignetes Tauschgut?

Nehmen wir als Tauschgut einmal ein Schaf. Dieses Tier wird möglicherweise nicht von allen als gleichwertiges Tauschgut anerkannt: Ein Bauer wird es anders beurteilen als beispielsweise die Bewohnerin einer Stadtwohnung. Ferner ist unser Tier nicht gerade handlich: Größere Summen würden schnell eine ganze Schafherde ergeben. Die wäre nicht mehr leicht zu transportieren. Ein Schaf ist auch nicht beliebig teilbar: Zwei halbe Schafe ergeben nicht zwangsläufig den Wert eines ganzen. Darüber hinaus verursacht es weitere Kosten: Schließlich muss auch gefüttert werden. Und letztlich gibt es Probleme bei der Wertbeständigkeit: Die Lebenserwartung eines Schafes spricht dagegen, dass wir es beispielsweise als Altersversorgungaufbewahren.
(Autorentext)

M 3 Aufgaben des Geldes

Tauschmittel

Zahlungsmittel

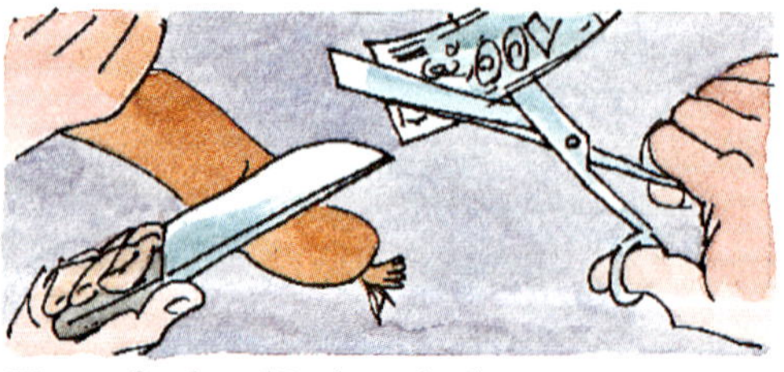
Wertmaßstab und Rechenmittel

Wertaufbewahrungsmittel

Forderungen an ein geeignetes Zahlungsmittel

1 *Erarbeitet aus M 1 und M 2 die Nachteile des Tauschhandels.*
2 *Benennt ausgehend von euren Ergebnissen aus Aufgabe 1 die wesentlichen Anforderungen an ein geeignetes Zahlungsmittel.*
3 *Versucht die Anforderungskriterien in einer Rangfolge festzulegen.*

Zunächst wurden reines Gold und Silber als Zahlungsmittel verwandt. Sie erfüllten alle Kriterien, die ihr in Aufgabe 2 erarbeitet habt. Außerdem waren Gold und Silber immer schon knappe Güter. Das Finden und Aufbereiten war mit sehr viel Aufwand und Glück verbunden. Das macht(e) sie begehrt wie andere knappe Güter (z. B. Grund und Boden).

M 4 Der Tag, an dem der Regen kam

Nie werde ich den Tag vergessen, als der Regen kam. Er begann ungewöhnlich klar und ruhig und ich legte meinen Kopf zurück um den Zauber dieses Tages in mich aufzunehmen. Als ich nach oben blickte, war ich entsetzt: Mit Ausnahme eines schmalen Spaltes über dem Horizont war der ganze Himmel mit einer unheilvollen grünen Wolke bedeckt. Und schon begann es zu regnen, aber es war kein feuchter Regen – es war Geld! Frische, neue, grüne Geldscheine und lauter große Noten. Ich scharrte so viel Scheine zusammen, wie ich fassen konnte. Kisten und Kästen füllte ich mit herrlichen Papieren.
Selbstverständlich verzichtete ich an diesem Tag darauf, zur Arbeit zu gehen. Ich hatte ja Geld genug. Ich wollte dem Chef das sagen, aber er hatte den Betrieb längst geschlossen, denn auch er hatte Geld genug auf der Straße gefunden. Am nächsten Tag wollte ich an die Riviera fahren, aber leider war die Tankstelle geschlossen; dort hatte man ja ebenfalls Geld genug und brauchte kein Benzin zu verkaufen. Nun wollte ich den Zug benutzen, aber auch Züge fuhren nicht. Die Eisenbahner hatten es ja auch nicht mehr nötig, zu arbeiten, denn sie brauchten ja kein Geld mehr. (…) Ich ging nach Hause – der Kohlenmann hatte auch keine Kohlen gebracht und so war es bitterkalt. Ich nahm die dicken Bündel Banknoten heraus um wenigstens damit einzuheizen. Und dann kamen mir ganz eigentümliche Gedanken: Die riesigen Mengen Geld waren wertlos, waren nicht einmal das Papier wert, auf dem sie gedruckt waren. Auf das Geld kommt es offenbar nicht an.

(W. Wiltscheff, Wirtschaft – durch die Blume. Wien 1966, S. 49)

4 *Zeigt anhand des Textes M 4 auf, warum der Erzähler zu dem Schluss kommt: „Auf das Geld kommt es offenbar nicht an“.*
5 *Überprüft, welches Anforderungskriterium (vgl. Aufgabe 2) in M 4 nicht erfüllt ist.*

M 5 Von der Knappheit

Jeder Mensch muss zwangsläufig wirtschaftliche Entscheidungen treffen. Dabei ist er sich dieser Tatsache nicht immer bewusst. „Wirtschaften“ ist nichts anderes als der bewusste, zweckmäßige Umgang mit nicht beliebig vermehrbaren und in diesem Sinne knappen Mitteln. Somit ist jede Gesellschaft immer zugleich auch eine „Wirtschaftsgesellschaft“. Ob im Altertum, im Mittelalter, in der Bundesrepublik Deutschland oder in anderen Ländern – zu jeder Zeit waren und sind die Menschen genötigt sich mit dem Problem der Knappheit als Grundproblem des Wirtschaftens auseinander zu setzen (…).
Dabei kann bestenfalls jeweils nur ein Optimum (bestmöglicher Wert) der gesellschaftlichen Bedürfnisbefriedigung angestrebt bzw. erreicht werden, niemals hingegen ein Maximum (Höchstwert). Denn dann hätte man paradiesische Zustände ohne die Überwindung von Güterknappheit (das heißt ohne zu wirtschaften). Im berühmten Märchen vom Schlaraffenland ist ein Wirtschaftsleben nicht denkbar: Hier sind alle Güter ständig und in Hülle und Fülle vorhanden. (…)
Die gesamtwirtschaftlichen Produktionsmöglichkeiten jeder Wirtschaftsgesellschaft sind also beschränkt – gleichgültig auf welchem Entwicklungsniveau sich diese Gesellschaft befindet. Es besteht immer nur eine bestimmte Kapazität (an Rohstoffen, Maschinen, Arbeitskräften), die der gegebenen Volkswirtschaft (zum Beispiel der Bundesrepublik Deutschland) tatsächlich zur Verfügung steht.

(Aus: A. Kirsche, Grundprobleme jeder Volkswirtschaft. In: Bundeszentrale für politische Bildung [Hg.], Informationen zur politischen Bildung. Wirtschaft 4. Wirtschaftsordnungen im Vergleich, Heft 180. Bonn 1990, S. 1 f.)

6 *Gebt wieder, was nach M 5 unter „Wirtschaften“ zu verstehen ist.*
7 *Stellt einen Zusammenhang zwischen M 4 und M 5 her.*
8 *Erläutert am Beispiel eurer Familie das „Problem der Knappheit“.*

→ Wirtschaften

12.1 Herstellen, Tauschen und Verbrauchen

Unterschiedliche Verbraucher – unterschiedliche Bedürfnisse

Sowohl das Herstellen von Waren als auch ihr Tausch müssen als ganz wesentliche Elemente in der Entwicklung der Menschheit gesehen werden. Beides waren Voraussetzungen für einen Handel, der half Gemeinwesen zu versorgen, Erfindungen zu verbreiten oder für Beschäftigung zu sorgen.
Ein Markt wird aber erst dann zum Leben erweckt, wenn beide Seiten – die Anbieter oder Verkäufer von Waren und die Käufer oder Nachfrager – zu einem Interessenausgleich kommen können. Zwingende Voraussetzung für diesen anzustrebenden Interessenausgleich ist die Beachtung und Berücksichtigung der Bedürfnisse und Wünsche derer, die die Waren für sich verwenden wollen: die Verbraucher.

M 6 **Jeder Mensch hat Bedürfnisse**
Bedürfnisse lassen sich allgemein definieren als Gefühle des Mangels, die von dem Wunsch den Mangel zu beseitigen begleitet sind. (...) (Man kann) mehrere Bedürfnisebenen unterscheiden:
- Grundbedürfnisse, also Hunger, Durst, Verlangen nach Schlaf, Wohnung, Sexualität;
- Sicherheitsbedürfnisse, die sich darauf richten, die Befriedigung der Grundbedürfnisse für die Zukunft zu sichern;
- Soziale Bedürfnisse, die aus den sozialen Kontakten des Individuums hervorgehen und sich in dem Wunsch nach Leben in der Gemeinschaft, nach Geselligkeit und Ähnlichem niederschlagen;
- Wertschätzungsbedürfnisse, die sich auf Anerkennung und Bestätigung durch andere richten;
- Entwicklungsbedürfnisse, die besonders auf Selbstverwirklichung zielen und sich von dem Wunsch nach Bestätigung durch die Gesellschaft lösen.

(Aus: U. Baßeler, J. Heinrich, W. Koch, Grundlagen und Probleme der Volkswirtschaft. Köln [13]1991, S. 40)

9 *Überlegt, wie und wodurch ihr die verschiedenen Bedürfnisse, die in M 6 benannt werden, befriedigt. Nennt Beispiele.*
10 *Stellt dar, auf welche von euren in Aufgabe 9 aufgeführten Bedürfnisse ihr am ehesten verzichten könntet, und begründet eure Auswahl. Diskutiert eure Ergebnisse in der Klasse.*
11 *Interpretiert die Grafik M 7 und vergleicht sie mit M 6.*
12 *Überprüft, ob eure Auswahl aus Aufgabe 10 mit der Darstellung der Grafik übereinstimmt, und sucht mögliche Erklärungen dafür (vgl. auch M 8).*

M 7

Verschiedene Bedürfnisebenen

M 8 **Bedürfnisse sind verschieden**
Während die Primärbedürfnisse (Nahrung, Kleidung, Wohnung ...) bei Menschen aller Altersstufen, jeglichen Bildungsgrades, sämtlicher Hautfarben und Nationalitäten weitgehend gleich sind, weisen die Sekundärgüter (Luxus- und Kulturbedürfnisse: Kaffee, Kaviar, Auto, Fernsehen, Reisen, Brilliantring ...) starke Differenzierungen auf. Sie richten sich
- nach der *Entwicklungsstufe*: Ein Fünfjähriger beispielsweise hat kaum das dringende Bedürfnis sich zu waschen; ihm ist sein Spielzeugauto wichtiger als Seife;
- nach den *natürlichen Umweltbedingungen*: Sicherlich ist es eine beachtenswerte verkäuferische Leistung, einem (...) Kongolesen eine Heizsonne zu verkaufen; ob die Käufer ein Bedürfnis nach diesen Produkten haben, ist zumindest sehr fraglich;
- nach dem *zivilisatorischen und technischen Fortschritt*: So war das Telefon vor 100 Jahren noch eine bewundernswerte Sensation – heute kommt es in zivilisierten Ländern einem Massenbedürfnis entgegen; (...)
- nach den *wirtschaftspolitischen Verhältnissen*: Ein Beispiel dafür (...) bietet die jüngste deutsche Geschichte. In der Zeit der totalen wirtschaftlichen Verelendung (am Ende und nach dem Zweiten Weltkrieg) bis zur Währungsreform erschöpfte sich das Denken der Bevölkerung fast ganz in der Befriedigung der Primärbedürfnisse und selbst nach der Normalisierung des Wirtschaftslebens war ein so bedeutender Nachholbedarf vorhanden,

12.1 Herstellen, Tauschen und Verbrauchen

Unterschiedliche Verbraucher – unterschiedliche Bedürfnisse

Nach der Währungsreform 1948 waren die Schaufenster der Geschäfte das erste Mal nach dem Krieg wieder voll.

dass die ersten fünf, sechs Jahre des Wiederaufbaus von drei großen Verbrauchswellen getragen wurden: der so genannten Fresswelle, der Kleidungswelle, der Wohnungswelle. Anschließend erst erwachten die Luxusbedürfnisse, die einen immer breiteren Rahmen einnahmen. Mehr und mehr verstärkte sich das Streben nach höherer „Lebensqualität". Dazu gehören beispielsweise auch Reisen ins Ausland.

(Aus: W. Lippens, a. a. O., S. 13)

13 *Betrachtet noch einmal eure Ergebnisse aus Aufgabe 10. Begründet euer Diskussionsergebnis mit M 8.*

Alle diese Faktoren wirken sich qualitativ und quantitativ auf den Verbrauch des Einzelnen oder der Familie aus. Der Verbrauch im volkswirtschaftlichen Sinne umfasst alles, was zur Deckung der spezifischen Bedürfnisse zählt: den Diskobesuch ebenso wie die Nahrungsmittel, Benzin für das Mofa, die Eintrittskarte für die Bundesliga oder die Kosten für die neue CD. Verbraucher sind alle Menschen ohne Unterscheidung nach Alter, Geschlecht, Beruf oder Ausbildung. Der private Verbrauch wird den privaten Haushalten zugeordnet. Als Haushalt gilt eine Wohnung, in der gewohnt, geschlafen und gekocht wird. Dabei wird angenommen, dass alle Mitglieder eines Haushalts ihr gemeinsames Einkommen zusammenwerfen und ihre notwendigen Ausgaben gemeinsam bestreiten.
Allein in Deutschland gibt es ca. 81,5 Millionen Verbraucher (vgl. M 9). Demnächst werden es in der Europäischen Union sogar ca. 370 Millionen Käufer sein. Den Markt haben wir bisher auch als Ort des Interessenausgleichs angesehen. Das Wort „Ausgleich" vermittelt den Eindruck, als ob die Partner auf dem Markt annähernd gleich stark wären. Tatsächlich aber stehen viele Millionen Verbraucher einigen tausend Warenanbietern gegenüber. Diese zahlenmäßige Überlegenheit würde eigentlich dafür sprechen, dass die Verbraucher die Mächtigen im Lande sind. Nach Angaben des Statistischen Bundesamtes gaben die privaten Haushalte in Deutschland im Jahr 1994 die nahezu unvorstellbare Summe von 1902,37 Mrd. DM aus.
Diese Überlegenheit nützt den Verbrauchern nicht viel: Oft werden sie übervorteilt, zu Fehlkäufen verleitet, entsprechen die Waren nicht den Erwartungen oder Qualitätsansprüchen der Käufer.

14 *Ein Beispiel soll euch helfen eine Vorstellung vom Umfang der Summe 1902,37 Mrd. DM zu bekommen: Ein Mittelklasse-Pkw wie der Golf kostet ungefähr 30 000 DM. Wie viele Fahrzeuge könnten mit dieser Summe gekauft werden und wie lange lässt sich ein Herstellerwerk damit auslasten, wenn bei einer 5-Tage-Woche täglich 1000 Autos hergestellt werden?*

M 9 Die privaten Haushalte

	1950	1961	1970	1982	1989	1993
Zahl der Haushalte (in Mio.)	16,7	19,5	22,0	25,3	27,8	36,2
Haushaltsmitglieder (in Mio.)	49,9	56,0	60,2	61,6	62,4	81,5
Personen je Haushalt	3,0	2,9	2,7	2,4	2,2	2,2
Einpersonenhaushalte	19 %	21 %	25 %	31 %	35 %	34 %

(Nach: W. Lippens, a. a. O., S. 183)

15 *Erläutert die Tabelle M 9. Achtet auf sich abzeichnende Tendenzen und sucht nach Erklärungen.*
16 *Überlegt, was ein Einzelhändler bedenken muss, wenn er die Entwicklung der Zahl der Haushalte und der Einpersonenhaushalte berücksichtigen will. (Bedenkt mögliche Bedürfnisse, Arbeitszeiten der Arbeitnehmer usw.)*
17 *Sammelt Gründe, warum sich viele Verbraucher über Fehlkäufe ärgern oder nach dem Kauf von ihren erstandenen Produkten enttäuscht sind. Führt eine Umfrage durch.*

12.2 Schilderungen aus dem Arbeitsleben im 19. Jahrhundert

Aufgrund der technologischen Weiterentwicklung konnten immer mehr Menschen ernährt und versorgt werden. Sie ließen sich nieder, gründeten neue Siedlungen und Städte, suchten Arbeit …
Mit der Erfindung der Dampfmaschine im 19. Jahrhundert war das Herstellen größerer Produktmengen kein Problem mehr. Auch der Handel entwickelte sich immer stärker. Viele Handwerker und Bauern mussten erkennen, dass ihre Produkte viel billiger importiert werden konnten. Sie verloren ihre materielle Existenz und mussten nach Arbeit suchen. Dabei vergrößerten sie ständig das Heer der Arbeitslosen.

M 1 Der Volkswirtschaftler Adam Smith über die Arbeitsteilung 1776

Um ein Beispiel (…) zu geben, nämlich von der Stecknadelproduktion, so könnte ein für dies Geschäft (…) nicht angelernter Arbeiter, der mit dem Gebrauch der dazu verwendeten Maschine nicht vertraut wäre, vielleicht mit dem äußersten Fleiße täglich kaum eine, gewiss aber keine zwanzig Nadeln machen (…). Ich habe eine kleine Fabrik (…) gesehen, wo nur zehn Menschen beschäftigt waren und manche daher zwei oder drei Verrichtungen zu erfüllen hatten. (…) (Diese zehn Arbeiter) konnten (…) tagtäglich über 48 000 Nadeln (…) machen. (…) Hätten sie dagegen einzeln und unabhängig gearbeitet, (…) so hätte gewiss keiner 20, vielleicht nicht eine Nadel täglich machen können.
(Zit. nach: J.-W. Götte, Die Industrielle Revolution. Stuttgart 1982, S. 53 f.)

1 *Fasst zusammen, worin nach Smith der Vorteil der Arbeitsteilung besteht. (Vgl. auch S. 76 bis 79.)*
2 *Beschreibt mithilfe der Abbildungen, welche Folgen die Massenproduktion und Arbeitsteilung für die Arbeiter hatte.*

M 2 Auszug aus einer Fabrikordnung einer Baumwollweberei aus dem Jahre 1853

§ 2 (…) Es ist jedem Arbeiter verboten, seinen Platz zu verlassen, bevor zum Ausgang und zur Schließung des Fabrikgebäudes das Zeichen gegeben wird.
§ 6 Jeder Arbeiter ist für die ihm anvertrauten Gegenstände persönlich verantwortlich. Wenn er dieselben bei Nachfragen nicht gleich vorweisen kann, werden sie auf seine Kosten durch neue ersetzt.
§ 7 Wenn in einem Arbeitssaal während der Arbeitszeit, wo alle Arbeiter zugegegen sind, ein Gegenstand beschädigt wird und der Täter Verhehlung wegen

Montagesaal einer Maschinenbau-Anstalt; hier die Firma Maffei bei München, 1849

nicht auszumitteln ist, so sind die Arbeiter des ganzen Saales bis zur Nachweisung des Täters für den Schaden haftbar.
§ 8 Ein friedliches Bertragen wird den Arbeitern zur strengen Pflicht gemacht. Wer sich Streitigkeiten, Beschimpfungen und Tätlichkeiten zuschulden kommen lässt, unterwirft sich der Strafe, welche der Fabrikaufseher oder Inhaber gegen ihn erkennen wird.
§ 9 Ferner werden bestraft:
1) Unehrerbietiges Betragen gegen die Aufseher.
2) Verhehlung von Untreue.
3) Eigenmächtige Abänderung an den Maschinen, der Beleuchtung, Heizung und Werkzeugen.
4) Störung anderer Arbeiter.
5) Verspätung und Versäumnisse, besonders der Unfug des blauen Montags und das Herbeiholen von Speise und Trank.
6) Das Tabakrauchen.

Um Entwendungen vorzubeugen oder zu entdecken werden die Aufseher von den Fabrikbesitzern beauftragt in Gegenwart aller jeden Arbeiter, der in der Fabrik angestellt ist, beim Ausgang anzuhalten und zu visitieren, so oft es für zweckmäßig erachtet wird.
(Zit. nach: J. Kuczynski, Geschichte der Lage der Arbeiter unter dem Kapitalismus, Bd. II. Berlin 1962)

3 *Schreibt einen Brief aus der Sicht eines Arbeiters, in dem er seinem Bruder auf dem Land von den Arbeitsverhältnissen in der Fabrik berichtet.*

12.2 Schilderungen aus dem Arbeitsleben im 19. Jahrhundert

Arbeiter der AEG, 1900

4 *Benennt die Elemente aus M 1 und M 2, die ihr auf den Bildern wiedererkennen könnt.*

M 3 Aus einem Brief von 96 Eltern an die Handels- und Gewerbekammer Zittau, 1890

Die unterzeichneten Eltern (...) gestatten sich gegen das Verbot der Arbeit ihrer Kinder folgende Einwendungen zur geneigten Berücksichtigung:

1. Unsere Kinder verdienen sich jetzt vom 12. Jahr an bei sechsstündiger Arbeitszeit durchschnittlich 2 bis 3 Mark die Woche und wir wissen nicht, wie wir den entstehenden Ausfall decken sollen, wenn die Kinder nicht mehr arbeiten dürfen.
2. (...)
3. Wir wissen, dass die Arbeit der Kinder eine leichte ist, dass sie in den Vorschriften entsprechenden Arbeitsräumen untergebracht sind und dass ein Nachteil für sie aus der sechsstündigen Arbeit nicht wohl entstehen kann.

Wir bitten deshalb in unserem Interesse als Arbeiter, dass betreffs dieser Kinderarbeit eine Änderung nicht getroffen werde, dass vielmehr die bestehende Ordnung bestehen bleibe.

(Zit. nach: H. Kretschmar, Dokumente zur Deutschen Geschichte aus dem Sächsischen Landeshauptarchiv Dresden. Berlin 1957)

M 4 Fehlentwicklungen

(Die Fabriken) (...) verfügten bald über ständig sich vergrößernde maschinelle und finanzielle Ressourcen. Es zeigte sich aber, dass viele der Fabriken von der Struktur her Handwerksbetriebe geblieben waren. Zahlreiche auch größere Unternehmen fielen nun dem freien Spiel der Kräfte zum Opfer. Der Verlust der eigenen selbstständigen wirtschaftlichen Existenzgrundlage zwang diese bisherigen Privatunternehmer in das neu entstandene Arbeiterproletariat (Arbeiterklasse). Die kontinuierliche Zunahme der Arbeiterschaft vergrößerte noch die Zahl der Arbeit Suchenden auf einem nicht im gleichen Maße mitwachsenden Arbeitsmarkt. Dies konnte nur einen nachhaltigen Druck auf die Löhne und damit die Schaffung von sozialem Elend zur Folge haben. (...)
Da es noch keine Gewerkschaften gab und der (...) Staat nicht zugunsten der Arbeiter eingriff, wuchs das soziale Elend bei der Mehrheit der Bevölkerung. (Man) (...) erkannte nicht, dass der ungehinderte Interessenkampf zu Ungerechtigkeiten und zum Verlust der wirtschaftlichen Existenz großer Teile der Bevölkerung geführt hatte.

(Nach: L. Döhn, Liberalismus in Gesellschaft und Staat, Baden-Baden 1976)

5 *Erläutert anhand von M 3 und M 4, warum sich die Menschen nicht gegen ihre Arbeitsbedingungen auflehnten und sogar ihre Kinder arbeiten ließen.*

6 *Zeigt auf, wie in M 4 die „Schaffung von sozialem Elend" begründet wird.*

12.3 Mehr Gerechtigkeit durch Soziale Marktwirtschaft

Auf der letzten Doppelseite habt ihr einige Folgen erarbeitet, die ein Wirtschaftssystem mit sich bringt, in dem Betriebe nur entsprechend der gegebenen Marktsituation entscheiden und handeln. In dieser so genannten freien Marktwirtschaft gibt es keinerlei staatliche Lenkungs- oder Eingriffsmöglichkeiten. Die Folge sind z. B. große Einkommensunterschiede, eine ungleiche Vermögensverteilung oder Konzentrationsprozesse, d. h. Zusammenschlüsse mehrerer Unternehmen. Nach dem Krieg wollte man in der Bundesrepublik Deutschland diese Schwächen beseitigen. Das Programm lautete „Soziale Marktwirtschaft". Politisch durchgesetzt wurde es von Ludwig Erhard (CDU), 1949 bis 1963 Wirtschaftsminister, anschließend Bundeskanzler. Erhard prägte das Schlagwort vom „Wohlstand für alle".

M 1 Spielregeln müssen beachtet werden

Bei früherer Gelegenheit habe ich (Ludwig Erhard) in diesem Zusammenhang einmal auf die Rolle des Staates als des obersten Schiedrichters verwiesen. Ich möchte hierbei das vielleicht etwas banal erscheinende Bild eines Fußballspiels gebrauchen dürfen. (...) Eines ist bei einem guten Fußballspiel als wesentliches Merkmal zu erkennen: Das Fußballspiel folgt bestimmten Regeln und diese stehen von vornherein fest. Was ich mit einer marktwirtschaftlichen Politik anstrebe, das ist (...) die Ordnung des Spiels und die für dieses Spiel geltenden Regeln aufzustellen. In einer Fußballelf ist es z.B. auch nicht üblich, dass sich alle elf Mann ins Tor stellen. Wenn sie das tun wollten, würden wir als Zuschauer mit Recht zu pfeifen anfangen, weil wir das als unfair und als den Regeln widersprechend empfinden. Von den Stürmern verlangen wir, dass sie stürmen. Wenn diese meinten, dass sie „mauern" oder sich gar ins Tor stellen sollten, dann empfinden wir dies als durchaus unangebracht und störend, ja, wir dulden es nicht. Ganz ähnliche Funktionen hat die wirtschaftliche Ordnung wahrzunehmen. (...) Die Zuschauer eines Fußballspiels würden es den Spielpartnern auch außerordentlich übel nehmen, wenn diese vorher ein Abkommen geschlossen und dabei ausgehandelt haben würden, wie viele Tore sie dem einen oder dem anderen Teil zubilligten und dann nicht das von uns erwartete und auch durch ein Eintrittsgeld honorierte faire Wettspiel durchführten, sondern lediglich ihre Vereinbarung kampflos erfüllen würden. So vertrete ich denn auch die Auffassung, dass es die Grundlage aller Marktwirtschaft ist und bleiben muss, die Freiheit des Wettbewerbs zu erhalten. Diese herrscht nur dort, wo keine Macht die Freiheit zu unterdrücken geduldet wird, sondern wo die Freiheit (...) zum allgemein verpflichtenden Gebot, ja zum höchsten Wert der Gemeinschaft selbst wird. Wir werden – und das ist meine feste Überzeugung – nur so lange eine freie Unternehmungswirtschaft haben, als wir von Staats wegen über die Freiheit wachen.

(Aus: L. Erhard, Wohlstand für alle. Zit. nach: Wochenschau, Soziale Marktwirtschaft, Sek. I, Nr. 4/5, 1991, S. 172)

1 *Gebt wieder, welche Regeln Erhard für ein Fußballspiel einfordert.*
2 *Ordnet die Spielparteien des Fußballspiels den „Spielpartnern" im Wirtschaftsleben zu.*
3 *Übertragt die Schilderung des Fußballspiels auf das Wirtschaftsleben. Formuliert Regeln für das Wirtschaftsleben, die eingehalten werden müssen.*

M 2 Die Soziale Marktwirtschaft

Was macht nun eigentlich das Wesen unserer Wirtschaftsordnung aus? (Nach) Prof. Müller-Armack (1901 bis 1978), einem der geistigen Väter der Sozialen Marktwirtschaft und zugleich Erfinder dieses Begriffs, (...) beruht die Soziale Marktwirtschaft auf dem Grundgedanken „das Prinzip der Freiheit auf dem Markte mit dem des sozialen Ausgleichs zu verbinden". In Verwirklichung dieser Ideen ergaben sich im Laufe der 50er-Jahre folgende, später z. T. ergänzte wesentliche Bestandteile des Systems der Sozialen Marktwirtschaft:

- In unserem Wirtschaftssystem bestimmt der Verbraucher, wie er sein Einkommen verwenden und was er kaufen will (*Konsumfreiheit*).
- Der Unternehmer entscheidet darüber, was er für den Markt produzieren und anbieten will. Er hat dabei die Chance des Gewinns, trägt aber auch das Risiko des Verlusts, wenn er am Markt „vorbei"-produziert (*Unternehmerrisiko*).
- Jeder kann grundsätzlich den Beruf seiner Wahl ergreifen und den Arbeitsplatz selbst wählen (*Freiheit der Berufswahl*).
- Die Rechtsordnung gestattet jedem ein Gewerbe zu wählen und an irgendeinem Ort auszuüben (*Gewerbefreiheit*).
- Durch möglichst weit gehende Freiheitsspielräume vom Staat sollen die produktiven Kräfte des Einzelnen zur Entfaltung gelangen (*Produktivität*).

- Der Ausgleich zwischen *Angebot* und *Nachfrage* am Markte geschieht durch den Preis, dessen Bildung weder durch direkte staatliche Eingriffe noch durch privatwirtschaftliche Absprachen (...) beeinflusst werden darf.
- Auf dem Markt muss das Prinzip der Freiheit mit dem des *sozialen Ausgleichs* verbunden sein.

Innerhalb dieser Ordnung ist es Aufgabe des Staates, den Rahmen abzustecken, in dem sich die freien Kräfte der Persönlichkeit entfalten können – er stellt gewissermaßen die „Spielregeln" des Leistungswettbewerbs auf und überwacht ihre Einhaltung. Ordnung ist also nicht gleichzusetzen mit staatlicher Bevormundung; sie ergibt sich vielmehr aus dem sinnvollen Verhalten aller Personen und Gruppen, die am Wirtschaftsprozess teilnehmen.
(Aus: W. Lippens, a. a. O., S. 137 f.)

4 *Erläutert anhand von Beispielen die wesentlichen Bestandteile des Systems der sozialen Marktwirtschaft.*
5 *Führt aus, inwieweit die von euch in Aufgabe 4 erarbeiteten Aspekte Regeln für das Wirtschaftsleben (vgl. M 1) festlegen.*

M 3 **Die *soziale* Marktwirtschaft**
Der soziale Aspekt der Sozialen Marktwirtschaft kommt vor allem solchen Mitgliedern der Gesellschaft zugute, die kein eigenes Einkommen erzielen und durch staatliche Fürsorge unterstützt werden (z. B. Alte, Kranke, Behinderte, Arbeitslose). Eine solche Umverteilungspolitik wird in der Bundesrepublik Deutschland in breitem Umfang durch Zahlungen und Leistungen im Sytem der sozialen Sicherung betrieben. Der Aufbau dieses Systems wurde 1883 von Otto v. Bismarck mit der Schaffung der Krankenversicherung für gewerbliche Arbeiter (1884: Unfallversicherung; 1889: Rentenversicherung) begonnen und seitdem ständig weiter ausgebaut (1927: Arbeitslosenversicherung; 1938: Altersversicherung für das Handwerk; 1957: Altershilfe für Landwirte; 1960: Wohngeld usw.) Dabei gilt das Prinzip nicht nur das Existenzminimum derjenigen zu sichern, die am Leistungswettbewerb nicht, noch nicht oder nicht mehr teilnehmen können, sondern ihnen auch eine Teilhabe am wirtschaftlichen Fortschritt der Volkswirtschaft zu gewähren. Aus diesem Grund ist die Höhe der Rentenzahlungen und Gehälter der Volkswirtschaft gekoppelt (Prinzip der „dynamischen" Rente).
(Aus: U. Baßeler u. a., a. a. O., S. 72)

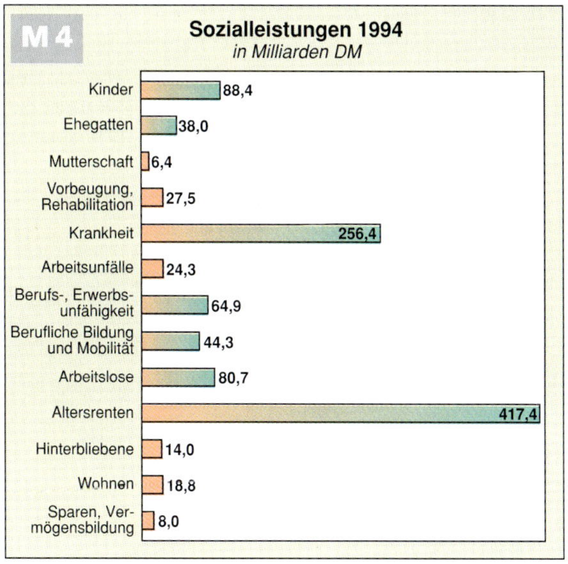

M 5 **Sozialleistungen in der Bundesrepublik**
Vom Ausbau des Sozialstaats wagt niemand mehr zu reden, wenn er sich nicht dem Vorwurf finanzieller Verantwortungslosigkeit aussetzen will. Vom Sozialabbau spricht keiner, weil es nicht „politically correct" ist. Alle reden vom Umbau des Sozialstaats – und meinen den Abbau. Der Verdacht liegt nahe, dass mancher die Unschärfe des Begriffs nutzt um seine eigentlichen Interessen zu verschleiern.
(Aus: Die Zeit, 28. 10. 1996)

6 *Erläutert, was man unter dem System der sozialen Sicherung versteht (M 3) und gebt Beispiele dazu an.*
7 *Nennt Beispiele aus eurem Erfahrungsbereich, wo ihr mit der „sozialen" und der „marktwirtschaftlichen" Komponente der Sozialen Marktwirtschaft konfrontiert werdet.*
8 *Leitet aus M 4 ab, welche Ausgaben für Sozialleistungen konstruktiv der Überwindung einer augenblicklichen Erwerbslosigkeit dienen und welche geleistet werden um eine Notsituation erträglicher zu machen.*
9 *Führt aus, was nach M 5 mit „Umbau des Sozialstaats" gemeint ist. Sucht nach Beipielen in Tageszeitungen, Nachrichten usw. und überprüft daran die These aus M 5.*
10 *Erarbeitet wesentliche Unterschiede zwischen dem Wirtschaftssystem des 19. Jahrhunderts und der Sozialen Marktwirtschaft, soweit ihr sie aus den Materialien dieser und der letzten Doppelseite erschließen könnt.*

12.4 Der Verbraucher auf dem Markt

Wettbewerbsbedingungen

Ein Ziel der Sozialen Marktwirtschaft ist die Konsumfreiheit (vgl. M2, S. 204f.). Jede Verbraucherin und jeder Verbraucher soll also die Waren und Dienstleistungen zur Verfügung haben, die sie zur Befriedigung ihrer Bedürfnisse benötigen. Wie aber ist die Konsumfreiheit zu verwirklichen? Im Folgenden lernt ihr an einem Beispiel kennen, wie Unternehmer Angebot und Nachfrage gegeneinander abwägen. Ihr könnt ferner erarbeiten nach welchen Kriterien Unternehmer ihre Entscheidungen treffen.

M 1 Über die Spielregeln des Marktes

Supermarkt Schmidt ist eine beliebte Einkaufsstätte. Das Geschäft läuft bestens (...). Herr Schmidt erwirtschaftet ein gutes Einkommen und die Arbeit macht ihm Spaß. Frau Manz befragte Herrn Schmidt nach den Gründen für seinen Erfolg:

„Warum ich so erfolgreich bin? Ich stelle mich auf die Wünsche der Kunden ein. Die kommen nur zu mir, wenn der Kauf vorteilhafter ist als anderswo. Die Preise müssen stimmen."

„Aber Sie sind doch an einem möglichst hohen Gewinn und damit auch an hohen Preisen interessiert?"

„Sicher, aber ich kann die Preise nicht beliebig hoch setzen. Hier gibt es ganz in der Nähe drei weitere Supermärkte. Da können die Kunden die Preise vergleichen. Wenn ich zu teuer anbiete, gehen die weg. Meine Preise müssen natürlich andererseits die Kosten übersteigen. Ich will ja gut verdienen. Gewinn muss sein."

„Kommt es nur auf die Preise an?"

„Keineswegs. Da spielen noch andere Dinge eine Rolle. Am Stadtrand gibt es z.B. einen großen Verbrauchermarkt, der seine Waren billiger anbieten kann. Einige Kunden haben zu mir gesagt: ‚Ihre Preise für Obst und Gemüse sind zwar hoch, aber die Ware ist frisch. Das ist uns am wichtigsten.' Na ja, und dann werden meine Verkäuferinnen sehr gelobt. Die beraten fachkundig und sind freundlich. Wissen Sie, die großen Verbrauchermärkte in der Nähe fordern mich stark heraus. Die können viele Waren – vor allem gängige Produkte – billiger anbieten als ich. Die haben niedrigere Einkaufspreise. Ich muss mich gezielt auf Kundenwünsche einstellen, z.B. durch sehr gute Beratung und besondere Angebote. Ich achte auf neue Produkte und biete sie rasch an. Schneller und wendiger zu sein als die Großen – das ist meine Chance.
Ich muss besser sein als die Konkurrenz. Das sind die Spielregeln des Marktes."

(Aus: R. Harter-Meyer, D. Krafft, H. Meyer [Hg.], Wirtschaft 9/10. Länderausgabe M. Berlin 1994, S. 13)

1 *Erarbeitet aus M 1, wie Herr Schmidt seinen Erfolg begründet.*
2 *Stellt dar, nach welchen Kriterien Herr Schmidt seine Preisgestaltung richtet.*
3 *Erschließt aus den Aussagen Herrn Schmidts, welche Rolle die Kunden in seinen Überlegungen spielen.*

M 2 Unternehmerentscheidungen im Marktwettbewerb

Durch ihren preis- und qualitätsbewussten Einkauf geben die Verbraucher den Händlern und Herstellern Auskunft über ihre Wünsche. An der Absatz- und Preisentwicklung erkennen die Unternehmer die Entwicklung der kaufkräftigen Nachfrage und stellen sich, wenn sie Erfolg haben wollen, darauf ein. Bei dieser bedarfsmäßigen Lenkung der Produktion im Marktmodell sind die Unternehmer (also) in ihren Entscheidungen nicht frei. (...)
Das Ziel der Unternehmer ist es, beim Einsatz von Geldmitteln Gewinne zu erzielen. Dazu stellen sie Arbeitskräfte ein und erwerben Grundstücke, Produktionsmitteln sowie Rohstoffe. (...) Im Produktionsprozess sollen die Kosten möglichst gering bleiben, beim

Absatz aber möglichst hohe Erlöse (Preise x Absatzmenge) erzielt werden, damit die Differenz zwischen Erlösen und Kosten, der Gewinn, steigt. In diesem Bemühen wird aber nur Erfolg haben, wer die drei Aufgaben der Beschaffung, der Produktion und des Absatzes im Vergleich zu seinen Konkurrenten am Markt so löst, dass er in Bezug auf Preise und Qualitäten gegenüber kritischen Käufern bestehen kann.

(Aus: Bundeszentrale für politische Bildung [Hg.], Informationen zur politischen Bildung. Wirtschaft 1. Verbraucher und Markt, Heft 173. Bonn 1990, S. 5)

4 *Stellt dar, nach welchen Kriterien Unternehmer Entscheidungen treffen um am Markt erfolgreich zu sein und benennt die Gründe dafür.*

5 *Vergleicht eure Ergebnisse aus Aufgabe 4 mit den Aussagen Herrn Schmidts (M 1). Sucht Unterschiede und Gemeinsamkeiten.*

M 3 **Das Marktverhalten**

(Vielfach wird unterstellt,) dass die Verbraucher hinreichende Warenkenntnisse besitzen um sich anhand der Wirtschaftswerbung und durch vergleichende Marktbeobachtung ständig eine gute Marktübersicht (Markttransparenz) ohne besonderen Zeitaufwand zu verschaffen. Bei der Beschaffung der Güter in der gewünschten Quantität und Qualität sind die vernünftig handelnden Verbraucher bestrebt unter Ausnutzung des Preiswettbewerbs am Markt preisgünstig einzukaufen.

Das Bemühen um preis- und qualitätsbewussten Einkauf am Markt vermittelt Informationen über neue Güter sowie Preis- und Qualitätsänderungen. Dadurch kann hier Geld eingespart und dort muss mehr Geld als geplant ausgegeben werden. Neue Möglichkeiten, zum Beispiel zur gesunden Ernährung (fettarmer Brotaufstrich) oder zur besseren Unterhaltung (Stereofonie), können dazu anregen, die Kaufentscheidungen zu überprüfen.

Der Weg zur bestmöglichen Bedürfnisbefriedigung ist deshalb als Ausdruck der Konsumfreiheit in der Marktwirtschaft ein ständiger Suchprozess.

(Aus: Informationen zur politischen Bildung 173, a. a. O., S. 4)

6 *Erläutert, was in M 3 unter einem „vernünftig handelnden" Verbraucher verstanden wird.*

7 *Erklärt den letzten Satz aus M 3 und ordnet ihn in den Gesamtzusammenhang des Textes ein.*

M 4 **Unzureichende Marktübersicht**

(Durch die Angebotsvielfalt) wird die Markttransparenz für Verbraucher erschwert.

Kritiker sprechen von einer Scheindifferenzierung: „Relativ große Unternehmen können den Markt mächtig in ihrem Sinne beeinflussen, indem sie zwischen ihren Produkten und denen der Konkurrenz einen deutlich ausgeprägten Unterschied herstellen und aufrechterhalten. Dieser Eindruck der Andersartigkeit wird hauptsächlich durch Werbung, Warenzeichen, Markennamen, besondere Verpackungen und Produktabänderungen zu erzielen gesucht; glückt das, so bieten die voneinander abgehobenen Produkte in den Augen der Konsumenten immer weniger einen fast gleichwertigen Ersatz füreinander. Je größer der Erfolg dabei ist, desto mehr nähert sich der Anbieter des herausgehobenen Produktes einer Monopolstellung. Und je größer die Vorliebe des Publikums für ein besonderes Firmenzeichen wird, desto unelastischer wird die Nachfrage, mit der er zu rechnen hat, und desto besser ist er in der Lage seinen Preis zu erhöhen ohne eine entsprechende Eintragsbuße hinnehmen zu müssen."

Vonseiten der *Hersteller* wird dem entgegengehalten: Steigende Ansprüche führen zu einer Differenzierung des Bedarfs, der man Rechnung tragen müsse. Zum Beispiel: Der Kühlschrank in der Küche soll je nach Größe der Familie, nach ihren Wünschen (einfache Zweckmäßigkeit oder Schmuckstück im Küchenteil eines Großraumes), nach ihrem Einkommen und – nicht zuletzt – nach dem vorgesehenen Platz ganz unterschiedliche Formen und Größen haben. Jeder Hersteller ist bemüht seinen Kunden ein möglichst vollständiges Sortiment anzubieten. Das führt bei mehreren Herstellern eines Produktes (wo gibt es den Alleinanbieter der Kritiker?) zu einer Vielfalt, die nicht immer leicht zu überschauen ist. Aber inzwischen bieten die Veröffentlichungen der *Stiftung Warentest* (vgl. S. 212) zwar keinen vollständigen, aber einen angemessenen Überblick.

(Aus: Informationen zur politischen Bildung 173, a. a. O., S. 14)

8 *Stellt dar, wie Kritiker und Hersteller die Angebotsvielfalt beurteilen (M 4).*

9 *Sucht nach Produktbeispielen, auf die die Kritik der Kritiker zutrifft.*

10 *Beurteilt die beiden Standpunkte aus eurer Sicht.*

12.4 Der Verbraucher auf dem Markt

Passiver Konsument oder kritischer Verbraucher?

„Ich informiere mich immer erst in den Zeitungen über Angebote. Es kommt vor, dass ich für meine Einkäufe in drei oder vier verschiedene Geschäfte gehe!“

„Für mich ist es am wichtigsten, frische Lebensmittel zu kaufen. Da nehme ich ich auch weitere Wege und höhere Preise in Kauf!“

Nach M 3, S. 207, haben die Verbraucher eine starke Position auf dem Markt (vgl. auch S. 201). Die tägliche Realität sieht jedoch oft anders aus. Um sich „optimal“ im Dschungel des Marktes zu verhalten müsste jede Verbraucherin und jeder Verbraucher einen umfassenden Marktüberblick über die angebotenen Produkte in Preis, Quantität und Qualität haben.
Nicht immer jedoch bleibt die notwendige Zeit um Waren-, Preis- oder Leistungsvergleiche anzustellen. Hinzu kommen Umstände bei der Beschaffung der besten Angebote: Kein Mensch fährt 28 Kilometer weit an das andere Ende der Stadt, nur weil dort die Butter 15 Pfennige günstiger ist. Darüber hinaus legt jeder Einzelne bei seinen Kaufentscheidungen Wert auf andere Dinge, wie ihr anhand der Fotos und aus M 5 und M 6 ermitteln könnt.

M 5 Tagesablauf von Beate

Beate ist eine allein erziehende Mutter. Sie bewohnt mit ihren beiden Kindern Sarah (9 Jahre) und Ben (7 Jahre) eine Dreizimmerwohnung.
Morgens sind die drei ein gut eingespieltes Team. Da muss jeder Handgriff sitzen, damit die Kinder in die Schule und Beate zu ihrem Arbeitsplatz kommen. Die Kinder können zu Fuß gehen, sie selbst fährt mit dem Bus. Als Sachbearbeiterin ist sie bei einem Versicherungsunternehmen angestellt. Glücklicherweise hat sie „Gleitzeit“, dann kann sie ganz früh anfangen und dafür nach dem Dienst noch einkaufen gehen. Früher ist sie auch schon einmal in der Mittagspause einkaufen gegangen, aber die Geschäfte in der Nähe ihres Arbeitsplatzes wurden ihr einfach zu teuer.
Endlich 16.15 Uhr. Feierabend! Beate läuft zum Bus, der sie in einen Verbrauchermarkt bringt. Leider liegt er nicht direkt auf dem Heimweg. Das kostet Zeit, aber die Preisersparnisse bei manchen Artikeln sind einfach zu groß. Mit schweren Taschen macht sich Beate auf den Weg zur Bushaltestelle. Ein Wocheneinkauf war das nicht – aber noch mehr tragen kann sie auch nicht.
Es ist 17.35 Uhr. Beate kommt nach Hause. Sarah öffnet die Tür und kann gar nicht so schnell erzählen, was alles passiert ist: Ben hat die Klappe vom Briefkasten abgerissen, seine Klassenlehrerin möchte dich diese Woche noch sprechen, ich habe die Suppe vorhin anbrennen lassen ...
(Autorentext)

M 6 Der Tagesablauf von Torsten und Ina

Torsten hat gerade seine Lehre als Betonbauer angefangen. Er wohnt mit Ina zusammen in einer Mini-Wohnung. Das macht beiden aber nichts, dafür haben sie jetzt „ihr Reich“ – und vor allem ist die Miete billig. Ina arbeitet als gelernte Verkäuferin bei einem Möbel-Diskounter. Da die Firma recht weit draußen vor der Stadt liegt, muss sie mit dem Auto fahren.
Torsten hat es besser. Ein Firmentransporter holt ihn morgens um 7.00 Uhr an der nächsten Ecke ab und bringt ihn mit seinen Kollegen zur Baustelle.
Beide haben verabredet, dass Ina die Einkäufe macht, da sie auch tagsüber das Auto hat. Um 18.00 Uhr ist für Ina Feierabend. Sie ist froh, dass ein Supermarkt auf dem Wege nach Hause liegt und er auch noch geöffnet hat. Da kann sie schnell die notwendigsten Dinge besorgen. Viel benötigen sie ja nicht. Torsten kauft sich sein Frühstück und Mittagessen immer in

12.4 Der Verbraucher auf dem Markt

Passiver Konsument oder kritischer Verbraucher?

„Ich lasse mich gern bei meinem Einkauf beraten. Das Schöne daran ist nicht nur die fachkundige Beratung, sondern auch der kleine Plausch, den man dabei halten kann."

„Ich kaufe am liebsten im Supermarkt ein. Dort gibt es viele Angebote und außerdem geht es dort am schnellsten!"

der Nähe seiner Baustellen und an ihrem Arbeitsplatz gibt es eine Kantine.
Gegen 19.00 Uhr stellt Ina das Auto vor der Haustür ab. Torsten kommt auch gerade, sodass sie gemeinsam Abendbrot essen können.
(Autorentext)

11 *Stellt anhand von M 5 und M 6 und der Fotos dar, welchen Einfluss die Alltagsbedingungen und die persönlichen Vorlieben auf das Einkaufsverhalten haben.*
12 *Beurteilt, inwieweit die Personen in den beiden Tagesabläufen kritische Verbraucher sind.*
13 *Erarbeitet Vorschläge, wie die beiden Haushalte in M 5 und M 6 ihr Einkaufsverhalten verändern müssten, damit sie gezielter und kritischer dem Warenangebot gegenüberstehen könnten.*

M 7 Verbraucher müssen selbst prüfen

Hin und wieder nutzen Kaufleute rigoros die Unerfahrenheit von Kunden aus. (...) In einem Fall hatte ein Verkäufer ein Elektrogerät, das normalerweise zwischen 230 und 330 Mark kostet, für 1767 Mark losgeschlagen. Die Richter beriefen sich auf das grobe „Missverhältnis zwischen Preis und Gegenleistung". Die AgV (Arbeitsgemeinschaft der Verbraucherverbände, vgl. S. 211) rät angesichts einer solch „verwerflichen Gesinnung" eines Händlers dennoch allen Verbrauchern sich vor dem Kauf einer Ware einen Überblick über das Angebot und (den Preis) (...) zu verschaffen. (...) Der Paragraph 138 BGB (Bürgerliches Gesetzbuch), der sittenwidrige Rechtsgeschäfte verbietet, greift nur in sehr krassen Fällen, da sich Gerichte nicht als Preiskontrolleure betätigen wollen. Qualität und Preis müssen also in erster Linie vom Verbraucher selbst geprüft und bewertet werden.
(Aus: Frankfurter Rundschau, 10.8.1988, S. 5)

M 8 Passiver und kritischer Verbraucher

Die Einkäufe eines passiven Verbrauchers
- müssen nicht seinen Qualitätsansprüchen oder -vorstellungen entsprechen,
- brauchen nicht die Versprechungen einzuhalten, die in der Werbung angepriesen worden sind,
- können auch nicht den Anspruch erheben besonders preiswert gewesen zu sein.

Kritische Verbraucher, die mit diesen Risiken nicht leben können oder wollen, sollten auf jeden Fall
- auf die angebotene Qualität achten,
- Quantitäten vergleichen,
- Preisvergleiche anstellen,
- auf Liefer- und Zahlungsbedingungen achten,
- sich Informationen verschaffen und
- Beratungen einholen.

Der kritische Verbraucher hilft nicht nur sich selbst, sondern würde auch indirekt dafür sorgen, dass die Angebote insgesamt besser werden. Gäbe es mehr kritische Verbraucher, könnte es kein Anbieter wagen, minderwertige und fragwürdige Qualitäten – vielfach noch zu überhöhten Preisen – anzubieten.
(Autorentext)

14 *Erarbeitet die Gefahren, denen passive Verbraucher ausgesetzt sind (M 7, M 8).*
15 *Erläutert an Beispielen, worauf ihr als kritische Verbraucherinnen und Verbraucher achten solltet und benennt die Vorteile, die euch daraus erwachsen.*

12.5 Verbraucherinformation und Verbraucherschutz

Informations- und Beratungsmöglichkeiten

Um sich als kritischer Verbraucher vor Übervorteilungen zu schützen brauchen die Konsumentinnen und Konsumenten Hilfen. Nicht alle Hilfen sind verbraucherorientiert, uneigennützig und bieten objektive Informationen. Auf dieser und der nächsten Doppelseite werden euch einige Möglichkeiten vorgestellt, wie ihr euch Informationen zu Produkten beschaffen könnt. Ihr werdet aufgefordert selbst zu untersuchen, wie diese Informationen zu bewerten sind.

M 1

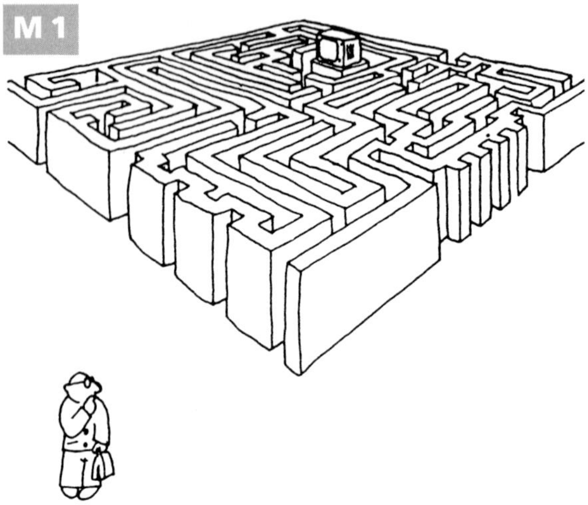

Ein Labyrinth für den Verbraucher

1 *Interpretiert die Karikatur (vgl. S. 50f.). Formuliert, was der Mann wohl gerade denkt.*

M 2 **Kaufvorbereitungen**

Weit verbreitet ist die Meinung, dass es schon reicht, wenn „man sich vor dem Kauf informiert". Zugegeben, das ist schon ein wichtiger und richtiger Anfang – aber wir sollten bedenken, dass eine Information allein oft keine Garantie für den Wahrheitsgehalt geben kann: Es kommt sicherlich auf die Quelle an. Wer wirklich sichergehen will, sollte mehrere Informationen einholen.

Die Intensität unserer Kaufvorbereitungen hängt natürlich auch von der Bedeutung des Produktes ab, das wir kaufen wollen. Diese kann einmal im Preis begründet liegen: Für den Kauf einer Stereoanlage lohnt es sich schon, die qualitativ beste Anlage zum günstigsten Angebotspreis herauszufinden. Lässt sich der Verbraucher hier vorschnell zu einem Fehlkauf hinreißen, ist langjährige Unzufriedenheit oder Ärger bereits vorprogrammiert. Die Bedeutung kann auch in der Sache liegen: Jemand möchte sich Inline-Scater zulegen. Preislich sind sie nicht mit einer Stereoanlage zu vergleichen. Dennoch sollen sie „gut zu laufen und haltbar" sein – aber welches sind die richtigen?
(Autorentext)

2 *Gebt wieder, was nach M 2 vor dem Kauf eines Produktes berücksichtigt werden sollte.*

Einige Informationsquellen sind sehr leicht zu erschließen, bei anderen ist schon ein wenig Aufwand erforderlich. Leicht zu bekommen sind Informationen beispielsweise:
- aus den Annoncen in Zeitungen und Zeitschriften,
- aus der Werbung von Funk und Fernsehen,
- aus Werbeschriften, Prospekten,
- aus Zeitungsberichten,
- vom Verkaufspersonal des Handels
- und aus (Streit-)Gesprächen im Familien-, Bekannten- und Freundeskreis.

3 *Untersucht Werbeanzeigen in eurer Tageszeitung. Analysiert z. B. Anzeigen zum Thema „Handy". Untersucht auf qualitätsbezogene Aussagen, Hinweise für verbraucherfreundliche Tarife (z. B. für „Wenigtelefonierer"), Hinweise zu Kündigungsmöglichkeiten, Hinweise zu monatlichen Gebühren usw.*

4 *Schneidet mithilfe eines Kassettenrekorders oder eines Videorekorders einen Werbespot der Kfz-Industrie aus Funk oder TV mit. Untersucht, mit welchen Attributen das Auto beschrieben wird. Werden auch Angaben gemacht, die auf die Kostensituation des Fahrzeugs eingehen, Pannenhäufigkeit, prozentuale Beteiligung an Unfällen, Wertverlust usw.?*

5 *In Zeitungen und Zeitschriften werden Berichte über technische Produkte, Kosmetika, modische Textilien usw. abgedruckt. Prüft diese Berichte auf Angaben über Herstellungsbedingungen, gesundheitliche Unbedenklichkeiten beim Verbrauch, Haltbarkeit, Kosten-Leistungs-Verhältnis usw.*

6 *Vergleicht eure Ergebnisse aus Aufgabe 3 bis 5.*
- *Untersucht, ob sich qualitative Unterschiede in den verschiedenen Informationen feststellen lassen.*
- *Versucht Gründe zu finden, warum einzelne Aspekte der Produkte hervorgehoben, andere dagegen verschwiegen werden (vgl. auch S. 206f.).*
- *Überlegt, wie ihr die von euch erarbeiteten Angaben der Hersteller überprüfen könntet.*

12.5 Verbraucherinformation und Verbraucherschutz

Informations- und Beratungsmöglichkeiten

Andere Quellen sind zwar etwas aufwändiger zu erschließen, dafür sind ihre Auskünfte aber auch häufig objektiver und aussagekräftiger.

M 3 Materialien für die Verbraucher

Sowohl von der Bundesregierung als auch von den Länderregierungen werden Informationsschriften verschiedenster Art zu Verbraucherproblemen herausgegeben oder ihre Herausgabe durch andere gefördert. Die Skala reicht von Forschungsberichten (zum Beispiel „Die Kosten ernährungsbedingter Krankheiten") über umfangreiche Broschüren (zum Beispiel „Wegweiser für die Verbraucher") bis zu Kurzinformationen über neue verbraucherrelevante Gesetze (zum Beispiel „Umweltfreundlich fahren und Kfz-Steuer sparen").
Die Wirksamkeit dieses Materials hängt weitgehend davon ab, dass
- es für ein breites Publikum verständlich genug gehalten ist und sich nicht ausschließlich an Fachleute wendet;
- es nicht nur der Selbstdarstellung einzelner Regierungsstellen im Bund und in den Ländern dient, sondern von den Verbraucherinteressen ausgeht;
- es eine möglichst große Zahl interessierter Verbraucher erreicht.

(Aus: Informationen zur politischen Bildung 173, a. a. O., S. 26)

M 4 Die Arbeitsgemeinschaft der Verbraucherverbände (AgV)

Die AgV mit Sitz in Bonn ist ein gemeinnütziger Zusammenschluss (...). Ihre Aufgabe besteht satzungsgemäß darin,
- sich bei den für die Gesetzgebung und Verwaltung zuständigen Stellen sowie behördlichen und privaten Wirtschaftsorganisationen für die Interessen der Verbraucher (Verbraucherpolitik, Verbrauchervertretung) einzusetzen;
- durch Förderung und Koordinierung der Tätigkeit der Verbraucher beratenden Mitgliederorganisationen und -institutionen sowie durch eigene Einrichtungen zur Unterrichtung der Verbraucher (Verbraucherberatung, Verbraucherinformation) beizutragen. (...)

Die Wirksamkeit dieser Verbraucherarbeit ist für Kritiker nicht groß genug oder falsch „ausgerichtet". Bemängelt wird unter anderem, dass man neue Problemstellungen nur zögernd aufgegriffen (...) habe. (...) Anstelle der nur reaktiven Verbraucherpolitik der AgV zur Schadensminderung wird eine vorausschauende, aktiv gestaltende Politik gefordert.
Seitens der anbietenden Wirtschaft wird teilweise umgekehrt moniert (bemängelt), dass (...) die Marktpartner zu Gegnern hochstilisiert (würden), die nicht einmal zufällig Interessenübereinstimmung haben dürften.

(Aus: Informationen zur politischen Bildung 173, a. a. O., S. 24)

M 5

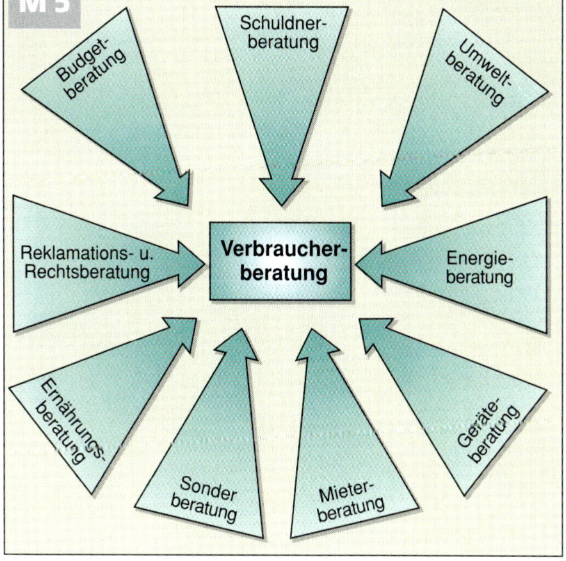

7 *Erarbeitet aus M 3 bis M 5 die Aufgaben der Verbraucherverbände bzw. der Bundes- und Länderregierungen zu Verbraucherproblemen. Sucht heraus, in welchen Bereichen Verbraucherinformationen und -schutz angeboten werden.*

8 *Führt aus, wie die Verbraucherarbeit laut der Kritiker in M 4 verbessert werden könnte. Denkt euch Beispiele dazu aus.*

Die Arbeitsgemeinschaft der Verbraucherverbände (AgV) unterhält in den größeren Städten in Deutschland Verbraucherzentralen. Jede Verbraucherin und jeder Verbraucher kann sich dort informieren lassen. Ihr habt auch die Möglichkeit Broschüren zu bestellen. Eine vollständige Liste aller Veröffentlichungen könnt ihr anfordern bei: AgV-Broschürendienst, Postfach 1116, 59939 Olsberg.

9 *Besucht eine Verbraucherzentrale und lasst euch dort über ein Thema informieren (vgl. dazu S. 216 f.).*

12.5 Verbraucherinformation und Verbraucherschutz

Ein Beispiel: Stiftung Warentest

Titelblatt der Zeitschrift TEST vom Mai 1997

Die Stiftung Warentest untersucht in ihren Publikationen, vor allem der Zeitschrift TEST, jeden Monat Produkte unter verschiedenen Aspekten des Verbraucherinteresses. Auf dieser Doppelseite könnt ihr die Ziele der Stiftung Warentest und die Wirkungen ihrer Warentests erarbeiten. Anhand von Ausschnitten aus einem Warentest könnt ihr selbst beurteilen, ob solche Informationen für euch hilfreich sein könnten.

M 6 **Stiftung Warentest**

Zur Verbesserung der Markttransparenz (vgl. S. 207) der Verbraucher wurde zur Durchführung vergleichender Warentests und Dienstleistungen von der Bundesregierung 1964 die Stiftung Warentest in Berlin geschaffen. (...)
Das Interesse der Verbraucher an Veröffentlichungen der Stiftung Warentest kommt in der hohen Auflage der Zeitschrift TEST (monatlich rd. 750 000 Exemplare) und im Grad ihrer Bekanntheit zum Ausdruck. (...) Tageszeitungen und Zeitschriften drucken die TEST-Ergebnisse in Kurzform (z. B. TEST-Kompass) ab und tragen so zur Verbreitung der Wareninformationen bei. (...)
Der *Vorteil* vergleichender Warentests für Verbraucher besteht in der erhöhten Markttransparenz in Bezug auf die jeweilige Produktpalette, die Qualitätsabstufungen und die Preisskala eines Produktes (*direkte Wirkungen*). Die TEST-Ergebnisse beweisen, dass ein hoher Preis nicht immer hohe Qualität bedeutet und umgekehrt gute Qualität nicht teuer sein muss, sodass ein Preis-Qualitäts-Vergleich sich lohnt. Auch die Bedarfsabwägung wird allgemein und speziell mit Bezug auf die Umweltverträglichkeit gefördert.
Indirekte Wirkungen: Erhöhte Nachfragemobilität (-beweglichkeit) bei der Produkt- und Geschäftswahl der Verbraucher stärkt den Qualitäts- und Preiswettbewerb im Anbieterbereich. Händler richten sich bei der Auswahl ihres Warensortiments zunehmend nach TEST-Ergebnissen. Sie beeinflussen dadurch die Hersteller beanstandete Mängel zu beseitigen und beim technischen Wandel noch stärker auf veränderte Ansprüche der Verbraucher zu achten. Bei gutem Abschneiden in einem Warentest werben Hersteller gern mit dem TEST-Ergebnis. (...)
Nachteile bestehen darin, dass Einkommens- und Bildungsschwache TEST-Ergebnisse weniger kennen und nutzen. Sie profitieren aber von den indirekten Wirkungen kritischen Kaufverhaltens der TEST-Leser. Diese beklagen, dass TEST-Ergebnisse schnell veralten (...) (als) Folge der genannten Produktänderungen. (...) Für den Normalverbraucher ist die durch TEST-Erfahrungen verbesserte und mit vergleichbaren Abgaben versehene Produktinformation (z. B. Warenkennzeichnung bei Haushaltsgeräten) eine wichtige Entscheidungshilfe.
(Aus: Informationen zur politischen Bildung 173, a. a. O., S. 27 f.)

10 *Stellt die in M 6 genannten Vor- und Nachteile der Warentests einander gegenüber.*
11 *Begründet anhand der Ausschnitte in M 7 und M 8, ob der Warentest euch die Entscheidung beim Kauf eines Trekkingrades erleichtern würde. Stellt dar, welche Kriterien für euch den Ausschlag bei der Kaufentscheidung geben (vgl. S. 208 f.).*
12 *Prüft die These: „Die Warentests der Stiftung Warentest erhöhen die Markttransparenz". Berücksichtigt M 6 bis M 8 sowie M 3 und M 4, S. 207.*
13 *Arbeitet mithilfe von M 7 und M 8 heraus, warum TEST so erfolgreich mit Produktvergleichen sein kann, während dies in der Werbung untersagt ist.*

M 7 Auszüge aus einem Bericht der Stiftung Warentest – Trekkingräder im TEST

Für drei von fünf Trekkingrädern (Giant Freerider, Schauff Trekking Djungle und Kettler Freetime), die sich während der praktischen Testfahrten durchaus bewährten, nahm das Rennen dann aber im Labor doch eine negative Wendung, als die Bruchsicherheit der wichtigsten Teile (…) geprüft wurde. Schwachpunkte waren Lenkung und Sattelstütze: Beim Kettler zeigte sich ein Riss an der Schweißnaht des Vorbaus, am Schauff Trekking ließ sich die (qualitativ schlechte) Schlossschraube des Klemmsystems überdrehen, außerdem gab es plastische Verformungen am Klemmsystem der Sattelstütze, und dem Giant brach nach einem Drittel der geforderten Lebensdauer der linke Lenkerteil an der Verbindungsstelle zum Vorbau. Diese Sicherheitsmängel schlugen dann bis auf das Endurteil durch, das für die drei Modelle nicht mehr besser als „mangelhaft" lauten konnte.

(Aus: Stiftung Warentest [Hg.], test, Heft 5, 1997, S. 5)

M 8 Trekkingräder

		Kalkhoff Agattu	Hercules Havanna	Giant Freerider	Kettler Alu Rad/ Freetime	Schauff Trekking Djungle
Preis in DM ca.		1 000,–	1 000,–	1 100,–	1 000,–	1 000,–
test-QUALITÄTSURTEIL		GUT	ZUFRIEDEN-STELLEND	MANGELHAFT	MANGELHAFT	MANGELHAFT
Ergänzende Hinweise		Abgestelltes und beladenes Rad kippt. Verstellbarer Vorbau.	Abgestelltes und beladenes Rad kippt.	Ovalisierter Rahmen. Abgestelltes und beladenes Rad kippt.	Abgestelltes und beladenes Rad kippt.	Abgestelltes und beladenes Rad kippt.
FAHRVERHALTEN	35 %	gut	gut	gut	zufriedenst.	zufriedenst.
Fahren ohne Gepäck (Radwege, Straße, Steigungen, Wiegetritt)		o	+	+	o	o
Fahren mit 25 kg auf Gepäckträger		+	+	++	+	++
Fahrkomfort (Sattel, Sitzposition, Stop-and-go, Schaltung,u. a.)		+	o	o	o	o
Schaltungsabstufung		+	+	+	+	+
HALTBARKEIT/VERARBEITUNG	30 %	gut	gut	gut	gut	gut
Montagezustand[1])		+	+	+	+	+
Verarbeitung		o	+	+	+	+
Holperprüfung auf Rollenprüfstand		+	+	+	+	+
Dauerprüfung – Rahmen		+	+	+	+	+
Dauerprüfung – Lager		+	+	+	+	+
SICHERHEIT	20 %	gut	zufriedenst.*)	mangelhaft*)	mangelhaft*)	mangelhaft*)
Bremsen – trocken		++	+	++	++	++
Bremsen – naß		++	++	++	++	++
Bruchsicherheit[2]) – Gabel		+	–*)[4])	+	+	+
Bruchsicherheit[2]) – Sattelstütze		+	+	+	+	–*)[3])
Bruchsicherheit[2]) – Lenkung		+	+	–*)	–*)	+
Bruchsicherheit[2]) – Antrieb		+	+	+	+	+
Konstruktive Sicherheit		o	o	o	–	o
Beleuchtung und Reflektoren		o	o	o	o	+
Sicherheitsanforderungen nach DIN		+	+	–	+	+
EINSTELLEN/REPARIEREN	15 %	gut	gut	gut	gut	zufriedenst.
Einstellen (Sattel/Lenker)		+	+	+	+	+
Reparieren/Warten		o	+	+	+	o
Bedienungsanleitung		+	+	o	o	o

Bewertungsschlüssel der Prüfergebnisse:
++ = sehr gut, + = gut, o = zufriedenstellend,
– = mangelhaft, –– = sehr mangelhaft
Prozentangaben = Gewichtungsanteil am test-Qualitätsurteil

***) Führt zur Abwertung**
[1]) Falsche, bzw. falsch oder schlecht montierte Teile.
[2]) Materialverhalten bei Dauerbelastung
[3]) Lt. Anbieter geändert.
[4]) Gabel verformt, aber nicht gebrochen.

12.6 Eigene Wege zum kritischen Verbraucher

Das Kaufen einer Ware solltet ihr nicht dem Zufall überlassen. Vor allem nicht, wenn es sich um ein relativ teures Produkt handelt. Jeder Kauf sollte daher entsprechend vorbereitet und überlegt sein. Das kritische Herangehen an einen Kauf kann trainiert werden: Wie beim sportlichen Training werden unsere Sinne geschult. Unsere Aufmerksamkeit wird größer und bewusster.

Beratung beim Fahrradkauf

M 1 Ein Übungsvorschlag – Fiktiver Kauf eines Trekkingrades

Ihr wollt ein Trekkingrad kaufen (natürlich könnt ihr euch in der Klasse auch auf ein anderes Produkt einigen) und möchtet euch vor dem Kauf eines Trekkingrades möglichst objektiv informieren. Wie geht ihr bei dem Kauf vor? Wie beschafft ihr euch Informationen und wie wertet ihr diese aus?
Sinnvoll ist es, wenn ihr Arbeitsgruppen bildet um in eurer Arbeitsgruppe eine solche Situation einmal „durchzuspielen“. Abschließend sollten die Erfahrungen aber in der gesamten Klasse vorgestellt und diskutiert werden: Je mehr wir über kritische Informationen verfügen, umso besser die Kaufbedingungen für uns alle als Verbraucherinnen und Verbraucher.

Schritt 1: Erarbeitet Kriterien, die für die Beurteilung eures Produktes wichtig sind. Hilfe bieten dazu z. B. M 7 und M 8, S. 213. Bedenkt neben den dort aufgeführten allgemeinen Kriterien auch allgemeine und für euch wichtige Aspekte wie z. B. Kundendienst.

Schritt 2: Stellt mehrere Möglichkeiten zusammen, wie ihr euch geeignete Informationen beschaffen könnt (vgl. auch S. 210 bis 213, S. 215, S. 216 f.). Aus diesen Quellen solltet ihr Informationen zu den von euch ausgewählten Beurteilungskriterien gewinnen können. Bringt die von euch ermittelten Möglichkeiten in eine für euch sinnvolle Rangfolge.

Schritt 3: Besorgt euch mithilfe der Möglichkeiten, die eure Gruppe unter „Schritt 2“ herausgefunden hat, Informationsmaterialien. Gespräche, die ihr eventuell führt, sollten hinterher als „Gedächtnisprotokoll“ aufgeschrieben werden, damit der gesamten Gruppe bei der Auswertung die Inhalte zur Verfügung stehen. Sinnvoll ist es, wenn ihr die Aufgaben in eurer Gruppe verteilt, damit ihr erstens mehr Informationsmaterial zur Auswertung zur Verfügung habt und zweitens ein möglicher Gesprächspartner, von dem ihr Informationen erwartet, nicht von einer großen Schülergruppe abgeschreckt wird oder vermutet, dass ihr gar kein „echtes“ Kaufinteresse habt.

Schritt 4: Fertigt in eurer Gruppe eine Gesamtübersicht über eure Erkundungsergebnisse an, indem ihr eure Informationen den von euch in „Schritt 1“ ermittelten Kriterien zuordnet.

Schritt 5: Wertet die einzelnen Informationen aus. Überprüft sie auf Objektivität, hinterfragt versteckte Absichten wie Werbung usw. Vergleicht Verkäuferempfehlungen, Werbebroschüren usw. mit Ergebnissen der Zeitschrift TEST und Materialien der Verbraucherzentrale.

Schritt 6: Entscheidet euch aufgrund eurer Überlegungen in „Schritt 5“ für ein Produkt. Begründet eure Entscheidung ausführlich. Stellt dazu alle Informationen zusammen, die ihr zu diesem Produkt erhalten habt und erläutert, welche Kriterien den Ausschlag für eure Entscheidung gegeben haben.

Schritt 7: Stellt eure Ergebnisse in der Klasse vor. Diskutiert anschließend in der Klasse eure Gruppenergebnisse. Achtet besonders darauf, ob ihr zu unterschiedlichen oder ähnlichen Ergebnissen gekommen seid und sucht nach Gründen dafür.

12.6 Eigene Wege zum kritischen Verbraucher

M 2 **Musterbrief – „Bitte um Informationsmaterial"**

Bei dieser Bitte um Informationen ist es ratsam, nicht als „Klasse" in Erscheinung zu treten. Die Informationen könnten sonst besonders präpariert werden, weil der Hersteller möglicherweise eine Veröffentlichung (z. B. in der Schülerzeitung) fürchtet oder es wird gar nicht geantwortet, da vermutet wird, dass gar kein echtes Interesse an dem gefragten Produkt besteht.

Viel wirklichkeitsgetreuer werden die Informationen also vermutlich ausfallen, wenn eine Einzelperson aus der Klasse die Rolle des interessierten Verbrauchers übernimmt. Der folgende Musterbrief ist ein Vorschlag, der natürlich noch mit einer echten Adresse, einem Absender und mit Angaben zu dem von euch gewünschten Produkt angepasst werden müsste:

Mustercity, 31. Mai 1997

Klaus Muster
Musterstraße 13
12345 Mustercity

Zweirad GmbH
Drahteselstr. 25
67890 Bikertown

Informationsmaterial über Trekkingräder

Sehr geehrte Damen und Herren,
ich möchte mir ein Trekkingfahrrad kaufen. Von einem Bekannten sind mir die Produkte Ihres Hauses sehr empfohlen worden. Leider habe ich bisher vergeblich versucht weitere Informationen über die Produkte Ihres Hauses zu bekommen.
Ich möchte Sie bitten mir über Ihre Herren-Trekkingräder Prospektmaterial zuzuschicken. Ferner bitte ich um eine Preisliste und einen Lieferantennachweis.
Da ich das neue Rad im nächsten Monat mit in den Urlaub nehmen möchte, würde ich mich über eine schnelle Antwort sehr freuen.

Mit freundlichen Grüßen

Klaus Muster

M 3 **Noch ein Übungsvorschlag – Informationen vom Fachverkaufspersonal**

Beim Einkauf erwartet man zu Recht, dass man von einer Fachverkäuferin oder einem Fachverkäufer auch korrekt und umfassend informiert wird. Dieser Anspruch wird noch verständlicher, wenn ein teures Produkt angeschafft werden soll. Die Qualität und Verlässlichkeit der Beratungen und Argumente von Verkaufspersonal wollen wir hier prüfen. Deshalb solltet ihr bei diesem Vorschlag als bereits „vorinformierte" Verbraucher auftreten. Es wäre daher zweckmäßig, wenn ihr den Vorschlag M 1 bereits bearbeitet hättet – Voraussetzung ist es aber nicht, denn möglicherweise verfügen einige von euch schon über detaillierte Produktkenntnisse.

Bildet Arbeitsgruppen. Allein oder zu zweit solltet ihr jeweils (unterschiedliche) Geschäfte anlaufen um möglichst präzise Produktinformationen zu bekommen. Die Beschreibungen der Verkäuferinnen und Verkäufer werden als „Gedächtnisprotokolle" gesammelt. Anschließend erfolgen ein Vergleich und eine Auswertung der Gesprächsnotizen in der Arbeitsgruppe.

Die folgenden Fragen sollen bei der Beurteilung der „Beratungsqualität von Verkaufspersonal" eine Hilfe sein. Die Verkäuferinnen oder Verkäufer sollten den eher laienhaften Verbrauchern nicht nur ein Produkt vorschlagen. Zu einem guten Verkaufsgespräch gehören nicht nur eine detaillierte Schilderung der Qualitäten einer Ware, sondern auch die Benennung möglicher Schwächen und die Eignung für einen speziellen Gebrauch (eine Gartenschere eignet sich nicht zum „Abmähen" einer auch nur kleinen Rasenfläche).

Hilfen für die Auswertung eines Verkaufsgesprächs

- Ist die angesprochene Verkäuferin/der Verkäufer für das Produkt zuständig – oder werdet ihr mit der Auskunft: „Ich bin hier nur die Vertretung" abgespeist?
- Wartet das Verkaufspersonal auf die Fragen der Kunden oder wird das Produkt ohne Aufforderungen umfassend beschrieben?
- Wird nur ein Produkt empfohlen – oder werden Alternativen benannt?
- Werden auch mögliche Nachteile des Produktes berührt?
- Können auch Detailfragen beantwortet werden?
- Wird nach dem beabsichtigten Einsatzzweck gefragt?
- Wird ein Preis-Leistungs-Vergleich gemacht?
- Werden Hinweise zu „Garantie", „Reparaturservice", „Recyclingvorsorge" gegeben?
- Wird auf Testberichte (z. B. „Stiftung Warentest") hingewiesen?
- Wird die Beratung „unter Zeitdruck" vorgenommen?
- Wird der Kunde unter Druck gesetzt (... den günstigen Preis kann ich nur noch heute geben ...)?

→ Verbrauch, Verbraucherschutz

Methode: Expertenbefragung

Erkundung einer Verbraucherzentrale

Wenn ihr mit eurer Klasse die Verbraucherberatungsstelle erkunden wollt, müsst ihr sorgfältig planen.

Es ist sinnvoll, Schwerpunkte zu setzen und die Erkundung in Gruppen vorzubereiten.
- Frühzeitig einen Termin und Dauer vereinbaren.
- Erkundungsschwerpunkt und geplanten Verlauf abstimmen.
- Überlegungen schriftlich festhalten.

Vorbereitung
- Legt fest, für welche Kaufentscheidung ihr Informationen wünscht.
- Fertigt dazu einen Erkundungs- oder Fragebogen an.

Durchführung
- Bittet darum, euch in der Nutzung der in der Verbraucherzentrale vorhandenen Informationen einzuführen.
- Tragt die Ergebnisse in euren Erkundungsbogen ein.
- Stellt Fragen, wenn nicht alle Informationen, die ihr wünscht, vorliegen.
- Erarbeitet, zu welchen weiteren Gütergruppen ihr Informationen erhalten könnt.

Auswertung
- Konntet ihr euch ausreichend informieren?
- Zu welchen Produktgruppen lagen viele/wenige/keine Informationen vor?
- Sucht nach Gründen dafür.
- Beurteilt die Qualität des Informationsmaterials.
- Fasst eure Ergebnisse schriftlich zusammen.
- Tragt die Gruppenergebnisse in der Klasse vor und sprecht darüber.
- Entwerft ein Informationsblatt für eure Mitschülerinnen und Mitschüler sowie für eure Eltern.
- Sprecht mit euren Mitschülerinnen und Mitschülern und euren Eltern über eure Erfahrungen.

(Nach: D. Krafft u.a. [Hg.], Wirtschaft/Beruf, Berlin 1994, S. 40)

Neben einem solchen Besuch einer Verbraucherzentrale bietet es sich zu diesem Thema an, Expertengespräche zu führen. Wenn ihr zu euren eigenen Erkundungen (vgl. 214 f.) oder zum Verbraucherschutz Fragen habt, sind die Mitarbeiterinnen und Mitarbeiter der Verbraucherzentralen die richtigen Ansprechpartner, die euch bei euren Problemen weiterhelfen und euch umfassend informieren.

Grundsätzlich wird zu einem Expertengespräch eingeladen, wenn es zu einem bestimmten Thema oder Problembereich noch einen weiteren Erklärungsbedarf gibt. Durch ein solches Gespräch könnt ihr offen gebliebene Fragen und Probleme von Experten beantworten lassen, damit ihr euch entscheiden und/oder zu einer fundierten Meinung gelangen könnt. Experten sind Menschen, die sich – hauptsächlich aus beruflichen Gründen – mit einem Thema gut auskennen.

Experten sollten nicht gleich am Anfang eines neuen Themas oder zu Beginn der Auseinandersetzung mit einem Problem geladen werden. Die Experten würden ihre Positionen, Meinungen, Erfahrungen oder Beurteilungen abgeben – aber kaum jemand würde dieses „Expertendeutsch" bereits verstehen oder die Argumente schon einordnen können.
Darum ist es unverzichtbar, dass ihr euch mit dem Thema bereits ausführlicher auseinander gesetzt habt. Durch die intensive Beschäftigung mit dem Thema Verbraucherschutz seid ihr „mit der Materie" sehr viel vertrauter geworden und sehr gut vorinformiert. Dadurch könnt ihr im Gespräch die Experten mit Gegenmeinungen konfrontieren, gezieltere Nachfragen stellen und einseitige Darstellungen und Absichten schneller durchschauen.

Zu einem Expertengespräch müsst ihr nicht unbedingt einladen, genauso gut könnt ihr ein Expertengespräch außerhalb des Unterrichts führen, z.B. im Rahmen eines Besuchs in der Verbraucherzentrale (vgl. S. 217). Gut wäre es jedoch, wenn ihr eurer Gesprächspartnerin oder eurem Gesprächspartner schon bei der Einladung bzw. Anmeldung und Terminvereinbarung einige schriftliche Fragen übergebt. Das erleichtert es den Experten, sich auf eure Interessen, Probleme und Fragen einzustellen.
Im Folgenden findet ihr einen Arbeitsplan, der euch die Vorbereitung auf ein solches Expertengespräch erleichtern soll.

Methode: Expertenbefragung

Schritt 1: Analyse des Problems
Als Erstes solltet ihr euch gründlich über das Thema mithilfe von Schulbüchern, Lexika, Zeitungen, Zeitschriften und anderen Quellen *informieren* und euch überlegen, welche Aspekte euch besonders interessieren. Nur auf Grundlage eurer Themenerarbeitung könnt ihr dann nämlich die *zentralen Problempunkte formulieren*. Ein Problem dieses Kapitels z. B. war: Wie kann man sich möglichst objektiv und umfassend über Produktangebote informieren?
Überprüft dann, welche *Lösungsansätze* und welche *Alternativen* zu dem Problem in euren Quellen vorgestellt werden. In diesem Kapitel habt ihr z. B. viele Möglichkeiten zu dem eben angeführten Problem erarbeitet und selbst erkundet.
Ermittelt abschließend *weiter gehende Fragestellungen*: Welche Fragen sind offen geblieben und konnten nicht eindeutig beantwortet werden?

Expertengespräch mit einer Mitarbeiterin der Verbraucherzentrale

Schritt 2: Planung der Fragen für das Gespräch
Zunächst müsst ihr klären, welche Fragen ihr in dem Gespräch beantwortet haben möchtet, hier bieten sich z. B. diejenigen an, die bei der Analyse des Problems offen geblieben sind.
Die Fragen sollten möglichst *präzise, sachlich und nicht zu kompliziert* formuliert werden. Sie sollten eindeutig sein, das heißt missverständliche, unklare Begriffe müssen vermieden werden.
Ihr müsst entscheiden, ob die *Fragen eher offen, geschlossen oder als Alternativen* gestellt werden. Offene Fragen lassen dem Befragten die Möglichkeit frei zu antworten. Bei geschlossenen Antworten werden Antwortalternativen (Auswahlantworten) vorgegeben. Ist die Antwort nur ja oder nein, spricht man von Entscheidungsfragen. Während eines Gesprächs können alle drei Formen angewandt werden, je nachdem welches Ziel ihr erreichen wollt.

Schritt 3: Einladen von Experten
Dann beginnt die *Suche nach Fachleuten*, die geeignet und bereit sind sich euren Fragen zu stellen. Im Anschluss an dieses Kapitel bieten sich Experten der Verbraucherzentralen geradezu an.
Ladet die Expertin oder den Experten in euren Unterricht ein oder vereinbart einen Termin in deren/dessen Arbeitsräumen. Wenn Leute zu euch in den Unterricht kommen, denkt daran, dass ihr auch den Raum herrichten und (nach Absprache mit eurem Gast) Materialien oder Geräte besorgen müsst.

Gleichzeitig mit der Einladung solltet ihr einige *zentrale Fragen mitschicken*, damit sich euer Gesprächspartner gezielt vorbereiten kann.

Schritt 4: Die Expertenbefragung: Erörterung des Problems
Bittet die Expertin/den Experten zuerst einen kurzen *Überblick über ihr/sein Arbeitsgebiet* zu geben. Ihr erleichtert so beiden Seiten den Einstieg in die Diskussion und erhaltet wichtige Informationen. Verwendet dann die von euch vorbereiteten Fragen. Allerdings solltet ihr darauf achten, die Fragen nicht nur abzuhaken. Ihr solltet ein *offenes Gespräch mit Nachfragen und spontanen Ergänzungen* anstreben. Wenn ihr nicht auf die Äußerungen der Expertin/des Experten eingeht, entsteht der Eindruck, dass ihr kein Interesse an den Ausführungen habt. Das Mitschreiben in Stichworten erleichtert euch die Auswertung.

Schritt 5: Abschließende Bewertung
Die Auswertung der Expertenargumentation findet dann im folgenden Unterricht anhand eurer Aufzeichnungen und Eindrücke statt. Wiederholt zunächst wichtige Ergebnisse und nehmt dann selbst Stellung zu den vorgetragenen Argumenten. Überlegt gemeinsam, wie ihr die Meinung der Expertin/des Experten beurteilt und welche Konsequenzen sich für eure Fragestellungen ergeben. Daraus könnt ihr eure eigene(n) Lösung(en) ableiten.

13. Mit Vollgas in die Zukunft?

Das Thema Verkehr geht uns alle an: Ständig sind wir unterwegs, ob zu Fuß, mit dem Fahrrad, mit Bussen oder Pkw. Bereits morgens auf dem Schulweg benutzt ihr verschiedene Verkehrsmittel.
Mobilität lässt sich aus unserer Gesellschaft gar nicht mehr wegdenken. Einerseits ist es angenehm, nachmittags oder abends den Freund oder die Freundin besuchen zu können, die so weit entfernt wohnt, dass man den Weg nicht zu Fuß zurücklegen kann oder möchte. Andererseits sind aber auch sehr viele Familien auf das Auto oder Nahverkehrsmittel angewiesen, weil sie außerhalb der Stadt wohnen oder aber ein Familienmitglied in einer anderen Stadt arbeitet.
Für viele Menschen ist das Auto auch ein Statussymbol (vgl. S. 34 f.). Die Werbung wirkt darauf hin, dieses Konsumgut als schön und begehrenswert anzusehen. Allerdings verschweigt sie die negativen Auswirkungen des heutigen Massenverkehrs: Stau, Ozonalarm, Lärm, Dreck, Unfalltote und -verletzte usw.
Dieses Kapitel zeigt euch zunächst, wie es überhaupt zu der heutigen Entwicklung auf unseren Straßen gekommen ist. Es nimmt aber auch die ökologischen und sozialen Kosten in den Blick, die die heutige Situation verursacht. Ihr könnt euch dann mit der Frage auseinander setzen, welche Möglichkeiten es gibt, einen Ausweg aus diesem Dilemma zu finden. Die Lösung dieser Probleme ist nicht einfach, denn es hängen nicht nur eine Menge Arbeitsplätze an der Automobilindustrie und dem Straßenbau, sondern es dauert auch lange, bevor sich einzelne Modelle und Konzepte durchgesetzt haben.

1 *Beschreibt anhand der Bilder dieser Seite, wie der gegenwärtige Verkehrszustand dargestellt wird.*
2 *Erarbeitet aus den Bilderpaaren, welche Probleme des Massenverkehrs und welche Lösungen dargestellt werden.*
3 *Beurteilt aus eurer Sicht, ob ihr die dargestellten Lösungen für sinnvoll haltet. Berücksichtigt auch, in welchen Momenten die aufgezeigten Lösungen nicht funktionieren können. Sucht nach weiteren Alternativen.*

13.1 „Weichenstellung" … für den Vorrang der Straße

Der Individualverkehr

M 1 **Stau – nichts geht mehr**

(Karikatur: Haitzinger)

1 *Interpretiert die Karikatur M 1 (vgl. S. 50 f.) und überlegt euch selbst Lösungsvorschläge für das aufgezeigte Problem.*

Wenn ihr die Karikatur betrachtet, so ist die Darstellung dort sicherlich überspitzt. Dennoch: Jeden Morgen meldet der Verkehrsfunk Staus oder stockenden Verkehr im Berufsverkehr, regelmäßig zu den Wochenenden und zu Ferienbeginn oder -ende stehen tausende von Menschen in kilometerlangen Staus.
Die Steigerung des Bestandes an Personenkraftwagen in der Bundesrepublik von ca. 2,5 Mio. im Jahr 1950 auf über 45 Mio. heute zeigt eindrucksvoll den „Siegeszug" des Automobils. Im Folgenden könnt ihr der Frage nachgehen, wie es überhaupt zu dieser Entwicklung gekommen ist.

M 2 **Wie das Auto die Eisenbahn überholte …**
Entscheidend für die Verschiebung der Wettbewerbsbedingungen zugunsten des Straßenverkehrs (…) sind qualitative Faktoren. (…) So weist das in den Sechziger- und Siebzigerjahren vorgehaltene Straßennetz eine bedeutend bessere Qualität auf als das bis 1938 aufgebaute: breitere Straßen (…), verbesserte Straßenbeläge und eine allgemein höhere Durchlassfähigkeit ermöglichen, dass sich die durchschnittliche Transportgeschwindigkeit per Pkw und Lkw bedeutend erhöht. Für den Schienenverkehr gilt das Umgekehrte (…). Der Eisenbahnverkehr bleibt nach wie vor auf das durch technische Hilfsmittel verbesserte Streckennetz aus dem vorigen Jahrhundert angewiesen. Die durchschnittliche Geschwindigkeit der Bundesbahn sinkt unter das bereits in den Zwanziger- und Dreißigerjahren erreichte Niveau. Eine systematisch betriebene Fahrplanausdünnung, insbesondere auf den Nahverkehrslinien, findet statt. Während 1971 noch durchschnittlich pro Werktag 18 200 Nahverkehrszüge verkehrten, weist der Fahrplan 1982 gerade noch 14 504 solcher Verbindungen aus – ein Rückgang um 20 Prozent in nur einem Jahrzehnt. (…)
Der beschleunigte Autobahnbau stellte daher eine qualitative Schwächung des Eisenbahnverkehrs dar, wobei vor allem die mittel- und langfristigen Folgen entscheidend sind. Mit dem Ausbau dieses Straßennetzes bei parallelem Abbau des Bundesbahnangebots, insbesondere im Personenverkehr, und mit den Einschränkungen im öffentlichen Personennahverkehr wurde die Massenmotorisierung stark begünstigt. Für immer mehr Bürgerinnen und Bürger erwies sich der Besitz eines Pkws als unabdingbar zur Bewältigung der alltäglich notwendigen Fahrten. Einmal im Besitz eines Pkws wurde nun auch im Nahverkehr das Kraftfahrzeug zunehmend zum dominierenden Transportmittel.
(Aus: W. Wolf, Eisenbahn und Autowahn. Personen- und Gütertransport auf Schiene und Straße. Geschichte, Bilanz, Perspektiven. Hamburg–Zürich 1992, S. 164 f., 167 f.)

2 *Stellt den in M 2 aufgezeigten Prozess in einem Schaubild dar. Dabei können die jeweiligen Folgewirkungen durch einen Pfeil gekennzeichnet werden.*

M 3 **Die Vorteile des Automobils**
Einer der größten Vorteile des Autos besteht darin, dass es Menschen und Familien mobil macht, in deren Umgebung die öffentlichen Verkehrsnetze schlecht oder überhaupt nicht ausgebaut sind. Für solche Menschen ist das Auto unverzichtbar. Obwohl die öffentlichen Verkehrssysteme in der Bundesrepublik relativ gut ausgebaut sind, gibt es Familien, die außer-

halb von Ortschaften leben; für sie ist die Fahrt zur Arbeit und zur Schule ein Problem. Auch für solche Menschen, die am Rande einer Großstadt leben und jeden Tag viele Kilometer zur Arbeit fahren müssen, besteht nicht immer die Möglichkeit mit öffentlichen Verkehrsmitteln zu fahren. (…)
Das Auto kann auch schnell sein; schneller als viele öffentliche Verkehrsmittel. Diese Tatsache ist unter anderem für Geschäftsleute wichtig, die schnell von einem Ort zum anderen fahren müssen. Auf den Autobahnen kann man unter Berücksichtigung der Höchstgeschwindigkeit des Wagens so schnell fahren, wie man möchte, bei den öffentlichen Verkehrsmitteln ist das nicht der Fall. Durch den Einsatz moderner Technik am Auto wird die Umwelt heute viel weniger belastet als früher.

(Aus einem Aufsatz des 36. Schülerwettbewerbs des Landtags von Baden-Württemberg [Alexander Moosmann, Stefan Lutz]. In: S. Schiele [Hg.], Politik und Unterricht, Nr. 3, 1994, S. 21)

3 *Stellt die Argumente für das Automobil zusammen und nehmt eine Bewertung nach einem groben Schema vor: überzeugend – weniger überzeugend – eher nicht zutreffend.*

4 *Diskutiert, welche Gründe für euch bei der Anschaffung eines Autos maßgeblich werden könnten.*

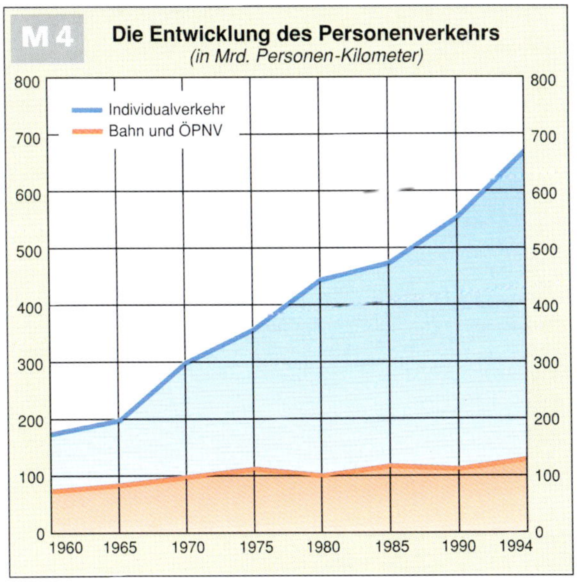

5 *Berechnet die Veränderung der Anteile am Verkehrsaufkommen anhand von M 4.*

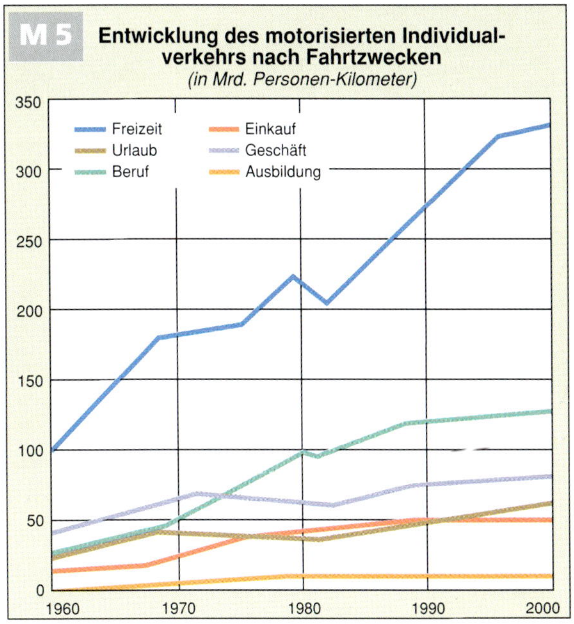

6 *Benennt die Entwicklungstendenzen, die die Grafik in M 5 zeigt, und sucht nach Ursachen.*

7 *Überprüft die in M 5 aufgezeigten Tendenzen am Beispiel eurer Familie. Vergleicht eure Ergebnisse.*

M 6 **Das „Gesetz von der Erhaltung des Staus“**

Seit den 50er-Jahren führten Staus immer wieder zu der Forderung die betroffenen Straßen und Kreuzungen auszubauen. Dem Ausbau folgte meist nur eine kurzfristige Entlastung, bald kam es an gleicher oder, verschoben, an anderen Stellen zu neuen Stauerscheinungen. Die neue Überlastung stellte sich in der Regel auf höherem Niveau ein. Und damit wurde eine neue Runde der gleichen Diskussion eingeleitet. Wieder wurde für die betreffenden Straßen und Kreuzungen ein weiterer Ausbau oder eine weitere Entlastungsstraße gefordert. (…) Bei jeder dieser Etappen wurde verkündet, nach diesem Ausbau oder Neubau seien die Autoverkehrsprobleme dann aber endgültig gelöst. Und jedes Mal stellt sich die Überlastung über kurz oder lang wieder ein. (…) Der Stau ist dem Autoverkehrssystem treu geblieben.

(Aus: H. Monheim/R. Monheim-Dandorfer, Straßen für alle. Hamburg 1990, S. 149)

8 *Vergleicht M 1 und M 6. Überlegt mithilfe von M 4, worin die Ursachen für die Probleme liegen.*

13.1 „Weichenstellung“ … für den Vorrang der Straße

Der Güterverkehr

Lkw-Kolonne auf der Autobahn

Auf der letzten Doppelseite habt ihr euch mit der Entwicklung des Individualverkehrs auseinander gesetzt. Einen großen Anteil am Verkehrsaufkommen nimmt jedoch auch der Güterverkehr ein. Die Entwicklung im Güterverkehr wurde in besonderem Maß durch tief greifende Veränderungen in der Produktionsweise beeinflusst. Dabei spielt die Internationalisierung der Produktion im Rahmen der Europäischen Union eine besondere Rolle (vgl. auch S. 173).

M 7 Die Eisenbahn unterliegt erneut

Indem im Straßenbau vor allem das Bundesautobahnnetz ausgebaut wurde, fand eine Schwächung der Bundesbahn gerade auf dem Sektor statt, wo der Schienenverkehr seine größten Pluspunkte aufweist: im Langstreckentransport von Personen und Gütern. Hier war der Schienenverkehr bis dahin unschlagbar kostengünstig. Mit den Überschüssen aus diesem Bereich deckte er teilweise Defizite in anderen Sektoren und konnte damit seinem umfassenden Anspruch Transportmittel des allgemeinen, weitgehend flächendeckenden Verkehrs zu sein gerecht werden. (…) Schließlich zog das vorgehaltene großzügige Fernstraßennetz ab Mitte der Sechzigerjahre den Gütertransport per Lastkraftwagen auf sich. Dieser eroberte damit die letzte große Domäne des Schienenverkehrs.

(Aus: W. Wolf, a. a. O., S. 167 f.)

M 8 Wirtschaftliche Ursachen für die starke Zunahme des Güterverkehrs

- Starke Zunahme der Transporte zwischen Ost- und Westdeutschland nach der deutschen Einheit, insbesondere auch des Transitverkehrs nach Osteuropa;
- stundengenaue Anlieferung von Fertigungsteilen („Just in Time“-Logistik) an große Industriekonzerne;
- Auslagerung von Teilen der Produktionsprozesse („Lean Production“) an Zulieferer;
- Veränderung der Konsumgewohnheiten (z. B. Kiwi und Bier aus Australien, Mineralwasser aus Frankreich).

(Autorentext)

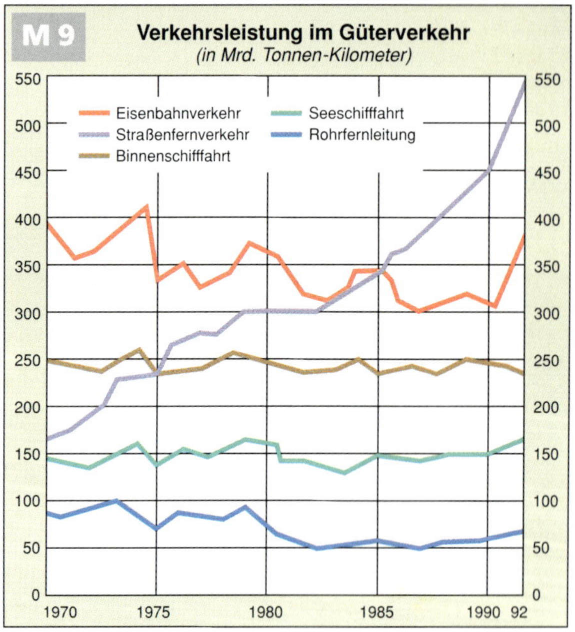

Bis zum Jahr 2010 erwartet das Deutsche Institut für Wirtschaftsforschung (DIW) eine Zunahme des Straßengüterverkehrs auf 793 und des Schienenverkehrs auf 428, der Binnenschifffahrt auf 300 Mrd. Tonnenkilometer.

9 *Erläutert anhand von M 7 bis M 9 die Gründe und das Ausmaß der Zunahme des Güterverkehrs.*
10 *Berechnet die prozentuale Erhöhung nach der Prognose des DIW (M 9) und überlegt, welche Folgen diese Veränderung für den Verkehr bei uns nach sich ziehen würden.*

13.1 „Weichenstellung“ … für den Vorrang der Straße

Der Güterverkehr

Den Zusammenhang zwischen der internationalen Produktionsstruktur und der Zunahme der Transporte könnt ihr genauer an einem Fallbeispiel untersuchen. Die folgende Grafik beruht auf eingehenden Forschungen der Wissenschaftlerin Stefanie Böge vom Wuppertaler Institut für Klima, Umwelt, Energie.

M 10 Verkehrswege bei der Herstellung eines Fruchtjoghurts

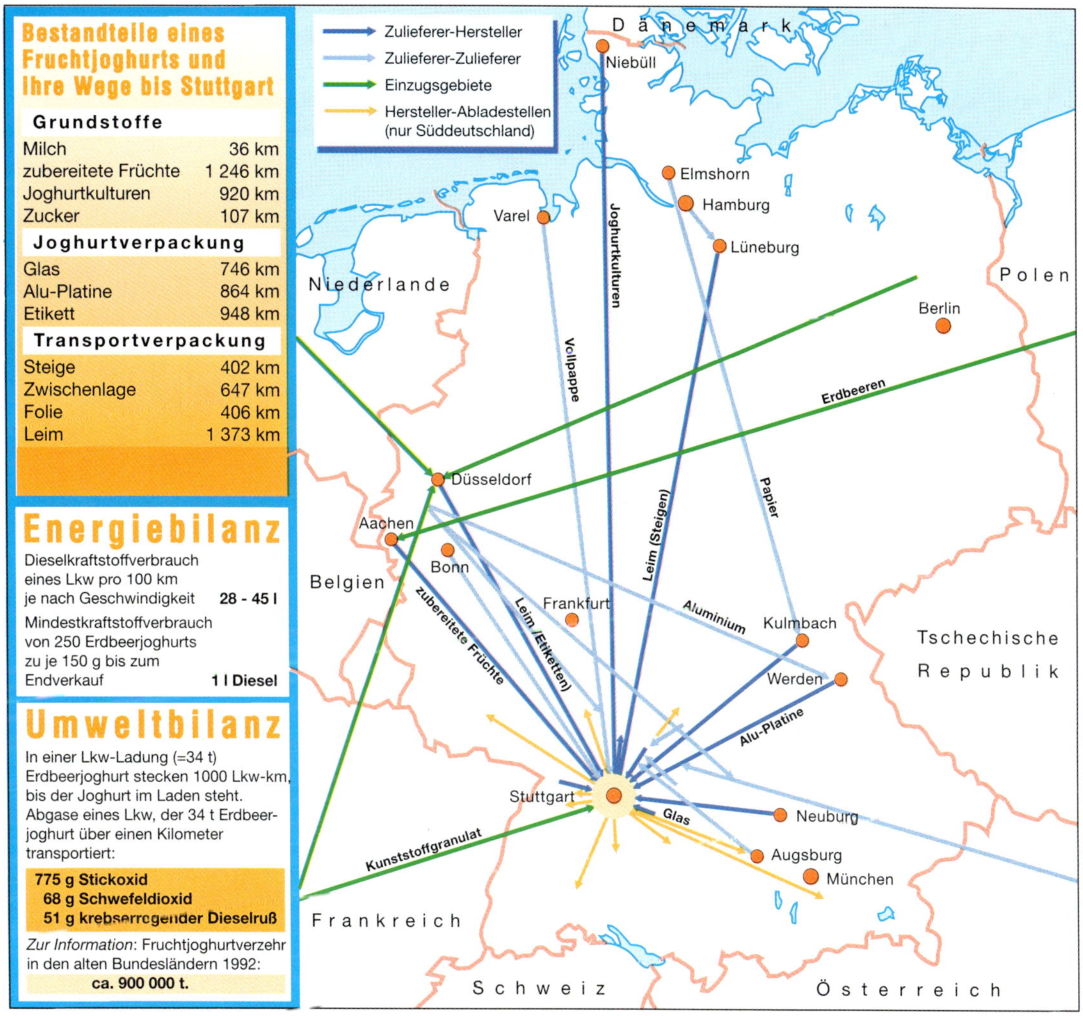

(Nach: S. Böge, Die Auswirkungen des Straßengüterverkehrs auf den Raum, Dortmund 1992)

11 *Beschreibt die Grafik. Benennt alle Zulieferer-Hersteller, Zulieferer-Zulieferer, Einzugsgebiete und Hersteller-Abladestellen. Erläutert, welche Aufgabe diese jeweils im Rahmen des Produktionsprozesses haben.*

12 *Wertet die Grafik aus. Beschreibt die Konsequenzen dieses Zuliefierersystems und sucht nach Gründen für das aufwendige Herstellungsverfahren.*

13 *Stellt dar, inwieweit sich Produktionsweise und Transport-(Verkehrs-)system bedingen.*

14 *Stellt Überlegungen an, unter welchen Voraussetzungen eine weniger verkehrsaufwändige Produktion denkbar ist.*

13.2 Was der Massenverkehr anrichtet

Vielleicht hat sich die eine oder der andere von euch schon auf den letzten Seiten gefragt, ob die dargestellte Entwicklung des Autoverkehrs zwangsläufig in die beschriebene Richtung laufen musste. Denn schließlich hört man in den Medien immer wieder von Umweltbelastungen und Kosten , die Autos verursachen. Bevor ihr Alternativen zur heutigen Verkehrssituation untersucht, ist es wichtig, dass ihr euch über die wesentlichsten Folgen des Massenverkehrs im Klaren werdet.

M 1 **Alptraum Auto?**

Der junge Mensch (...) braucht seinesgleichen – nämlich Tiere, überhaupt Elementares, Wasser, Dreck, Gebüsch, Spielraum. Man kann ihn auch ohne alles aufwachsen lassen, mit Teppichen, Stofftieren oder auf asphaltierten Straßen und Höfen. Er überlebt es, doch man soll sich nicht wundern, wenn er später bestimmte soziale Grundleistungen nie mehr erlernt, z. B. ein Zugehörigkeitsgefühl zu einem Ort und Initiative.

(Aus: A. Mitscherlich, Alptraum Auto – eine hundertjährige Erfindung und ihre Folgen. München 1991, S. 84)

1 *Erinnert euch an eure eigene Kindheit. Notiert die positiven und die negativen Erinnerungen an Verkehr und Autos.*
2 *Beantwortet ausgehend von euren Beschreibungen in Aufgabe 1 die Überschrift von M 1.*

M 2 **Fieberkurve des Stadtverkehrs**

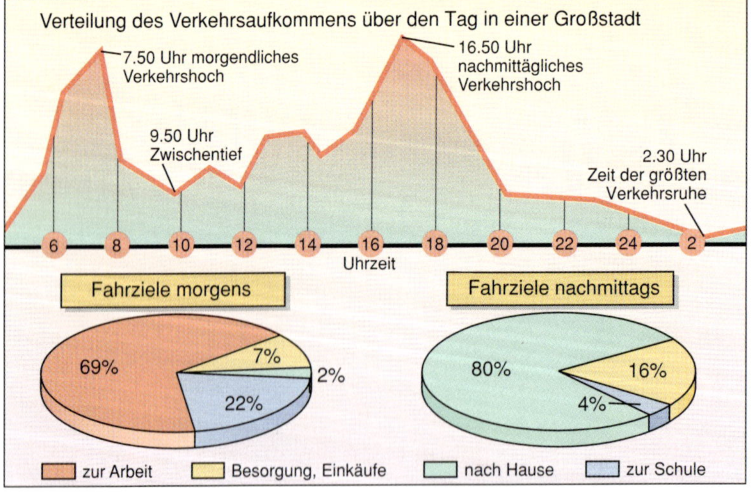

M 3 **Umweltplage Auto**

Der Anteil des Kraftfahrzeugverkehrs an der gesamten Luftverschmutzung beträgt z. B. bei Kohlenmonoxid ca. 65 %, bei Stickoxiden ca. 45 % und bei Kohlenstoffen knapp 40 %. Da die Schadstoffabgabe nicht wie bei Schornsteinen in großer Höhe, sondern in Atemhöhe erfolgt, sind die Kraftfahrzeuge in unseren Städten tatsächlich die größten Luftverschmutzer. In den Straßenschluchten der Innenstädte beträgt der Anteil schädlicher Kraftfahrzeugabgase an der gesamten Luftverschmutzung bei einzelnen Stoffen zwischen 80 und 99 %!
80 % der Autofahrten in der Stadt und 40 % aller Fahrten sind schon nach weniger als vier Kilometern zu Ende – bevor der Katalysator seine volle Wirkung entfalten kann. Die Hälfte der Bevölkerung fühlt sich durch Straßenlärm belästigt. Millionen von Menschen können sich in ihrer Wohnung nur bei geschlossenem Fenster ungestört unterhalten, Millionen nur bei geschlossenen Fenstern schlafen. Durch Verkehrslärm leiden Menschen unter Schlafstörungen, erhöhtem Blutdruck oder verminderter Schlaf- und Konzentrationsfähigkeit. Blutdruck ist einer der bedeutendsten Risikofaktoren für Herzinfarkt und und Gefäßkrankheiten; rund 6 Millionen Bundesbürger sind daran erkrankt.

(Aus: B. Janssen, G. Tegtmeyer [Hg.], Schlüssel zur Politik, Berlin 1996, S. 90)

M 4 **Autoabgase und ihre Wirkungen auf den Menschen**

Kohlenmonoxid (CO) behindert die Sauerstoffaufnahme im Blut. Die Folgen: Kopfschmerzen, Schwindel, Übelkeit, psychische Störungen, Kreislaufstörungen. Kann in hohen Konzentrationen zur Bewusstlosigkeit und zum Erstickungstod führen.
Stickoxide (NO_x) Atemgift und Reizgas, zusammen mit Kohlenwasserstoffen eine Vorläufersubstanz von Ozon (O_3). Schädigt Bronchien und Lungen. Zunahme von akuten und chronischen Atemwegserkrankungen schon bei geringsten Konzentrationen.
Benzol (C_6H_6) eines der gefährlichsten, leichtflüssigen Gase, Schädi-

gung des Blutes und der blutbildenden Organe (Knochenmark), verursacht Leukämie.
Rußpartikel sind feinste Teilchen, die tief in die Lunge eindringen. Die Krebs erregende Wirkung geht von dem Rußkern selbst aus. Dieselrußpartikel verursachen in erster Linie Lungenkrebs. An Rußpartikel sind zudem organische Kohlenwasserstoffe angelagert, wie zum Beispiel das ebenfalls hochgradig Krebs erregende Benzo(a)pyren.
Der Giftmix der Autoabgase schwächt das Immunsystem und gilt als Wegbereiter für Allergien. Die Schadstoffe beeinflussen sich gegenseitig, bilden weitere aggressive Verbindungen und verstärken sich oftmals in ihren Folgewirkungen. Der dramatische Anstieg von Allergien und geschwächte Immunabwehr sind die Folgen. Sie lassen sich nicht mehr auf den Einzelschadstoff zurückführen.
(Aus: Greenpeace Magazin, Nr. 3, 1994)

Unsere Zukunft?

3 *Stellt die wichtigsten Fakten der Luftverschmutzung und zu den Auswirkungen und Folgen für den Menschen zusammen.*
4 *Beschreibt mithilfe von M 2, inwieweit ihr euch selbst an den Auswirkungen und Folgen beteiligt.*

Umweltverbände weisen nicht nur auf die ökologischen Folgen des Massenverkehrs hin. Auch aus finanzieller Sicht rentiert sich das Auto gesamtgesellschaftlich nicht.

M 5 **Gesellschaftliche Kosten des Autoverkehrs**
Für kein anderes Verkehrsmittel wird der Steuerzahler – automobil oder nicht – schamloser zur Kasse gebeten. Ein Defizit von 203,6 Milliarden Mark entstand der Öffentlichkeit allein im Jahre 1989 nach Abzug von 34,9 Milliarden Mark automobilbezogener Steuereinnahmen. Auf diese Zahl kam im Januar dieses Jahres das Heidelberger Umwelt- und Prognose-Institut in einer Studie. Beziffert wurden dabei nicht nur technische, sondern auch ökologische und soziale Kosten des Autoverkehrs infolge von Luftverschmutzung, Lärm, Wasser- und Flächenverbrauch und Verkehrsunfällen. Das Ergebnis: Wir subventionieren jeden Pkw in Deutschland jährlich mit satten 6000 DM. Genug, wie die Autoren anmerken, um jedem, der auf das Auto verzichtet, eine ganzjährige Netzkarte für den öffentlichen Nahverkehr, alle 5 Jahre ein gutes Fahrrad zu 1000 DM und zusätzlich jedes Jahr rund 15 000 DM Bahnkilometer 1. Klasse zu schenken. Müssten die Verursacher die Kosten über den Benzinpreis bezahlen, käme der Liter auf rund 5,80 DM.
(Aus: Greenpeace Magazin, Nr. 3, 1991, S. 11)

M 6 **Bundespräsident Herzog bei der Eröffnung der Internationalen Automobilausstellung**
Vor mehreren hundert Repräsentanten der internationalen Autobranche sagte Herzog, wenn Preis und sonstige fiskalische (die Staatskasse betreffende) Belastungen des Pkws seine Umweltkosten in Zukunft stärker widerspiegeln müssten, dann sei das kein Angriff auf das Auto, sondern notwendiger Subventionsabbau (Abbau finanzieller Unterstützung aus öffentlichen Mitteln) in einer ökologisch orientierten sozialen Marktwirtschaft. Mobilität habe in der Marktwirtschaft ihren Preis. (...)
Niemand könne bestreiten, dass die Pkw und das Verkehrssystem „umweltverträglicher fortentwickelt und umgestaltet" werden müssten.
(Aus: Frankfurter Rundschau, 15. 9. 1995)

5 *Beurteilt das von Herzog vertretene Prinzip vor dem Hintergrund von M 1 bis M 5.*
6 *Überlegt, welche verschiedenen Gruppen (und Interessen) von einem kostendeckenden Prinzip betroffen wären.*

→ Klimakatastrophe, Ökologie

Trotz der Folgen, die ihr auf der letzten Seite kennen gelernt habt, boomt die Autoindustrie weiter (vgl. M3). Tausende von Arbeitsplätzen hängen vom Straßenbau und der industriellen Produktion ab.
Wie aber kann vermieden werden, dass die damit verbundenen Umweltbelastungen unser globales ökologisches System vollends zerstören, der Menschheit ihre Lebensgrundlage entziehen?

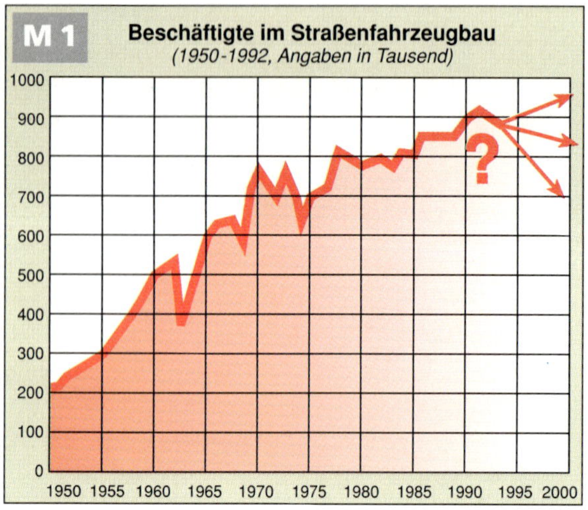

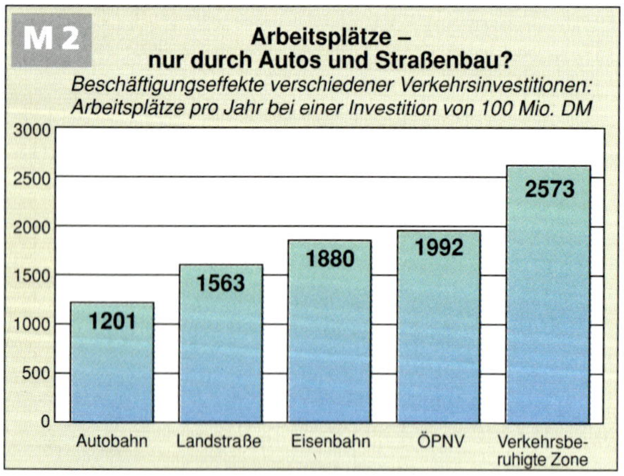

M 3 **Ein Beispiel für den ungebrochenen Boom der Automobilproduktion**

Mercedes-Benz hat sein erstes Werk in den Vereinigten Staaten eröffnet. In Tuscaloosa im Staat Alabama rollt zum ersten Mal die neue allradgetriebene M-Klasse von den Bändern. Der Geländewagen soll von September an in Nordamerika und im kommenden Frühjahr auch auf europäischen Straßen fahren. Bei voller Auslastung will Mercedes in der neuen Fabrik 65 000 Allradfahrzeuge jährlich bauen, die (...) je zur Hälfte für die USA und für Exportmärkte bestimmt sind.
„Dieses Werk stellt einen Meilenstein auf unserem Weg zur Globalisierung des Unternehmens dar", sagte Daimler-Chef Jürgen Schrempp bei der Eröffnung (...). Deutschlands größter Konzern baue damit seine internationale Wettbewerbsposition entscheidend aus. Motoren und Getriebe der neuen Wagen kommen aus Bad Cannstatt und Untertürkheim. (...)
Auf die USA entfallen Mercedes zufolge mit 1,7 Millionen Freizeitfahrzeugen 60 Prozent des weltweiten Geländewagenmarktes. Für die Ansiedlung dort sprächen aber auch die Lohnkosten.
(Aus: Frankfurter Rundschau, 22. 5. 1997)

M 4 **Die Zukunft des Autos aus Sicht der Gewerkschaft**

Der Automobilmarkt enthält weltweit ein großes Wachstumspotenzial; das gilt besonders für asiatische Schwellenländer, für Süd-/Mittelamerika, Südafrika, Mittel-/Osteuropa. Die Produktion von heute mit jährlich knapp 50 Millionen Fahrzeugen wird weiter steigen. Die Tendenz zur schnellen Expansion der Weltautomobilflotte erfordert neben der Entwicklung tragfähiger Verkehrssysteme, neben einer Neuorientierung der Siedlungs- und Raumordnungspolitik zur Verkehrsvermeidung, auf jeden Fall äußerste Anstrengungen hinsichtlich der Ressourcen- und Umweltverträglichkeit der motorisierten Individualfahrzeuge. Auch aus Wettbewerbsgründen ist eine beschleunigte Produktinnovation dringend erforderlich. (...) Vorsprünge bei Energieeinsparung und Emissionssenkung werden zu wichtigen Wettbewerbsvorteilen. Bevor Toyota oder ein US-Hersteller das „3-Liter-Auto" in Bremerhaven anlandet, sollte es in den europäischen Werken in Serien gehen.
(Aus: IG-Metall, Industriepolitische Thesen der IG-Metall zur Automobil- und Zulieferindustrie. Frankfurt/M. 1994, S. 6)

1 *Stellt dar, wie die derzeitige Situation der Automobilindustrie in M 1 bis M 4 beschrieben und eingeschätzt wird.*

2 *Skizziert die Position der Gewerkschaft (M 4) und bewertet sie unter ökologischen Gesichtspunkten.*

Die ökologische Steuerreform (vgl. M5) ist ein Beispiel für alternative Konzepte, die die (Automobil-) Industrie zu einem umweltbewussteren Handeln zwingen könnten. Ökonomie und Ökologie müssen nicht zwangsläufig Gegensätze sein.

M5 Was heißt „ökologische Steuerreform"?

Von einer ökologischen Steuerreform wird gesprochen, wenn mithilfe des Aufkommens aus Ökosteuern das Steuersystem umgeschichtet werden soll. Eine Ökosteuerreform kann „aufkommensneutral" durchgeführt werden, indem die Einnahmen aus Ökosteuern dafür verwendet werden, andere Steuern zu senken. Aufkommensneutral heißt aber nicht, dass die Belastungen einzelner Haushalte oder Unternehmen unverändert bleiben, denn umweltbelastende Aktivitäten werden im Rahmen einer Ökosteuerreform relativ stärker belastet.

(Aus: G. Voss, Umsteuern mit Ökosteuern?, hg. v. Bundesverband der Deutschen Industrie, Köln o. J., S. 6)

M6 Veränderungen bei der Einführung einer ökologischen Steuer

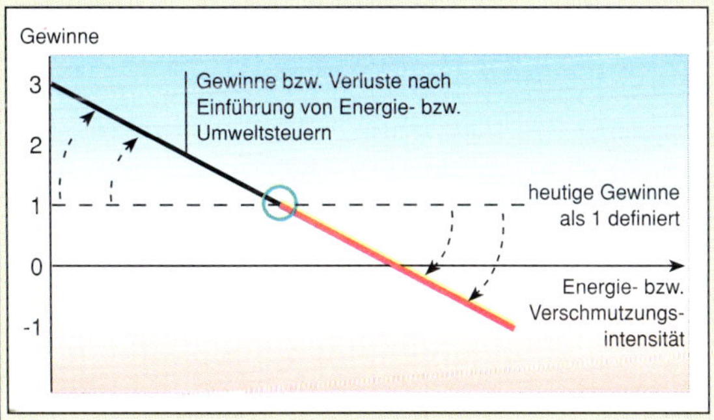

Über einer Achse von Energie- oder Verschmutzungsintensität definieren wir die heutige Gewinnsituation als 1. Bei schrittweisem Einführen einer ökologischen Steuerreform geraten die Betriebe oder Branchen mit hoher Energie- oder Verschmutzungsintensität langsam in die roten Zahlen (rechts), während sich das Betriebsergebnis in den relativen Branchen verbessert (links). Als Folge wandern Arbeit, Investitionskapital und Technologie von „rechts" nach „links" (ökologischer Strukturwandel).

(Aus: E. U. v. Weizsäcker, Erdpolitik, Darmstadt, [5]1997)

3 *Erarbeitet mithilfe von M 5 und M 6 das Funktionsprinzip einer „ökologischen Steuerreform".*

4 *Überlegt, wessen Interessen bei einer „ökologischen Steuerreform" besonders betroffen wären.*

M7 Den Gegensatz von Ökonomie und Ökologie überwinden

„Wir haben die Erde von unseren Kindern nur geliehen" darf nicht nur eine Floskel sein, sondern muss uns klar vor Augen führen, dass es eine unserer dringendsten Aufgaben ist, die Lebensgrundlagen für zukünftige Generationen zu erhalten.

Um diese ökologischen Herausforderungen zu bewältigen, gleichzeitig aber der Wirtschaft zu einem Aufschwung zu verhelfen ist ein neues Paradigma (Modell) erforderlich. Nicht der vermeintliche Gegensatz von Ökologie und Ökonomie darf gepredigt werden. Nein: Jedem muss bewusst werden, dass ökologisch ausgerichtetes Handeln langfristig die ökonomischen Interessen fördert. (...)

Ökologie und Ökonomie sind kein Widerspruch, sind keine unvereinbaren Gegner, sondern notwendige Partner. (...)

Es müssen verstärkt marktwirtschaftliche Elemente in die Umweltpolitik aufgenommen werden. Nur wenn sich ein umweltverträgliches Wirtschaften auch lohnt werden ökologische Innovationen entstehen und werden sich Unternehmen verstärkt darum bemühen, Umweltaspekte im täglichen Handeln zu berücksichtigen.

Ein marktwirtschaftliches Instrument, das diese Intention verfolgt, wäre die schrittweise Einführung einer kostenneutralen Energiesteuer bei gleichzeitiger Senkung der Lohnnebenkosten.

(Aus: K. Mangold [Vorstandsvorsitzender der Quelle-Schickedanz AG & Co], Ökologie als Motor für Ökonomie – aus der Sicht der Wirtschaft. In: Politische Studien, Sonderheft Nr. 3, 1994)

5 *Stellt den Gedankengang des Managers (M 7) dar.*

6 *Entwickelt eine eigene Begründung dafür, dass Ökologie und Ökonomie nicht zwangsläufig Gegensätze darstellen.*

7 *Verfolgt die aktuelle Debatte über die ökologische Steuerreform (Medien, Zeitungen), sammelt die Argumente und bewertet sie nach ihrer umweltpolitischen Wirksamkeit.*

13.4 Verkehrswende ja – aber wie?

Prinzipien

Die heutige Verkehrssituation geht auf eine Verkehrspolitik zurück, die dem Auto den absoluten Vorrang eingeräumt hat. Man hat versucht die bisherigen Verkehrsprobleme durch Einzelbaumaßnahmen (z. B. durch Straßenbau) zu lösen. So aber kann und darf es nicht bleiben. Im Folgenden lernt ihr einzelne Modelle kennen, die euch zeigen, wie die Situation vielleicht zu lösen wäre.

M 1 Eine marktwirtschaftliche Lösung?

(Karikatur: Alff)

M 2 Eine ökologische Wende ist notwendig

Zwischen 1970 und 1990 hat der Verkehr auf den Landstraßen um 50 Prozent zugenommen, auf den Autobahnen hat er sich sogar verdoppelt. „In ein paar Jahren wird das Straßensystem einfach nicht mehr funktionieren", stellte der SPD-Verkehrsexperte Klaus Daubertshäuser lapidar fest. Und die Tageszeitung DIE WELT brachte es auf die einleuchtende Formel: „Auf den Landstraßen und in den Städten ist nicht der Öko-Freak, sondern das Auto selbst der ärgste Feind des Autos." (...) Den reichen Industrieländern obliegt es, Schritt für Schritt ein Modell des menschlichen Wohlstandes zu entwickeln, das unsere Natur ohne bleibende Zerstörung der Welt auch dann erträgt, wenn es für die ganze Erdbevölkerung von fünf bis zehn Milliarden oder noch mehr Menschen zugänglich werden sollte. Dass das derzeitige Verkehrssystem keinesfalls Modellcharakter für die 80 Prozent der Weltbevölkerung haben kann, die in Entwicklungs- und Schwellenländern leben, ist evident (klar ersichtlich). Würde der Motorisierungsgrad etwa der USA oder Westdeutschlands – ein Pkw auf zwei Personen – auf die gesamte Welt übertragen, hätte der Planet es nicht mehr „nur" mit 500 Mio. Autos zu tun, sondern schon heute mit 2,5 Mrd. Die ökologischen Konsequenzen, etwa für das Weltklima durch den dramatisch ansteigenden Kohlendioxid-Ausstoß (...), wären erschreckend.

Das „Eine-Welt"-Bewusstsein lässt sich besonders bei der Betrachtung des Verkehrswesens schärfen. Die westlichen Industrieländer vereinen 80 Prozent der Pkw auf sich: In Nordrhein-Westfalen gibt es genauso viele Autos wie auf dem gesamten afrikanischen Kontinent; in China und Indien leben zusammen 38 Prozent der Weltbevölkerung, aber sie teilen sich nur knapp ein halbes Prozent des Autobestandes. Solange die Industrieländer kein ökologisch verträgliches Verkehrswesen aufbauen, können sie den nach wirtschaftlicher Entwicklung strebenden südlichen Ländern das Kopieren der verheerenden Strukturen nicht verwehren. Welche unverantwortbaren Folgen das Nacheifern des Westens schon heute in den Metropolen der Dritten Welt hat, ist unübersehbar. Sie – man denke nur an Mexiko-City oder Bombay – und nicht die Großstädte des industrialisierten Nordens haben die stärkste Luftverschmutzung und die miserabelsten Lebensbedingungen. Selbst das lange abgeschottete und auf traditionellen (Fahrrad-)Spuren organisierte China scheint sich gegen „Daimlers Fluch" nicht mehr wehren zu können. (Der Autor spielt hier darauf an, dass Daimler Benz an einem Generalverkehrsplan für China arbeitet.)

(Aus: J. Wille, Ökologische Wende in der Verkehrspolitik. In: Aus Politik und Zeitgeschichte, B 5, 1993, S. 16)

1 *Fasst die verschiedenen Begründungspunkte für eine ökologische Wende knapp zusammen. Vergleicht sie mit euren bisherigen Arbeitsergebnissen.*

13.4 Verkehrswende ja – aber wie?

Prinzipien

M 3 **Der Umweltverbund**

Eine durchgreifende ökologische Wende im Verkehr ist nur dann vorstellbar, wenn zumindest in den dichter besiedelten Gebieten der Bundesrepublik – 55 Prozent der Bundesbürger leben in Großstädten oder Ballungsgebieten, Tendenz steigend – die notwendigen Wege der Menschen auch ohne den Zwang zur Nutzung eines eigenen Autos möglich sind und die Gesamtreisezeiten (von Haus zu Haus) in einem erträglichen Rahmen bleiben. Die dann mögliche spürbare Steigerung des Anteils der umweltfreundlichen Verkehrsarten (zu Fuß gehen und Fahrrad fahren) oder umweltfreundlicheren Verkehrsmittel (Busse und Bahnen) bringt diesen Umweltverbund aus seiner derzeitigen Lückenbüßer- und Nischenfunktion heraus, in die er in den Autoboomjahrzehnten gedrängt wurde.

(Aus: J. Wille, a. a. O., S. 18)

2 *Erarbeitet, welche Voraussetzungen der Autor für eine ökologische Wende benennt.*

3 *Stellt aus eurer Sicht dar, was zusätzlich an Voraussetzungen geschaffen werden müsste, damit eine ökologische Wende erfolgreich sein kann. Benutzt dazu den Kasten M 5.*

M 4 **„Road-Pricing“: Bezahlung nach zurückgelegter Strecke**

Road-Pricing hat konzeptionelle Vorteile, die durch die bisherigen fiskalischen (die Staatskasse betreffende) Instrumente nicht erreicht werden können. Ein von keiner Seite bestrittener Vorteil liegt in der Gleichbehandlung des binnenländischen, des grenzüberschreitenden und des Transitverkehrs. Darüber hinaus gibt es jedoch eine ganze Reihe anderer, deren Potenzial bisher wenig beachtet wird: Zu nennen sind hier die Bindungen an die Fahrzeugart und die Dauer der Verkehrsteilnahme. Mit entsprechenden Zusatzsensoren lassen sich der Besetzungsgrad bei Pkw und der Beladungsgrad der Lkw erfassen und als Berechnungsgrundlage berücksichtigen. Fahrzeuge bestimmter Halter (Krankenwagen, Feuerwehr) lassen sich von der Gebührenpflicht ausnehmen, wobei die Maßstäbe dabei kritischer angelegt werden müssen als bei der derzeitig diskutierten Ozonverordnung, damit nicht das System ad absurdum geführt wird. Transporte mit guter Schienenerschließung können fiskalisch anders behandelt werden als Transporte in abgelegenen ländlichen Räumen, Transporte von gefährlichen Gütern mit hohem ökologischen Risikopotenzial können mit zusätzlichen Gebühren versehen werden. Die Variationsmöglichkeiten sind so zahlreich, dass sie hier nicht im Detail ausgeführt werden können.

(Aus: R. Petersen, K.-O. Schallaböck, Mobilität für morgen. Chancen einer zukünftigen Verkehrspolitik. Berlin, Basel, Boston 1995, S. 282)

4 *Erläutert, welche Vorteile die Verfasser bei diesem Konzept sehen.*

5 *Führt aus, inwieweit sich die Vorstellungen der Verfasser (M 4) von euch bekannten Gebührenkonzepten unterscheiden.*

M 5 **Ziele einer ökologischen Verkehrspolitik**

Vier Grundverträglichkeiten als Politikziele:

- Ökologische Verträglichkeit
- Wirtschaftliche Verträglichkeit
- Soziale Verträglichkeit
- Internationale Verträglichkeit

(Enquetekommission des Deutschen Bundestages „Zukünftige Kernenergie Politik“, 1980)

Strategische Grundsätze zur Änderung der bisherigen Verkehrsentwicklung:

- Verkehrsvermeidung
- Verkehrsverlagerung
- Verhaltensänderungen

(Enquetekommission „Vorsorge zum Schutz der Erdatmosphäre“, 1990)

Ziele zur Umsetzung einer Verkehrswende:

- Vorrang der Langsamen vor den Schnellen
- Vorrang der Schwachen vor den Starken
- Vorrang der Nichtmotorisierten vor den Motorisierten
- Vorrang der Nähe vor der Ferne

(Verkehrswissenschaftler des Wuppertaler Instituts für Klima, Umwelt, Energie, 1995)

(Zusammengestellt nach: R. Petersen/K.-O. Schallaböck, a. a. O., S. 265, S. 267 f.)

13.4 Verkehrswende ja – aber wie?

Modelle

Eine Verkehrs„wende" zielt darauf, das „Steuer herumzureißen" um den anhaltenden negativen Trend bei den sozialen und globalen Folgen zu brechen. Das ist bisher trotz vieler Bemühungen nicht geglückt. Für eine Wende reichen technische Verbesserungen z. B. zur Schadstoffminderung oder allgemeinen Treibstoffersparnis nicht aus. Damit soll aber nicht bestritten werden, dass sie sinnvoll sind. Wir verzichten jedoch darauf, sie hier zu behandeln.
In den folgenden Beispielen findet ihr Ansätze, die Elemente einer Verkehrswende darstellen. Sie können als Modell oder als Vorbild dienen wie viele ähnliche Beispiele, die bei euch vielleicht schon umgesetzt sind oder über die in eurem Ort diskutiert wird.

M 6 „Fahrradstadt" Groningen

Wie man den Durchgangs-(Auto-)Verkehr vermeidet, zeigt die holländische Stadt Groningen eindrucksvoll. Dort wurden die Innenstadt in vier „Tortenstücke" unterteilt und die Durchgangsstraßen gekappt. Der Ziel- und Quellverkehr kann fließen, die Durchfahrt von einem „Tortenstück" zum anderen ist allerdings lediglich Bussen und dem Fahrradverkehr gestattet. Dadurch hat sich der Autoverkehr in der Innenstadt so drastisch reduziert, dass ehemals vier- oder sechsspurige Durchgangsstraßen auf zweispurige Straßen mit breiten Grünstreifen zurückgebaut werden konnten. Der Fahrradverkehrsanteil in Groningen beträgt mit fast 60 % das Zehnfache von Berlin. Die Geschäftsleute, die den Plan anfangs kritisiert haben, erfreuen sich heute hoher Umsatzsteigerungen.

(Aus: F. Vester, Crashtest Mobilität, München 1995, S. 109)

M 7 ÖPNV-Erfolg: Zürich

Um dem ÖPNV freie, vom Individualverkehr unbehinderte Fahrt zu ermöglichen wurden für einige Straßenbahnlinien und -abschnitte eigene Trassen angelegt. Weiterhin wurden 16 km Busspuren eingerichtet. Abbiege- und Halteverbote wurden erlassen, Parkmöglichkeiten verringert. An Ampeln erhalten Bus und Tram absolute Vorfahrt: Durch eine Fernsteuerung gibt es keine Wartezeiten mehr. Naht der Bus oder die Bahn mit unvermindertem Tempo, so springt die Ampel immer rechtzeitig auf Grün.

(Nach: D. Seifried, Gute Argumente: Verkehr. München 1990, S. 105)

Die Bahnhofstraße in Zürich

M 8 Von Zürich lernen

Von Zürich lernen kann heißen: die ÖPNV aus eigener Kraft gestalten und Bürger anstatt Fachleute entscheiden lassen. Es gehört zur oft erzählten Geschichte des Züricher ÖPNV-Wunders, dass der Ausgangspunkt des Erfolges ein Fehlschlag war. Die städtischen Verkehrsplaner hatten ein U-Bahn-Konzept für Zürich entwickelt, das nach ihrer Einschätzung unbedingt notwendig war um den Zukunftsanforderungen zu genügen. Das Wahlvolk lehnte jedoch diese Konzeption ab, welche die Aufnahme großer Kreditsummen bedeutet hätte, und beauftragte die Verwaltung alternative, preiswertere Lösungen zu finden. Nur durch diese kalte Dusche vonseiten der kostenbewussten Bürger war die Verwaltung gezwungen kreativ zu werden. (...)
Das Vorbild Zürich ist verständlicherweise nicht beliebt in deutschen Rathäusern und Verkehrsunternehmen, weil es die eigenen Schwächen offen legt. Wenn ökologisch Engagierte die Forderung erheben, auch in der eigenen Stadt müsse nun das ÖPNV-Wunder von Zürich installiert werden, ernten sie Abneigung. Generell gibt es für die Zumutung von anderen Städten lernen zu müssen folgende Reaktionsmöglichkeiten:

- bei Lichte besehen ist der Erfolg gar nicht so groß,
- das ist alles nicht übertragbar,
- das ist alles viel zu teuer.

Da ist es doch interessant anzumerken, dass Zürich bei vergleichbaren Grundstrukturdaten wie Bochum (Bevölkerung, Bevölkerungsdichte etc.) nicht nur ei-

nen ÖPNV-Anteil am Verkehrsmarkt von 36 Prozent hat anstelle von 12 Prozent, sondern dass auch die Angebotsqualität, gemessen an Abfahrten je Quadratkilometer Stadtgebiet, um das Vierfache besser ist. (...) Ein Sonderproblem stellt die Professionalität des ÖPNV-Managements dar. In Zürich sind Manager der Züri-Linie aus erfolgreichen Privatunternehmen geholt worden; professionelle Management- und Publicrelations-Methoden wurden auf diesen normalerweise etwas verstaubten Sektor übertragen.
(Aus: R. Petersen, K. Schallaböck, a. a. O., S. 187–189)

6 *Nennt die charakteristischen Maßnahmen für Groningen und Zürich (M 4 und M 5). Ordnet sie den „Zielen einer ökologischen Verkehrspolitik" (vgl. M 5, S. 229) zu.*
7 *Stellt dar, ob die beiden Modelle auch für Verbesserungen im kommunalen Verkehrsbereich in eurem Ort sorgen könnten.*

M 9 **Auto fahren? Ja, aber kein eigenes!**
Ein Ärztin berichtet: Ich bin Rieke D. und übernehme gerade mein Stadt-Teil-Auto für eine berufliche Fahrt in den Landkreis. Einmal in der Woche muss ich eine Klientin in einem Dorf besuchen, das vom öffentlichen Verkehrsnetz nur spärlich bedient wird. Ich wollte mir schon einen Zweitwagen anschaffen, als ich von der Möglichkeit des Car Sharing erfuhr. Mein Mann ist als Journalist beruflich auf unser Auto angewiesen und ich komme in unserer Stadt gut mit dem Fahrrad klar. Bis auf diese Fahrten in den Landkreis. Die habe ich in der Zentrale unseres Stadt Teil-Autos als regelmäßige Nutzung angemeldet. Das klappt problemlos. Ich zahle einen Kilometerpreis, der alle Kosten enthält. Außerdem musste ich einen Mitgliedsbeitrag für den Verein bezahlen, der die Autos unterhält. Insgesamt ist das nicht gerade billig, aber die Kosten für ein selten genutztes eigenes Auto sind allemal höher. Dann ist da noch das ökologische Argument: Ein eigenes Auto, steht es erst einmal vor der Haustür, wird dann aus Bequemlichkeit für die Fahrten genutzt, die auch mit Fahrrad oder Bus gut zu schaffen sind. Das sehe ich bei meiner Freundin. Und das kann ja wohl nicht der Sinn sein.
(Reinhardt Kalbow, Göttingen)

M 10 **Abschied vom Auto**
Wir sind eine Familie aus einer Kreisstadt in Ostfriesland, drei Kinder zwischen sechs und fünf-

Freie Fahrt!

zehn Jahren, Mutter (arbeitet halbtags) und Vater (Vollzeit berufstätig). Nach fünfzehn Jahren haben wir unser Auto abgeschafft. Das Auto haben wir – wie wohl die meisten Deutschen – nur für Bequemlichkeitsfahrten gebraucht: zur Schule, zu Freunden und den Großeltern, zum Einkaufen, für Kurzausflüge und für den Urlaub. Seit wir es nicht mehr haben, sind wir ruhiger geworden. An den Wochenenden machen wir Ausflüge mit Bus, Bahn und Fahrrad. Wir brauchen für die Wege mehr Zeit und kaufen woanders ein. Fahrten zu Großmärkten entfallen, dafür stärken wir den Einzelhandel. Den ersten Urlaub im Allgäu haben wir mit Bahn und Fahrrädern sehr genossen. Das Auto hat uns im Monat rund 500 DM gekostet, während wir für Bus- und Bahnfahrten monatlich etwa 150 DM (ohne Urlaub) ausgeben. Das Entscheidende aber ist das gute Gewissen unseren Einsichten auch Taten folgen zu lassen. Die meisten Deutschen sind über die umweltzerstörenden Folgen des Autoverkehrs gut informiert, doch kaum einer ändert deswegen sein Verhalten grundlegend. Ein bisschen Kosmetik ist möglich: keine Autofahrt für die fünfhundert Meter zum Brötchenholen.
(Reinhardt Kalbow, Göttingen)

8 *Vergleicht die beiden „Lösungen" von M 9 und M 10 miteinander. Diskutiert über die Möglichkeiten für solche Beispiele zu werben.*
9 *Wägt ab, ob ihr den Beispielen aus M 9 oder M 10 folgen würdet. Nennt Vor- und Nachteile.*

13.4 Verkehrswende ja – aber wie?

Konzepte

M 11

(Karikatur: Dritte Welt Haus Bielefeld)

10 *Interpretiert die Karikatur und überlegt, was der Junge antworten könnte.*
11 *Bewertet die Aussage des Karikaturisten aus eurer Sicht. Haltet ihr die Darstellung für glaubhaft und überzeugend?*

Ihr müsst gar nicht so weit gehen wie die Familie in M 10 auf der vorherigen Seite und auf ein Auto ganz und gar verzichten. Um sich ökologisch und ökonomisch sinnvoll zu verhalten reicht es oft schon aus, Kosten und Zeitverbrauch miteinander zu vergleichen und sich für die kostengünstigere und/oder zeitsparendste Möglichkeit zu entscheiden.

M 12 **Was können Sie tun?**

Sich gegen die Blechlawine zu stemmen oder gar generell auf das Auto zu verzichten ist leichter gesagt als getan. Doch nicht alle „brauchen" ein Fahrzeug „dringend". (...)

- Rechnen Sie nach, wie viel Ihr Auto durch Anschaffung, Wartung, Reparaturen, Pflege, Treibstoff, Verschleiß, Versicherungen, Steuer, Automobilklubs, Parkgebühren, Strafmandate wirklich kostet.
- Addieren Sie einmal, wie viel Zeit Sie Ihrem Auto tatsächlich opfern: An- und Abmeldung, TÜV, Fahrzeiten, Staus, Parkplatzsuche, Werkstattbesuche und Pflege. (Und vergessen Sie nicht die Arbeitszeit, in der Sie das Geld für Ihren Pkw verdienen.)
- Machen Sie sich schlau: über Straßenbahnen, Busverbindungen, U- und S-Bahn. Meist kommen Sie in Ihrem Wohngebiet oder auf der Fahrt zur Arbeit mit dem öffentlichen Nahverkehr schneller und entspannter ans Ziel.
- Überlegen Sie, wann Sie wirklich fahren müssen. Kurze Strecken sind zu Fuß, mit dem Rad oder der Bahn schneller zu bewältigen; das Einkaufen lässt sich mit dem Fahrradanhänger erledigen.
- Teilen Sie sich privat ein Fahrzeug. In Bremen, Berlin und anderswo gibt es inzwischen private Initiativen wie „Stattauto", ein Konzept, das sich durchaus auf Ihren eigenen Bekanntenkreis ummünzen lässt.
- (...) Fordern Sie von Ihren Gemeinden die zeitliche Abstimmung der Anschlüsse (von Bussen und Bahnen) und dichtere Fahrpläne sowie deren Abstimmung mit Schul-, Betriebs- und Bürozeiten.
- Gründen Sie besonders auf dem Land regelmäßige Fahrgemeinschaften (...).
- Dorf- und Vorortstraßen sind meist Rennstrecken. Fordern Sie Tempo 30 vor Ihrer Haustür (...).
- Müssen Sie mit dem Auto verreisen? Schauen Sie sich die Angebote von Reiseveranstaltern an und stellen Sie sicher, dass Ihr Urlaubsziel mit Bahn oder Bus ideal zu erreichen ist. (...)

(Aus: Greenpeace Magazin, Nr. 4, 1991, S. 14)

12 *Überprüft die zuerst genannten Möglichkeiten am Beispiel eurer Familie. Bitte eure Eltern oder andere Verwandte um Hilfe.*

Um unsere verkehrsbedingten Probleme zu lösen müssen auch bauliche, konzeptionelle und politische Entscheidungen getroffen und umgesetzt werden. Im Folgenden sind ein paar Beispiele aufgeführt, die schnell verwirklicht werden könnten.

13.4 Verkehrswende ja – aber wie?

Konzepte

M 13 **Neue Wege gehen**

Verkehr beruhigen
- Tempo auf Landstraßen und Autobahnen beschränken (80/100).
- Tempo-30-Zonen vergrößern.
- Geschwindigkeit stärker kontrollieren.

Verkehr verlagern
- Individualverkehr stärker mit Kosten belasten.
- Parkplätze in der Innenstadt einschränken.
- Nichtmotorisierten Verkehr fördern.

Verkehr vermeiden
- Straßennetz nicht weiter ausbauen.
- Handel und Gewerbe in Stadtteilen ansiedeln.
- Naherholungsgebiete anbieten.

Produkt „Auto“ verbessern
- Benzinverbrauch verringern.
- Verbrauchsobergrenzen staatlich festschreiben.
- Abgasreinigung optimieren.
- Lebensdauer der Autos erhöhen.
- Materialien recyceln.

(Autorentext)

13 *Zeigt auf, inwiefern die in M 13 aufgezeigten Möglichkeiten zu einer Verkehrswende beitragen können.*

Auch die Politiker müssen sich diesen neuen Herausforderungen stellen. Welche Antworten haben sie bei der Gestaltung der künftigen Verkehrspolitik?

Werbung für den öffentlichen Personenverkehr, 1994

M 14 **Aussagen der Parteien zur Verkehrspolitik**

CDU
- Kein generelles Tempolimit auf Autobahnen; stattdessen moderne Verkehrsbeeinflussungsanlagen zur situationsabhängigen Geschwindigkeitsregelung
- Entwicklung von verbrauchs- und emissionsärmeren Motoren

SPD
- Auto weder verteufeln noch vergöttern, attraktive Alternativen ableiten
- Bau verbrauchsarmer und umweltgerechter Autos; 3-Liter-Auto
- EU-harmonisierte Geschwindigkeitsbegrenzung auf Autobahnen, Tempo 30 in Wohngebieten

F.D.P.
- Straßenverkehr muss umweltfreundlicher werden
- Kein generelles Tempolimit: stattdessen situationsabhängige Geschwindigkeitsbegrenzungen durch Verkehrslenkungsmaßnahmen
- Reduzierung des Leerfahrtenanteils im Güterverkehr
- Stärkung des kombinierten Verkehrs

BÜNDNIS 90 DIE GRÜNEN
- Stufenweise Einführung einer Flottenverbrauchsregelung, Verbrauchsobergrenzen für Neufahrzeuge
- Tempolimit: 100 km/h auf Autobahnen, 80 km/h auf Landstraßen und 30 km/h innerhalb von Ortschaften
- Verlagerung des Transitschwerverkehrs auf die Schiene bis zum Jahr 2005

14 *Fordert bei den einzelnen Parteien Parteiprogramme und verkehrspolitische Konzepte an. Überprüft daran, ob die in M 14 aufgeführten Punkte noch dem aktuellen Stand entsprechen. Ergänzt die aufgeführten Aspekte um weiter gehende Forderungen aus euren Materialien.*

15 *Nehmt Stellung dazu, welchem Konzept ihr am ehesten zustimmt.*

Bei einem Projekt arbeitet eine Arbeitsgruppe selbstständig an einem Problem mit unterschiedlichen Fragestellungen. Dabei teilen die Schülerinnen und Schüler untereinander Bereiche und Teilthemen auf und suchen selbstständig nach Materialien.
Projekte benötigen längere und intensivere Arbeitsphasen. Am Ende eines Projektes steht als Ergebnis ein Produkt, das ihr gemeinsam in eigener Verantwortung erstellt habt. Der folgende Leitfaden hilft euch bei der Durchführung.

Themenvorschläge für Projekte

- Die Entwicklung des Verkehrs an unserem Schul-, Wohnort. Ein Interview mit den Verkehrsplanern der Gemeinde bzw. eine Dokumentation.
- Fahrradwege oder Autostraßen? Eine Ausstellung über Verkehrswege, -knotenpunkte und Gefahren an unserem Schul- oder Heimatort.
- Die Veränderung unseres Viertels durch den Straßenbau. Referat über die Veränderungen, Diavortrag.
- Von der Dorfstraße zur Durchgangsstraße. Eine Dokumentation mit Interviews mit älteren Anwohnern unter der Fragestellung „So war es damals“. Vor- und Nachteile der Mobilität.
- Der Fahrradverkehr in unserer Stadt oder Gemeinde skizziert anhand des Radwegeplans. Eine Wandzeitung mit Skizzen und Fotos zu Problemstellen im Straßenverkehr und Verbesserungsvorschlägen aus Gesprächen mit regionalen Umweltgruppen, Verkehrsklubs sowie Stadt- bzw. Gemeindeverwaltungen.
- Unser regionaler Schülertransport. Eine Reportage (vgl. S. 104 f.) mit Interviews der Schulverwaltung und der Verkehrsbetriebe.
- Öffentlicher Nahverkehr als Alternative zum Auto? Eine Ausstellung mit Netzkarten und -plänen, mit Fotos, mit der Darstellung von Komfort, Schnelligkeit, Taktzeiten, Streckenführung und Fahrpreisen sowie Interviews mit Fahrgästen.
- „Geliebtes“ Auto. Ein Theaterstück zu den ökologischen Gefahren des Massenverkehrs.

1. Schritt: Vorbereitung

Themen sammeln
Am sinnvollsten ist es, wenn ihr zunächst alle Fragen und Teilthemen, die euch zu dem übergeordneten Thema einfallen, an der Tafel sammelt. (Diese Sammlung muss noch nicht so ausgefeilt sein wie die Themenvorschläge, die ihr in der linken Spalte findet.) Ihr solltet dann eure Fragen und Teilthemen ordnen und zusammenfassen und euch überlegen, welche Themen davon untersucht werden könnten und welche Aspekte euch besonders interessieren.

Gruppen bilden
Achtet darauf, dass in den einzelnen Gruppen Schülerinnen und Schüler mit verschiedenen Fähigkeiten vertreten sind (Malen, Schreiben, Reden, bestimmte Fachkenntnisse usw.). Ihr solltet euch den Gruppen nach euren Interessen zuordnen und nicht nach Freundschaften. Es ist für euer Projektergebnis nicht gut, wenn sich eine auch sonst immer nur zusammenarbeitende Gruppe findet.

Zeitplan des Projekts bestimmen
Gruppen- und Projektarbeit braucht Zeit, besonders viel um den Arbeitsprozess zu organisieren. Lasst euch also am Anfang nicht entmutigen. Erstellt vor Beginn des Projektes einen groben Arbeitsplan um die Arbeit besser überschauen zu können.

Gruppenarbeit planen
Zunächst solltet ihr überlegen, welche Informationen und Materialien ihr benötigt und wo ihr diese besorgen könnt. Oft müssen auch Termine für Interviews oder Besuche getroffen, Briefe geschrieben oder Öffnungszeiten abgeklärt werden. Zusätzlich müsst ihr eure Interviews oder Gespräche planen.

Darüber hinaus müsst ihr die verschiedenen Aufgaben und Fragestellungen in der Gruppe aufteilen.

Überlegungen zur Präsentation des Projekts
Macht euch vor Beginn des Projekts Gedanken, wie ihr eure Arbeitsergebnisse festhalten und präsentieren wollt. Ihr könnt eine Wandzeitung erstellen, eine Dokumentation oder eine Ausstellung anfertigen, eine Diashow planen, ein Theaterstück schreiben und aufführen, ein Hörspiel erstellen usw. um auch anderen Schülerinnen und Schülern oder euren Eltern eure Ergebnisse vorzustellen.

2. Schritt: Durchführung
Material sichten und bearbeiten
Wenn ihr eure Materialien besorgt habt, müsst ihr sie durcharbeiten und die für euer Thema wichtigen Informationen herausschreiben. Dazu ist es nicht notwendig, die gesamten Bücher und alle Materialien von vorne bis hinten zu lesen oder anzusehen. Ein Blick in das Inhaltsverzeichnis oder auf die Überschriften gibt euch Hinweise darauf, ob dieser Abschnitt für euer Thema wichtig ist.
Ihr solltet überlegen, wie ihr eure Interviews, Fotos, Gespräche usw. am besten dokumentiert. Einigen solltet ihr euch auch, ob ihr zum besseren Verständnis zusätzliche Texte formuliert oder eure Darstellungen mit weiteren Materialien aus Broschüren, Informationsblättern usw. anreichert.

Arbeitsergebnisse überprüfen
Zwischendurch solltet ihr euch immer wieder in der ganzen Klasse zusammensetzen und eure Zwischenergebnisse vorstellen. Verständnisfragen und Nachfragen anderer Schüler, die das Gruppenthema nicht bearbeiten, helfen euch Schwachpunkte der Arbeit zu erkennen. Diese Kritik innerhalb der Arbeitsphase ist sehr wichtig, weil dadurch das von der einzelnen Gruppe zu verantwortende Arbeitsergebnis immer wieder hinterfragt wird und verbessert werden kann.

3. Schritt: Vorstellung der Ergebnisse
Präsentation
Bevor ihr die Arbeitsergebnisse vorstellt, heißt es aus den einzelnen Gruppenbeiträgen ein Gesamtwerk zu erstellen. Diese Phase sollte in der ganzen Klasse besprochen werden, sodass die einzelnen Gruppenbeiträge aufeinander abgestimmt werden können. Sie leidet häufig darunter, dass der Elan zwischenzeitlich durch die arbeitsintensive Gruppenarbeit ein wenig nachgelassen hat. Dennoch solltet ihr versuchen hier noch einmal konzentriert gemeinsam zu arbeiten.

Ankündigung
Oft sind die Projektergebnisse nicht nur für die Schule interessant, sondern auch für eine breitere Öffentlichkeit. Überlegt daher, ob es nicht sinnvoll ist, die Lokalzeitung zu informieren, damit sie über eure Arbeit berichten kann.

4. Schritt: Auswertung des Projekts
Nachdem ihr die Ergebnisse präsentiert habt, solltet ihr in der Klasse die gemeinsame Arbeit auswerten. Sprecht darüber, was gut lief, wo es zu Spannungen kam und was ihr hättet besser machen können.

14. Krieg und Frieden

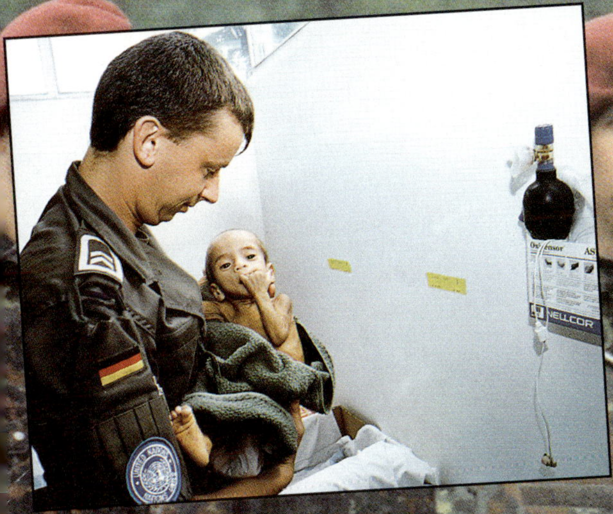

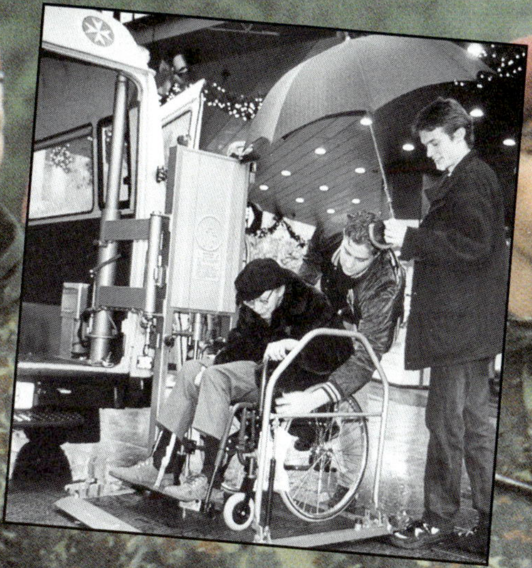

Wenn ihr die Fotos dieser Doppelseite betrachtet, entdeckt ihr verschiedene Aspekte des Kapitelthemas „Krieg und Frieden". Nicht alle Menschen werden dieselben Antworten geben, wenn ihr sie auffordert die friedfertigen und die kriegerischen Aspekte der Bilder zu benennen. Einige Menschen verbinden mit Armeen automatisch Gewalt, andere sehen in (den westlichen) Armeen wichtige friedenserhaltende Einrichtungen von Staaten.

Dennoch, überall auf der Welt gibt es kriegerische Konflikte. Es werden Waffen produziert, die ein wichtiges Exportgut darstellen. Überall auf der Welt gibt es Opfer von kriegerischen Auseinandersetzungen: Es sind Menschen – Männer, Frauen, Kinder, gleichgültig, ob sie eine Uniform tragen oder nicht.

In diesem Kapitel könnt ihr erarbeiten, ob die UNO eine geeignete Institution darstellt, die für mehr Sicherheit und Frieden auf der Welt sorgen kann. Dazu könnt ihr euch zunächst mit der Zielsetzung und dem Aufbau der UNO auseinander setzen um dann zu beurteilen, ob die UNO ihre selbst gesteckten Ziele und Aufgaben in ihrer derzeitigen Funktionsweise erfüllen kann.

Seit der Wiedervereinigung beteiligt sich auch die Bundeswehr an UN-Einsätzen. Um die Frage, ob deutsche Soldaten weltweit eingesetzt werden dürften, gab es eine lange politische Auseinandersetzung. Einige Argumente daraus lernt ihr in diesem Kapitel kennen.
Schließlich stellt sich aber auch für euch einmal die Frage, ob ihr Wehrdienst oder Ersatzdienst leisten bzw. ein freiwilliges soziales Jahr absolvieren wollt. Auch zu dieser Fragestellung bietet euch dieses Kapitel Hilfen.

1 *Betrachtet die Fotos dieser Doppelseite. Findet heraus, welches der Bilder euch am meisten berührt und welches euch am meisten abschreckt. Begründet eure Auswahl.*
2 *Überlegt, ob ihr euch an einer der auf den Fotos dargestellten Aktionen beteiligen würdet. Benennt die Gründe für eure Entscheidung.*
3 *Sicherlich habt ihr schon einmal von UN-Einsätzen gehört. Tragt gemeinsam zusammen, was ihr über die UNO und UN-Einsätze wisst. Vertiefen könnt ihr euer Wissen auf den folgenden Doppelseiten.*

14.1 Anspruch und Wirklichkeit der Vereinten Nationen

Zielsetzung und Aufbau

Nach dem Ende des Zweiten Weltkriegs war der Wunsch nach einem dauerhaften Frieden übermächtig. Nie wieder sollte ein Krieg möglich sein, wie ihn Deutschland unter Adolf Hitler entfesselt hatte. Die Leiden der meisten Völker dieser Erde waren frisch in der Erinnerung und das Ausmaß der Zerstörung und die Zahl der Opfer zu hoch.
Am 26. Juni 1945 unterzeichneten 51 Staaten eine Erklärung, in der sie sich unter anderem zur Achtung der Menschenrechte und zur Wahrung des Weltfriedens verpflichteten. Seit dieser Zeit sind weitere 134 Staaten der UNO beigetreten.

1 *Erarbeitet mithilfe von Atlanten die wichtigsten Gründungsstaaten der UNO. Ihr könntet dazu die verschiedenen Kontinente gruppenweise aufteilen.*

M 2 **Charta der Vereinten Nationen, Präambel und Zielsetzung**
Wir, die Völker der Vereinten Nationen – fest entschlossen künftige Geschlechter vor der Geißel des Krieges zu bewahren, die zweimal zu unseren Lebzeiten unsagbares Leid über die Menschheit gebracht hat, unseren Glauben an die Grundrechte des Menschen (...) zu bekräftigen (...) und für diese Zwecke Duldsamkeit zu üben und als gute Nachbarn in Frieden miteinander zu leben, unsere Kräfte zu vereinen um den Weltfrieden und die internationale Sicherheit zu wahren (...) und Verfahren einzuführen, die gewährleisten, dass Waffengewalt nur noch im gemeinsamen Interesse angewandt wird (...) –, haben beschlossen (...) zusammenzuwirken.

Artikel 1:
Die Vereinten Nationen setzen sich folgende Ziele:

1. den Weltfrieden und die internationale Sicherheit zu wahren und zu diesem Zweck wirksame Kollektivmaßnahmen zu treffen um Bedrohungen des Friedens zu verhüten und zu beseitigen, Angriffshandlungen und andere Friedensbrüche zu unterdrücken und internationale Streitigkeiten oder Streitigkeiten, die zu einem Friedensbruch führen könnten, durch friedliche Mittel nach den Grundsätzen der Gerechtigkeit und des Völkerrechts zu bereinigen oder beizulegen;
2. freundschaftliche, auf der Achtung vor dem Grundsatz der Gleichberechtigung und Selbstbestimmung der Völker beruhende Beziehungen zwischen den Nationen zu entwickeln und andere geeignete Maßnahmen zur Festigung des Weltfriedens zu treffen;
3. eine internationale Zusammenarbeit herbeizuführen um internationale Probleme wirtschaftlicher, sozialer, kultureller und humanitärer Art zu lösen und die Achtung vor den Menschenrechten und Grundfreiheiten für alle ohne Unterschied der Rasse, des Geschlechts, der Sprache oder der Religion zu fördern und zu festigen.

(Aus: Charta der Vereinten Nationen. Zitiert nach: Menschenrechte. Dokumente und Deklarationen. Bonn [2]1996, S. 32 f.)

2 *Ermittelt aus M 2 die Zielsetzungen der UNO und notiert sie in Stichworten.*

3 *Erläutert, welche Mittel die UNO für die Durchsetzung ihrer Ziele vorschlägt.*

M 3 **Wie geht es bei der UNO zu?**

Eine Gruppe älterer farbiger Schüler aus einer katholischen Schule hat (...) Erwartungen an die UNO: „Wir wissen, dass Kinder in vielen Teilen der Erde verhungern und sterben. Die Kinder sind aber die Zukunft. Also müssen wir ihnen helfen und sie beschützen.“ Und wie sollte das geschehen? Michael hätte da eine Idee: „Also, ich würde Abgeordnete aus allen Ländern zusammenrufen und sie alle in einen großen Raum setzen und dann säßen wir da und würden stundenlang reden und eine Lösung finden. Und wenn wir keine fänden, würde ich bis zum nächsten Tag warten, ich würde sie einfach nicht mehr rauslassen, bis das Problem gelöst ist.“

So ähnlich, wie dieser amerikanische Junge es sich vorstellt, geht es tatsächlich zu bei der UNO: viele Länder, viel Gerede in großen Räumen. Doch mit den Lösungen hapert es: weil die meisten Weltprobleme auf konkrete Interessengegensätze zurückgehen – und die verhindern zu oft wirksame Beschlüsse.

Die UNO ist riesig und diffus; da gibt es neben Vollversammlung, Generalsekretär und Weltsicherheitsrat reichlich Sonderorganisationen, Komitees und Konferenzen. Sie sind vernetzt und durchdrungen vom Faserwerk einer globusumspannenden Bürokratie.

(Aus: E. Wehrmann, Wo die Welt an einem Tisch sitzt. In: Die Zeit, 7.12.1990, S. 15)

4 *M 3 versucht anhand eines Beispiels die Vorgehensweise der UNO zu erklären. Stellt dar, warum die UN bei der Durchsetzung ihrer Ziele auf Schwierigkeiten stößt.*

M 4

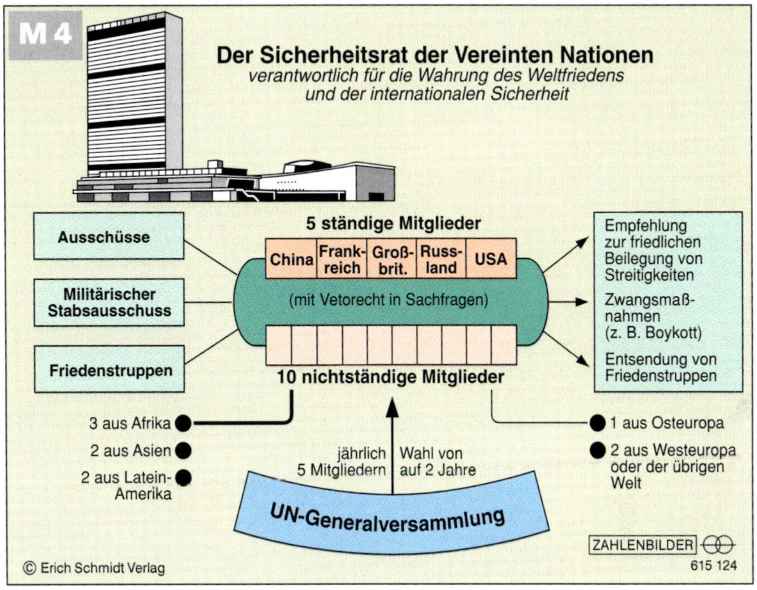

5 *Der Sicherheitsrat der UN hat eine zentrale Funktion. Beschreibt seine Zusammensetzung, seine Aufgaben und seine Grenzen (M 4/M 5).*

M 5 **Die Konzepte „Kollektive Sicherheit“ und „Peace-keeping“**

Das Konzept der „Kollektiven Sicherheit“ ist im Kapitel VII der UN-Charta festgeschrieben. Demzufolge hat der Sicherheitsrat das Recht bei „Bedrohung oder Bruch des Friedens“ Maßnahmen gegen den Aggressor einzuleiten, zunächst wirtschaftlicher Art (Sanktionen u. a.), sodann auch militärischer Art, Maßnahmen, „die zur Wahrung oder Wiederherstellung des Weltfriedens und der internationalen Sicherheit erforderlich sind“.

Das Konzept „Peace-keeping“ beruht nicht auf vom Sicherheitsrat verordneten Zwangsmaßnahmen gegen den Aggressor, sondern darauf, in Übereinstimmung mit den Konfliktparteien friedensfördernde Maßnahmen zu ergreifen und vor allem Gewalt zu verhindern. Beispiele: Entsendung einer UN-Truppe zur Überwachung eines Waffenstillstands, zur Schaffung einer Pufferzone oder zur Aufrechterhaltung von Recht und Ordnung in einem Kriegsgebiet. Die UN-Streitkräfte dürfen keine Gewalt anwenden, außer zur Selbstverteidigung.

(Aus: Stiftung Entwicklung und Frieden [Hg.], Globale Trends. Daten zur Weltentwicklung. Bonn/Düsseldorf 1991, S. 199)

6 *Vergleicht die beiden vorgestellten Konzepte der „Kollektiven Sicherheit“ und des „Peace-keeping“.*

7 *Beurteilt die möglichen Maßnahmen, von denen die UN Gebrauch machen kann.*

Ist die UNO gescheitert?

In der Zeit des Kalten Krieges war es an der Tagesordnung, dass die beiden Supermächte Sowjetunion und USA aufgrund ihrer Interessengegensätze die Arbeit des Sicherheitsrates quasi blockierten.
Mit dem Ende des Kalten Krieges, Ende der Achtzigerjahre, erhielt der UN-Sicherheitsrat eine Aufwertung. Mit dem Schlagwort „Peacekeeping“ (vgl. M 5, S. 239) begann eine Phase des Aufbruchs der UN. Überall galt es, Krisenherde zu löschen. Die UNO hatte weniger in zwischenstaatliche Konflikte wie zu Zeiten des Ost-West-Gegensatzes als vielmehr in innerstaatliche einzugreifen. Beispiele sind z. B. die Einsätze in Somalia oder in Jugoslawien.
Die Einsätze zeigten aber auch die Grenzen der UN auf. Nicht nur einmal scheiterte sie in ihrem Bemühen Frieden zu stiften.

M 6

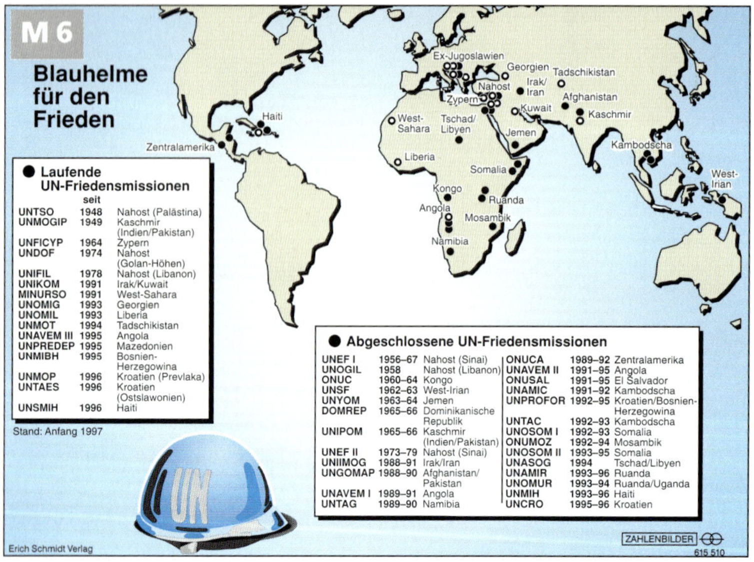

● Laufende UN-Friedensmissionen

	seit	
UNTSO	1948	Nahost (Palästina)
UNMOGIP	1949	Kaschmir (Indien/Pakistan)
UNFICYP	1964	Zypern
UNDOF	1974	Nahost (Golan-Höhen)
UNIFIL	1978	Nahost (Libanon)
UNIKOM	1991	Irak/Kuwait
MINURSO	1991	West-Sahara
UNOMIG	1993	Georgien
UNOMIL	1993	Liberia
UNMOT	1994	Tadschikistan
UNAVEM III	1995	Angola
UNPREDEP	1995	Mazedonien
UNMIBH	1995	Bosnien-Herzegowina
UNMOP	1996	Kroatien (Prevlaka)
UNTAES	1996	Kroatien (Ostslawonien)
UNSMIH	1996	Haiti

Stand: Anfang 1997

● Abgeschlossene UN-Friedensmissionen

UNEF I	1956–67	Nahost (Sinai)	ONUCA	1989–92	Zentralamerika
UNOGIL	1958	Nahost (Libanon)	UNAVEM II	1991–95	Angola
ONUC	1960–64	Kongo	ONUSAL	1991–95	El Salvador
UNSF	1962–63	West-Irian	UNAMIC	1991–92	Kambodscha
UNYOM	1963–64	Jemen	UNPROFOR	1992–95	Kroatien/Bosnien-Herzegowina
DOMREP	1965–66	Dominikanische Republik	UNTAC	1992–93	Kambodscha
UNIPOM	1965–66	Kaschmir (Indien/Pakistan)	UNOSOM I	1992–93	Somalia
			ONUMOZ	1992–94	Mosambik
UNEF II	1973–79	Nahost (Sinai)	UNOSOM II	1993–95	Somalia
UNIIMOG	1988–91	Irak/Iran	UNASOG	1994	Tschad/Libyen
UNGOMAP	1988–90	Afghanistan/Pakistan	UNAMIR	1993–96	Ruanda
			UNOMUR	1993–94	Ruanda/Uganda
UNAVEM I	1989–91	Angola	UNMIH	1993–96	Haiti
UNTAG	1989–90	Namibia	UNCRO	1995–96	Kroatien

8 *Ermittelt aus Zeitungen, Zeitschriften und Nachrichtensendungen, wo und aus welchen Gründen zurzeit UN-Friedenseinsätze stattfinden. Berichtet darüber. M 6 kann euch erste Anhaltspunkte geben.*

Zur Sache: Blauhelme

Als „Blauhelmsoldaten“ werden die Friedenstruppen der UN bezeichnet, die sich aus Soldaten unterschiedlicher Mitgliedsländer zusammensetzen. Die Entsendung ist freiwillig; finanziert wird sie durch die zu entrichtenden Mitgliedsbeiträge einzelner Staaten.
Die Bezeichnung selbst leitet sich aus dem blauen Barett oder Helm ab, den die UN-Soldaten tragen. Blauhelmsoldaten sind keine Kampftruppen. Ihre Aufgaben bestehen darin, Grenzverletzungen zu untersuchen, Waffenstillstandsvereinbarungen zu überwachen, zwischen verfeindeten Gruppen zu vermitteln bzw. Eskalationen zwischen ihnen zu verhindern.
Ziel der UN-Friedensmissionen ist es, die Lage in Krisenregionen zu entschärfen und die Situation in der Region so lange zu stabilisieren, bis andere Konfliktlösungsmittel greifen (z. B. Friedensabkommen).

M 7 **Die UNO ist überfordert**

Das internationale System befindet sich in einer Transformation (Umgestaltung) mit noch ungewissem Ausgang, die Welt ist „turbulent“ (...) geworden. Die USA als einzig verbliebene Weltmacht sind (...) weder willens noch fähig diese ordnungspolitische Lücke auf globaler Ebene auszufüllen. (...)
Es lässt sich nun argumentieren, dass die UNO in besonderem Maße unter diesen Veränderungen leidet, da sie trotz ihrer vergleichsweise geringen Ressourcenausstattung mit hohem Erwartungsdruck versehen wurde (...). So wies die politische Diskussion der UNO nach dem weltpolitischen Umbruch 1989/90 vornehmlich die Aufgabe zu sich als Ordnungsfaktor sowie als Sanktions- und Legitimationsinstanz zu etablieren. Von der Weltorganisation wurde damit aber etwas verlangt, was sie gar nicht zu leisten vermag: mittels Gewalt und Macht eine Welt zu „verfriedlichen“, in der sich Ansätze ziviler Konfliktkultur (...) noch völlig unzureichend herausgebildet haben (...).
Die UNO ist demnach in eine (...) Erwartungsfalle geraten: Ihr Handeln wird mehr und mehr an unrealistischen und irreführenden Sollwerten gemessen. (...)
Dort, wo sich UNO-Mitgliedsstaaten (...) zu entscheidendem Handeln nicht durchringen können (...), sollen Blauhelmaktionen (...) Entschlossenheit demonstrieren.

(Aus: T. Debiel, Die Vereinten Nationen in einer Welt des Umbruchs. In: Sozialwissenschaftliche Informationen, Nr. 3, Juli–September 1995, S. 195 f.)

9 *Die UNO ist in eine „Erwartungsfalle" geraten. Diskutiert diese These (M 7).*

M 8

Die UNO muss reformiert werden

Die seit dem Ende des Ost-West-Konflikts unternommene Fortentwicklung der UN-Friedenseinsätze ist zwar in Schwierigkeiten, sie ist aber nicht grundsätzlich gescheitert. An der Fortentwicklung des Peace-keepings führt angesichts zunehmender ethnischer, religiöser und ähnlicher Konflikte kein Weg vorbei.
Zahlreiche Lehren sind jedoch zu ziehen – dies betrifft insbesondere (1) die Verbesserung der Ausbildung, (2) die Bereitstellung von Truppen für UN-Einsätze auf einer zuverlässigen Basis, (3) die mögliche Errichtung einer mehrere tausend Mann starken UN-Truppe, wie sie einer der Väter des Peace-keepings, Sir Brian Urquhart, vorgeschlagen hat, (4) eine funktionsfähige und politisch akzeptable Regelung der politischen und militärischen Kontrolle von UN-Einsätzen zwischen dem Sekretariat des Generalsekretärs in New York und den jeweils ausführenden Akteuren, (5) Mechanismen für eine gesicherte Finanzierung sowie (6) die Rolle der regionalen Sicherheitseinrichtungen.
(Aus: W. Kühne, Die Friedenssicherung der Vereinten Nationen. In: Aus Politik und Zeitgeschichte, B 2, 1994, S. 27)

10 *Stellt die Reformansätze zusammen, die in M 8 aufgeführt werden. Beschreibt die einzelnen Ansätze und beurteilt sie.*

M 9

Neue Aufgaben für die UNO

Die internationale Staatengemeinschaft braucht ein Frühwarnsystem, das auf potenziell gewaltsame Konflikte rechtzeitig hinweist und mit Maßnahmen präventiver Diplomatie abgestimmt ist. „Ein Quentchen Vorbeugung ist weitaus besser als eine Tonne Bestrafung" – diese Lektion, die Stanley Hoffmann aus dem Golfkrieg gezogen hat, lässt sich auf viele weitere kriegerische Konflikte übertragen. (...) Ein Frühwarnsystem wäre (...) so auszugestalten, dass politische Interessenunterschiede im Sicherheitsrat es nicht gänzlich lahm zu legen vermögen. (...)
Jeff Laurenti von der privaten United Nations Association of the United States (UNA-USA) gebrauchte ein anschauliches Bild um die Herausbildung friedenserhaltender Maßnahmen in der Anfangsphase des Kalten Krieges zu beschreiben: „Der Traum von den Vereinten Nationen als Weltpolizist wurde auf die Vorstellung von einer freiwilligen Weltfeuerwehr heruntergeschraubt."
So schön – so gut, mochte man bis 1988/89 meinen. Worum es aber heute nach dem Ende des Kalten Krieges in aller Bescheidenheit gehen könnte, hat Franz Ansprenger in einem verwandten Bild formuliert: nämlich um eine weltweite Berufsfeuerwehr-Leitzentrale anstelle der bisher eingesetzten freiwilligen Feuerwehren aus diverser Herren Länder.
Wenn dieser Berufsfeuerwehr nicht ständig der Geldhahn zugedreht wird, wenn ihre Einsätze auch einer kritischen Überprüfung unterworfen werden, aber vor allem (und mit drei Ausrufezeichen) wenn weitaus wirksamere Brandschutzbestimmungen als bisher verwirklicht werden, dann könnte ein derartiger Schritt vielleicht mehr sein als der berühmt-berüchtigte Tropfen auf den heißen Stein: Er wäre vielleicht einer jener steten Tropfen, die den Stein höhlen.
(Aus: T. Debiel, Kriegerische Konflikte, friedliche Streitbeilegung und die Vereinten Nationen. In: Aus Politik und Zeitgeschichte, B 2, 1994, S. 16)

Einwohner aus Kigali (Ruanda) auf der Flucht, 1994

11 *Erläutert die in M 9 gebrauchten Bilder von „Weltpolizei", „Weltfeuerwehr" und „Berufsfeuerwehr-Leitzentrale".*
12 *Nehmt Stellung zu dem Vorschlag der zukünftigen Aufgaben der UN in M 9. Bezieht eure Erläuterungen auf einen aktuellen UN-Einsatz (vgl. Aufgabe 8).*
13 *Erklärt, warum die Arbeit der UN während der Zeit des Kalten Krieges problematischer war als heute.*
14 *Führt eine Pro-und-kontra-Diskussion durch zu dem Thema: „Wurde die UNO ihrem selbst gesetzten Anspruch gerecht?"*

14.2 Deutsche Soldaten weltweit?

Ankunft deutscher UN-Soldaten in Somalia, 1993

Der UNO-Sicherheitsrat hatte im Dezember beschlossen den Friedensprozess in Bosnien zu befördern. Ende Dezember 1996 wurden die ersten Geräte der Bundeswehr für die Sfor-Friedensmission im ehemaligen Jugoslawien verladen. Die Bundesrepublik stellte 3300 des 31 000 Soldaten umfassenden Kontingents. Zuvor hatte der Deutsche Bundestag mit großer Mehrheit der Entsendung zugestimmt.
Erst seit der Wiedervereinigung beteiligt sich die Bundesrepublik auch militärisch an UN-Aktionen. Diesen Bundeswehreinsätzen war eine hitzige politische Diskussion vorausgegangen, denn das Grundgesetz sieht vor, dass die Bundeswehr nur zur Verteidigung eingesetzt werden dürfe (vgl. M 1, Art. 87 a GG). Das Bundesverfassungsgericht entschied die Rechtmäßigkeit dieser Bundeswehreinsätze (vgl. M 3).

M 1 **Auszüge aus dem Grundgesetz**

Artikel 24, Abs. 2: Der Bund kann sich zur Wahrung des Friedens einem System gegenseitiger kollektiver Sicherheit einordnen; er wird hierbei in die Beschränkungen seiner Hoheitsrechte einwilligen, die eine friedliche und dauerhafte Ordnung in Europa und zwischen den Völkern der Welt herbeiführen und sichern.
Artikel 87 a, Abs. 1: Der Bund stellt Streitkräfte zur Verteidigung auf. (...)
Abs. 2: Außer zur Verteidigung dürfen die Streitkräfte nur eingesetzt werden, soweit dieses Grundgesetz es ausdrücklich zulässt.

M 2 **Artikel 43 der UN-Charta**

(1) Alle Mitglieder der Vereinten Nationen verpflichten sich zur Wahrung des Weltfriedens und der internationalen Sicherheit dadurch beizutragen, dass sie (...) dem Sicherheitsrat auf sein Ersuchen Streitkräfte zur Verfügung stellen, Beistand leisten und Erleichterungen einschließlich des Durchmarschrechts gewähren, soweit dies zur Wahrung des Weltfriedens und der internationalen Sicherheit erforderlich ist.

M 3 **Urteil des Bundesverfassungsgerichtes vom 12. Juli 1994 (Auszüge)**

1) Die Ermächtigung des Art. 24, Abs. 2 GG berechtigt den Bund nicht nur zum Eintritt in ein System gegenseitiger kollektiver Sicherheit und zur Einwilligung in damit verbundene Beschränkungen seiner Hoheitsrechte. Sie bietet vielmehr auch die verfassungsrechtliche Grundlage für die Übernahme der mit der Zugehörigkeit zu einem solchen System typischerweise verbundenen Aufgaben und damit auch für eine Verwendung der Bundeswehr zu Einsätzen, die im Rahmen und nach den Regeln dieses Systems stattfinden.
2) Art. 87 a GG steht der Anwendung des Art. 24, Abs. 2 GG als verfassungsrechtliche Grundlage für den Einsatz bewaffneter Streitkräfte im Rahmen eines Systems gegenseitiger kollektiver Sicherheit nicht entgegen.
3 a) Das Grundgesetz verpflichtet die Bundesregierung für einen Einsatz bewaffneter Streitkräfte die grundsätzlich vorherige konstitutive Zustimmung des Deutschen Bundestages einzuholen.

(Zitiert nach: G. Unser/M. Wimmer, Die Vereinten Nationen. Zwischen Anspruch und Wirklichkeit. Bonn 1996, S. 132)

1 *Begründet die Entscheidung des BVG (M 3) mithilfe des Grundgesetzes (M 1) und der Verpflichtung aus der UN-Charta (M 2).*

Die politischen Auswirkungen der Umwälzungen der Jahre 1989/90 hatten auch Auswirkungen auf die Diskussion um die Aufgaben der Bundeswehr und sogar ihre Notwendigkeit.
In den Zeiten des Ost-West-Konflikts war jeder Bundeswehreinsatz auf das NATO-Gebiet (NATO-Area) beschränkt. Nach dem Urteil des BVG stehen auch Einsätze „out of area“ mit unserer Verfassung im Einklang.

14.2 Deutsche Soldaten weltweit?

Bundesverteidigungsminister Rühe und sein französischer Amtskollege Millon bei der Beschriftung eines Panzers, 1996

Einsatz deutscher Soldaten in Somalia, 1993

NATO (North Atlantic Treaty Organization)
1949 gründeten die USA mit einer Reihe europäischer Staaten ein Militärbündnis als Gegengewicht zur Sowjetunion. Die NATO ist vor allem ein Verteidigungsbündnis, das im Einklang mit der UN-Charta die Sicherheit der Bündnispartner mit militärischen und politischen Mitteln garantieren möchte. Die Bundesrepublik trat 1955 der NATO bei.

M 4 Die SPD zu deutschen UN-Einsätzen

Der Sicherheitsrat der Vereinten Nationen hat den Ausbau der friedenserhaltenden Maßnahmen in den Mittelpunkt der Friedenssicherung gestellt. (...) Auch wenn das Spektrum der Blauhelmmissionen breiter und ihre Durchführung zum Teil sehr viel komplizierter geworden ist, ist eine klare Grenzziehung möglich und erforderlich zwischen Blauhelmmissionen einerseits und Kriegführung andererseits.
Ein militärischer Einsatz auf der Seite einer Konfliktpartei macht die Blauhelmsoldaten zu Beteiligten an einem Krieg und zu Angriffszielen der anderen militärischen Seite. Dies bedeutet aber das Scheitern der Peace-Keeping-Mission (...).
Kriterien für den Erfolg von Peace-Keeping sind nach wie vor: (...) die offene und demonstrative Präsenz der UNO-Soldaten (keine Tarnung wie bei Kampfeinsätzen) sowie höchst restriktiver (einschränkender) Waffengebrauch mit dem Ziel der Vermeidung von Gewaltanwendung (...).
Die SPD steht dafür, dass die Bundeswehr nicht zu einer frei verfügbaren Interventionsarmee wird und dass es keine Beteiligung der Bundeswehr an Kriegen, z. B. nach dem Muster des Golfkrieges, gibt.

(Aus: Perspektiven einer neuen Außen- und Sicherheitspolitik, Antrag des SPD-Parteivorstandes zum Bundesparteitag in Wiesbaden vom 13. 9. 1993, S. 12–16)

2 *Fasst die Position der SPD zum Einsatz deutscher Soldaten an UN-Missionen zusammen (M 4).*

M 5 Die Bundeswehr als Angriffsarmee?

Für das Offizierskorps ist die Welt nach dem Kalten Krieg ein Pulverfass und die Blauhelmmission nur eine von mehreren Varianten.
Wer (wie der Generalinspekteur der Bundeswehr) (...) den Deutschen Sicherheit in unsicherer Welt verschaffen will, für den ist es keine Frage, „dass man Einsätze deutscher Truppen nicht auf Europa beschränken kann". Auch darf Deutschland sich künftig – geht es nach dem Willen seines obersten Soldaten – nicht erst verteidigen, wenn es bedroht oder angegriffen wird. Die Deutschen sollen zum Beispiel einen militärischen Erstschlag nicht ausschließen um „Konflikte von Deutschland fern zu halten" (...).

(Aus: Der Spiegel, 30. 1. 1995)

3 *Arbeitet die Auffassung des Generalinspekteurs der Bundeswehr heraus (M 5) und vergleicht sie mit der SPD-Position.*

4 *Führt eine Podiumsdiskussion durch (vgl. S. 194 f.): Soll sich die Bundeswehr weltweit militärisch engagieren?*

→ NATO

14.3 Das Geschäft mit der Rüstung

Der Wunsch nach Frieden wird nicht allein durch die Interessengegensätze von Regierungen oder einzelnen Machtgruppen durchkreuzt. Krieg wäre ohne Waffen nicht denkbar. Der Handel mit Waffen wiederum ist ein blühendes Geschäft. Zwar bekunden Regierungen vieler Staaten ihren unbedingten Friedenswillen, doch sind nicht wenige von ihnen als Rüstungsexporteure gut im Geschäft.
Deutschland beispielsweise ist drittgrößter Exporteur konventioneller Waffen in der Welt (vgl. M1). Firmen wie Messerschmitt-Bölkow-Blohm, Krauss-Maffei oder Heckler & Koch sind Branchenriesen.
Neben den offiziellen Rüstungsexporten gibt es zudem einen nicht unerheblichen Anteil illegaler Waffenexporteure. Sie vertreiben ihre Waren über illegale Wege ins Ausland, in der Regel in Krisengebiete.

1 *Benennt die wichtigsten Einfuhr- und Ausfuhrländer im internationalen Waffengeschäft.*

M 2 **Deutsche Rüstungsexporte – Gesetze und Richtlinien**
Nach Artikel 26 Grundgesetz sind Herstellung, Transport und Weitergabe von „zur Kriegführung bestimmten Waffen" in der Bundesrepublik Deutschland nur mit Genehmigung der Bundesregierung zulässig. Im Kriegswaffenkontrollgesetz (KWKG) wird näher ausgeführt in welchen Fällen eine Genehmigung erforderlich ist und in welchen Fällen eine Genehmigung versagt werden sollte. Die zugehörige Kriegswaffenliste definiert welche Geräte unter dieses Gesetz fallen. Ergänzt werden diese Regelungen durch das Außenwirtschaftsgesetz (AWG). In diesem sind Im- und Export grundsätzlich frei, wobei diese Exportfreiheit aber aus wirtschaftlichen oder politischen Gründen eingeschränkt werden kann.
Die in fünf Abschnitte gegliederte Ausfuhrliste zum AWG legt die genehmigungspflichtigen Güter fest: neben Waffen, Munition und Rüstungsmaterial (Abschnitt A) sind dies Nukleartechnologie (B), Waren und Technologien von strategischer Bedeutung (C), Chemieanlagen (D) und Anlagen zur Erzeugung biologischer Stoffe (E). Hinzu kommen Länderlisten, aus denen sich für verschiedene Empfängerländer teilweise unterschiedliche Verfahren ergeben.
Alle diese Gesetze verbieten Rüstungsexporte keineswegs, sondern sie schreiben nur für bestimmte Exporte einen Genehmigungsvorbehalt durch die Bundesregierung oder das Bundesausfuhramt vor. Die Erteilung einer Genehmigung liegt in deren Ermessen.
Als Grundlage für die Entscheidung sollen die von der Bundesregierung erlassenen, rechtlich unverbindlichen „Politischen Grundsätze" zum Rüstungsexport dienen. Diese hatten bis 1982 Rüstungsexporte in so genannte Spannungsgebiete weitgehend verboten. Noch unter der Regierung Schmidt wurde dies abgeändert. Ein Verbot des Exports von Kriegswaffen außerhalb der NATO gilt seitdem zwar weiter; es können aber „aufgrund besonderer politischer Erwägungen Ausnahmen allgemeiner Art festgelegt werden oder im Einzelfall vitale Interessen der Bundesrepublik für eine ausnahmsweise Genehmigung sprechen".
(Aus: Probleme des Friedens 4/1993–1/1994, S. 26 f.)

2 *Erläutert das Verfahren, das eingehalten werden muss um Rüstungsgüter zu exportieren.*

14.3 Das Geschäft mit der Rüstung

M 3 **An der Rüstung hängen Arbeitsplätze**

In der Bundesrepublik beschäftigt die Militärindustrie nach Schätzungen etwa 290 000 Menschen. Indirekt hängen allerdings bis zu 1,3 Millionen Arbeitsplätze von dieser Branche ab.

Zu den wichtigsten wehrtechnischen Anbietern zählen die Nürnberger Diehl Gruppe, der Düsseldorfer Rheinmetall-Konzern, die Münchner Panzerfabrik Krauss-Maffei sowie eine ganze Reihe von Betrieben in der norddeutschen Werftindustrie.

Der mit Abstand größte Produzent von Kriegsgerät (in der Bundesrepublik) ist die erst vor kurzem gegründete „Deutsche Aerospace". Die über 60 000 Mitarbeiter zählende Firma, eine Tochter von Daimler-Benz, besteht aus vier ehemals selbstständigen Unternehmen. Zur „DASA" gehören die Luft- und Raumfahrtfirmen Dornier und Messerschmitt-Bölkow-Blohm (MBB), die Motoren- und Turbinenunion (MTU) sowie die Telefunken System Technik.

(Aus: Kontrapunkt, Nr. 18, 1990, S. 7)

M 4 **„Waffengeschäfte sind nicht wertfrei"**

Kritisches und Nachdenkliches aus den eigenen Reihen, damit wird die deutsche Rüstungsindustrie (...) nicht eben häufig konfrontiert. „Wes Brot ich ess', des Lied ich sing" heißt leider allzu oft die Devise bei den Beschäftigten. Einer, der als Insider seit Jahren sagt, was er denkt und dabei mit grundsätzlicher Kritik an der Rüstungsbranche nicht spart, ist Heinz Friedrich, Diplomingenieur beim Friedrichshafener Flugzeugbauer Dornier (...).

Wie kommt die Tatsache denn bei Ihnen an, dass jetzt deutsche Waffen überall vorne dran sind und dass wir Deutschen ausgerechnet auf dem Gebiet der Waffentechnologie so führend sind, weltweit?

Also bei mir kommt das nicht gut an. Wir haben uns angewöhnt das Geldverdienen wertfrei anzusehen. Die Ethik der Wirtschaft heißt halt: Gewinnmaximierung. Und weiter wollen wir nicht denken. Wir versuchen dann wertfrei zu bleiben und zu sagen: Das ist in der Verantwortung der Politiker.

Aber diese „Wertfreiheit" kann man doch, speziell wenn man Waffen verkauft, nicht ständig als Schutzschild vor sich herschieben?

Das kann man nicht, wir tun es trotzdem. Ich kenne Kollegen, die genauso wertfrei argumentieren: (...) Ich werde dafür bezahlt – fertig. Wenn ich es nicht mache, machen es andere – fertig.

(Aus: was uns betrifft, Nr. 4, 1990, S. 18)

3 *Diskutiert, ob Rüstungsgeschäfte ein Geschäft wie jedes andere darstellen. Berücksichtigt M 3 und M 4.*

M 5 **Dual-Use-Güter**

Das schwierigste Problem bei der Kontrolle von Rüstungsexporten besteht darin, Kriegswaffen von zivilen Gütern zu unterscheiden. Viele Güter können sowohl für zivile als auch für militärische Zwecke eingesetzt werden. Solche Güter nennt man Dual-Use-Güter. Ein Brotmesser ist z. B. ein typisches Dual-Use-Gut. Man kann mit ihm Brot oder Käse schneiden, aber auch einen Menschen töten.

(Aus: Wochenschau Nr. 6, November/Dezember 1994, S. 267)

M 6

(Karikatur: Haitzinger)

4 *Überlegt euch, was der Herr mit dem Bauchladen zu seinem Gegenüber sagen könnte (M 6).*

5 *Mitarbeiter der Rüstungsindustrie und Rüstungsgegner unterhalten sich über ein Verbot von Waffenexporten. Führt ein Rollenspiel durch.*

14.4 Den Kriegsdienst verweigern?

Klaus, vor einem halben Jahr siebzehn geworden, hat geahnt, dass der Brief vom Einwohnermeldeamt bald kommen wird: Er soll den Fragebogen für die „Erfassung" zum Wehrdienst ausfüllen. Eigentlich weiß er noch gar nicht, was er will.
Matthias will sich als „Soldat auf Zeit" verpflichten. Das ist bis zu 15 Jahren möglich. Er verspricht sich über die Offizierslaufbahn hinaus eine Ausbildung, auf die er im zivilen Beruf aufbauen kann.
Jan will verweigern, weil er gegen Gewalt ist. Er beruft sich auf das Grundrecht auf Kriegsdienstverweigerung, das im Grundgesetz verankert ist.

M 1 **29 500 junge Männer rücken ein**
Rund 29 500 Wehrpflichtige werden am 2. Januar zur militärischen Grundausbildung in die Kasernen der Bundeswehr einrücken. (...)
Unter den neuen Rekruten befinden sich der Mitteilung zufolge rund 4260 arbeitslose junge Männer, die auf eigenen Wunsch einberufen wurden. Ferner wurden 2000 Wehrpflichtige des neuen Tauglichkeitsgrades T 7 einberufen, die wegen eingeschränkter körperlicher Fähigkeiten von der militärischen Grundausbildung befreit sind und in Stäben und Dienststellen aller Ebenen (...) Dienst tun werden. Neun Prozent der Rekruten haben bereits erklärt, dass sie nach Ende des Pflichtdienstes freiwillig zwischen zwei und 13 Monaten länger Wehrdienst leisten wollen.
(Aus: Frankfurter Rundschau, 28. 12. 1996)

M 2 **Wehr- und Dienstpflicht (Art. 12 a GG)**
(1) Männer können vom vollendeten achtzehnten Lebensjahr an zum Dienst in den Streitkräften, im Bundesgrenzschutz oder in einem Zivilschutzverband verpflichtet werden.
(2) Wer aus Gewissensgründen den Kriegsdienst mit der Waffe verweigert, kann zu einem Ersatzdienst verpflichtet werden. Die Dauer des Ersatzdienstes darf die Dauer des Wehrdienstes nicht übersteigen. Das Nähere regelt ein Gesetz, das die Freiheit der Gewissensentscheidung nicht beeinträchtigen darf und auch eine Möglichkeit des Ersatzdienstes vorsehen muss, die in keinem Zusammenhang mit den Verbänden der Streitkräfte und des Bundesgrenzschutzes steht.

M 3 **Sinn der Wehrpflicht**
Die allgemeine Wehrpflicht ist Teil der in Jahrzehnten gewachsenen Verteidigungskultur unseres Landes. Sie ist Ausdruck der Bereitschaft der Bürger persönliche Mitverantwortung für den Schutz ihres Gemeinwesens zu übernehmen; denn der Schutz von Freiheit, Recht und Menschenwürde ist Angelegenheit aller Bürger.
Die allgemeine Wehrpflicht verankert die Bundeswehr in der Gesellschaft. Über die Wehrpflichtigen bleibt die Bundeswehr in engem Austausch mit der Bevölkerung, besonders mit der jungen Generation. Die Wehrpflicht schafft so ein hohes Maß an gesellschaftlichem Bewusstsein sowie Interesse an Sicherheits- und Streitkräftefragen in Politik und Gesellschaft. Sie stärkt das Bewusstsein gemeinsamer Verantwortung für unser Land.
(Aus: Bundesministerium der Verteidigung [Hg.], Ja, ich bin dabei. Wegweiser für Wehrpflichtige. Bonn 1996, S. 9)

1 *Erläutert, ob ihr den in M 3 genannten Sinn der Wehrpflicht teilt. Berücksichtigt auch M 2.*

M 4 **Genügend Freiwillige für die Bundeswehr**
Immer mehr junge Frauen und Männer melden sich freiwillig für eine Soldatenlaufbahn in der Bundeswehr. Häufig übersteige die Zahl der Bewerbungen den Bedarf (...), teilte das Bundesverteidigungsministerium (...) mit. Nach dem Tiefstand der Jahre 1991 und 1992 seien die Bewerberzahlen kontinuierlich angestiegen. (...)
Über 30 000 junge Frauen und Männer, 28 Prozent mehr als 1995, bewarben sich für einen Dienst als Zeitsoldat für drei und mehr Jahre. Erstmals seit mehreren Jahren konnte der jährliche Bedarf von 21 000 wieder voll gedeckt werden.
(Aus: Frankfurter Rundschau, 31. 12. 1996)

14.4 Den Kriegsdienst verweigern?

M 5 **Stellungnahme der Wehrbeauftragten**

Die Bereitschaft junger Männer zum Dienen in der Bundeswehr ist seit 1991 dramatisch gesunken. (…) Keinen Zweifel möchte ich daran lassen, dass die anerkannten Kriegsdienstverweigerer im Rahmen des Zivildienstes einen wichtigen Dienst für das Gemeinwesen leisten. (…)

Im Jahre 1995 hat durchschnittlich jeder dritte wehrpflichtige junge Mann es vorgezogen, Zivildienst zu leisten. Die Zahl der eingegangenen Anträge übersteigt mit 160 659 die bisherige Rekordzahl von 151 212 im Jahr des Golfkrieges 1991. (…)

Die Bereitschaft des Einzelnen sich den mit besonderen persönlichen Einschränkungen (…) verbundenen Belastungen des Wehrdienstes auszusetzen geht zurück. Vergleichbare Entwicklungen gibt es auch in anderen Bereichen der Gesellschaft. Individuelle Bedürfnisse verdrängen in vielfältiger Form die Übernahme von Verantwortung für das Gemeinwohl.

Dieser Trend in der Gesellschaft richtet sich bedrohlich gegen den Wehrdienst: Wer „nein“ zum Wehrdienst sagt, erfährt nicht nur unter den jungen Männern heute vielfach eine höhere Wertschätzung als der junge Soldat, dem nicht selten soziales Engagement abgesprochen wird.

(Aus: Jahresbericht 1995 der Wehrbeauftragten des Deutschen Bundestages. Bundestagsdrucksache 13/3900, 5. 3. 1996, S. 15–16)

M 6 **Meinungen von Zivildienstleistenden**

„Wenn ich im Krankenhaus Patienten betreue, weiß ich täglich, ich hab was geschafft“, sagt Martin über seinen Dienst, den er nicht als Verweigerung, sondern als soziales Engagement begreift. „Bisher war ich Nutznießer der Gesellschaft, ob im Kindergarten oder bei der Schulausbildung – jetzt kann ich mich revanchieren“, sagt der 19-jährige Abiturient.

(Aus: C. Holzgreve, Statt zum Bund an die Pflege-Front. In: Hannoversche Allgemeine Zeitung, 5. 9. 1995, S. 4)

2 *Arbeitet die einzelnen Thesen aus M 5 heraus und bezieht dazu Stellung.*

3 *Schreibt für euch persönlich eine Begründung: „Warum ich zur Bundeswehr gehe“ bzw. „Warum ich verweigere“. Bezieht die Materialien dieser Doppelseite ein.*

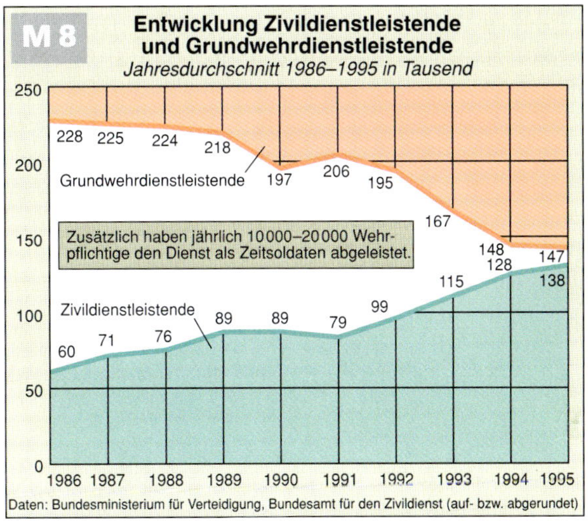

(Nach: Reeb, Wochenschau, Sek. II, Nr. 2, 1996, S. 48)

M 7 **Weder Wehr- noch Zivildienst**

Die meisten Diskussionen über Alternativen zur allgemeinen Wehrpflicht beschränken sich auf zwei Grundkonzepte. Die einen schlagen vor, (…) dass es nur noch freiwillig länger Dienende und Berufssoldaten geben soll, die anderen möchten eine allgemeine Dienstpflicht einführen. (…)

Ich plädiere dagegen dafür, die allgemeine Wehrpflicht aufzuheben oder zumindest auszusetzen und als Alternative ein Anreizsystem für die freiwillige Übernahme von öffentlichen Aufgaben einzuführen um genügend junge Menschen für die verschiedenen Dienste motivieren und rekrutieren zu können. (…) Alle jungen Menschen, also auch die Frauen, (sollten) ermuntert werden ein Jahr lang in einem freiwilligen sozialen Dienst tätig zu werden. Die Ableistung eines solchen Dienstjahres kann bei sämtlichen Formen und Trägern des öffentlichen Dienstes von der Bundeswehr bis zum Kindergarten, von der Feuerwehr bis zum Entwicklungsdienst, von der Altenpflege bis zum Umweltschutz, von der Polizei bis zum Katastrophenschutz wie auch bei internationalen Organisationen erfolgen. (…) Männer und Frauen sind dabei gleichgestellt, was bedeutet, dass Frauen der Dienst in den Streitkräften nicht verwehrt werden darf.

(Aus: B. Meyer, Freiwillige Dienste als Alternative zu Pflichtdiensten. In: Sozialwissenschaftliche Informationen, Nr. 9, 1994, S. 11 ff.)

4 *Diskutiert den Vorschlag eines freiwilligen sozialen Jahres.*

5 *Führt mithilfe der vorliegenden Materialien ein Streitgespräch zum Thema „Wehr- oder Zivildienst“.*

Methode: Meinungsumfrage

In diesem Kapitel war immer wieder die Rede vom Ende des Ost-West-Konflikts und die dadurch veränderte weltpolitische Lage. Das Ende des Kalten Krieges hat Auswirkungen auf das sicherheitspolitische Denken in unserem Staat. Deutschland ist nicht länger Frontstaat mit einer direkten Grenze zum ideologischen Gegner.
Benötigen wir also weiterhin eine Bundeswehr mit der jetzigen Personalstärke, die sich überwiegend aus Wehrpflichtigen zusammensetzt? Wäre eine Freiwilligenarmee nicht angemessener?
In der Tat wurde die Personalstärke der Bundeswehr von fast 500 000 auf 340 000 Soldaten reduziert.
Während die einen betonen, dass die Bundeswehr aufgrund ihrer neuen Aufgaben die Wehrpflicht beibehalten müsse, sind andere der Überzeugung, dass auch ein erheblich kleineres Berufsheer die Verteidigungsbereitschaft aufrechterhalten könnte. Wie aber denken eure Mitmenschen darüber?

Eine Möglichkeit in Erfahrung zu bringen, wie andere über dieses Thema denken, ist die Durchführung einer Meinungsumfrage.

Mit einer Meinungsumfrage ermittelt ihr innerhalb einer kurzen Zeit auf einfachem Wege die Meinungen vieler Menschen. Es besteht dabei die Möglichkeit sich bestimmte Personengruppen auszusuchen (Männer, Frauen, Ledige, Rentner etc.) oder die Auswahl dem Zufall zu überlassen. Die Ergebnisse können nach ihrer Auswertung anschaulich in Diagrammen präsentiert werden.

Schritt 1: Vorbereitung
In einem ersten Schritt ist festzulegen, was eigentlich genau in Erfahrung gebracht werden soll.
Eine Gruppe in der Klasse entwirft einen Fragebogen und führt mit ihm bei den Mitschülerinnen/Mitschülern eine Probebefragung durch. So können die Fragestellungen auf ihre Verständlichkeit hin überprüft werden. Jetzt kann die Zielgruppe im Einzelnen festgelegt werden: die Mitschülerinnen und Mitschüler an der eigenen Schule, in einer bestimmten Klasse oder in verschiedenen Klassenstufen, die Menschen, die auf der Straße nach dem Zufallsprinzip ausgesucht werden. Festzulegen ist, wie viele Personen befragt werden sollen und wie viele Befragungsgruppen zu bilden sind.

Schritt 2: Durchführung
Ihr wollt von Menschen Antworten bekommen. In der Schule seid ihr unter euch, aber auf der Straße begegnet ihr fremden Menschen. Beachtet dies und verhaltet euch entsprechend.
Bildet Zweier-, höchstens Dreiergruppen, stürzt euch nicht auf die Menschen, sondern begegnet ihnen. Seid freundlich und fragt, ob der Passant Zeit hätte einige Fragen zu beantworten und gebt euch als Schülerinnen/Schüler zu erkennen. Auf diese Weise vermeidet ihr euch zu viele „Körbe“ einzuhandeln.
Erstellt am besten eine Checkliste der Gegenstände, die ihr zur Befragung mitnehmen müsst: Fragebogen, Stift, feste Schreibunterlage.
Ihr könnt ausführlichere Antworten auch zur besseren Auswertung mit einem Kassettenrekorder aufnehmen. (Mikro und Kassette nicht vergessen!) Aber auch hier solltet ihr eure Interviewpartnerin oder euren Interviewpartner zunächst fragen, ob es ihr bzw. ihm recht wäre, wenn ihr die Antworten auf Kassette aufzeichnet.

Methode: Meinungsumfrage

Schritt 3: Auswertung

Bei der Auswertung der Fragebögen gilt als erste Regel: *Erst auswerten, dann bewerten.*

Ihr könnt die Antworten – soweit es sich um solche auf „geschlossene" Fragen handelt – auf einen Auswertungsbogen als Strichliste übertragen und später in Säulendiagrammen zusammenfassen. Jetzt kann die Diskussion über die Bewertung der Ergebnisse beginnen. Die Fragen, die ihr euch vor der Befragungsaktion gestellt habt, über Zusammenhänge zwischen Alter, Geschlecht und bestimmten Antworten zum Beispiel, können beantwortet werden. Beachtet dabei: Auch eine noch so gute Befragungsaktion gibt kein objektives Bild. Ihr erhaltet immer nur einen Ausschnitt möglicher Meinungen.

Musterfragebogen

Fragen zur Person – Alter:
- Mann
- Frau

Befürworten Sie die Existenz der Bundeswehr?
- ja
- nein
- weiß ich nicht

Haben Sie sich mit dem Thema Bundeswehr in der letzter Zeit beschäftigt?
- nie
- manchmal
- oft
- sehr häufig

Welche Meinung haben Sie zur erfolgten Reduzierung der Truppenstärke auf 340 000 Soldaten?

Finde ich
- begrüßenswert
- ist mir egal
- macht mir Angst
- keine

Würden Sie es begrüßen, wenn die Bundeswehr statt einer Wehrpflichtigen- eine Freiwilligenarmee wird?
- nein
- grundsätzlich ja
- sollte bleiben wie bisher
- weiß ich nicht

Regeln für das Aufstellen der Fragen

1. Kurze Fragen formulieren.
2. Bei „geschlossenen Fragen" werden die Antwortmöglichkeiten vorgegeben. Dabei sollte mehr als die Antworten „ja" und „nein" vorgesehen sein um möglichst genaue Antworten zu erhalten.
3. Achtet auf eine einfache Wortwahl; verwendet keine umgangssprachlichen Ausdrücke.
4. Die Fragestellungen müssen eindeutig sein. Sie dürfen keine festgelegten Antworten fordern (Suggestivfragen). Belehrt eure Gesprächspartner nicht.
5. Beschränkt die Zahl der Fragen.
6. Prüft die Art der Fragen: Fragen nach Fakten (z.B. nach Personendaten), Meinungsfragen usw.
7. Beachtet die Reihenfolge der Fragen. In der Regel gilt: einfache, kurze Fragen zu Beginn, schwierigere, umfangreichere zum Schluss.

A

Arbeit Als Arbeit werden körperliche oder geistige Tätigkeiten bezeichnet. Durch sie werden Waren hergestellt und Dienstleistungen getätigt. Durch bezahlte Arbeit – auch Erwerbstätigkeit genannt – verdient man für sich oder seine Familie den Lebensunterhalt. Unbezahlte Tätigkeiten, etwa Hausarbeit oder ehrenamtliche Leistungen, bezeichnet man ebenfalls als Arbeit. Arbeit trägt zu einem sinnvollen und befriedigenden Leben bei.
Durch die technische Entwicklung hat sich Arbeit gewandelt. Schwere körperliche Tätigkeiten sind immer seltener notwendig, stattdessen müssen Maschinen bedient und überwacht werden. Zunehmend werden Computer und Mikroelektronik eingesetzt. In den letzten Jahren nahm die Anzahl der Arbeitsplätze ständig ab. Nicht mehr allen, die arbeiten wollen, steht ein Arbeitsplatz zur Verfügung.
→ Arbeitslosigkeit, Hausarbeit, Mikroelektronik

Arbeitgeberverbände Arbeitgeberverbände sind freiwillige Zusammenschlüsse von Unternehmern zur Wahrung ihrer Interessen gegenüber den Arbeitnehmern und gegenüber dem Staat. Sie vertreten die sozialpolitischen Belange ihrer Mitglieder. Die Arbeitgeberverbände sind als Fachverbände der einzelnen Wirtschaftszweige organisiert, z. B. der Metallindustrie oder der chemischen Industrie. In diesen Wirtschaftszweigen sind sie die Verhandlungs- und Vertragspartner der Arbeitnehmerorganisationen, der Gewerkschaften, beim Abschluss von Tarifverträgen.
Nahezu alle Fachverbände sind in der Bundesvereinigung der deutschen Arbeitgeberverbände (BDA) zusammengeschlossen, die ihrerseits wieder in Landesverbände gegliedert sind.
→ Gewerkschaften, Tarifvertrag, Unternehmer

Arbeitnehmer / Arbeitnehmerinnen Menschen, die einer abhängigen Beschäftigung nachgehen und dafür bezahlt werden, nennt man Arbeitnehmer und Arbeitnehmerinnen. Im Unterschied zu Selbstständigen schließen sie mit dem Arbeitgeber einen Arbeitsvertrag ab. Darin werden die Arbeitszeit, die Arbeiten, die zu verrichten sind, und das Einkommen festgelegt. Man unterscheidet zwischen Arbeitern, Angestellten und Beamten. Arbeiter sind vorwiegend im industriellen Bereich tätig. Während sie früher in erster Linie körperliche Arbeit verrichtet haben, sind solche Arbeiten mit der Automatisierung zunehmend überflüssig geworden. Heute sind Arbeiter immer häufiger für die Bedienung und Überwachung von Maschinen zuständig. Angestellte sind in der Verwaltung, in Banken und in der Industrie im kaufmännischen und technisch-wissenschaftlichen Bereich beschäftigt. Tätigkeitsfeld und Bezahlung von gut qualifizierten Arbeitern (Facharbeitern) und Angestellten nähern sich immer mehr an. Beamte sind im öffentlichen Dienst beschäftigt, d. h. bei Gemeinden oder Städten, bei Ländern oder beim Bund.
→ Arbeit, Unternehmer

Arbeitsförderungsgesetz Das Arbeitsförderungsgesetz ist die wichtigste Rechtsgrundlage für die deutsche Arbeitsmarktpolitik. Ziel des Gesetzes ist es, einen möglichst hohen Beschäftigungsstand zu erreichen bzw. zu erhalten. Das Gesetz regelt aber auch, wer als erwerbslos gilt und wie hoch die Leistungen des Arbeitslosengeldes (Alg) und der Arbeitslosenhilfe (Alhi) sind. Erwerbslos ist nach den §§ 6 und 101 ff. des AFG nur, wer sich beim Arbeitsamt persönlich als arbeitslos hat registrieren lassen, wer keiner oder nur einer kurzzeitigen Beschäftigung nachgeht. Ein Erwerbsloser muss eine längerfristige Tätigkeit suchen und darf nicht arbeitsunfähig erkrankt sein. Auch muss ein Erwerbsloser jederzeit der Arbeitsvermittlung zur Verfügung stehen und jede zumutbare Tätigkeit annehmen. Die Definition dessen, was als „zumutbar" gilt, wird in Abständen neu festgelegt, wobei ein eindeutiger Trend darin liegt, die Grenzen immer weiter zu fassen.
Die Höhe der Ersatzleistungen für ausfallenden Lohn und ausfallendes Gehalt in Form des Arbeitslosengeldes und der Arbeitslosenhilfe regelt § 112 des AFG.
Ein erheblicher Teil der Erwerbslosen, die Leistungen aus dem Arbeitsförderungsgesetz beziehen, lebt knapp über oder sogar unter der Armutsgrenze (derzeit etwa 44 %).
→ Arbeit, Arbeitslosigkeit, Beschäftigungspolitik, soziale Sicherung

Arbeitslosigkeit Als arbeitslos gelten Menschen, die über einen längeren Zeitraum keiner Erwerbstätigkeit nachgehen können. Die wichtigsten Formen der Arbeitslosigkeit und ihre Ursachen sind:

1. Die *konjunkturelle* Arbeitslosigkeit. Sie entsteht, wenn die allgemeine Nachfrage nach Arbeitskräften zu gering ist. Dies ist in einem Wirtschaftsabschwung oder einem Konjunkturtief (Rezession) der Fall. Von der konjunkturellen Arbeitslosigkeit sind in der Regel alle Wirtschaftsbereiche und Regionen betroffen.
2. Die *strukturelle* Arbeitslosigkeit. Ihre Ursache liegt in der sich verändernden Wirtschaftsstruktur eines Landes. Eine ihrer möglichen Ursachen sind beispielsweise Rationalisierungsmaßnahmen durch Mechanisierung und Automatisierung. Strukturelle Arbeitslosigkeit kann auftreten, wenn Unternehmer zunehmend qualifizierte Arbeitskräfte anstatt ungelernter Arbeitskräfte suchen, bestimmte Produktbereiche nicht mehr nachgefragt werden oder in anderen Ländern aufgrund günstigerer Gehaltsentwicklungen billiger produziert werden kann.
3. Die *saisonale* Arbeitslosigkeit. Sie ist zeitlich beschränkt und kehrt aufgrund von Saisonschwankungen in bestimmten Berufen und Gewerben wieder (z. B. Erntehelfer, Baugewerbe, Tourismusbranche).
4. Die *Fluktuations*-Arbeitslosigkeit: Sie entsteht aus dem freiwilligen Wechsel von Menschen zwischen Beschäftigungsverhätnissen oder aus dem Suchen nach besseren Berufen. So suchen Schulabgänger ebenso nach einer Beschäftigung oder einem Beruf wie Menschen, die in eine andere Stadt umziehen, oder wie Frauen, die nach der Geburt ihrer Kinder ins Berufsleben zurückkehren.
5. Die *friktionelle* Arbeitslosigkeit: Sie entsteht als Folge von wirtschaftlichen Engpässen, z. B. in der Energieversorgung.

Meist treten mehrere Formen der Arbeitslosigkeit zugleich auf und ihre Ursachen wirken zusammen.
Das Ausmaß von Arbeitslosigkeit wird mit der *Arbeitslosenquote* angegeben, die monatlich durch die Bundesanstalt für Arbeit bekannt gegeben wird. Sie zeigt den Prozentanteil der Arbeitslosen im Verhältnis zu der Gesamtzahl der Erwerbspersonen an. Es werden jedoch nur jene Erwerbslosen in der Arbeitslosenstatistik berücksichtigt, die beim Arbeitsamt als arbeitslos registriert sind (siehe Arbeitsförderungsgesetz).
Für den Einzelnen und seine Familie bringt Arbeitslosigkeit nicht nur finanzielle, sondern häufig auch gesundheitliche und psychische Probleme mit sich. Zudem kann Arbeitslosigkeit zur allgemeinen Unzufriedenheit in einem Land führen und den sozialen und gesellschaftlichen Frieden gefährden.
→ Arbeit, Wachstum

Arbeitszeit Arbeitszeit ist diejenige Zeit, die für die Arbeit aufgebracht wird. Im engeren Sinn ist es die Zeit, in der ein Arbeitnehmer aufgrund eines Arbeitsvertrages für einen Arbeitgeber gegen Bezahlung arbeitet. Diese Arbeit ist durch Gesetze, Tarifverträge (zwischen Arbeitgeberverbänden und Gewerkschaften), betriebliche Vereinbarungen (zwischen Unternehmer und Betriebsrat) oder einzelne Arbeitsverträge (zwischen dem Unternehmer und dem einzelnen Arbeitnehmer) geregelt. Die Regelungen beziehen sich auf die tägliche, wöchentliche und jährliche Dauer der Arbeitszeit, auf bezahlte und unbezahlte Pausen sowie Urlaub.

Die Arbeitszeit war stets einer der Hauptkonfliktpunkte zwischen Arbeitgebern und Arbeitnehmern bzw. Arbeitgeberverbänden und Gewerkschaften. Sie ist es heute – angesichts knapper werdender Arbeit und Verlagerung von Arbeit ins Ausland – mehr denn je. Die Gewerkschaften streben neben längerem Urlaub und einer Verkürzung der Lebensarbeitszeit insbesondere die Verkürzung der Wochenarbeitszeit, die 35-Stunden-Woche, z. T. sogar die 32-Stunden-Woche an. Die Arbeitgeberverbände setzen sich dagegen für die Flexibilisierung der Arbeitszeit ein, d. h. für die Anpassung an die jeweilige Auftragslage um die Auslastung der Produktion zu verbessern. Zu dieser Flexibilisierung gehören u. a. Ausdehnung von Teilzeit-, Schicht- und Samstagsarbeit und die Aufteilung von Arbeitsplätzen auf zwei oder mehr Arbeitnehmer. Da Flexibilisierung Arbeitnehmerinteressen nicht grundsätzlich zuwiderläuft, haben die Gewerkschaften mittlerweile Konzepte einer Flexibilisierung im Arbeitnehmerinteresse entwickelt ohne auf die Forderung nach Arbeitszeitverkürzung zu verzichten.

→ Arbeit, Arbeitnehmer/Arbeitnehmerinnen, Gewerkschaften, Marktwirtschaft, Unternehmer

Asyl Das Wort Asyl kommt aus dem Griechischen und heißt Obdach, Zufluchtsstätte. Im Grundgesetz der Bundesrepublik Deutschland (Art. 16) ist festgelegt, dass politisch Verfolgte das Recht auf Asyl haben. Am 1. Juni 1993 wurde dieses Grundrecht eingeschränkt und das Asylrecht geändert. Nun werden die Flüchtlinge sofort abgewiesen, die aus einem EU-Mitgliedstaat oder einem anderen so genannten sicheren Drittstaat einreisen. Wer aus so genannten verfolgungssicheren Staaten kommt, erhält ein verkürztes Asylverfahren und kann sofort abgeschoben werden. Welche Staaten als verfolgungssicher gelten, legt das Bundesinnenministerium fest. Schon auf Flughäfen kann in Außenstellen des „Bundesamtes für die Anerkennung ausländischer Flüchtlinge“ sofort über Anträge von Flüchtlingen entschieden werden. Eine Klage gegen diese Entscheidung ist nur aus dem Ausland möglich. Abgelehnte Asyl Suchende dürfen jedoch nicht in ihre Herkunftsländer zurückgeschickt werden, wenn ihnen dort Lebensgefahr droht, wie etwa in Kriegs- und Unruhegebieten. Flüchtlinge aus Kriegsgebieten werden zeitlich befristet und in Kontingenten (bestimmten Quoten) aufgenommen.

Asyl Suchende, die nicht sofort abgewiesen werden, müssen einen Antrag bei einer Ausländerbehörde stellen, der zum „Bundesamt für die Anerkennung ausländischer Flüchtlinge“ weitergeleitet wird. In einem Anerkennungsverfahren müssen sie nachweisen, dass sie tatsächlich politisch verfolgt werden. Bis darüber entschieden ist, bleiben die Asyl Suchenden in Sammelunterkünften und dürfen die Stadt oder den Kreis, dem sie zugeteilt wurden, nur mit Sondergenehmigung verlassen. 1992 wurden 4,3 % aller Anträge anerkannt, 1993 nur noch 3,2 %. In Widerspruchsverfahren wurde etwa 15 % der abgelehnten Anträge nachträglich stattgegeben.

Wer als Asylberechtigter anerkannt ist, darf seinen Wohnsitz frei wählen und hat Anspruch auf Deutschkurse, berufliche Weiterbildung und soziale Sicherung. Nach sieben Jahren Aufenthalt in der Bundesrepublik Deutschland kann die deutsche Staatsbürgerschaft beantragt werden.

→ Menschenrechte, Migration

Ausländer Wer sich in einem Land befindet, dessen Staatsangehörigkeit er nicht besitzt, gilt als Ausländer. In der Bundesrepublik Deutschland benötigen Ausländer, die sich länger als drei Monate aufhalten und arbeiten möchten, eine Aufenthaltsgenehmigung. Die rechtliche Stellung von Ausländern ist im Ausländergesetz geregelt. Es umfasst Bestimmungen über Einreise, Aufenthalt, Niederlassung, Familiennachzug, Erwerbstätigkeit und soziale Sicherung. Es regelt auch die Einbürgerung, die für in der Bundesrepublik geborene Ausländer leichter ist. Eine doppelte Staatsangehörigkeit ist bislang nur in Ausnahmefällen möglich. Ausländer, die aus Nicht-EU-Staaten kommen, haben in der Bundesrepublik Deutschland eingeschränkte Rechte. Auch wenn sie seit langem in der Bundesrepublik leben, dürfen sie nicht wählen, obwohl sie der deutschen Gerichtsbarkeit unterliegen, Steuern zahlen und in Gewerkschaften und Betrieben Wahlrecht haben. Einige Länder wie Schweden (1976), Dänemark (1982) und die Niederlande (1986) haben das kommunale Wahlrecht eingeführt.

→ Asyl, Aussiedler, multikulturelle Gesellschaft

Aussiedler Aussiedler sind Menschen deutscher Herkunft, einschließlich ihrer nichtdeutschen Ehegatten und Kinder, die nach Deutschland übergesiedelt sind. Sie stammen vor allem aus ost- und südosteuropäischen Ländern wie Rumänien, Polen und den Nachfolgestaaten der Sowjetunion. Seit 1990 müssen diejenigen, die übersiedeln wollen, von dem Land aus, in dem sie leben, einen Aufnahmeantrag stellen. Für die Anerkennung als Aussiedler müssen sie ihre deutsche Herkunft belegen und glaubhaft machen sich als Deutsche verhalten zu haben, etwa in Kultur oder Sprache, und sich als Deutsche zu fühlen. Seit dem 1. Januar 1993 ist gesetzlich festgelegt, dass die Bundesrepublik nicht mehr Aufnahmebescheide erteilt, als Aussiedler in den vorangegangenen Jahren zugezogen sind.

In der Bundesrepublik können Aussiedler an Sprachkursen teilnehmen, bekommen Eingliederungshilfen, berufliche Fortbildungskurse und haben Anspruch auf Sozialleistungen und günstige Kredite.

→ Asyl, Ausländer

Automatisierung Automatisieren bedeutet, etwas selbsttätig ablaufen lassen. Arbeitsvorgänge werden heute immer weniger von Menschen und immer mehr von Automaten, etwa Robotern oder Computern, übernommen.

Neben dem Haushalt und anderen Bereichen des täglichen Lebens sind es vor allem Fabriken und Büros, in denen Automaten zur Anwendung kommen. Sie ersetzen dort menschliche Eigenschaften wie Muskelkraft, handwerkliche und z.T. auch geistige Fähigkeiten. Ziel ist dabei eine rationellere, wirkungsvollere Arbeit. Mit Automaten können z. B. in immer kürzerer Zeit immer mehr Waren hergestellt und damit preiswerter angeboten werden. Automaten übernehmen auch schwere, eintönige oder gefährliche Arbeiten.

Bei automatisierten Arbeiten werden die Vorgänge in einem vorher berechneten – programmierten – Lösungsweg miteinander verknüpft. Der Mensch berührt die Werkstücke nicht mehr; er plant, überwacht, repariert. Dadurch wurden viele Berufe überflüssig, andere entstanden neu. Seit Mitte der 1970er-Jahre wird die mechanische Automation zunehmend durch die mikroelektronische ersetzt.

→ Arbeit, Beruf, Mikroelektronik, Rationalisierung

B

Beruf Ein Beruf dient dazu, den Lebensunterhalt zu sichern, persönliche Leistungsfähigkeiten unter Beweis zu stellen, Anerkennung zu finden, Interessen zu verwirklichen und Selbstbewusstsein zu entwickeln. Auch die soziale Stellung eines Menschen, der Status, ist entscheidend von seinem Beruf abhängig.
Erwerben kann man einen Beruf in einer betrieblichen Ausbildung, einer Berufsfachschule, Berufsaufbauschule, einer Fachhochschule oder Hochschule. Die betriebliche Berufsausbildung erfolgt nach dem so genannten dualen Bildungssystem, d.h. zum größten Teil wird im Betrieb ausgebildet, begleitet vom Besuch einer Berufsschule.
Die Berufswahl hängt von der Schulbildung und den eigenen Fähigkeiten und Interessen ab. Zahlreiche weitere Faktoren wie der Einfluss von Eltern und Freunden, die voraussichtlichen Entwicklungen des Arbeitsmarktes, die Information über Berufsangebote, die vorhandenen Ausbildungsplätze, Aufstiegschancen und Verdienstmöglichkeiten können ausschlaggebend sein.
Die technische Entwicklung verändert Berufe immer wieder. Einige werden überflüssig, andere – vor allem im Bereich Datenverarbeitung, Computertechnik oder Mikroelektronik – entstehen neu. In vielen Berufen verändern sich durch den Einsatz neuer Techniken die Anforderungen ständig. Deshalb ist auch nach einer abgeschlossenen Berufsausbildung eine stetige Weiterbildung notwendig.
→ Berufliche Mobilität, Berufsausbildung, soziale Schichtung

Berufliche Mobilität Mobilität heißt Bewegung, Beweglichkeit. Berufliche Mobilität bezieht sich sowohl auf den Arbeitsplatz- und Ortswechsel als auch auf die Erlernung eines neuen Berufes oder die Arbeit in einem berufsfremden Bereich. Während früher ein Beruf meist ein ganzes Leben lang ausgeübt wurde, hat sich das in der Industriegesellschaft gewandelt. Berufliche Mobilität kann freiwillig oder erzwungen sein. Freiwillige Gründe können besserer Verdienst, befriedigendere Tätigkeiten oder gute Aufstiegsmöglichkeiten sein. Berufliche Veränderungen werden erzwungen, wenn gesundheitliche Belastungen oder Krankheiten die Ausübung eines Berufes nicht mehr ermöglichen oder wenn durch technische oder wirtschaftliche Veränderungen Arbeitslosigkeit droht.
→ Arbeit, Beruf

Berufsausbildung Berufsausbildung ist die Vermittlung von beruflichen Fertigkeiten, Kenntnissen und von Berufserfahrung, die für die Ausübung einer qualifizierten beruflichen Tätigkeit notwendig sind. In Deutschland wird die berufliche Erstausbildung in einem Ausbildungsgang überwiegend als duales (zweifaches) System in Betrieben und Schulen durchgeführt. Der Schwerpunkt der praktischen Ausbildung liegt dabei in den Betrieben, der Schwerpunkt der theoretischen Ausbildung in den Berufsschulen. Rund zwei Drittel bis drei Viertel der Jugendlichen im Alter von 16 bis 19 Jahren werden in staatlich anerkannten Ausbildungsberufen ausgebildet. Ende 1993 gab es im gesamten Bundesgebiet rund 1,6 Millionen Auszubildende, knapp 1,3 Millionen in den alten und rund 300 000 in den neuen Bundesländern. Die Möglichkeit einen Ausbildungsplatz zu finden ist von der Bevölkerungsentwicklung und vor allem von der Situation auf dem Arbeitsmarkt abhängig: Wenn starke Jahrgänge die Schule verlassen und hohe Arbeitslosigkeit herrscht, sinken die Chancen, wenn dagegen die wirtschaftliche Entwicklung gut und die Zahl der Schulabgänger niedrig sind, steigen sie und für die Unternehmer wird ein Mangel an Facharbeitern spürbar. Kleinbetriebe und Handwerk bilden mehr Lehrlinge aus als Großbetriebe. Der Anteil der Mädchen an den Auszubildenden ist zwar gestiegen, jedoch immer noch geringer als der der Jungen. Ende der 80er-Jahre betrug der Mädchenanteil nur rund 43%.
Die Berufsausbildung unterliegt vor allem der Kontrolle der Industrie und des Handwerks. Der Bundesgesetzgeber kann allerdings allgemeine Regelungen des praktischen Teils der Ausbildung vorschreiben; für die Theorieausbildung in den Berufsschulen sind die Bundesländer zuständig.
→ Arbeit, Arbeitslosigkeit, Beruf, berufliche Mobilität

Beschäftigungspolitik Gewerkschaften, Parteien und Unternehmer diskutieren seit geraumer Zeit verschiedene Lösungsansätze zur Beseitigung der Massenarbeitslosigkeit.
Der seit Jahren diskutierte Lösungsvorschlag einer „Arbeitszeitverkürzung“ wird von den Gewerkschaften immer wieder angeregt. Vordringliches Ziel ist es dabei inzwischen, vorhandene Arbeitsplätze für befristete Zeiträume zu sichern. Vor allem der gleichfalls eingeforderte „volle Lohnausgleich“ löst heftigen Widerstand der Arbeitgeberseite aus. Für einige Gewerkschaften steht inzwischen auch der Lohnausgleich zur Verhandlung, wenn sich die Arbeitgeberseite ihrerseits für Beschäftigungsgarantien ausspricht.
Die Einführung der 4-Tage-Woche bei VW, der ein ähnlicher Vorstoß bei BMW folgte, schürt bei den Gewerkschaften die Hoffnung auf weitere Kompromisse zwischen den Tarifparteien.
Lösungsvorschläge können nicht von den Ursachen der Arbeitslosigkeit getrennt werden. Grob umrissen gibt es folgende wesentliche Tendenzen:

a) Allgemein wird versucht durch eine Intensivierung der Beratungstätigkeit des Arbeitsamtes und durch gezielte Unterstützungsmaßnahmen bei Bewerbungen oder im Rahmen der Arbeitsaufnahme mögliche Hindernisse bei der Suche nach einer neuen Stelle zu überwinden.
b) Nicht wenige Arbeit Suchende sind aufgrund ihrer Ausbildung und ihrer spezifischen Berufserfahrung für neue Berufsbilder nicht geeignet. Hier gilt es, durch gezielte Ausbildungsförderungen Arbeitnehmer nach- oder weiterzuqualifizieren. Mit Umschulungsmaßnahmen sollen Arbeit Suchende für die veränderten Anforderungen vorhandener Arbeitsplatzangebote qualifiziert werden.
c) Anders sieht die Problematik bei konjunkturell verursachter Arbeitslosigkeit aus. Bei diesem Ursachenkomplex wird diskutiert, welche Aufgabe die Beschäftigungspolitik übernehmen kann um die Rezession zu überwinden. Die einen sehen die Notwendigkeit, dass der Staat durch ein gezieltes Konjunkturprogramm die Konjunktur ankurbelt, um so die Unterbeschäftigung abzubauen. Andere zweifeln an der Wirksamkeit staatlich initiierter Konjunkturbelebung und halten sie für praktisch nicht durchführbar. Sie meinen, dass die nötigen Impulse von den Unternehmern bzw. den Tarifparteien kommen müssen.
d) Besonders in den neuen Bundesländern ist das Problem der strukturellen Arbeitslosigkeit unübersehbar. Das Wirtschaftssystem der DDR hinterließ eine Unternehmensstruktur, die der westlichen Konkurrenz unterlegen war. Vor allem mangelte es an Modernisierungen. Viele Unternehmen waren der westlichen Konkurrenz hoffnungslos unterlegen und mussten geschlossen werden.

Ziel könnte es daher sein, Anreize für Unternehmer zu schaffen neue Produktionsstätten zu errichten. Damit Anreize für Unternehmer geschaffen würden, erheben diese die Forderung nach besseren Rahmenbedingungen für die Wirtschaft. Vorgeschlagen werden z. B.: Senkung der Lohnkosten, Steuerentlastung der Unternehmen, billigere Kredite. Durch die so geschaffenen Anreize lohnten sich neue Investitionen, die ihrerseits wiederum zu einer vermehrten Produktion führten. Mittels dieser Impulse entstünden Unternehmen und mithin Produkte, die auch wettbewerbsfähig gegenüber der ausländischen Konkurrenz wären. Die Belebung der Wirtschaft führe zu einem Wirtschaftswachstum, das in der Lage wäre die Massenarbeitslosigkeit zu beseitigen.

→ Arbeitsförderungsgesetz, berufliche Mobilität, Bundesanstalt für Arbeit, Sozialpolitik

Betriebsrat Der Betriebsrat vertritt in einem Betrieb die Interessen der Beschäftigten gegenüber der Geschäftsleitung. In Betrieben ab fünf Beschäftigten kann ein Betriebsrat gewählt werden. Er wird von den Arbeitnehmerinnen und Arbeitnehmern in geheimer Wahl bestimmt. Die Anzahl der Betriebsratsmitglieder hängt von der Größe der Belegschaft ab. Der Betriebsrat wählt aus seinen Reihen einen Vorsitzenden und dessen Stellvertreter.

Der Betriebsrat kann mitbestimmen, wenn es um soziale Probleme wie Arbeits- und Pausenzeiten, Urlaubsregelungen und Entlohnung sowie um personelle Angelegenheiten wie Einstellungen, Umgruppierungen, Versetzungen und Entlassungen von Personal geht. Bei diesen Fragen darf der Arbeitgeber keine Entscheidung ohne Zustimmung des Betriebsrates treffen. Außerdem hat er Mitwirkungsrechte in wirtschaftlichen Fragen, bei technischen Veränderungen und Rationalisierungen. In diesen Fragen muss der Arbeitgeber die Meinung des Betriebsrates hören, kann aber ohne ihn entscheiden. Die Rechte und Aufgaben des Betriebsrates sind im Betriebsverfassungsgesetz von 1972 geregelt.

Häufig arbeitet der Betriebsrat eng mit der Gewerkschaft zusammen. Sie berät ihn bei offenen Fragen und führt Schulungen durch.

→ Gewerkschaften, Mitbestimmung, Unternehmer

Binnenmarkt Ein Binnenmarkt ist ein Gebiet ohne Grenzen für alles, was sich im wirtschaftlichen Geschehen von einem Ort zu einem anderen bewegen soll: verkaufte Waren, Arbeit Suchende Menschen, angebotene Dienstleistungen oder notwendiges Kapital. Das wirtschaftliche Geschehen in einem Binnenmarkt wird durch eine große Zahl von Gesetzen, Verordnungen und Normen geregelt, z. B. über Arten und Höhe von Steuern, über die Zulassung von Lebensmitteln und vieles andere. Diese Regelungen unterscheiden sich von denen eines anderen Binnenmarktes, sind diesen zum Teil sogar absichtlich entgegengerichtet um die heimische Wirtschaft vor Konkurrenz aus dem Ausland zu schützen.

Binnenmärkte gab es in Europa bisher nur innerhalb der Gebiete von Staaten, z. B. Deutschlands oder Frankreichs. Eine wichtige Grundlage für ein vereintes Europa ist ein europäischer Binnenmarkt. In ihm müssen alle Hemmnisse aufgehoben sein, die bisher einen freien wirtschaftlichen Austausch verhindert haben: Abbau von Zöllen, Freizügigkeit von Arbeitnehmern, Niederlassungsfreiheit für Unternehmer. Darüber hinaus müssen alle erforderlichen Regelungen untereinander angeglichen werden.

Der europäische Binnenmarkt besteht seit dem 1. Januar 1993. Hunderte von unterschiedlichen Gesetzen, Verordnungen und Normen wurden verändert, aufgehoben, einander angepasst oder mussten gegenseitig anerkannt werden, damit alle Personen und Unternehmen die gleichen Rechte und Pflichten haben. Da dieser Vorgang noch nicht abgeschlossen ist, kann man auch noch nicht davon sprechen, dass der europäische Binnenmarkt umfassend existiere. Seine vollständige Verwirklichung ist weiterhin Aufgabe der europäischen Integration.

→ Deregulierung, europäische Integration, Europäische Union, Marktwirtschaft

Bildungsexpansion Mit der bildungspolitischen Diskussion um die mögliche Überwindung der sozialen Ungleichheit in unserer Gesellschaft ging die Forderung nach Chancengleichheit in der Bildung einher. Die Periode der Bildungsreform in Deutschland begann in den späten 60er-Jahren und endete Mitte der 70er-Jahre. Ausgehend von den Vorschlägen des Deutschen Bildungsrats und der Bund-Länder-Kommission für Bildungsplanung begann eine Ausdehnung politischer Maßnahmen für die Bildung. Offenkundige Wirkung der Bildungsexpansion waren die Einführung der Gesamtschule als Regel- oder Versuchsschule (je nach Bundesland), die Gründung zahlreicher neuer Schulen und Hochschulen und die Einstellung neuer Lehrerinnen und Lehrer. Die staatlichen Ausgaben für Bildung stiegen von 1965 bis 1973 um rund 30 Milliarden DM. Der bildungspolitische Stimmungsumschwung begann Mitte der 70er-Jahre und ging einher mit wirtschaftspolitischen Problemen, die eine deutliche Reduzierung der finanziellen Investitionen für die Bildung zur Folge hatte.

Bruttosozialprodukt Als BSP wird die jährliche Gesamtleistung einer Volkswirtschaft (Güter und Dienstleistungen) bezeichnet, die von den Bürgerinnen und Bürgern eines Staates erstellt wird – auch derjenigen, die im Ausland tätig sind. Güter und Leistungen, die außerhalb des legalen Marktes erstellt werden (z. B. Arbeit in Privathaushalten oder Schwarzarbeit), werden dabei nicht berücksichtigt. Keine Berücksichtigung finden auch die Umweltschäden, die durch Wirtschaftswachstum entstehen und die die wirtschaftliche Gesamtleistung schmälern.

→ Wachstum

Bürgerinitiativen In Bürgerinitiativen schließen sich Menschen zusammen, die ihre Interessen von Parteien und Verbänden, von Verwaltung und Parlament nicht ausreichend vertreten sehen. Bürgerinitiativen finden sich zur Durchsetzung eines konkreten Zieles zusammen, sind in der Regel lokal organisiert, parteienunabhängig und bleiben nicht dauerhaft, sondern meist nur so lange bestehen, bis sie ihre Forderungen durchgesetzt haben.

Die Mitglieder von Bürgerinitiativen engagieren sich beispielsweise für Umweltschutz, Kindergärten, Spielplätze, Verkehrsplanung oder Verbesserungen im Bildungswesen. Häufig sind die Mitglieder von dem Problem selbst unmittelbar betroffen oder sie setzen sich für schwächere Menschen wie Alte, Behinderte oder Ausländer ein. Bürgerinitiativen haben verschiedene Möglichkeiten um auf ihre Interessen aufmerksam zu machen: Informationsveranstaltungen, Expertenanhörungen, Flugblätter, Demonstrationen, Sitzstreiks, Unterschriftenaktionen oder Eingaben bei Parlament und Verwaltung. Manchmal arbeiten Bürgerinitiativen mit Parteien zusammen, die dann ihre Interessen vertreten.

→ Demokratie, Parlamentarismus

Bundesanstalt für Arbeit Die Bundesanstalt für Arbeit (BA) ist die Spitzenbehörde der Arbeitsverwaltung und hat ihren Sitz in Nürnberg. Sie ist eine Einrichtung des Bundes, erledigt ihre Aufgaben jedoch in Selbstverwaltung. Ihr sind die Landesarbeitsämter und die Arbeitsämter in den Städten unterstellt. Die BA ist eine zentrale Einrichtung mit einem Netz von Ämtern und Nebenstellen. Ihre hauptsächliche Aufgabe besteht darin, die Beschäftigung zu fördern und die Arbeitslosigkeit zu bekämpfen. Ihre wichtigsten finanziellen Leistungen bestehen in Arbeitslosengeld, Arbeitslosenhilfe, Kurzarbeitergeld, Schlechtwettergeld, Leistungen zur Förderung der beruflichen Bildung und Arbeitsbeschaffungsmaßnahmen (ABM). Ferner bietet sie an: Berufsberatung, Arbeitsvermittlung, berufliche Weiterbildung und Umschulungsmaßnahmen. Die BA finanziert sich aus Beiträgen der Betriebe und der Versicherten sowie einem Zuschuss des Bundes. Aufgrund der Meldungen der Landesarbeitsämter und der Arbeitsämter legt sie monatlich einen Lagebericht über die Zahl der Arbeitslosen, der Kurzarbeiter, der offenen Stellen und anderer wichtiger Positionen vor.

→ Arbeit, Arbeitslosigkeit, Beruf

Bundeswehr Die Armee der Bundesrepublik Deutschland heißt Bundeswehr. Sie wurde ab 1955 aufgebaut, nachdem die Bundesrepublik Deutschland der NATO beigetreten war. Die Bundeswehr besteht aus Wehrpflichtigen. Männer ab dem 18. Lebensjahr sind laut Grundgesetz verpflichtet Wehrdienst bei der Bundeswehr zu leisten. In Friedenszeiten untersteht die Befehls- und Kommandogewalt über die Streitkräfte dem Bundesverteidigungsminister, im Verteidigungsfall dem Bundeskanzler. Die Bundeswehr gehört zur militärischen Organisation der NATO. Mit dem Beitritt der DDR zur Bundesrepublik Deutschland wurden die Nationale Volksarmee der DDR aufgelöst und ihre Soldaten in die Bundeswehr eingegliedert. Gleichzeitig wurde eine Truppenreduzierung von 495 000 Soldaten (1990) auf 370 000 Soldaten (1995) beschlossen.

Die Bundeswehr darf nur zur Verteidigung eingesetzt werden, wenn die Bundesrepublik Deutschland selbst oder Vertragspartner der NATO mit Waffengewalt innerhalb des NATO-Gebietes angegriffen werden. Nach einem Urteil des Bundesverfassungsgerichts von 1994 darf die Bundeswehr zu friedenserhaltenden Maßnahmen auch außerhalb des NATO-Gebietes eingesetzt werden, wenn diese Einsätze im Rahmen von Aktivitäten der UNO, der NATO und der Westeuropäischen Union (WEU) erfolgen.

Allen Einsätzen der Bundeswehr muss die Zustimmung des Bundestags vorausgehen.

→ Kriegsdienstverweigerung, NATO, Wehrpflicht

C

Chancengleichheit Unter Chancengleichheit versteht man gleiche Start- und Zugangsmöglichkeiten für alle Menschen zu allen vorhandenen Bildungseinrichtungen und bei Bewerbungen um Berufspositionen.

Der Begriff wird allerdings unterschiedlich gedeutet. Die einen gehen davon aus, dass es aufgrund der sozialen Herkunft unterschiedliche Startvoraussetzungen gibt, die es aufzufangen gilt. Damit diese Voraussetzungen angeglichen werden können, müssten entsprechende Rahmenbedingungen geschaffen werden – z. B. finanzielle Unterstützung und besondere schulische Förderung von Schülern aus weniger begüterten Elternhäusern. Andere sehen das Ziel der Chancengleichheit darin, dass alle Kinder ihrer Leistung gemäß gefördert werden. Zwar könne der Staat die unterschiedlichen Ausgangsvoraussetzugen nicht ausgleichen, er müsse aber Sorge dafür tragen, dass jedem Kind grundsätzlich alle Wege offen stehen, die es seinem Leistungsvermögen entsprechend beschreiten kann. Es dürften also keine gesellschaftlichen Schranken für bestimmte Schichten aufgebaut werden.

→ Soziale Mobilität, soziale Schichtung

D

Datenbanken In Datenbanken sind Informationen aus den verschiedensten Bereichen sowie persönliche Daten gespeichert. So gibt es beispielsweise Datenbanken zu Buchtiteln, Börsenkursen, Adressen, Berufsausbildungen oder ganzen Büchern, wie etwa Lexika; die Polizei verfügt über personenbezogene Datenbanken. Die Informationen können vom Computer auf den Bildschirm abgerufen bzw. schriftlich oder als optische Speicherplatte geliefert werden. Behörden oder Unternehmen verfügen selbst über Datenbanken oder sind an Datenbanken angeschlossen. Manche Datenbanken, etwa mit Informationen über Berufsausbildungen oder Stellenangeboten, sind öffentlich zugänglich.

→ Datenmissbrauch, Datenschutz

Datenmissbrauch Bei Behörden und in Wirtschaftsunternehmen werden zahlreiche personenbezogene Daten über Menschen gesammelt und mithilfe der modernen Informations- und Kommunikationstechnologie gespeichert. Die Gefahr, dass mit diesen Daten Missbrauch betrieben wird, ist groß. Daten, die an verschiedenen Stellen gespeichert sind, können in Sekundenschnelle zusammengestellt und abgerufen werden. Vor allem Polizei, Geheimdienst, Nachrichtendienst und Verfassungsschutz erheben den Anspruch Daten, die eigentlich für andere Zwecke erhoben wurden, auch ohne Wissen der Betroffenen zu sammeln und einzusehen. Es besteht zudem die Gefahr, dass Unbefugte in Datenbanken eindringen und sich Informationen beschaffen können.

Durch Datenmissbrauch sind die Privatsphäre und die Anonymität, auf die Menschen in einer demokratischen Gesellschaft ein Recht haben, gefährdet. Ein Mensch kann kontrolliert und überwacht werden. Wer persönliche Dinge über einen Menschen weiß, kann damit Macht ausüben.

Datenmissbrauch ist strafbar. 1986 wurden bestimmte Formen des Datenmissbrauchs wie Computerbetrug, Ausspähen von Daten und Verändern von Daten und fremden Datenbanken unter Strafe gestellt.

→ Datenbanken, Datenschutz

Datenschutz Durch die Informations- und Kommunikationstechnologie können immer mehr Informationen über Menschen gespeichert werden. Dazu gehören nicht nur Name, Beruf und Adresse, sondern auch persönliche Daten wie Vermögen, Einkommen, Familienstand, Krankheiten und Straftaten. Die Datenverarbeitung muss deshalb kontrolliert und begrenzt werden.

1977 wurde das „Gesetz zum Schutz vor Missbrauch personenbezogener Daten bei der Datenverarbeitung“ (BDGS) erlassen, das 1990 verändert und mit Zusätzen versehen wurde. Es wird auch Bundesdatenschutzgesetz (BDGS) genannt. Ende 1992 legte die EG-Kommission einen Entwurf für ein europäisches Datenschutzgesetz vor. Das Bundesdatenschutzgesetz sowie die Landesdatenschutzgesetze sollen die Bürgerinnen und Bürger vor Nachteilen und Missbrauch bei der Datenverarbeitung schützen. Sie legen fest, welche Rechte jeder Einzelne bei der Auskunft, Berichtigung, Sperrung und Löschung seiner persönlichen Daten hat. Datenschutzbeauftragte bei Bund, Ländern und fast allen staatlichen Einrichtungen sollen die Einhaltung der Gesetze kontrollieren.

Vielen Kritikern gehen die Gesetze jedoch nicht weit genug. Sie fordern unter anderem bestimmte persönliche Daten grundsätzlich von der elektronischen Datenverarbeitung auszuschließen.

→ Datenbanken, Datenmissbrauch

Demokratie Das Wort Demokratie kommt aus dem Griechischen und bedeutet Volksherrschaft. In einer Demokratie geht die politische Herrschaft vom Willen des Volkes aus. Im Gegensatz dazu steht die diktatorische oder absolute Herrschaft, in der ein Einzelner oder eine kleine Minderheit die politischen Entscheidungen trifft.
Es gibt verschiedene Formen, wie die Bevölkerung an der politischen Willensbildung mitwirken kann. In der Bundesrepublik Deutschland entscheiden Bürgerinnen und Bürger indirekt durch gewählte Abgeordnete, auch Volksvertreter oder Repräsentanten genannt, über politische Angelegenheiten. Die Abgeordneten bilden ein Parlament, in dem sie den Willen des Volkes für eine bestimmte Zeit vertreten (repräsentieren). Dies wird repräsentative Demokratie genannt. Es gibt ein allgemeines und gleiches Wahlrecht für alle stimmberechtigten Bürger und Bürgerinnen. Mehrere Parteien mit unterschiedlichen Zielsetzungen und Interessen stellen die Abgeordneten auf, zwischen denen die Wählerinnen und Wähler frei entscheiden können.
Die Abgeordneten werden nur für einen bestimmten Zeitraum, meist vier oder fünf Jahre, gewählt. Bürgerinnen und Bürger haben das Recht auf freie Meinungsäußerung und auf freie politische Betätigung, z. B. in Parteien, Verbänden oder Bürgerinitiativen.
An der repräsentativen Demokratie wird kritisiert, dass zahlreiche politische Entscheidungen und Handlungen nur noch bedingt dem Willen der Wählerinnen und Wähler entsprechen, da die Bürgerinnen und Bürger von der direkten Entscheidungsbildung ausgeschlossen sind. Die Abgeordneten sind bei ihren Entscheidungen nicht an den Wählerwillen gebunden.
Von direkter oder unmittelbarer Demokratie spricht man, wenn die Bevölkerung durch Volksbefragung, Volksbegehren oder Volksentscheid an den politischen Entscheidungen direkt teilhaben kann. Solche Verfahren sind in der Bundesrepublik Deutschland auf landes- und kommunalpolitischer Ebene vorgesehen, werden allerdings selten angewendet.
→ Bürgerinitiativen, Parlamentarismus

Deregulierung Unter Deregulierung versteht man, dass bestehende Regulierungsvorschriften für den wirtschaftlichen Prozess abgebaut werden. Dadurch soll dem Wettbewerb und dem einzelnen Bürger mehr Spielraum verschafft und das Wirtschaftswachstum verstärkt werden. In wirtschaftlich schwierigen Zeiten rufen Unternehmer und ihre Interessenverbände nach mehr Deregulierung um Lohnkosten zu senken und im Wettbewerb besser dastehen zu können.
In u. a. folgenden Bereichen werden Deregulierungen diskutiert bzw. sind bereits durchgeführt:
- Aufhebung der Ladenschlusszeiten;
- Einschränkung des Kündigungsschutzes;
- Vermittlungsmonopol der Bundesanstalt für Arbeit (BA); d. h. nicht mehr allein die BA, sondern auch private Firmen dürfen Arbeitskräfte vermitteln;
- Monopol der Post im Briefverkehr und Leitungsmonopol der Telekom.

Die Nachteile von Deregulierungen bestehen darin, dass Schutzfunktionen für Arbeitnehmer wegfallen, die in Gesetzen bzw. Tarifverträgen enthalten waren. Z. B. ist es dadurch bestimmten Unternehmen leichter möglich, Arbeitnehmern zu kündigen.
→ Arbeitnehmer/Arbeitnehmerinnen, Unternehmer, Wachstum

E

Entwicklungsländer / Dritte Welt Die Dritte Welt wird von rund 130 Staaten gebildet, die im Unterschied zu den westlichen Industriestaaten („Erste Welt") und den osteuropäischen Ländern („Zweite Welt") als wirtschaftlich unterentwickelt gelten. Der Begriff „Dritte Welt" brachte ursprünglich den Anspruch der Entwicklungsländer auf einen dritten Entwicklungsweg jenseits von Kapitalismus und Kommunismus zum Ausdruck. Insbesondere nach dem Zusammenbruch der kommunistischen Systeme in Osteuropa in den Jahren 1989–1991 ist der Begriff fragwürdig geworden. Zudem berücksichtigt er nicht die wachsenden Unterschiede und Wohlstandsgefälle zwischen den verschiedenen Gruppen der Entwicklungsländer – etwa zwischen den ärmsten Staaten („Vierte Welt") und den ostasiatischen Schwellenländern. Da noch kein treffenderer Begriff gefunden wurde, wird er jedoch nach wie vor verwendet.

Erziehung Alle Maßnahmen, die Heranwachsenden helfen sollen sich zu selbstständig und zu menschlich urteilenden und handelnden Persönlichkeiten zu entwickeln, werden Erziehung genannt. Gemeint sind dabei in erster Linie die bewusst und mit einer bestimmten Absicht verfolgten Einwirkungen von Eltern, Lehrern oder anderen Erziehenden auf die Heranwachsenden. Erziehung besteht jedoch nicht nur aus der Summe der Eingriffe (Lob, Belohnung, Strafe), durch die Kinder und Heranwachsende dazu gebracht werden, sich gemäß den Erwartungen der Erziehenden zu verhalten. Die Aufgabe ist es, auch durch Information, Argumentation und eigenes Verhalten darüber aufzuklären, auf welche Erziehungsziele es ankommt.
Erziehung findet unter Verhältnissen statt, in denen Vorgänge auf die Heranwachsenden einwirken, die unabhängig von Erziehungsmaßnahmen stattfinden. Sie gehen von Personen, Gruppen, Instanzen, Medien und der die Heranwachsenden umgebenden Lebenswelt aus, auf die die Erziehenden meistens keinen oder nur wenig Einfluss haben.
→ Erziehungsgeld/Erziehungsurlaub, Sozialisation

Erziehungsgeld/Erziehungsurlaub Seit 1986 erhalten Mütter oder Väter, die sich nach einer Geburt der Betreuung des Kindes widmen, Erziehungsgeld. Es wird vom Staat maximal 24 Monate lang gezahlt und beträgt im ersten Halbjahr 600 DM im Monat. Danach wird es in voller Höhe nur weitergezahlt, wenn ein bestimmtes Einkommen nicht überschritten wird. Das Erziehungsgeld erhalten auch Elternteile, die vorher nicht erwerbstätig waren. Es wird nicht auf Arbeitslosenhilfe oder Sozialhilfe angerechnet. Das Erziehungsgeld nehmen überwiegend Mütter in Anspruch: 1993 waren nur 1,8 % der Bezieher von Erziehungsgeld Väter.
Nach der Geburt eines Kindes kann ein Elternteil Erziehungsurlaub beanspruchen, damit das Kind in den wichtigen ersten Lebensmonaten eine feste elterliche Bezugsperson hat. Die Dauer des Erziehungsurlaubs beträgt seit 1992 drei Jahre. Während des Erziehungsurlaubs darf das Arbeitsverhältnis vom Arbeitgeber nur in Ausnahmefällen gekündigt werden. Lohn und Gehalt werden allerdings nicht weitergezahlt. Der Erziehungsurlaub wird nur von einer kleinen Minderheit der Väter genutzt; im Jahr 1993 waren es 1,3 %.
→ Erziehung, Sozialisation

Europäische Integration Unter europäischer Integration versteht man die Zusammenarbeit zwischen den europäischen Staaten. Im Mittelpunkt steht die wirtschaftliche Zusammenarbeit, die allmählich auch zu stärkerer politischer Zusammenarbeit führen soll. Die Bestrebungen entstanden aus der Einsicht heraus, dass die europäischen Staaten auf wirtschaftlichem,

politischem, gesellschaftlichem und technologischem Gebiet nicht allein arbeiten können, wenn sie den Frieden dauerhaft sichern wollen. Auch um weltpolitische Konflikte und Krisen zu überwinden wird der europäischen Integration eine wichtige Bedeutung zugeschrieben. Ein wesentlicher Schritt zur europäischen Integration bestand in der Gründung der Europäischen Gemeinschaft, aus der 1993 die Europäische Union (EU) hervorging.
Seit dem Ende des Zweiten Weltkriegs bis zu Beginn der 90er-Jahre standen sich die Staaten West- und Osteuropas in zwei unterschiedlichen politischen, wirtschaftlichen und militärischen Blöcken gegenüber. Durch die politischen Veränderungen in Osteuropa und die Auflösung der Sowjetunion sind neue Voraussetzungen entstanden auch die osteuropäischen Länder in die europäische Integration einzubeziehen.
→ Europäische Union, Nationalismus

Europäische Union In der Europäischen Union (EU) sind Länder West- und Südeuropas zum Zweck einer verstärkten wirtschaftlichen und politischen Zusammenarbeit verbunden.
Das Staatenbündnis entstand 1967 als „Europäische Gemeinschaft". Folgende Organisationen schlossen sich damals zusammen: die Europäische Gemeinschaft für Kohle und Stahl (kurz EGKS oder Montanunion), die Europäische Wirtschaftsgemeinschaft (EWG) und die Europäische Atomgemeinschaft (EAG oder Euratom).
1995 gehörten die Länder Belgien, Bundesrepublik Deutschland, Dänemark, Finnland, Frankreich, Griechenland, Großbritannien, Irland, Italien, Luxemburg, Niederlande, Österreich, Portugal, Schweden und Spanien zur Europäischen Union.
Mit einigen osteuropäischen Ländern wurden seit 1991 Verträge über eine Zusammenarbeit geschlossen. Solche Vereinbarungen gibt es auch mit Staaten im afrikanischen, karibischen, pazifischen, asiatischen und lateinamerikanischen Raum.
Die Europäische Union hat sich zum Ziel gesetzt ein einheitliches Wirtschaftsgebiet zu schaffen und in nahezu allen Politikbereichen zusammenzuarbeiten. Diese Vorhaben werden nur langsam verwirklicht. Ein gemeinsamer europäischer Binnenmarkt mit weitgehend freiem Waren-, Personen-, Dienstleistungs- und Kapitalverkehr besteht seit dem 1. Januar 1993. Im November 1993 trat der Vertrag von Maastricht über die Europäische Union in Kraft. Darin wurde vereinbart, dass die politische Zusammenarbeit vor allem auf den Gebieten Wirtschaftspolitik, Außen- und Sicherheitspolitik, Verteidigungspolitik sowie Innen- und Rechtspolitik ausgebaut werden soll. Zudem erhielt die Europäische Union verstärkt Mitentscheidungsrechte bei Gesetzesvorlagen im Bereich des Binnenmarktes, der Forschung und Technik sowie des Umwelt- und Verbraucherschutzes.
Die EU hat die Zusammenarbeit mit den osteuropäischen Staaten verstärkt mit dem Fernziel diese Länder – sofern sie die Aufnahmebedingungen erfüllen – in die EU aufzunehmen. Mit einigen Staaten gibt es bereits so genannte Assoziierungsabkommen (vertragliche Zusammenschlüsse für einzelne wirtschaftliche Vorhaben): mit Polen, Ungarn, Tschechien, der Slowakei, Rumänien und Bulgarien. Vereinbart wurde, dass die EU ihre Zoll- und Handelsschranken senkt und im Gegenzug die Märkte für EU-Produkte geöffnet werden. Mit einigen Staaten der GUS (der ehemaligen Sowjetunion) laufen Verhandlungen über Assoziierungen.
→ Europäische Integration

F

Familie In einer Familie leben Eltern mit Kindern in einem Haushalt, in dem für Wohnung, Ernährung und Kleidung gesorgt wird. Eine Familie soll Schutz und Geborgenheit bieten und zur Erholung der Familienmitglieder beitragen. Sie übernimmt eine wichtige Aufgabe bei der Erziehung, vermittelt Bildung und Wissen und hat Einfluss auf Verhalten, Denken und Meinungen der Kinder. Außerdem lernt ein heranwachsender Mensch in der Familie den Umgang mit anderen Menschen sowie Rücksicht zu nehmen und Konflikte auszutragen. Insgesamt bereitet die Familie den Nachwuchs auf ein selbstständiges Leben als erwachsener Mensch vor.
Welche Chancen ein Mensch hat einen angemessenen Platz in der Gesellschaft und im Beruf zu finden hängt im hohen Maße von der Familie ab. Unterschiede im Einkommen, in den Wohnbedingungen, bei Bildung und Beruf der Eltern führen bei Kindern zu Chancenungleichheiten.
In den modernen industriellen Gesellschaften gibt es verschiedene Familienformen. In einer Kleinfamilie oder Kernfamilie leben Eltern mit einem oder mehreren Kindern in einem Haushalt. Von Restfamilie oder unvollständiger Familie spricht man, wenn der Vater oder die Mutter ein oder mehrere Kinder allein erzieht. Wenn Kinder mit einem leiblichen Elternteil und dessen neuem Ehepartner zusammenleben, bezeichnet man dies als Zweitfamilie.
→ Sozialisation

Flüchtlinge Nach der offiziellen Definition, die in der 1951 von den Vereinten Nationen verabschiedeten „Genfer Konvention über die Rechtsstellung der Flüchtlinge" niedergelegt ist, ist ein Flüchtling „jede Person, die aus begründeter Furcht vor Verfolgung wegen ihrer Rasse, Religion, Nationalität, Zugehörigkeit zu einer bestimmten sozialen Gruppe oder wegen ihrer politischen Überzeugung sich außerhalb des Landes befindet, dessen Staatsangehörigkeit sie besitzt, und den Schutz dieses Landes nicht in Anspruch nehmen kann oder wegen dieser Befürchtung nicht in Anspruch nehmen will".
Weil bei dieser Definition auch das subjektive Gefühl der Verfolgung als Ursache der Flucht anerkannt wird, geht sie weiter als der Flüchtlingsbegriff im Grundgesetz. Der Art. 16 a GG schützt nämlich nur den Flüchtling, der seine politische Verfolgung individuell nachweisen und objektiv belegen kann. Werden die von ihm vorgebrachten Verfolgungsgründe in dem vom „Bundesamt für die Anerkennung ausländischer Flüchtlinge" durchgeführten Verfahren anerkannt, ist er ein „Asylberechtigter" und erhält eine unbefristete Aufenthalts- und Arbeitserlaubnis. Solange das Anerkennungsverfahren bei Flüchtlingen, die einen Asylantrag gestellt haben, noch nicht abgeschlossen ist, gelten sie als „Asylbewerber". Sie unterliegen einer Reihe von Auflagen (Unterbringung in Gemeinschaftunterkünften, Aufenthalt nur in von der Behörde zugewiesenen Bezirken); der Anspruch auf Sozialhilfe kann auf ein Minimum begrenzt und in Sachleistungen gewährt werden. Neben den Asylbewerbern gibt es noch andere Gruppen von Flüchtlingen: Im Ausländergesetz ist seit 1993, als besonders viele Menschen vor dem Krieg in Bosnien flohen, der Aufenthalt von „Kriegs- und Bürgerkriegsflüchtlingen" gesondert geregelt. Sie dürfen sich solange in der Bundesrepublik aufhalten, wie die Lage im Heimatland von der Bundesregierung als lebensbedrohend eingeschätzt wird. Damit haben sie einen ähnlichen Status wie die so genannten De-facto-Flüchtlinge, die zwar nicht als politische Flüchtlinge anerkannt werden, aber aufgrund der Genfer Flüchtlingskonvention nicht abgeschoben werden können. Schließlich gibt

es noch die „Kontingentflüchtlinge". Diese Flüchtlinge werden aus humanitären Gründen auf Beschluss der Bundesregierung in einer bestimmten Zahl (d. h. Kontingent) aufgenommen; die größte Gruppe dieser Flüchtlinge sind die vietnamesischen Boatpeople, die in den 70er-Jahren aufgenommen wurden.
→ Ausländer, Fremdenfeindlichkeit

Frauenbewegung Die Frauenbewegung setzt sich dafür ein, dass geschlechtsspezifische Benachteiligungen und Diskriminierungen von Frauen abgebaut und eine gesellschaftliche Gleichstellung von Frauen und Männern erreicht werden. In der Bundesrepublik Deutschland bildete sich die so genannte neue Frauenbewegung Anfang der 70er-Jahre im Zuge der Studentenbewegung.
Es haben sich zahlreiche Gruppen mit unterschiedlichen Vorstellungen über die Interessen von Frauen entwickelt. Auch in der Frage, mit welchen Mitteln die Interessen von Frauen zu vertreten seien, gibt es verschiedene Meinungen. Frauen arbeiten in selbstständigen Frauengruppen, vertreten Fraueninteressen in Parteien und Gewerkschaften oder bemühen sich um Veränderungen im privaten Bereich. Erreicht werden soll für Frauen unter anderem die Verwirklichung der rechtlichen Gleichstellung mit Männern, die Verbesserung von Ausbildungs- und Berufschancen, die Gleichstellung im Erwerbsleben, bessere Chancen bei der politischen Mitwirkung, die Beseitigung von Benachteiligungen im Alltag, die Aufwertung der Hausarbeit und mehr Selbstbestimmungsrechte, beispielsweise in der Abtreibungsfrage. In Kommunen und öffentlichen Einrichtungen werden seit einigen Jahren Frauenbeauftragte eingesetzt, die die Anliegen von Frauen vertreten sollen.
→ Geschlechterrolle, Gleichstellung, Hausarbeit

Freihandel Unter Freihandel versteht man einen von allen Handelshemmnissen befreiten Warenaustausch zwischen den Ländern auf dem Weltmarkt. Es gibt weder Einfuhrbeschränkungen noch werden Zölle erhoben, die nur die Einfuhr bestimmter Warenmengen zulassen. Viele Länder bemühen sich um Handelsabkommen, die einen uneingeschränkten Handel ermöglichen und schließen untereinander entsprechende Verträge ab. Eine bedeutende Freihandelszone ist z. B. die Europäische Union. Der Gegensatz von Freihandel ist Protektionismus.
→ Europäische Union, Marktwirtschaft, Protektionismus

Fremdenfeindlichkeit ist eine Einstellung und Verhaltensweise, bei der Menschen wegen anderer Herkunft, Sprache, Religion oder Kultur diskriminiert und abgelehnt werden. In ihr spiegelt sich ein verfestigtes, gefühlsmäßig verankertes negatives Verhältnis zu bestimmten Gruppen von Ausländern wider. Wenn von „Ausländerfeindlichkeit" gesprochen wird, ist in der Regel Fremdenfeindlichkeit gemeint, weil bei dieser Einstellung nicht generell alle Ausländer abgelehnt werden, sondern nur diejenigen, die sich in wichtigen Merkmalen und Eigenschaften von dem eigenen Kulturkreis unterscheiden.
→ Ausländer, Asyl, Flüchtlinge

G

Geschlechterrolle Als Geschlechterrolle bezeichnet man ein unterschiedliches Rollenverhalten von Männern und Frauen. Bestimmte Charaktereigenschaften und Verhaltensweisen wie etwa Passivität, Rücksichtnahme und Sensibilität werden eher Frauen, Mut und Selbstbewusstsein eher Männern zugeschrieben.
Traditionell erwartete man von Frauen ein Leben als Ehefrau, Hausfrau und Mutter, während der Mann seinem Beruf nachgehen und für den Lebensunterhalt der Familie sorgen sollte. Diese Rollenverteilung wurde lange Zeit als naturgegeben betrachtet. Da nur Frauen Kinder gebären können, galten sie als zuständig für deren Versorgung und für Erziehung und Hausarbeit.
Die unterschiedlichen Geschlechterrollen werden in Familie, Schule und Ausbildung gelernt. Heute hat sich die Geschlechterrollenverteilung geändert. Zahlreiche unterschiedliche Lebensformen für Frauen und Männer sind inzwischen selbstverständlich. Häufig müssen Frauen und Männer dabei aber noch gegen eigene Erwartungen sowie gegen traditionelle gesellschaftliche Vorstellungen ankämpfen.
→ Frauenbewegung, Gleichstellung

Gesellschaft Unter Gesellschaft wird eine Gesamtheit von Menschen und ihrer Beziehungen in einem bestimmten Bereich und während einer längeren Zeit verstanden. Diesen Bereich erkennt man an einem deutlich erhöhten Ausmaß aufeinander bezogenen Handelns und an gemeinsamen Werten, Normen und Institutionen. Er entspricht z. B. dem Bereich eines Staates, also einem Gebiet, das ein einheitliches, rechtliches und politisches System hat. Die Beziehungen werden bestimmt von den wirtschaftlichen, politischen und kulturellen Verhältnissen, unter denen die Menschen leben. Diese sozialen Beziehungen wiederum sind durch Über- und Unterordnung, also durch Herrschaftsverhältnisse geprägt (z. B. durch das Verhältnis Arbeitgeber–Arbeitnehmer in einem Betrieb).
Daneben gibt es in einer Gesellschaft auch Einwirkungen auf den Einzelnen, die nicht von ihm selbst ausgehen, denen er sich aber kaum entziehen kann. Ein Beispiel sind Gesetze, die prägend in den Alltag hineinwirken. Diese Bedingungen sind nicht naturgegeben. Sie sind vielmehr von menschlichem Denken und Handeln abhängig und damit auch von Menschen veränderbar. So wie aber Menschen und ihre Handlungen wandelbar sind, unterliegt auch die Gesellschaft einem stetigen Wandel.
→ Klassengesellschaft, soziale Schichtung, sozialer Wandel

Gewaltenteilung Nach dem Grundgesetz darf die Staatsgewalt nicht in einer Hand, bei einer Person oder einer Gruppe liegen; die Gewalten sind aufgeteilt in Gesetzgebung (Legislative), Regierung und Verwaltung (Exekutive) und Rechtsprechung (Judikative). Damit soll ein Machtmissbrauch verhindert werden. Die Gesetzgebung liegt beim Parlament; das sind im Bund der Bundestag und in den Ländern die Landesparlamente. Die ausführende Gewalt haben Regierung und Verwaltung inne. Dazu gehören die Ministerien und die nachgeordneten Verwaltungen in Bund und Ländern. Die Rechtsprechung übernehmen Gerichte, die unabhängig sind, also von niemandem Weisungen erhalten dürfen. Die genannten Staatsorgane sind voneinander unabhängig und kontrollieren sich gegenseitig.
Allerdings verschränken sich Legislative und Exekutive (ausführende Gewalt) immer wieder, denn die Mehrheit im Parlament stellt auch die Regierung. Die Kontrolle muss deshalb wesentlich von der Opposition im Parlament ausgehen und von einer kritischen Öffentlichkeit wie Medien oder Bürgerinitiativen begleitet werden.
→ Demokratie, Parlamentarismus

Gewerkschaften Die Gewerkschaften sind im 19. Jahrhundert als Selbsthilfe der Arbeiterschaft gegen ihre drohende Verelendung entstanden. Sie vertreten die Interessen der Arbeitnehmer und Arbeitnehmerinnen gegenüber den Arbeitgebern und Arbeitgeberinnen. Sie setzen sich für höhere Einkommen, bessere Arbeitsbedingungen, kürzere Arbeitszeiten, Kündigungsschutz und Jugendarbeitsschutz ein. Die getroffenen Re-

gelungen werden in Tarifverträgen oder Betriebsvereinbarungen festgelegt, die die Gewerkschaften gemeinsam mit den Arbeitgeberverbänden, der Interessenvertretung der Arbeitgeber, aushandeln. Gewerkschaften und Arbeitgeberverbände sind bei ihren Verhandlungen vom Staat unabhängig (Tarifautonomie). Gewerkschaften sind auch heute noch notwendig, da es stets Tendenzen seitens der Unternehmer und des Staates gibt, soziale und politische Errungenschaften der Arbeiterschaft wieder rückgängig zu machen.
Die größte gewerkschaftliche Organisation in der Bundesrepublik Deutschland ist der Deutsche Gewerkschaftsbund (DGB). Er gliedert sich in 16 Einzelgewerkschaften mit insgesamt knapp 11 Millionen Mitgliedern, die jeweils verschiedene Branchen vertreten. Es gibt auch Gewerkschaften außerhalb des Deutschen Gewerkschaftsbundes, zum Beispiel die Deutsche Angestelltengewerkschaft (DAG) mit knapp 600 000 Mitgliedern oder der Christliche Gewerkschaftsbund Deutschlands (CGB), der etwas mehr als 300 000 Mitglieder hat.
→ Betriebsrat, Mitbestimmung, Unternehmer

Gleichstellung Gleichstellung heißt Frauen eine gleichberechtigte Stellung in der Gesellschaft zu verschaffen. Dabei geht es nicht um eine Anpassung an Männer, sondern darum, die gesellschaftlichen Bedingungen so umzugestalten, dass Frauen nicht mehr benachteiligt und diskriminiert werden und dass ein gleichberechtigtes und gleichwertiges Leben von Männern und Frauen möglich ist. Rechtlich ist die Gleichberechtigung von Frauen und Männern in der Bundesrepublik Deutschland im Grundgesetz in Artikel 3 Abs. 2 festgelegt. In der Gesetzgebung ist dieser Grundsatz nur schrittweise eingelöst worden (Ehe- und Familienrecht, Recht der sozialen Sicherheit, Rentenrecht, Arbeitsrecht, Namensrecht, Staatsangehörigkeitsrecht). In allen Bereichen der Politik gilt es, verstärkt Interessen von Frauen zu berücksichtigen und gezielte politische Fördermaßnahmen durchzusetzen. Dazu gehören etwa Quotenregelungen, die festlegen, dass Frauen ein bestimmter Anteil an Positionen in Verwaltung, Wirtschaft, Parteien und Parlamenten zusteht. Dazu gehören auch verbesserte Kindergartenöffnungszeiten, die Einrichtung von Kinderhorten und Ganztagsschulen oder die Schaffung von Teilzeitarbeitsplätzen. Um die Gleichstellung zu fördern haben Kommunen und öffentliche Einrichtungen Gleichstellungs- oder Frauenbeauftragte eingestellt.
→ Frauenbewegung, Geschlechterrolle

Globalisierung Unter Globalisierung wird eine Tendenz zur räumlichen Erweiterung von Beziehungen und Strukturen über die Nationalstaaten hinaus auf eine weltweite Ebene verstanden. Maßgeblich für die Verstärkung der Globalisierung in den letzten beiden Jahrzehnten war die Revolutionierung der Bereiche Mikroelektronik und Telekommunikation sowie der umfassende Ausbau der weltweiten Verkehrs- und Transportsysteme. Diese Entwicklung hat dazu geführt, dass heute alle Märkte weltumspannend von jedem Standort aus erschlossen werden können und dass alles und überall jederzeit produziert und verkauft werden kann. Dies betrifft auch den Arbeitsmarkt, was u. a. dazu führt, dass zunehmend Arbeitsplätze an preisgünstigere Standorte im Ausland verlagert werden.
→ Marktwirtschaft, Mikroelektronik

H

Hausarbeit Hausarbeit umfasst alle Arbeiten, die innerhalb eines Haushaltes, d. h. einer Lebens- und Wirtschaftsgemeinschaft einer Familie, eines Paares, einer Wohngemeinschaft oder einer allein lebenden Person anfallen. Auch heute wird Hausarbeit noch überwiegend von Frauen gemacht, auch dann, wenn sie erwerbstätig sind. Im Gegensatz zur Erwerbstätigkeit hat Hausarbeit keine zeitliche Begrenzung, denn auch an Sonntagen, Feiertagen und im Urlaub muss sie verrichtet werden. Bei der Hausarbeit gibt es keine Trennung von Arbeitszeit und Freizeit und nur selten die Zusammenarbeit mit anderen Menschen. Obwohl sie von großer gesellschaftlicher Bedeutung ist, hat sie ein schlechtes Ansehen, wird nicht als „richtige“ Arbeit betrachtet und nicht bezahlt. Die Forderungen der Frauenbewegung Hausarbeit aufzuwerten, sie bei den Rentenbezügen angemessen anzurechnen und Lohn für Hausarbeit zu zahlen haben sich bisher nicht durchgesetzt.
→ Arbeit, Frauenbewegung, Geschlechterrolle, Gleichstellung

I

Informationsgesellschaft Viele Sozialwissenschaftler sind der Auffassung, dass heute neue Informations- und Kommunikationstechniken (Fernsehen, Video, Computer, Multimedia) im öffentlichen und privaten Leben eine herausragende Bedeutung haben: Diese Techniken sind die entscheidenden Quellen von Wissen und Information; beruflicher Erfolg ist ohne die aus diesen Quellen gewonnenen Kenntnisse nicht mehr denkbar; auch private Beziehungen werden zunehmend über die neuen Medien abgewickelt. Information wird nach dieser Auffassung zum entscheidenden Schlüssel für wirtschaftliche und gesellschaftliche Entwicklung. Die soziale Schicht oder Klasse, aus der die einzelnen Menschen stammen, tritt in den Hintergrund, weil der Zugang zu diesen Medien allen in gleicher Weise offen steht. Diese Wissenschaftler bezeichnen die heutige Gesellschaft als „Informationsgesellschaft“.
Andere Wissenschaftler meinen, dass diese Entwicklung schwere Nachteile mit sich bringe, die zurzeit noch gar nicht abzuschätzen seien: Der Ausbau der Kommunikations- und Informationsnetze führt zu Problemen des Datenschutzes, weil jede Benutzung dieser Technologien eine „Datenspur“ hinterlasse, die vor Unbefugten nur unzureichend geschützt werden könne; zudem bringen die neuen Technologien die Gefahr mit sich, dass zwischenmenschliche Beziehungen zerstört und die Menschen zu voneinander isolierten Individuen werden. Auch mögliche gesundheitliche Gefährdungen, z. B. Bewegungsmangel, führen nach der Auffassung dieser Wissenschaftler dazu, dass die zukünftige Bedeutung der neuen Medien als Informationsquelle nicht so groß sein wird, wie die Befürworter der „Informationsgesellschaft“ heute meinen.
→ Datenmissbrauch, Datenschutz, Mikroelektronik, Massenmedien, Multimedia

Informeller Sektor Der „formelle Sektor“ einer Wirtschaft besteht aus allen „offiziellen“ wirtschaftlichen Aktivitäten eines Landes, also allen Tätigkeiten, die in die Berechnung des Sozialprodukts eingehen und auf die Steuern erhoben werden. Der „informelle Sektor“ ist eine Bezeichnung für Lebens- und Arbeitsbereiche am Rande der Zentren städtischen Lebens und der Gesellschaft. Er wird auch Schatten-, Parallel- oder Hinterhofwirtschaft genannt. Es handelt sich dabei um Kleinstbetriebe bzw. -unternehmen, die auf einfachste Weise einfache Güter herstellen. Die Produkte werden in Heimarbeit durch Frauen- und Kinderarbeit unter Missachtung einer Mindestlohngrenze hergestellt. In der Dritten Welt sind mehr als die Hälfte der erwerbstätigen Menschen im „informellen Sektor“ beschäftigt. Mindestens 20 % des Volkseinkommens wird dort erwirtschaftet, in einigen Ländern sogar mehr als im „formellen Sektor“.

Für Menschen, die im „informellen Sektor“ arbeiten, gibt es keine einklagbaren Arbeitnehmerrechte. Abnehmer der Produkte, die in der Armenwirtschaft hergestellt werden, sind nicht selten Produzenten im „formellen Sektor“. Sie benutzen den „informellen Sektor“ als Zulieferindustrie für die Endfertigung ihrer hochwertigen Produkte. Auch werden Arbeitskräfte aus dem „informellen Sektor“ eingesetzt um hochwertige Güter herzustellen wie Fußbälle, Turnschuhe u. Ä. für den amerikanischen und europäischen Markt. Zwar lebt die Schattenwirtschaft von der Erfindungsgabe der in ihr tätigen Menschen, doch ist die Arbeit im „informellen Sektor“ aus der sozialen Notlage entstanden und trägt in der Regel zum Überleben bei. Sie ist keinesfalls Teil einer Entwicklungsstrategie für Länder der Dritten Welt.

→ Entwicklungsländer / Dritte Welt, Marktwirtschaft

Internationaler Währungsfond (IWF) Der IWF ist eine Sonderorganisation der Vereinten Nationen. Er wurde 1945 gegründet und hat seinen Sitz in Washington (USA). Ihm gehören fast alle Staaten der Welt an. Seine Hauptaufgabe ist es, den internationalen Handels- und Zahlungsverkehr zu fördern und zu schützen sowie Mitgliedsländern zu helfen, wenn sie in finanziellen Schwierigkeiten sind.

Alle Mitglieder arbeiten gemeinsam und unterstützen sich gegenseitig um die gesteckten Ziele einhalten zu können. Jedes Mitgliedsland zahlt einen bestimmten Betrag in den Fond ein. Auf diese Weise ist es möglich, Kredite an Länder zu vergeben, die Zahlungsschwierigkeiten haben. So war es auch möglich, dass der IWF der „Kakaonation“ Ghana in Zeiten, als der Kakaopreis auf dem Weltmarkt fiel, mit Krediten half. Heute gehört die Kredithilfe an Russland und andere osteuropäische Staaten zu den Hauptaufgaben des IWF.

Der IWF ist nicht unumstritten. Insofern gilt Ghana als Vorzeigestaat des IWF, da es hier offensichtlich gelungen ist, durch finanzielle Unterstützung wieder einen Anstieg der Wirtschaftserlöse zu erzielen. Der Preis, den Ghana dafür zahlt, ist die Abtragung der Schuldensumme und der fälligen Zinsen.

Kritiker aus einzelnen afrikanischen Ländern fordern ihre Regierung daher auf aus eigener Kraft die Wirtschaft anzukurbeln um sich wirtschaftspolitisch und damit auch finanziell von der Ersten Welt unabhängig zu machen.

→ Entwicklungsländer / Dritte Welt, Globalisierung

J

Jugendarbeitsschutz Die Grundlage für den Jugendarbeitsschutz bildet das Jugendarbeitsschutzgesetz von 1984. Es schreibt bestimmte Einschränkungen bei der Berufsausbildung und bei allen anderen Arbeitsverhältnissen und Beschäftigungen von Jugendlichen bis 18 Jahren und Kindern vor.

Kinderarbeit ist grundsätzlich verboten. Ausnahmen: Über 6-Jährige dürfen bis 4 Stunden pro Tag im Theater arbeiten, über 13-Jährige bis 2 Stunden pro Werktag beim Zeitungsaustragen oder bis 3 Stunden pro Werktag bei der Ernte.

Für Jugendliche ist die Beschäftigung bei folgenden Arbeiten verboten: Arbeiten, die ihre Leistungsfähigkeiten übersteigen, bei sittlichen Gefährdungen, bei Unfallgefahren, bei Gefährdungen der Gesundheit durch Hitze, Kälte, Gifte, Strahlen. Verboten ist Akkordarbeit, also tempoabhängige Arbeit (z.B. Fließbandarbeit), Arbeit unter Tage sowie Nacht-, Sonn- und Feiertagsarbeit. Gesetzlich geregelt sind ferner Arbeitszeiten, Ruhepausen, Urlaub und Freistellung zum Berufsschulunterricht.

Für bestimmte Branchen sind Ausnahmeregelungen vorgesehen; z. B. dürfen Jugendliche in Bäckereien bereits um 5 Uhr anstatt um 6 Uhr mit der Arbeit beginnen.

→ Sozialpolitik

Jugend- und Auszubildendenvertretung (JAV) In Betrieben, in denen in der Regel mehr als fünf Arbeitnehmer beschäftigt sind, die das 18. Lebensjahr noch nicht vollendet haben, kann eine JAV gebildet werden, die die besonderen Belange der Jugendlichen wahrnimmt. Wahlberechtigt sind alle jugendlichen Arbeitnehmer des Betriebs, wählbar sind alle Arbeitnehmer, die das 24. Lebensjahr noch nicht vollendet haben. In Absprache mit dem Betriebsrat kann die JAV Sitzungen abhalten, an denen der Betriebsratsvorsitzende oder ein anderes Betriebsratsmitglied teilnehmen kann. Umgekehrt kann ein Mitglied der JAV an den Betriebsratssitzungen teilnehmen. Wenn dort eine Angelegenheit behandelt wird, die besonders jugendliche Arbeitnehmer betrifft (z. B. Ausbildungsfragen), haben alle Mitglieder der JAV Teilnahmerecht. In diesem Fall haben sie bei Abstimmungen auch Stimmrecht.

Die JAV hat auch allgemeine Aufgaben. So nimmt sie Angelegenheiten der Berufsbildung wahr, überwacht, ob die besonderen Vorschriften für jugendliche Arbeitnehmer im Betrieb eingehalten werden und nimmt Anregungen von jugendlichen Arbeitnehmern entgegen.

→ Betriebsrat, Jugendarbeitsschutz

K

Kartell s. Konzentration

Klassengesellschaft Der Marxismus bezeichnet eine Gesellschaft, in der die Produktionsmittel ungleich verteilt sind und Menschen in Lohnabhängigkeit tätig sind, als Klassengesellschaft. Nach dieser Auffassung, die besonders von Karl Marx (1818–1883) und Friedrich Engels (1820–1895) geprägt wurde, entstanden Klassen durch Herausbildung des Privateigentums an den Produktionsmitteln. Zu ihnen zählen beispielsweise Maschinen, jede Art von Geräten, Rohstoffen, Energieträgern und Kapital. Die Produktionsmittel befinden sich in der Hand der Bourgeoisie, des Bürgertums, die auch gleichzeitig die politische Macht hat. Dem gegenüber steht das Proletariat. Proletarier sind Arbeiter, die ihre Arbeitskraft gegen Lohn verkaufen und über keine Produktionsmittel verfügen. Jede dieser Gruppen für sich bildet eine Klasse, die sich unversöhnlich gegenüberstehen und bekämpfen. Zwar gibt es Neben- und Unterklassen wie etwa die Angestellten oder die Bauern, doch wird vom Marxismus die Klassengesellschaft in der Regel als Zwei-Klassen-Gesellschaft gesehen. Ziel des Sozialismus ist die Überwindung der Klassengesellschaft durch Klassenkampf, an dessen Ende eine Gesellschaft ohne Klassen steht. Der Marxismus bezeichnet diese als klassenlose oder kommunistische Gesellschaft.

Moderne Soziologen halten das marxistische Klassenmodell für überholt. Zwar wird anerkannt, dass der marxsche Klassenbegriff im 19. und 20. Jahrhundert durchaus zutreffend war, doch habe sich die Gesellschaft so nachhaltig verändert, dass der Klassengegensatz kein hinreichendes Untersuchungsmodell für moderne Gesellschaftsformen mehr sei.

→ Gesellschaft, soziale Schichtung

Klimakatastrophe Wissenschaftler vermuten, dass sich in den nächsten Jahren die Erdatmosphäre so sehr erwärmt, dass unabsehbare Veränderungen des Klimas die Folge sein können. Deshalb spricht man von einer „Klimakatastrophe“.

Die Erderwärmung wird auch als „Treibhauseffekt“ bezeichnet.

Hauptursache ist die Verbrennung fossiler Stoffe (Holz, Kohle, Öl und Erdgas), aus denen bislang weltweit der größte Teil der Energie gewonnen wird. Dadurch wird die Atmosphäre stark mit Kohlendioxid angereichert.
Dem „Treibhauseffekt" liegt folgender Vorgang zugrunde: Die Erde wird von der Sonne erwärmt und strahlt einen Teil der Wärme wieder ab. Diese Wärme wird vom Kohlendioxid aufgehalten und kann nicht mehr ungehindert in den Weltraum entweichen. Das ist vergleichbar mit der Wärmeentwicklung in einem Treibhaus. Deshalb spricht man vom „Treibhauseffekt". Auf längere Sicht könnten überall auf der Welt die Temperaturen ansteigen, was eine starke Klimaveränderung bewirken würde. Wenn in den nächsten Jahren die Umwelt weiterhin mit Kohlendioxid verschmutzt wird, könnte der Treibhauseffekt langfristig zu einer der größten Gefahren für die Umwelt werden. 1996 betrug der weltweite Ausstoß von Kohlendioxid ca. 6 Mrd. Tonnen – mit steigender Tendenz. Als wichtige Ursache für die Zunahme von Kohlendioxid wird der wachsende Autoverkehr betrachtet. 1996 fuhren weltweit 496 Millionen Fahrzeuge auf den Straßen.
→ Umweltverschmutzung

Konjunktur Als Konjunktur bezeichnet man die Wechsellagen in der wirtschaftlichen Entwicklung. Sie lässt sich messen mit bestimmten Konjunkturindikatoren wie Aufträgen, Produktion, Umsatz, Beschäftigung, Preisen und Zinsen. Anhand dieser Indikatoren lässt sich ein stetes Auf und Ab der wirtschaftlichen Aktivitäten feststellen. Diese Schwankungen folgen aufeinander wie Wellen. Das nennt man Konjunkturzyklus. Ein Konjunkturzyklus umfasst die Phasen Aufschwung, Hochkonjunktur (Boom), Abschwung (Rezession) und Tiefstand (Depression).
→ Wachstum

Konzentration Konzentration bedeutet in der Wirtschaft den Zusammenschluss von Unternehmen. Wenn sich Firmen des gleichen Wirtschaftszweiges (z.B. Chemiefabriken) zusammenschließen, spricht man von horizontaler Konzentration. Den Zusammenschluss von Firmen mit aufeinander folgenden Produktionsstufen nennt man vertikale Konzentration (z.B. Autozubehörteile, Autos). Wenn sich Unternehmen aus völlig verschiedenen Branchen zusammenschließen, entsteht eine diagonale oder konglomerale Konzentration.
Aus einer Unternehmenskonzentration wird ein Konzern, wenn die Unternehmen rechtlich selbstständig bleiben, aber unter einer einheitlichen wirtschaftlichen Leitung stehen. Ein Kartell entsteht, wenn rechtlich selbstständige Unternehmen auf einen Teil ihrer wirtschaftlichen Selbstständigkeit verzichten, indem sie Absprachen treffen, etwa über Preise, Lieferungs- und Zahlungsbedingungen, Absatzgebiete oder Rationalisierungen. Bei einer Fusion geben die einzelnen Unternehmen ihre rechtliche und wirtschaftliche Selbstständigkeit auf und ein einziges großes Unternehmen entsteht.
Ziele einer Unternehmenskonzentration sind in erster Linie Kosten zu senken, indem größere Serien billiger produziert werden, Rationalisierungsmaßnahmen durchzuführen und technisch besonders fortschrittliche Maschinen einzuführen. Weitere Ziele sind billigere Kredite zu erhalten und ein umfassendes Betriebsnetz im In- und Ausland aufzubauen oder einen Risikoausgleich zu haben, d.h. Verluste und Gewinne gemeinsam zu tragen.
Unternehmenskonzentration zielt jedoch in erster Linie darauf ab, den Wettbewerb einzuschränken und die Konkurrenz auszuschalten. Ein Beispiel dafür ist die Kartellbildung. Unternehmen des gleichen Wirtschaftszweiges einigen sich zum Beispiel ihre Erzeugnisse zu gleichen Preisen anzubieten oder ihre Waren nicht so haltbar herzustellen, wie sie könnten. Um Missbrauch einzuschränken ist die Kartellbildung nur mit Vorbehalt und zum Teil nur mit Anmeldung und Erlaubnis bei den Kartellbehörden möglich.
→ Marktwirtschaft, Monopol, Wettbewerbspolitik

Kosten der Arbeitslosigkeit Die Arbeitslosigkeit verursacht hohe Kosten. Der „Preis der Arbeitslosigkeit" besteht nicht nur in den Einschränkungen, die Arbeitslose und ihre Familien hinzunehmen haben. Auch die finanzielle Belastung der Sozialversicherung und des Staates ist groß: So finanzieren Arbeitnehmer und Arbeitgeber durch ihre Beiträge die Arbeitslosenversicherung, aus der Arbeitslosengeld, Fort- und Weiterbildung, Umschulung u. Ä. finanziert werden. Der Bund gibt hierfür Zuschüsse, für die er vorwiegend Steuergelder verwendet. Ebenfalls aus Bundesmitteln und damit vorwiegend aus Steuergeldern wird die Arbeitslosenhilfe bezahlt. Arbeitslosigkeit ist schließlich Hauptursache dafür, dass Menschen zu Beziehern von Sozialhilfe werden. Die Kosten hierfür tragen die Gemeinden, also auch der Staat. Darüber hinaus entfallen Erwerbslose als Steuerzahler und Verbraucher. Hierdurch entsteht ein Loch bei den Einnahmen des Staates und somit Probleme bei der Finanzierung des Staatshaushalts.
→ Arbeitslosigkeit, soziale Sicherung, Sozialpolitik

Kriegsdienstverweigerung In der Bundesrepublik Deutschland sind nach dem Grundgesetz alle Männer ab dem 18. Lebensjahr verpflichtet Wehrdienst bei der Bundeswehr zu leisten. Im Grundgesetz ist das Recht verankert den Kriegsdienst aus Gewissensgründen, etwa aus religiöser Überzeugung, zu verweigern. Wer den Kriegsdienst verweigern will, muss beim zuständigen Kreiswehrersatzamt eine schriftliche Begründung über seine Gewissensentscheidung einreichen. Entschieden wird darüber vom Bundesamt für Zivildienst. Soldaten haben die Möglichkeit den Kriegsdienst nachträglich zu verweigern. Über ihre Gewissensbegründung entscheidet ein Ausschuss des Kreiswehrersatzamtes. Anerkannte Kriegsdienstverweigerer müssen einen 13-monatigen Zivildienst, auch Ersatzdienst genannt, ableisten. Meist pflegen sie alte, kranke oder behinderte Menschen in Altenheimen, Krankenhäusern, Heimen oder anderen sozialen Einrichtungen. Eine Verweigerung sowohl des Wehrdienstes als auch des Zivildienstes (Totalverweigerung) ist nicht möglich. Sie wird strafrechtlich verfolgt.
→ Bundeswehr, Wehrpflicht

M

Manipulation Manipulation bedeutet die gezielte Beeinflussung anderer mit unterschwelligen Mitteln und Methoden, die die Betroffenen nicht bemerken. Manipulation gibt es u.a. im Bereich der Massenmedien. In den Redaktionen von Presse, Rundfunk und Fernsehen kann nur ein Bruchteil aus dem täglichen Geschehen zur Veröffentlichung ausgewählt werden. Bereits die Auswahl der Nachrichten, die veröffentlicht werden sollen, kann auf die Konsumenten dieser Nachricht beeinflussend wirken. Es gibt verschiedene Formen, mit denen die Berichterstattung manipuliert werden kann, z.B. die Länge und Reihenfolge von Artikeln und Berichten, Schrifttypen, Schriftgrößen, Wortwahl, Kameraeinstellungen, Schnitt- und Montagetechniken.
→ Massenmedien

Marktwirtschaft Marktwirtschaft ist eine Wirtschaftsordnung, die davon ausgeht, dass der Markt die Abstimmung von

Angebot und Nachfrage sowie die Preise durch Wettbewerb regelt. Die Marktwirtschaft gewährleistet weitgehend Vertragsfreiheit des Produzenten und des Verbrauchers. Der Unternehmer entscheidet selbst, wie viel Geld er investiert, was er produziert und verkauft; der Verbraucher kann selbst entscheiden, was er kaufen möchte.
In der Bundesrepublik gibt es eine soziale Marktwirtschaft. Der Staat hat die Aufgabe durch die Sozial- und Wirtschaftspolitik die Bevölkerung vor den Risiken der Marktwirtschaft wie Arbeitslosigkeit, große Unterschiede in der Einkommensverteilung und soziale Ungleichheit so weit wie möglich zu schützen.
→ Konzentration, Sozialpolitik

Massenmedien Als Massenmedien werden Kommunikationsmittel bezeichnet, die Informationen (Nachrichten, Meinungen, Unterhaltung, Bildung) an ein großes Publikum verbreiten und so zur Meinungs- und Willensbildung der Bevölkerung beitragen. Das geschieht durch die Presse (Zeitungen und Zeitschriften), durch Hörfunk und Fernsehen sowie durch audiovisuelle Medien (Bild- und Tonträger). Artikel 5 des Grundgesetzes sichert den Medien Pressefreiheit und Freiheit der Berichterstattung zu. Beschränkungen dieser Freiheit dürfen nur im Rahmen gesetzlicher Bestimmungen vorgenommen werden.
Die von den Medien verbreiteten Informationen werden von Journalisten und Journalistinnen gesammelt, gesichtet und verarbeitet. Diese sind an bestimmte Grundsätze (Pressekodex) gebunden wie die Achtung vor der Wahrheit und die Pflicht Informationen auf ihren Wahrheitsgehalt zu prüfen und Wahrheiten weder zu entstellen noch zu verfälschen.
→ Manipulation, Medienkonzentration, Multimedia

Medienkonzentration Das Pressewesen (Zeitungen und Zeitschriften) sowie die privaten Radio- und Fernsehsender sind privatwirtschaftlich organisiert. Zahlreiche Zeitungen und Zeitschriften werden von denselben Verlagen und Medienkonzernen herausgegeben, denen außerdem entscheidende Anteile bei privaten Radio- und Fernsehsendern gehören. Dadurch wird die Konkurrenz geringer. Das birgt die Gefahr, dass die Vermittlung von vielfältigen Informationen und unterschiedlichen Meinungen eingeschränkt wird. Die eigentlichen Funktionen der Massenmedien in einem demokratischen Staat, die zur politischen Meinungs- und Willensbildung der Bevölkerung beitragen sollen, werden dadurch beeinträchtigt.
→ Konzentration, Massenmedien

Menschenrechte Menschenrechte sind Rechte, die jedem Menschen zustehen. Es sind Grundwerte, die auch dann gelten, wenn sie in einem Staat nicht ausdrücklich festgelegt und anerkannt werden. Zu den Menschenrechten gehören die Gleichheit aller Menschen vor dem Gesetz, das Recht auf körperliche Unversehrtheit, die Gleichheit von Männern und Frauen, menschenwürdige Behandlung in Gefängnissen sowie politisches Mitspracherecht und Meinungs- und Glaubensfreiheit. Auch das Recht auf Nahrung, Unterkunft, medizinische Versorgung, Bildung und der Schutz der Umwelt gehören zu den Menschenrechten.
In vielen Ländern der Welt werden die Menschenrechte verletzt. Menschen werden aufgrund ihrer politischen Ansichten oder ihrer Religion verfolgt, festgenommen und in Gefängnissen gefoltert.
In mehreren internationalen Erklärungen sind die Menschenrechte festgelegt. Es sind allerdings keine einklagbaren Rechte, solange sie in einem Staat nicht in die Gesetzgebung übernommen sind.
Menschenrechtsabkommen sind unter anderem die „Allgemeine Erklärung der Menschenrechte" der Generalversammlung der Vereinten Nationen (UN) von 1948, die „Europäische Konvention zum Schutz der Menschenrechte und Grundfreiheiten" von 1950, die durch den Europarat festgelegt wurde, und ein Teil der Schlussakte der Konferenz für Sicherheit und Zusammenarbeit in Europa (1975).
Menschenrechtsorganisationen wie Amnesty International bemühen sich darum, weltweit Menschenrechtsverletzungen aufzudecken und die Einhaltung der Menschenrechte zu erreichen.
→ Migration

Migration Migration (lat. migrare = wandern) bedeutet Wanderung eines großen Bevölkerungsteils. Emigration bedeutet Auswanderung, Immigration Einwanderung. Gründe für große Wellen von Migration können Kriege, wirtschaftliche Not, Umweltkatastrophen oder Verfolgung aufgrund von politischen oder religiösen Einstellungen sein. Menschen, die aus diesen Gründen ihr Land verlassen, bezeichnet man auch als Flüchtlinge.
In keinem Land der Welt haben Ausländer grundsätzlich Anspruch auf Einreise oder längerfristigen Aufenthalt. Je nachdem, wie die Gesetzgebung eines Landes beschaffen ist, versteht es sich als Einwanderungsland und wird Flüchtlinge aufnehmen oder es weist Flüchtlinge ab mit der Argumentation, dass niemand mehr aufgenommen werden könne. In der Bundesrepublik Deutschland hat es darüber vor allem Anfang der 90er-Jahre heftige kontroverse Diskussionen gegeben.
→ Asyl, Ausländer, Entwicklungsländer / Dritte Welt, multikulturelle Gesellschaft

Mikroelektronik Mikroelektronik ist eine Technik, die sich mit der Entwicklung, der Herstellung und dem Einsatz von kleinen elektronischen Bauelementen (Chips) befasst. Mikroelektronische Bauteile, vor allem Computer und Roboter, können nicht nur etwas in Bewegung setzen oder bearbeiten, sondern komplexe Arbeits- und Funktionsvorgänge selbstständig so durchführen, kontrollieren, auswerten und gegebenenfalls berichtigen, dass alle beabsichtigten Möglichkeiten ausgeführt werden.
Seit den 70er-Jahren hat sich diese Technik sprunghaft entwickelt. Die Bausteine sind kleiner, leichter, schneller und billiger geworden, ihre Leistungsfähigkeit hat sich enorm erhöht. Diese Entwicklung ist nicht abgeschlossen. Auf der Basis der Mikroelektronik funktionieren heute zahlreiche technische Geräte, die in Wirtschaft, Industrie und Verwaltung, aber auch in der Medizin, im Haushalt sowie im Freizeit- und Unterhaltungsbereich genutzt werden. Dazu gehören Computer, Roboter, Bildschirmtext (BTX), Telefax, Videorekorder, Kameras, Hörhilfen und viele andere Geräte.
Die Neuerungen im Bereich der Mikroelektronik haben vor allem Auswirkungen auf die Arbeit. Zahlreiche Arbeiten – Schreiben, Planung, Buchungen, Abrechnungen oder Ein- und Verkauf – sowie große Teile der Warenproduktion erfolgen mit mikroelektronischen Geräten. Mithilfe der Mikroelektronik können Maschinen gebaut werden, die wiederum Maschinen bauen – bis hin zur menschenleeren Fabrik.
→ Automatisierung, Rationalisierung

Mitbestimmung Der Betriebsrat eines Unternehmens bzw. der Personalrat einer Verwaltung hat Mitbestimmungs- sowie Mitwirkungs- und Informationsrechte. Mitbestimmen kann er in sozialen Angelegenheiten, z. B. bei der Regelung von Arbeitsbedingungen, und in personellen Angelegenheiten, z. B. bei

Einstellung und Entlassung von Mitarbeiterinnen und Mitarbeitern. In diesen Fragen kann die Geschäftsleitung keine Entscheidung ohne die Zustimmung des Betriebsrates treffen. In wirtschaftlichen Angelegenheiten, z. B. bei der Einführung neuer Produktionsmethoden, hat der Betriebsrat das Recht beratend mitzuwirken. Über bestimmte betriebliche Vorgänge, z. B. Unfallgefahren, kann er sich informieren lassen.
In Betrieben mit über 2000 Beschäftigten sitzen Arbeitnehmervertreter und -vertreterinnen auch in den Aufsichtsräten und Vorständen. Um eine wirkliche Mitbestimmung zu erreichen sollten die Arbeitnehmer und Arbeitnehmerinnen in den Entscheidungsgremien möglichst gleichberechtigt mit den Arbeitgebern vertreten sein.
Rechtlich ist die Mitbestimmung seit 1951 in verschiedenen Mitbestimmungsgesetzen geregelt. Dazu zählen das Montanmitbestimmungsgesetz von 1951 für die Unternehmen des Bergbaus und der Eisen- und Stahlindustrie, das Betriebsverfassungsgesetz von 1972, das Personalvertretungsgesetz von 1955 für den öffentlichen Dienst sowie das Mitbestimmungsgesetz von 1976.
→ Arbeitnehmer/Arbeitnehmerinnen, Betriebsrat, Unternehmer

Monopol Das Wort Monopol kommt aus dem Griechischen und heißt Alleinverkauf. In der Wirtschaft spricht man von Monopol, wenn auf dem Markt nur ein einziger Anbieter (Monopolist) eine bestimmte Ware anbietet. Hat ein Unternehmen eine Monopolstellung, gibt es keine Konkurrenten und damit keinen Wettbewerb. Der Monopolist kann den Preis und die Menge des Angebots alleine bestimmen um auf diese Weise einen möglichst hohen Gewinn zu erzielen. Entstehen können Monopole durch Konzentration von Unternehmen.
→ Konzentration, Wettbewerbspolitik

Multikulturelle Gesellschaft Unter multikultureller Gesellschaft versteht man das gleichberechtigte Zusammenleben von Menschen aus verschiedenen Kulturen in einem Land.
Die Befürworter der multikulturellen Gesellschaft sind der Auffassung, dass alle Menschen und damit alle Kulturen gleichwertig seien und dass keine das Recht habe andere zu verdrängen. Von Minderheiten könne nicht verlangt werden, sich der sie umgebenden Mehrheit kulturell anzupassen und vollständig in ihr aufzugehen. Vielmehr seien gegenseitige Anerkennung und Achtung sowie die Bereitschaft gefordert die jeweils andere Kultur in Teilen zu übernehmen. Würde dies praktiziert, so könne kulturelle Vielfalt als Bereicherung empfunden werden.
Für die Gegner der multikulturellen Gesellschaft gehört diese in das Reich der Utopie. Sie sind der Meinung, dass die multikulturelle Gesellschaft menschliche Eigenschaften und Fähigkeiten voraussetze, über die nur wenige Individuen verfügten. Diese gesellschaftliche Idealvorstellung überfordere Zuwanderer und Aufnahmeländer und fördere Orientierungslosigkeit und Aggressivität eher, als dass sie diese abbaue. Zudem befürchten die Gegner, dass durch Vermischung von Kulturen nationale Eigenheiten verloren gingen.
→ Asyl, Ausländer, Migration

Multimedia Unter Multimedia wird eine Technologie zur Vermittlung von Informationen verstanden, bei der bisher strikt getrennte Medien wie Text, Grafik, Ton und Bild zusammenwirken. Wirken zwei der genannten Medien zusammen, spricht man bereits von „Multimedia“. So ist z. B. ein Film ein multimediales Erzeugnis, weil dort Ton und bewegte Bilder gleichzeitig präsentiert werden. Seine besondere Bedeutung erhielt Multimedia durch die Entwicklung der Mikroelektronik. In den Achtzigerjahren wurde der Begriff auf den Umgang mit dem Computer übertragen und meinte zunächst die Zusammenführung von Grafiken und Texten in einer bestimmten Softwareanwendung. Bei der heutigen Computergeneration spricht man von Multimedia, wenn auf einem PC ein Anwender in verschiedenen Fenstern gleichzeitig Texte und Bilder ansehen, eine gesprochene Erklärung hören und einen Filmausschnitt zu einem bestimmten Thema ansehen kann. Multimedia meint aber auch die Möglichkeit des „interaktiven Fernsehens“, nämlich die Vorstellung, dass unterschiedliche Medien (Zeitungen, Filme, Musikaufnahmen, Videospiele u. Ä.) am heimischen Bildschirm ausgewählt und aus zentralen Datenbanken abgerufen werden können.
→ Datenschutz, Informationsgesellschaft, Massenmedien, Mikroelektronik

N

Nation Eine Nation ist eine große Gruppe von Menschen, die durch ihre gemeinsame Sprache, Kultur, Religion, Geschichte, Tradition und ein geschlossenes Territorium verbunden ist. Häufig wird der Begriff Nation mit den Begriffen Staat oder Volk gleichgesetzt. Auch eine Gruppe von Menschen, die zwar ein Gemeinschaftsgefühl, aber keine staatliche und politische Organisation hat, kann sich als Nation verstehen. Eine Nation entsteht in einem längeren historischen Prozess.
→ Nationalismus

Nationalismus Als Nationalismus bezeichnet man heute ein übersteigertes Bekenntnis zur eigenen Nation. Nationalgefühl oder nationale Identität, d. h. das Bewusstsein durch Herkunft, Sprache, Geschichte, Kultur oder Religion zu einer Nation zu gehören, gilt nicht als Nationalismus. Erst wenn die Vorstellung von der eigenen Höherwertigkeit, eine Überschätzung der eigenen Leistung und ein übersteigerter Stolz auf das eigene Land hinzukommen spricht man von Nationalismus. Das führt zur Abwertung anderer Nationen oder Diskriminierung von Minderheiten innerhalb eines Staates. Daraus können Kriege oder politische Konflikte zwischen Staaten oder innerhalb eines Staates (Bürgerkrieg) entstehen.
Nach dem Zweiten Weltkrieg verlor in Europa der Nationalismus an Bedeutung. Vor allem zwischen politisch und wirtschaftlich ähnlichen Staaten wuchs die Bereitschaft zu Bündnissen und Gemeinschaften und zur Zusammenarbeit.
Seit Beginn der 90er-Jahre entsteht vor allem in Osteuropa ein neuer Nationalismus. Nationale Minderheiten und Volksgruppen, die sich zusammengehörig fühlen, haben sich von ihrem Staat gelöst und einen neuen Staat gegründet. Zum Teil versuchen sie dies mit Gewalt.
→ Europäische Integration, Nation

NATO NATO ist die Abkürzung für „North Atlantic Treaty Organization“, auch Nordatlantikpakt genannt. Dieses Bündnis wurde 1949 zwischen den USA, Kanada und einigen westeuropäischen Staaten zum Zweck der Verteidigung geschlossen, falls einer der Mitgliedsstaaten mit Waffengewalt angegriffen würde. Die Bundesrepublik Deutschland wurde 1955 Mitglied. Weitere NATO-Mitglieder sind Belgien, Dänemark, Großbritannien, Italien, Luxemburg, Niederlande, Norwegen, Portugal und die Türkei. Frankreich und Griechenland sind 1966 bzw. 1974 aus den militärischen Ausschüssen ausgeschieden, sie sind jedoch weiterhin Mitglied. Island und Spanien sind ebenfalls Mitglied, haben den militärischen Ausschüssen aber nie angehört.

Die militärische Gegenorganisation zur NATO war die Warschauer Vertragsorganisation (WVO), auch Warschauer Pakt genannt. Als Reaktion auf den Beitritt der Bundesrepublik zur NATO schlossen sich 1955 die Sowjetunion und die Staaten Osteuropas ebenfalls zu einem Verteidigungsbündnis zusammen. Mitglieder waren neben der Sowjetunion Bulgarien, die DDR, Polen, Rumänien, die Tschechoslowakei, Ungarn und bis 1968 Albanien. Durch die Veränderungen in Osteuropa und den Zerfall der Sowjetunion löste sich die Warschauer Vertragsorganisation am 1. Juli 1991 auf.
Mit dem Ende des Ost-West-Konflikts hat die NATO ihre ursprüngliche Funktion – Verteidigungsbündnis gegen die sozialistischen Staaten zu sein – eingebüßt. Stattdessen finden Verhandlungen über die Mitgliedschaft mittel- und osteuropäischer Staaten statt („Osterweiterung"). Denkbar ist, dass die NATO zunehmend militärische Aufgaben im Dienst der UNO wahrnimmt. Die NATO vertritt allerdings weiterhin die Sicherheitsinteressen ihrer Mitglieder – der europäischen und nordamerikanischen Staaten.

O

Ökologie Ökologie ist eine Wissenschaft, die die Wechselbeziehungen zwischen Mensch, Natur und Umwelt erforscht. Sie beruht auf Erkenntnissen unterschiedlicher Naturwissenschaften wie Biologie, Chemie und Physik. Zur belebten Natur gehören kleine Organismen, Tiere, Pflanzen und Menschen. Sie alle sind wechselseitig voneinander abhängig. In der Ökologie wird untersucht, wie diese Zusammenhänge aussehen und wie sie sich verändern. Für den Umweltschutz ist das Wissen darüber sehr wichtig.
→ Umweltverschmutzung

P

Parlamentarismus Parlamentarismus bedeutet, dass in einem Staat der politische Wille der Bevölkerung durch ein Parlament vertreten wird. Das Parlament wird auch Volksvertretung genannt. Es besteht aus Abgeordneten, die von den wahlberechtigten Staatsangehörigen in freien und geheimen Wahlen gewählt werden. In der Bundesrepublik Deutschland ist das Parlament der Bundestag, in den Bundesländern sind es die Landtage, in den Stadtstaaten Berlin, Bremen und Hamburg das Abgeordnetenhaus, Bürgerschaft und Senat. Das Parlament wählt die Regierung und kontrolliert sie. Es berät und beschließt den Haushalt und die Gesetze. Außerdem diskutiert es alle wichtigen politischen Fragen.
Die Kritik am Parlamentarismus bezieht sich vor allem auf die Wirklichkeit in den Parlamenten. So wird kritisiert, dass die Abgeordneten bei ihren Entscheidungen zu wenig die Ansichten und Interessen der Bevölkerung berücksichtigten. Auch wird kritisiert, dass die Zusammensetzung der Parlamente nur unzureichend die Bevölkerung repräsentiere: Während einige Gruppen im Vergleich zu ihrer zahlenmäßigen Größe in der Gesellschaft überrepräsentiert seien (z. B. Beamte, Akademiker), seien andere unterrepräsentiert (z. B. Arbeiter). Ein weiterer Kritikpunkt ist, dass sich im Vergleich zur Gesellschaft viel zu wenig Frauen unter den Abgeordneten befänden. Kritisiert wird schließlich auch, dass die Zeitabstände zwischen den Wahlen zu groß seien.
→ Bürgerinitiativen, Demokratie

Parteien In Parteien schließen sich Bürgerinnen und Bürger mit gleichen politischen Meinungen zusammen, damit sie ihre Vorstellungen in der Politik verwirklichen können. Parteien gestalten Politik in einer Stadt oder Gemeinde, einem Bundesland oder im Staat und wirken an politischen Entscheidungen mit. Da nicht alle Bürgerinnen und Bürger einzeln bei jeder politischen Entscheidung gefragt werden können, vertreten Parteien die Interessen und den Willen der Bürgerinnen und Bürger in den Parlamenten. Um ihre Ziele durchsetzen zu können versucht jede Partei möglichst viele Abgeordnete in die Parlamente zu entsenden. Dazu stellt sie bei Wahlen Kandidatinnen und Kandidaten auf, die die Ziele der Partei im Parlament vertreten sollen.
Da es in der Bundesrepublik mehrere Parteien gibt, spricht man von einem Mehrparteiensystem. Jede Partei hat eine politische Zielsetzung, etwa konservativ, sozialdemokratisch, ökologisch, liberal, sozialistisch, kommunistisch oder rechtsradikal. Ihre Interessen und Ziele legt jede Partei in einem Parteiprogramm fest. Um überall wirken zu können haben Parteien meist auf Orts-, Kreis- und Landesebene Untergruppen. Die größten Parteien in der Bundesrepublik Deutschland sind die Christlich-Demokratische Union (CDU) mit ihrer bayerischen Schwesterpartei Christlich-Soziale Union (CSU), die Sozialdemokratische Partei Deutschlands (SPD), die Freie Demokratische Partei (FDP), Bündnis 90/Die Grünen und die Partei des Demokratischen Sozialismus (PDS).
→ Parlamentarismus, Wahlen

Partizipation Unter (politischer) Partizipation bzw. Beteiligung werden alle Tätigkeiten verstanden, die Bürgerinnen und Bürger freiwillig und mit dem Ziel unternehmen Entscheidungen in den verschiedenen Bereichen des politischen Systems zu beeinflussen oder herbeizuführen: Wahlen, Bürgerinitiativen, Volks- bzw. Bürgerentscheide, Mitgliedschaft in Parteien und Verbänden, Demonstrationen, Einflussnahme auf die Medien und Ähnliches. Beteiligung an Politik bedeutet somit aktives, zielgerichtetes Handeln aus der Sicht der einzelnen Bürgerinnen und Bürger. Nicht gemeint sind eher zufällige, unbeabsichtigte Resultate politischen Handelns oder solche Akte, die eher symbolischen Charakter haben – etwa Wahlen, bei denen nur eine einzige Partei kandidiert, mit deren Hilfe sich das herrschende System die Zustimmung der Bevölkerung sichern will.
→ Bürgerinitiativen, Demokratie, Parlamentarismus, Pluralismus

Pluralismus Der Begriff stammt aus dem lateinischen Wort „plures" („mehrere"). Unter Pluralismus versteht man, dass in einem Staat unterschiedliche soziale und weltanschauliche Gruppen (z. B. Parteien oder Verbände) gleichberechtigt nebeneinander bestehen und mit friedlichen Mitteln um einen Anteil an der politischen Willensbildung ringen. Pluralismus setzt Toleranz voraus und ist nur möglich in einem Staat, in dem es Meinungsfreiheit, Versammlungsfreiheit und die Freiheit, sich mit anderen Gruppen zur Durchsetzung politischer Ziele zu verbünden, gibt. Im Pluralismus besteht keine für alle verbindliche Wahrheit, die mit der Gewalt des Staates durchgesetzt wird. Pluralismus ist ein Kennzeichen freiheitlicher Demokratien.
Pluralismus wird dort unglaubwürdig, wo unterschiedlich erscheinende Strömungen in Wirklichkeit nur eine Quelle haben, z. B. wenn sich Parteiprogramme nicht mehr voneinander unterscheiden. Auch wenn Gruppen zu viel Einfluss und Macht bekommen und dadurch ihre Auffassungen und Interessen in der Öffentlichkeit durchsetzen können, sind pluralistische Grundsätze gefährdet. Aufgabe des Staates ist deshalb, durch geeignete Maßnahmen zu verhindern, dass sich in den Händen einzelner Gruppen zu viel Macht anhäuft.
→ Demokratie, Gewaltenteilung, Parteien, Partizipation

Protektionismus Möchte ein Land seine eigenen Unternehmen vor nicht gewollter ausländischer Konkurrenz z.B. aus Niedriglohnländern der Dritten Welt schützen, ergreift es verschiedene Maßnahmen. Es kann die möglicherweise billigeren Produkte der Konkurrenz im Preis unterbieten. Dies könnte aber zu volkswirtschaftlichen Problemen führen.

Im Rahmen des Protektionismus werden andere Maßnahmen ergriffen, z.B. die Erhebung von Schutzzöllen. Ausländische Waren dürfen nur ins Land importiert werden, wenn ein hoher Einfuhrzoll gezahlt wird. Dadurch wird das ursprünglich billige Angebot im Preis künstlich angehoben. Zudem ist es möglich, die Menge der importierten Güter zu begrenzen. Parallel kann die Regierung außerdem beschließen die einheimischen Produkte zu subventionieren, sie also durch Reduzierung der Steuern oder durch anderweitige Zuschüsse zu verbilligen.

Protektionistische Maßnahmen führen immer wieder zu Streitigkeiten in der Weltwirtschaft. So werfen die Drittweltstaaten den Industrieländern häufig eine protektionistische Wirtschaftspolitik vor, die sie daran hindert, ihre Produkte auf dem Weltmarkt zu einem angemessenen Preis zu verkaufen. So bezeichnen beispielsweise die Gegner der Sozialklauseln diese als eine protektionistische Maßnahme der Industrieländer.

→ Freihandel, Marktwirtschaft

Q

Quotenregelung Im öffentlichen Dienst, in Privatbetrieben und in Parteien werden Positionen häufig aufgrund von Quoten besetzt. In Bezug auf den Anteil von Frauen bedeutet dies, dass festgelegt ist, welcher Anteil dieser Stellen an Frauen vergeben werden muss. Ziel ist es, Benachteiligungen von Frauen zu verringern und den Frauenanteil besonders in gehobenen Positionen zu erhöhen. Man unterscheidet zwischen „Ergebnisquoten“ und „Leistungsquoten“. „Ergebnisquote“ bedeutet, dass allgemein ein bestimmter Anteil der Geschlechter erreicht werden muss; „Leistungs- bzw. Entscheidungsquote“ bedeutet, dass bei gleicher Eignung der Bewerber für eine Stelle das Geschlecht bevorzugt werden muss, das unterrepräsentiert, d.h. in der Minderheit ist – und zwar so lange, bis das Geschlechterverhältnis ausgeglichen ist.

Die großen politischen Parteien in Deutschland haben z.T. Quotenregelungen eingeführt: Bündnis 90/Die Grünen besetzen ihre Parteiämter zu 50 % mit Frauen, die SPD zu 40 % und die CDU zu einem Drittel. FDP und CSU haben keine Quotenregelungen vereinbart.

→ Frauenbewegung, Geschlechterrolle, Gleichstellung

R

Rationalisierung Der Begriff stammt von dem lateinischen Wort „ratio“ (Vernunft) ab. Rationalisieren bedeutet „vernünftig, zweckmäßig gestalten; wirtschaftlich effizienter machen“. Heute wird der Begriff vorwiegend im Bereich der Arbeitswelt verwendet und umfasst dabei im Wesentlichen zwei, hauptsächlich aus Kostengründen durchgeführte Maßnahmen:

- Einsatz von Maschinen: Die menschliche körperliche Arbeitskraft wurde durch Maschinen zunächst ergänzt, dann immer mehr ersetzt und schließlich in andere, komplizierte (z.B. geistige) Tätigkeiten verdrängt. Auch in diesem Bereich ist jedoch mittlerweile die Ersetzung menschlicher Arbeitskraft durch Maschinen (Computer) festzustellen.
- Zerlegung der menschlichen Tätigkeiten, vor allem an Maschinen, in Teilvorgänge bzw. einzelne Handgriffe (Arbeitsteilung). Mittlerweile ist in vielen Arbeitsbereichen der Arbeitsvorgang so weit vereinfacht, dass er vollständig von einer Maschine übernommen werden kann. Die Rationalisierung in allen Bereichen verhilft den Unternehmen zu Wettbewerbsvorteilen, führt aber auch zur Vernichtung von Arbeitsplätzen aller Qualifikationen und trägt dadurch entscheidend zur Arbeitslosigkeit bei.

→ Arbeit, Arbeitslosigkeit, Automatisierung, Mikroelektronik

Rechtsextremismus „Rechtsextrem nennen wir Bestrebungen, Personen und Organisationen, die – meist unter Androhung/ Anwendung von Gewalt – versuchen demokratische Grundrechte einzuschränken bzw. abzuschaffen, in der Regel sozial benachteiligte, sich aufgrund phänotypischer (das Erscheinungsbild betreffender) Merkmale wie Hautfarbe, Körperbau oder Haarbeschaffenheit, der Herkunft, weltanschaulichen, religiösen oder sexuellen Orientierungen nach unterscheidbare, von der ‚Standardnorm‘ abweichende Minderheiten auszugrenzen, auszuweisen oder – im Extremfall – auszurotten und jene Kräfte zu schwächen bzw. auszuschalten, die sich für deren Integration, das Ziel der gesellschaftlichen Emanzipation und Maßnahmen demokratischer Partizipation einsetzen.“

(Aus: Ch. Butterwegge, Rechtsextremismus, Rassismus und Gewalt, Darmstadt 1996, S. 27)

→ Partizipation

S

Schwellenländer Bei Schwellenländern handelt es sich um diejenigen Entwicklungsländer, die an der Schwelle zur Industrialisierung stehen bzw. diese gerade überschritten haben. Nach einer Definition der Vereinten Nationen ist diese Schwelle erreicht, wenn ein Drittel des Bruttosozialprodukts dieser Länder durch industrielle Erzeugung erwirtschaftet wird. Anzeichen dafür sind der Aufbau einer Automobilindustrie, Rohstoffverarbeitung und der dazu erforderliche Aufbau einer Infrastruktur, also etwa eines Straßen-, Eisenbahn- und Telefonnetzes. Typische Schwellenländer sind z.B. Mexiko, Iran und die so genannten Tigerstaaten in Ostasien.

→ Bruttosozialprodukt, Entwicklungsländer/Dritte Welt, Tigerstaaten

Schicht s. Soziale Schichtung

Soziale Mobilität Soziale Herkunft, Bildungsabschluss, Beruf, Einkommen u.Ä. sind Anhaltspunkte, nach denen Menschen einer sozialen Schicht zugeordnet werden. Gewollt oder ungewollt wechseln immer wieder Menschen die soziale Schicht: Sie gelangen entweder in eine höhere Schicht, was allgemein als Erfolg bewertet wird, oder sie steigen ab. Diesen Vorgang nennt man soziale Mobilität. Er ist häufig mit Veränderungen der sozialen, kulturellen oder politischen Einstellung verbunden.

Wenn es auch in der Gesellschaft Deutschlands keine offensichtlichen sozialen Schranken gibt, ist das Wechseln von der einen in eine andere Schicht dennoch selten.

Ob es möglich ist, die soziale Schicht, in die man hineingeboren wurde, zu verlassen und in eine andere aufzusteigen, hängt eng damit zusammen, ob es möglich ist, die soziale Ungleichheit zu überwinden.

→ Klassengesellschaft, soziale Schichtung, Sozialisation

Soziale Schichtung Eine Schicht ist eine Gruppe von Menschen, die sich durch gemeinsame Merkmale auszeichnet. Dazu zählen Einkommen, Schulbildung und Beruf sowie Wohnlage, Mieten, Freizeitverhalten oder Freundschaften. Auch das Kriterium der Selbsteinschätzung kann hinzugezogen werden. Diese

wird durch Befragung von Personen ermittelt, die sich selbst und andere in einer Rangfolge von Berufen einstufen müssen.
Die Soziologie versucht unter anderem Gesellschaft zu beschreiben. Anhand fest definierter Kriterien wie Einkommen, Beruf, Bildungsstand, Ansehen, Statussymbole entsteht ein Raster für einzelne Menschengruppen innerhalb einer Gesellschaft.
Die Beziehungen zwischen den Schichten und ihr hierarchischer Aufbau werden in Modellen festgehalten. Gesellschaftsmodelle wie das von Rainer Geißler veranschaulichen den Aufbau einer Gesellschaft und vereinfachen ihn. Insofern entspricht ein Schichtungsmodell keinesfalls der Realität.
Während demokratische Soziologen in der Regel auf das Schichtmodell zurückgreifen, benutzen sozialistische Forscherinnen und Forscher das historisch geprägte Modell einer Klassengesellschaft.
➔ Gesellschaft, Klassengesellschaft

Soziale Sicherung „Die Bundesrepublik Deutschland ist ein sozialer und demokratischer Bundesstaat" (Art. 20, Abs. 1 und Art. 28, Abs. 1 Grundgesetz). Aus der ersten dieser beiden Bestimmungen ergibt sich für den Staat, dass er allen Bürgerinnen und Bürgern ein menschenwürdiges Dasein zu gewährleisten hat. Dem dient das System der sozialen Sicherung. Es versucht für folgende Lebensbereiche – auch in kritischen Situationen – Vorsorge zu treffen:
- Alter, Hinterbliebene;
- Gesundheit/Krankheit: Arbeitsunfall, Berufskrankheit, Invalidität, Vorbeugung/Rehabilitation (Maßnahmen zur Wiederherstellung der Gesundheit);
- Ehe und Familie: Kinder, Jugendliche, Ehegatten, Mutterschaft;
- Beschäftigung: schulische und berufliche Bildung, Mobilität, Arbeitslosigkeit;
- übrige Funktionen: Folgen politischer Ereignisse (z. B. politische Flüchtlinge), Wohnen, Sparen / Vermögensbildung sowie allgemein laufende Hilfe zum Lebensunterhalt (Sozialhilfe).

Diese unterschiedlichen sozialen Sicherungssysteme werden insgesamt zu je etwa 30 % von Unternehmen und privaten Haushalten und zu je etwa 40 % vom Staat (Bund, Länder, Gemeinden) über Steuermittel finanziert. Im Einzelnen sind diese Anteile jedoch sehr unterschiedlich. So wird etwa die Sozialhilfe vollständig vom Staat aufgebracht. Bei der Sozialversicherung (Kranken-, Unfall-, Arbeitslosen-, Renten- und Pflegeversicherung) dagegen werden die Beträge je zur Hälfte von Arbeitnehmern und Arbeitgebern bezahlt; nur die Unfallversicherung tragen die Arbeitgeber alleine. Zur Rentenversicherung zahlt der Staat Zuschüsse aus Steuermitteln. Um die Aufwendungen der Arbeitgeber bei der Pflegeversicherung auszugleichen wurde in fast allen Bundesländern ein gesetzlicher Feiertag abgeschafft.
In Deutschland sind alle Bürgerinnen und Bürger bis zu einer bestimmten Einkommensgrenze verpflichtet Mitglied dieser Versicherungen zu sein (derzeit etwa 6000 DM brutto im Monat). Diese Einkommensgrenze wird in gewissen Abständen und in Anpassung an die neue Gehalts- und Preisentwicklung stets neu festgelegt.
Darüber hinaus werden zum System der sozialen Sicherung auch allgemeine wirtschaftspolitische Maßnahmen des Staates gezählt, mit denen wirtschaftliche Stabilität gesichert und Krisen vermieden werden sollen.
➔ Marktwirtschaft, Sozialpolitik

Sozialer Wandel Als sozialen Wandel bezeichnet man Veränderungen in Aufbau und Gliederung der Gesellschaft sowie im Sozialverhalten der Menschen. Sozialer Wandel ist in einzelnen Gruppen, etwa in der Familie und in einer bestimmten Schicht, sowie in der Gesamtgesellschaft möglich; er kann mehrere Jahrzehnte dauern, in manchen Bereichen aber auch sehr schnell gehen. Häufig sind wirtschaftliche, politische und technische Veränderungen Ursachen für sozialen Wandel. Sie sind die Grundlage für Veränderungen in den Lebensverhältnissen, im Bereich von Einkommen, Berufswahl, Wohnverhalten, Arbeitsbedingungen oder Bildungsgängen, Familienleben und Freizeit. Im Sozialverhalten der Menschen wandeln sich Bräuche, Normen, Moral- und Wertvorstellungen.
Durch sozialen Wandel ändert sich das Verhältnis sozialer Gruppen zueinander. Zu einem großen Teil führt sozialer Wandel zu mehr Chancengleichheit; manchmal können aber auch Ungleichheiten und soziale Spannungen entstehen.
Wichtig ist die Analyse von Verlauf und Ursachen des sozialen Wandels für politische Entscheidungen, etwa für die Bildungs-, Sozial- und Gesundheitspolitik, für Wohnungsversorgung und Verkehrsplanung sowie für die Kultur.
➔ Gesellschaft, Klassengesellschaft, soziale Schichtung

Sozialisation Menschen müssen mit den Regeln und Normen der Gesellschaft, in die sie hineingeboren werden und in der sie aufwachsen, vertraut gemacht werden. Außerdem müssen sie ihr Verhalten, ihre Art zu handeln und zu entscheiden, erst erlernen. Dies ist ein lebenslanger Prozess, den man als Sozialisation bezeichnet.
Die ersten Erfahrungen macht ein Mensch in der Familie. Deshalb gilt die Familie als die erste und wichtigste Stufe der Sozialisation. Die Erziehung in der Familie wird auch als primäre (erste) Sozialisation bezeichnet. Nicht nur die Familie, sondern die gesamte Umwelt prägt einen Menschen. Kindergarten, Schule, Kirchen, Freundeskreis und Beruf gehören dazu – in zunehmendem Maß auch die Massenmedien. Hier spricht man von sekundärer (zweiter) Sozialisation.
➔ Erziehung, Familie

Sozialklauseln In vielen Staaten der Erde werden arbeitsrechtliche und soziale Mindeststandards missachtet, also ein Mindestmaß an Sozialleistungen, die z. B. in Deutschland Alltag sind. Zu ihnen zählen etwa Mindestlöhne, Vereinbarungen zur Arbeitszeit, zu Überstunden und Urlaub. Mit Staaten, die die Mindeststandards nicht einhalten, wird seitens der Handelspartner versucht bei der Produktion von Exportwaren Sozialklauseln auszuhandeln. In ihnen werden die genannten Mindeststandards vereinbart. Verstößt ein Vertragspartner gegen die festgelegten Bestimmungen der Sozialklauseln, läuft er Gefahr mit handelspolitischen Nachteilen „bestraft" zu werden, z. B. mit höheren Zöllen oder Ausfuhrverboten.
Im Gegenzug werden Anreize geboten wie niedrige Zölle oder Handelsunterstützungen, damit Staaten Sozialklauseln anerkennen. Sozialklauseln sind nicht unumstritten. Während die einen sie als die einzige Chance sehen faire und humane Handelsbeziehungen aufzubauen, befürchten andere, dass versucht wird unliebsame Konkurrenz auszuschalten.
➔ Freihandel, Protektionismus

Sozialpolitik Zur Sozialpolitik gehören die staatlichen Maßnahmen, die zur sozialen Sicherung der Bevölkerung beitragen sollen. Ziel der Sozialpolitik ist es, die Chancengleichheit unterschiedlicher gesellschaftlicher Gruppen zu gewährleisten und zur Verbesserung der wirtschaftlichen Situation sozial schwacher Gruppen beizutragen.

Zur Sozialpolitik zählen zum Beispiel Renten-, Kranken-, Pflege-, Arbeitslosen- und Unfallversicherungen sowie die Einrichtung von Kindergärten und Altenheimen. Für Menschen in wirtschaftlichen und sozialen Notlagen werden Sozialhilfe, Mietzuschüsse und Beihilfen geleistet. Auch die staatliche Steuer- und Vermögenspolitik, die die ungleiche Einkommensverteilung abmildern soll, gehört zur Sozialpolitik. Die meisten westeuropäischen Staaten verfügen über ein ausgebautes soziales Netz, in dem neben dem Staat auch private Versicherungen, freie Wohlfahrtsverbände, Gewerkschaften und Arbeitgeber Sozialleistungen übernehmen.
→ Chancengleichheit

T

Tarifvertrag Ein Tarifvertrag ist ein schriftlicher Vertrag zwischen Tarifparteien zur Regelung von Arbeits- und Wirtschaftsbedingungen in bestimmten Wirtschaftszweigen (z. B. Metallindustrie). Tarifparteien sind auf der Arbeitnehmerseite die Gewerkschaften, auf der Arbeitgeberseite die Arbeitgeberverbände. Gegenstände eines Tarifvertrags sind in erster Linie Lohn und Gehalt (Entgelttarif) sowie Regelungen für Arbeitszeit, Urlaub, Einstellung und Kündigung sowie Mitbestimmung (Manteltarif, Rahmentarif). Die Bestimmungen der Tarifverträge sind Mindestregelungen für die einzelnen Arbeitsverhältnisse einer ganzen Branche. Von ihnen kann nur zugunsten der Arbeitnehmer abgewichen werden.
Tarifverträge werden in der Regel für eine bestimmte Zeit, meistens für ein Jahr, geschlossen. Während der Geltungszeit eines Tarifvertrags sind beide Seiten verpflichtet den Vertrag einzuhalten.
→ Arbeitgeberverbände, Gewerkschaften

Teilzeitarbeit s. Arbeitszeit

Tigerstaaten „Tigerstaaten“ werden einige südostasiatische Schwellenländer genannt, die sich im „Tigersprung“ auf dem Weg zu Industriestaaten befinden. Hongkong, Taiwan, Südkorea und Singapur werden als die „vier kleinen Tiger“ bezeichnet. Zu ihnen schließen die „Tiger der zweiten Generation“ Malaysia, Teile Chinas, Indonesien und Thailand auf.
Die Tigerstaaten fordern für sich das Recht auf eine „nachholende Entwicklung“ ein. Sie wollen die Erfolge der westlichen Industrieländern „nachholen“. Dabei sind sie auch bereit die negativen Seiten der Industrialisierung, vor allem die Umweltzerstörung, in Kauf zu nehmen. Dies ist ein Streitpunkt zwischen den Tigerstaaten und den Industrieländern. Diese fordern von den Tigerstaaten eine Wirtschaftspolitik, die Rücksicht auf die Umwelt nimmt um die Fehler der westlichen Industrieländern zu vermeiden. Die Tigerstaaten wiederum sehen darin eine Maßnahme, mit der sie von den Industrieländern als Wirtschaftskonkurrenten vom Weltmarkt verdrängt werden sollen, weil Umweltschutzmaßnahmen den Wirtschaftsprozess verlangsamen könnten.
→ Schwellenländer

U

Umweltverschmutzung Die Hauptgefahr für die Umwelt ist die Verschmutzung von Luft, Boden und Wasser.
Die Luft wird durch Industrie, Autoverkehr und private Heizungen gefährdet. Chemische Stoffe wie Kohlendioxid, Schwefeldioxid, Stickoxide oder Fluorchlorkohlenwasserstoffe geraten in die Luft. Diese verunreinigte Luft schadet der Gesundheit von Mensch und Tier, zerstört Wälder und Pflanzen und greift (historische) Bauwerke an. Die schlimmsten Folgen der Luftverschmutzung sind langfristig die Erwärmung der Erdatmosphäre (Treibhauseffekt) und die Zerstörung der Ozonschicht.
Die jahrelange Anwendung von Schädlingsbekämpfungsmitteln ist eine Ursache für die Verschmutzung des Bodens. Giftstoffe geraten in den Boden und verunreinigen das Grundwasser. Durch die Nahrungskette gelangen die Gifte zum Menschen.
Ungeklärte Abwässer verseuchen Flüsse und Meere. Das schadet der Pflanzenwelt, den Fischen und den anderen Tieren, die im Wasser leben. Algenpest und Robbensterben sind drastische Beispiele für die Folgen der Verschmutzung der Meere.
In den letzten Jahren ist es immer wieder zu Umweltkatastrophen gekommen, etwa durch Tankerunfälle, den Austritt von Radioaktivität oder durch brennende Ölfelder. Seit Anfang der 70er-Jahre sind Umweltverschmutzung und Umweltschutz zu wichtigen Themen in der Politik und im täglichen Leben geworden.
→ Klimakatastrophe, Ökologie

UNO (Vereinte Nationen) Die Abkürzung UNO steht für United Nations Organization (Organisation der Vereinten Nationen). Sie wurde unter dem Eindruck des Zweiten Weltkriegs 1945 mit dem Ziel gegründet weltweit Frieden zu sichern und für die Achtung der Menschenrechte zu sorgen. Heute gehören der UNO 185 Staaten an.
Sonderorganisationen der UNO sollen zum Beispiel für die Unterstützung von Kindern auf der ganzen Welt (UNICEF) oder für eine weltweite Bekämpfung von Krankheiten (Weltgesundheitsorganisation – WHO) sorgen. Der Internationale Gerichtshof – ebenfalls der UNO angeschlossen – soll bei Menschenrechtsfragen und Konflikten zwischen Staaten Urteile fällen.
Die wichtigste Aufgabe der UNO ist die Sicherung des Weltfriedens. Der Sicherheitsrat soll entsprechende Maßnahmen beraten und beschließen. In der Zeit des Kalten Krieges blockierten sich die Staaten des westlichen und östlichen Blocks im Sicherheitsrat gegenseitig. Erst nach Zusammenbruch des Staatssozialismus 1989/90 erhielt die UNO die Chance ihre Rolle als „Weltpolizei“ verstärkt wahrzunehmen. Die Hauptaufgabe der UNO-Sicherheitspolitik war bis dahin Soldaten in Regionen zu schicken, in denen kriegerische Konflikte stattgefunden hatten um dort den Frieden zu sichern („Blauhelmeinsätze“). Seit dem Golfkrieg 1991 fanden aber auch UNO-Einsätze statt, die dazu dienten, Frieden wiederherzustellen. Die UNO muss dabei zunehmend die militärische Hilfe einzelner Staaten bzw. von Militärorganisationen wie der NATO zu Hilfe nehmen.
→ NATO

Unternehmer Unternehmer und Unternehmerinnen sind Personen, die eine Fabrik oder ein Geschäft alleine oder in Anteilen besitzen. Sie setzen Kapital ein um Maschinen zu kaufen und Arbeitskräfte zu beschäftigen. Ihnen gehören die Gewinne, die das Unternehmen macht, sie müssen aber auch eventuelle Verluste tragen. Größere Betriebe und Geschäfte gehören nur noch selten einem privaten Unternehmer. Sie sind meist in Form von Kapitalgesellschaften (Aktiengesellschaft, Kommanditgesellschaft, Gesellschaft mit beschränkter Haftung) organisiert.
Die Interessen der Unternehmer werden in Unternehmerverbänden vertreten. Für fachliche Angelegenheiten ist der Bundesverband der Deutschen Industrie (BDI) zuständig. Die Interessenvertretung gegenüber den Arbeitnehmern nimmt die Bundesvereinigung der Deutschen Arbeitgeberverbände

(BDA) wahr. Beide setzen sich zusammen aus Landes- und Fachverbänden, die die unterschiedlichen Branchen vertreten. Um wirtschaftliche Fragen auf regionaler Ebene kümmern sich vor allem die Industrie- und Handelskammern. Sie bilden auf überregionaler Ebene den Deutschen Industrie- und Handelstag (DIHT). Alle drei Verbände bilden den Gemeinschaftsausschuss der Deutschen Gewerblichen Wirtschaft.
→ Gewerkschaften, Mitbestimmung

V

Verbrauch Unter Verbrauch oder Konsum versteht man in der Regel die Käufe von Gütern oder Dienstleistungen der privaten und öffentlichen (staatlichen) Haushalte zur Befriedigung von Bedürfnissen.
Viele Soziologen gehen davon aus, dass die Kaufinteressen der Verbraucher nicht mehr in erster Linie eigenen Bedürfnissen folgen, sondern fremdbestimmt sind. Als Beispiel hierfür wird das Konsumentenverhalten in der Mode, beim Urlaub, in der Freizeitgestaltung und beim Autokauf angeführt: Moderichtungen, Statussymbole, Rollenverhalten und immer ausgefeiltere Werbetechniken hätten inzwischen den überwiegenden Einfluss auf Kaufentscheidungen. Die Ursache hierfür wird darin gesehen, dass die Wirtschaft dieser Gesellschaft den Massenkonsum brauche, Konsumartikel nur kurze Zeit gebrauchsfähig bleiben dürften und ständig neue Güter gekauft werden sollen. Aufgrund dieser Überlegungen sprechen diese Soziologen davon, dass unsere Gesellschaft inzwischen eine „Konsumgesellschaft" sei.
→ Verbraucherschutz, Wettbewerb

Verbraucherschutz Unter Verbraucherschutz versteht man die Gesamtheit der rechtlichen Vorschriften, die den Verbraucher bzw. die Verbraucherin davor schützen sollen, im Wirtschaftsleben benachteiligt zu werden. Man unterscheidet zwischen zwei Arten von Verbraucherschutzgesetzen und -vorschriften:
- Gesetzen und Vorschriften, die eine korrekte und umfassende Information des Verbrauchers als Grundlage seiner Kaufentscheidung sichern sollen: Verordnung zur Lebensmittelkennzeichnung, Pflicht zur Preisauszeichnung u. a.;
- Gesetze und Vorschriften, die dem einzelnen Verbraucher in bestimmten Rechtsgeschäften besonderen Schutz gewähren sollen.

Die Aufgabe von Verbraucherverbänden ist die Vertretung der Interessen der Verbraucher. Die Verbände wachen in erster Linie darüber, dass die Verbraucherschutzvorschriften im Alltag eingehalten werden. Ihre vorwiegende Tätigkeit ist die Information und Beratung der Verbraucher bzw. Verbraucherinnen.
→ Verbrauch, Marktwirtschaft

Volksentscheid Bei Volksentscheiden können die Bürgerinnen und Bürger direkt und unmittelbar politische Entscheidungen treffen. Eine bestimmte politische Frage oder eine Gesetzesvorlage werden allen Wahlberechtigten zur Abstimmung vorgelegt. Volksentscheide sind Elemente einer direkten oder unmittelbaren Demokratie, die auch in einer repräsentativen Demokratie möglich sind.
Das Grundgesetz sieht Volksentscheide nicht vor, außer bei einer Neugliederung der Bundesländer. Einige Bundesländer ermöglichen in ihren Verfassungen, dass Bürgerinnen und Bürger durch Volksentscheid direkt in den politischen Entscheidungsprozess eingreifen. In anderen Ländern, etwa in der Schweiz, Großbritannien, Österreich, Italien oder den skandinavischen Ländern, sind Volksentscheide in der Verfassung vorgesehen.
→ Demokratie

W

Wachstum In der Wirtschaft bedeutet Wachstum die ständige Steigerung des realen Bruttosozialprodukts. Es wird pro Kopf der Bevölkerung als prozentuale Veränderung im Vergleich zum Vorjahr angegeben. Das Bruttosozialprodukt bestimmt die wirtschaftliche Leistungsfähigkeit und den Wohlstand der Bevölkerung eines Landes. Stabiles und dauerhaftes Wachstum gilt als ein wichtiges wirtschaftspolitisches Ziel und wird durch staatliche Maßnahmen gefördert.
Zunehmend wird jedoch das einseitige quantitative Wachstumskonzept, das sich allein auf die Erhöhung der Güterproduktion richtet, kritisiert. Das am Sozialprodukt orientierte Wachstum sagt nichts darüber aus, ob die Einkommen gleichmäßig oder ungleichmäßig verteilt sind, es sind keine Angaben enthalten über den Energieverbrauch in Industrie, Haushalt und Verkehr, über Umweltverschmutzung und Rohstoffverschwendung sowie über den Grad der Menschenwürdigkeit von Arbeit; es beachtet nicht, dass die Produktion in den Industrieländern zulasten der Entwicklungsländer geht. Kritiker befürworten deshalb eine Umorientierung der Wirtschaftspolitik zu einem qualitativen Wachstum, das all diese Faktoren sowie die Grenzen des Wachstums berücksichtigt.
→ Bruttosozialprodukt

Wahlen Bei politischen Wahlen wird entschieden, wie viele Abgeordnete eine Partei im Parlament erhält. In der Bundesrepublik Deutschland finden alle vier oder fünf Jahre Wahlen für das Gemeinde- oder Stadtparlament, den Kreistag, den Landtag und den Bundestag statt. Bürgerinnen und Bürger können dann eine Partei und deren Kandidaten wählen, die ihre politischen Meinungen und Interessen im Parlament am besten vertreten können. Durch Wahlen wird entschieden, welche Partei die Regierung stellt und welche Partei die Opposition bilden. Damit wird für eine bestimmte Zeit über die Richtung der Politik entschieden. Vor Wahlen findet ein Wahlkampf statt. Jede Partei stellt ihre politischen Ziele für die nächsten Jahre vor und versucht die Wählerinnen und Wähler für sich zu gewinnen.
Grundsätze für eine politische Wahl sind im Grundgesetz in Artikel 38 festgelegt. Danach müssen politische Wahlen allgemein, unmittelbar, frei, gleich und geheim sein. Allgemein bedeutet, dass alle Staatsbürgerinnen und Staatsbürger vom 18. Lebensjahr an wählen dürfen. Unmittelbar besagt, dass anhand der Stimmen direkt entschieden werden kann, welche Kandidatinnen und Kandidaten ins Parlament entsandt werden. Frei, gleich und geheim legt fest, dass auf Wählerinnen und Wähler kein Druck ausgeübt werden darf, dass jede Stimme das gleiche Gewicht hat und alle politischen Wahlen geheim stattfinden müssen.
→ Gewaltenteilung, Parlamentarismus, Parteien

Wehrpflicht Nach Art. 12 a des Grundgesetzes gilt in der Bundesrepublik Deutschland die allgemeine Wehrpflicht. Alle Männer ab dem 18. Lebensjahr haben die Pflicht den Wehrdienst abzuleisten. Sie bekommen für eine gesetzlich festgelegte Dauer – zurzeit 10 Monate – eine militärische Grundausbildung beim Heer, bei der Luftwaffe, der Marine oder im Sanitätsdienst. Nach dieser Zeit kann man zu Reserveübungen herangezogen werden. Im Fall eines Krieges können die Männer, die den Wehrdienst abgeleistet haben, als Soldaten eingezogen werden. Jeder Wehrpflichtige hat das Recht zur Kriegsdienstverweigerung.
→ Bundeswehr, Kriegsdienstverweigerung

Wettbewerb Wettbewerb bedeutet, dass zwei oder mehr Anbieter, die gleiche oder ähnliche Güter oder Dienstleistungen verkaufen, am Markt gegeneinander antreten und um die Kunden konkurrieren. Jeder Anbieter versucht eine möglichst große Zahl seines Produkts zu verkaufen um hohe Gewinne zu erzielen. Das kann er mit dem Preis, mit der Qualität, mit den Geschäftsbedingungen, mit der Werbung, mit dem Kundendienst und vielem mehr erreichen.

Durch Wettbewerb soll erreicht werden, dass am Markt gute und preiswerte Produkte in großer Auswahl angeboten werden. Das ist ein wichtiger Grundsatz der Marktwirtschaft. Wettbewerb soll dafür sorgen, dass sich die Anbieter um ihre Kunden bemühen müssen. In der Praxis sieht das allerdings anders häufig aus, da Unternehmen versuchen durch Konzentration den Wettbewerb einzuschränken.

→ Konzentration, Monopol, Verbraucherschutz, Wettbewerbspolitik

Wettbewerbspolitik Die Gesamtheit aller staatlichen Maßnahmen, die darauf ausgerichtet sind, einen funktionsfähigen Wettbewerb zu gewährleisten und den Missbrauch wirtschaftlicher Macht zu verhindern, wird Wettbewerbspolitik genannt. Wettbewerbspolitik hat im Wesentlichen drei Aufgaben:

- Wettbewerbspolitik soll Wettbewerb herstellen. Dies geschieht z. B. dann, wenn staatliche Unternehmen in Privatbesitz überführt und damit dem Wettbewerb ausgesetzt werden. Staatliche Unternehmen werden zum großen Teil mit Steuergeldern unterstützt und unterliegen deshalb nicht vollständig dem Wettbewerb auf dem Markt.
- Wettbewerbspolitik soll betrügerische Verfälschungen des Wettbewerbs verhindern. In Deutschland gibt es z. B. ein Gesetz gegen den „unlauteren Wettbewerb“.
- Wettbewerbspolitik soll Wettbewerbseinschränkungen verhindern, die durch Monopole und Konzerne verursacht werden. Diese haben die Absicht den Markt vollständig zu erobern bzw. unter sich aufzuteilen, in erster Linie durch Unternehmenszusammenschlüsse (Fusionen). Dies versucht der Staat durch Fusionskontrolle zu unterbinden. Ein Beispiel hierfür ist das Gesetz gegen Wettbewerbsbeschränkungen (Kartellgesetz), wonach Unternehmenszusammenschlüsse, die den Wettbewerb beschränken, verboten sind. Das Bundeskartellamt hat die Aufgabe Übertretungen des Gesetzes zu verhindern.

→ Monopol, Wettbewerb

Wirtschaften Jeder Familienhaushalt hat nur ein bestimmtes Einkommen zur Verfügung. Die Haushaltsmitglieder müssen genau überlegen, wofür und wie sie dieses Geld ausgeben, d. h. sie müssen wirtschaften. Es muss geplant werden, wie die vielfältigen Bedürfnisse der Familie (z. B. Nahrungsmittel, Kleidung, Miete, Kinobesuch) so befriedigt werden, dass das Geld reicht. Wirtschaftlich ist diese Planung dann, wenn mithilfe der gegebenen Mittel der größtmögliche Erfolg, z. B. die bestmögliche Befriedigung der Bedürfnisse erzielt wird. Nimmt man sich ein bestimmtes Ziel vor (z. B. die Planung einer Urlaubsreise), so erreicht man dieses dann wirtschaftlich, wenn es mit dem geringstmöglichen Einsatz der Mittel erreicht wird. Man spricht dann vom so genannten ökonomischen Prinzip. Die erforderliche Kunstfertigkeit des Menschen seinen Haushalt mit den Bedarfsgütern des täglichen Lebens zu versorgen nannte der griechische Philosoph Aristoteles (384–322 v. Chr.) „Ökonomie“ (= Hauswirtschaft).

Dieses ökonomische Prinzip wird nicht nur von Privathaushalten, sondern von allen Beteiligten einer Volkswirtschaft angewendet, z. B. vom Staat und von den Unternehmern.

→ Marktwirtschaft, Verbrauch

Willensbildung, politische Jede Bürgerin und jeder Bürger eines Staates hat bestimmte Interessen, Bedürfnisse und Meinungen. Damit diese politisch wirksam werden können, müssen sie durchsetzungsfähig gemacht werden. Ein einzelner Bürger hat wenig Chancen seine Meinung geltend zu machen. Wenn er sich dagegen mit anderen zusammenschließt, steigen seine Möglichkeiten. Den Weg vom einzelnen Bürger bis zur politischen Entscheidung nennt man politischen Willensbildungsprozess.

Der Prozess der politischen Willensbildung in der Bundesrepublik ist eng an die Parteien geknüpft. Sie bündeln politische Interessen, versuchen sie durchzusetzen und tragen so zur Entscheidungsfindung bei. Im Idealfall wirken die Bürger über Wahlen und aktive Beteiligung an der Willensbildung in den Parteien mit. Die Parteien wiederum helfen durch das Angebot politischer Inhalte den Bürgern eine politische Meinung zu entwickeln.

Aber nicht nur Parteien sind am politischen Willensbildungsprozess beteiligt. Auch Interessenverbände – vom Sportverein bis zu den Gewerkschaften – und Bürgerinitiativen wirken auf die politische Entscheidungsfindung ein. Sie tragen zur politischen Willensbildung bei, indem sie informieren und neue Themen in die politische Diskussion bringen.

Eine immer wichtigere Rolle bei der politischen Willensbildung haben die Massenmedien. Sie sind für die meisten Menschen die einzige politische Informationsquelle. Sie vermitteln aber nicht nur Inhalte, sondern tragen selbst auch zur Meinungsbildung bei.

→ Demokratie, Massenmedien, Partizipation

Register

Register

Bildquellen

© actionpress: 58 (Thomas Meyer), 66; AEG Firmenarchiv, Frankfurt: 203; Agater, Göttingen: 235 (u.); Reinhard Alff, Dortmund: 228; AMW Pressedienst GmbH: 25 (u. l.); ANTHONY: 25 o. r. (S. Gruber), 25 u. r. (H. Theissen); Archiv für Kunst und Geschichte: 76 (l.); © Archiv Photos, New York: 45; © argum/C. Lehsten: 70 (o. l.); argus Fotoarchiv GmbH: 225 (© Hartmut Schwarzbach); Ariadne, München: 238; Associated Press: 236 (1); © TCL/BAVARIA: 77, 124/125 (Stock Imagery – Hintergrundfoto), 125 (r.); © Karl Berger: 131; Anima Berten, Hamburg: 206 (l.); Christoph Berten, Berlin: 92 (o.), 206 (r.), 208 (2), 209 (2), 217; Bizerba, Balingen: 72 (r.); © Bundesanstalt für Arbeit: 28 (4); Bundesministerium für Verteidigung, Bonn: 236 (Hintergrundfoto), 236 (1), 242, 243 (2) – (Fotos Detmar Modes), 246, 249; Gero Busse, Göttingen: 185; Cartoon-Caricature-Contor: 34 (© Kambiz) – 41, 65 (© Felix Mussil) – 49, 78, 118, 159, 171 (© Jupp Wolter) – 50, 147 (© Walter Hanel) – 50, 158 (© Karl Gerd Striepecke) – 51 (© Peter Leger) – 54 (© Erik Liebermann) – 54 (© Jan Tomaschoff) – 59, 111 (2), 121, 220, 245 (© Horst Haitzinger) – 67, 100 (© Erich Rauschenbach) – 148 (© Gerhard Mester) – 143 (© Freimut Wössner) – 150 (© Hans-Georg Rauch) – 158, 189 (© Löffler) – 159 (© Klaus Pielert) – 159 (© Gabor Benedek) – 187 (© Fritz Behrendt); Das Fotoarchiv Essen: 73 (l.); Deutsche Bahn, Mainz: 218 (u. r.); Dritte Welt Haus Bielefeld: 232; Foto dpa: 12, 22 (1), 40, 61, 76 (r.), 90/91, 144, 151, 180 (o. l.), 218 (o. r./u. l.), 222, 241; Deutscher Bundestag Bildstelle: 22 (1); EMI Electrola: 56 (u. r.); Entre from Science and Environment, New Delhi: 193; epd-bild: 156 (l.); Erich Schmidt Verlag, Zahlenbilder: 12, 32, 79, 119, 127, 142, 164 (3), 166, 170, 240; FOCUS, Helmut Markwort: 60; © Fackelträger-Verlag GmbH, Hannover, FRankfurter Neue Pressse: 237; aus: Peter Gaymann, Unheimliche Begegnungen: 134; Grafiken: Elisabeth Galas: 82 (nach: Spiegel special, 3/95, S. 116f.); © Angela Garry, Foto: Christa Planck, Stuttgart: 84; Globus-Kartendienst: 8 (4), 9, 11, 19, 20, 31, 79, 97, 99, 103, 140, 141, 169 (2), 174 (2), 175, 176, 178, 244; Foto: Dietmar Gust: 43 (l.), 156 (r.); Franz Hafner, Berlin: 15, 16, 72/73 (Hintergrundfoto), 73 (r.), 74, 88/89 (4); © HB Verlag, Hamburg: 196/197; Gabriele Heinisch: 182; IFA-Bilderteam: 24 (u. r.); IG Metall: 110; © imu: 18, 19; JOKER, Foto: Journalismus: Archiv: 237 (l.); © Heinz Jürgen Kartenberg, Gladbeck: 161; Foto: KEYSTONE: 192 (Schulz), 230; Kinder- und Jugendparlament St. Augustin: 43 (r.); KNA-Bild: 190; KONTAR: 72 (M.); © Wilfried Küfen, Neuss: 47; Georg Kumpfmüller, Frankfurt/M.: 106 (l.), 106/107 (Hintergrundfoto); Helga Lade Fotoagentur: 24 l. o. (© Rainer Binder), 180 o. r. (© joke); Landesbildstelle Berlin: 201; Lemoine, Werkfoto Steinmüller: 25 (o. l.); Lützen: 181, 187; © Marie Marcks, Heidelberg: 6/7, 14, 218; © MAURITIUS: 24 o. r. (Enzinger), 52/53 (Mitterer – Hintergrundfoto), 53 (2) (Poehlmann), 124 (r.); Pamela Mier, Idstein: 33; Photo & Copyright: Ulf Müller-Moewes, Königswinter: 180 (u. l.); Manfred von Papen, Köln: 69; © Picture Press: 81; T. Plaßmann: 90; © Uwe Pollmann/Georg Krämer, Dritte Welt Haus Bielefeld: 183; Mike Prior/Photo Selection: 56 (o. r.); Public Adress Presseagentur, Hamburg: S. 56 (o. l.); © Olaf Rademacher/ DIE ZEIT: 86; © Dr. L. Reinbacher, Kempten: 80; Eckart Pflüger, Springe: 234; © Sascha Pollach, München: 87; Jörg M. Rohde, Frankfurt: 93 (u.); © RZ Pressefoto Norbert Rzepka/Transglobe Agency: 24 (u. l.); Foto: SAT. 1/Simoneit: 53 (o. l.); Andreas Schoelzel, Berlin: 96; Seidel, Baden-Baden: 180 (r.); Senatsverwaltung für Soziales, Ausländerbeauftragte, Berlin: 154; Süddeutscher Verlag Bilderdienst: 236 (1); Stiftung Warentest: S. 212, 213; © Fritz Tack/Das Fotoarchiv: 218 (Hintergrundfoto); terre des hommes: 125 (l.); Michael Teßmer, Hamburg: 104; © teutopress: 88; © Peter Thormann/STERN: 231; Hans Traxler: 126; Foto: Ullstein – Clive Shirley: 48, Ullstein: 138/139; Verband Deutscher Verkehrsunternehmen und Deutsche Bahn AG (Anzeige der Werbekampagne): 233; © vision photos/Rainer Klostermeier, Berlin: 70 (o. r.); © Marek Vogel – Fotodesign: 72 (l.), 73 (M.); © VOLLMER/present: 106 (u.); Foto: Louis Walsh: 56 (u. l.); WBO, Böblingen: 219 (2); WEA Records: 56 (o. M.); Peter Wirtz, Dormagen: 92 (u.), 93 (o.), 124 (l.); ZDF/Renate Schäfer: 53 (o. r.); nach Focus-Magazin: 71; aus: Der Spiegel 17/93: 237 (l.), 21.11.1994: 85, 24.4.1995: 64, Spiegel special 1/95: 68;

Grafiken: Skip Langkafel, Berlin;
Zeichnungen: Gerd Reiner Büttner, Berlin

Nicht in allen Fällen war es uns möglich den Rechteinhaber der Abbildungen ausfindig zu machen. Berechtigte Ansprüche werden selbstverständlich im Rahmen der üblichen Vereinbarungen abgegolten.